LA THEORIE ET LA PRATIQUE
DE LA
COUPE DES PIERRES ET DES BOIS
POUR LA CONSTRUCTION DES VOUTES
Et autres parties des bâtimens civils & militaires.
OU
TRAITÉ DE STEREOTOMIE
A L'USAGE DE L'ARCHITECTURE,

Par M. FREZIER, Chevalier de l'Ordre Militaire de Saint Louis, Directeur des Fortifications de Bretagne.

Nouvelle Edition, revue avec soin, corrigée & augmentée.

TOME TROISIEME.

A PARIS, RUE DAUPHINE,

Chez CHARLES-ANTOINE JOMBERT, Pere, Libraire du Roi pour l'Artillerie & le Génie, à l'image Notre-Dame.

M. DCC. LXIX.
AVEC APPROBATION ET PRIVILEGE DU ROI.

AVERTISSEMENT
Sur cette nouvelle édition.

LA premiere édition de ce traité de Steréotomie a été faite à Strasbourg en 1737 & 1738. L'éloignement de l'Auteur, (qui étoit alors Ingénieur en chef à Landaw), joint aux occupations inséparables de son état, l'empêcherent de veiller à la correction du livre & à la gravûre des planches. D'ailleurs comme il a été imprimé dans une ville frontiere d'Alsace où l'Allemand est beaucoup plus familier que le François, il s'y est glissé une grande quantité de fautes, ensorte que de l'aveu même de M. Frezier, les unes rendent le discours inintelligible & les autres le raisonnement faux. L'Auteur, qui s'en est apperçu, mais trop tard, a tâché d'y remedier par les *Errata* qui se trouvent, dans l'édition précédente, au commencement de chaque volume ; mais quelque considérables qu'ils soient, ils ne relevent qu'une partie des fautes les plus essentielles, & il y en reste encore assez pour former des contresens capables d'embarrasser le Lecteur. Cependant l'excellence de l'ouvrage a prévalu sur les défauts de son exécution, & cette premiere édition, malgré ses incorrections, est enfin épuisée. Le sieur *Jombert* se trouvant dans le cas d'en faire une nouvelle, a apporté tous ses soins pour rendre celle-ci la plus exacte & la plus correcte qu'il est possible, soit pour le discours, soit pour les planches, où l'on étoit arrêté à tous instans par quantité d'omissions & de lettres ou chiffres gravés l'un pour l'autre. M. *Frezier* de son côté a bien voulu se prêter aux vues du Libraire, en lui fournissant plusieurs additions considérables, avec les éclaircissemens nécessaires pour reparer les omissions qui lui avoient échappé dans la premiere édition. Ainsi, on a tout lieu d'esperer que celle que l'on offre aujourd'hui au Public sera reçue avec d'autant plus d'accueil qu'elle est infiniment supérieure à la précédente pour la correction & l'exactitude, ce qui la rend en même tems beaucoup plus intelligible, par la correspondance intime qui regne à présent entre le discours & les figures qui y sont relatives.

TABLE DES TITRES
DU TROISIEME TOME.
SECONDE PARTIE DU IV. LIVRE.
Des Voûtes composées de deux ou de plusieurs Surfaces.

CHAP. I. *DES enfourchemens qui se font à la rencontre des berceaux traversés par d'autres berceaux.* page 3
Probl. I. *Former en pierre ou en bois l'enfourchement de deux berceaux de niveau, qui se pénetrent perpendiculairement ou obliquement.* 5
Application du trait sur la pierre, premiere maniere par équarrissement. 9
2ᵉ. Maniere, par demi-équarrissement. 12
3ᵉ. Maniere, par panneaux. Ibid.
Corolaire I. *Des voûtes en arcs-de-cloitre.* 13
Des mêmes sur un polygone de côtés en nombre impair. 14
Corollaire II. *Des voûtes d'arête.* 15
Des voûtes d'arête incomplettes. 19
Des Berceaux croisés qui rachetent des plafonds. Ibid.
Aplication sur le bois pour la charpente & la menuiserie. 20
Des voûtes d'arête gothiques. 23
Remarques sur les voûtes gothiques. 29
Des voûtes persiennes. Ibid.
Des voûtes à doubles arêtes. 31
Voûtes à doubles arêtes rachetant un plafond quarré ou en losange. 32
Des mêmes rachetant un plafond circulaire ou un cul-de-four. 33
De la terminaison d'un berceau qui en pénetre un autre d'inégale hauteur, ou lunette droite ou biaise de niveau dans un berceau de niveau. 36
Explication démonstrative. 40
De la rencontre des berceaux horisontaux avec les verticaux, ou porte droite ou biaise en tour ronde ou en tour creuse. 41
Premier Cas. *De la porte droite en tour creuse.* 43
Premiere disposition, où l'arc droit est pris pour ceintre primitif. 44
2ᵉ Disposition, où le ceintre primitif est pris à la face courbe, ronde, ou creuse, pour former des têtes égales. 45
Remarque sur l'usage. 49
Porte biaise en tour ronde ou creuse. 50

DES TITRES.

Explication démonstrative. page 51
Deuxieme Cas. *De la rencontre des berceaux inclinés avec les verticaux, ou descente droite ou biaise en tour ronde ou creuse.* 53
Explication démonstrative. 57
2ᵉ Disposition, *des descentes en tour ronde ou creuse, où le ceintre primitif est de niveau & l'arc-droit rampant.* 58
Explication démonstrative. 60
De la rencontre des berceaux inclinés à l'horison avec des horisontaux. 61
Probl. II. *Faire un berceau en descente qui en rachete un autre de niveau.* Ibid.
Premier Cas. *Lunette rampante, ou descente droite rachetant un berceau de niveau.* Ibid.
Explication démonstrative. 67
2ᵉ Cas. *Descente droite sur le diametre de face, qui rachete un berceau de niveau obliquement.* 68
Explication démonstrative. 72
3ᵉ Cas. *Descente biaise par son entrée de niveau, rachetant un berceau de niveau obliquement.* 74
Explication démonstrative. 79
4ᵉ Cas. *Lunette rampante biaise, faite par un berceau biais en descente, qui en rachete un autre par le bout.* 80
Corollaire. 83
5ᵉ Cas. *Lunette ou berceau en descente, qui en rachete un de niveau par le bout suivant la même direction.* Ibid.
Explication démonstrative. 86

Chap. II. *Des rencontres des voutes cylindriques avec les coniques.* 88
Probl. III. *Faire l'arête de rencontre d'un berceau quelconque avec un mur ou une voûte conique.* Ibid.
Premier Cas. *Porte droite ou biaise en tour ronde ou creuse & en talud.* Ibid.
Application du trait sur la pierre par équarrissement. 92
Application du trait par panneaux. 93
2ᵉ. Situation. *Lorsque le berceau est incliné à l'horison, ou descente droite ou biaise en tour ronde ou creuse & en talud.* 94
Explication démonstrative. 99
3ᵉ. Situation. *Lorsque les corps cylindriques sont verticaux.* 101
Probl. IV. *Faire une voûte conique dans une tour à-plomb.* Premiere espece : *Canoniere ou trompe en tour creuse.* 102
2ᵉ Espece. *Trompe en tour ronde & de Montpellier.* 105
Explication démonstrative. 108
Second Cas. *Trompe conique rampante en tour ronde ou creuse.* 109

TABLE

Remarque sur cette construction. page 111
5ᵉ Cas. *Trompe conique rampante par son axe & par ses impostes, dont la base est renversée en situation horisontale ou inclinée, rachetant une tour creuse.* 112
Explication démonstrative. 114
2ᵉ Espece de trompe renversée, lorsque la téte est rampante. 116
Remarque sur l'usage. 117
Troisieme situation *des voûtes coniques à l'égard des cylindriques, lorsque les axes des deux voûtes sont horisontaux; ou lunette ébrasée, trompe, ou abajour, qui rachete un berceau de niveau.* 118
Explication démonstrative. 122
Usage. 123
Quatrieme situation, *lorsque les axes sont inclinés à l'horison, ou trompe conique biaise dans un angle obtus, rampante par une imposte & de niveau à l'autre, rachetant un berceau en descente.* 124
Explication démonstrative. 127

CHAP. III. *Des rencontres des berceaux avec les voutes sphériques.* 128
Probl. V. *Faire un berceau en situation quelconque, qui rencontre une voûte sphérique.* Ibid.
Premier Cas. *Berceau droit ou biais de niveau, qui rachete un cul-de-four.* Ibid.
2ᵉ Cas. *Berceau en descente droite ou biaise, qui rachete une voûte sphérique.* 131
Explication démonstrative des deux traits. 135
Corollaire. *De la rencontre des berceaux avec les cul de-fours surhaussés ou surbaissés.* 137
2ᵉ Espece. *Des rencontres des voûtes cylindriques avec les sphériques, dont les poles sont dans le plan de leur imposte.* 138
Premiere Combinaison. *Voûte sphérique, ou niche en tour ronde ou creuse.* Ibid.
Deuxieme Combinaison *Lorsque le berceau est horisontal, ou niche sphérique dans un berceau de niveau.* 146
Explication démonstrative. 149

CHAP. IV. *De la rencontre des voutes coniques entre elles.* 150
Probl. VI. *Faire la jonction de deux voûtes ou corps coniques en situation quelconque.* Ibid.
Premier Cas. *Canoniere ou embrasure à mettre du canon dans un mur en talud ou à-plomb.* 151
2ᵉ. Cas. *Porte biaise en forme de corne de vache double adossée, dont la doële est coudée en angle saillant qui s'ouvre de plus en*

DES TITRES.

plus, depuis les impostes à la clef, dont le milieu est en ligne droite.   page 155
Idée d'une corne de vache double.   159
Corollaire. Voûte d'arête conique.   160
Explication démonstrative.   Ibid.
2e Combinaison, où les axes des cônes ont des situations différentes ; porte ébrasée, trompe ou canoniere en tour ronde ou creuse en talud.   162
Remarque sur l'erreur de l'ancien trait.   165
Explication démonstrative.   166

CHAP. V. *De la rencontre des voutes coniques avec les sphériques.*   Ibid.
Probl. VII. *Faire une voûte conique quelconque, qui rachete une voûte sphérique. Lunette ébrasée ou resserrée droite, biaise, ou rampante, dans une voûte en cul-de-four sphérique ou sphéroïde.* 167
Explication démonstrative.   170
2e Exemple. *Abajour en O biais ébrasé & rampant, tombant dans une voûte sphérique.*   171
Corollaire I. & II.   175
Corollaire III.   176
Explication démonstrative.   Ibid.

CHAP. VI. *Des rencontres des voutes cylindriques, coniques, & sphériques avec les annulaires.*   178
Premiere Combinaison *des berceaux avec les voûtes sur le noyau.*   Ibid.
Probl. VIII. *Faire l'enfourchement d'un berceau en situation quelconque à l'égard d'une voûte sur le noyau.*   Ibid.
2e Cas. *Berceau de niveau, qui fait lunette droite ou biaise dans une Voûte sur le noyau.*   Ibid.
Explication démonstrative.   179
3e Cas. *De l'enfourchement du berceau en descente, qui rachete une voûte sur le noyau.*   180
2e Combinaison. *De la rencontre des voûtes coniques avec les annulaires.*   182
Probl. IX. *Faire une voûte conique, qui rachete une annulaire. Lunette droite ou biaise, ébrasée en dehors ou en dedans d'une voûte sur le noyau.*   183
Premier Cas.   Ibid.
Deuxieme Cas, *où la lunette est ébrasée en dehors ou en dedans.* 184
Troisieme Combinaison. *De la rencontre des voûtes sphériques*

avec les annulaires. page 186
Explication démonstrative. 189

CHAP. VII. *Des voutes composées de surfaces regulieres & irrégulieres.* 189
Premier Cas. De la rencontre des voûtes cylindroïdes, spheroïdes, & conoïdes, avec des tours cylindriques verticales. 190
Probl. X. Faire une trompe en tour ronde érigée sur une ligne droite. Ibid.
Explication démonstrative. 197
Corol. I. & II. 199
Corol. III. & IV. 200
2ᵉ Espece de trompe en tour ronde érigée sur un mur droit dont la doële est creuse d'une cavité de sphéroïde irrégulier. 201
Remarque sur l'usage. 204
2ᵉ Cas. De la rencontre des Conoïdes irréguliers horisontaux avec les cylindres verticaux. 205
Probl. XI. Trompe conico-sphéroïde, courbe sous la clef & droite sur les impostes, rachetant une tour ronde. 206
Explication démonstrative. 211
Deuxieme Espece de trompe droite sur les impostes & courbe sous la clef, rachetant une portion de tour ronde, lorsque la trompe est rampante. 212
Explication démonstrative. 215
Des voûtes composées de surfaces cylindroïdes inclinées à l'horison; de la vis S. Giles quarrée, ou sur tel polygone qu'on voudra. 216
Probl. XII. Faire une vis S. Giles sur un polygone quelconque. 220
Section horisontale du noyau. 224
Remarque sur l'usage de cette section. Ibid.
Application du trait sur la pierre. 225
Explication démonstrative. 228

CHAP. VIII. *Des voutes composées de coniques & de cylindroïdes.* 230
Probl. XIII. Faire un Escalier suspendu & à repos, porté par des trompes ou des voûtes en arcs de cloître. 231
Application du trait sur la pierre. 239
Explication démonstrative, & remarque sur l'usage. 243

DES TITRES.

CHAP. IX. *Des voutes composées d'annulaires & de conoïdes qui les croisent, ou voute d'arête sur le noyau.* 244
Probl. XIV. *Faire une voûte d'arête sur le noyau.* 245
Explication démonstrative. 252

CHAP. X. *De la rencontre des voutes hélicoïdes avec les sphéroïdes & les cylindriques.* 254
Trompe en niche rampante rachetant une vis S. Giles ronde. Ibid.
Application du trait sur la pierre. 260
Démonstration. 261
De la rencontre des voûtes hélicoïdes avec les conoïdes, ou Lunette ébrasée dans une vis S. Giles ronde. 264
COROLLAIRE. *De la voûte d'arête tournante & rampante.* 268
Application du trait sur la pierre. 269
Explication démonstrative. 271

CHAP. XI. *De l'appareil des escaliers considerés seulement dans leurs appuis, limons & coquilles.* 272
I. *Du raccordement des apuis & limons des rampes droites aux angles de leur rencontre saillans ou rentrans, extérieurs ou intérieurs.* Ibid.
Lemme. *Deux parallelogrammes de differentes directions inclinées à l'horison suivant un de leurs côtés, & de niveau par l'autre, ne se coupent pas suivant la diagonale de la projection de l'angle qu'ils font entre eux, mais se croisent seulement en un point des côtés qui se touchent.* 273
COROLLAIRE *de pratique.* 274
COROLLAIRE. 276
Des escaliers tournans à vis. 278
Probl. XV. *Faire un escalier à vis quelconque.* 1°. *De la vis à noyau plein & à-plomb.* 279
Explication démonstrative. 282
2ᵉ. Variation. *Faire une vis à noyau rampant.* 283
Explication démonstrative. 286
COROLLAIRE. 288
De la vis à pressoir, & pratique pour toutes sortes de vis. 289
3ᵉ Variation. *De la vis à jour ou à noyau vuide.* 292
Première Espece de vis à jour. Ibid.

b

TABLE

Remarque sur l'usage des Escaliers à vis à jour, & des autres à noyau plein. page 295
2ᵉ Espece de vis à jour, où les têtes des marches forment un limon propre à porter une rampe de fer. Ibid.
Application du trait sur la pierre. 298
Observation sur le trait de M. de la Rue. 300
3ᵉ Espece de vis à jour, où les limons sont détachés des marches, & s'étendent sur plusieurs têtes : autrement de la courbe rampante. 1°. De la circulaire d'une seule piece, à l'usage de la charpenterie & de la menuiserie. 301
Application du trait sur la pierre ou sur le bois. 304
4ᵉ Espece de vis à jour, lorsque le vuide est sur une base horisontale. 309
2ᵉ Construction de la courbe rampante, lorsqu'elle est faite de pierres de plusieurs pieces. 316
Application du trait sur la pierre. 323
Explication démonstrative. 325
Remarque. 326
COROLLAIRE. Du quartier de vis suspendu. 327
Application du trait sur la pierre. 331
5ᵉ Espece de vis, lorsque la base est une spirale, & l'hélice en limace : telles sont les volutes, les colimaçons & les colonnes torses. 332
Application du trait sur la pierre. 336
2ᵉ Espece de limace cylindroïde, ou des colonnes torses quelconques. 337
Démonstration de l'irrégularité de l'ancien trait de la colonne torse de Vignole. 341
Application du trait sur la pierre ou sur le bois. 343

CHAP. XII. Appendice concernant le dispositif de la construction des voutes. Premierement, de la poussée des voutes. 345
Des differentes hypoteses qui ont servi à la recherche de la poussée des voûtes. 347
Probl. I. L'épaisseur d'une voûte cylindrique & la hauteur de ses piedroits étant données, trouver l'épaisseur qu'ils doivent avoir pour en soutenir la poussée. 348
Premiere solution, pour la premiere hypotese d'un seul coin, comprenant le quart de la voûte vers la clef. Ibid.
Résultat suivant des mesures données. 351
Observation sur l'expérience. Ibid.

DES TITRES.

De la poussée des voûtes en ceintres elliptiques. Premièrement, des surhaussées extradossées. page 352
Secondement, des surbaissées. 353
Troisièmement, des arcs rampans. 354
Comparaison & remarque importante sur les règles des auteurs qui ont traité de la poussée des Voûtes. 355
Démonstration de la construction. 356
Probl. II. La hauteur des clavaux d'une platebande, & celle de leurs piédroits étant donnés, trouver sans calcul l'épaisseur des piedroits. 357
Remarque sur l'utilité de la théorie, prouvée par des faits. 358
2e Hypothese pour la recherche de la poussée des voûtes. 360
LEMME. 362
Probl. III. Un poids sphérique étant soutenu par deux plans, trouver l'impression que chacun reçoit de la pesanteur de ce poids. Ibid.
2e Solution du premier problême. 363
3e Solution ; autre maniere, tirée du même principe. 369
Construction du ceintre en courbe de chainette, pour trouver la poussée d'une voûte formée sur cette courbe. 371
Par un point donné à la circonférence de la chainette, lui mener une tangente. 373
Probl. IV. La direction de la poussée d'une voûte & la hauteur des piédroits étant donnés, trouver son épaisseur. 374
Autre solution du même problême. 375
3e Hypothese. Que les voussoirs sont des coins grenus, qui ne peuvent glisser les uns sur les autres, mais qui tendent seulement à rouler. 377
4e Solution. Probl. V. Déterminer la poussée horisontale d'une voûte dont l'intrados & l'extrados sont circulaires & concentriques, sans calcul, avec la regle & le compas. 378
Démonstration. 379
Probl. VI. Dans l'hypothese des voussoirs grenus, trouver sans calcul la base du piédroit, telle que l'effort composé du poids de la voûte, de la poussée horisontale, & de la pesanteur du même piédroit, soit dirigée vers un point quelconque donné de ladite base. 380
Recherches pour une nouvelle solution sans aucune hypothese, mais seulement par des conséquences tirées de l'expérience des fractures des voûtes composées de voussoirs assemblés sans aucune liaison que celle de leur coupe, posés sur des piédroits trop foibles. 384
Probl. VII. Trouver l'épaisseur nécessaire aux piédroits d'une voûte qui ne doit se fendre qu'en quatre endroits désignés par l'expérience. 389

COROLLAIRE I. & II. *page* 392
De la poussée des voûtes composées, & de plusieurs simples, qu'on peut considerer comme composées. Ibid.
De la poussée des voûtes d'arête. 393
2e Cas. *Lorsqu'il y a deux travées de voûte de suite sur le même alignement.* 395
3e Cas. *Lorsqu'il y a trois travées de suite en retour d'un angle droit.* 396
4e Cas. *Lorsqu'il y a quatre travées, ou plus, autour d'un pilier.* 398
Remarque & explication démonstrative. 400
De la poussée des voûtes en arc-de-cloitre. 403
De la poussée des voûtes spheriques & sphéroïdes. 406
De la poussée des voûtes annulaires. 407
De la poussée des berceaux tournans & rampans. 409
De la poussée des voûtes coniques. 410

Second appendice, de la force des ceintres de charpente, pour la construction des voutes. 413

Probl. I. *Trouver la pesanteur spécifique des matériaux des voûtes, sans être obligé d'en façonner quelque partie en cube.* 414
Probl. II. *La pesanteur absolue d'une voûte en berceau en plein-ceintre & d'égale épaisseur étant donnée, trouver celle dont les ceintres de charpente sont chargés avant que la clef y soit mise.* 415
Observation sur l'arrangement de la composition des ceintres de charpente. 417
De la force des pieces de bois, tirée de l'expérience. 419
Probl. III. *La pesanteur absolue d'une voûte étant donnée, trouver la grosseur de chacune des pieces de bois qui composent un ceintre suivant un arrangement donné.* 422

FIN DE LA TABLE.

L'approbation du Censeur, & le Privilege général pour cet Ouvrage, se trouvent au commencement du Tome premier, réimprimé en 1754, chez le même Libraire, avec des augmentations considérables & des corrections données par l'Auteur.

TRAITÉ

TRAITÉ
DE
STEREOTOMIE.

SECONDE PARTIE DU QUATRIEME LIVRE.

DES VOUTES COMPOSÉES
DE DEUX OU DE PLUSIEURS SURFACES.

PRÈS avoir parcouru toutes les especes de surfaces des doëles des voûtes que j'appelle *simples*, parce qu'elles ne sont interrompues par aucun changement de direction, il nous reste à voir comment on peut rassembler quelques parties de ces surfaces, pour en former une seule voûte *composée* de figures semblables ou différentes, faisant entre elles des angles ou saillans ou rentrans.

Si l'on a fait quelque attention à ce qui a été dit à la seconde partie du premier livre, touchant la pénétration des corps, on concevra facilement quelles doivent être les intersections des surfaces des voûtes qui se rencontrent ou qui se croisent en angle ou saillant ou rentrant, & l'on connoîtra la nature des lignes courbes qui se forment aux arêtes de ces angles, lorsqu'ils sont saillans, ou dans leur creux, lorsqu'ils sont rentrans, ce que nous appellons les *angles d'enfourchemens*, en quoi consiste toute la difficulté des *voûtes composées* de plusieurs surfaces. Si ces lignes courbes sont planes, on trouvera le moyen de les décrire par les problêmes de la premiere partie du second livre. Si elles sont à double courbure, on verra par la troisieme partie du même livre, que pour parvenir à les décrire, il faut s'y préparer non-seulement par la voie de la projection, mais aussi par la formation d'une des surfaces courbes que donne une de leurs projections. De quelque nature que soient ces courbes d'intersection des surfaces de deux voûtes qui se rencontrent, il est clair qu'elles déterminent les extrêmités des directions de chaque doële, ou de l'extrados, par conséquent qu'elles fournissent les moyens de les développer pour connoître l'étendue de chaque partie que peut comprendre un voussoir de grandeur donnée, soit qu'on rectifie les arcs de ces courbes méchaniquement, soit qu'on se contente d'en prendre les cordes pour la formation des surfaces planes inscrites que nous appellons *doëles plates* ; ainsi tout ce que nous avons à dire des *voûtes composées* de deux ou de plusieurs surfaces égales ou inégales, semblables ou différentes, qui aboutissent les unes aux autres, pour former une seule voûte de plusieurs parties, n'est qu'une application des principes de théorie & de pratique du premier tome, compris dans le premier, le second & le troisieme livre, auquel nous pourrons renvoyer le lecteur, pour y trouver les démonstrations des traits de chaque voûte, & abréger ainsi le discours.

Pour montrer plus sensiblement la conformité de ce troisieme tome avec la seconde partie du premier livre, qui concerne la pénétration mutuelle des corps ronds de même ou de différente espece, comme spheres, cônes, cylindres, anneaux, & helices, nous suivrons à peu près le même ordre de combinaisons des voûtes qui leur ressemblent que nous avons observé à l'égard de ces mêmes corps, avec cette différence que nous les appellerons des noms consacrés à l'architecture. J'ai dit *à peu près*, parce qu'il ne convient pas de s'assujettir précisément au même ordre, en ce que le plus régulier étant d'aller du simple au composé, on ne peut regarder dans la pratique des traits la formation des corps les plus simples comme la plus facile. Quoique dans la

DES VOUTES COMPOSÉES. Chap I.

théorie la sphere soit le corps le plus simple, & ensuite le cône, il n'en est pas de même pour le trait des voûtes des mêmes figures. Les traits des sphériques sont plus composés que ceux des coniques, & les coniques plus que les cylindriques ; c'est pourquoi nous avons arrangé différemment les matieres de ce dernier tome, que nous diviserons en dix chapitres.

Dans le premier, nous traiterons des rencontres & des pénétrations des berceaux entr'eux, en quelque situation qu'ils puissent être les uns à l'égard des autres, ce qui répond au sixieme chapitre du premier livre. *Dans le second*, nous traiterons des rencontres des berceaux avec les trompes & voûtes coniques. *Dans le troisieme*, des rencontres des berceaux avec les cul-de-fours ou voûtes sphériques. *Dans le quatrieme*, des voûtes coniques entr'elles. *Dans le cinquieme*, des coniques avec les sphériques. *Dans le sixieme*, des cylindriques, coniques, & sphériques avec les annulaires. *Dans le septieme*, des voûtes composées des surfaces irrégulieres, & des régulieres cylindriques, coniques, & sphériques. *Dans le huitieme*, des annulaires hélicoïdes avec les irrégulieres. *Dans le neuvieme*, nous traiterons de l'appareil des escaliers, considérés en eux-mêmes, sans aucune voûte, mais seulement par leurs *limons* & *coquille*. A ces neuf chapitres, nous en ajouterons un dixieme, divisé en deux *appendices*, concernant les dispositifs à la construction des voûtes. *Le premier* traitera de la *poussée des voûtes*, & des moyens de trouver l'épaisseur des piédroits nécessaire pour en soutenir l'effort. *Le second* traitera de la charge des ceintres de charpente, avant que les voûtes soient fermées par leur clef. Enfin nous terminerons ce troisieme & dernier tome par cet hors-d'œuvre que nous avons promis dans le programme, touchant l'examen de la vraie beauté & du bon & mauvais usage de ce genre de décoration qu'on appelle les *Ordres* d'architecture.

CHAPITRE I.

Des enfourchemens qui se font à la rencontre des berceaux traversés par d'autres berceaux.

LORSQUE nous avons parlé au premier livre des intersections des surfaces cylindriques, nous n'avons eu aucun égard à leurs situations relatives à l'horison, parce qu'il ne s'agissoit que de la théorie des courbes. Il n'en est pas de même pour la pratique du trait, il faut confidérer les demi-cylindres que nous appellons berceaux, en trois situations différentes, comme nous avons fait en traitant des voûtes simples. Premierement, *de niveau*, c'est-à-dire lorsque les impostes & la clef sont en situation horisontale. Secondement, *à-plomb*, lorsque les axes sont verticaux ; telles sont les tours rondes, qu'on ne confidere pas comme des voûtes, mais qu'on doit compter comme des berceaux *debout*, parce qu'il s'y fait des enfourchemens, lorsqu'ils sont rencontrés ou traversés par d'autres berceaux de niveau ou en rampe, dont les arêtes d'intersection sont des courbes de la même espece que celles des autres rencontres de berceaux, suivant les angles d'intersection des axes entr'eux & leurs positions relatives. *La troisieme* situation des berceaux est celle où leurs axes & leurs impostes ne sont ni de niveau ni à plomb, mais en *rampe* ou *descente*.

Composition des voûtes de la premiere situation ; de la rencontre des berceaux horisontaux entr'eux.

Un berceau de niveau n'en peut rencontrer un autre de même situation que de deux manieres, ou perpendiculairement, ou obliquement, c'est-à-dire, en termes de l'art, que leurs directions sont nécessairement d'équerre, ou de biais, sans descente.

Mais si l'on considere la position relative de certaines parties, comme des clefs & des impostes, chacune de ces rencontres peut encore être subdivisée en différens cas. 1°. Lorsque les *clefs*, c'est-à-dire, les rangs de vouffoirs les plus élevés, & les impostes, qui sont les rangs de leurs naissances, se rencontrent à même hauteur, comme on voit au profil de la premiere figure, où le point B de l'imposte est commun au berceau BDc^2 & BHC, & où la clef D rencontre la clef H. 2°. Lorsque les impostes se rencontrent comme en A, & que les clefs ne peuvent se rencontrer, parce qu'elles sont d'inégale hauteur, comme à la même figure, la clef *d* qui aboutit en I au-dessous de H. 3°. Lorsqu'au contraire les clefs se rencontrent, & que les impostes étant à des hauteurs inégales ne peuvent se rencontrer; telles sont les clefs H & D, de la figure seconde, qui se rencontrent, & les impostes E & B, qui ne se rencontrent pas. 4°. Enfin lorsque les clefs & les impostes ne se rencontrent point, comme la clef *d*, qui tombe au-dessous de H en F & l'imposte G, qui est au-dessus de A.

Au premier cas, où les clefs & les impostes se rencontrent, l'arête d'enfourchement des doëles est toujours une demi-ellipse, soit que les directions des berceaux soient droites, c'est-à-dire, perpendiculaires entr'elles, ou qu'elles soient obliques; cette vérité a été démontrée au théorême 17 du premier livre. Au second cas, si les berceaux se rencontrent perpendiculairement, la courbe de l'arête d'enfourchement est un cicloïmbre, supposant que les deux berceaux soient en plein ceintre, comme il a été démontré au théorême 18 du même livre. Or parce que cette courbe n'est pas plane, mais à double courbure, on n'en peut former le ceintre ni la cerche sur des planches, comme pour les autres voûtes du cas précédent. Au troisieme & quatrieme cas des rencontres de berceaux, les courbes des arêtes d'enfourchement sont des ellipsimbres, lesquelles sont à double courbure, comme les cicloïmbres.

PROBLÊME I.

Former en pierre, ou en bois, l'enfourchement de deux berceaux de niveau, qui se pénetrent perpendiculairement, ou obliquement.

Ce problême renferme deux cas différens. 1°. Lorsque les impostes & les clefs se rencontrent. 2°. Lorsqu'elles ne se rencontrent pas. Le premier cas comprend deux especes de voûtes, l'une de celles où les angles de rencontre des doëles sont saillans; on appelle celles-ci *voûtes d'arêtes*. L'autre de celles où les angles de rencontre des doëles sont rentrans, qu'on appelle *voûtes en arcs de cloître*; ces deux cas se trouvent rassemblés dans l'enfourchement de deux berceaux qui se rencontrent sans se croiser. Le second cas comprend toutes les rencontres des berceaux inégaux qui forment dans le plus grand une ouverture qu'on appelle *lunette.*

PREMIER CAS, représenté en perspective à la figure 13.

De la rencontre de deux berceaux de niveau d'égale ou d'inégale largeur, mais d'égale hauteur, qui aboutissent l'un à l'autre, sans se croiser, perpendiculairement ou obliquement.

Soit (figure 5.) le trapeze AEKB, le plan d'un berceau elliptique, ou si l'on veut en plein ceintre, & AFGB celui d'un autre berceau égal, ou plus large, ou plus étroit, mais d'égale

Plan. 70.
Fig. 5.

6 STEREOTOMIE. Liv. IV. Partie II.

Plan. 70.
Fig. 5.

hauteur sous clef, dont l'axe xS fait avec l'axe SV du précédent un angle quelconque, droit, obtus, ou aigu; nous le supposerons ici obtus. Il faut commencer par se déterminer au choix du ceintre primitif, qu'on peut prendre en deux ou trois endroits différens à chaque berceau, & par conséquent en six sur les deux; savoir, 1°. perpendiculairement à un des axes, comme en ER ou en D r; 2°. à une des faces qui peut être biaise comme EK; 3°. obliquement & parallelement à l'axe du second berceau, comme en EB ou DB. Au premier cas l'arc droit est le ceintre primitif, aux deux seconds il est secondaire.

Nous prendrons pour ceintre primitif dans cet exemple le ceintre BHE, que nous ferons circulaire ou elliptique, il n'importe pour la construction. Ayant divisé ce ceintre en ses voussoirs aux points 1, 2, 3, 4, & abaissé de ses divisions des perpendiculaires sur son diametre BE, suivant l'usage ordinaire, qui le couperont aux points f, g, i, k, on menera par ces points des paralleles à la direction du berceau, qui rencontreront la diagonale AB aux points a^1, a^2, b^3, b^4, par lesquels on menera d'autres lignes parallèles au côté AD du second berceau, qui couperont le diametre oblique DB aux points o, n, m, l, & le diametre perpendiculaire du second arc droit Dr, aux points Q, q^2, q^3, q^4, & des paralleles au côté AE, qui couperont le premier arc droit aux points p^1, p^2, p^3, p^4. Les divisions correspondantes à celles du ceintre primitif étant ainsi trouvées sur tous ces diametres de différentes sections, il sera aisé de trouver les points des courbes des ceintres qui conviennent à chacune de ces sections & positions de leurs diametres, parce qu'elles sont toutes des demi-ellipses, plus ou moins alongées sur leur diametre horisontal, mais dont toutes les ordonnées sont d'égale hauteur.

Ainsi, il ne s'agit que de transporter la hauteur de la retombée de chaque division du ceintre primitif, sur les projections correspondantes dans chacun de ces diametres, où l'on a toujours marqué le même chiffre. Par exemple, la hauteur $1f$, égale à k 4 sera portée sur AB en a^1 1^d & b^4 4^d; la même sera portée sur le diametre ER en p^1 1^r, p^4 4^r, pour le premier arc droit: la même hauteur sera encore portée sur le diametre DB en o 1^u, l 4^u: enfin la même sera portée sur Dr en Q 1^r, q 4 4^r. Pour le second arc droit, la seconde hauteur g 2 égale à i 3,

DES VOUTES COMPOSÉES. CHAP I.

fera auſſi portée ſur tous les mêmes diametres aux projections correſpondantes, où ſe trouvent les mêmes chiffres ; ainſi l'on aura tous les points des ellipſes, qu'on doit tracer à la main, ou avec une regle pliante, les unes ralongées comme A T B, les autres raccourcies, comme R V E & D u r. Au lieu de porter toutes ces hauteurs en particulier, on peut élever des perpendiculaires indéfinies ſur tous les points de projections trouvées, & avec la hauteur ſous clef donnée & commune à tous les différens ceintres, on peut tracer chaque ellipſe, par le probleme 7, du deuxieme livre ; la trace de ſon contour coupera ces perpendiculaires en des points qui détermineront ceux de leurs diviſions. Cette méthode convient mieux que la précédente lorſque les vouſſoirs ſont un peu larges & les ellipſes petites, parce qu'alors ils comprennent des parties ſenſiblement courbes, dont il faut trouver le point du milieu par une ſous-diviſion que font les auteurs de la coupe des pierres, laquelle devient inutile par cette méthode, en ce qu'elle donne l'arc tout d'un coup, ſans qu'il ſoit néceſſaire d'en chercher la fleche, ce qui rend l'épure moins embrouillée de lignes.

Il peut arriver qu'on n'a pas beſoin de tracer tant de ceintres pour la rencontre de deux berceaux, comme lorſque chaque berceau eſt terminé par une face, ou un *formeret*, contre un mur qui eſt d'équerre ſur ſa direction, parce qu'alors l'arc droit & l'arc de face ſont confondus ; mais s'ils ſont inégaux, on ne peut ſe diſpenſer de tracer cinq ceintres, deux à chaque berceau pour l'arc de face ou de *formeret* & l'arc droit, & un cinquieme A T B, qui eſt la commune interſection des deux doëles, où ſe fait l'angle d'enfourchement, lequel eſt rentrant en dehors depuis A juſqu'en T, & ſaillant en dedans depuis B juſqu'en T, ce qui forme deux ſortes de voûtes dans une ſeule, ſavoir, la voûte en *arc de cloître* pour la partie à angle rentrant de A en T, & une *voûte d'arête* de B en T ; c'eſt dans ces angles que conſiſte proprement le trait dont il s'agit ; car chaque berceau en particulier doit être formé, comme nous l'avons dit à la premiere partie de ce livre, ſur les ceintres donnés.

Il ne reſte plus à préſent qu'à trouver le biveau de l'angle que font les doëles plates des deux berceaux entr'elles à leur rencontre ; ce qui eſt aiſé ſuivant nos principes de goniographie expliqués au troiſieme livre, page 448, dont nous allons faire l'application au cas préſent. Suppoſons qu'il s'agiſſe de trouver le biveau des doëles plates du second rang de voussoirs, qui forment l'enfourchement désigné sur la projection AB par l'intervalle $a^1 a^2$, & sur l'élevation du ceintre de rencontre ATB, par la corde $1^d\ 2^d$. On prendra au ceintre primitif BHE, la hauteur $t\,z$ de la retombée $t\,1$ ou gf pour la porter perpendiculairement sur AB, de a^2 en x, d'où l'on tirera la ligne $x a^1$, à laquelle on fera une perpendiculaire xy, qui rencontrera AB au point y; par ce point y on menera une seconde perpendiculaire sur AB, qui rencontrera les projections des premiers joints de lit de chaque berceau $a^1 p^1$, $a^1 Q$ prolongée aux points 8, 9; ensuite ayant transporté la longueur yx en yz sur AB, on menera du point z aux points 8, 9, des lignes droites qui comprendront l'angle $8\,z\,9$, qui est celui du biveau que l'on cherche. Il faut remarquer que quoique cet angle soit rentrant dans la moitié de l'enfourchement de A en S, & saillant dans l'autre de B en S, il est toujours le même dans les rangs de voussoirs d'égale hauteur sur l'imposte de part & d'autre; la seule différence qu'il y a, c'est qu'au rentrant SA, on applique le dos du biveau qui est saillant, & à l'arête SB, on applique le dedans du biveau qui est rentrant; ce que l'on peut connoître sensiblement jettant les yeux sur les figures 7 & 9, qui représentent les deux premiers voussoirs d'enfourchement, l'un (7) destiné pour être mis en A, l'autre (marqué 9) pour l'arête à la naissance B.

Ces préparations supposées, il sera facile de rassembler tout ce qui est nécessaire pour tracer & tailler la pierre. Premierement, les panneaux de tête sont donnés à l'arc de face de chaque berceau & à son arc droit, comme il a été dit pour toutes les voûtes en berceau simples, droites ou biaises, suivant la direction de la face sur son axe, par exemple sur l'arc droit ER en $5^r\ 1^r$, $2^r 6$, au grand berceau, & sur l'arc droit Dr, le même pour le petit. *Secondement*, on formera *les panneaux de doële plate* comme nous l'avons dit pour les berceaux simples biais, par le moyen de la projection pour les longs côtés, & par les cordes de l'élevation pour les têtes.

Ainsi on formera un trapeze ou rectangle au joint de tête, composé des deux côtés paralleles $a^2 p^2$, $a^1 p^1$, dont les mesures seront prises sur les mêmes lignes du plan horisontal, & avec la corde $1^r 2^r$ de l'arc droit EVR, pour intervalle perpendiculaire de ces deux paralleles; le quatrieme côté, qui leur est oblique sera égal à la corde $1^d\ 2^d$ du ceintre de rencontre ATB.

DES VOUTES COMPOSÉES, Chap. I. 9

Le panneau de doële de l'autre berceau sera fait de même ; sup- Fig. 5.
posant, par exemple, que la branche de l'enfourchement au
second berceau soit terminée au point 8, on fera 8 q perpendiculaire sur la projection du joint a^1 Q, puis on formera un trapeze
rectangle en 8, dont les deux côtés qui doivent marquer les
joints de lit seront pris sur le plan horisontal en a^1 8, & a^1 q, &
leur intervalle perpendiculaire sur l'arc droit D u r, en $1^r 2^r$, le
quatrieme côté, qui marquera l'arête de rencontre des doëles
plates, sera égal, comme au panneau précédent, à la corde $1^d 2^d$
de l'arc A T B. *Troisiemement*, les *panneaux de lit* se feront de la
même maniere que ceux de doële, avec lesquels ils ont déja deux
côtés communs, qui sont les joints de lit à la doële ; l'intervalle
de ces deux côtés sera pris à volonté, suivant l'épaisseur de la
voûte, ainsi on formera de même un trapeze rectangle d'un
côté avec les trois donnés, le quatrieme se trouve déterminé
par les extrêmités des deux paralleles. Mais comme on peut se
passer de panneaux de lit, en opérant par équarrissement ou par
demi-équarrissement, nous ne nous arrêterons pas à en donner
un exemple. *Quatriemement*, il est clair que les biveaux de lit &
de doële sont donnés à l'arc droit de chaque berceau, comme
si la voûte étoit simple, les uns sur l'arc R V E en 2^r, $1^r 5^r$, &
$1^r 2^r 6$, & les autres sur l'arc D u r en D $1^r 5^n$, $5^n 1^r 2^r$, $1^r 2^r 6^n$,
&c. Enfin les biveaux de rencontre des doëles plates qui forment
l'enfourchement des deux voûtes, ont été trouvés ci-devant par
l'angle obtus 8 7 9, ainsi rien ne manque pour tracer & tailler
la pierre.

*Application du trait sur la pierre ; premiere maniere par équar-
rissement.*

Premierement, pour la partie d'enfourchement A S, qui est
en angle rentrant. Ayant dressé un parement g E F D (fig. 7.) Fig. 7.
pour servir de lit horisontal, supposé qu'il s'agisse du coussinet,
on y tracera avec le biveau l'angle rentrant D A E de la figure
5, en d A e de la figure 7, & sur les lignes A e, A d, on en tracera
d'autres à l'équerre pour les joints montans de doële, ou suivant
l'angle A E B, ou A D B, s'il s'agissoit d'une tête biaise (fig. 5).
Sur ces lignes, qui se rencontrent par exemple en g L, on formera deux paremens d'équerre au premier D F E (fig. 7.) qui
seront les surfaces à-plomb g O, g m, sur les arêtes desquelles on
portera de d en 8, la retombée D Q de la figure 5, & de e en

Tome III.   B

p, (à la fig. 7) la retombée Ep de la fig. 5. Par les points p & d on tracera des parallèles aux lignes eA, Ad, qui se croiseront en a: par les points p & 8, on tracera aussi des parallèles à l'arête Lg, qui est la rencontre des deux seconds paremens à-plomb ; puis par les trois points donnés paq, $8ak$, on fera (par le problême I. du IV. livre, tome II.) passer deux surfaces planes, qui se rencontreront en angle rentrant, suivant une ligne ai, c'est-à-dire, que l'on emportera toute la pierre qui forme le parallelepipede gi. Ces deux nouvelles surfaces en angle rentrant ne sont faites que pour y placer les lignes d'arête des lits avec les doëles des deux berceaux, par le moyen de la hauteur de la première retombée $1f$ du ceintre primitif, ou de tout autre ceintre, parce qu'elle y est toujours égale. Ainsi on portera cette hauteur sur les nouvelles arêtes pq, $8k$, & dans l'angle rentrant ai, pour tracer sur les deux surfaces les lignes $1^r x$, $1^n x$, qui seront les arêtes des joints de lit à la doële. On tracera aussi avec le biveau d'à-plomb & de coupe l'angle $Q 1^r 5^n$, qui donnera, à la figure 7, l'inclinaison du joint $8 1^n 5^n$ égale à celui de l'autre côté $p 1^r 5^r$, & par les trois points donnés $x 1^r 5^r$ d'un côté, & $x 1^n 5^n$ de l'autre, on fera passer deux surfaces planes qui se rencontreront suivant la ligne $x 5^d$ en angle rentrant, & les lits seront formés.

Il ne reste plus qu'à creuser la doële, par le moyen du biveau mixte formé sur la tête de l'arc droit de chaque berceau, comme $E 1^r 5^r$, pour le grand, & $D 1^n 5^n$, pour le petit; la rencontre de leurs deux doëles cylindriques, faites suivant leur direction à la regle, sera l'angle rentrant de l'enfourchement, *qu'il falloit former*. Pour en vérifier le contour & le rectifier des fautes qu'on auroit pu y faire dans l'exécution, on pourra lever une cerche sur l'arc $A 1^d$ du ceintre de rencontre ATB, la position de laquelle est déterminée à ses extrêmités sur les points A & x, (fig. 7.) & pour sa direction suivant la diagonale gA qu'on a pu prolonger au lit de dessous, pour en bien diriger la position.

L'exemple qu'on vient de donner pour le coussinet doit aussi servir pour les voussoirs au-dessus ; car quoiqu'ils n'ayent pas un lit horisontal, il faut toujours en supposer un, comme nous l'avons dit en parlant de la taille des voussoirs des voûtes simples par équarrissement ; ainsi à ceux qui sont au-dessus du coussinet, il y a une opération de plus qui est celle de la coupe du lit de dessous, qui se fera en abattant la pierre par le moyen du biveau mixte, dont une branche, qui est la courbe, coulera sur la doële,

DES VOUTES COMPOSÉES. Chap. I.

& l'autre indiquera la pierre qu'il faut abattre ; ou bien, plus simplement, ayant tracé avec le biveau la coupe (par exemple $d\,7$, figure 7) on fera passer une surface plane par les trois points donnés A $d\,7$ (par le problême I du quatrieme livre, tome second) on en fera de même sur l'autre joint montant e O, sur laquelle ayant tracé la tête du lit de dessous, par exemple $e\,6$, on fera passer une surface par les trois points donnés A $e\,6$, laquelle rencontrant la précédente, formera à l'intersection une arête saillante, qui doit se placer dans l'angle rentrant que font les deux du lit de dessus du voussoir inférieur. On peut remarquer que le premier lit horisontal n'a servi qu'à y placer les deux lignes droites, qui sont les arêtes du lit de dessous avec la doële ; le reste de cette surface ayant été enlevé en dedans pour former la doële, & en dehors pour former le lit.

Secondement, pour la partie de la voûte qui est en *arête saillante.* De la maniere de tailler un voussoir d'enfourchement en angle rentrant, il sera aisé de tirer celle d'en tailler un de la partie B S, qui est au contraire en angle saillant, & qui fait ce qu'on appelle la *voûte d'arête* ; en effet il ne s'agit dans celui-ci que d'enlever toute la pierre qu'on avoit laissé dans l'autre, comme on peut le connoître sans un plus long discours, par la comparaison des voussoirs dessinés en perspective aux figures 7 & 9, où l'on voit que les retombées sont transportées du dedans de l'angle D A E au dehors de l'angle R B^r, ou K B G (figure 5.) ; au reste l'opération est en tout la même, comme on va le voir.

Ayant dressé un parement pour le lit horisontal, qui sera permanent au coussinet & de supposition aux voussoirs au-dessus, on y tracera avec la fausse équerre l'angle $q\,6^+\,p$ (fig. 9.) des premieres retombées, & son parallele au dedans, qui est celui des piédroits r B R, suivant les distances p R, $q\,r$. On abattra ensuite la pierre en retour d'équerre au premier parement, suivant les lignes $q\,6^+$, $p\,6^+$, pour les faces de supposition, & suivant les lignes q O, p O d'équerre à ces faces pour les paremens des têtes qu'on y tracera, puis avec les biveaux d'à-plomb & de coupe Q $1^r\,5^n$, $p^l\,1^r\,5^r$, (fig. 5.) on abattra la pierre pour former les lits, qui se rencontreront en angle saillant sur la diagonale $8^d\,4^d$, (fig. 9.) faisant couler l'angle rentrant du biveau sur les horisontales $4^r\,4^d$, $4^n\,4^d$, qu'on a dû y tracer par la hauteur des retombées, comme on a fait au voussoir rentrant dont nous venons de parler, & on achevera le reste de même.

Seconde maniere, par demi-équarriffement.

Pour opérer par équarriffement, il faut avoir une pierre bien pratiquée, où l'on puiffe faire des paremens verticaux de fuppofition qui foient à vive-arête entr'eux & avec l'horifontal ; de forte qu'on ne peut faire ufage d'une pierre qui n'eft pas affez pleine pour recevoir cette préparation, quoiqu'elle foit de grandeur fuffifante pour contenir le vouffoir qu'on fe propofe de faire. En ce cas, après avoir formé le lit horifontal, on y tracera l'angle des piédroits D A E, pour le rentrant, ou *r* B R, pour le faillant, puis avec le biveau de l'angle de l'horifon avec la doële plate *e* E 1ʳ, & *a* D 1ʳ, on abattra la pierre en angle obtus le long des lignes droites qui font les côtés de l'angle donné ; ces deux furfaces fe rencontreront en ligne droite qui fera le fond d'un angle rentrant du côté de S A, & en angle faillant du côté de S B, on tracera fur chacune une ligne parallele à l'arête du lit à diftance de la corde D 1ʳ, ou E 1ʳ qui fera l'arête de lit & de doële, par le moyen de laquelle, avec le biveau rectiligne de la doële plate & de coupe D 1ʳ 5ⁿ, E 1ʳ 5ʳ, on formera les lits ; nous fuppofons les têtes faites, comme dans la maniere précédente.

Troifieme maniere, par panneaux.

Les appareilleurs font rarement les vouffoirs d'enfourchement, c'eft-à-dire, de concours rentrant ou faillant de deux berceaux, par la voie des panneaux ; c'eft une efpece d'ufage de les faire par équarriffement, pour diminuer le foin de l'exécution, parce que les tailleurs de pierre qui en ont fait un ou deux, font en état de les continuer d'eux-mêmes fur les hauteurs de retombées, & les retombées mêmes, dont on leur donne les mefures, fur-tout lorfque l'un des berceaux eft en plein ceintre ; cependant l'ufage des panneaux, quoique un peu plus embarraffant, a bien fon mérite pour ménager la pierre : le voici. Ayant dreffé un parement pour fervir de doële plate d'un des berceaux, on y appliquera le panneau qui lui convient, par exemple *a b d c*, pour en tracer le contour ; puis on prendra le biveau de l'angle des deux doëles plates qui a été trouvé fur l'épure, par exemple l'angle 8 7 9, de la figure 5, qu'on appliquera perpendiculairement au côté *e d*, pour abattre la pierre fuivant ce qu'indiquera une des branches, tenant l'autre appliquée fur la premiere doële

Fig. 6.

plate ; l'angle de ce biveau fera faillant pour les vouffoirs vers A, & rentrant pour ceux qui font de S en B. Ainfi au premier cas, ce fera le dos extérieur du bras qui fervira, & pour le fecond ce fera l'intérieur. Or comme dans le premier il faut creufer en angle rentrant, l'ufage du biveau eft moins commode que lorfqu'il faut abattre en angle faillant : en ce cas, il n'y a pas grand avantage fur la précédente méthode, parce qu'il n'y a point de pierre à épargner. La doële plate étant faite, on abattra la pierre pour former les lits avec les biveaux de lit & de doële plate, & les têtes fe feront en faifant paffer une furface plane par les angles & par un retour d'équerre fur la direction du vouffoir, s'il s'agit d'un joint tranfverfal, ou fuivant l'angle du biais, fi le vouffoir fait une portion de face biaife. La figure 6 fait voir un vouffoir d'enfourchement renverfé, deffiné en perfpective pour y montrer fes doëles $abdc$, $defc$, qui font un angle faillant ou rentrant le long du côté dc; fecondement les lits rentrans du deffus $blmdeg$, les lits de deffous $acfhik$, qui font un angle faillant en ic, & une tête $fegh$.

COROLLAIRE. I.
DES VOUTES EN ARC DE CLOITRE.

Nous avons déja dit qu'on appelloit voûte en arc de cloître celle qui étoit compofée de portions de berceaux dont les doëles fe rencontroient en angle rentrant. D'où il fuit que fi l'on répete en fens contraire, la partie de voûte de la figure 5, dont le triangle D A E eft la projection, fuppofant que D E paffe par S, on aura une voûte en arc de cloître de quatre côtés, dont l'extrados eft repréfenté à la figure 11, & la projection horifontale à la figure 8 en A D a e. Si plufieurs berceaux fe croifoient de même, il fe formeroit une voûte en arc de cloître de plus de quatre côtés en nombre pair ; fi au contraire ce n'étoit qu'une rencontre de demi-berceau, il fe formeroit une voûte en arc de cloître en nombre de côtés impair ; tels font par exemple les voûtes des chapiteaux des guérites des fortifications qui font fur des pentagones. D'où il fuit que fi la tour voûtée étoit d'un grand nombre de côtés, chaque portion de berceau deviendroit auffi très étroite, & la voûte approcheroit d'autant plus de la fphérique que le nombre fe multiplieroit, de forte qu'on pourroit considérer une voûte sphérique comme un arc de cloître d'une infinité de côtés.

Lorsque les côtés de la tour à pans voûtés sont égaux entre eux, il est évident que la voûte n'est qu'une répétition d'un même segment de cylindre, pour le trait duquel il n'y a que deux ceintres à décrire, savoir, l'arc droit, & celui d'enfourchement dans l'angle rentrant des doëles qui se rencontrent. Mais lorsque les côtés & les angles sont inégaux, comme à la figure 8, il faut tracer plusieurs ceintres différens, savoir. 1°. Le ceintre du milieu de direction sur le diametre oblique, comme M m, ou son égal ae qu'on a tracé en aHe, pour trouver les projections des joints de lit sur toutes les arêtes, comme en $a^1\,a^2$ sur la diagonale Aa, & $p^3\,p^4$ sur la diagonale De, par la reproduction des points des projections f, g, i, k, conduits parallelement au côté Ae, jusqu'à la diagonale aA, & de-là parallelement au côté DA, jusqu'à la diagonale De. 2°. Le ceintre de direction transversale aussi oblique nN; on peut se passer de celui-ci. 3°. Le ceintre de l'arc droit sur les petits côtés, comme Tt, ou son égal DR. 4°. Celui sur le grand côté comme $r^n\,R^n$, ou son égal Dr. 5°. Le ceintre de diagonale courte aA, qui est l'arc ahA. 6°. Enfin le ceintre de diagonale longue De; il est visible que si les côtés sont inégaux & en nombre impair, il faut opérer à part pour chaque pan de voûte comme nous allons le montrer.

Des voûtes en arc de cloître sur un poligone de côtés en nombre impair.

Soit (fig 15, pl. 71.) le triangle scalene ABD, sur lequel on veut élever une voûte en arc de cloître. On commencera par diviser ses angles chacun en deux également par les diagonales AC, BC, DC, qui se rencontreront en C, où sera le centre de l'arc droit CEh, lequel sera un quart de cercle ou d'ellipse formé sur une ligne CE, perpendiculaire à un des côtés AB du poligone, n'importe lequel. Cet arc sera le ceintre primitif qu'on divisera en ses voussoirs en nombre incomplet, par exemple en deux & demi, cet excédent de demi est pour la moitié de la clef. Ayant abaissé des divisions 1 & 2 des perpendiculaires sur le rayon CE, qui le couperont aux points P, p, on menera par ces points des parallelles au côté AB, qui couperont les diagonales AC, BC aux points ef; g, i, par lesquels on re-

DES VOUTES COMPOSÉES. Chap I. 15
produira d'autres paralleles aux côtés BD, AD, qui couperont la diagonale CD aux points *l*, *k*, & la projection des joints de lit fera faite. Il faut préfentement former les cerches ralongées des ceintres des angles rentrans des doëles, qui font des quarts d'ellipfes bien faciles à tracer, parce que leurs abfciffes font données fur les diagonales de la projection aux points *e*, *f*; *g i*, &c, & leurs ordonnées égales aux correfpondantes 1P, 2*p*; nous avons tracé pour exemple le quart d'ellipfe CD*sʰ*, qui eft renverfé pour la commodité de la place de la figure. Il ne refte plus qu'à faire ufage de ces lignes pour tracer les vouffoirs d'enfourchement par équarriffement ou par panneaux, comme il a été dit ci-devant touchant le trait de la partie DAE de la fig. 5 & DA*e* de la fig. 8, ce qu'il eft inutile de répéter.

Corollaire II.
DES VOUTES D'ARETES.

Si l'on revient aux figures 13 & 5 de la planche précédente, *Fig. 13 & 5.* qui font l'objet de ce problême, on reconnoîtra que fi l'on joint enfemble quatre fois la moitié de la figure 13, marquée*r u s* V R, on aura une figure de deux berceaux qui fe croifent en angle faillant, comme il eft repréfenté à la figure 10, ce qu'on appelle *voûte d'arête*; ainfi la voûte d'arête tracée en projection à à la figure 4 n'eft qu'une répétition de la moitié DBE de la fig. 5, ce qui fait de la clef une efpece de croix, telle qu'on la voit à la figure 3. D'où il fuit qu'on peut établir une voûte d'arête fur une bafe rectiligne en poligone d'un nombre de côtés quelconque, fans que le trait & la conftruction en devienne plus difficile, mais feulement plus compofé. On obfervera feulement que fi l'on tient les clefs de niveau & que le ceintre primitif foit circulaire, pris fur une des diagonales, plus il y aura de côtés, plus les ceintres des formerets feront furhauffés, parce que leur diametre horifontal fe raccourcit pendant que le demi-diametre vertical eft permanent. Et au contraire, fi le ceintre primitif étoit pris fur un des côtés, & en plein ceintre, plus le nombre des côtés augmenteroit, plus la voûte s'abaifferoit, & fi leur nombre étoit infini, elle deviendroit enfin plane. L'exemple que nous avons donné pour la moitié des figures 5 & 13, à la figure 4, montre le trait des voûtes d'arête fur des polygones en nombre pair de côtés. Il suffira d'en ajouter un pour les impairs, où il y a un peu plus de difficulté, ou plutôt de variété.

Des voûtes d'arête sur des poligones impairs.

Dans les voûtes en *arc de cloître*, nous avons toujours établi la clef à l'intersection des diagonales qui divisent chacun des angles du polygone en deux également, parce qu'il convient de prendre pour rayon, ou pour un des axes du ceintre primitif, celui d'un cercle inscrit dans le polygone donné, lequel est perpendiculaire à chacun des côtés (par la quatrieme du 4ᵉ livre d'Euclide), & par conséquent l'arc droit commun à tous les demi-berceaux qui composent l'arc de cloître; ce qui rend la doële autant réguliere qu'il est possible; car si le milieu de la clef est plus près d'un côté que de l'autre, comme on peut le faire si l'on veut, il y aura autant de différens arcs droits qu'il y aura de demi-berceaux, lesquels seront les uns en plein ceintre, les autres surmontés ou surbaissés, suivant l'inégalité de ces distances variables qui seront un des axes des ceintres, celui de hauteur restant permanent & commun à tous. On ne doit pas opérer de même pour les voûtes d'arête, parce que ces rayons perpendiculaires ne tombant pas sur les milieux des côtés du triangle isoscele ou scalene, les ceintres des formerets élevés sur ces côtés deviennent *corrompus* (en terme d'architecture), c'est-à-dire, composés de deux arcs de courbes inégales, savoir d'un quart de cercle A R, & d'un quart d'ellipse R B, dont le rayon *g* A est égal à S *g*, comme le Pere Derand fait ceux de la voûte d'arête établie sur un triangle rectangle isoscele (tels sont les arcs A R *n* B & A *r* N D de la figure 17), ou bien de deux quarts d'ellipses différentes, ce qui est aussi désagréable à la vue. Or il est clair que l'on doit avoir dans ce genre de voûte plus d'attention à la régularité de ces ceintres, qui en fait la beauté, qu'à la position de la clef dans l'intersection des diagonales qui partagent les angles en deux également; d'où il suit que le trait de cet auteur doit être rejetté, parce qu'il fait des irrégularités difformes sans aucune nécessité & que l'on peut parfaitement bien éviter. Il faut donc chercher la projection de la clef de la voûte d'arête sur un triangle (par la 5ᵉ proposition du même livre d'Euclide cité, qui est à la suite de la précédente); c'est-à-dire, qu'il faut circonscrire un cercle au polygone donné, afin que

Plan 71.
Fig. 17.

toutes

DES VOUTES COMPOSÉES. Chap. I.

toutes les diagonales, qui sont les projections des arêtes de la voûte, deviennent égales entr'elles, & que les directions des clefs de chacun des berceaux tombent perpendiculairement sur les milieux des côtés du polygone, pour les diviser également & non pas inégalement, comme a fait le Pere Derand dans le Traité cité (quatrieme partie, chap. 4.) : mais cette construction a un autre inconvénient, qu'on ne peut éviter qu'en changeant la direction droite des berceaux obliques, comme nous le dirons ci-après.

Soit, pour exemple, le triangle A B D, qu'on veut couvrir d'une voûte d'arête ; ayant divisé en deux également deux de ses côtés, comme A B en C, & A D en E, on leur tirera par ces points des perpendiculaires indéfinies E X, C X qui se croiseront en X, où sera le milieu de la clef, duquel on menera aux angles A, B, D, les diagonales A X, B X, D X qui seront égales entr'elles, & par le même point X on tirera sur le troisieme côté D B la perpendiculaire X e. On voit que ce milieu de clef X est bien différent de celui que donne le trait de la voûte en arc de cloître, provenant de la division des angles en deux également par des diagonales qui se croisent en *m*. Il suit de cette construction, 1°. que le point X s'approchera d'autant plus du point *m*, que les côtés du triangle approcheront de l'égalité entr'eux ; de sorte que ces points X, *m* se confondront en un seul lorsque les trois côtés seront parfaitement égaux. 2°. Que ce point X s'approchera d'autant plus d'un des côtés que l'angle qui lui est opposé approche du droit ; de sorte que si cet angle est droit, le milieu de la clef, suivant cette construction, tombera sur le milieu de l'hypotenuse, parce que la profondeur du berceau dont elle est le diametre s'évanouit & se réduit à la seule ligne du ceintre commun aux deux autres ; ainsi au lieu de trois berceaux, il n'en faut plus que deux pour couvrir cet espace triangulaire, ce qui paroît très-singulier, mais qui est sensible en ne considérant que la moitié D B E des figures 4 & 5, planche 70.

Fig. 16.

Ce cas est le dernier où cette construction puisse servir ; car si le triangle avoit un angle obtus, il est évident que le point X tombant au dehors de la figure, le plan ou mur du formeret du grand côté couperoit les deux berceaux réunis au dedans du concours des clefs ; ce qui formeroit une courbe composée de deux arcs dont l'intersection seroit arquée en *contrebas* & seroit

Tome III.   C un angle curviligne d'arête qui ne pouroit se soutenir. Il faut donc conclure de toutes ces observations, qu'il ne convient pas toujours de mettre le sommet de la clef dans l'intersection des diagonales en *m*, ni dans l'intersection des perpendiculaires sur les milieux des côtés en X ; mais qu'on peut placer à volonté le milieu de la clef, par exemple en S, sans autre inconvénient que celui du changement des directions droites XE, XC en obliques SE, SC, ce qui ne cause aucune difformité à la voûte.

Fig. 16.

Cela supposé, pour former le trait de la voûte d'arête sur le triangle scalène ABD, on choisira tel côté que l'on voudra pour diametre du ceintre primitif, par exemple AB, sur lequel on tracera un demi-cercle AHB, ou une demie ellipse surhaussée ou surbaissée, comme on le jugera à propos, puis l'ayant divisé en ses voussoirs aux points 1, 2, 3, 4, on abaissera à l'ordinaire des perpendiculaires sur ce diametre, qui le couperont aux points P, *p*, Q, *q*. On placera ensuite à volonté le milieu de la clef en S hors des regles, ou en *m* suivant la regle des arcs de cloître, ou en X suivant celle des voûtes d'arêtes, tout comme on le jugera à propos. De ce sommet S, on tirera des lignes aux milieux C, E, *e*, des trois côtés, & aux trois angles A, D, B, ensuite par les points P & *p*, on tirera les paralleles PN, *p n*, à la ligne DB, qui couperont le côté AD, aux points N & *n*. De même par les points Q & *q*, on tirera des paralleles au côté AD, qui couperont DB aux points O & *o*. Par les points N & *n*, on menera les lignes N*f*, *n g*, paralleles à la direction ES, & P*f*, *p g*, paralleles à la direction CS, qui se rencontreront sur la fausse diagonale AS en *f* & *g* ; on tirera de même O*i*, *o k* paralleles à la direction S*e*, qui couperont la fausse diagonale SB en *i* & *k* ; ainsi de même pour les demi-côtés restans DE, D*e*, CB, & l'on aura toutes les projections des divisions des voussoirs, tant sur les diametres des formerêts que sur les vraies ou fausses diagonales, par le moyen desquelles projections & des hauteurs des retombées du ceintre primitif AHB, on fera les ceintres des formerêts A*h*D, B*h*D, & même ceux des arêtes SA, SB, SD, si l'on veut ; ce qui est trop facile pour s'y arrêter.

On voit à la figure 17, où le triangle donné est rectangle isoscele, la convenance de notre construction, parce que 1°. si l'on fait (fig. 16.) les directions CX, *m* X des berceaux qui ont

DES VOUTES COMPOSÉES. Chap I.   19

pour diametre les côtés A B & A D, qui comprennent l'angle *Fig. 16.*
droit, perpendiculaires à ces côtés, la position de la clef
tombe en X sur le côté BD, & fait évanouir le troisieme berceau, qui étoit ci-devant exprimé par la projection DSB. 2°. Si
l'on met le sommet de la clef en S, sur le point d'intersection
des diagonales AS, BS, DS, & que l'on veuille (comme le P.
Derand) faire les deux berceaux ASB, ASD, de direction
droite sur AB & AD, il résulte qu'on ne peut les faire ni elliptiques, ni circulaires, mais d'un contour irrégulier, comme
sont les courbes ARB, A r D, (fig. 17.) parce que les sommets R & r tombent à plomb des points g & G, produits par
les perpendiculaires tirées du point S; donc il faut changer ces
directions droites S g & S G en obliques S C & S m, pour avoir
un milieu h au sommet d'un demi cercle, ou de la demi-ellipse,
prise pour ceintre primitif. Il faut encore remarquer qu'on pourroit prendre si l'on vouloit, une direction oblique comme
SC, & une droite comme SG, en faisant le ceintre AKD cor-
rompu; ce que nous observerons en passant sans en conseiller la
pratique. L'application du trait de ces voûtes est visiblement la
même que celle des berceaux d'égale hauteur qui se rencontrent perpendiculairement ou obliquement, dont ces cas ne sont
que des corollaires.

Des voûtes d'arête incomplettes.

J'appelle ainsi celles dont les arêtes ne sont qu'un quart de
ceintre; telles sont par exemple celles de la plûpart des chevets
de nos anciennes églises, qui sont à *pans coupés*, dont la clef
est sur le milieu du ceintre qui rachete la voûte de la nef; il
est visible qu'une telle voûte est la moité d'un exagone de même
espece, dont on a retranché l'autre moitié suivant un de ses diametres; ainsi il n'est pas nécessaire d'en parler en particulier,
après ce qui a été dit en général. Il faut seulement observer que
de telles voûtes demandent à être bien appuyées à la clef pour
subsister, parce que les arêtes pousseroient au vuide au-delà de
l'arc doubleau, s'il n'y avoit pas une voûte au-devant.

Des berceaux croisés qui rachetent des plafonds.

Le Pere Derand (chap. 19 de sa quatrieme partie) annonce
le trait d'une *voûte d'arête sur un quarré, ayant un plafond quarré
au milieu*, il n'est pas difficile de montrer qu'il propose une chose

C ij

impossible, s'il prétend raccorder la voûte avec le plafond; car puisque les directions des côtés du quarré du plafond sont perpendiculaires aux axes des berceaux qui se croisent pour former la voûte d'arête, elles ne peuvent être que les cordes ou les tangentes des sections transversales de ces cylindres, lesquelles sont essentiellement des lignes courbes circulaires ou elliptiques; par conséquent les côtés du quarré ne peuvent se raccorder avec le milieu de la croisée de la voûte que par le moyen de la saillie du quadre qu'il y demande pour *la beauté de l'ouvrage*; il auroit dû dire, pour en cacher un peu le défaut & la discordance, parce que les angles de ce quadre seront plus bas que la clef de toute la hauteur de la flèche de l'arc que ce côté de quarré comprend, auquel la bordure se termine par une saillie inégale depuis son milieu à ses angles, laquelle sera d'autant plus difforme que le plafond sera grand. Il n'en est pas de même pour les voûtes en arc de cloître; on peut fort bien y pratiquer au milieu un plafond, si grand que l'on voudra, en voici la raison. Les joints de lit de chaque assise des voûtes d'arête sont des lignes droites horisontales paralleles aux impostes de chaque berceau; par conséquent on peut pratiquer au milieu de cette espece de voûte une surface plane d'autant de côtés que le nombre des impostes; quarrée sur une voûte de deux berceaux qui se croisent en angle droit, exagone sur trois; ainsi du reste. J'ai dit qu'on pouvoit faire ce plafond si grand que l'on veut, mais à condition qu'il servira d'étrésillon pour contenir les voussoirs qui poussent au vuide entre les angles rentrans, car il n'y a que ceux des angles qui se contiennent mutuellement par le concours des deux diametres de leurs côtés. De ces deux observations il suit que le trait du même Auteur (chap. 20 , à la suite du précédent) est partie bon partie mauvais, comme nous le dirons en parlant des voûtes à doubles arêtes.

Application du trait sur le bois pour la charpente, ou pour la menuiserie.

On ne peut pas toujours ni par-tout faire des voûtes de pierres ou de briques; on a souvent des raisons de les faire en charpente, ou du moins de revêtir de lambris de menuiserie celles qui sont faites de pierre ou de briques. Les raisons que l'on peut avoir de faire des voûtes de charpente sont : 1°. La rareté ou la cherté de la pierre dans le lieu où l'on bâtit, lorsqu'il est auprès d'une forêt. 2°. La foibleſſe des murs ſur leſquels on veut établir une voûte, dont la *pouſſée* pourroit les renverſer, ſi on la faiſoit de pierre ou de briques. 3°. La crainte des ſecouſſes des tremblemens de terre, dans les pays qui y ſont fort ſujets. Par cette raiſon toutes les Egliſes de Lima, grande Ville capitale du Pérou, où j'ai été, ſont faites de charpente recouverte d'un lattis de cannes & de mortier; j'en ai vu plus de ſoixante ſi bien faites que je ne les jugeai pas telles du premier abord, étant ornées d'Ordres d'architecture, de pilaſtres, corniches, arcs doubleaux, &c. tout comme les voûtes de maçonnerie, comme je l'ai dit dans la relation de mon voyage imprimé en 1716, à Paris, en Hollande, en Angleterre, où il a été traduit dans la langue du pays. On a auſſi quelquefois raiſon de revêtir en lambris de menuiſerie des voûtes qui ne ſont pas agréables à la vue & qu'on ne veut pas démolir, ſoit pour en changer le contour, comme du gothique au plein ceintre, ou pour en cacher quelques imperfections, ou pour les rendre plus ſuſceptibles des ornemens de ſculpture, dorure & peinture.

Soit que l'on ſe propoſe de faire en bois une voûte en arc de cloître, ou une voûte d'arête, on fera l'épure comme pour les voûtes de pierres; les ceintres étant tracés pour les formerêts & arcs doubleaux, les ouvriers ne trouveront non plus de difficulté à les exécuter en bois, qu'à faire une demi-roue de pluſieurs jantes, parce que ces pieces ſont directement tranſverſales.

Il n'en eſt pas tout-à-fait de même pour les ceintres des diagonales creuſés en angle rentrant pour les arcs de cloître, ou débillardés en angle ſaillant pour les arêtes des voûtes qui en portent le nom; il y faut un peu plus de façon. Soit (fig. 4.) le parallelogramme D B E *b*, le plan horiſontal d'une voûte d'arête biaiſe, dont l'arc ſurbaiſſé D T E eſt le ceintre d'arête formé ſur la plus grande diagonale D E, pour axe horiſontal, & la hauteur S T donnée égale à C H du ceintre primitif D H *b*. On commencera par déterminer la longueur de la piece de bois ſur l'épaiſſeur de celle qu'on veut employer, conſidérant la flêche & la profondeur de l'arc qu'on y peut creuſer, & ajoutant à cette longueur celle des tenons néceſſaires pour l'aſſemblage avec les pieces ſuivantes & la ſabliere ſur laquelle elle doit être poſée.

Planche 70. Fig. 4.

Suppoſons qu'il s'agiſſe d'un ceintre de diagonale d'une voûte d'arête D T E, (fig. 4.) on y inſcrira une corde, par exemple

STEREOTOMIE. Liv. IV. Partie II.

D 3^d, égale à la longueur du bois donnée, laquelle fera avec la diagonale ED, prolongée vers k, l'angle obtus 3^d D k, qu'on prendra avec la fausse équerre pour couper en *gras* le bout inférieur de la piece de bois aux deux côtés du tenon qui doivent s'appuyer sur les bords de la mortoise de la *fabliere* * (qui est la piece de bois, où est la naissance de la voûte.) On levera ensuite la cerche ou le panneau du segment d'ellipse D 4^d 3^d, avec laquelle on tracera sur les côtés de la largeur le creux de la piece de bois que l'on coupera cylindriquement, comme si l'on vouloit en faire une simple portion de berceau, comme l'on voit à la figure 14, la partie de g en G. Sur le milieu de cette surface concave, on tracera avec un *trufquin*, ou en traînant le compas ouvert de la moitié de l'épaisseur, ou seulement un *échantillon*, la ligne du milieu D b 3, qui marquera l'arête que l'on doit former. On tracera ensuite sur l'épure de la figure 4*, une ligne ig, perpendiculaire à DE, sur laquelle on portera de part & d'autre la moitié de l'épaisseur du bois de D en i & de D en g, par où on menera des paralleles à DE ou Dk, qui rencontreront le côté BD prolongé en a, & b D prolongé en e. On portera les longueurs ia, sur un côté de la hauteur ou largeur du bois, & ge de l'autre, pour tracer par ces deux points des lignes courbes paralleles aux arêtes ik I (figure 14.) & gfG, comme crn & son opposée, que le dessein ne peut représenter, parce qu'elle est cachée par l'épaisseur du bois. Enfin par la ligne du milieu D b 3 & cette derniere crn, on débillardera, c'est-à-dire, on abattra le bois en chanfrin, comme il est représenté en brn 3, & de même de l'autre côté, ce qui formera l'arête qu'on voit en perspective au bout n 3 o, laquelle fera celle d'une des croisées de la voûte d'arête qu'on veut faire. L'autre arête de croisée se formera de même sur le ceintre de même hauteur qui a pour diametre la diagonale b B (figure 4.) ou si l'on veut revenir à la figure 5, qui est la primitive, d'où cet exemple est tiré, ce sera le ceintre ATB. On operera de même pour chacune des pieces de bois qui doivent s'assembler avec les autres, à peu près comme les jantes d'une roue.

Si au lieu d'une voûte d'arête il s'agit de faire un arc de cloitre, il est visible qu'il faut opérer en sens contraire de ce qu'on vient de faire, c'est-à-dire, creuser en angle rentrant le bois qui formoit un angle saillant. Ainsi, (figure 8.) ayant tiré comme ci-devant la perpendiculaire ig sur la diagonale De, on me-

---

*Ce mot vient du Latin *subligare*, lier par-dessous.*

Planche 71.
Fig. 14.

Pl. 70.

Pl. 71.

DES VOUTES COMPOSÉES. Chap. I.

nera par les points i & g, donnés pour l'épaisseur du bois, des *Fig. 8.* parallèles ik, go à la diagonale D e, qui couperont les côtés A D & a D en k & o, & donneront des longueurs ik & go inégales, si la voûte est biaise ou *barlongue*, c'est-à-dire, plus longue que large. Si l'épaisseur du bois est peu considérable par rapport à la diagonale qui croise la première, on pourra se servir pour tracer les arêtes par o & par k de l'arc du ceintre fait sur D e, comme en D T E de la figure 4, parce que la différence de ce ceintre à ceux qu'on y doit faire passer, dans la rigueur, peut être négligée sans erreur sensible. Mais si cette épaisseur de bois & l'obliquité ou l'inégalité des côtés de la voûte est considérable, alors il faut tracer des arcs d'ellipse particuliers, un pour l'arête passant par k, l'autre pour celle qui passe par o. Il faut de plus observer que s'il s'agit d'une pièce de charpente qui doive être couverte d'un latis & de plâtre, les deux côtés D k & D o doivent être inégaux dans les voûtes biaises & barlongues; mais s'il s'agit d'un revêtement de menuiserie, ces côtés devenans les largeurs des bâtis, doivent être égaux entr'eux. Quoi qu'il en soit, on tirera par les points k & o des parallèles à la diagonale D e, par exemple, par o la ligne of, qui coupera ae en f, & la diagonale A a au point x, ou on élevera sur A a une perpendiculaire xy qui coupera le ceintre ahA en y; la ligne of sera l'arc horisontal d'une ellipse dont xy sera la hauteur verticale; avec ces deux mesures on tracera une demi-ellipse qui sera le ceintre de chacune des arêtes, quoique l'une comme k avance plus que l'autre o. Les arcs de ce ceintre étant tracés chacun sur une face de hauteur du bois, on le creusera de l'un à l'autre en portion de berceau biais; sur laquelle ayant tracé l'arc du milieu, on y creusera le bois en angle rentrant kDo, suivant la cerche du ceintre formé sur la diagonale D e, comme D T E de la figure 4, & la pièce sera achevée.

Des voûtes d'arêtes gothiques.

On appelle voûtes *gothiques*, ou selon le P. Derand, voû- *Fig. 10.* tes *modernes* & à *augives*, celles dont les ceintres perpendiculaires à leurs directions sont composés de deux arcs de cercles, tracés de différens centres, faisant un angle rentrant à la clef. La mode de ces voûtes, que nous tenions des Goths, ou plutôt selon quelques antiquaires des Maures, est tellement abolie qu'on n'en fait plus de cette espece dans les nouveaux bâtimens; mais comme dans les réparations des anciens cloîtres, églises, ou autres édifices, il se présente des occasions d'en rétablir quelques parties, il est nécessaire d'en connoître le trait. Il faut premierement remarquer que les doëles des voûtes d'arêtes gothiques sont très-rarement des portions de surfaces de cylindres, comme à nos berceaux & voûtes d'arêtes antiques, qui sont usitées dans l'architecture moderne; mais chaque pandantif est une portion triangulaire d'une espece de sphéroïde irrégulier dont la surface se courbe depuis sa naissance insensiblement, suivant la direction de la clef, à mesure qu'elle en approche; de sorte que chaque pandantif est une surface à double courbure, dont nous devrions renvoyer le trait au rang des surfaces irrégulieres, cependant nous lui donnerons place ici par plusieurs raisons. Premierement, à cause de leur grande conformité avec les voûtes d'arêtes régulieres. Secondement, parce que leurs nervures en sont le principal objet pour la coupe des pierres, en ce qu'il n'est presque jamais question d'appareil pour les pandantifs que ces nervures terminent, à cause que leur peu d'épaisseur rendroit la coupe presque insensible dans chaque voussoir; c'est pourquoi on se contente ordinairement de les faire de petites pierres sans coupe, qu'on appelle *pandans*, pour lesquelles le mortier mis un peu plus épais à l'extrados qu'à la doële, fait l'office de la coupe d'un voussoir. Les principales de ces nervures Fig. 21. sont les *arcs doubleaux* A B, E D, & les *augives*, A D, E B; les premieres les traversent diametralement, & les secondes en diagonales qui se croisent; c'est pourquoi on dit ordinairement *croisée d'augives*.

Les courbes de ces ceintres sont arbitraires, cependant on *n'y emploie jamais que des arcs de cercles*. Ceux des arcs-doubleaux sont toujours tracés de différens centres, pris ordinairement aux impostes opposées, alors ils sont de soixante dégrés; quelquefois le centre est en dedans, quelquefois en dehors; on en voit même aussi, (mais mal à propos,) dont les centres sont au-dessus ou au-dessous de la ligne des impostes : le P. Derand le met au-dessus. Les arcs des augives sont quelquefois tracés aussi de deux centres, mais souvent d'un seul qui fait un demi-cercle; ce qu'on ne pratique jamais aux arcs doubleaux dans l'architecture gothique. Soit le parallelograme rectangle A B D E, (figure 21,) le plan horisontal de la voûte d'arête gothique dont les diagonales AD, BE, sont les projections des augives; les côtés AB, DE,

celles

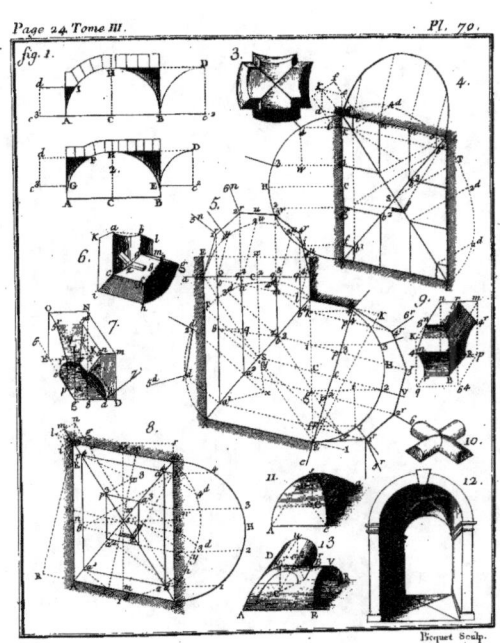

DES VOUTES COMPOSÉES. Chap I.

E, celles des arcs doubleaux, de même que A E, B D, si la voûte étoit dans une croisée ouverte ; mais si elle est fermée de ces côtés, ces arcs doubleaux prennent le nom de *formerets*. Entre ces principales nervures on en place souvent d'autres, comme M G & M H, & leurs opposées M F, M I, qui sont les projections des *liernes* ; & les lignes B G & B H, & leurs lignes semblables qui sont celles des *tiercerons*.

Fig. 21.

Il s'agit présentement de tracer les arcs de cercles dont ces lignes sont les projections horisontales, c'est-à-dire, les *plans*, suivant le langage des appareilleurs. Ayant divisé A B en deux également en m, on prendra à volonté & à distance égale de ce point les centres C & e, pour ceux des arcs doubleaux A s, B s, selon qu'on voudra la voûte plus ou moins surmontée en s, où ils se croisent. Le P. Derand prend ces centres au-dessus de la ligne d'imposte A B, & dit *qu'on en use ainsi*, ce qui est très-mauvais, parce qu'une telle naissance commence par un arc renversé en talud. Pour tracer ensuite les arcs d'augives, on portera la projection B M en Bp sur B A, où l'on élevera une perpendiculaire $p\,m^2$, qu'on peut faire égale à M B, si l'on veut l'augive en plein ceintre, ou plus haute, si on la veut de deux arcs de moins de dégrés que le quart de cercle, comme on a fait aux arcs doubleaux. Dans ces deux cas, le point m^2 sera plus haut que le point s, le point p sera le centre de l'arc B m^2, si l'augive est d'un seul arc en plein ceintre ; si elle est de deux, le centre sera plus près de A, mais toujours sur l'horisontale A B ; la maniere de trouver ce nouveau centre, est de tirer une corde du sommet donné au-dessus de m^2, par exemple z au point B, la diviser en deux également, & lui mener une perpendiculaire qui coupera A B en un point, qui sera le centre qu'on cherche, comme nous allons le faire pour trouver les arcs des autres nervures.

Premierement, pour l'arc de lierne, il faut considérer qu'il doit passer au sommet m^2, qui est le milieu de la croisée d'augive dont la projection est le point M, & par le sommet s de l'arc doubleau, dont la projection sera si l'on veut le point L ou m, on menera par le point s une ligne O R, parallele à A B, qui coupera la verticale $p\,m^2$ au point O, d'où l'on prendra O R égale à M L, & par les points m^2 & R donnés, on tracera un arc dont le centre est sur la verticale $m^2 p$ prolongée au point Q qu'on trouvera en tirant une corde de m^2 en R, & faisant sur son milieu une perpendiculaire qui coupera cette verticale en Q, ce

Tome III. D

Fig. 21.

qui n'eſt pas exprimé dans la figure, pour éviter la confuſion des lignes; l'arc m^2 R tracé de ce centre Q, ſera la moitié d'une lierne dont la projection eſt ML ou Mm, ſi ABDE eſt un quart; mais comme par cette diſpoſition de figure des projections des nervures, cet arc ne deſcend pas juſqu'en L, finiſſant en G ou H, il faut porter la diſtance MH, ſur le profil OR en Og, & mener gh verticale, qui coupera l'arc m^2 R en h; l'arc m^2 h ſera celui que l'on cherche, dont MH étoit donné pour ſa projection. *Secondement*, pour avoir l'arc du *tierceron* BH ou BG, on portera la longueur de la projection BG en Bk, où l'on élevera la verticale kK indéfinie, puis on tirera par le point trouvé h une horiſontale hi qui coupera cette verticale au point K, par lequel & par le point B on tirera la corde KB, qu'on diviſera en deux également en n, où l'on fera une perpendiculaire à cette corde qui coupera l'horiſontale AB au point y, où ſera le centre de l'arc KB du tierceron qu'on veut former ſur la doële du pandantif; ainſi on aura tous les arcs des nervures tracées en projection ſuivant la figure compriſe dans le quarré ABDE.

Il eſt aiſé de tirer de cette pratique la maniere de trouver les arcs des nervures de tant de compartimens différens que l'on voudra en tracer au plan horiſontal. Par exemple, ſi l'on prolongeoit les tiercerons AF, DI, &c. juſqu'aux augives en T & t, & qu'on tirât les lignes Fu, Iu, IV, HV, qui formeroient des compartimens de lozanges FuIT, HVIt, il eſt déja clair que la hauteur des points F, H, I, eſt donnée au profil que nous venons de faire au point h, & que les points T & u, ou t & V, ſont déterminés dans l'augive par la projection: ainſi ſi l'on porte la longueur Dt ſur AB en B, & qu'on éleve la verticale ix, elle rencontrera l'arc m^2 B de l'augive au point x, qui ſera plus bas que le point h. Enſuite ayant tiré par x l'horiſontale xq, & une verticale par le point h, qui la coupera vers x, on portera la longueur Ht de la projection en xq, (ſuppoſant x à l'interſection de la verticale & de l'horiſontale) & par les points donnés h, q, on tracera un arc dont le centre doit être ſur la verticale paſſant par h. Si l'on avoit cherché l'arc dont VH eſt la projection, on l'auroit trouvé de même; mais au lieu que le point h eſt ici le plus élevé, ç'auroit été le plus bas dans le profil.

On peut remarquer dans les anciennes égliſes & dans les cloîtres

DES VOUTES COMPOSÉES. Chap. I.

gothiques, une variété admirable de ces compartimens ; ce que j'ai vu de plus beau & de mieux exécuté dans ce genre, est au monastere de Bethleem, auprès de Lisbonne en Portugal, tant à l'eglise qu'au cloître, où la plupart des nervures sont de marbre. Il paroît dans nos anciennes églises beaucoup de bisarrerie dans ces compartimens; quelquefois les arcs doubleaux sont supprimés entre les croisées d'augives, pour les traverser par des nervures passant par les clefs des formerets, parallelement aux augives ; de sorte que leur projection horisontale donne une figure de réticules en quarré ou en lozanges, comme on voit à la fig. 18 ; ce qui fait que ces liernes poussent de part & d'autre au vuide contre le milieu des reins des augives ; quelquefois les les nervures sont détachées de la voûte au milieu de la croisée, où la doële s'éleve au-dessus en forme de cul-de-four irrégulier comme en M, duquel pendent du *cul-de-lampe*, des *guimberges* & autres ornemens de l'architecture gothique, suspendus par des barres de fer, lesquels sont présentement universellement rejettés par les architectes, comme étant dans des situations forcées & de peu de solidité. Il est visible par ces constructions que les directions des doëles à la clef étant courbes, les pandantifs ne sont pas des portions de cylindres, puisqu'ils sont terminés par trois côtés courbes circulaires, savoir par l'arc doubleau, par celui de l'augive, & par celui de la lierne, (s'il y en a une.) ou à sa place par l'angle courbe & rentrant qui est au long de la clef; ainsi supposant, ce qui n'arrive presque jamais, qu'on fît les pandantifs en pierre de taille, il faudroit avoir recours à ce que nous avons dit des voûtes sphériques, ou plutôt des sphéroïdes irréguliers ; car les pandantifs ne sont pas des triangles exactement sphériques, quoiqu'ils puissent l'être. Il est encore visible que si l'on fait d'autres nervures de plus, en façon de rose, d'étoile, &c. que les parties des pandantifs comprises entre les nervures circulaires sont des surfaces qui ne seroient pas d'une suite uniforme, si ces nervures étoient enlevées, parce que les sections d'une surface irreguliere ne sont pas des arcs de cercles, étant coupées en tout sens; elles seroient au contraire souvent des courbes à double courbure, dont l'exécution demanderoit une grande attention; mais on assujettit le vuide des compartimens aux terminaisons des nervures, & non pas les nervures à la surface de la doële.

Une des principales difficultés des voûtes gothiques, est celle

Fig. 18.

des interfections & des naiffances des nervures. A l'égard des interfections de celles qui fe croifent, il eft vifible qu'elles doivent être d'un même profil de moulures égales, afin que les angles rentrans foient exactement dans le plan des diagonales de leurs projections. Pour trouver l'alongement, c'eft-à-dire, la cerche ralongée de leur contour, il n'y a qu'à faire un angle BAD, égal à celui de la croifée d'augives, dont le côté AB repréfente par exemple la lierne, & AD l'augive; on tirera fur AB la perpendiculaire BD, & autant de paralleles que l'on voudra avoir de points au contour de la moulure, qui coupera AD aux points o, o, o, D, par lefquels on menera des perpendiculaires fur AD, qu'on fera égales aux petites lignes a d, a d, &c. comme o x, o x, &c. dont les extrêmités détermineront les contours des moulures ralongées, dans l'angle rentrant de l'interfection de deux nervures.

Fig. 22.

Quant à la naiffance des nervures au-deffus d'un pilier, ou d'un *cul-de-lampe*, laquelle eft fouvent même fans impofte fur le nud d'un mur, il faut en faire la projection comme l'on voit en N, au-deffous de la figure 22, où NF eft celle du formeret, NT du tierceron, NO de l'augive, N t d'un autre tierceron, & N d d'un arc doubleau, où les principales nervures NF, NO, N d, couvrent une partie des intermédiaires NT, N t. Préfentement pour connoître à quelle hauteur elles fe dégagent, il faut porter les retombées données de chacun des arcs de ces nervures fur les lignes NO, NT, NF prolongées, & y retracer de nouveau les mêmes profils de nervures; fuppofant, par exemple, que la hauteur de la pierre donnée pour former une partie de la nervure foit BN de la figure 21, fa retombée fera égale à d N, qui montre que la projection de la nervure doit être avancée de cet intervalle: ainfi en refaifant à cette diftance les profils des moulures des nervures qui s'écartent, on reconnoîtra fi elles font toutes dégagées à cette hauteur, ou s'il refte encore quelques parties des intermédiaires couvertes par les principales des augives & des formerets & arcs doubleaux. La même pratique fervira à trouver les lits des nervures dont les naiffances font prifes fur des points écartés & qui fe croifent enfuite un peu au-deffus pour être continuées chacune à leur deftination; ce que l'on ne voit point à celles qui prennent leur naiffance fur des piliers, mais affez fouvent à celles qui naiffent fans appui d'impofte du nud d'un mur; comme ces fortes d'ouvrages ne tombent en pratique que dans les cas de réparations des anciens édifices, nous ne nous y arrêterons pas davantage.

Remarque sur les voûtes gothiques.

Si les doëles des voûtes gothiques n'étoient pas en quelque façon brisées & interrompues au milieu sous la clef, par un angle rentrant qui est désagréable à la vue, elles seroient sans doute préférables à nos nouvelles voûtes, par plusieurs raisons. La premiere est, que la grande inclinaison de leurs pandantifs, qui est encore considérable à leur sommet vers la clef, permet qu'on les fasse extrêmement minces & légeres : de-là suivent plusieurs avantages. 1°. Qu'elles consomment beaucoup moins de matériaux. 2°. Qu'elles sont d'une plus facile & plus prompte exécution, parce que les matériaux étant plus petits sont plus faciles à transporter & à mettre en œuvre. 3°. De-là suit qu'elles coûtent beaucoup moins en dépense de consommation & en journées d'ouvriers. 4°. Qu'il y a moins de sujettion pour la taille des voussoirs, où l'on n'est asservi à aucune coupe pour les lits ; parce que leur épaisseur n'étant que d'environ 5 à 6 pouces, on n'y a pas d'égard à la coupe, à laquelle on peut suppléer par un peu de mortier plus épais à l'extrados qu'à la doële ; de sorte qu'on y emploie de petites pierres taillées à l'équerre, qu'on appelle des *pandans*. La seconde raison, qui leur donne un grand avantage sur les nôtres, c'est qu'étant beaucoup plus légeres & inclinées, elles font beaucoup moins d'effort pour renverser les murs sur lesquels elles sont élevées, par conséquent elles épargnent une grande épaisseur qu'il faut donner aux piédroits qui soutiennent des voûtes en plein ceintre, ce qui est une forte raison de diminution de dépense. Il n'est donc pas étonnant que la mode de ces voûtes ait duré si long-tems, & qu'on en voie encore aujourd'hui un si grand nombre en cloîtres, en églises, & autres bâtimens publics, lesquels n'auroient peut-être pas été bâtis, si l'objet de la dépense avoit été aussi grand qu'il l'est aujourd'hui suivant notre architecture massive ; il est vrai aussi que celle-ci l'emporte sur la gothique en beauté & en solidité. On voit à la fig. 20 l'effet d'une voûte gothique avec ses nervures.

Des voûtes persiennes.

Quoique nous regardions comme une difformité l'angle rentrant qui se fait à la doële, des voûtes gothiques sous la clef, les Perses n'en jugent pas de même, ils y font un angle encore plus

Fig. 19. marqué, en ce qu'il est précédé de deux petites portions d'arcs convexes, comme on voit en *d* & *e*, à la figure 19 ; nous voyons dans les estampes du voyage de Chardin, que les ceintres généralement de toutes leurs voûtes, même jusqu'aux arcades des fenêtres & des boutiques, sont contournées à peu près dans le goût du profil des *combles à l'impériale*, ou plutôt comme les pointes des anciens écussons renversés, composés de deux parties concaves *a d*, *b e*, & de deux convexes en *d* & *e*, qui se joignent en *s*. Une figure si extraordinaire pour une voûte, nous prouve bien que la beauté n'est ordinairement qu'un préjugé de l'éducation & de l'habitude que l'on a de voir les choses approuvées par la mode du pays que l'on habite. Il est cependant vrai, à juger des choses sans prévention, que de toutes les courbes des ceintres usités pour les voûtes, celle dont nous parlons est la moins propre à leur solidité, par conséquent qu'elle doit être intrinséquement difforme, en ce qu'elle n'est point conforme aux moyens d'en assurer la durée. La raison en est bien plausible, en ce que les parties convexes auprès de la clef pousseroient infailliblement au vuide, si les voussoirs étoient taillés suivant la coupe qui est naturelle à cette figure, laquelle coupe seroit divergente du dehors au dedans, au lieu qu'elle doit être convergente ; de sorte qu'il n'y a pas lieu de douter qu'elle n'y soit pratiquée intérieurement en sens contraire. D'où il suit que les parties convexes doivent être composées de voussoirs dont les queues soient plus longues que les autres qui sont concaves, ce qui augmente considérablement la charge de la voûte à l'endroit où elle cause une plus grande *poussée*. En second lieu, que les arêtes des voussoirs contigus sont de force inégales, l'une en angle obtus, l'autre en angle aigu ; il y a apparence que de telles voûtes ne s'exécutent gueres en pierres de taille.

Toutes ces conséquences font voir qu'il est étonnant qu'une nation aussi spirituelle que les Perses, qui passent pour avoir du goût dans les ouvrages d'ornemens, ayent adopté un contour de ceintre qui nous paroît ridicule ; je ne m'arrêterai pas à en chercher le trait, parce que je ne crois pas que nous adoptions jamais un tel goût en France : je dirai seulement en passant qu'il me paroît, autant que j'en puis juger par les estampes de Chardin, que chaque côté du ceintre est composé de trois arcs de cercles, savoir, celui de la naissance, qui monte environ à 30 ou 45 degrés, dont le centre est pris sur le rayon opposé, par exemple, pour l'arc *a f* ou *a h* entre M & *b* en 1 ; ensuite sur le

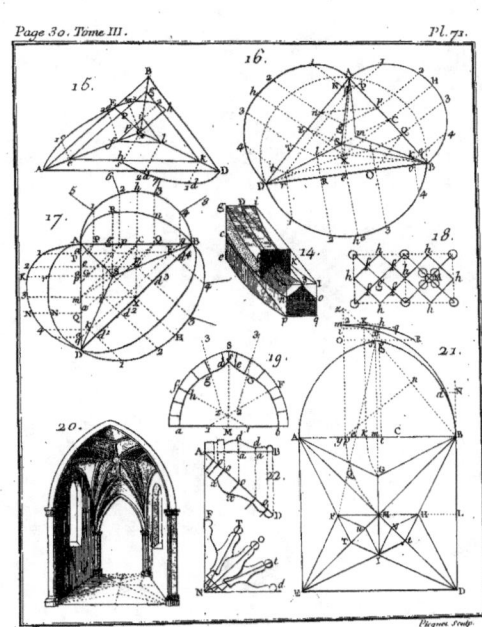

DES VOUTES COMPOSÉES. CHAP I.

rayon 1 f, ils prennent un second centre vers le milieu en 2, pour former l'arc hg, & enfin sur le rayon g 2, prolongé en dehors, un autre centre en 3, pour tracer l'arc gs. Et comme ces centres peuvent être pris plus près ou plus loin de M & de b, il en résulte des ceintres surhaussés ou surbaissés ; comme il n'y a pas d'apparence que ce livre passe en Perse, je ne crains pas d'être repris sur cette conjecture. On pourroit trouver quelques autres courbes géométriques ou méchaniques qui donneroient de tels contours sans le secours des arcs de cercles : telle seroit la *compagne de la roullete* de M. de Roberval, répétée & tournée en sens contraire, qu'on pourroit faire croiser pour diminuer les parties convexes de doële autant que l'on voudroit ; mais en voilà assez sur une observation de simple curiosité qui ne doit pas être mise en pratique.

Des voûtes à doubles arêtes.

On appelle voûtes à *doubles arêtes*, celles dont les angles saillans sont émoussés par des pans cylindriques angulaires, dont la pointe est sur l'imposte à la naissance de la voûte. Ainsi supposant une voûte d'arête formée par la rencontre de deux berceaux qui se croisent à angle droit, recoupée à ses angles saillans par deux berceaux qui croisent les précédens à angle de 45 degrés, on aura une voûte à doubles arêtes, qui sera un composé de huit portions de surfaces cylindriques en pandantif, terminées au sommet par une surface plane qui forme un plafond. La raison de cette terminaison à leur sommet vient de ce que les quatre demi-berceaux qui se croisent suivant les diagonales des quatre premiers berceaux, se coupent mutuellement parallelement à leurs axes, (par le théor. 16 du premier liv.) par conséquent suivant quatre lignes droites horisontales qui peuvent être les quatre côtés d'une surface plane quarrée, si la voûte est établie sur des directions perpendiculaires des premiers berceaux égaux en diametres, ou en rhombe, si les directions sont obliques, ou les diametres inégaux.

Planche 72. Fig. 27. & 29.

Le P. Derand, au lieu d'un plafond en parallelograme, en propose un en octogone, mais il est clair, par ce que nous avons dit ci-devant de son erreur à l'égard des plafonds quarrés sur les voûtes d'arêtes simples, que la figure d'un octogone ne peut se raccorder avec la surface des voûtes à doubles arêtes, en ce que des huit côtés du plafond, il n'y en peut avoir que quatre

32 STEREOTOMIE. Liv. IV. Partie II.

Fig. 28.
qui foient établis fur des lignes droites communes à la doëlede la voûte, favoir, les pans *s t*, *u x*, *o p*, *q r*, qui font parallèles à la direction des cylindres, dont les pans A G F, B G I, D I K, E K F, font des parties; les quatre autres côtés de l'octogone *t u*, *x o*, *p q* & *r s*, coupant obliquement ces mêmes portions de cylindre, ne peuvent être qu'au deffous de leur furface dans des plans verticaux dont les fections font des ellipfes qui ont pour cordes ces mêmes côtés, fuppofant les quatre premiers côtés à la furface de chacune de ces portions de cylindre. Ainfi le raccordement d'un plafond octogone ne peut fe faire que par le moyen d'une bordure faillante au-deffous de la doële dans les côtés qui la coupent obliquemtnt, ou pour mieux dire, il ne peut point être raccordé avec la voûte.

Voûtes à doubles arêtes rachetant un plafond quarré, ou en lozange.

Fig. 28.
Soit A B D E le plan horifontal de la voûte d'arête dont les quatre naiffances font aux angles A, B, D, E; ayant tiré les diagonales d'un de ces angles à l'autre & les lignes du milieu C N, C L, qui s'entrecouperont auffi bien que les diagonales au milieu M, on déterminera la demi-largeur ou longueur du plafond fur une de ces lignes M G ou M F; & par ces points G & F on tirera des parallèles aux diagonales M A, M E, qui donneront les points K & I à leur interfection avec les lignes de milieu C L, C N, & par conféquent tout le rhombe F G I K du plafond. Par les mêmes points F, G, I, K, on tirera aux angles des naiffances les lignes G A, F A; F E, K E; K D, D I, &c. qui feront les projections horifontales des arêtes de la voûte dont il faut tracer les ceintres; fuppofant, qu'on fe détermine à faire fur A B, le ceintre primitif en demi-cercle A H B, on le divifera à l'ordinaire en fes vouffoirs 1, 2, 3, 4, 5, 6, d'où l'on abaiffera des à plomb fur A B, qu'on prolongera jufqu'à ce qu'ils rencontrent la première arête A G aux points q^1, q^2, q^3, par lefquels on menera des parallèles à la diagonale E M, qui rencontreront l'arête fuivante A F, aux points r^1, r^2, r^3, par ceux-ci on menera des parallèles au côté A B, prolongées indéfiniment au-delà de A E, qu'elles couperont aux points s^1, s^2, s^3. Sur ces indéfinies on portera au-delà de A E les hauteurs correfpondantes des retombées du ceintre primitif, comme *p* 1 en s^1 1*f*, p^2 en s^2 2*f*, p^3 en s^3 3*f*; & par les points 1*f*, 2*f*, 3*f*, &c. on

tracera

DES VOUTES COMPOSÉES. Chap. I.

tracera l'arc elliptique A h E, qui sera le ceintre du petit côté.

Il faut présentement chercher les ceintres des arêtes dont AG & AF sont les projections; on portera la longueur AG sur AB en Ag, & AF en AR sur AE, de même que toutes leurs divisions A q & A r, en AQ & AR, desquelles on élevera des perpendiculaires qu'on fera égales aux correspondantes du ceintre primitif p 1, p 2, & l'on aura pour le ceintre de l'arête AG l'arc elliptique A x X, & pour l'arête AF, l'arc A y Y. La projection horisontale des joints de lit, & les ceintres des côtés & des arêtes de la voûte étant donnés, les voussoirs se feront dans chacune de ses parties de la même maniere qu'aux voûtes d'arête simples dont nous avons parlé, sans aucune différence, ce qu'il est inutile d'expliquer plus au long. Pour donner une idée de la figure de cette voûte, nous en avons dessiné une moitié en perspective à la figure 27, où nous avons marqué les angles des mêmes lettres qu'au plan horisontal & aux élevations de la figure 28.

Fig. 28.

Voûtes à doubles arêtes rachetant un plafond circulaire, ou un cul-de-four.

Il semble, par les descriptions que l'on nous fait de la voûte de la fameuse église de S. Paul de Londres, qu'elle est de l'espece dont il s'agit ici, quoique exécutée en charpente, telle que nous en avons dessiné une moitié à la figure 29; quoi qu'il en soit, il est certain que si elle n'est pas tout-à-fait semblable à celle dont nous allons donner le trait, elle a pu l'être sans inconvénient de solidité ni de difformité, & de plus être bâtie en pierre de taille jusqu'au plafond. Soit ABDE (figure 30) le plan horisontal d'une travée, ou partie de la nef, comprise entre deux pilastres, laquelle est effectivement dans la proportion de celles de S. Paul, suivant le plan que j'en ai. Soit aussi le cercle FGIK de grandeur prise à volonté pour le plafond du milieu. On tirera, comme à la voûte à doubles arêtes, les projections AG, AF; EF, EK; DK, DI, &c. & le plan horisontal sera tracé.

Fig. 29.

Fig. 30.

Présentement, il faut considérer qu'on peut faire cette voûte de deux manieres; l'une qu'on pourroit nommer à *triples arêtes*, qui seroit composée de surfaces régulieres; l'autre dont les pandantifs du milieu seront des portions de sphéroïdes irréguliers. Pour la premiere, ayant tiré la corde FG, on fera pre-

Tome III.   E

34 STEREOTOMIE. Liv. IV. Partie II.

Fig. 30. mierement le pandantif A F G, de la même maniere qu'à la voûte précédente de la figure 28, où il est une portion de berceau régulier cylindrique ; ensuite on y ajoutera la lunette dont F m G est le ceintre. Ainsi ayant divisé la corde F G en M, & ayant formé le ceintre du milieu de ce pandantif sur A M, comme on a formé ceux des arêtes A G & A F, on mettra ce ceintre à part, comme a T M°; puis ayant tiré la droite m^t M°, parallele à m^e, & égale à m M du plan horisontal, on menera (par le probl. 3 du deuxieme livre) la tangente T m^t, qui sera l'ébrasement supérieur de la lunette au milieu, & suivant ce profil, on achevera son trait de la maniere qu'il sera dit ci-après pour celui des lunettes droites ou biaises; la seule différence qu'il y a ici ne consistant que dans la position, parce que dans le trait cité, c'est un berceau horisontal qui en pénetre un autre de même situation, ici c'est un vertical qui en en pénetre un horisontal ; ainsi prenant la ligne m^a M° pour une horisontale, on retombera dans le même cas.

La seconde maniere qui fait le pandantif d'une surface irréguliere, devroit être renvoyée au chapitre où nous traitons de la rencontre de ces surfaces, si les côtés des arêtes n'étoient pas donnés ; mais puisqu'ils le sont, la rencontre des surfaces est connue & réguliere. Premierement, ce pandantif pourroit être une portion triangulaire d'une sphere réguliere si les ceintres des arêtes n'étoient pas déterminés en portions d'ellipse, par la suite nécessaire du ceintre primitif A H B & par la hauteur égale aussi donnée au ceintre du formeret A h E; car faisant un arc de cercle sur chacun des rayons donnés A G & A F des courbes des ceintres des arêtes, on auroit un triagle sphérique dont le troisieme côté seroit F m G ; mais il arriveroit que les ceintres de l'arc doubleau A B & du formeret A E, ne seroient pas d'une seule courbe en demi-ellipse, mais un composé de deux arcs qui feroient un angle à la clef, comme les voûtes Gothiques, parce que les plans verticaux passans par les arêtes A G & A F ne sont pas tangens au cercle F G I K en G & en F, puisqu'ils ne sont pas perpendiculaires aux rayons du plafond ; par conséquent la section de la sphere par A F ne sera pas un arc de 90 degrés, non plus que A G, qui sera d'un nombre de degrés plus grand que A F, parce que l'angle A G K approche plus du droit que A F I. Il ne reste donc de moyen de raccorder toutes ces por-

DES VOUTES COMPOSÉES. Chap. I. 35

tions de berceaux avec le plafond, que de former le pandantif du milieu en surface sphéroïde irréguliere.

Fig. 30.

Ayant trouvé les projections des divisions des joints de lit aux arêtes, comme dans la voûte précédente (figure 28) aux points q & r, on prendra les distances du centre C^1 du plafond aux points q & q^2 de l'arête AG la plus éloignée, & portant les pointes du compas ouvert de cet intervalle successivement aux points q & r, de ces deux points pour centres, on fera des sections en $\mathfrak{z}$, où seront les centres des arcs qnr, &c. qui seront les projections des joints de lit du pandantif du milieu, & qui serviront à tracer autant d'arcs que l'on voudra entre les deux arêtes AG, AF : nous n'en donnerons qu'un vers le milieu pour exemple, en $\mathfrak{z}$, dont l'arc est $q^2 n^2 r$. Du point A au point m, pris à volonté sur l'arc FmG, on menera une ligne qui coupera les arcs transversaux qr, qr, aux points n, n; on portera ensuite sur AB les longueurs An^1, An^2, Am, en AN^2, AN^3, AQ pour élever sur ces points N^2, N^3, Q, des perpendiculaires égales aux correspondantes du ceintre primitif $p2$ $p3$, CH, puis par les points 1, 2, 3 on menera des horisontales qui couperont ces perpendiculaires aux points x^1, x^2, x^3, V, par lesquels on tirera la courbe du ceintre dont Am est la projection; ainsi des autres lignes de sections qu'on pourroit tirer par d'autres points, par exemple Ad.

Les projections des joints de lit & les profils des à-plombs étant donnés, cette voûte se tracera sur la pierre comme les voûtes d'arêtes simples, ayant seulement égard aux différences des angles, qui seront mixtes lorsque les voussoirs seront achevés, mais qu'on peut ébaucher en prenant les cordes des arcs, comme s'ils étoient rectilignes. La conformité de cette voûte avec la précédente nous dispense d'entrer dans un plus grand détail, qui ne seroit qu'une répétition de ce qui vient d'être dit, observant seulement qu'à celle-là, la doële étant cylindrique, peut se faire à la regle, & celle-ci étant à double courbure, ne peut se creuser qu'avec plusieurs cerches, comme toutes les surfaces concaves irrégulieres, suivant ce que nous avons dit au commencement du quatrieme livre.

Eij

36 STEREOTOMIE. Liv. IV. Partie II.

De la terminaison d'un berceau qui en pénetre un autre d'inégale hauteur.

En termes de l'art,

Lunette droite ou biaise de niveau dans un berceau de niveau.

Plan. 73.
Fig. 282.

Fig. 302.

On appelle *lunette* la rencontre de deux berceaux dont l'arête d'enfourchement fait un contour qui enferme un espace semblable à celui du croissant de la lune, d'où elle tire son nom ; ce qui n'arrive que lorsqu'un des berceaux est moins élevé que l'autre, parce que lorsqu'ils sont tous deux de même hauteur depuis l'imposte, cette rencontre fait deux courbes planes, qui se croisent en angle saillant, au lieu que la lunette fait une courbe à double courbure continue, sans interruption d'aucun angle ; cependant on applique quelquefois ce nom aux parties des voûtes d'arêtes, mais improprement. Soit (fig. 30^2) le parallelograme ABDE le plan horisontal d'un berceau AmB, & FGIK celui d'un autre berceau de moindre hauteur, qui le pénetre obliquement, ou si l'on veut perpendiculairement comme $ifgk$, de l'autre côté, ce qui fait une lunette *biaise* ou une *droite* ; nous nous attacherons au trait de la biaise, parce qu'il comprend celui de la droite. On menera par un point K, pris à volonté sur un côté KG, une perpendiculaire à ce côté, laquelle rencontre l'opposé FI prolongé en L. Sur KL, comme diametre, on fera un demi-cercle KHL, qui sera l'arc droit de la lunette & le ceintre primitif, qu'on divisera en ses voussoirs aux points 1, 2, 3, 4, par lesquels on menera des paralleles à la direction des piédroits FI ou GK, prolongées indéfiniment de part & d'autre des divisions, qui couperont le diametre de l'arc droit LK aux points $p^1 p^2 p^3 p^4$, & les projections des rencontres des joints du grand berceau AmB, en des points que l'on va chercher. Ayant fait Bh perpendiculaire sur AB, on y portera les hauteurs des retombées du ceintre KHL de la lunette, sçavoir 1 p^1 en Bf^1, 2p^2 en Bf^2, & la hauteur du milieu C H en Bh ; par les points h, f^2, f^1, on menera des paralleles à AB qui couperont le ceintre du grand berceau AmB aux points s, y, x, desquels on abaissera des perpendiculaires qui rencontreront les projections des divisions du berceau qui fait lunette aux points x^1, y^2,

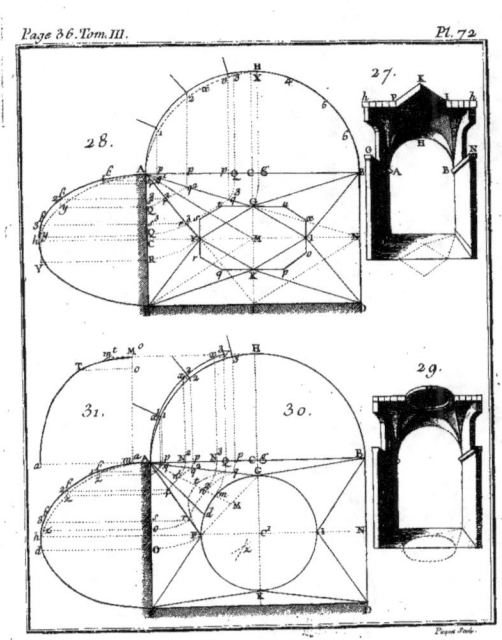

DES VOUTES COMPOSÉES. Chap. I.

y^3, x^4, que l'on cherche ; on menera par ces points des lignes droites F x^1, y^2, y, x^4 G, qui donneront les terminaisons des doëles plates des deux berceaux. Nous ne faisons pas mention du milieu s, parce qu'il est hors de la doële plate de la clef.

Plan. 73. Fig. 30².

Il faut présentement chercher l'étendue de ses doëles plates, qui sont reserrées par la projection dans l'une & l'autre voûte ; ce qui se fait par le dévelopement. *Premierement*, pour former les panneaux de doële plate du petit berceau, qui fait dans le grand cette échancrure qu'on appelle *lunette*, on menera à part une ligne $K^d L^d$ (fig. 29²) où bien, si la place le permet, on prolongera le diametre K L de l'arc droit indéfiniment vers L^d, sur laquelle ligne prolongée, ayant pris un point K^d à volonté, on portera de suite toutes les cordes des divisions de l'arc droit L 1 ; 1 , 2 ; 2 , 3 ; 3 , 4 ; 4 , K ; en L^d, d^1, d^2, d^3, &c. par où on menera des perpendiculaires à la directrice $L^d K^d$, prolongées indéfiniment, sur lesquelles on portera successivement les distances horisontales du diametre K L, aux lignes K I ou G F, prises sur les projections des joints de lit p^1 q^1, p^2 q^2, &c. pour avoir les points I^d, q^1, q^2, q^3, &c. de la fig. 29², ce qui donnera le biais des têtes du côté de l'entrée de la lunette. Pour avoir l'autre tête de chaque panneau à l'enfourchement, on prendra les longueurs ou distances horisontales du diametre K L, aux points x^1, y^2, y, x^2, qu'on portera sur les perpendiculaires à la directrice $L^d K^d$, pour avoir les points F^a, 1^d, 2^d, 3^d, 4^d, G^d, par lesquels on menera des lignes droites de l'un à l'autre, qui donneront le biais demandé à l'arête d'enfourchement.

Fig. 29².

Si au lieu de ces lignes droites, on en tire une courbe G^d a 4^d b 3^d c, &c. on aura le développement de l'arête à double courbure de l'enfourchement, qui est dans ce cas celui de l'ellipsimbre, supposant que les cordes prises à l'arc droit soient si petites & en si grand nombre qu'elles ne different pas sensiblement de l'arc droit, laquelle courbe de développement pourroit servir à tracer cette arête sur la doële du petit berceau creusée en cylindre, si l'on faisoit les panneaux sur une matiere flexible, comme du carton, du fer-blanc, des lames de plomb, &c. On a pu remarquer que dans ce dévelopement de la fig 29², on a pris la partie du berceau biais comprise dans l'épaisseur du mur F I K G, qu'on pouvoit omettre, parce que ne s'agissant ici que de la lunette, il suffisoit seulement de la partie F G s F.

L'exemple de cette lunette biaise servira aussi pour la lunette droite fhg, dont le trait étant moins composé sera par conséquent beaucoup plus facile, parce que le cercle fhg est non-seulement le ceintre de l'arc droit, mais aussi celui de la face de la lunette sur le parement du mur ; ce qui n'est pas de même à la lunette biaise, où ce ceintre est différent de l'arc droit LHK. Il sera facile de tracer ce ceintre elliptique par le problême VIII du deuxieme livre.

Secondement, pour faire le dévelopement des panneaux de doële plate de la partie de la grande voûte dans laquelle la lunette fait une échancrure, on menera par tous les points trouvés F, x^1, y^2, y^3, x^4, G, de la projection de la lunette des perpendiculaires à la direction BD, en dedans ou en dehors du berceau, comme à la fig. 30^2, prolongées indéfiniment, auxquelles on menera à distance prise à volonté une perpendiculaire $F^o G^o$, qui les coupera aux points $x^o y^o, Y^o, X^o$; cette ligne représentera la naissance de la voûte ABDE, (fig. 30^2) dans la partie FG de son imposte BD, si la lunette prend sa naissance sur la même imposte ; mais si elle la prenoit plus haut, comme en TV, il faudroit qu'elle fût au-dessus de B de la longueur de l'arc BT rectifié ; ainsi en ce cas la ligne de l'imposte du grand berceau devroit être plus bas en $f^o g^o$.

Plan 73.
Fig. 30^2.
& 30^3.

Fig. 30^3.

Supposant F^o pour le point de la naissance, on portera la corde Bx en $F^o x^d$, ensuite la corde xy du même profil en $x^d y^d$, & par les points $x^d y^d$, on menera des paralleles à $F^o G^o$ qui donneront par leurs intersections avec les lignes provenant de la projection de la lunette, tous les points du développement qu'on veut faire ; la plus haute passant par y^d, donnera les deux points $y^2 y^3$, communs à la doële plate de la clef & des assises collatérales ; la plus basse $x^d x^4$, donnera les points $x^1 x^4$, des lits de dessus des premiers voussoirs, & de dessous des seconds, par les intersections des lignes $x^1 x^o$, & $x^4 X^o$, comme le montre la figure 30^3. Par le moyen de ce dévelopement, on a les angles des têtes des doëles plates du grand berceau, qui aboutissent à celle de la lunette, par exemple, $x^d x^1 F^o$, pour le premier qui doit se joindre à la tête $F^d 1^d$ du premier panneau de doële plate de la figure 29^2, ainsi des autres de suite, comme l'angle $y^d y^2 x^1$, pour la tête de la seconde doële plate du berceau, qui doit se joindre à la tête du second panneau de la lunette $1^d 2^d$, de la figure 29^2. On remarquera que nous ne parlons ici que des têtes des doëles plates

DES VOUTES COMPOSÉES. CHAP. I. 39
qui ne font jamais que des lignes droites, parce que si l'on prenoit les développemens de l'arête à double courbure des deux doëles du berceau & de la lunette, on ne pourroit faire joindre ces deux courbes que dans l'enveloppement qu'on en pourroit faire par des panneaux flexibles inutiles à la pratique, comme on le reconnoîtra par l'application du trait sur la pierre.

Application du trait sur la pierre.

Ayant dressé un parement pour servir de lit horisontal de supposition, on perdra le biveau de l'angle que forme la direction du joint de lit de la lunette avec celui de la voûte pris au plan horisontal ; par exemple, supposant qu'on veuille faire le second voussoir vers B, on prendra l'angle $p^1\ x^1\ 1^o$, avec une sauterelle ou la fausse équerre, & on l'appliquera sur le lit fait, ensuite avec le biveau de la doële de la lunette & de l'horison O 1, 2, on abattra la pierre le long de la ligne $p^1\ x^1$, sur laquelle on tiendra toujours ses branches à l'équerre ; ainsi on formera une surface sur laquelle on appliquera le panneau de doële $1^d\ 2^d\ q^2\ q^1$, (fig. 29^1) dont on tracera le contour de la tête & le reste, s'il en est besoin. Ensuite on prendra le biveau de la doële & de l'horison de la voûte au même lit $f^1\ x\ y$ (fig. 30^2) avec lequel on abattra la pierre suivant la ligne $x^1\ 1^o$, aussi quarément sur cette ligne, d'où résultera une seconde surface qui fera avec la première une arête saillante, qu'on dirigera en appliquant sur la surface de la lunette le panneau de doële plate de la voûte $x^d\ x^1\ y^2\ y^d$, (fig. 30) posant sur cette arête le côté $x^1\ y^2$, & $x^d\ y^1$, sur l'arête du lit horisontal, & l'on tracera le contour de ce panneau du moins pour le lit de dessus $y^d\ y^2$, parce que le côté $y^d\ x^d$ peut être plus avancé ou plus reculé, suivant la longueur de la pierre & de la liaison qu'elle doit faire. Les doëles plates étant tracées, on abattra la pierre avec les biveaux de lit & de doële pris à l'arc droit à l'ordinaire sur chaque berceau, comme L 1, 5, (fig. 30^2.) pour le lit de dessus à la lunette au premier voussoir ; 5, 1, 2, pour le lit de dessous du second ; 1, 2, 6, pour celui de dessus du même, &c. De même, pour la branche du voussoir qui entre dans la voûte, on abattra les lits avec le biveau Q $x\ y$, pour le lit de dessous, & $u\ y\ x$ pour celui de dessus. La rencontre de ces lits formera un angle & une arête saillante au lit de dessus, & un angle rentrant à celui de dessous, comme aux voûtes d'arêt dont nous avons parlé : à

Plan. 73.
Fig. 31.

l'égard des têtes, on les abattra toujours quarrément fur le lit horifontal avant que de former les lits. Toutes les furfaces planes qui comprennent le vouſſoir étant finies, il ne s'agira plus que de creuſer la doële fuivant la cerche de l'arc de la voûte qui convient ; par exemple, pour la branche qui entre dans la lunette, on la formera fur l'arc 1, 2, & pour celle de la voûte fur l'arc xy, & le vouſſoir fera achevé.

REMARQUE.

Il eſt bon de faire attention à cette maniere d'appliquer ce trait fur la pierre, parce qu'elle eſt le modele de notre méthode de tailler tous les enfourchemens dont on aura les panneaux de doële plate des deux branches du vouſſoir ; c'eſt pourquoi nous renverrons fouvent le lecteur à la lunette droite ou biaiſe pour l'application du trait.

Explication démonſtrative.

Puiſque l'arête d'enfourchement de la lunette dont il eſt queſtion eſt une courbe à double courbure, elle ne peut jamais être exprimée par une ligne droite ; cependant comme on peut inſcrire des priſmes dans chacune des voûtes cylindriques qui ſe rencontrent, les interſections de leurs angles ſe feront dans des points communs à cette ligne courbe, & les lignes d'interſection de chacun des plans des priſmes pourront être conſidérées comme des eſpeces de cordes des arêtes. Je dis des eſpeces de cordes, parce que les cordes proprement dites ſont des ſoutendantes des arcs des courbes planes; quoi qu'il en ſoit, en creuſant ces priſmes en creux cylindriques, cette courbe à double courbure ſe forme d'elle-même par la rencontre de deux ſegmens cylindriques.

Préſentement, ſi l'on conſidere le grand berceau AmB, comme un priſme, on verra par la conſtruction que la figure 30 en eſt un développement depuis le point s, où ſe termine le ſommet du petit berceau qui le pénetre, juſqu'au point B où eſt l'impoſte qu'on peut ſuppoſer commune aux deux berceaux, ſi le petit prend ſa naiſſance à même hauteur ; ainſi le polygone $F^o\ x^1\ y^2\ y^3\ x^4\ G^o$, fera le trou que le petit priſme fait dans le grand par ſa pénétration, & ſi par ſes angles on trace à la main une ligne courbe, elle repréſentera l'arête d'interſection des deux cylindres. Il eſt auſſi viſible, par notre conſtruction, que la fig. 29^2 eſt

DES VOUTES COMPOSÉES. Chap I.

est le dévelopement exact du petit prisme compris entre un mur à plomb & la surface du grand, & qu'en inscrivant toutes les lignes $I^d\ q^1\ q^2\ q^3,\ q^4\ K^d$, dans un demi cercle KHL, d'où elles sont tirées, elles se rangeront toutes sur une même surface plane, quoique dans le dévelopement elles soient rangées en ligne courbe; parce que nous avons montré au troisieme livre, pages 386 & 387, que le développement d'un cercle sur un cylindre scalene étoit une courbe de cette espece.

Plan. 73.
Fig. 29².

Il n'est pas moins clair que la terminaison des surfaces du petit prisme à celle du grand a été bien trouvée, parce qu'ayant supposé sa direction horisontale, les projections des divisions de ces surfaces, qui sont celles des angles des plans, leur seront parallèles, par conséquent égales en longueur; il n'en est pas de même de leur largeur, qui est inclinée à l'horison inégalement dans chacune. D'où il suit que si l'on tire une ligne courbe par les points trouvés de ce dévelopement $F^d\ 2^d\ G^d$, on aura celui de la courbe à double courbure sur la doële du petit berceau; laquelle étant pliée se rejoindra avec la précédente $F^o\ y^2\ G^o$, pliée sur le grand, quoique leur différence paroisse très-grande; ce qui est cependant évident, puisque chacune représente l'arête commune aux deux berceaux. A l'égard de la justesse de l'application du trait pour trouver l'inclinaison des doëles plates, il est clair qu'elle est très-simple & très-exacte, en ce qu'elle rapporte différentes inclinaisons au plan horisontal, qui est toujours constant & commun à leurs naissances. D'où il suit que les inclinaisons des lits sont aussi déterminées, puisqu'elles dépendent de celles des doëles; & parce que cette méthode donne les deux points des angles de leur tête & une ligne de leur côté, qui est le joint de lit, il est évident que toute leur surface est donnée, par conséquent, que suivant cette méthode on peut se passer de faire les panneaux de lit, qui sont indispensables suivant celle des Auteurs; ainsi elle a un grand avantage sur l'ancienne.

De la rencontre des berceaux horisontaux avec les verticaux.

EXEMPLE.

Porte droite ou biaise en tour ronde ou en tour creuse.

Comme il s'agit dans ce trait de former des arêtes à double

courbure, il n'y a pas de moyen plus exact dans son principe que celui de l'opération qu'on appelle *par équarrissement*, par laquelle on forme ces courbes sans en connoître autre chose que leurs projections. On peut aussi exécuter ce trait par panneaux, avec une exactitude suffisante à la pratique, en passant par dessus les difficultés géométriques qui s'y rencontrent, (dont quelques-unes sont insurmontables) parce que la grossiereté des ouvrages de la main ne peut atteindre à la perfection où le raisonnement voudroit les conduire. Il me paroît cependant à propos d'exposer ces difficultés, pour éclairer l'esprit des appareilleurs, & pour leur montrer à quel degré de perfection ils peuvent opérer par la voie des panneaux.

La premiere difficulté est celle de la rectification de la circonférence du cercle, qu'il faut étendre en ligne droite dans cette partie de l'arc horisontal de la tour ronde ou creuse qui est comprise entre les jambages de la porte, & diviser cet arc en même raison qu'il l'a été lorsqu'il étoit courbe, par les à plombs des divisions des voussoirs du ceintre de face de la porte, tracé sur une surface plane tangente à la tour. Cette difficulté, qui est, comme l'on sait, géométriquement insurmontable, ne tire à aucune conséquence pour la pratique, où il suffit de prendre de suite plusieurs petites cordes qui different peu des arcs, & les ranger sur une ligne droite, ou si l'on veut méchaniquement prendre le contour courbe avec un fil qu'on déploie. La seconde difficulté consiste dans la description de la courbe formée par la circonférence du ceintre primitif déployé sur une surface plane, par le moyen des ordonnées du cercle élevées perpendiculairement sur les abscisses, dont les rapports changent à chaque division suivant que l'arc déployé s'écartoit ou se rapprochoit du parallelisme du diametre d'un ceintre tangent à la tour; laquelle courbe ne peut être décrite qu'à la main, ou avec une regle pliante appuyée sur plusieurs points trouvés. La troisieme difficulté consiste dans la courbure qu'il faut donner aux têtes des panneaux de lit & de doële plate, laquelle n'est pas circulaire, (comme les Auteurs des livres de la coupe des pierres le supposent par leur opération des *trois points perdus*) mais elliptique dans les tours sans talud, parce que les cordes des arcs de ces têtes sont dans un plan incliné à l'axe du cylindre *de bout*, qui est la tour concave ou convexe. J'ai dit dans les tours sans talud, parce que dans celles qui en ont, cette courbe devient souvent

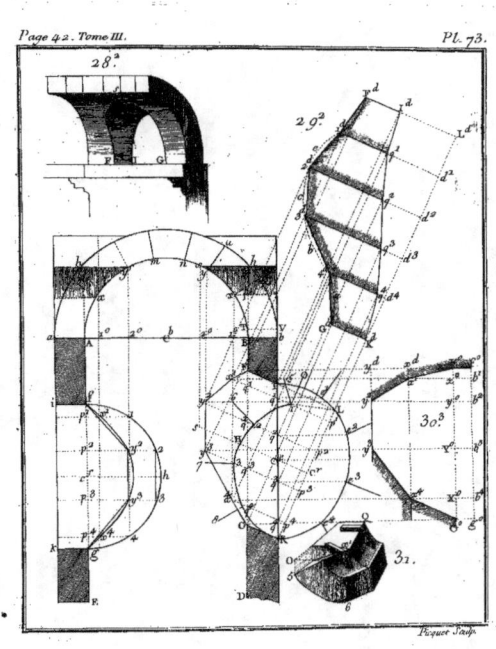

DES VOUTES COMPOSÉES. Chap. I. 43

un arc de parabole ou d'hyperbole, la tour étant alors un cône tronqué, qui peut être coupé par les plans des lits, suivant l'inclinaison qui forme ces courbes.

Quant à la courbe de l'arête que forme la rencontre de la doële de la porte avec le parement creux ou rond de la tour, elle ne peut être une section conique, parce qu'elle est à double courbure ; savoir, un *cicloïmbre*, lorsque la porte est droite & en plein ceintre, & un ellipsimbre dans les autres cas, comme il a été démontré au sixieme chap. du premier livre. La connoissance de ces choses étant présupposée, on va donner les moyens d'exécuter ce trait. Soit (Pl. 74 fig. 33) une portion de tour, qui sera appellée *ronde*, si on suppose sa face B A T O en dehors, & *creuse*, si elle est vue par dedans en F G D E, dans laquelle nous supposerons deux bayes de portes, dont l'une comme B A est *droite*, en ce que ses piédroits B F, A G, sont paralleles à la direction d'une ligne du milieu $C^t m$, qui passe par le centre C^t de la tour, & le milieu m de la corde B A, qu'elle coupe perpendiculairement. L'autre, (fig. 37,) dont la direction du milieu K L est oblique sur la corde B A, en sorte qu'elle ne passe pas par le centre, sera appellée biaise.

Pl. 74.
Fig. 33.

Fig. 37.

Premier Cas.

De la porte droite en tour ronde ou creuse.

On commencera par se déterminer au choix du ceintre primitif, qu'on peut prendre à l'arc droit ou à l'arc de face courbe ; il est plus commode de choisir ce premier, parce qu'il peut être décrit sur une surface plane & que le second ne le peut être que par le développement ; cependant si l'on veut affecter une parfaite égalité dans les têtes des voussoirs, on ne le peut en choisissant l'arc droit pour ceintre primitif, parce qu'il en résulte des divisions un peu inégales sur les têtes de la face, qui se rétrecissent depuis les impostes jusqu'à la clef ; la raison est que les arcs horisontaux de la tour approchent d'autant plus du parallelisme de l'arc droit qu'ils s'éloignent des naissances de droite & de gauche, comme on le voit à la fig. 33, où l'arc $X^1 X^3$ est plus grand à l'égard de la droite $t d^t$, que l'arc $X^3 n$ ne l'est à l'égard de $d r$. Cette raison fait que les Architectes choisissent souvent le ceintre de face courbe pour primitif, & alors ils appellent le trait, *porte droite en tour ronde, ou creuse par têtes égales*.

F ij

Premiere disposition, où l'arc droit est pris pour ceintre primitif.

Fig. 33. Sur la corde B A, largeur de la porte, ou sur une parallele & égale *b a*, comme diametre, prise entre les piédroits F B & G A prolongés, on tracera le ceintre circulaire ou elliptique, & l'ayant divisé en ses voussoirs aux points 1, 2, 3, 4, on menera par ces points des parallèles aux piédroits, ou ce qui est la même chose à sa direction C^t C, qui passe par le centre C^t de la tour, & par celui du ceintre C, lesquelles couperont l'arc convexe B C A aux points X^4 X^3, &c. & le concave aux points 4^n 3^n, &c. On en usera de même pour le ceintre de l'extrados E H D, & l'on aura par ce moyen les intersections de toutes ces parallèles avec les arcs horisontaux de la tour, concaves en dedans & convexes au dehors, lesquelles donneront les moyens de former les panneaux de lit & les courbes de leurs joints de tête concaves & convexes, en quoi consiste principalement la difficulté de ce trait, où le reste de la construction ne differe en rien de celle des berceaux ordinaires. On peut même se passer de chercher ces courbes de joints de tête, si l'on veut tailler chaque voussoir comme s'il étoit portion d'un berceau droit circonscrit à la portion de tour que comprend la doële de la porte avec son extrados, comme nous allons le dire, ce qui abrege beaucoup l'opération.

1. *Par l'équarrissement.*

Fig. 35. Soit (figure 35) un second voussoir au-dessus de l'imposte, comme celui marqué 4, 3, 7, 8 de la figure 33, dont la projection horisontale est le parallelograme K *p*^{3} V 8e; supposant ce voussoir fait comme une portion de berceau droit à la doële 4, 3, & au lit 4, 8, au lieu de tailler l'extrados suivant la courbe 8, 7, on lui fera un parement comme pour un lit de niveau, suivant la ligne N *a*, à l'équerre sur un parement à plomb 3 N,

Fig. 35. comme il est représenté à la fig. 35, en *a b g* N. On levera ensuite sur l'épure un panneau du triangle mixte 9 *k* X^3 que l'on posera sur le lit horisontal de la figure 35 en *c g* N, posant le point 9 en *c*, le point *k* sur *g*, & le point X^3 en N. On levera de même du côté du creux un panneau mixte 8e 3^n V, qu'on appliquera sur le même lit horisontal en dedans, posant le point 8e sur le point *b*, le point V sur *a*, & le point 3^n sur *x* de la fig. 35.

DES VOUTES COMPOSÉES. CHAP I.

Les contours de ces deux panneaux étant tracés sur le lit ag de la figure 35, on abattra la pierre à l'équerre sur le lit suivant les arcs tracés, pour former au dehors la surface convexe N c 8, 4, & au dedans la concave opposée; après quoi, avec le biveau mixte de doële & de coupe du lit de dessus, posé quarrément sur l'arête, passant par le point 3, on abattra la pierre pour former le lit de dessus, & le voussoir sera achevé.

Fig. 35.

Je n'ai pas parlé des lignes xi, $c8$, qu'il faut tracer sur les paremens à plomb bl & $a3$, pour bien conduire les arêtes qui doivent s'y former; pour peu qu'on ait d'habitude de couper du trait, on sait qu'il faut se donner pour guides le plus de lignes que l'on peut; c'est pourquoi l'on voit qu'il faut tracer sur le parement à plomb $a3$, une ligne xi parallèle à ah, pour marquer la première arête de préparation, quoiqu'il faille ensuite l'enlever pour la coupe id, 3, 7; de même sur l'autre parement à plomb bl, une ligne $c8$, parallèle à gl, qu'il faudra encore enlever s'il faut former l'extrados 8, 7. Il est visible que par la formation de ces deux surfaces circulaires concaves & convexes, on donne aux joints de tête 3, 7; 4, 8 une courbure elliptique sans la connoître, parce qu'on forme des cylindres que les lits plans, passant par ces joints de tête, coupent obliquement; & que si l'on enleve ensuite la partie cylindrique mixte 7 c 8, il se formera sur les contours circulaires 3, 4 & 7, 8 des courbes à double courbure qui seront de cette espèce que nous avons appelé cicloïmbre, & qui seroient des ellipsimbres si ces arcs 3, 4; 7, 8 étoient des portions de ceintres surhaussés ou surbaissés; ainsi on forme des courbes exactement telles qu'elles doivent être, sans les connoître; cette manière d'exécuter la porte en tour ronde ou creuse, n'a d'autre inconvénient qu'un peu de perte de pierre & souvent point, lorsque l'on fait les lits de niveau sur l'extrados, comme on le voit dans l'appareil de la fig. 32.

Seconde disposition, où le ceintre primitif est pris à la face courbe, ronde ou creuse, pour former des têtes égales.

Il est visible que la différence du diamètre B A de l'arc droit de la porte en tour ronde ou creuse, avec le diamètre courbe pris sur la face en B M A, consistant dans le rapport de la corde B A à l'arc B C A, elle sera d'autant plus grande que la tour sera petite, supposant une ouverture de baye constante; par

Fig. 33.

46 STEREOTOMIE. Liv. IV. Partie II.

Plan. 74.
Fig. 33.

conséquent les inégalités qui résultent à la division de la face convexe ou concave, en prenant l'arc droit pour ceintre primitif, sont plus ou moins considérables, suivant le rapport du diametre de la porte à celui de la tour; ainsi lorsque la porte ouvre une fort petite partie de la circonférence de la tour, ces inégalités deviennent si peu sensibles qu'elles peuvent être négligées. Supposant donc qu'on veuille affecter de faire les têtes des voussoirs parfaitement égales, on rectifiera l'arc horisontal de la tour B M A, en l'étendant en ligne droite sur la tangente, ou sur une ligne qui lui soit parallele comme E D; cette rectification donnera un diametre $b^d\ a^d$ plus grand que la corde B A, ou son égale $b\ a$; sur ce diametre on formera le ceintre primitif en demi-cercle $b^d\ h\ a^d$, ou en demi-ellipse, si l'on veut; on le divisera, à l'ordinaire en ses voussoirs aux points 1, 2, 3, 4, d'où l'on abaissera des perpendiculaires sur le diametre, qui donneront les projections de ces divisions.

Pour former l'arc droit qui doit provenir de ce ceintre primitif de développement, il faut replier les parties de son diametre sur l'arc horisontal de la tour B M A, en commençant au milieu, portant la longueur droite $C\ p^2$ de M en n, p^2 P de n en q', il restera par conséquent q' A égal à P a^d; par les points trouvés n, q', A, & leurs correspondans de l'autre côté de M en B, on menera des paralleles indéfinies à la direction M C^t, qui couperont l'arc concave F L G aux points t & i, & sa corde F G en $o\ \rho$, sur lesquels on portera les hauteurs des retombées $2\ p^2$, 1 P, C h en $o\ 2r$, $o\ 1^r$, O h^r & par les points G, 1^r, 2^r, h^r, &c. on décrira l'arc droit surhaussé G h^r F que l'on cherche, dont on fera usage, comme pour toutes les autres voûtes en berceau. Il est visible que les divisions égales du ceintre développé rendent celles de l'arc droit inégales. On pourroit encore faire l'arc droit en plein ceintre pour primitif, & le développé surbaissé secondaire, & ensuite reprendre le secondaire pour primitif, dans les divisions des voussoirs en parties égales, ce que le P. Derand met en question; sur quoi je puis dire en passant qu'il n'est pas scrupuleux dans son opération, où il transporte la droite rectifiée sur l'arc de la tour, par des arcs de cercle, prenant ainsi pour rayon d'un côté un arc de cercle & de l'autre une ligne droite.

Il faut présentement former les panneaux de doële & de lit. Nous avons fait usage des panneaux de doële plate par-tout où les faces étoient des surfaces planes; mais ici à cause que les faces

DES VOUTES COMPOSÉES. Chap. I. 47

sont concaves & convexes, nous ne pouvons faire usage que de panneaux flexibles en développement de la doële, parce que l'arête que fait la doële avec la tête est une courbe à double courbure qui ne peut jamais être représentée par une ligne droite, & que la surface convexe que l'on doit faire ne peut être ébauchée en plane que par le moyen des tangentes, & non pas des cordes comme les concaves.

Pour faire ce développement, on tirera à part une ligne droite $f^d\,g^d$, (fig. 34.) qu'on fera égale à la circonférence de l'arc-droit $F\,h^r\,G$, de la fig. 33; puis de son milieu H, on portera de part & d'autre la longueur de l'arc $h^r\,2^r$ en $H\,2^d$, $H\,3^d$; ensuite l'arc $2^r\,1^r$ en $2d\,1d$, $3^d\,4^d$, & par les points f^d, 4^d, 3^d, H, 2^d, 1^d, g^d, on menera des perpendiculaires à la droite $f^d\,g^d$ indéfinies, sur lesquelles on portera les avances de la tour sur la corde F G, savoir, O L de la fig. 33, en H l de la fig. 34; $o\,t$ en $2^d\,t$, $o\,i$ en $1^d\,i$; faisant de même de l'autre côté entre H & f^d, pour avoir la courbe ondée $f^d\,l\,g^d$, en développement de l'arête concave. Ensuite on prendra les avances de la doële convexe dont on fera le même usage, portant O M en H h^d, $o\,n$ en 2^d N, $o\,q^1$ en 1^d Q, & G A en $g^d\,A^d$, & par les points trouvés, qu'on peut multiplier autant que l'on voudra en subdivisant l'arc B M A, on tirera la courbe ondée B $^d\,h^d\,A^d$, pour l'arête convexe de la face extérieure avec la doële, & le développement de la doële sera le quadriligne mixte B$^d\,g^d$.

Fig. 34.

Fig. 33 & 34.

Pour former les panneaux de lit, on abaissera par les points de l'extrados 5, 6, 7, 8, (fig. 33.) des perpendiculaires sur son diametre E D, qui le couperont aux points p^x & p^s, &c. & donneront pour projections développées les lignes droites $p^x\,p^x$ & $P\,p^s$, que l'on portera & repliera sur l'arc horisontal e M d de la tour en $n\,q$ & $q^1\,s$. Par les points q & s on menera des perpendiculaires $q\,o$, $s\,u$, aux projections de lits $n\,t$, & $q^1\,i$; puis ayant divisé les lignes 1, 5; 2, 6, en autant de parties égales qu'on voudra avoir de points de la courbe du joint de tête, par exemple, en trois aux points a & a, on divisera aussi en même nombre de parties égales les lignes de la projection $o\,q$ & $u\,s$, aux points o & o, par lesquels on menera des paralleles $\gamma\,o\,y$, $\gamma\,o\,y$ aux projections des joints de lit $n\,t$, $q^1\,i$, qui couperont l'arc convexe de la tour en γ & γ, & l'arc concave en y & y.

Cette préparation étant faite, on tracera à part (figure 36.) deux lignes à l'équerre Q i, 1, 5; on fera 1, 5 égale au joint de tête 1, 5 de la fig. 33, avec ses divisions égales a, a, par lesquelles

Fig. 36.

48   STEREOTOMIE. Liv. IV. Part. II.

Fig. 33 & 36. & par le point 5 on tirera des parallèles à Q*i*, sur lesquelles on portera en avant de la ligne 1, 5, les avances *uq*, *oʒ* & *oʒ*, de la projection en 1 Q, *aʒ* & *aʒ*, & par les points Q ʒ ʒ 5, on tracera l'arc elliptique du joint de tête convexe, dont la projection est l'arc de cercle *q* ʒ ʒ *s*. On trouvera de même les points de la courbe du joint de tête concave, en portant sur les mêmes parallèles en dessous de la ligne 1, 5, les longueurs *o y*, *o y*, *s l* de la projection de la fig. 33, en *a r*, *a r*, 5 *l*, de la fig. 36, & par les points *i*, *r*, *r*, *l*, on tracera la courbe du joint de tête concave ; le quadriligne mixte Q 5 *l i* sera le panneau de lit que l'on demande ; ainsi de tous les autres, comme on voit celui du joint de tête 2, 6 tracé à la fig. 33, en N ʒ 6 X *r* T, & le suivant *e* 5 *l i*.

Application du trait sur la pierre, par panneaux.

Ayant dressé un parement de grandeur convenable, on y tracera la doële plane par deux lignes parallèles éloignées de la distance de la corde de l'arc droit, par exemple, pour un second voussoir, cet intervalle sera la longueur de la corde $4^r, 3^r$ (fig. 33.) : ensuite ayant levé la cerche de l'arc $4^r f 3^r$, dont cette ligne est la corde, on creusera une doële cylindrique indécise vers les deux têtes, dans laquelle on appliquera le panneau flexible de carton coupé sur le développement de la fig. 34, en $4^x X^d T 4^d$, lequel étant enfoncé dans la doële creuse, ensorte qu'il s'y applique exactement, servira à déterminer le contour des têtes qui étoient indéterminées. On prendra ensuite le biveau mixte de lit & de doële de l'arc droit $8^r 4^r f 3^r$, pour former le lit de dessous, & $4^r f 3^r 7^r$, pour celui de dessus, lesquels angles mixtes ne seront pas égaux, si l'arc droit est elliptique.

Ayant abattu la pierre suivant ces biveaux pour former les lits, on y appliquera les panneaux qui leur conviennent, savoir, celui de la fig. 36, pour le lit de dessous, qui passe par le joint 4^r, & celui qui est marqué à la figure 33, en N 6 X T, pour le lit de dessus, qui passe par le joint 3 ou 2, & l'on tracera les contours courbes de ces panneaux qui donneront sur les lits plans les traces des joints de tête, suivant lesquelles & celles de la doële creuse qui a été tracée ci-devant, on pourra former la projection concave ou convexe de la tour qui est comprise entre ces trois lignes courbes, en abattant la pierre à vue d'œil de l'une à l'autre. Mais comme on pourroit manquer en quelques endroits,

DES VOUTES COMPOSÉES. CHAP. I. 49

droits, faute d'être suffisamment guidé, on prendra avec la fausse *Fig. 33.* équerre un angle 4 W 7 d'une corde de la doële 4 W avec un à plomb W 7, qu'on tracera sur la pierre, puis avec une cerche formée sur l'arc horisontal de la tour, comme par exemple B M, on formera la tête du voussoir en posant cette cerche perpendiculairement à la verticale 7 W, ou à sa parallele 7° 4, & la faisant couler dans cette situation sur cette ligne droite, l'appuyant sur les autres courbes de tête & de doële, ou de lit & de tête, l'opération sera exacte.

On voit par cette méthode que les panneaux de tête y sont inutiles, parce que ne pouvant être formés sur une matiere flexible propre à être appliquée que sur la surface cylindrique, ils ne serviroient tout au plus qu'à vérifier l'opération. Cependant on pourroit s'en servir en commençant par former une tête cylindrique, & alors si on en faisoit deux, l'un pour la convexe, l'autre pour la concave, l'on pourroit se passer de panneau de doële développée. Mais il faut remarquer que ces panneaux de tête seroient longs à faire, parce que quand même le ceintre de face auroit été fait sur une surface plane de développement, les joints de tête 1, 5 ; 2, 6, &c. tirés en ligne droite à l'élévation, suivant l'usage ordinaire, seroient faux, en ce qu'ils ne donneroient pas dans l'enveloppement du cylindre de la tour des têtes de lits en surface plane, prenant les choses à la rigueur, parce que le pliement d'une ligne droite sur une surface cylindrique ne peut devenir un arc elliptique que lorsque cette ligne est perpendiculaire à l'axe ou au côté du cylindre, comme lorsque le cylindre est droit sur une base elliptique ; par-tout hors de ce cas, elle ne se pliera pas en arc d'ellipse, ce qui est démontré au problème 7 du troisieme livre, où nous avons parlé du développement des cercles ou ellipses tracés à la surface des cylindres droits & scalenes ; ainsi pour faire les panneaux de tête avec précision, il faudroit tracer les joints de tête du développement suivant les mêmes principes, ce qui rendroit l'opération inutilement longue & embarrassante pour d'aussi petites parties que sont celles de chaque joint de tête.

Remarque sur l'usage.

Il ne faut pas croire que, parce que la mode de faire des tours soit presque passée, le trait de la porte en tour ronde ou creuse soit devenu plus rare, il est encore très-usuel ; car quoiqu'on ne

Tome III. G

faſſe plus gueres de tours entieres, on fait très-fréquemment des portions de murs concaves & convexes. Dans les bâtimens civils, rien n'eſt plus ordinaire que les portions de tour ronde & creuſe. Toutes les ouvertures des dômes ſont des portes ou fenêtres en tour creuſe par dedans, & ronde par dehors; telles ſont auſſi les fenêtres d'une partie de l'orangerie de Verſailles, qui ſont des modeles d'un bel appareil, celles que l'on fait dans les *fers à cheval* des grandes entrées, & en une infinité d'autres rencontres.

Porte biaiſe en tour ronde ou creuſe.

L'irrégularité de la direction du milieu d'une porte biaiſe à l'égard de la tour conſiſte en ce qu'elle ne paſſe pas par le centre de la tour, ſi elle eſt circulaire, ou qu'elle n'eſt pas perpendiculaire à la tangente à ce milieu, ſi la tour eſt elliptique, ce qui met quelque différence entre ce trait & le précédent, en ce que la courbe de l'arête de face avec la doële, qui étoit régulière de part & d'autre de la clef, en cicloïmbre ou en ellipſimbre, devient une ellipſimbre plus ſerrée d'un côté que de l'autre, ſi l'on prend l'arc droit pour ceintre primitif; ce qui devroit donner l'excluſion à cet arc lorſque l'entrée de la porte occupe un grand arc de la tour, parce qu'elle n'eſt pas agréable à la vue; & ſi l'on fait l'arc de face régulier, l'arc droit devient à ſon tour inégal de part & d'autre de la clef.

Fig. 37. Soit (fig. 37) le quadriligne mixte A B D E le plan horiſontal de la baye qu'on veut voûter; on ſe déterminera au choix du ceintre primitif, qu'on peut prendre en trois différens endroits. 1°. Sur la corde A B, ou ce qui eſt la même choſe ſur une ligne A'B', tangente au milieu m de l'arc BmA de la tour & égale à cette corde, à peu près comme nous avons fait ci-devant à la figure 33, en prenant l'arc droit pour ceintre primitif, lequel arc droit eſt ici différent parce que la corde A B n'étant pas parallele à la ligne E R, perpendiculaire à la direction du milieu m K, elle ne lui eſt pas égale, mais plus courte; d'où il réſulte que ſi le ceintre ſur A B eſt circulaire, l'arc droit ſur E R ſera ſurhauſſé. 2°. Comme le choix de la corde A B pour diametre du ceintre primitif cauſe quelques inégalités de diviſion dans les têtes des vouſſoirs à la face, par la même raiſon que nous avons donné au cas précédent, on peut prendre le ceintre primitif ſur le développement de l'arc AmB, par exemple, ſur la ligne A'B', ſuppoſée

égale à son contour rectifié, & opérer comme il a été dit au cas *Fig.* 37.
précédent; mais alors le contour intérieur de la doële deviendra
irrégulier, parce que la ligne menée par le milieu *m* de l'arc B A,
parallelement à la direction des piédroits B D, A E, ne coupe
pas la perpendiculaire R E à son milieu *c*, mais plus bas en *x*;
de sorte que la clef de l'arc droit R *h* E ne peut être au milieu *h*,
mais au point K, correspondant à la projection *m* du milieu de
la face; ce qui rend l'arc droit couché en façon de rampant.
3°. Enfin si l'on a plus d'attention à la régularité de la doële intérieure qu'à celle de la face d'entrée, on peut choisir l'arc droit
pour ceintre primitif, & opérer comme il a été dit au cas précédent; alors faisant *b* I parallele & égale à R E, & touchante
à l'arc horisontal de la tour en T, on reconnoîtra facilement
l'irrégularité que ce choix cause au ceintre secondaire de face
développée *b s a*, en ce que les parties qui sont peu différentes
du ceintre primitif *b s* I vers l'imposte *b*, deviennent grandes de
plus en plus, à mesure qu'elles approchent de l'imposte opposée
en *a*. Cependant c'est la seule construction que propose M. *de la
Rue* & la premiere du P. *Derand*.

Le ceintre de face, l'arc droit & la projection des joints de
lit étant donnés, il sera facile d'en faire usage pour tracer les
voussoirs, comme nous l'avons dit pour la porte droite en tour
ronde, soit par la voie de l'équarrissement, soit par celle des
panneaux flexibles formés sur le développement de la doële,
n'y ayant aucune différence que celle de l'irrégularité, c'est-à-
dire de l'inégalité des panneaux des parties correspondantes de
chaque côté de la clef, lesquelles étoient égales entr'elles à la
porte droite.

Explication démonstrative.

On a vu, par les theorêmes 18 & 20 du premier livre, que
l'arête de rencontre des surfaces de la tour & de la doële de la
porte est toujours une courbe à double courbure, tant dans le
cas de la porte droite, que dans celui de la biaise. Dans le premier cette courbe est un cicloïmbre, si l'arc droit de la porte est
en plein ceintre; il sera une ellipsimbre, si elle est surbaissée,
& si la direction de son milieu rencontre l'axe de la tour, auquel cas les parties correspondantes aux côtés de la clef sont
uniformes; mais dans la porte biaise, où cette direction du milieu ne rencontre pas l'axe de la tour, cette même courbe est

inégale dans les parties équidistantes de la clef, ce qui a été démontré au theorême 20 cité. On a vu aussi dans les problêmes 37 & 38 du second livre, que pour tracer ces sortes de courbes il falloit en trouver les ordonnées & les arranger sur une des deux surfaces courbes; par conséquent de quelque maniere qu'on s'y prenne, il faut toujours commencer par former une de ces deux surfaces cylindriques, ou la convexe de la tour ronde, ou la concave de la doële; & comme la doële est terminée à deux surfaces cylindriques, lorsque la porte perce la tour, savoir, à la convexe du dehors & à la concave du dedans, il est visible qu'il convient mieux de commencer par former la partie cylindrique du berceau de la porte, de quelque méthode qu'on se serve, d'équarrissement ou de panneaux.

Nous avons proposé dans les autres voûtes des panneaux de doële plate, même à celles dont les arêtes de rencontre sont à double courbure & les doëles concaves ; mais comme il s'agit ici de celles d'une surface concave de doële avec une convexe de face de la tour, on n'y a pas le même avantage; c'est pourquoi nous proposons des panneaux de développement d'une des surfaces cylindriques, qui donnent autant de points que l'on veut de cette arête, au lieu que la doële plate n'en donne que deux, qui sont ceux des extrêmités du joint de tête.

Quelques ouvriers, comme Maître *Blanchard*, dans son *traité de la coupe des bois*, supposent dans leur pratique une section plane verticale, de laquelle, comme terme, ils avancent des lignes droites qui déterminent par leurs longueurs plusieurs points de l'arête à double courbure; voici comme il opere au chap. 14. Après avoir formé le creux cylindrique de la doële suivant le trait de l'épure, il y applique une regle pliante, suivant laquelle il trace un arc qui tient en quelque façon lieu de corde à l'arête à double courbure, au-delà duquel il porte en avant les saillies de cette courbe, prises sur la projection; cette méthode est bonne, mais elle est moins prompte & d'une exécution moins correcte que celle des panneaux flexibles, sur lesquels il est plus facile de tracer par des points trouvés le développement de l'arête que sur une surface creuse, où l'on ne peut la tracer qu'à la main mal appuyée & plus mal guidée.

Il faut remarquer que quoique la tour soit cylindrique, circulaire & d'épaisseur par-tout égale, les courbes du développement des arêtes de la doële convexe en dehors & concave au

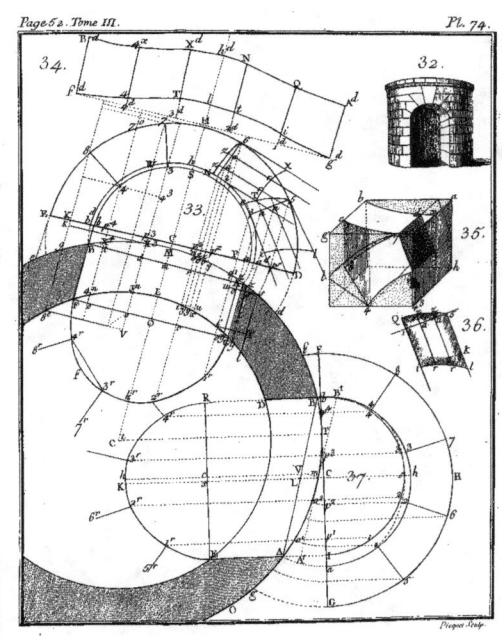

DES VOUTES COMPOSÉES Chap. I. 53

dedans, ne font ni égales ni parallèles entr'elles, parce que les arcs A B & F G de la porte droite ne font pas femblables, c'eft-à-dire, d'un même nombre de degrés, ce qui eft vifible en ce que les piédroits A G & B F prolongés ne tendent pas au centre de la tour, fi on les fuppofe parallèles entr'eux; par conféquent ils ne comprennent pas des parties proportionnelles du cercle intérieur F G & de l'extérieur B A concentrique; la chofe eft encore plus fenfible à la porte biaife pour les arcs B A & D E.

Second Cas.

De la rencontre des berceaux inclinés avec les verticaux.

En termes de l'art,

Defcente droite ou biaife, en tour ronde ou creufe.

On peut faire différentes difpofitions pour ce trait à l'égard du *plan de rampe* paffant par les impoftes; car fi on les fait de niveau entr'elles à l'arc droit, ce plan fera perpendiculaire au vertical paffant par l'axe de la defcente, & fi elles ne font pas telles, il lui fera incliné.

Premiere difpofition, où le plan de rampe eft perpendiculaire au vertical de direction.

Si la defcente eft droite, c'eft-à-dire, que l'axe de la voûte rencontre celui de la tour, alors les impoftes de l'arc de face feront de niveau entr'elles, auffi bien que celles de l'arc droit; mais fi la defcente eft biaife, c'eft-à-dire, que fon axe ne rencontre pas celui de la tour, l'arc de face devient rampant, une impofte étant plus haute que l'autre, quoique l'arc droit refte de niveau, comme l'on voit à la fig. 38. Dans l'un & l'autre cas le trait fera le même pour la conftruction, à la réferve que celui de la defcente droite eft plus fimple, en ce que les côtés de la clef de l'arc de face font uniformes; c'eft pourquoi nous choififfons pour exemple celui de la porte biaife.

Plan. 7.
Fig. 38.

Soit le quadriligne mixte A M B D N E, (fig. 39.) le plan horifontal de la baye d'une defcente en tour ronde, dont le centre eft en C'. On fe déterminera au choix du ceintre primitif, comme nous l'avons dit ci-devant de la porte en tour ronde ou creufe, où nous avons choifi celui de face développée; ici pour variété

Fig. 39.

Fig. 39.

d'exemple nous choisirons l'arc droit du plan horisontal, c'est-à-dire, un ceintre perpendiculaire à la direction horisontale de la voûte, qui n'est pas l'arc droit de la descente, en ce qu'il n'est pas perpendiculaire au plan de la descente, lequel est incliné à l'horison. Ayant prolongé les piédroits D B, E A, on leur tirera une perpendiculaire F G qui les coupera en F & G ; sur F G comme diametre, on décrira un demi-cercle G h F, ou une demi-ellipse, si l'on veut, pour ceintre primitif de face, qu'on divisera en ses voussoirs aux points 1, 2, 3, 4, desquels on abaissera des perpendiculaires, qu'on prolongera indéfiniment au dedans de la tour. Ensuite par le point E, on élevera sur A E une perpendiculaire E R, qui coupera B D prolongée en R ; la ligne B R sera prise pour base du profil de la rampe, ou une autre qui lui soit parallele, plus haut ou plus bas. Sur cette base on fera l'angle B R P, égal à celui de la rampe avec l'horison, dont on terminera le côté R P, par la rencontre de la tangente T P, qui est une perpendiculaire au rayon C^t T, tiré par le point C^t parallelement à D B. Par le point P on menera P e parallele à R B, & égale à c F, demi-diametre du ceintre primitif ; avec P e comme rayon, on décrira le quart de cercle e hf, sur lequel on portera les divisions de la moitié du ceintre F h G en $1f$, $2f$, hf, par où on menera $1f$ i, $2f$ K, paralleles à P e, qui couperont T P prolongé aux points i & k, d'où l'on menera les paralleles à R P marquées i I, k K, $hf s f$, lesquelles seront les projections verticales des joints de lit, servant pour les deux côtés de la voûte depuis la clef à l'imposte ; de sorte que ces lignes doivent être considerées comme doubles en quelques parties.

Présentement, pour trouver les projections des ceintres extérieur & intérieur, qui déterminent les longueurs de ces joints de lit, il faut tirer par tous les points où leurs projections horisontales coupent les arcs A M B, E N D de la tour, des perpendiculaires à leur direction ; ainsi par les points A, 1^t, 2^t, M, 3^t, 4^t, B, on élevera des perpendiculaires qu'on terminera à l'intersection des lignes du profil qui représentent les mêmes lits que celles du plan horisontal, comme A a, pour l'imposte, qui se terminera en a à l'intersection de R P, 1^t a^1, qui se terminera à la ligne I i, au point a^1, profil du premier joint, passant par i ; ensuite 2^t a^2, qui se terminera à la ligne K k, profil du second joint en a^2, ainsi des autres ; & par les points a, a^1 ; a^2, hf, a^3, (qui devroit être auprès de k) a^4, auprès de i & b, on tracera une courbe, qui sera le profil en projection verticale de l'arc de

DES VOUTES COMPOSÉES. Chap I. 55
face. On trouvera de la même maniere le profil de l'arc intérieur R $e^:$ e^2 h^n e^3 e^4 d ; l'espace compris entre ces deux courbes, détermine la longueur inclinée des joints de lit & des doëles, & sert pour faire les panneaux de doële plate, & de doële développée, si l'on veut. Enfin on formera l'arc droit R S E avec les perpendiculaires à la rampe R P comprises entre les projections verticales des lits, savoir, R I, R K, R Sf, faisant q 1^r, q 4^r, égales à R I, q 2^r, q 3^r, égales à R K, &c.

Développement de la doële.

Si l'on veut faire des panneaux de doële plate, on étendra *Fig. 39 & 42.* sur une ligne droite E^a R^a (fig. 42.) les cordes de l'arc droit de la fig. 39. Et si l'on veut faire des panneaux de doële creuse sur des matieres flexibles, comme il convient, on rectifiera le contour de la demi-ellipse E S R, (fig. 39) avec toutes ses divisions 1^r, 2^r, 3^r, 4^r, qu'on transportera sur la droite R^a E^a. Ensuite ayant élevé des perpendiculaires sur chacune de ces divisions rectifiées, on y portera les longueurs des avances qui leur conviennent, prises au profil, & non pas au plan horisontal, comme nous avons fait pour la *porte en tour ronde* de niveau, à cause que la descente n'est pas parallele à ce plan, & ces longueurs se mesureront depuis la ligne R sf, (fig. 39.) qui est le profil de l'arc droit. Ainsi pour joint de lit de l'imposte, on prendra R d, qu'on portera en E^a, A^a, de la fig. 42, pour le dehors convexe ; ensuite pour le premier joint de lit au-dessus, on portera la longueur I a pour le dehors en 1^r a, & I e^1 pour le dedans en 1^r e^1. De même pour le second lit K a^2 & K e^2, pour le milieu sf hf en s^r h^r ; puis en redescendant au profil, on prendra K a & K e^3, I a, I e, R b & R d, qu'on portera, à la fig. 42, en 3^r a, 3^r e^3 ; 4^r a, 4^r e ; R^a B, & R^a d^d.

Si l'on vouloit faire des panneaux de joint, on le pourroit par la même méthode que nous avons donné pour la porte ronde de niveau, car ce sont toujours des portions d'ellipses un peu plus ou moins concaves ou convexes, dont il suffira dans la pratique de trouver un point ou deux au milieu du joint de tête ; ainsi prenant pour exemple celui qui est marqué 2, 6, on prendra à volonté un point m vers son milieu, on abaissera des points m & 6, des perpendiculaires paralleles à 2 p, lesquels couperont les arcs A B & E D, du plan horisontal de la tour en des points u, u, d'où l'on tirera des perpendiculaires aux précédentes qui couperont la ligne de rampe RP, en des points x,x, au dessus desquels on portera les hauteurs om, $o6$ en xy & xy; la ligne courbe yye^2 sera le profil du joint de tête concave; on tracera de même la convexe, qui servira à trouver la courbe de la tête du joint, en prenant pour ligne de direction le joint de tête 2, 6, au lieu de ffT, que donne le profil, parce que ffT est raccourcie par la projection; ainsi portant sur la directrice du développement $R^a E^d$ (fig. 42) la longueur 2^rT, égale à 2,6, de l'élévation, & tirant les ordonnées tY, Ty, égales à celles du profil, on aura les points e^2, Yy pour l'arc concave de la tête du joint de lit; le convexe opposé $a^2 b^3$ se trouvera de même. On peut s'épargner cette peine en formant la tête par voie d'équarrissement, comme nous allons l'expliquer.

Application du trait sur la pierre.

Fig. 39. Ayant dressé un parement, par exemple pour un second voussoir 1, 2, on y tracera deux paralleles à la distance de la corde de l'arc-droit $1^r 2^r$, puis avec la cerche convexe de l'arc-droit $1^r n 2^r$, on creusera la doële quarrément au parement & à ces deux paralleles qui seront les arrêtes de joints de lit & de doële. On appliquera ensuite dans cette surface concave cylindrique le panneau du développement fait sur une matiere flexible $e^1 e^2$, $a^2 a^1$, de la fig. 42, pour tracer le contour des têtes courbes $a^2 a^1$, $e^2 e^1$. Ensuite prenant le biveau mixte de doële & de lit qui convient, $1^r 2^r 6$ pour le lit de dessus, $2^r 1^r 8$ pour celui de dessous, on abattra la pierre pour former les surfaces planes de ces lits, sur lesquelles on appliquera les panneaux de lit, si on les a fait, ou qu'on terminera par équarrissement, comme il suit.

On tirera sur l'épure une horisontale 2, 5 sur la tête du voussoir, & on lui menera du point 1 une perpendiculaire 1 7, puis prenant le biveau 2, 17, on posera quarrément une de ses branches sur les arêtes de la doële, & l'autre donnera une ligne sur la tête, qu'on dirigera avec le biveau de la rampe & de la tête RPk, dont on posera une branche sur l'arête du joint de doële & de lit de dessous, & l'autre qu'on fera joindre à la branche du biveau de doële & d'àplomb 2, 17. On abattra la pierre suivant ces deux biveaux pour avoir une cizelure 1 7 9 sur la tête, à laquelle on fera une perpendiculaire 2, 5, qu'on creusera avec la cerche concave de l'arc de la tour AM, posée quarrément sur la ligne 1, 9, & sur les points donnés 5, 2, ou ce qui est le même, a^2 du profil qui a été determiné par le panneau de doële & le point

DES VOUTES COMPOSÉES. Chap. I. 57

point trouvé 7; ainsi faisant couler cette cerche parallelement à elle-même sur la ligne 1, 9, on fera la surface convexe de la tour, en abattant la pierre à la regle sur les repaires qu'aura donné la cerche, & l'on formera ainsi les têtes elliptiques des lits, sans en avoir cherché la courbure. On en usera de même pour la surface concave du voussoir au dedans de la tour, avec cette différence qu'il faudra poser les biveaux de doële & de tête & de doële & d'à-plomb, au lit de dessus qui avance le moins en dedans, au lieu qu'à la surface extérieure on les posoit au lit de dessous qui avançoit le moins en dehors.

Fig. 39.

Explication démonstrative.

Le ceintre GhF, étant supposé vertical & perpendiculaire à la direction horisontale de la descente, sera égal à toutes les sections paralleles à GF, tangente de la tour; ainsi il peut être considéré comme posé en ER, en Ag, & suivant toutes les paralleles qui passent par les points $1^r, 2^r, M$, &c. $1^n, 2^n, N$, &c. & toutes ces lignes seront les profils, ou projections verticales des sections égales à ce ceintre, dont les diametres sont supposés rangés perpendiculairement sur la ligne de rampe RP, de sorte que suivant les regles de la projection ils n'y sont représentés que par des points, comme R, d, a, b, &c. Ainsi toutes les hauteurs des à-plombs du ceintre primitif pour chaque joint de lit, ont dû être portées sur les verticales, au dessus de la ligne de rampe RP, ce qui a été fait en menant des paralleles à la rampe par les hauteurs $1f, 2f, hf$, du quart de cercle $æhf$, lequel doit être supposé tourné & posé perpendiculairement au plan du papier sur son rayon Phf. Or parce que l'arc droit doit être perpendiculaire au plan de la rampe, on a tiré RT perpendiculaire à RP, laquelle est coupée proportionnellement par toutes les paralleles à la ligne de rampe qui expriment la hauteur des joints : ainsi cette ligne est la projection verticale de toutes les hauteurs des divisions de l'arc-Droit sur son diametre ER.

Quant à l'opération de l'équarrissement pour former la surface courbe de la tête des voussoirs, il est clair que la ligne 1, 9 étant verticale, sera dans le même plan que le joint de lit qui passe par le point 1; par conséquent que l'angle du joint de lit avec celui de tête est égal à celui de rampe; de même l'angle de la doële 2, 1 7 est dans un plan vertical qui peut être considéré dans sa projection en $L\, 1^t$ dans la doële quarrément aux joints de lit 1^n

Tome III.   H

1ᶠ & 2ⁿ 2ᵗ, par conséquent il sera perpendiculaire au précédent, dont l'intersection sera la ligne 1, 9, ce qu'il falloit faire pour avoir une ligne à la surface du cylindre, qui fût parallele à son axe, pour pouvoir y poser perpendiculairement une cerche de l'arc horisontal de la tour, lequel est donné au *plan*, par le moyen duquel on peut former la tête du voussoir & les sections elliptiques de ses lits, par la même méthode qui sert à former toutes les surfaces cylindriques concaves ou convexes, en faisant couler une regle parallelement à l'axe sur deux arcs donnés.

Seconde disposition des descentes en tour ronde ou creuse, où le ceintre primitif est de niveau & l'arc droit rampant.

Dans la précédente disposition nous avons formé le ceintre primitif sur une section verticale perpendiculaire à la direction horisontale du berceau en descente, d'où il suit qu'elle étoit aussi perpendiculaire au plan vertical passant par l'axe du berceau, soit qu'il fût droit ou biais. Lorsque le berceau étoit droit, ses impostes étoient de niveau dans les points respectifs, quoiqu'en descente suivant la direction; mais lorsqu'il étoit biais, elles étoient à différentes hauteurs, & celles de l'arc droit de niveau. Ici nous prenons ce ceintre dans un plan vertical parallele à la corde AB de l'arc BCA de la tour, qui est comprise entre les piédroits de la descente. Lorsque le berceau est droit, cette disposition retombe dans la précédente; mais lorsqu'il est biais, il en résulte que les impostes de la descente sont toujours de niveau, considérées parallelement à cette corde, quoiqu'inclinées suivant la descente. Il en résulte aussi qu'on peut même faire les têtes égales, si au lieu d'une section du berceau on developpe sa face sur la tour BCA, en la rectifiant sur une ligne droite GF, comme nous avons dit pour la porte en tour ronde par *têtes égales*. Enfin il en résulte, comme aux descentes biaises à faces planes, que les impostes de la face étant de niveau, celles de l'arc droit deviennent rampantes.

Fig. 41.

Fig. 40 & 41. Soit (fig. 41) la corde AB de l'arc ACB; par le point C, milieu de cet arc, on tirera GF parallele à AB, qui sera terminée aux points G & F, par l'intersection des piédroits DB, EA prolongés. Sur GF, comme diametre, on décrira un demi-cercle G *h* F, ou si l'on veut une demi-ellipse surhaussée ou surbaissée pour ceintre primitif, lequel étant divisé en ses voussoirs aux points 1, 2, 3, 4, on abaissera sur son diametre des perpendi-

DES VOUTES COMPOSÉES. CHAP. I.   59

culaires qui le couperont aux points p, p, par lesquels on menera   *Fig. 41.*
des parallelles à la direction de la voûte, c'est-à-dire, aux piédroits DB, EA, qui couperont la surface extérieure aux points
$1^t, 2^t, 3^t, 4^t$, & l'intérieure aux points n^1, n^2, n^3, n^4. Par tous ces
points on élevera des perpendiculaires, qui couperont les côtés
du plan de la rampe R $b a e$, qu'on tracera au profil, comme
nous l'avons dit des descentes ordinaires, au probl. XII. du
tome précédent.

La ligne de rampe R b, étant donnée avec sa base horisontale
RB, on menera par le point C, milieu de l'arc AB, une verticale $c h^t$, qui coupera l'horisontale menée par le point b, sommet de la ligne de rampe donnée, au point o, au-dessus duquel
on portera les hauteurs des divisions du ceintre primitif $p\,1, p\,2$,
Ch en a^4, a^3, h^t, par où on menera des parallelles à l'arc RB,
$a^4\,a^1, a^3\,a^2$, lesquelles seront terminées de part & d'autre par
l'intersection des verticales provenant des points qui leur cor-
respondent à la projection horisontale ; par exemple l'horisontale $o a$, sera terminée en b & a, par les lignes Aa & Bb, provenant des points A & B ; de même l'horisontale $a^1\,a^4$, par
les lignes $1^t\,4^t$, provenant des points 1 & 4 ; l'horisontale $a^2\,a^3$,
sera terminée par les lignes $2^t\,3^t$, provenant des points 2 & 3 ;
& par tous les points a^1, a^2, a^3, a^4, on menera des parallelles à
la ligne de rampe Rb, lesquelles couperont les lignes verticales
provenant des points E, n^1, n^2, n^3, n^4, aux points e, e^1, e^2, n^e,
e^3, e^4, d, par lesquels on tracera une courbe qui sera la projection verticale de l'arc de face intérieure, comme la courbe a, a^1
$a^2\,h^t\,a^3\,a^4\,b$, est celle de la face extérieure. Les lignes rampantes qui sont dans l'intervalle de ces deux courbes donnent les
longueurs des joints de lit qui sont représentés au plan horisontal
par des lignes trop courtes EA, $n^1\,1^t, n^2\,2^t$, NC, &c. à cause de
l'inclinaison de la voûte.

Il ne reste plus à présent qu'à former l'arc droit, qui doit être
rampant, parce que la descente est biaise & que le diametre de
l'arc de face est de niveau. Par le point R, ou tout autre de la
ligne Rb, on menera une ligne RS, perpendiculaire à Rb, laquelle RS coupera toutes les parallelles à la ligne de rampe en
des points $g, 4, 1, 3, 2$, S, qui seront les hauteurs des divisions du ceintre de l'arc-droit ; mais avant que d'en faire usage,
il faut trouver le diametre incliné de cet arc rampant. Sur AE
prolongée on portera la longueur Rg de E en œ, & l'on tirera

H ij

60   STEREOTOMIE Liv. IV. Partie II.

Fig. 41.
R œ qui fera le diametre rampant de l'arc droit & dans le même plan que fa bafe horifontale ER, fur laquelle on portera fucceffivement toutes les longueurs des divifions de la ligne RS, fur les projections des joints de lit correfpondans; ainfi on portera fur le premier $1^r q$ prolongé, la hauteur R 1 de q en 1^r, R 2 du profil en $q\ 2^r$, RS en Qs, R 3 en $q\ 3^r$, R 4 en $q\ 4^r$, & par les points œ, 1^r, 2^r, s, 3^r, 4^r, R, on tracera une demi-ellipfe, qui fera l'arc droit demandé, qu'on pouvoit auffi tracer par le probl. VIII du deuxieme livre, par les diametres conjugués donnés œ R & deux fois $s\ c^r$, avec l'angle $s\ c^r$ œ.

Préfentement, on a tout ce qui eft néceffaire pour former les panneaux. 1°. Ceux de doële feront formés à l'ordinaire avec les joints de lit dont les longueurs font données au profil entre les deux courbes $e\ n^{\scriptscriptstyle\int} d$, $a\ h^t b$; leur intervalle ou diftance perpendiculaire eft auffi donnée par les cordes de l'arc droit, & l'obliquité de leurs angles fe trouvera comme au premier cas de ce trait, par la diftance de leurs fommets au profil de l'arc-droit RS, portée fur la directrice du développement $R^d\ E^d$, *fig.* 42. Pour les panneaux de lit, à caufe de la courbure de leur tête, il faut faire, comme à l'exemple précédent, un extrados & quelques divifions, au moins une fur le joint de tête, pour avoir la fleche de l'arc $2^t\ 6^t$ (fig. 41.) qui eft la projection horifontale de ce joint, laquelle fleche donne celle de l'arc elliptique qui eft la tête du panneau de lit pour le dehors en faillie; il en eft de même de la tête intérieure $n^2\ n^6$, qui eft feulement un peu plus longue & creufe, au lieu que l'autre eft convexe. Les panneaux de doële & de lit étant donnés, ils ferviront à former auffi la tête du vouffoir de la maniere expliquée ci-devant pour la porte en tour ronde, & le premier cas de ce trait pour la *defcente* en tour ronde.

Explication démonftrative.

Le diametre G F du ceintre primitif vertical étant parallele à A B, par la conftruction, & compris entre les paralleles D G, E F, ce ceintre eft égal à toutes les fections paralleles à A B; ainfi cette voûte eft une moitié de cylindre fcalene dont la bafe a une double obliquité à l'égard de fon axe; favoir une horifontale Q C F ou Q C G, & une verticale Rb B, ou fon fupplément R $b\ h^t$, enquoi ce cas differe du précédent, où le ceintre primitif étant droit fur la direction horifontale, le cylindre

DES VOUTES COMPOSÉES. Chap. I.   61

n'avoit qu'une obliquité à son axe, qui étoit la verticale; c'est pourquoi le plan passant par l'axe & par le diametre GF du cein- *Fig. 40 & 41.* tre primitif, est incliné au plan vertical passant par cet axe, d'où il résulte que la projection verticale de ce plan n'est pas une seule ligne droite, comme R P dans le cas précédent, mais une figure mixtiligne *e a cs*, *b d ns*, composée des deux lignes droites *e a* & *b d*, qui sont les impostes de la voûte, & de deux arcs elliptiques *a cs b*, & *d ns e*, qui sont les sections de ce plan avec les surfaces intérieure & extérieure de la tour, & parce que les arcs A B & E D, que retranchent les piédroits, ne sont pas semblables, ces sections elliptiques ne le sont pas aussi; d'où vient que la corde *e d* de l'intérieur n'est pas parallele à la corde *a b* de l'extérieur, qui est de niveau. De-là vient aussi que le ceintre intérieur E N *d* (fig. 40.) est rampant, quoique le primitif A *h* B *Fig. 40.* soit de niveau. A l'égard de l'arc droit, il est rampant, par la même raison que nous avons donné pour les descentes biaises des voûtes simples.

De la rencontre des berceaux inclinés à l'horison avec les horisontaux.

PROBLEME II.

Faire un berceau en descente, qui en rachete un autre de niveau.

Cette rencontre peut se faire ou perpendiculairement, ou obliquement.

PREMIER CAS.

Lunette rampante, ou descente droite rachetant un berceau de niveau.

On peut faire ce trait de deux manieres, l'une en faisant simplement aboutir les voussoirs de la descente au berceau de niveau, sans y faire aucun enfourchement, comme fait le P. *Derand* & après lui M. *de la Rue*; ensorte que les lits de la descente percent la doële de l'autre berceau, qui est de niveau. L'autre maniere, que je prefere à celle de ces Auteurs, est de faire la rencontre des berceaux en enfourchement par des voussoirs à branches, comme nous l'avons dit ci-devant des voûtes d'arêtes & des lunettes; ma raison est que l'appareil en est plus solide & plus beau, en ce que dans la premiere méthode on coupe la doële du berceau de niveau, par des joints de tête de la defcente dans la doële du berceau, qu'on peut éviter, & dont l'inégalité entr'eux eft inévitable, parce que, fuppofant les lits de largeurs égales, il eft clair que les fections de ceux des impoftes avec cette doële donnent des lignes droites paralleles à l'axe du berceau de niveau, & qu'à mefure qu'ils s'inclinent en approchant vers la clef de la defcente, ils fe courbent de plus en plus & forment à cette doële un arc elliptique, qui devient auffi d'autant plus grand que la clef de la defcente approche de la tangente T t de l'arc droit A H B, du berceau de niveau, parallelement à l'axe B c de celui de la defcente, & qu'au-delà de cette tangente les joints de tête font fans terminaifon à la doële, parce que la tangente T n rentre dans l'épaiffeur de la voûte A n Y; à quoi les Auteurs n'ont pas pourvu.

Plan 76.
Fig. 43.

Soit le rectangle A B $b a$, (fig. 43.) le plan horifontal du berceau de niveau; E G G $g e$, celui de la defcente ou lunette, & la ligne B L, le profil de fon inclinaifon à l'horifon. Sur A B, comme diametre, ayant décrit le ceintre du berceau de niveau, circulaire ou elliptique, on tracera fur G g, comme diametre, l'arc droit G $h^r g$ de la defcente, foit qu'il foit primitif, (par l'attention que l'on a premierement à la furface de la doële, plutôt qu'à celle de face) foit qu'il foit fecondaire, réfultant d'un ceintre de face primitif, comme pourroit être au profil le quart d'ellipfe $c h f$, *parce que nous prendrons toujours dans la fuite l'arc droit de la defcente pour ceintre primitif,* pour éviter les redites touchant les rapports des arcs de face de defcente ou de montée avec les arcs droits, dont nous avons traité au problême XII des defcentes fimples (tome précédent), où nous avons donné la maniere de le tracer relativement à toutes les fituations des faces à plomb, en talud, biaifes, fans talud, ou avec talud, &c.

Soit donc le demi-cercle, ou la demi-ellipfe G $h^r g$, le ceintre de l'arc droit divifé en fes vouffoirs aux points 1, 2, 3, 4, on menera par ces points des perpendiculaires à fon diametre G g, prolongées au-delà indéfiniment, qui le couperont aux points t^1, t^2, t^3, t^4. Par un point c, pris à volonté fur le profil de rampe B L, on lui tirera une perpendiculaire c I K, fur laquelle on portera les hauteurs des retombées 1 t^1 en $c a^1$, & 2. t^1 en $c a^2$, enfin M h^r en c I; par les points I, a^2, a^3, on tirera des perpendiculaires indéfinies à c K, qui couperont l'arc droit A H B du ber-

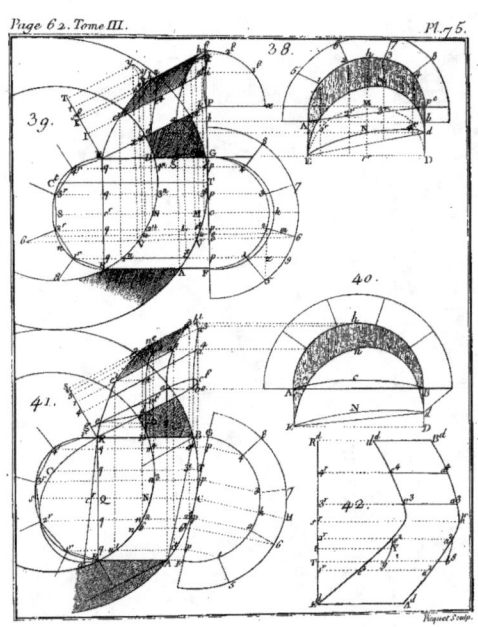

DES VOUTES COMPOSÉES. CHAP I.

ceau de niveau, aux points 1^n, 2^n, F, & la ligne hc de la face de la defcente, que je fuppofe à plomb ou en talud (il n'importe) aux points u^1, u^2.

Fig. 43.

Préfentement, nous avons différentes chofes à faire, fuivant la fin qu'on peut fe propofer de tailler les vouffoirs par équarriffement, ou par panneaux & par enfourchement, comme les voûtes d'arêtes, ou par joints de têtes traverfans la doële du berceau de niveau. Si l'on veut faire la rencontre de ces deux berceaux par enfourchement & par équarriffement, comme les voûtes d'arêtes & les lunettes de berceaux, il faut en faire la projection fur le plan horifontal AB ba, en menant par les points trouvés au profil 1^n, 2^n, des perpendiculaires fur AB, prolongées au-deffous jufqu'à la rencontre des projections des joints de lit de la defcente, qu'elles rencontreront aux points p^1, p^2, p^3, p^4, le *gnomon*, c'eft-à-dire la figure en forme d'équerre q^1 p^1 t^1 GEB, fera la projection du premier vouffoir, le gnomon fuivant q^2 p^2 t^2 t^1 p^1 q^1, fera celle du fecond vouffoir, celle de la clef fera en forme de T, Q q^e, q^1, p, N^3 N^2 p^2 q^2, parce qu'elle eft la moitié de la croix, qui eft la forme de celle de la voûte d'arête.

Par le moyen de ces projections on peut tailler les vouffoirs par équarriffement, comme ceux des voûtes d'arêtes, obfervant feulement de donner aux branches de la defcente l'inclinaifon du biveau formé fur l'angle de rampe cBD. Mais fi l'on veut opérer par panneaux de doële plate, cette projection eft inutile; il faut faire le développement de chacune des furfaces des berceaux qui fe rencontrent, en particulier. Pour le berceau de niveau, il faut rectifier l'arc du profil B 1^n 2^n, par fes cordes, que l'on portera fur le milieu de la projection de la defcente Mm, favoir, la corde B 1^n en ON, celle de l'arc 1^n 2^n en NQ, & par les points N & Q, on menera des paralleles à Bb, qui couperont les projections des joints de lit de la defcente aux points 1°, 4°; 2°, 3°; fi l'on tire par ces points de l'un à l'autre des lignes droites E 1°, 1°, 2°, &c. on aura le polygone EQe, qui fera le développement du trou que fait la defcente réduite en prifme dans le berceau de niveau réduit auffi en prifme par les doëles plates. Ainfi la tête de la premiere doële du berceau de niveau fera la figure BE 1^oV, qui fervira auffi pour fon égale oppofée e 4°, tournée en fens contraire; la tête de la feconde doële fera la fig. V 1° 2° q, laquelle fervira de même pour le quatrieme vouffoir en la tournant en fens contraire, &c. la clef fera droite.

64 STEREOTOMIE. Liv. IV. Partie II.

Fig. 43.
Pour faire le développement des doëles plates de la descente, il faut rectifier l'arc droit $G h^r g$, par les cordes de ses divisions 1, 2, 3, 4, & placer la ligne de direction, lorsqu'on le peut, sur la prolongation d'une ligne cK, perpendiculaire à la rampe Bc; mais comme la grandeur de la planche ne nous laisse pas suffisamment de place, nous la poserons en $G^d g^d$, parallelement à Dd, posant son milieu en m^d, sur la projection de son axe à une distance Om^d du piédroit du berceau de niveau qui soit égale à Bc de la rampe; ainsi, pour déterminer les avances des angles de ce développement, on menera par les points $u^2 u^1$, du profil de sa face de descente hc, des perpendiculaires sur la ligne de rampe BL, qui la couperont aux points 1^s, 2^s; puis du point B, pour centre, on tracera par ces points des arcs de cercles qui couperont AB prolongée aux points $r^1 r^2$, par lesquels on menera des paralleles indéfinies à la directrice $G^d g^d$. On en usera de même pour le côté de la lunette; par les points $1^n 2^n$ on menera des perpendiculaires à la rampe Bc qui la couperont aux points $x^1 x^2$, qu'on transportera aussi sur BD, par des arcs qui la couperont en des points par lesquels on menera des paralleles à Bb ou $e^x e^d$, puis par les points V^1, V^2, V^3, V^4, $G^d g^d$, qui sont ceux des divisions de l'arc droit rectifié par ses cordes, on menera des paralleles à la direction MO de la descente, lesquelles rencontreront les paralleles à $e^x c^d$ de la lunette aux points N^1, N^2, N^3, N^4, $e^x e^d$, où seront les angles de concours des panneaux de doële plate inscrits dans l'arête de la lunette.

Les mêmes paralleles à la direction de la descente donneront aussi par leurs intersections avec les paralleles à la face Gg, les points 1^d, 2^d, 3^d, 4^d, $G^d g^d$ où seront les angles des avances des têtes des panneaux de doële plate à la face de descente. Si par tous ces points trouvés, tant au développement de l'arête de lunette qu'à celui de descente, on tire des lignes droites, on aura toutes les inclinaisons des têtes des doëles plates sur les arêtes des lits; & si au lieu de lignes droites, on trace avec une regle pliante une ligne courbe qui passe par ces mêmes points, on aura les contours des extrêmités des berceaux de niveau & en descente, où se forme l'arête de la lunette; lesquels contours, quoique extrêmement différens, comme $E 1^o 2^o 3^o 4^o e$ du berceau de niveau, qui est tout dans les rentrans, & $e^x N^1 N^2 N^3 N^4 e^d$, qui fait deux angles rentrans en N^1 & N^4,

DES VOUTES COMPOSÉES. CHAP I.

N⁴, & deux faillans en N: N¹, s'ajusteront cependant exacte- *Fig. 43.*
ment l'un à l'autre, lorsqu'ils feront pliés sur les surfaces cylindriques des deux différens berceaux de niveau & en descente, parce que l'arrête qu'ils doivent former par leur concours est une courbe à double courbure, que nous avons appellée ellipsimbre.

Les deux développemens qui donnent les panneaux de doële
plate suffiront pour l'exécution du trait, sans qu'il soit nécessaire
de tracer les panneaux de lit, si l'on fait la jonction du berceau
de niveau avec celui en descente par enfourchement, c'est-à-dire,
avec des voussoirs à deux branches, dont l'une entre dans le
berceau de niveau, l'autre dans le berceau en descente. Mais
si l'on vouloit, suivant la méthode des auteurs, les faire tout
unis sans retour, faisant pénétrer les lits de la descente au travers de la doële du berceau de niveau, il faudroit chercher les
courbes des têtes de ces lits, qui sont visiblement des arcs elliptiques qui se redressent depuis la clef, où le joint seroit circulaire s'il y en avoit un (comme N^x F, où il se confond avec
l'arc droit, que nous avons supposé circulaire) jusqu'à l'imposte
E, où il devient tout à fait en ligne droite, parce que ce joint
devient parallele à l'axe du berceau. Il s'agit donc de ralonger
les arcs compris au profil entre les lignes 1^n 1, 5^n 5, 6^n 6, 2^n 2,
tirées parallelement à la descente par les points 2 & 6 de l'arc
droit, savoir à la doële en 2 & par le point d'extrados 6 ; ce que
l'on fera de la même maniere que nous l'avons dit pour les
têtes de la porte en tour ronde. On menera par exemple pour le
second joint une ligne 2^n P, perpendiculaire sur 2^n 2, qui coupera l'extrados 6^n 6 au point P, on divisera P 2^n en trois aux
points *a* & *b* ; par où l'on tirera des paralleles à 2^n 2 qui couperont l'arc $6^n 2^n$ aux points *x y*. On tracera ensuite dans une figure
à part, comme en celle marquée 46, une ligne P 2^n, égale à
p 2^n du profil, laquelle étant divisée en trois également aux
points *a* & *b*, on lui menera par les points P, *a* & *b*, des perpendiculaires, qu'on fera égales à celles du profil, savoir, P 6^n à
p 6^a, du profil, *a* X égale à *a x*, *b* Y égale à *b y* de la fig. 43; & par
les points 6^n X Y 2^n, on tracera l'arc elliptique, qui sera la tête
du panneau du second lit, qui perce dans le berceau de niveau.

On trouvera de la même maniere la courbe du premier lit
sur le ralongement de l'arc 5^n 1^n, où la courbure est peu sensible, parce que cet arc est fort près du point d'attouchement de

Tome III. I

la perpendiculaire à la rampe qui toucheroit le demi-cercle AHB, car la ligne du lit $1, 1^n$, parallele à cette rampe, passe tout près du centre C de l'arc droit du berceau de niveau. D'où il suit, par un raisonnement contraire, que si l'on tire à cette rampe c B, prolongée vers X, une perpendiculaire T z, qui passe par le centre C, elle coupera l'arc droit au point T, où sera la terminaison des avances du plus grand joint de tête d'extrados de descente, ou bien le dernier point où l'on puisse avancer la clef de la lunette ; auquel cas le trait des auteurs devient impossible ; il faut alors en revenir à l'enfourchement des voussoirs à branches, pour racorder les deux voûtes. Nous ne disons rien des têtes des panneaux de lit à la face de descente, parce qu'il en a été suffisamment parlé au probl. XII du Tome précédent, lorsque nous avons traité des descentes simples.

Application du trait sur la pierre.

Supposant qu'on fasse la rencontre des deux voûtes par enfourchement, on pourra commencer par la branche du voussoir qu'on voudra faire la plus longue, ou par celle qu'on voudra, si elles sont égales ; nous commencerons par celle qui entre dans le berceau de niveau, par exemple au second voussoir, dont la projection horisontale est le gnomon $q^2 p^2 t^2 t^1 p^1 q^1$. Ayant dressé un parement de suposition horisontale, pour y placer l'arête du lit de dessous à la doële $p^1 q^1$, on fera sur cette ligne une perpendiculaire $p^1 \ 1^o$ sur laquelle on posera une branche du biveau ouvert sur l'angle $o \ 1^n \ a^1$, ou C B c du profil, qui est celui de la rampe avec l'horison, suivant lequel on abattra la pierre dans la même direction, pour avoir aussi l'arête du lit de dessous de la descente marquée au profil $1^n \ a^1$, & au plan horisontal $p^2 \ t^2$; ensuite ayant ouvert le biveau sur l'angle $a^1, 1, 5$ du profil, on posera une de ses branches sur la premiere ligne $q^1 \ p^1$, l'autre donnera l'inclinaison de la doële plate de la descente, quarrément par l'arrête de son lit $p^1 \ t^1$. On appliquera sur ce nouveau parement le panneau de doële plate qui lui convient pour le second voussoir marqué au développement $N^1 \ 1^d \ 2^d \ N^2$, posant le côté $N^1 \ 1^d$ sur l'autre marqué au profil $1^n \ u^1$, & le point N^1 du panneau sur le point 1^n de la rencontre de l'arête du lit de dessous du berceau de niveau avec celui de la descente ; dans cette position, on tracera sur le nouveau parement le con-

DES VOUTES COMPOSÉES. Chap. I. 67

tour du panneau N^1 1^d 2^d N^2, pour avoir la position des angles N^2 de la lunette au lit de dessus, & 2^d de la face de descente au même lit. On a donc alors trois points de la doële plate du berceau de niveau, savoir, deux au lit de dessous q^1 p^1, & un à l'angle du lit de dessus, représenté au plan horisontal par p^2; ainsi on peut former (par le probl. I. du quatrieme Livre) la doële plate de la branche du berceau de niveau, & si l'on veut, pour vérification, y en appliquer le panneau de développement V 1° 2° Q.

Les doëles plates étant tracées, il est très-aisé d'achever le voussoir en formant les lits de dessus & de dessous avec le biveau de doële plate & de tête, savoir, avec l'angle 2, 1, 5, pour le lit de dessous de la descente; 1, 2, 6, pour celui de dessus; $2''$ $1''$ 7, pour le lit de dessous du berceau de niveau, & le même pour le lit de dessus, s'il est circulaire; ainsi le voussoir à deux branches sera achevé, en formant les têtes d'équerre aux arêtes des lits dans le berceau de niveau, & même dans celui de la descente, lorsque la branche ne parvient pas jusqu'à la face.

Pour former la descente à voussoir simple, sans enfourche- *Fig. 44.* ment, il n'y a point de difficulté; ayant les panneaux de doële plate, ceux des lits, dont les têtes sont concaves, donneront la partie du berceau de niveau qui forme la tête.

REMARQUE.

Quoique cette derniere construction soit celle du P. *Derand*, adoptée par M. *de la Rue*, il est clair qu'elle ne convient pas si bien à la solidité que celle de l'enfourchement, parce que les voussoirs y tendent à glisser dans le berceau de niveau, n'étant retenus que par le frottement de leurs lits.

Explication démonstrative.

Il est clair (par le théor. 20 du premier Livre) que la section *Fig. 43.* formée par la rencontre des surfaces de deux cylindres ou berceaux qui se croisent à angle droit, comme dans le cas présent, sans que les axes se rencontrent, est une ellipsimbre, en quelque situation que soient ces berceaux à l'égard de l'horison; ainsi il est visible que quelque ligne qu'on prenne pour l'horisontale, comme XBv, quoique inclinée à l'horison, pour y faire la projection de cette courbe, il n'en résultera aucun changement de construction de la lunette de niveau dans un berceau

68 STEREOTOMIE. Liv. IV. Partie II.

Fig. 43. de niveau, dont nous avons parlé ci-devant ; la seule différence est que le berceau racheté X A H B, seroit plus grand qu'un berceau ordinaire, dont les naissances doivent toujours être sur un diametre *a b*, au lieu qu'étant ici sur une corde X B, les parties *a* X, *b* B deviendroient en talud. C'est suivant cette supposition que nous avons fait la projection de la descente, pour avoir les longueurs des arêtes des lits & leurs avances les unes sur les autres ; mais pour éviter la confusion des lignes de l'épure, nous les avons transporté par des arcs de cercles sur une horisontale réelle A B, prolongée pour faire la projection & le développement du berceau de niveau, ce qui ne change rien aux dimensions, puisque les premieres longueurs trouvées ont été portées sur B R, partie de A B prolongée.

L'application du trait sur la pierre sera facile à concevoir, pour peu que l'on y fasse d'attention ; nous avons commencé par faire passer une surface horisontale par l'arête du lit de dessous pour y rapporter l'inclinaison de la descente, par une direction perpendiculaire à la commune intersection du plan horisontal avec la doële plate, & du vertical, passant parallelement à la direction de la descente avec le vertical, ainsi les biveaux sont bien appliqués pour le voussoir à branches. A l'égard de la construction du raccordement des deux surfaces à voussoir simple, il est évident que les surfaces planes des lits de la descente coupant obliquement la doële cylindrique du berceau de niveau, elles y traceront des portions d'ellipses dont les ordonnées sont égales à celles du berceau de niveau, & dont les abscisses sont entr'elles comme les largeurs des lits 1 , 5 ; 2 , 6 , à l'égard de leurs projections verticales à l'arc droit $a^1 y$, a^2 Y, par le théorême premier du deuxieme Livre.

Second Cas.

Descente droite sur le diametre de face, qui rachete un berceau de niveau obliquement.

Pl. 77. Soit le rectangle *e* B D E (fig. 50) la projection du plan in-
Fig. 50. cliné de la descente passant par les impostes de niveau B & D du ceintre de face de descente B *h* D, lequel plan incliné est exprimé au profil par la seule ligne C*f e*, élevée en C*f* sur l'horisontale O A B, de la hauteur donnée C*f* B. Soit aussi le rectangle *g* G F N le plan horisontal d'un berceau de niveau dont la

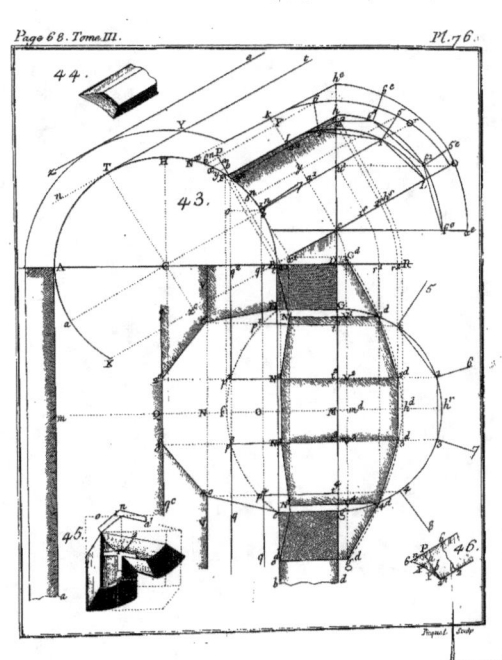

DES VOUTES COMPOSÉES. CHAP. I.

direction exprimée par le côté GE, fait des angles obliques *Fig. 50.* avec la projection CM du milieu de la descente, savoir un aigu GMC, d'un côté, & un obtus EMC de l'autre ; de sorte que la partie triangulaire eGE de la descente se trouve comprise dans le berceau de niveau, & de plus une autre partie triangulaire AGE, comme nous l'expliquerons ci-après. Sur BD, projection du diametre de la face de descente, ayant décrit le ceintre primitif BhD, circulaire ou elliptique, comme l'on voudra, & l'ayant divisé en ses voussoirs aux points 1, 2, 3, 4, on menera par ces points des paralleles à sa direction indéfinies $1\ l^1$, $2\ l^2$, $3\ l^3$, $4\ l^4$, qui couperont le côté GE du berceau aux points 1^i, 2^i, 3^i, 4^i. On portera ensuite les hauteurs des retombées $1\ p^1$, $2\ p^2$, hC sur le profil en C$f\ f^1$, C$f\ f^2$, Cf H, par où l'on menera des paralleles indéfinies à la rampe Cfe, comme H I, f^1, 2^t, $f^1\ 1^t$. On fera FN perpendiculaire sur le côté GF du berceau de niveau, pour avoir le diametre FN de son arc droit, qu'on suppose donné en plein ceintre FhN.

Puis ayant prolongé la ligne BG, jusqu'au côté g N, qu'elle coupera en O, on décrira sur OG, comme diametre, la demi-ellipse O h^c G, dont le petit axe sera le diametre de l'arc droit FN, & sa moitié h^c C, égale à la hauteur de l'arc droit C$^r\ h^r$; cette demi-ellipse coupera le profil du plan de descente Cf e au point a, d'où l'on abaissera sur OG, la perpendiculaire aA, qui coupera OG au point A, par lequel & par le point E on tirera la ligne AE, qui sera la projection du diametre rampant $e a$. Par les points 1^i, 2^i, 3^i, 4^i, on élevera des perpendiculaires sur le diametre OG, qui le couperont aux points 1°, 2°, 3°, 4°, par lesquels on tracera des arcs elliptiques égaux au premier G $a h^e$, ce qui est très-facile dans la pratique en faisant couler une cerche ou un panneau sur la ligne OG, parallelement à lui-même, faisant appuyer le point G successivement sur les points 1°, 2°, &c. puis traçant le contour de cette cerche à chaque position, on aura les intersections de ces arcs avec les profils des joints de lit aux points $a\ 1^t\ 2^t\ 3^t\ 4^t\ e$, qui détermineront les longueurs de ces joints de lit ; si l'on trace par ces points la courbe a I e on aura la projection verticale de la lunette que fait le berceau de descente dans celui de niveau à l'arête de rencontre.

Présentement, si l'on abaisse de ces mêmes points $1^t\ 2^t$, &c. des perpendiculaires sur les projections des joints de lit corres-

70 STEREOTOMIE Liv. IV. Partie II.

Fig. 50. pondans prolongez 1 l^1, 2 l^2, 3 l^3, 4 l^4, on aura par leurs intersections les points l^1, l^2, l^3, l^4, pour les projections horifontales des angles de la même lunette, formés par la rencontre des doëles plates ; ainsi l'on tirera de l'un à l'autre des lignes droites qui formeront le polygone A l^2 E, pour projection horifontale de la lunette. Par le moyen de ces deux projections de la lunette, nous formerons facilement les panneaux de la doële plate tout de suite en développement, après qu'on aura tracé l'arc droit. On tirera Cf d perpendiculaire sur le profil de la rampe e Cf, laquelle coupera les profils des joints de lit aux points T & t ; on portera la longueur Cf T en p^1 1^r, & p^4 4^r, Cf t en p^2 2^r, p^3 3^r, & par les points B, 1^r, 2^r, 3^r, 4^r, D, on menera des lignes droites qui feront les vraies largeurs des doëles plates. Pour en faire le développement, on portera les longueurs de suite sur la ligne Cf d, prolongée vers D^d, à commencer à un point pris à volonté comme L, en 1, 2, 3, 4, D^d (fig. 47). On menera par tous ces points L, 1, 2, 3, 4, D^d, des perdiculaires à la ligne d D^d indéfinies de part & d'autre, dont les longueurs feront déterminées par toutes les paralleles à cette ligne, qui feront tirées des points trouvés au profil de la lunette a 1^t 2^t 3^t 4^t e, lesquelles les couperont aux points a^d n^1 n^2 n^3 n^4 E^d d'un côté, pour la lunette.

Pour le développement de la face de descente, on tirera des paralleles à Cf D^d par les points f^1, f^2, H, lesquelles couperont les transversales aux points 1^d, 2^d, 3^d, &c. on menera par tous ces points de terminaison des lignes droites qui formeront le polygone a^d E^d D^d L, lequel est le développement de la doële de descente qui est élevée au-dessus de l'imposte du berceau de niveau du côté le plus court A B, de tout l'intervalle du coussinet qui lui est ajouté a^d L B^d A^d.

Présentement il faut former le développement du berceau de niveau dans la partie qui est traversée par celui de la descente, pour lequel on tracera à distance prise à volonté un axe ou une directrice gN, parallele à GE, puis par tous les points G, A, l^1, l^2, l^3, l^4, E, de la projection horifontale de la lunette, on tirera à cet axe des perpendiculaires indéfinies, sur chacune desquelles on portera le développement des cordes de la portion de l'arc droit du berceau de niveau que la lunette retranche. C'est pourquoi par les mêmes points l^1, l^2, &c. on menera des paralleles à GE qui couperont l'arc droit F h^r N aux points r, z,

DES VOUTES COMPOSÉES. Chap. I. 71

x, y. On portera donc sur la ligne $l^4\ 4^n$ la rectification des cordes de l'arc $F r$, pris depuis l'imposte inférieure F jusqu'à la hauteur r, qui correspond au point l^4, à commencer au point k^4 de l'axe de développement jusques en 4^n, où aboutit la corde de cet arc; de même on ajoutera la corde de l'arc $r x$, qui répond au point l^3, depuis k^3 de l'axe jusqu'en 3^n, & en continuant la longueur $x y$ en $k^2\ 2^n$, &c. Si l'on tire par les points trouvés $æ$ $4^n\ 3^n$, &c. des lignes droites, on aura le polygone $æ\ 2^n\ a^o\ g$, qui est le développement des doëles plates du berceau de niveau à leur rencontre avec la descente, dont le diametre rampant est la ligne $æ\ a^o$, & le reste en triangle $a^o\ g\ æ$, est une partie de développement du berceau au-dessous du diametre de la lunette.

Les angles des têtes des panneaux de doële plate qui doivent se joindre à l'enfourchement étant trouvés comme nous venons de le dire, il s'agit de *trouver le biveau*, c'est-à-dire, l'angle que ces surfaces planes doivent faire entr'elles. Prenant pour exemple le voussoir à branches de l'enfourchement d'un second rang, comme 3, 4, on se contentera de prendre la projection d'une partie de chacune des doëles plates de niveau & en descente comprises dans le parallelograme $l^3\ R\ l^4\ Q$. On transportera cette projection en une figure à part (fig. 48.) comme $3\ r\ 4\ q$, dont on prolongera la diagonale 4, 3 indéfiniment vers X, de même que le côté $4 r$ vers i; on élevera au point 3 la perpendiculaire $3 x$, qu'on fera égale à la hauteur $s x$ de la figure 50, qui est la différence de hauteur des points l^3 & l^4 de la lunette. On tirera $x 4$, sur laquelle on fera une perpendiculaire $x P$, qui rencontrera $4 X$ en P, par où l'on menera à la même $4 X$ une perpendiculaire $y i$, qui coupera 4^r prolongée en i. On élevera ensuite sur le côté $3 r$ la perpendiculaire $3 d$, égale à $3 x$; on fera l'angle $3 d e$ égal à celui de la descente $B C^i a$, dont le côté $d e$ coupera $r 3 e$ en e; par les points 4 & e on tirera une ligne $4 y$ qui coupera la perpendiculaire $P y$ au point y; enfin on portera la longueur $P x$ en $P X$ sur la diagonale 4, 3 prolongée; si l'on tire du point X aux points y & i, des lignes droites, elles comprendront l'angle $y X i$, *que l'on cherche*, pour assembler les panneaux de doëles plates de rencontre des berceaux en descente & de niveau.

Il faut remarquer que dans ce trait, non plus que dans le précédent, nous n'avons pas fait mention de panneaux de lit,

Fig. 48 & 50.

parce qu'ils ne font pas néceffaires pour les vouffoirs d'enfourchement, en fuivant notre méthode; ils font feulement néceffaires pour les têtes des defcentes, defquelles nous avons fuffifamment parlé au tome précédent, en parlant des voûtes fimples; il eft inutile d'en répéter la conftruction; on pourra y avoir recours en cas qu'on ait oublié la maniere de les faire.

Quant à l'intervalle de chaque lit entre la tête d'entrée & celle de la lunette, on fait qu'il doit être incliné à la doële fuivant la coupe de lit & de doële prife à l'arc droit, felon la maxime génerale pour toutes fortes de berceaux.

Application du trait fur la pierre.

Ayant dreffé un parement pour fervir de doële plate de la defcente ou du berceau de niveau, fuivant la convenance de l'appareil, on y appliquera le panneau deftiné pour le rang dont il eft dans l'un ou l'autre berceau, lequel eft tracé à l'épure. Prenant pour exemple le fecond de la defcente $l^3 p^3 p^4 l^4$, (fig. 50.) dont le panneau eft (fig. 47.) le trapeze $n^4 4^d 3^d n^3$, ou feulement une partie de ce panneau, on en tracera le contour fur le parement, puis avec le biveau trouvé $y X i$, (fig. 48) on abattra la pierre au long du côté 3, 4, de la figure 49, pour avoir un nouveau parement $4 c d 3$, fur lequel on appliquera le panneau de doële plate du berceau de niveau, qui doit s'y joindre, marqué (à la figure 51,) $c 3^n 4^n d$, dont on tracera le contour; enfin avec les biveaux de lit & de doële pris à l'arc droit de la defcente, $7^r 3^r 4^r$ pour le lit de deffus, & $8^r 4^r 3^r$ pour celui de deffous, on abattra la pierre pour former les lits fuivant les côtés tracés par le moyen du panneau de doële; on en ufera de même pour les lits du berceau de niveau, dont les coupes fe prendront fur l'arc droit $N h^r F$.

Explication démonftrative.

La conformité de ce trait avec le précedent fait fenfiblement appercevoir les raifons de fa conftruction, dans ce qui concerne la maniere de trouver les panneaux de la doële plate par la voie du développement des deux furfaces, l'une du berceau en defcente, dont les longueurs des joints de lit font prifes fur le profil de la rampe, parce qu'elles font raccourcies dans la projection horifontale, qui ne lui eft pas parallele. L'autre développement, qui eft celui du berceau de niveau, eft formé fur la
projection

DES VOUTES COMPOSÉES. Chap. I. 73

projection horifontale de la lunette, qui donne la juste mesure des intervalles des angles de rencontre des doëles plates de l'un & de l'autre berceau; & l'arc droit F h' N développé, c'est-à-dire rectifié, donne les éloignemens k n de l'intervalle vuide que forme la lunette en descente dans le berceau de niveau, ce qui est entiérement conforme à la construction précédente. Il faut seulement expliquer ce qui est particulier à celle-ci, qui consiste dans la maniere d'assembler ces différens panneaux de doële plate, pour leur donner l'inclinaison qu'ils doivent avoir entr'eux, parce que nous ne trouvons pas la même facilité qu'au précédent de les assembler par une supposition de plan horifontal, l'angle de la direction de la descente étant oblique à celle du berceau horifontal; or les angles des plans doivent toujours être pris sur des perpendiculaires à leur commune intersection.

Il est démontré au problème XIV, qui est le dernier du troisieme Livre, que si les deux plans dont les projections sont les triangles 3 *q* 4, 3 *r* 4, sont également inclinés au vertical, dont la projection est la ligne 3, 4, leurs intersections avec le plan horifontal seront les lignes 4 *i*, 4 I équidistantes du milieu P, & que par la construction de ce probl. l'angle I X *i* sera celui de l'intersection mutuelle de ces plans. Dans le cas présent ces plans sont inégalement inclinés à l'horifontal exprimé par la ligne *e r*, passant par le point 3, savoir, la doële plate qui est dans le berceau de niveau, suivant sa hauteur *s x* de la figure 50, égale à *d* 3 de la figure 48, & la retombée *s r*, qui répond entre mêmes paralleles à *l* R, égale à 3 *r* de la figure 48, par conséquent la ligne *d r* exprime son inclinaison à l'égard d'une verticale 3 *d* suivant la direction de la descente.

Fig. 48.

Présentement, pour trouver suivant la même direction la pente de la doële en descente, il faut remarquer que nous ne connoissons que la hauteur du point *d*, l'angle droit *e* 3 *d*, & l'angle de rampe G *e a* de la figure 50, & non pas la retombée ou sa valeur, comme au plan précédent; c'est pourquoi nous faisons l'angle 3 *d e* égal au complément de G *e a*, qui nous donne par l'intersection de son côté *d e* la valeur *e* 3 de cette retombée, donc l'angle *e d r* exprime en profil l'inclinaison des deux plans, & comme la ligne *e r* n'est pas, ou peut ne pas être, perpendiculaire à la diagonale 4, 3, quoiqu'elle soit dans le même plan que la ligne *y i* aussi horifontale, l'angle ne doit être mesuré que suivant le plan qui passe par cette ligne & le point

Tome III. K

x en l'air, repréfenté par la conftruction en yXi, qui doit être fuppofé renverfé du haut en bas, & tourné de droite à gauche, pour être dans fa fituation naturelle, parce qu'il eft faillant, formant l'arête de la lunette, & non pas un angle rentrant; mais on fait que l'angle d'un biveau doit être le contraire de celui qu'on veut former.

TROISIEME CAS.

Defcente biaife par fon entrée de niveau, rachetant un berceau de niveau obliquement.

Plan. 78.
Fig. 52.

Dans les exemples des deux cas précédens nous avons fuppofé que le plan de defcente, paffant par les impoftes du berceau incliné à l'horifon, c'eft-à-dire, le plan de rampe, étoit perpendiculaire aux plans verticaux paralleles à fon axe, d'où il réfultoit que le profil ou la projection verticale de ce plan de rampe étoit exprimée par une feule ligne droite, & que le diametre de l'arc droit & celui de face y étoient exprimés par un feul point, parce que ces deux ceintres avoient un diametre horifontal commun. Préfentement nous fuppofons que la face de defcente D E eft oblique à la direction C M, mais cependant que le diametre de fon ceintre D E eft de niveau, d'où il fuit que le plan de rampe devient incliné au plan vertical. paffant par la direction C M, & par conféquent que l'arc droit devient rampant, comme nous l'avons dit au problème XII, en parlant des *voûtes fimples*, page 187; ainfi ce plan de rampe a deux inclinaifons, l'une fuivant la direction, l'autre d'une impofte à l'autre, c'eft-à-dire en travers fuivant fes côtés. D'où il fuit que ce plan ne peut plus être exprimé au profil par une feule ligne de même efpece, ni par un parallelograme, comme aux voûtes fimples, mais par un trapeze R A F Ef, qu'il faut trouver, comme nous allons le dire.

Soit A K I B (fig. 52) le plan horifontal d'un berceau de niveau, & D A g E, la projection d'une defcente biaife dont le plan de rampe rencontre celui de niveau fuivant la ligne A g, de forte qu'il entre dans le berceau de niveau de la partie triangulaire B A g, parce qu'il coupe la doële du berceau de niveau fuivant une ligne courbe L A elliptique, laquelle avance en L au-devant de B, d'une longueur B L, égale à la retombée de la hauteur f L de l'arc du berceau de niveau, où le côté E g de

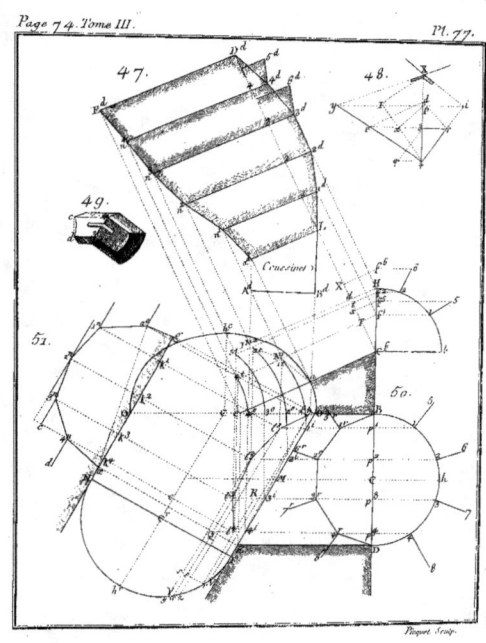

Page 74. Tome III.   Pl. 77.

DES VOUTES COMPOSÉES. CHAP I. 75

la descente coupe celui du berceau de niveau. Ainsi ayant fait sur le côté D A l'angle D A R, égal à celui de rampe, on lui fera en D la perpendiculaire D R, qui coupera la ligne de rampe en R, par où l'on menera l'horisontale R Ef, égale à l'obliquité E r de la face D E sur la perpendiculaire D r à la direction CM. Par le point Ef on menera Ef G, parallele à R A, le rectangle A G Ef R sera le profil du plan de rampe prolongé jusqu'à l'horisontal DK; mais à cause que ce plan rencontre la doële du berceau horisontal A K I B, il faut chercher la partie triangulaire F A G de ce plan, qui est retranchée par la section de la doële.

Fig. 52.

Ayant tiré B I perpendiculaire à B A, on décrira l'arc droit B H I, du berceau de niveau circulaire ou elliptique, & sur D A prolongée en K jusqu'à la rencontre de son côté I K, on décrira une ellipse A h^e K, avec les deux axes donnés, savoir, A K pour le grand, & B I pour le petit axe. Par le même point B, on menera une perpendiculaire à D A, qui coupera Ef G, (étant prolongée) en b; la ligne b A sera le diametre de la projection verticale de la section plane sur B A; sur le point A on élevera une verticale A T. On tirera ensuite par b une parallele à D A, qui coupera A T en V, par où on menera V o parallele à R A, qui coupera l'arc A x h^e au point x, d'où on tirera une parallele à D A, qui coupera Ef G au point F, & la ligne A T au point u; on portera $x u$ de B en L sur E B prolongée, le point L sera la projection de la rencontre de l'imposte de la descente avec la doële du berceau de niveau, laquelle imposte est représentée en profil par la ligne Ef G, où cette même section est représentée par le point F; de sorte que si l'on tire de chacun de ces points des lignes au même point A, le triangle mixte B L A, dont L A est elliptique, représente à la projection horisontale, celui que le plan de rampe retranche de la doële du berceau de niveau, lequel est aussi représenté au profil par le triangle mixte O F A.

Présentement, si l'on suppose un plan vertical passant par les points L & A, il coupera la doële de la descente suivant un arc rampant exprimé au profil par F h^i A, dont nous pouvons faire usage pour trouver la projection horisontale de l'arête de rencontre des deux berceaux, & même une projection inclinée sur le plan de rampe, comme on va le dire. Ayant fait sur le diametre d'entrée de descente D E le ceintre primitif D S E, ses

K ij

Fig. 52. divisions en voussoirs aux points 1, 2, 3, 4, & les projections de ses joints de lit suivant la direction du berceau à l'ordinaire, p^1 5, p^2 6, &c. prolongés indéfiniment, qui couperont la ligne L A aux points 5, 6, 7, 8, on menera par ces points des perpendiculaires sur D A, aussi prolongées indéfiniment, qui couperont la ligne F A aux points a^1, a^2, a^3, a^4, sur lesquels on portera les hauteurs des retombées du ceintre primitif correspondantes, savoir, 1 p^1 en a^1 1^i, & a^4 4^i ; 2 p^2 en a^2 2^i & a^3 3^i ; & par les points F 4^i 3^i, 2^i 1^i A, on tracera l'arc rampant F h^i A. Par tous les points trouvés 1^i, 2^i, 3^i, 4^i, on menera des parallèles à D A qui couperont la verticale A T aux points f^1, f^2, f^3, f^4, par lesquels on menera des parallèles à la rampe R A, qui couperont l'arc A $x h^e$ aux points 3, 2, 4, 1, & en un point au dessous de x, provenant du point u, lequel point n'est pas marqué pour éviter la confusion de la figure, qui est déja fort chargée en cet endroit de lignes & de lettres. Par les points 3, 2, 4, 1, de l'arc A h^e K on abaissera des perpendiculaires sur le diametre A K qui le couperont aux points k, l, m, n, par lesquels si l'on mene des parallèles à A B, leurs intersections avec les projections des joints de lit donneront les points l^1, l^2, l^3, l^4, où seront les angles de rencontre des doëles plates des berceaux en descente & de niveau, *qu'il falloit premierement trouver*.

Si au lieu de tirer par ces mêmes points des perpendiculaires à l'horisontale A K, on en tire d'autres à la ligne de rampe R A, prolongées jusqu'aux projections correspondantes des joints de lit, on aura une espece de projection inclinée sur le plan de rampe A N N^2 N N^4 B, dont on peut faire usage pour le trait, pourvu qu'on prenne bien garde de distinguer les suppositions de plan horisontal & de plan de rampe changé en horisontal ; car la partie B g égale à G A, qu'elle représente, doit être alongée suivant la distance z A ; mais comme cette projection inclinée ne pourroit servir que pour trouver les têtes des panneaux de doële plate de la descente à l'enfourchement, nous allons y pourvoir par le moyen d'en faire le développement. Il faut auparavant supposer l'arc droit formé par les moyens que nous avons donné au tome précédent, en parlant des descentes simples, page 196, lequel arc est rampant ; ou bien, pour ne pas renvoyer le lecteur, on peut le chercher par le moyen du profil qu'on vient de faire de l'arc F h^i A. Par tous les points

DES VOUTES COMPOSÉES. Chap. I. 77

$1^i, 2^i, 3^i, 4^i$, on abaissera des perpendiculaires sur cette ligne A R, & par tous les points a^1, a^2 des paralleles à la même ligne A R, qui couperont les perpendiculaires précedentes prolongées en des points qui détermineront les ordonnées de l'arc droit rampant $D h^r R^o$, qu'on portera sur le diametre $D R^o$, trouvé comme nous l'avons dit, au lieu cité, pour les voûtes simples.

L'arc droit étant tracé, on aura toutes les largeurs des doëles plates, nécessaires pour en faire le développement. On placera à volonté une directrice $A^d R^d$ (fig. 53) sur laquelle on portera de suite les largeurs inégales $D 1^r, 1^r 2^r, 2^r 3^r$, &c. de la fig. 52, en $A^d, 1^r, 2^r, 3^r, 4^r, R^d$, (de la fig. 53.) & l'on tirera par tous ces points A^d, &c. des perpendiculaires à la directrice, qui formeront le développement d'un berceau droit ; mais comme il est coupé obliquement par la rencontre de celui de niveau, il faut en chercher les reculemens d'échancrure. On commencera par porter la longueur A 7, prise sur A R à la figure 52, de R^d en g^d, pour tirer $g^d A^d$, qui sera une seconde directrice biaise, représentant g A ; on prendra ensuite la longueur G F du profil de la figure 52, qu'on portera en $g^d B^d$ de la fig. 53, pour avoir le point de l'imposte B^d le plus reculé.

Fig. 53.

Pour les autres, on tirera par les points a^1, a^2, a^3, a^4 du profil des paralleles à l'horison, qui couperont la verticale A T en des points qu'on ne peut désigner par des lettres à la figure, parce qu'ils sont trop près les uns des autres, desquels on menera des paralleles à la rampe R A, jusqu'à l'horisontale A K, comme $x o$, $y m$, &c. lesquelles seront coupées par des perpendiculaires à la rampe provenant des points trouvés sur l'arc $A h^c$ en 3, 2, 4, 1, qui sont ceux de rencontre de la descente avec l'arc droit à chaque joint de lit; les intervalles de ces paralleles à la rampe, qui restent entre l'horisontale A K & leurs sections avec les horisontales correspondantes, provenant des points a^1, a^2, a^3, a^4 de la ligne F A, seront les reculemens, qu'il faut porter depuis la seconde directrice $g^d A^d$ de la figure 53, sur les joints de lit du développement en $1^d, 2^d, 3^d, 4^d$, &c. Par exemple, supposant que la perpendiculaire 3 y, coupe la ligne $y m$, provenant du point a^3, par le moyen de l'horisontale menée par a^3, jusqu'à la verticale A T, qu'elle coupera en un point au-dessous de u, d'où est tirée la ligne $u m$, parallele à la rampe R A, l'intervalle $y m$ sera porté au développement du point o^3 en 3^d; ainsi des autres.

On peut remarquer que les points 3, 2, 4, 1, de l'arc A h^e K s'avancent ou se reculent vers T, ou vers r, d'une ligne T r parallele à RA, que l'on a tiré pour ne pas faire le renvoi de ces avances sur la ligne RA prolongée, où les lignes multipliées auroient causé trop de confusion ; d'où il suit que les têtes de doëles plates 1^d 2^d, 2^d 3^d se reculent inégalement des lignes droites qui ont servi de directrices au développement.

Fig. 53.

Il n'est pas nécessaire de parler ici du développement de la fig. 54, qui est celui de l'échancrure que le berceau en descente fait par sa pénétration à la surface de celui qui est de niveau, parce qu'il ne differe de ceux dont nous avons parlé aux deux traits précédents, qu'en ce qu'il est rampant sur son diametre al, dont la position se trouve en portant la corde A x de la fig. 52, en I l de la figure 54, sur l'inclinée I l, où le point I provient de B, & l du point L, comme la figure le montre. Le reste du trait concernant les biveaux de lit & de doële, & de doële plate de descente avec la correspondante de niveau, se fera de même, ainsi qu'aux traits précédens. L'application du trait sur la pierre fera aussi exactement la même. Nous ne parlons point ici des panneaux de lit, parce que suivant notre méthode ils sont inutiles pour les voussoirs d'enfourchement, & que pour la face de descente, ils ont été donnés aux traits des voûtes simples en descente, au problême XII, auquel on pourra avoir recours. Il est visible que si l'arc de face biaise, dont le diametre a été supposé de niveau, étoit rampant & l'arc droit de niveau ; ce trait deviendroit beaucoup plus simple & plus facile, parce que le plan de rampe n'auroit plus qu'une inclinaison ; d'où il suivroit que sa section avec l'horison seroit d'équerre en AP, & que le profil de ce plan ne seroit plus qu'une ligne droite RA.

REMARQUE.

Il faut remarquer, que supposant le diametre du ceintre de face de niveau, plus il approchera du parallelisme du côté AB du berceau de niveau, moins l'arc d'arête d'enfourchement sera rampant ; de sorte que si DE étoit plus oblique, comme en DQ, qui est parallele à AB, les impostes de la lunette deviendroient tout-à-fait de niveau, & au contraire la différence sera d'autant plus grande que la face approchera de la perpendiculaire D r.

DES VOUTES COMPOSÉES. Chap. I.

Explication démonstrative.

Nous avons rendu raison au problême XII du tome précédent, page 193, pourquoi l'obliquité de la face de descente à l'égard de la direction horisontale causoit une double obliquité dans le plan de rampe ; il nous reste à rendre raison de la maniere que nous avons employé pour trouver les projections horisontale & inclinée de la rencontre des deux berceaux. Nous supposons un plan vertical passant par les naissances A & L de l'arc ou arête de l'enfourchement, & parce que cette arête est à double courbure, elle avance en surplomb au-delà de la ligne droite A L selon des distances horisontales, qu'on auroit pu mesurer par des perpendiculaires sur A L, par les retombées de l'arc droit du berceau de niveau B H I ; mais à cause que ces avances doivent se prendre le long des joints de lit, qui lui sont obliques, on a décrit le ceintre de section oblique parallele à ces lits, qui est la demi-ellipse $A h^e K$, laquelle représente seule toutes ses égales, qui couperoient les plans verticaux passant par les projections de lit $p^1 l^1$, $p^2 l^2$, $p^3 l^3$, $p^4 l^4$, prolongés au travers du berceau de niveau.

Considérant ainsi un plan vertical sur la ligne D K, la ligne verticale T A représentera la section du plan vertical sur L A avec ce premier, & parce que nous avons fait la projection verticale de sa section à l'arc rampant $F h^i A$, & transporté toutes les hauteurs de ses divisions sur T A, il est visible que toutes les lignes menées par ces hauteurs f f^2 f^3 f^1, parallelement à la rampe B A, représenteront exactement les joints de lit de la descente ; par conséquent aussi leur section avec l'arc vertical $A h^e$, du berceau de niveau aux points 3, 2, 4, 1, lesquels points étant transportés par la projection sur l'horisontale A K, marqueront exactement les avances de la lunette sur le côté A B, du berceau de niveau ; & parce que cette ligne A K représente toutes les prolongations des projections des joints de lit, il est visible qu'en transportant les points d'avance trouvés sur chaque joint en particulier, par le moyen des paralleles au côté A B, on les arrangera chacun à leur place ; par conséquent la projection horisontale de la lunette est bien faite.

Fig. 52.

Quant à la projection inclinée sur le plan de rampe, il est visible que si l'on tire par le point A, le plus avancé de la rampe, une ligne $A f$, perpendiculaire à A R, elle pourra être considérée comme la projection verticale d'un plan perpendiculaire à celui de rampe, qui coupe tous les lits de la descente au dedans ou au dehors de l'arête d'enfourchement; dans ce trait cette arête est partie dedans, comme depuis *x* jusqu'à 2, & partie au dehors comme le joint marqué 3, & comme la section du plan de rampe avec celui des impostes du berceau de niveau *est donnée* en A*g*, sur le plan horisontal, par une ligne droite parallele à D E, nous la faisons servir de directrice du développement, parce que la directrice à l'angle droit sur la direction horisontale de la descente tombe au dessous de l'horison en A P, à cause de l'obliquité transversale du plan de rampe, ce qui n'arriveroit pas si ce plan n'avoit d'autre inclinaison que celle de la descente suivant sa direction.

QUATRIEME CAS.

Lunette rampante biaise, faite par un berceau biais en descente qui en rachete un autre par le bout.

On peut dire que le trait dont il s'agit est le même que les deux précédens, avec quelques circonstances différentes; l'une que le berceau en descente ne rachete pas celui de niveau à ses impostes ou à ses piédroits, mais au dessus dans la voûte même; l'autre, que le biais est supposé si grand que la direction horisontale de la descente fait un angle très-oblique avec celle du berceau de niveau. Sur cet exposé il semble inutile d'en donner un exemple; mais parce que le P. Derand s'y est brouillé plus que son Graveur, dont il se plaint, & que M. de la Rue n'en a rien dit, j'ai cru que je ne devois pas en faire de même, sans cependant m'attacher à corriger le trait du P. Derand, parce qu'ayant suivi une méthode différente de la sienne dans les descentes, je ne dois pas m'en écarter ici, mais au contraire en faire voir l'étendue à toutes sortes de cas & la facilité.

Soit (fig. 55) A B E D, le plan horisontal de la lunette percée dans un mur qui termine obliquement & en descente, ou si l'on veut perpendiculairement, un berceau de niveau I V X K, dans lequel la lunette soit percée obliquement, en sorte que la direction horisontale D K fasse un angle fort aigu A D I, ou fort obtus F D K, avec celle du berceau de niveau. Il faut ici, comme par-tout où il peut y avoir plusieurs ceintres, le déterminer

au

Page 80. Tome III. Pl. 78.

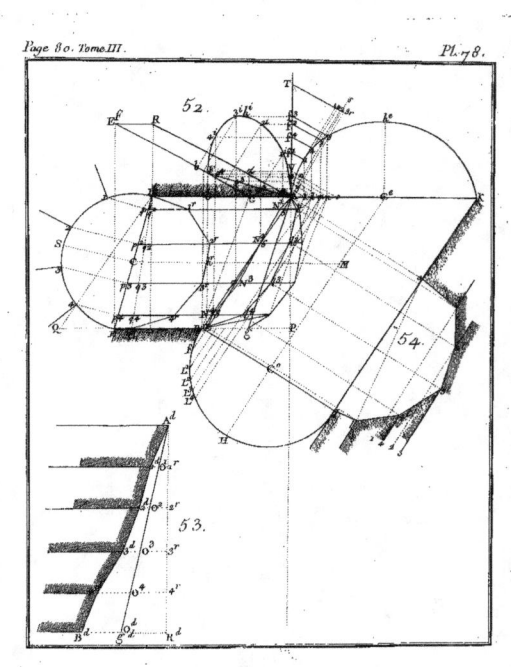

DES VOUTES COMPOSÉES. Chap. I.

au choix du primitif, faisant attention aux changemens que cause le ceintre de face donné de niveau rampant; car s'il est de niveau, l'arc droit sera rampant, & le plan de *l'abajour* incliné au plan vertical ; comme cette inclinaison est défagréable à la vue par dedans, nous fupposerons le diametre de l'arc droit de niveau circulaire, ou si l'on veut elliptique, dont un des axes soit de niveau.

Fig. 55.

Soit donc $d\ h\ b$, l'arc droit de la descente divisé en ses voussoirs aux points 1, 2, 3, 4, par lesquels on menera autant de paralleles à sa direction horisontale, qui rencontreront le côté K X du berceau de niveau aux points L, M, N, O, P, par lesquels on élevera des perpendiculaires au côté de la descente D A prolongé en K, qui couperont ce côté aux points l, m, n, o, p. Soit aussi le demi-cercle F H G, l'arc droit du berceau de niveau fait sur une ligne F G, perpendiculaire aux côtés I V, K X, prolongés en F & G. On fera sur K D, comme grand axe, & avec C G ou C H, pour petit axe, une ellipse K a D, qui sera la section oblique d'un plan vertical passant par la direction D A prolongée, sur laquelle ellipse on pourra former un panneau ou une cerche, pour en répéter le contour, en traçant à chaque joint des ellipses égales, comme nous le dirons ci-après. On fera ensuite le profil de la descente sur la ligne K D, prenant la ligne D R pour hauteur donnée jusqu'à l'imposte la plus basse de l'arc de face, qui sera rampant suivant notre supposition de l'arc droit donné, & l'angle D R p, égal au complément de celui de la descente, qu'on suppose aussi donné, ou pris à fantaisie. Du point R pour centre, & de l'intervalle $c\ d$ de l'arc droit, supposé circulaire, on décrira un quart de cercle q 1 2 S, terminé par R S, perpendiculaire sur p R, & divisé également aux points 1, 2, S, comme l'arc droit aux points 1, 2, h, & par les points 1, 2, S, on menera des paralleles à la ligne de rampe p R, prolongées indéfiniment, comme S S, 2 3^f, 1 4^f, par le bas, & poussées vers le haut jusqu'à la ligne D T, lesquelles lignes seront les projections verticales des joints de lit équivalentes chacune à deux ; savoir, au joint de la droite & de la gauche du berceau, par ce qu'on suppose le plan de rampe p R perpendiculaire au plan vertical, & les assises de droite & de gauche d'égales hauteurs, par conféquent qu'un même plan passe par les joints de lit parallèles au plan de rampe.

Fig. 55.

Cela fuppofé : ayant pofé le bout du panneau, ou de la cerche faite fur l'ellipfe K S D, on marquera le point a, où fon contour coupe la ligne de rampe p R, pour la naiffance la plus baffe de l'arête de la lunette, dont le point A eft la projection. On fera enfuite couler le panneau ou cerche fur l'axe horifontal K D, en forte que le point K foit avancé en l, où la perpendiculaire L l coupe l'axe K D ; alors le contour de cette cerche coupera la projection verticale du premier joint 1 1^f au point 1^f. On fera de même couler le même panneau fur K D, en forte que fon bout K foit pofé en m, & l'on marquera le point 2^f, où fon contour coupe la feconde ligne, qui eft la projection verticale du joint 2 2^f, on le pouffera enfuite en n, pour marquer fa rencontre avec la troifieme 3 3^f, au point 3^f ; on continuera à le faire couler en o, pour marquer l'interfection de la même ligne au point 4^f ; enfin on le pouffera en p, pour avoir l'enterfection avec la ligne de rampe en b, qui fera la naiffance haute de la lunette dont B eft la projection. Par tous les points trouvés on menera des lignes droites qui feront les cordes des doëles plates à l'enfourchement, & fi l'on mene une ligne courbe arrondie de l'un à l'autre, on aura la courbe a 1^f 2^f 3^f 4^f b, qui fe croife en x, ce qui marque qu'en cet endroit il y a deux points oppofés qui font de niveau, parce que cette courbe eft la projection verticale de l'arête de l'enfourchement de la lunette. Par le moyen de cette courbe on fera la projection horifontale, en abaiffant de tous ces points des perpendiculaires qui rencontreront les projections horifontales des joints de lits correfpondans à l'endroit où fe trouve un des chiffres ; favoir a A, donnera le point A fur l'impofte A D ; 1^f 1^p, donnera le point 1 p fur la projection 1 L, la ligne 2^f 2 p, donnera le point 2^p fur 2 M, 3^f 3^p &c. Et par tous les points trouvés A, 1^p, 2^p, 3^p, 4^p, B, on tracera la projection horifontale de l'arête d'enfourchement de la lunette, & l'épure fera faite.

Les panneaux de doële plate de la defcente auront leur longueur donnée par le profil, & leur largeur fur l'arc droit ; ainfi on comptera de part & d'autre de la ligne R S, qui eft la projection verticale de l'arc droit, les longueurs R a, R b ; la longueur o^1 1^f fera le fecond côté du premier vouffoir, dont la largeur fera la corde q 1, ou d^r 1, au plan d^i h b^r, en continuant à compter feulement depuis l'arc droit, on aura les longueurs o^1 1^f & o^2 2^f, pour le fecond vouffoir avec la corde

DES VOUTES COMPOSÉES. Chap. I. 83

de l'arc droit 1, 2 pour largeur; & ainsi des autres qu'on peut prendre & ranger de suite en développement, comme on a fait à la figure 52 de la planche précédente. Les panneaux de doële plate du berceau de niveau se trouveront par le moyen du développement de la projection horisontale, suivant son arc droit FHG, lequel donnera l'intervalle des lignes A a^n, $1^p 1^n$, mesuré par la corde $a^n 1^n$; l'intervalle des lignes $1^p 1^n$, $2^p 2^n$, par la corde $1^n 2^n$, & ainsi des autres directions du berceau de niveau jusqu'à son arc droit, comme nous l'avons dit aux trois traits précédens, dont celui-ci n'est qu'une espece de répétition. Les biveaux de doële à l'enfourchement se trouveront de même qu'il a été dit au problême quatorzieme du troisieme livre, & ci-devant pag. 71. Et enfin les biveaux de doële & de lit se trouveront sur l'arc droit aux angles 3 1 x, 1 2 y, ce qui suffit pour tailler toutes les faces des voussoirs.

Fig. 55.

COROLLAIRE.

De cette construction suit la maniere de faire les abajours en lunette entiere, ou en façon de puits inclinés, tels que sont ceux des *Tours bastionnées* de Landaw; il ne s'agit que de faire les profils & les projections verticales & horisontales du berceau en descente dans un double contour, au lieu qu'ici ils ne sont qu'à moitié, supposant le ceintre de face, comme l'on voudra; mais si on le fait circulaire comme auxdites tours, l'arc droit devient une ellipse si surbaissée, à cause de la roideur de la ligne de rampe, qu'il donnera très-peu de jour; ce rapport de l'arc de face & de l'arc droit a été suffisamment expliqué au problême XII du tome précédent, en traitant des voûtes simples en descente.

CINQUIEME CAS.

Lunette ou berceau en descente, qui en rachete un de niveau par le bout, suivant la même direction.

Nous avons supposé dans le cas précédent que les directions horisontales de la descente & du berceau de niveau se croisoient, ici nous supposons que quoique l'axe de la descente fasse un angle avec l'horison, cet angle est dans un plan vertical parallele à la direction du berceau de niveau; cette différence

L ij

84 STEREOTOMIE. Liv. IV. Partie II.

ne change pas la nature de la courbe d'arête de rencontre des doëles, qui est toujours une ellipsimbre, par le theor. XIX du premier livre, mais elle change un peu la construction du trait.

Fig. 56.   Soit, fig. 56, X C l'axe du berceau de niveau, & M m, la projection horisontale de celui en descente, qui lui est parallele (par la supposition) à la distance donnée $c\,m$. Soit D E, le diametre du berceau de niveau, dont le milieu est C; on portera la distance $c\,m$ de C en c, où sera le milieu du diametre du berceau en descente vu par le bout. Du point C, pour centre, on décrira l'arc droit du berceau de niveau, que nous supposons un demi-cercle ou une demi-ellipse D H E, & du point c on décrira le ceintre primitif A h B du berceau en descente, quel qu'il soit, circulaire ou elliptique, pris à l'arc droit, ou à l'arc de face droite, lequel sera divisé en ses voussoirs aux points 1, 2, 3, 4, par lesquels on menera des verticales A a^n, 1, 21; 2, 22; 3, 23; 4, 24; B b^n, qui couperont le ceintre du berceau de niveau aux points 21, 22, 23, 24, par lesquels on menera des paralleles à D E indéfinies.

Sur l'horisontale N a^n on fera l'angle de rampe donné N G R, dont le sommet G sera à volonté, & par le point R de hauteur donnée, on abaissera la verticale R b. Du point R, pour centre, on divisera le quart de cercle ou d'ellipse $s\,br$, tel que doit être l'arc droit de la descente, suivant le ceintre primitif donné, & par ses divisions $1^r\,2$, on menera des paralleles à la rampe qui couperont les correspondantes horisontales tirées par les points a^n, 21, 22, 23, 24, b^n, & dans la supposition que le diametre de l'arc droit de la descente soit de niveau, chacune de ces inclinées répondra à deux des horisontales dont nous parlons; ainsi la ligne de rampe R G coupera l'horisontale provenant du point a^n en G, & celle qui provient du point b^n en f^a, ainsi les points f^a & G sont les profils des naissances de l'arête de rencontre des doëles des deux berceaux; de même l'inclinée passant par le point 1^r, coupera les deux horisontales provenant des points 21 & 24 aux points 1^n, 4^n, & l'inclinée passant par le point 2^r, donnera les intersections des horisontales provenant des points 22 & 23 en $2^n\,3^n$; la courbe $f^a\,4^n\,3^n\,2^n\,1^n$ G sera le profil de l'arête de rencontre des berceaux. Il sera facile de faire aussi la projection horisontale de la même arête par le moyen des mêmes points du profil.

DES VOUTES COMPOSÉES. Chap. I. 85

Ayant fait la projection horisontale du berceau en descente à l'ordinaire, par le moyen de ses retombées A $p^1 p^2 c$, &c. placée parallelement à la ligne de base de rampe NG, comme en $a o q b$, on abaissera par tous les points du profil $f^a\ 4^n\ 3^n\ 2^n\ 1^n$ G, des perpendiculaires qui couperont celles de la projection horisontale aux points F, 1^l, 2^l, 3^l, 4^l, g, par lesquels on tracera la projection de l'arête d'enfourchement. Nous avons supposé que l'arc droit étoit de niveau, mais s'il ne l'étoit pas, & que le plan de rampe fût incliné, comme aux descentes biaises dont la face d'entrée est de niveau, il faudroit faire le profil du plan de rampe comme nous l'avons fait au troisieme cas de ce problème, ce qui ne change rien au trait, mais qui le rend seulement un peu plus composé.

Fig. 56.

Les projections verticales & horisontales de l'arête de lunette étant données, il est clair que l'on a tout ce qui est nécessaire pour former les panneaux ; car les longueurs de leurs côtés, & la différence des avancemens & reculemens de leurs têtes sont données au profil, & l'intervalle de ces côtés, c'est-à-dire, la longueur des panneaux est donnée à l'ordinaire à l'arc droit. Les biveaux de lit & de doële sont aussi donnés au même arc droit, & les biveaux de rencontre des doëles plates à l'enfourchement se trouveront de la même maniere qu'il a été dit au premier cas des descentes, pag. 71. L'application du trait sur la pierre par panneaux sera aussi la même qu'à tous les cas précédens ; mais pour abréger on peut le faire plus simplement par la voie de l'équarrissement.

Autrement par équarrissement.

L'épure étant tracée comme nous venons de le dire, & la pierre destinée au voussoir qu'on veut faire étant choisie de grosseur convenable, on y fera deux paremens à l'équerre l'un à l'autre, savoir, un pour servir de supposition horisontale LDA, l'autre par conséquent sera en supposition verticale EFAD, passant par l'arête du joint de lit du berceau de niveau. Supposant, par exemple, qu'on veuille faire un voussoir du second rang, on prendra la retombée $2\ 1\ x$, qu'on portera perpendiculairement à l'arête AD dans le lit horisontal, pour y tracer une parallele $g h$ à cette arête. On prendra de même la hauteur $2\ 2\ x$ de cette retombée, qu'on portera au plan vertical sur DA en BK, pour y tracer aussi une parallele KG ; ces deux paralleles

Fig. 57.

Fig. 57.

feront les arêtes des joints de lit de dessous & de dessus. Ensuite on prendra avec la sauterelle le supplément de l'angle de la descente, qui est l'angle obtus 21 1″ 1′, pour le tracer sur le parement vertical en A B c, & par le point c, on tirera c m parallele à D L, sur le parement vertical où se termine le voussoir, & l'on abattra la pierre quarrément suivant la ligne inclinée B c & cette parallele c m; après quoi on portera sur l'arête c m, la longueur 2 1 x de la retombée, & sur l'arête c E, celle de sa hauteur 2 1 x, traînant sur ces deux paremens leurs longueurs parallelement, ou ce qui est la même chose, leur menant des paralleles qui marqueront les arêtes des doëles & des lits de dessous & de dessus, & leur rencontre avec celles qu'on avoit tracé sur le lit horisontal g h, & sur le lit vertical r q, & l'on abattra la pierre pour le grand berceau, suivant la cerche de l'arc 21, 22, & pour celui de la descente, suivant la cerche de l'arc 1, 2.

La rencontre des doëles formera l'arête d'enfourchement, comme par hasard, sans qu'on en connoisse la courbe. Il ne reste plus qu'à former les lits suivant les biveaux mixtes de lit & de doële pris sur les arcs droits des deux berceaux. A l'égard de la face, on la fera comme nous l'avons dit des voûtes simples, au problême XII, du deuxieme tome, auquel nous renvoyons aussi pour la situation des joints de doële & de tête.

Explication démonstrative.

Ce problême & le précédent sont fondés sur notre méthode générale, qui est de couper les voûtes par des plans paralleles entr'eux. Au précédent, nous avons coupé le berceau en descente par des plans verticaux paralleles à son axe, qui ont donné dans cette voûte cylindrique inclinée à l'horison des parallelogrames, & des ellipses dans la voûte horisontale. Ici, comme la direction horisontale des deux voûtes qui se rencontrent est la même, la section faite par un plan vertical passant par l'axe ou parallelement à l'axe de la descente, est aussi parallele à la section par l'axe du berceau de niveau; ainsi dans les profils des joints de lit, il ne se rencontre que des lignes droites, qui sont les côtés des sections en parallelogrammes, dont la rencontre donne les points du contour de l'arête d'enfourchement, qui est une ellipsimbre.

Il faut seulement remarquer, pour l'intelligence de l'épure, qu'il y a trois sortes de desseins rassemblés. 1°. La projection

DES VOUTES COMPOSÉES. Chap. I.

horifontale de la lunette F lg.2°. La verticale du profil G 1^n 2^n 3^n 4^n f^u, faite fur un plan vertical parallele à la direction M m de la defcente. 3°. L'élevation D H E & A s B, faite fur un plan vertical AYB parallele à l'arc droit, repréfenté au plan horifontal par la ligne ab & AYB, & au profil par la ligne H R, laquelle élevation doit être cenfée tournée perpendiculairement à la direction des deux voûtes, en forte que fon plan feroit repréfenté en profil par la ligne ff D. Il faut encore remarquer que cette élevation n'eft faite que pour trouver des points correfpondans du ceintre primitif A h B, dans le ceintre de l'arc droit du berceau de niveau D H E, fans égard à la hauteur refpective de leurs diametres, qui font raffemblés fur une même ligne D E, quoiqu'ils foient éloignés (fi l'on veut) de toute la diftance des points D & R, ne s'agiffant que de la pofition du centre c, à l'égard de la diftance horifontale du centre C, prife fur une perpendiculaire à la direction horifontale de la defcente.

On remarquera enfin, que le ceintre primitif A h B qui fert à l'arc droit, n'eft pas dans fa fituation naturelle dans cette élevation, où il devroit être incliné fuivant la ligne R G du profil; mais comme on le fuppofe couché à angle droit fur la ligne D E, & que le diametre A B eft commun au diametre de la face, il eft indifférent qu'il foit raccourci par la projection en A s B, puifque la ligne ch étant à l'angle droit fur D E, fera toujours dans le même plan vertical étant inclinée ou bien verticale, de même que toutes fes paralleles A a^n; 1, 21; 2, 22; 3, 23; 4, 24; B b^n : donc les plans verticaux paffans par ces lignes donneront toujours les mêmes points a^n, 21, 22, 23, 24, b^n, dans l'arc droit D H E du berceau de niveau, de même que dans le ceintre de face furmonté, qui eft repréfenté par la demi-ellipfe A Y B, dont le petit axe A B eft commun à l'arc droit; par conféquent les arcs 21, 22, 23, &c. font bien correfpondans aux arcs 1, 2; 2, 3, &c. du ceintre primitif compris entre les fections des plans paralleles qui paffent par les joints de lit, *ce qu'il falloit trouver* pour en avoir les retombées & les hauteurs.

Fig. 56.

CHAPITRE II.

Des rencontres des voûtes cylindriques avec les coniques.

LEs voûtes coniques en demi-cônes completes, qui font les feules trompes, ne font pas fort communes, mais les voûtes & les murs en portion de cônes tronqués font très-fréquentes dans l'architecture militaire; telles font les embrasures, les flancs concaves, les orillons convexes, les tours, les contrefcarpes arrondies au devant des angles faillans, &c. dans lefquelles font percées des portes ou des embrafures; nous allons parcourir tous les cas des rencontres des cônes avec les cylindres.

PROBLEME III.

Faire l'arête de rencontre d'un berceau quelconque avec un mur ou une voûte conique.

On peut confiderer un berceau comme étant de niveau, ou incliné en defcente, rachetant une tour en talud, ou comme étant racheté par une lunette ou une voûte conique; dans le premier cas le cylindre pénétre le cône, dans le fecond le cône pénetre le cylindre.

PREMIER CAS.

Porte droite ou biaife en tour ronde, ou creufe & en talud.

Plan 80.
Fig. 59.

Soit (fig. 59) l'arc de cercle ou d'ellipfe KXO, la bafe horifontale d'une portion de tour creufe en talud, comme un arondiffement de contrefcarpe dans laquelle eft percée une porte en berceau, dont la projection eft ADEB, droite ou biaife, c'eft-à-dire, dont l'axe CX paffe par le centre C' de la tour, qui eft au bas de la planche, ou n'y paffe pas; nous choififfons ici pour exemple une porte biaife, parce qu'elle eft un peu plus difficile que la droite, & que cet exemple fert pour les deux efpeces de portes. On commencera par fe déterminer au choix du ceintre primitif, qui peut être pris en quatre ou cinq différens endroits & fituations, comme nous l'avons dit des portes

en

Page 8.8. Tome III.   Pl. 79.

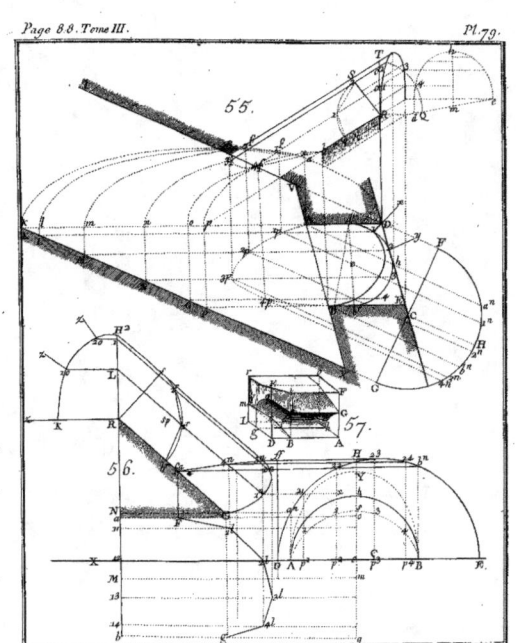

DES RENCONTRES DES VOUTES. Chap. II. 89

en tour ronde sans talud. 1°. Sur un plan vertical ou en talud, *Fig. 59.* passant par la corde AB. 2°. Sur l'arc AXB rectifié. 3°. Sur le même développé en base de développement du cône. 4°. Sur l'arc-droit.

Le P. Derand & après lui M. de la Rue, prennent pour ceintre primitif l'arc de développement de la base du cône, pour pouvoir faire les têtes des voussoirs exactement égales. Dans les fortifications, on prend ordinairement l'arc droit pour ceintre primitif, parce qu'on veut que les voûtes soient intérieurement en plein ceintre. Ici nous prendrons ce ceintre sur la corde AB, en situation verticale, ou inclinée en talud, parce qu'ordinairement les inégalités qui en résultent aux têtes des voussoirs, pour peu qu'ils soient d'un nombre au dessus de cinq, ne méritent pas qu'on y fasse attention, lorsque le diametre de la porte est peu considérable, comparé à la circonférence de la tour, ce qui arrive ordinairement ; & l'on peut dire que l'opération pour faire des têtes égales, suivant le trait des Auteurs, est une délicatesse superflue.

Par un point D, pris à volonté sur un des piédroits AD, on menera DE parallele & égale à AB, ce qui n'est pas dans la figure, mais qu'il faut supposer, sur laquelle on décrira le ceintre primitif D h E, circulaire ou elliptique, puis l'ayant divisé en ses voussoirs aux points 1, 2, 3, 4, & abaissé des perpendiculaires sur son diametre, on menera par leurs projections p^1, p^2, p^3, p^4, des paralleles à la direction de la voûte qui serviront à trouver l'arc droit D s R, & la projection de l'arête à double courbure de la face de la porte en A h' B, comme il suit. Ayant élevé sur ED prolongée une verticale DV, par un point D pris à volonté, on fera l'angle du complément du talud VDE, puis on menera par tous les points des divisions du ceintre primitif 1, 2, 3, 4, des horisontales qui couperont la ligne VD aux points y^2, V, & le profil du Talud FD aux points f^1, fy, F, qui donneront les reculemens; savoir VF pour le milieu de la clef, $y^2 fy$ pour les lits de dessus des deuxieme & quatrieme voussoirs, & V f^1 pour les premier & cinquieme, & de même f^5 & f^6 pour l'extrados.

Il faut remarquer que les longueurs de ces reculemens diminueroient si le ceintre primitif avoit été pris sur un plan incliné au talud, au lieu du plan vertical que nous supposons; car alors il faudroit porter la longueur DV en Dfy, sur FD, & tirer

Tome III, M

90 STEREOTOMIE. Liv. IV. Partie II.

Fig. 59. $f y$, y^2 parallele à F V ; on voit que le reculement du milieu F V est plus grand que le même pris en $f y$, y^2 ; ainsi des autres reculemens correspondans aux divisions 1, 2, 3, 4, des joints de tête, comme il a été dit au tome II, en parlant des voûtes simples de face en talud. On portera ensuite tous ces reculemens du talud sur une ligne A L, qu'on fera perpendiculaire à l'arc A X B, qui est une portion de la base de la tour concave, en sorte que cette ligne A L, étant prolongée, passe par le centre C^t de la tour, si elle est circulaire, ou que cette ligne soit perpendiculaire à la tangente en A, si cette base est elliptique; ainsi l'on portera V F en A L, $f y$, y^2 en A 2^u, $f^1 V^1$ en A 1^u, & par ces poits 1^u, 2^u, L, on tracera des arcs concentriques à l'arc A X B, qui couperont les projections des joints de lit aux points t^1, t^2, t^3, t^4, par lesquels on tracera à la main la courbe A h^t B, qui sera la projection horisontale de l'arête de rencontre du mur en talud avec la doële du berceau que l'on cherche; laquelle projection est suffisante pour tailler la porte *par équarrissement*, ce qui est le plus convenable & le plus commode.

On peut aussi opérer par le moyen des panneaux flexibles, mais sans autre avantage que celui de pouvoir faire les têtes exactement égales en œuvre, parce qu'il faut que la surface conique, concave ou convexe, de la partie de la tour que comprend chaque voussoir, soit faite par la voie de l'équarrissement, avant que de pouvoir y appliquer le panneau pliant dont on doit tracer le contour. Nous avons fait remarquer ailleurs que la méthode du P. Derand, & après lui de M. de la Rue, de former le développement de la base du cône, n'étoit pas convenable à la pratique, parce que l'extrême longueur du rayon de l'arc de cercle qui doit exprimer ce développement la rend d'une exécution très-embarrassante & ordinairement défectueuse, auquel cas il faut avoir recours à notre probl. huitieme du troisieme livre. Il s'agit de trouver le contour $d m e$ (fig. 58.)

Fig. 58 & 59. moins concave que K X O de la base de la tour creuse, mais qui en soit le développement, sur lequel arc il faut prendre la partie $a m b$, égale au contour de l'arc A B de la base de la porte; pour cet effet il faut faire C F perpendiculaire sur C S & égale au rayon C^t A, de la base de la tour, auquel on ajoutera le plus grand reculement $f^6 V^6$ de l'extrados de la fig. 59; puis faisant l'angle C F d égal à celui du talud donné, on prolongera le talud F D ou F d, jusqu'à ce qu'il rencontre l'axe C S en S,

DES RENCONTRES DES VOUTES. CHAP. II.

où sera le centre des arcs de développement qui doivent passer par toutes les hauteurs des divisions de la porte; ainsi l'arc dme sera celui du pied de la tour, sur lequel on prendra par petites parties une longueur amb, égale à l'arc AXB du pied de la tour; c'est le trait des Auteurs cités.

Pour montrer l'inconvénient, l'embarras & le peu de *conséquence de cette opération*, supposons un cas très-ordinaire, qui est celui d'un arrondissement de contrescarpe de dix toises de rayon & un sixième de talud, le rayon de secteur du développement aura environ 61 toises; c'est-à-dire 366 pieds, avec laquelle longueur il faut faire un simbleau pour tracer l'arc demandé pour la base de la porte, qui est ordinairement très-petite, dans le cas dont nous parlons, mais qui ne seroit encore rien quand on la supposeroit de la grandeur d'une porte-cochere; de sorte que supposant qu'on veuille s'assujettir à la minutie de ce développement, on trouvera qu'un arc dont la corde ne peut être tout au plus que de 8 pieds, ne différera pas sensiblement de sa corde. En ce cas on n'a rien de mieux à faire que de chercher trois points de cet arc par le probl. VIII du troisieme Livre, & ensuite le tracer sans le secours du centre par le probl. I. du deuxieme livre; mais il faut avouer qu'à moins que la tour ne fût d'un fort petit diametre & la porte très-grande à son égard, ce seroit s'amuser à la bagatelle. Cet arc de base développée sera un peu concave à la tour creuse, comme la moitié daC^a, de la fig. 60, & convexe à la tour ronde, comme à la moitié C^xbe de la fig. 61. Du milieu de cet arc, on décrira le ceintre primitif ahb, qu'on divisera en ses voussoirs aux points 1, 2, 3, 4, mais de ces points on n'abaissera pas des à plombs suivant l'usage ordinaire, on tirera des lignes au centre de l'arc de développement, comme $1b^1$, $2b^2$, &c. qui seront convergentes; on en fera de même pour les points d'extrados 5, 6, &c. lesquelles lignes resserreront aussi cette espece de projection à la tour creuse, & l'élargiront à la tour ronde, comme on voit aux fig. 60 & 61; & comme le centre où il faut tirer ces lignes sera sans doute hors de la place où l'on tracera l'épure, il faudra avoir recours au probl. I. du troisieme Livre; ainsi on se donne bien des opérations, sans aucun avantage, qu'une régularité de division des voussoirs en œuvre, qu'on trouve à très-peu près par la voie de l'équarrissement.

Fig. 60 & 61.

Fig. 59. Cette élévation de face déployée étant faite, on tirera du centre C^t de la tour, une ligne A L avec laquelle on fera l'angle du talud T A L, & l'on portera sur la ligne A T les longueurs des lignes $1\ b^1$, $2\ b^2$, &c. aux points $A f^1$, $A f^2$, & par les points f^1, f^2, on abaissera des perpendiculaires sur A L, qui la couperont aux points 1^u, 2^u, par lesquels on tracera des arcs concentriques à la tour qui couperont les fausses projections tirées par les points b^1, b^2, $C a$, &c. de la fig. 60, comme on a fait à la fig. 59, en supposant le ceintre primitif de la fig. 60 ou 61 placé en D h E de la fig. 59, & l'épure sera achevée.

Application du trait sur la pierre par équarrissement.

Fig. 59 & 62.   Ayant dressé un parement $abcd$ (fig. 62) de supposition horisontale, par exemple, pour former le voussoir de la seconde assise qui passe par les points 1, 2, du ceintre primitif, on en dressera un second à l'équerre du premier, qui sera donc supposé à-plomb $bcef$, & l'on en fera un troisieme $efgh$, jaugé au premier à la hauteur totale $6n$. Puis on levera un panneau sur la projection $q^2\ t^2\ t^1 k d^5\ q^2$, (fig. 59) on l'appliquera sur le premier lit horisontal pour en tracer le contour, qui sera un pentagone irrégulier & mixte. On prendra ensuite la retombée $1g$ de la fig. 59, qu'on portera au premier lit quarrément à l'arête bc, en $t^1\ 1^r$, de la fig. 62, & la hauteur $2g$ de la même retombée, au dessus de la même arête bc en $2\ 2^r$, pour tracer la ligne $2\ 2^r$; ensuite on abattra la pierre entre ces deux lignes $t^1\ 1^r$ & $2,\ 2^r$ en portion de doële creuse cylindrique, par le moyen d'une cerche formée sur l'arc $1^r\ 2^r$ de l'arc droit de la fig. 59. On posera ensuite le même panneau du lit de dessous au lit de dessus pour y tracer l'arc $t^1\ t^2$, de la portion de l'arête de la porte, & par le moyen d'un autre panneau, on tracera l'arc circulaire $i\ t^6$, qui n'est pas parallele à $t^1\ t^2$. On abattra la pierre quarrément, suivant l'arc $t^1\ t^2$, tracé au lit de dessus, & par cette opération on formera une portion cylindrique verticale qui coupera l'horisontale qu'on vient de faire suivant l'arête inclinée qui répond à celle de l'arc $1, 2$ de l'élévation; en cet état la tête du voussoir seroit faite, si la face n'avoit pas de talud; mais comme il y en a suivant l'arc circulaire tracé au lit de dessus $i t^6$, il faut abattre la pierre à la regle entre cet arc $i t^6$ & l'arête déja faite pour former la surface conique en talud; enfin avec les biveaux mixtes de lit & de doële $1^r\ 2^r\ 6^r$ pris à l'arc droit pour le lit de

DES RENCONTRES DES VOUTES. Chap. II.   93
deſſus, & $2' 1' 5'$, pour celui de deſſous, on achevera la pierre, faiſant le joint t^1 K à-plomb, ſuivant la ligne du panneau, qui a été tirée du centre C^t de la tour, & la pierre ſera achevée, comme elle eſt repréſentée à la fig. 63.

J'ai entré ici dans un grand détail de la coupe & de l'application du trait, parce qu'il s'agit d'un ouvrage qui eſt très-fréquent dans les fortifications, où les portes des galeries de mines ſont ordinairement percées dans les arrondiſſemens des contreſcarpes, où il convient qu'elles ſoient d'une direction biaiſe pour dévoyer la galerie de deſſous la capitale, contre ce qu'ont pratiqué certains Directeurs, peu dignes de l'être, qui ont ſuivi autant qu'ils ont pu la direction de la capitale. Or je ſai que bien des gens qui ne ſavent point la coupe des pierres, ce qui n'eſt pas rare, ſe ſont trouvés très-embarraſſés pour l'exécution de ces portes, & n'en ſont venus à bout qu'en traçant les vouſſoirs ſur les ceintres, & les deſcendant & remontant à pluſieurs repriſes, pour les préſenter & ragréer; travail inutile & long, qu'on s'épargne quand on ſait comment s'y prendre; il arrive même ſouvent que dans ces tâtonemens, on *coupe*, c'eſt-à-dire, on gâte la pierre en pure perte, de ſorte qu'il faut en prendre une autre, & recommencer; alors *on ſent qu'un Ingénieur a beſoin de ſavoir la coupe des pierres.*

Application du trait par panneaux.

Pour faire uſage des panneaux, il faut les tracer ſur une matiere flexible comme du carton, & faire une portion de ſurface conique de la tour ſuivant la projection du reculement des arcs concentriques de la même tour, comme $1^u t^3$, $2^u t^2$, (fig. 59.) & appliquer ſur cette partie le panneau de tête du vouſſoir demandé, tel qu'il eſt tracé aux fig. 60 ou 61, pour les tours creuſes, ou rondes; en quoi l'on voit que cette pratique, dont j'ai fait voir l'embarras, ne donne aucun avantage ſur celle de l'équarriſſement, puiſque pour faire cette portion de ſurface conique, il faut en prendre la baſe inférieure & ſupérieure, comme on a fait au trait par équarriſſement, & qu'enfin ſi l'on veut ſe piquer d'exactitude, il ne faut pas (ſuivant l'uſage des auteurs) faire les joints de tête en ligne droite, puiſqu'ils ſont les développemens des arcs de quelqu'une des ſections coniques, leſquels développemens ſur la ſurface du cône ſont toujours des lignes courbes;

ainsi le meilleur est de faire ces sortes de portes par la premiere méthode de l'équarrissement.

Deuxieme situation du berceau à l'égard du cône, lorsque le berceau est incliné à l'horison.

En termes de l'art,

Descente droite ou biaise en tour ronde, ou creuse & en talud.

Plan. 81.
Fig. 64.

Nous avons choisi pour exemple dans le trait précédent la tour creuse, ici nous choisirons la tour ronde & la porte biaise. Il est clair, par ce que nous avons dit ci-devant, qu'on peut prendre le ceintre primitif en six endroits différens. 1°. Sur un plan vertical situé de deux manieres, ou perpendiculaire à la direction horisontale de la descente. 2°. Ou biais à cette direction, suivant l'obliquité de la corde A B de l'arc horisontal de la tour que la baye de la porte comprend. 3°. Sur un plan incliné situé aussi de deux manieres, ou à l'arc droit qui est perpendiculaire au plan de la rampe de la descente, par conséquent incliné à l'horison. 4°. Ou sur la corde A B dans un plan incliné, suivant le talud de la tour. 5°. On pourroit compter une cinquiéme position, qui seroit sur un plan perpendiculaire à la direction horisontale par sa base, mais incliné suivant le talud de la tour. 6°. Enfin on peut former le ceintre primitif sur la surface du cône développée en surface plane, pour pouvoir faire les divisions des voussoirs exactement égales, comme il a été dit au trait précédent. Nous choisissons ici la plus simple & la plus convenable pour la pratique, qui est de faire le ceintre primitif sur la corde A B, ou ce qui revient au même sur la tangente T N, qui lui est parallele & égale en D E sur un plan vertical.

Soit (fig. 64.) l'arc O B A une portion de la base de la tour, & le quadrilatere mixte I A B K la projection horisontale de la descente dans la tour, laquelle porte est ici biaise, parce que la direction de son milieu C M ne passe pas par le centre C' de la tour. Il en est ici comme aux descentes biaises simples, on peut faire l'arc de face ou de niveau ou rampant; supposant qu'on veuille le faire de niveau, on menera par le point K du piédroit qui avance le plus, une ligne K L parallele à A B, qui coupera le piédroit A I prolongé en L. On fera ensuite le profil de la tour & de la rampe; pour celui de la tour on fera l'angle L A S égal

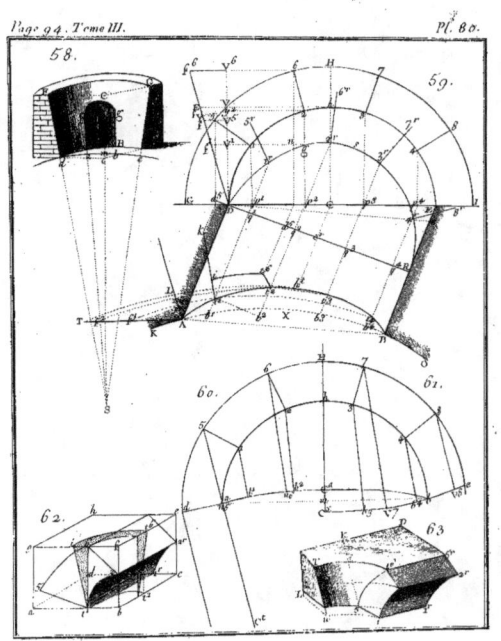

Page 94. Tome III.   Pl. 80.

DES RENCONTRES DES VOUTES. Chap. II. 95

à celui du talud donné, comme au cinquieme ou sixieme de la *Fig. 64.*
hauteur; & pour celui de la rampe, on fera l'angle A L F égal à
celui du complément de la descente, dont le côté L F coupera
le côté A S de la tour en F, par où l'on menera une horisontale
F G pour la position des impostes de l'arc de face, où il faut
trouver le point G de l'imposte, qui répond au point B du plan
horisontal.

Par le point K on menera une perpendiculaire sur A L prolongée, qu'elle coupera en k, par où on menera k G parallele à
L F, qui donnera sur l'horisontale F G le point G d'intersection,
où sera l'imposte qui répond à B. On fera ensuite sur A B, ou sur
son égale D E, comme diametre, le ceintre de face D h E, &
son extrados T H N; l'ayant divisé en ses voussoirs aux points
1, 2, 3, 4, on abaissera sur ce diametre des perpendiculaires
$1 p^1$, $2 p^2$, &c. & ensuite on fera les projections des joints de lit
$p_1^i q^1$, qui couperont l'arc A C B aux points o^1, o^2, o^3, o^4, par lesquels on menera des perpendiculaires sur L A qui couperont cette
ligne en des points que je n'ai pu marquer dans la figure pour éviter la confusion, mais seulement le point b provenant de B; j'appellerai les autres b^1, b^2, &c. par lesquels on menera des lignes
au sommet du cône, qui est à la rencontre de la ligne du talud
A S avec celle d'à-plomb qui passe par le centre C^i, comme on
le voit à la fig. 65 en s.

Mais comme ce sommet du cône s peut-être très-loin, selon
la largeur de la tour & la roideur du talud, il seroit fort incommode de l'aller chercher hors de la place où l'on trace l'épure; alors il faut avoir recours au probl. I du troisieme livre,
page 335. Supposant ces lignes (que j'appelle des b S) tirées sur le
profil, (fig. 64.) on décrira sur G F prolongée pour base la
moitié du ceintre primitif C D h en c D^e h^e, avec ses divisions
1 4, 2 3, par lesquelles on menera des paralleles à F G qui couperont chacune deux lignes correspondantes b S, b^1 S, b^2 S, aux
points 1, 2, 3, 4, du profil, par lesquels on tracera à la main la
courbe F 1, 2 h 3, 4 G, qui sera la projection verticale de la face
de descente sur la tour ronde. Présentement, il faut faire le
profil de la même descente en dedans sur la tour creuse, lequel
sera beaucoup plus facile, parce qu'on ne lui suppose point de
talud dans l'intérieur concave. Ayant tiré les projections des
joints de lit à l'ordinaire $p^1 q^1$, $p^2 q^2$, &c. qui couperont l'arc
concave $l m$ K aux points n^1, n^2, n^3, n^4, on menera par ces points

Fig. 64. des verticales, & par les points de profil de l'arc de face des inclinées parallèles à la rampe L F qui couperont ces verticales aux points i, V^1, V^2, V^3, V^4, k, par où on menera à la main une courbe qui fera la projection verticale de l'arc de face concave, lequel fera rampant de la hauteur I i.

L'intervalle des deux projections de face ronde, c'est-à-dire convexe, & de face creuse, c'est-à-dire concave, donnera les longueurs des joints de lits, qu'on ne peut trouver fur le plan horifontal, où elles font raccourcies par la projection; c'est pourquoi nous n'avons pas commencé par faire la projection horifontale des arêtes des arcs de face extérieure & intérieure. La projection de l'arc de face creuse en dedans est donnée à l'arc I m K, parce qu'elle est fupposée fans talud. Pour faire celle de l'arc de face extérieure qui est en talud, il faut prendre pour rayon la longueur Cf F, qui est la distance de l'axe au côté du cône fur une horifontale, & du centre C^t de la tour tracer un arc de cercle qui coupera le piédroit I A en f, & le piédroit K B en g, où feront les reculemens Af, Bg que donne la hauteur F de la descente fur la base de la tour; de même avec la longueur C 1 pour rayon, & du centre C^t, on tracera un arc qui coupera les projections p^1 q^1, p^4 q^4, aux points 1^t 4^t; ainsi du reste. La même pratique qui a servi à faire les profils de l'arête de la doële avec la face de la projection horifontale, servira à faire le profil de l'extrados N^s 8^x 7^x Hf comme la figure le montre, & fa projection horifontale p^n 8^t 7^t 6^t 5^t 1.

Il ne reste plus que l'arc droit à tracer de la maniere qui a été expliquée au tome précédent, en parlant des voûtes en berceau, simples, biaises & en descente, que je vais répéter pour ne pas y renvoyer le lecteur, avec une petite variété de construction. Par un point L, pris à volonté fur la ligne de rampe L F, on lui tirera une perpendiculaire L h', qui coupera l'autre ligne G k en r, & les projections en profil des joints de lit 1, $1'$, 2, $2''$, &c. prolongées aux points R^1, R^4, R^2, R^3, les milieux m', m' m^2 de ces points, feront ceux des abscisses du demi-diametre de l'arc droit, dont les ordonnées fe prendront fur une même ligne tracée au plan horifontal. Ayant porté la différence L r des impostes en k R, on tirera K R qui coupera les projections horifontales des joints de lit aux points q^1, q^2, m, q^3, q^4, les longueurs m q^1, $m q^2$, m.R feront les ordonnées que l'on cherche, lesquelles (parce que l'arc droit est rampant) ne doivent

DES RENCONTRES DES VOUTES. Chap. II.

pas être à angle droit avec le demi-diametre $m^e\,h^r$ incliné, qui est cependant dans un plan vertical, mais on aura seulement l'angle qu'elles doivent faire avec L h^r. Du point m^e, milieu de L r, pour centre, & de l'intervalle m R ou m K, pour rayon, on fera de part & d'autre des arcs de cercles k G en L, & F L prolongée en k^r, la ligne k^r L fera le diametre rampant auquel les autres ordonnées passant par m^1, m^2, seront parallèles & égales à $m\,q^1$, $m\,q^2$, & l'arc droit sera fait passant par $k^r\,h^r\,\mathrm{I}^r$.

Fig. 64.

Dans les traits des voûtes simples nous avons donné la maniere de tracer les ceintres de niveau & rampans des faces de descente & de montée, parce que nous les avons supposé planes ; ici nous n'en faisons pas de même, parce que ces faces étant à double courbure, une projection verticale n'en marqueroit pas le véritable contour, ainsi elle deviendroit inutile pour la pratique. L'arc droit, les projections horifontales & verticales étant tracés, on aura tout ce qui est nécessaire pour former les panneaux si on opere par leur moyen, ou bien pour appliquer le trait sur la pierre par équarrissement, comme on a fait au trait précédent, dont celui-ci ne differe qu'en ce que le berceau est en descente, au lieu que l'autre étoit supposé de niveau.

Si l'on opere par panneaux, on peut en trouver toutes les mesures au profil & à l'arc droit. Ceux de doële, qui seront des trapezes mixtes, auront pour distance de leurs côtés paralleles la longueur de la corde de l'arc droit, & pour longueur des côtés celle des joints de lit compris entre les deux profils des faces ; mais pour avoir des points des courbes convexes de tête de descente & concaves de tête de montée, il faudra les chercher en sous-divisant les arcs des têtes du ceintre primitif 1, 2 ; 2, 3, &c. ce qu'on n'a pas fait ici pour ne pas trop embrouiller le trait. Les panneaux de lit seront de même des trapezes mixtes composés des joints de lit pris au profil & de l'intervalle de la doële & de l'extrados, dont les avances des têtes sont données au même profil, comme celles des joints de doële.

Application du trait sur la pierre.

Pour tailler les voussoirs de cette voûte à la face de descente avec facilité & justesse, il faut opérer partie par panneaux de doële & partie par équarrissement de tête, parce que à la

Fig. 64. tête l'arête de doële & de face est une courbe à double courbure, & que celles des joints y sont des courbes planes des sections coniques, toutes lesquelles courbes se forment exactement sans les connoître, par le moyen de l'équarrissement. Pour y parvenir il faut une petite préparation dans la projection horisontale, qui est de tirer par le point de l'arc & de l'arête inférieure avec le joint du voussoir qu'on se propose de faire, une ligne droite au centre de la tour C', laquelle coupera l'arc circulaire concentrique qui passe par l'angle de la même arête avec le lit supérieur.

Supposant, par exemple, qu'on veuille faire le second voussoir, on tirera par le point 2' une ligne au centre C' qui coupera l'arc de cercle passant par les points 1' & 4, au point 7; ou ce qui revient au même & qui est le plus convenable, on tirera par le point 1' la ligne 1' C' qui coupera l'arc de cercle concentrique passant par les points 2' 3' au point X; la ligne 1' X, ou 2' 7 servira comme on le dira ci-après. On fera encore une petite préparation à l'élévation, qui est de tirer par l'angle 23 le plus haut une horisontale 23 X & une verticale par le plus bas 14 V, qui coupera l'horisontale au point X. Ayant dressé un parement pour servir de doële plate, (fig. 66) on y appliquera le panneau 1^d 2^d n^2 n^1 fait comme à toutes les épures précédentes, par le moyen des longueurs des côtés donnés au profil & de leur position à l'égard d'une directrice D B^d prise au profil en G d ou ailleurs; il n'importe.

Le contour du panneau étant tracé, on aura les quatre angles du voussoir, mais non pas les courbes des têtes. On prendra avec la fausse équerre sur le profil l'angle de rampe & d'à-plomb k GV, puis du point 23 pour centre à l'élévation, & de l'intervalle 2' X pris au plan horisontal, on décrira un arc sur la tête ébauchée, puis avec le biveau de l'angle k GV on abattra la pierre pour y faire une plumée qui sera un côté de cylindre, au-dedans de laquelle & à la hauteur donnée à l'élévation 14 X, on fera un trou d'environ un pouce de profondeur pour y placer la longueur de la petite ligne 1' X, comme on voit à la figure ✠ au haut de la planche 81 en t' X, en sorte que le point t' soit toujours distant du point 2 de l'intervalle dont nous venons de parler 2' X.

Par ce moyen on aura trois points de la surface conique de la tour, dont les deux 1 t' sont sur un côté, en sorte qu'on y peut

DES RENCONTRES DES VOUTES. Chap. II. 99

appliquer la regle & prolonger ce côté tant qu'on veut. Se- *Fig. 64.*
condement on a les deux points 2 & X sur une section plane
parallele à la base du cône, par conséquent si l'on prend sur le
côté 1 X prolongé un point à volonté comme *a*, on pourra en
trouver un second *y* en prenant le reculement du talud *a* T sur
le côté cylindrique donné par le biveau en 1ᵗ Y du plan horisontal, sur la droite 1ᵗ Cᵗ, & tirant par le point Y une parallele à X 2ᵗ, qui coupera la ligne 2ᵗ Cᵗ au point *y*.

Si l'on dégauchit les quatre points donnés X 2 & *a y* (fig. ✠)
par le probl. I du 2 tome, on aura la position du point *y* sur
le côté du cône tronqué de la tour, & par conséquent on
pourra exactement en former la surface, comme nous l'avons
dit pour les portions du cône au commencement du même
tome; savoir, en appliquant la regle sur les points 2 & *y*, qui
sont sur le côté du cône, & appuyant la cerche qui est donnée
à l'arc 1ᵗ 2ᵗ du plan horisontal sur les points, X de la figure ✠,
& la cerche de l'arc Y*y* aussi donnée au plan horisontal par un arc
de cercle concentrique au précédent, sur les points *a, y*, pour y
former un arc parallele à la base & au précédent 2 X; ainsi
l'on formera exactement la surface conique de telle grandeur
qu'on voudra, tant en hauteur qu'en largeur. La formation de
cette surface donnera déja un des contours de l'arête de doële
& de tête qui est conique, & la formation de l'arc cylindrique
qu'on creusera à l'ordinaire pour la doële du berceau en descente déterminera & formera comme par hazard l'arête à double courbure que l'on se propose de faire. La doële étant formée, il sera aisé de former les courbes des joints de tête 1, 8;
2, 7, à la même surface conique de la tour, parce qu'en abattant la pierre à l'ordinaire avec les biveaux de lit & de doële,
on formera de même ces joints de tête courbe 1, 8; 2, 7, par
une espece de hazard, sans s'embarrasser s'ils sont elliptiques,
paraboliques ou hyperboliques, & cependant par une opération
qui est très-exacte en elle-même.

Explication démonstrative.

Si l'on suppose plusieurs plans verticaux passans par les joints
de lit de la descente, il est clair que leurs sections à la surface
de la tour en talud, qui est un vrai cône tronqué, seront toutes
des hyperboles dont les sommets sont déterminés aux points
6 H, h^2, h^t de la fig. 65, où ces plans verticaux, qui ne sont

N ij

Fig. 64 & 65. représentés en élévation que par des lignes droites, coupent le côté de la tour L prolongé en S. Si l'on décrit ensuite l'arc de cercle L D qui est la base de la tour, & qu'on prolonge les mêmes lignes qui représentent les plans dont nous parlons, elles couperont cette base aux points 1, 2, 3, &c. qui détermineront l'amplitude de chaque hyperbole. On a donc deux choses données pour décrire chaque hyperbole, qui ne suffisent pas en général, mais qui suffisent ici, parce que le cône est donné; par conséquent leur centre le sera, qui est la troisieme *donnée* nécessaire pour la déterminer.

Cela supposé, si l'on examine notre construction, on reconnoîtra qu'elle est la même que celle que nous avons donné au second Livre, (tome I, pag. 277) parce que les divisions des voussoirs en profil 14, 23 &c. (à l'élévation, fig. 64.) donnent des hauteurs de plans horisontaux qui coupent l'axe du cône en $C^1 C^2$, &c. & le côté du cône AS en F, 1, 2, par conséquent qui déterminent les rayons des cercles des différentes sections paralleles à la base $f g$, $1^t 4^t$, $2^t 3^t$. Or le contour de l'hyperbole formée par le plan vertical correspondant à la division de chaque voussoir coupe ce cercle en un point qui est commun aux deux sections, donc ce sera aux points $1^t 2^t$ &c. provenans des divisions 1, 2 du ceintre primitif, ce qu'il est facile de concevoir pour peu qu'on donne d'attention à la fig. 65, où l'on a tracé dans la moitié de l'élévation L S C les sections verticales en profil, & dans la moitié C S O les demies hyperboles en élévation, où leurs sommets f^1, f^2, sont déterminés par les horisontales menées des sommets du profil $h^1 h^2$.

Par le moyen des points trouvés à la projection horisontale de l'arête de la porte en descente avec la tour, on a trouvé d'autres points de la projection verticale de la même arête, ce qui marque qu'elle est à double courbure. Quant à la courbe de l'arête de la même descente avec la surface concave de la tour, il est aisé de voir qu'elle est toute représentée en projection horisontale par l'arc I K, parce que la surface intérieure étant à-plomb, cet arc représente toutes les sections horisontales qu'on peut faire à différentes hauteurs. Ces hauteurs ne sont plus les mêmes qu'à la face $h^e D^e$, de l'élévation, fig. 64, parce que les joints de lit sont inclinés en descente, mais elles seront toujours déterminées par l'intersection des verticales élevées sur les points $V^1 V^2$, &c. avec les profils des joints

DES RENCONTRES DES VOUTES. CHAP. II. 101
de lit, ce qui donne pour la projection verticale de cette arête la courbe $k\, V^4\, V^3\, V^2\, V^1\, I'\, i$, qui détermine toutes les longueurs des joints de lit *qu'il falloit trouver* avec leurs positions respectives d'avance & de réculement nécessaires pour former les panneaux.

TROISIEME SITUATION DU CYLINDRE A L'ÉGARD DU CÔNE.

De la rencontre des voûtes coniques avec les corps cylindriques verticaux.

Nous venons de parler de la pénétration des cylindres dans les cônes, ici par l'inverse nous traitons de celle des cônes dans les cylindres, ce qui renferme plusieurs cas de variations accidentelles, qui ne changent rien au fond de la construction, mais cependant qui constituent des différences de noms des voûtes. Premierement, l'axe du cône peut être horifontal ou incliné, ce qui fait la trompe, ou voûte en canoniere, de niveau ou rampante. Secondement, cet axe peut être perpendiculaire à la corde de l'arc de la tour où la voûte conique se termine, ce qui fait la trompe *droite*; ou il peut être oblique à cette corde, ce qui lui donne le nom de *biaisé*. Troisiemement, dans ce qui concerne la tour, elle peut être *creuse*, c'est-à-dire concave, ou *ronde*, c'est-à-dire convexe. Enfin la concavité ou convexité de la tour que la voûte ou trompe rachete, peut être un arc d'un petit nombre de degrés, ce qui n'a pas de nom particulier, ou d'un demi-cercle entier, ce qui en donne un nouveau qui est celui de *trompe de Montpellier*. Nous avons parlé ailleurs de la différence des noms de trompe & de canoniere; le premier signifie le demi-cône entier, & le second une voûte en demi-cône tronqué.

Tous ces cas peuvent être réduits à deux, l'un des voûtes coniques où l'axe est horifontal, l'autre de celles où il est rampant, parce que le plus ou le moins de concavité ou de convexité de la tour ne produit d'autre changement qu'à la longueur des joints de tête; la convexité les augmente depuis l'imposte jusques vers la clef, & la concavité au contraire les diminue aux mêmes endroits. Secondement la variation du biais ne produit qu'une inégalité de longueur de ces joints de la droite à la gauche. Enfin la trompe & la canoniere ne different en rien pour la construction, car si l'on ôte le trompillon d'une trompe, le reste peut être appellé voûte en canoniere, c'est-à-dire une portion de cône tronqué.

PROBLEME IV.

Faire une voûte conique dans une tour à-plomb.

La tour peut être ronde ou creuse, & la voûte horisontale par son axe & par le diametre de son ceintre de face, qui est à double courbure.

PREMIERE ESPECE,
où les impostes sont de niveau.

Canoniere, ou trompe en tour creuse.

Pl. 82.
Fig. 67.

Soit (fig. 67.) l'angle rentrant ASB dans lequel on veut construire une voûte conique, dont les piédroits AS, BS sont égaux & de niveau; soit ADB l'arc concave qui est la projection de la tour creuse, dont la surface retranche par sa rencontre la partie BDAB du cône droit, & forme pour l'arête de face une courbe à double courbure. Pour parvenir à sa formation on peut opérer, comme nous l'avons dit au troisieme livre, par addition ou par soustraction, c'est-à-dire que l'on peut prendre le ceintre primitif de la trompe sur la base extérieure du cône AB qui est toute hors de cette voûte, & après l'avoir supposée pleine, en retrancher la partie du vuide, ou bien la supposer coupée par un plan vertical perpendiculaire à son axe comme en GF, & ajouter à ce cône droit la partie mixte restante pour atteindre à la tour creuse GADBFD.

Nous choisirons ici la voie de l'addition comme la plus simple. On tirera par le point D, où l'arc de la tour ADB coupe l'axe SC, une perpendiculaire GF à ce même axe, sur laquelle comme diametre compris entre les piédroits SA, SB, on décrira un demi-cercle GhF pour ceintre primitif, qu'on divisera en ses voussoirs aux points 1, 2, &c. d'où l'on abaissera des perpendiculaires qui donneront par leur intersection avec ce diametre les points K, L, par lesquels on tirera du sommet S des lignes droites qui couperont l'arc ADB de la projection de la tour aux points z^1 z^2; les lignes Sz^1, Sz^2 seront les projections des

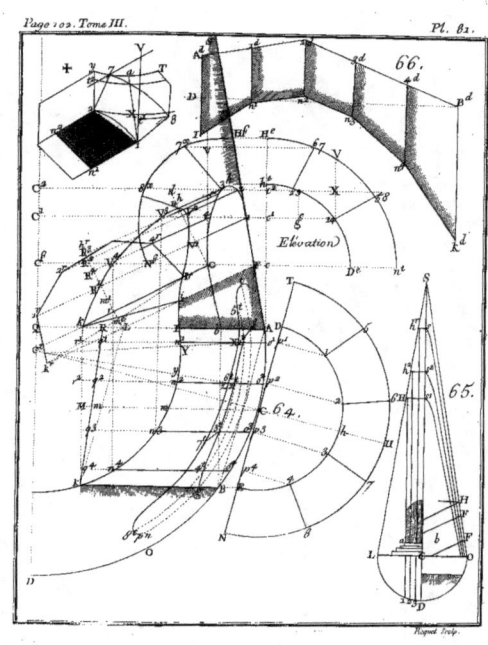

DES RENCONTRES DES VOUTES. CHAP. II.

joints de lit à la doële, dont il faut chercher la valeur par des profils, parce qu'ils sont racourcis par cette représentation. On prendra si l'on veut pour base de ces profils la ligne S f B, sur laquelle on portera la longueur S K en S k, S L en S l pour élever sur les points k & l des perpendiculaires $k\,k^2$, $l\,l^1$ qu'on fera égales aux à-plombs 2 K, 1 L; par les points $k^2\,l^1$ & par le sommet S on tirera les indéfinies S n^1, S n^2, dont il faut chercher la longueur ; l'on portera la projection S z^2 en S N, & S z^1 en S M sur la base de profil S B, ensuite par les points N, M on élevera des perpendiculaires qui couperont les lignes S k S l^1 prolongées aux points n & m; les lignes S n & S m seront les valeurs des projections des joints de lit qu'on cherche.

Présentement il sera aisé de faire les panneaux de doële plate en commençant par celui des voussoirs de la trompe droite qui est le cône inscrit S G F, par exemple pour le second 1, 2. Ayant tiré à part (fig. 68.) une ligne s^d F égale à S F de la fig. 67, on décrira du point s^d pour centre, & avec la même $s^d f$ pour rayon, l'arc F f dans lequel on inscrira la corde 1 2 du ceintre primitif G h F (fig. 67.) laquelle donnera le point f, par lequel & le point s^d, on tirera la ligne indéfinie $s^d f^k$, sur laquelle on portera la longueur S F de la fig. 67. De même sur le côté s^d F prolongé, on portera la longueur S m en $s^d\,l^m$; la ligne $k\,l^m$ sera la corde de la tête de la doële plate $s^d\,k\,l^m$, de laquelle retranchant la pointe $t\,s^d\,r$ pour l'espace donné qu'occupe le trompillon S T R, le trapezoïde $t\,k\,l^m\,r$ sera le panneau de la doële plate que l'on cherche, lequel excede le creux de la tour d'un segment d'ellipse $k\,l^m$ provenant du segment de cercle de la projection $z^2\,2\,z^1$, que l'on retranchera comme il sera dit à l'application du trait sur la pierre. Nous ne proposons point de chercher les panneaux de lit de cette voûte, dont la tête est une courbe en arc d'ellipse, qu'on pourroit trouver, comme nous l'avons dit en parlant de la porte en tour creuse, parce que nous pouvons nous en passer par une voie d'équarrissement, par laquelle on les forme, sans qu'il soit nécessaire de les connoître. Il reste seulement à trouver les biveaux de lit & de doële & ceux de doële & de tête, de la même maniere que nous l'avons dit au second tome, en parlant de la trompe droite & de la trompe plate.

Fig. 67.

Fig. 67. & 68.

Application du trait sur la pierre.

Fig. 67. Après avoir formé un parement pour servir de doële plate, on y appliquera le panneau de celle du voussoir qu'on se propose de faire pour en tracer le contour, par exemple celui qui est dans une partie de la fig. 68, $t \, k \, l^m \, r$. Puis avec le biveau de doële & de tête, on abattra la pierre pour former une seconde surface plane, qui sera un pan de la tour creuse, qu'on suppose premierement circonscrite à un prisme de plusieurs côtés. On fera ensuite à part (fig. ✠) un triangle rectangle $1 \, u \, 2$, avec trois lignes données, savoir, la corde de la projection de la tête $\gamma^2 \, \gamma'$; la différence des hauteurs des extrêmités des joints prise au profil, qui sera $n \, h^2$ qu'on aura en menant par le point le plus bas m, une parallele à la base $B \, S$, & la troisieme, qui sera l'hypotenuse de ce triangle, sera égale à la ligne $k \, l^m$.

Cette préparation étant faite, on prendra avec la fausse équerre l'angle $1 \, 2 \, n$, & l'on posera une de ses branches sur l'arête de la tête plate $1 \, 2$, l'autre donnera une ligne d'à-plomb $n \, 2$ sur le parement de tête plate ; par la même maniere avec l'ouverture de l'angle $2 \, 1 \, m$, supplément du précédent, on tracera une seconde ligne d'à-plomb $n \, 2$, sur laquelle on portera la hauteur $2 \, u$ en $1 \, m$, pour tirer la ligne $2 \, m$, à laquelle on tirera une parallele $n \, o$ à hauteur $2 \, n$, prise à volonté, cependant le plus loin que la pierre pourra le permettre. On levera ensuite une cerche convexe sur l'arc concave $B \, \gamma^1 \, \gamma^2$, suivant laquelle on creusera deux plumées sur les lignes $2 \, m$, $n \, o$, par le moyen desquelles on formera un parement creux à la regle, comme il a été dit pour tout segment de cylindre & de doële de berceau, lequel parement sera celui de la tour creuse.

Présentement il ne s'agit plus que d'abattre les lits avec les biveaux de lit & de doële, comme aux voûtes coniques ordinaires à la regle, la section de la surface plane du lit avec ce parement formera une tête de joint de lit en arc elliptique, sans qu'on en ait connu auparavant la courbure, & le voussoir sera achevé à la tête supérieure : l'inférieure du côté du trompillon se fera comme à toutes les trompes. On a dessiné à la fig. 69 une embrasure dans un flanc concave, dont la construction est la même que celle de la trompe en tour creuse.

SECONDE

DES RENCONTRES DES VOUTES. Chap. II

SECONDE ESPECE.

De la trompe en tour ronde, & en particulier de la trompe de Montpellier.

La construction de la trompe en tour creuse dont nous venons de parler conduit facilement par une opération contraire à celle de la trompe en tour ronde; & comme celle de Montpellier est la plus convexe qu'il est possible de faire (comme on peut le voir à la fig. 70, où elle est représentée en perspective), nous en donnerons le trait pour exemple. Soit (fig. 67), l'angle BSA celui des piédroits sur lesquels on veut faire une trompe, que nous supposons égaux; ayant tiré par leurs extremités A, B, une ligne droite, on la fera servir de diametre à un demi-cercle AEB, qu'on tracera à deux fins, l'une pour exprimer la saillie de la tour ronde dont il est la projection, l'autre pour servir de ceintre primitif à la construction de la trompe dont il représente la section verticale du cône droit coupé par la ligne AB. Ayant divisé ce demi-cercle en ses voussoirs aux points 1, 2, 3, 4, on abaissera à l'ordinaire les perpendiculaires $1 p_1$, $2 p^2$, &c. sur le diametre AB, pour avoir la projection de ces divisions aux points $p^1 p^2$, par lesquels, & par le sommet S de la trompe, on tirera des lignes qui couperont le même arc BEA, considéré comme projection de la tour, aux points $Q^1 Q^2$; les lignes $SQ^1 SQ^2$ feront les projections des joints de lit.

Fig. 70.
Fig. 67.

Il faut présentement chercher la valeur de ces projections, de la même maniere que nous avons fait pour la tour creuse, par le moyen d'un profil pour chacune, dont on prendra la base sur SA prolongée pour la commodité. On transportera les projections des joints de lit comprises seulement dans le cône droit sur une base prise à volonté, par exemple SA, portant $^s p^1$ en $^s o^1$, $^s p^2$ en $^s o^2$, & ^{s} C en $^s a$, puis on élevera sur tous les points $a o^2 o^1$ des perpendiculaires sur ^{s} A, qu'on fera égales aux hauteurs des retombées du ceintre primitif, savoir $ah = CE$, $o^2 f^2 = 2 p^2$, $o^1 f^1 = 1 p^1$, & par les points h, f^2, f^1, & le sommet ^{s}, on tirera des lignes indéfinies $^s h^e$, $^s 2^x$, S 1^x, dont il faut trouver la terminaison aux points $h^e 2^x 1^x$. On portera les projection totales des joints de lit SQ^1, SQ^2, SE en Sq, So, SE, & par les points q, o, e, on élevera sur la base Se des perpendiculaires qui couperont les profils des joints de lit aux points demandés

Tome III.   O

Fig. 67. e^h 2^x 1^x, les lignes S e^h, S 2^x, S 1^x seront la valeur des joints de
& 68. lit à la doële.

Avec ces longueurs des joints on peut bien faire, comme au trait précédent, un panneau de doële plate triangulaire s^d 2^d 1^d de la fig. 68, qui sera la valeur de celui de la projection S Q^1 Q^2, de la fig. 67 ; mais comme il reste encore au dehors un segment de cercle Q^1 1 Q^2, qui est la projection d'une partie de la tour ronde, il faut en ajouter la valeur au panneau triangulaire de la fig. 68, ce que l'on peut faire de deux manieres. Premierement, en changeant l'arc de cercle Q^1 1 Q^2 en arc elliptique, dont on trouvera plusieurs points par le probl. IX du deuxieme livre, page 175. Secondement, par une autre maniere qui facilite l'exécution ; on inscrira ce segment de cercle dans un angle formé par deux tangentes, pour changer la face de la tour ronde cylindrique en prismatique à plusieurs pans.

On tirera du centre C aux points Q^1 Q^2 des rayons C Q^1, C Q^2, ausquels on tirera des perpendiculaires Q^1 T, Q^2 T, qui se couperont en T, & seront des tangentes au segment Q^1 1 Q^2. Si le ceintre primitif A E B est circulaire, ces lignes seront égales entr'elles ; mais si il étoit surhaussé ou surbaissé, elles seroient inégales dans le rapport des diametres conjugués, & ne seroient plus perpendiculaires aux lignes C Q^1, C Q^2 ; en ce cas pour tirer ces tangentes, il faut avoir recours au probl. III du deuxieme livre, page 156. Pour trouver la valeur de ces tangentes, il faut chercher celle de la ligne S T, qui donnera le point x de leur rencontre, à la figure 68 : comme cette ligne coupe le diametre A B en y à la fig. 67, on lui élevera une perpendiculaire y x^e, qui coupera la corde 1, 2 au point x^e. On portera ensuite la longueur S y en S Y sur la base S A des profils, & on lui fera une perpendiculaire Y X égale à la hauteur y x^e. Par les points S & X on tirera l'indéfinie S t^e, qui sera terminée au point T^x par une verticale t^e T^x, provenant du point T de la projection horisontale S T portée en S t^e, la ligne S T^x sera la valeur de la ligne S T que l'on cherche.

Pour placer cette ligne dans le panneau (fig. 68.) on tirera la corde b^2 b^1, sur laquelle on portera du point b^1 la longueur x^e 2 du ceintre primitif en b^2 y ; on tirera par les points s^d & y la ligne s^d x égale à S T^x de la fig. 67, qui donnera le point x de la fig. 68 ; si l'on tire de ce point les lignes x 1^d, x 2^d, le trapezoïde s^d 1^d x 2^d sera le panneau de la doële plate que l'on

DES RENCONTRES DES VOUTES. CHAP. II. 107

cherche, duquel on retranchera pour le trompillon le triangle t $1^d r$, suivant la longueur donnée $s T^x$ de la fig. 67. Il faut préfentement, comme à la trompe précédente, chercher les biveaux de doële & de tête, pour donner à cette doële plate l'inclinaison qu'elle doit avoir avec les plans de la tour circonscrits à la surface de la tour ronde qu'on se propose de faire ; & comme il y en a deux pour une seule tête de voussoir, suivant les lignes de projection $Q^1 T$, $Q^1 T$, il faut aussi deux biveaux différens, qu'on trouvera de la même maniere qu'il a été dit pour la trompe plate, tome 2, pag. 88, & pour la trompe droite, pag. 228.

Fig. 67 & 68.

Application du trait sur la pierre.

Ce que nous avons dit de l'application du trait de la trompe précédente en tour creuse, sur la pierre, peut servir ici pour la tour ronde, avec cette différence qu'ici chaque voussoir étant terminé à la tête par deux surfaces, il faut y doubler l'opération en prenant pour chaque pan une hauteur $V T^x$, qui soit la différence des angles de la tête du voussoir, pour en former le côté vertical du triangle rectangle $q^1 V T^x$, qui donnera les angles du biveau de la tête du voussoir $1^d x$ ou $x 2^d$, avec l'arête des pans, laquelle est représentée à la projection par le point T, comme l'angle obtus $q_1 T^x r$ de la fig. sur le chiffre 70, ou son supplément à deux droits $T^x q_1 O$, pour tracer sur chaque pan une horisontale $O T^x$, comme on a fait au trait précédent, pour avoir $2 m$, ou $n o$ à la fig. ✠, sur lesquelles horisontales on posera la cerche concave formée sur l'arc convexe $A E$, qui doit servir à former la surface convexe de la tour ronde de la même maniere qu'on a formé la concave de la tour creuse, où l'on voit que nous supposons qu'on a formé les surfaces des pans par le moyen des biveaux de doële & de tête. La portion de surface convexe de la tour que doit occuper la tête du voussoir étant formée, on abattra la pierre avec les biveaux de lit & de doële pour former les lits, dont les sections avec cette surface cylindrique formeront des joints de tête en arcs elliptiques, sans le secours des panneaux de lit, & cependant fort exactement, quoique par une espece de hasard, sans connoître ces arcs.

Il ne reste plus à présent qu'à creuser la doële avec les cerches convexes formées sur les arcs des têtes du côté du trompillon,

O ij

Fig. 67.

& fur un plus grand à la tête fupérieure ; mais comme cette tête n'eſt pas plane, on ne peut y tracer un arc de cercle ou d'ellipſe comme aux trompes à face plane ; c'eſt pourquoi nous allons donner une maniere d'y poſer un biveau mixte, dans une ſituation qui ſoit verticale lorſque le vouſſoir ſera mis en place; par conſéquent dont l'arc de doële puiſſe être pris ſur le ceintre primitif AEB. Ayant tiré le joint de tête 2, 7, on prendra dans ce joint un point 7 à volonté, duquel on abaiſſera une perpendiculaire 7, 9 ſur le diametre AB; on portera la longueur S 9 en S d ſur S A, & par d on élevera ſur la même une verticale $d\, 7^x$ égale à 9, 7, & par les points S & 7^x, on tirera la ligne S 7^x. On formera enſuite un triangle S $7 f^2$ avec les trois lignes données S 7^x, S f^2 & 2, 7; l'angle S f^2 7 ſera celui du biveau que l'on cherche, dont on mettra un des bras ſur l'arête du lit & de la doële, l'autre donnera ſur le lit une ligne $f^2\, 7$, qui ſera verticale en œuvre, ſuivant laquelle on poſera la branche droite du biveau mixte 1, 2, 7, qui aura été formé au ceintre primitif ſur l'arc 1, 2, pour la branche courbe, & le joint 2, 7, pour la branche droite.

Il faut encore obſerver que la branche courbe doit être dirigée vers l'arête oppoſée de maniere qu'elle faſſe des angles égaux avec celle du lit de deſſus & celle du lit de deſſous, ce que l'on peut faire ſans peine lorſque la branche convexe du biveau eſt exactement égale à l'arc 1, 2, parce qu'alors il n'y a qu'à la tenir de maniere que l'angle d'un côté & le bout de l'autre ſoient poſés ſur les côtés oppoſés de la doële. Par le moyen de la plumée qu'on fera avec ce biveau & l'arc de tête du trompillon, on formera la doële conique à la regle, comme nous l'avons dit au commencement du quatrieme livre, & cette ſurface rencontrant celle de la tour ronde qu'elle pénetre, formera la courbe à double courbure de l'arête de face, ſans qu'il ſoit néceſſaire d'en faire le développement pour en former un panneau flexible, comme font les Auteurs des livres de la coupe des pierres, ce qui n'eſt ni moins exact ni moins expéditif & qui eſt plus commode, L'avantage que l'on a encore dans cette conſtruction eſt qu'elle peut toujours avoir lieu, de quelque courbure (elliptique, ſurhauſſée, ou ſur-baiſſée) que puiſſe être le ceintre primitif.

Explication démonſtrative.

Pour réduire la voûte dont il s'agit à la régularité d'un cône

DES RENCONTRES DES VOUTES. CHAP. II. 109

droit, proprement dit, lorsque le ceintre primitif est circulaire, ou droit, sur une base elliptique, lorsqu'il est sur-haussé ou surbaissé : nous avons décrit ce ceintre sur un plan supposé perpendiculaire au triangle par l'axe du cône A S B, qui doit être supposé en situation verticale, & nous avons supposé d'autres plans verticaux passans par les divisions des joints de lit, comme aux voûtes coniques ordinaires, auxquels nous avons ajouté l'excès compris dans le segment A E B, qui représente une portion de cylindre, suivant les principes que nous avons donné au livre III, page 357, pour la formation des figures irrégulieres, par l'inscription ou la circonscription des régulieres.

Pour faire sentir l'avantage de l'inscription plutôt que de la circonscription, il n'y a qu'à faire remarquer que par ce moyen nous avons trouvé dans les lits un moyen de placer la branche du biveau mixte qui sert à creuser la doële, ce qu'on n'auroit pu faire après que la surface de la tour ronde a été formée, parce qu'alors la place du ceintre primitif auroit été enlevée. On voit que dans ce trait nous avons levé deux biveaux de plus qu'aux trompes coniques ordinaires, où l'on n'a besoin que de biveaux de lit & de doële, & de tête & de doële. Ici nous en avons formé un troisieme pour la position du biveau mixte, pour suppléer à l'arc qu'on décrit sur les têtes planes, parce que celles-ci sont courbes. Et enfin un quatrieme biveau pour tracer une ligne horisontale sur chaque pan de la tour ronde inscrite dans un prisme, afin de pouvoir nous servir de l'arc horisontal de la projection ou base de la tour.

SECOND CAS.

De la trompe conique rampante, en tour ronde ou creuse.

La différence de ce trait au précédent consiste 1°. en ce que les impostes de la trompe ne sont pas dans un même plan horisontal comme dans la précédente, mais l'une est horisontale & l'autre inclinée à l'horison. 2°. Que son axe est aussi incliné à l'horison, d'où il suit que le diametre de toutes les sections verticales par des plans perpendiculaires à la direction horisontale de cet axe, sont aussi inclinées à l'horison ; ainsi la courbe de l'arête de la doële avec la face du trait précédent est la rencontre d'un cône droit dont l'axe est horifontal avec un cylindre vertical, & celle-ci eſt la rencontre d'un cône ſcalene de baſe Elliptique avec un cylindre vertical, ce qui fait ſi peu de changement à la conſtruction qu'on auroit pu en renvoyer le détail à la précédente, ſi l'une ne ſervoit d'éclairciſſement pour l'autre; car il faut avouer que ces ſortes de traits ſont aſſez compoſés pour embarraſſer le lecteur, & demander une grande contention d'eſprit à ceux qui ne ſont pas encore bien au fait. Soit donc (fig. 71.) A S B l'angle rentrant dans lequel on doit conſtruire une trompe rampante en tour ronde, telle qu'elle eſt repréſentée en perſpective à la fig. 75. Ayant diviſé l'angle A S B en deux également par la ligne S H, qui coupera la projection du diametre A B en deux également en M, on prendra ſur cette ligne S M, prolongée s'il le faut, le centre de la tour vers S, ſi elle eſt convexe, ou tout au plus juſqu'en M, comme à la trompe de Montpellier rampante, & vers H ſi elle eſt concave, ſelon que l'arc A D B ſera grand ou petit, ou qu'il ſera donné par la fleche D M; on a ſuppoſé ici le centre de la tour en S pour plus grande ſimplicité du trait. La ligne S D ſera la direction horifontale de l'axe de la trompe & ſa projection, d'où il ſuit qu'elle ſera plus courte que cet axe qui eſt incliné à l'horiſon.

Pl. 83,
Fig. 71.

Sur A B, comme baſe de l'élevation de la face, qui ſera repréſentée renverſée pour la commodité de l'épure, on élevera en B la perpendiculaire B R, égale à la hauteur du point B de l'impoſte rampante S B, au-deſſus du point A de l'autre impoſte de niveau, & l'on tirera la ligne A R, qui ſera la ligne de rampe de l'arc de face repréſentée au plan horifontal par la ligne A B. On prendra enſuite ſur S C prolongée la longueur C H égale à M A, ou plus ou moins grande, pour demi-diametre conjugué à A R, & par les points A, H, R on décrira la demi-ellipſe A H R, qui ſera le ceintre primitif; on le diviſera en ſes vouſſoirs aux points 1, 2, 3, 4, enſorte que la clef, c'eſt-à-dire ſa corde H 4, ſoit de niveau autant qu'il eſt poſſible.

Cette préparation, qui eſt particuliere à la trompe rampante, étant faite, le reſte ſe fera de la même maniere que nous l'avons dit du trait précédent, avec cette ſeule différence, qu'au lieu de prendre les hauteurs des diviſions du ceintre primitif ſur ſon diametre rampant A R, on les prendra plus bas ſur ſa projection horifontale A B, aux perpendiculaires d 1, e 2, F 3, g 4, qui comprennent outre les ordonnées au diametre $4r^4$, $3Q^3$,

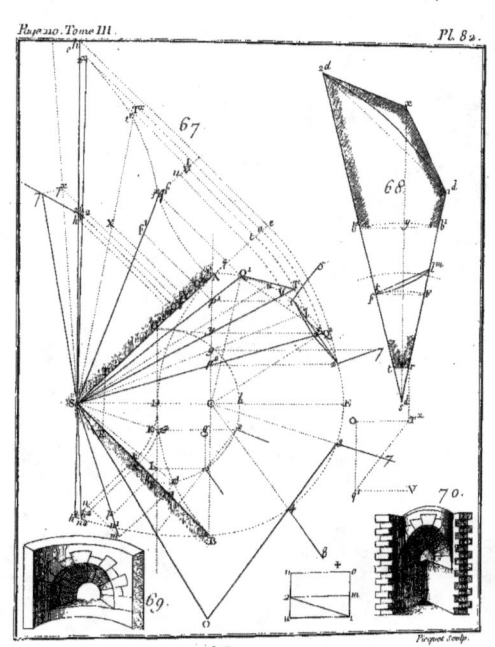

DES RENCONTRES DES VOUTES. CHAP. II.

$2 r^2$, les hauteurs des points r^1, r^2, &c. sur l'horisontale B A, de sorte que l'on doit considérer la figure mixte A H R B comme le ceintre primitif composé d'une demi-ellipse A H R, & du triangle de rampe A R B. Comme les lettres de la figure de la projection horisontale sont relatives à celles des profils, il sera aisé d'y reconnoître la construction du trait précédent, sans qu'il soit nécessaire de la répeter.

On a tracé à la fig. 72 un panneau de doële plate du troisieme voussoir, dont la projection horisontale est le triangle mixte $S E^2 Y F^3$ inscrit dans le trapezoïde $S E^2 T F^3$, où la ligne $S T x$ est la valeur de la ligne S T de la fig. 71. On a aussi tracé à la fig. 73 le triangle $S N f^3$, qui donne l'angle $S f^3 N$, pour placer le bras droit du biveau mixte du lit & de la doële formé au ceintre primitif de l'angle mixte $n 3 l 2$, comme on a fait à la fig. 67, en $S f^2 7$. Enfin on a exprimé à la fig. 74 la maniere de tracer des horisontales sur les pans $2 u$ & $u n^3$, comme on a fait au trait précédent au-dessus du chiffre 70, & plus bas à la fig. ✠ pour le même sujet. On remarquera seulement ici qu'à cause de l'inégalité de la rampe, les pans à l'arête de la doële plate sont fort inégalement inclinés, ce qui n'arrive pas à celle de la trompe précédente.

Fig. 71, 72, 73 & 74.

Remarque sur cette construction.

Suivant la méthode de la réduction des corps ronds en polyédres, on se passe des panneaux de développement dont se servent le P. *Derand* & M. *de la Rue*, lesquels panneaux ne peuvent presque servir qu'à vérifier en partie ce qui a déja été fait ; car puisqu'ils sont faits sur des matieres flexibles comme du carton, des lames de plomb, &c. pour pouvoir être appliqués sur des surfaces courbes, ils les supposent déja faites, ce qui est cependant une partie de la question, puisqu'on cherche premierement le moyen de les faire pour y tracer l'arête de rencontre de la voûte conique.

TROISIEME CAS.

De la trompe conique rampante par son axe & par ses impostes, dont la base est renversée en situation horisontale ou inclinée, rachetant une tour creuse.

Premiere supposition, que la base du cône renversée est de niveau, représentée en perspective à la fig. 76.

Pl. 84;
Fig. 76 & 78.

Soit (fig. 78.) l'angle rentrant ASB, dans lequel on veut former une trompe renversée, qui serve de support à une tour creuse AMB, dont la base est de niveau, au lieu que dans les cas précédens elle étoit à plomb ceintrée. Ayant divisé l'angle ASB en deux également par la diagonale SC ; on prendra sur cette ligne le point C, pour centre de la tour creuse, en tel endroit qui convient à sa grandeur ; & de ce point C, on menera des perpendiculaires CA, CB aux côtés de l'angle donné SA, SB, pour y inscrire l'arc de base de la tour creuse AMB, lequel étant divisé en voussoirs aux points 1, 2, 3, 4, on menera par ces points des lignes droites au sommet de l'angle S, lesquels 1 S, 2 S, &c. seront les projections des joints de lit à la doële de la trompe. On décrira de même d'un point c pris à volonté sur la diagonale SC, un arc *fg*, terminé aussi par des perpendiculaires *fc*, *gc*, aux côtés des murs AS BS.

Présentement, pour avoir les véritables longueurs des joints de lit à la doële, on fera, comme à l'ordinaire, un profil pour chacun, mais dont la hauteur doit être commune à tous les voussoirs, au lieu que dans les autres elle étoit inégale à chaque voussoir. Cette hauteur SH est arbitraire, mais il est visible que plus elle sera grande à l'égard de l'horisontale du fond SM, plus la trompe aura de force pour soutenir la tour. On élevera sur AS, si l'on veut prendre cette ligne pour base de profil, la perpendiculaire SH, de la hauteur dont on voudra que la base de la trompe soit élevée au-dessus du point S de sa naissance, qui est le sommet du cône, & par le point H, on menera HÆ parallele & égale à AS, & l'on tirera la droite SÆ, qui sera la longueur d'une imposte, & son inclinaison le long du mur ; ensuite on transportera la longueur S1 en S*d*, & l'on menera D*d* parallele à SH. On portera de même la longueur S2 en S*e*, & l'on tirera aussi *e*E parallele à SH, puis l'on menera

par

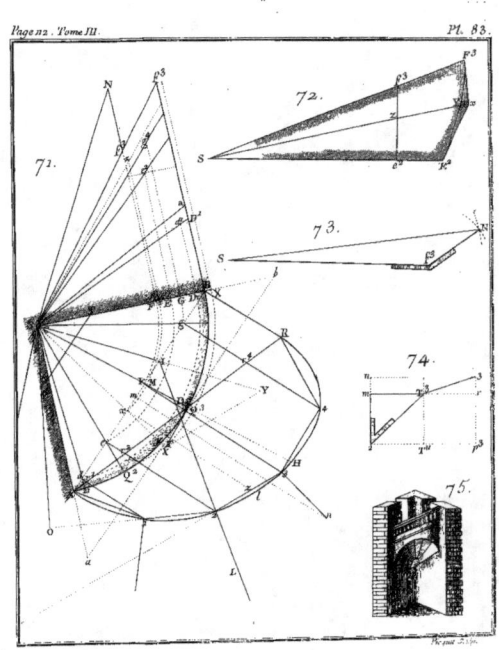

DES RENCONTRES DES VOUTES CHAP. II. 113
par le sommet S les lignes SE, SD, qui seront les longueurs des joints de lit en doële. Pour le trompillon, du point ƒ on menera ƒF parallele à AÆ, & par le point F où cette ligne coupe SÆ, on menera FK parallele à Se, qui donnera les points G & I pour les angles des têtes des voussoirs appuyés sur le trompillon, & l'épure sera tracée.

Les *panneaux de doële* se feront, à l'ordinaire, de deux joints de lit à la doële & de la corde de l'arc de tête, dont on formera un triangle, par exemple, pour le premier voussoir, on portera à part, (fig. 82.) la longueur du joint de l'imposte SÆ en $s\,a^d$, puis du point s pour centre, & de l'intervalle SD de la fig. 78, on fera un arc en 1^d; & de l'intervalle de la corde A1, pour rayon, & du point a^d pour centre, on fera un arc qui coupera le précédent au point 1^d, & l'on aura pour le premier panneau de doële le triangle $s\,a^d\,1^d$, dont on retranchera pour l'espace qu'occupe le trompillon, le triangle $s\,f^d\,g^d$, en portant SF de la fig. 78, en $s\,f^d$ de la fig. 82, & SG de la fig. 78, en $s\,g^d$ de la fig. 82; ainsi des autres voussoirs dont on a mis ici, en façon de développement, les panneaux de doële de suite, par où l'on voit que celui du milieu de la trompe, qui est la clef, est isoscelle $s\,2^d\,3^d$, ainsi que la projection S 2, 3 de la fig. 78. Les *panneaux de lit* sont donnés par le profil en y ajoutant un angle droit pour le parement creux de la portion de tour qui s'appuie sur la trompe: tels sont les triangles SÆH, SDH, SEH, dont les angles en Æ, D, E, sont aigus, mais qui deviennent obtus, en y ajoutant l'angle droit; de sorte que l'angle SÆH se change en SÆV, ainsi des autres qui deviennent de plus en plus obtus. A l'égard des petites têtes inférieures, il faudra prendre garde qu'elles ne soient pas trop obtuses, parce que l'arête du trompillon deviendroit trop foible vers les impostes.

On formera les *biveaux de tête & de doële*, & de lit & de doële, suivant la regle générale, en cherchant les sections de la doële avec l'horison, de la tête avec l'horison, & du lit avec l'horison. Par exemple, pour le biveau de doële & de lit du second voussoir S 1, 2; il est clair que la corde 1, 2, que l'on suppose dans un plan horisontal ASB, est la section de la doële avec l'horison, mais non pas celle qui passe par le sommet du cône S; ainsi en menant par ce point S une parallele SO indéfinie à la corde 2, 1 ou 3, 4, cette ligne SO sera la section de la doële avec l'horison au plan horisontal de la projection. Il est encore

Fig. 78 & 82.

Fig. 78.

Tome III. P

Fig. 78. clair, par les exemples des voûtes coniques ordinaires, que l'intersection des lits doit se faire suivant la diagonale SC, qui est la projection de l'axe du cône; ainsi l'on a tout ce qui est nécessaire pour trouver ce biveau. Pour le troisieme lit, par exemple, on prolongera la projection S 3 vers X². On élevera au point 3 la perpendiculaire 3, 3^h égale à e E ou S H; on tirera S 3^h, à laquelle on fera 3^h L perpendiculaire, qui rencontrera S X² au point L, par lequel on tirera la perpendiculaire O R°, jusqu'à l'intersection de la ligne S O & de la diagonale S C; on portera L 3^h en L X², d'où on tirera les droites X² O, X R°, prolongeant cette derniere vers y; l'angle O X² y sera celui sur lequel on doit former le biveau de lit & de doële du joint qui passe par S 3.

Application du trait sur la pierre.

Ayant dressé un parement, on y appliquera le panneau de doële, & avec le biveau de lit & de doële on abattra la pierre en angle obtus; sur ce second parement on appliquera le panneau de lit qui lui convient, lequel donnera la position des joints de tête, entre lesquels on abattra la pierre pour former la tête de face creuse, par le moyen d'une cerche tracée sur l'arc A M B, posée d'équerre sur le parement creux & de niveau, ce qui se fera en la posant d'équerre aux arêtes des joints de tête. À l'égard de la tête du côté du trompillon, on la fera ou parallele à la premiere, ou perpendiculaire au joint de lit, alors elle devient conique concave, & le lit de dessus du trompillon, conique convexe. Si au lieu des biveaux de lit & de doële, on vouloit se servir de ceux de tête & de doële, il n'y auroit qu'à élever sur un point 4, par exemple, de la corde 4, 3, pris à volonté, une perpendiculaire 4 T prolongée jusqu'à la rencontre du plan de la doële avec l'horison à la ligne S O, & prendre sur cette corde 4, 3, prolongée en z, la ligne 4 z, égale à la hauteur d D, & tirer z T; l'angle T z u sera celui du biveau de tête & de doële, avec lequel on peut se passer de celui de lit & de doële pour tracer la pierre, comme dans le cas précédent de la trompe rampante.

Explication démonstrative.

Fig. 77. Pour se former une idée nette & géometrique de cette espece de trompe, il faut jetter les yeux sur la fig. 77, où est représenté un cône fcalene renverfé *a n b m s*, dont la moitié *s m a b s* fert de fupport à une portion cylindrique *d e f*; mais comme ce demi-cône & ce demi-cylindre font dans le vuide, il n'en refte que les furfaces adhérentes au maffif de pierre compris & foutenu par les murs qui forment l'angle rentrant *a h b*, avec lefquels il commence à faire corps depuis les impoftes *s a* & *s b*. Le profil ou la fection de ce maffif, paffant par l'angle des murs & le côté le plus court du cône *s m*, eft le triangle *h m s*. Cela fuppofé, il fera facile d'expliquer la conftruction de la trompe; car en fuppofant les lignes des impoftes ou naiffance *s a*, *s b*, en fituation horifontale, au lieu de l'inclinée, on reconnoîtra que cette trompe peut être confidérée comme une trompe conique de direction droite & de face inclinée en talud beaucoup plus grand que celle dont il eft parlé au fecond tome, page 250, laquelle face étant couchée de niveau, devient la bafe d'une portion de tour creufe de beaucoup ou de peu de hauteur, quand ce ne feroit que le focle d'un balcon. Il eft même de néceffité indifpenfable que la naiffance de cette tour foit unie, & ne faffe qu'un corps avec la doële conique, parce que l'arête de la doële de la trompe avec cette face renverfée deviendroit trop aiguë pour avoir la force néceffaire à l'ufage de fervir de fupport.

Il faut encore obferver que la même jonction de la trompe avec la bafe de la tour creufe, fe doit auffi faire dans les lits qu'il faut prolonger de la trompe à la tour, ce que l'on peut faire de deux manieres; ou en continuant la même furface du lit, auquel cas elle coupe la bafe de la tour obliquement par des joints inclinés, qui font des portions d'ellipfes; ou en faifant un angle dans le lit pour reprendre la direction verticale du joint montant de la tour, ce que l'on peut faire facilement en fe retournant d'équerre fur les bouts des cordes de l'arc horifontal *a m b*; mais alors fi l'on veut donner aux pierres de la tour la coupe qui leur eft naturelle, on ne le peut qu'en faifant un reffaut du lit au joint montant.

Il nous refte à rendre raifon de la pratique qu'on vient de donner pour trouver le biveau de doële conique & de tête cylindrique. Il faut relever par la penfée le triangle rectangle T 4 7 en fituation verticale fur le plan horifontal O S B, en le faifant mouvoir autour de fon côté T 4, immobile dans ce plan, jufqu'à ce qu'il lui devienne perpendiculaire; en cet état la ligne 4 *u* fera une verticale dans le plan 4 7 T, lequel eft par conféquent

Fig. 78.

P ij

116 STEREOTOMIE. Liv. IV. Partie II.

auſſi vertical ; or parce que la ligne T 4 eſt, par la conſtruction, perpendiculaire à la ligne 4, 3, qui eſt l'interſection d'un plan horiſontal dans lequel eſt la baſe du cône renverſé, avec le plan incliné de la doële plate paſſant par la corde 4, 3, il ſuit que les lignes T 7 & 7 4 ſont perpendiculaires à cette commune ſection 4, 3, dont leur ouverture eſt l'angle d'inclinaiſon des plans de la doële plate conique & d'une autre plane circonſcrite à la cylindrique verticale paſſant par la même corde, parce qu'on a pris le ſupplément à deux droits T 7 u ; *ce qu'il falloit démontrer.*

Seconde eſpece de trompe renverſée, lorſque la tête eſt rampante.

Fig. 78 & 79.   Suppoſant la même projection horiſontale que pour la trompe renverſée de niveau, & la même inclinaiſon d'une impoſte S Æ, nous nous ſervirons de la fig. 78, à laquelle nous ajouterons la partie 79, qui eſt néceſſaire pour trouver les ralongemens des joints de lit. Ayant tiré la corde A B de l'arc donné A M B, on élevera au point A la perpendiculaire A R, égale à la hauteur où la trompe doit monter depuis le point B juſques ſur A, & l'on tirera la ligne de rampe B R : enſuite par les points 1, 2, 3, 4, des diviſions des vouſſoirs ſur l'arc horiſontal A M B, on menera des perpendiculaires à la corde A B, prolongées juſqu'à la ligne de rampe B R, comme 4 n, 3 p, 2 Q, 1 r, & par les points n, p, Q, r, on menera des perpendiculaires à la ligne de rampe n 24, p 23, Q 22, r 21, ſur leſquelles on portera les longueurs N 4, P 3, Q 2, K^a 1, qui donneront les points 21, 22, 23, 24, par leſquels on tracera l'arc elliptique B m R, qui ſera la baſe inclinée de la trompe rampante, ſur laquelle s'élevera ſa tête ou face en tour creuſe, ſi l'on veut, ou en voûte hélicoïde. Mais dans cette derniere conſtruction il faut y faire un changement dont nous parlerons à la fin de ce livre. Nous conſidérerons ſeulement ici cette baſe comme plane ; je veux dire, dont le contour eſt dans un plan incliné.

Ayant prolongé indéfiniment les lignes des hauteurs A Æ, d D, e E, qui étoient toutes égales dans la trompe précédente, on portera ſur chacune la hauteur que la rampe y ajoute, ſavoir, ſur A Æ, la hauteur A R du point Æ en a$^\epsilon$, ſur d D, la hauteur K^a r du point D en d$^\epsilon$, la hauteur Q q de E en e^2, la hauteur P p de E en 3e, & la hauteur N n de D en 4e. Les lignes S a, S d^2, S e^2, S 3e, S 4e, S Æ, ſeront les vraies longueurs des joints de lit depuis le ſommet S, dont on retranchera celles du trom-

DES RENCONTRES DES VOUTES. CHAP. II. 117
pillon œ y F, qui est tout d'une piece, & dont la tête sera proportionnelle & parallele à la base inclinée de la trompe.

Fig. 78 & 79.

Présentement si l'on veut faire les panneaux de doële plate & son développement, on le peut commodément dans la même figure ; sur S A prolongée, ayant pris S b^d égal à S Æ, pour base du triangle de la doële du premier voussoir, du point S pour centre, & de l'intervalle S 4e, longueur du second joint, pour rayon, on décrira un arc de cercle 4e 4^d, & du point b^d pour centre, & de l'intervalle B 24 ou R 21, corde du premier arc, on décrira un arc 1 4^d, qui coupera le précédent au point 4^d. De même, faisant du point 3e jusqu'en D un arc avec le rayon S 3e, & du point 4^d pour centre, un autre arc avec la corde 2e 2e, ou ce qui est la même chose 2^4 2^3 pour rayon, on fera un arc qui coupera le précédent au point D, le triangle S D 4_d sera le second panneau de doële plate ; ainsi des autres de suite, comme la figure le montre depuis le point b^d jusqu'en A^d.

Les biveaux de lit & de doële, & ceux de doële & de tête se trouveront, comme aux trompes coniques rampantes dont la face est verticale, en faisant un ceintre de face supposé sur une section verticale qui sera elliptique, dont les points principaux sont donnés sur la projection verticale, savoir, m^1 pour le sommet, Y pour l'imposte inférieure, x pour la supérieure, de même que les points des intersections des joints de lit avec la courbe de ce ceintre, ce que l'on n'a pas fait dans cette figure pour ne la pas embrouiller, d'autant plus que cette espece de trompe est très-peu d'usage ; nous nous contenterons d'indiquer le moyen de la réduire aux regles des trompes rampantes ordinaires, pour trouver la section des doëles plates avec l'horison, & par conséquent les biveaux des lits & de ces doëles.

Remarque sur l'usage.

La premiere espece de trompe, dont la tête de face est de niveau, peut servir à racheter une voûte sphérique *ab ab* (fig. 80 & 81.) sur un quarré *s s s s*, parce que tous les arcs horisontaux de cette surface sont tangens aux murs *s s* sur lesquels elle est appuyée, ce qui rend cette jonction agréable à la vue, ou pour porter une balustrade de dégagement au plafond d'un escalier ouvert en rond dans son milieu sur une cage quarrée, comme on voit fig. 81 ; mais la même trompe simplement ram-

Fig. 80 & 81.

pante ne peut servir à racheter un berceau rampant & tournant, comme le prétend le P. *Derand*, sans y faire de changement, comme nous le dirons en son lieu.

Troisieme situation des voûtes coniques à l'égard des cylindriques, lorsque les axes des deux voûtes sont horisontaux.

EXEMPLE.

Lunette ébrasée, trompe ou abajour qui rachete un berceau de niveau.

Plan. 85.
Fig. 83.

Soit, fig. 83, l'angle rentrant A S B, la base horisontale d'une voûte conique qui pénetre un berceau de niveau, dont l'arc vertical C R est une partie de l'arc droit. Sur A B, comme diametre, on décrira, à l'ordinaire, un demi-cercle pour servir de ceintre primitif ; nous n'en mettons ici que la moitié B *h* pour ne pas trop embrouiller ce trait, parce que supposant l'axe du cône S C droit sur sa base A B, une moitié de sa base circulaire ou elliptique sera égale à l'autre. Ayant divisé le quart de cercle B *h* en ses voussoirs, comme ici en deux & demi pour cinq voussoirs, aux points 3, 4, & ayant abaissé sur sa base A B des perpendiculaires qui la couperont aux points T, V, on menera par ces points & par le sommet S, des lignes S T, 3^l, S V 4^l, prolongées au-delà de T & V indéfiniment ; ces lignes seront la projection horisontale des joints de lit, dont on déterminera la longueur par le moyen du profil qu'on fera comme il suit. Ayant prolongé l'axe S C indéfiniment vers *e*, on prendra sur cette ligne, à volonté, un point C, duquel comme centre, & pour rayon C A ou C B, on répétera une moitié du ceintre primitif en *b* A, portant ses divisions B 4, 43 en *b* 1^4, & 1^4 23, par lesquels on menera des paralleles à la base *e* C, jusqu'à la rencontre de la perpendiculaire C D, qui la couperont en F & en G ; ensuite du sommet S & par les points F & G, on menera des lignes S G, S F, prolongées jusqu'à la rencontre de l'arc du berceau C R, l'une en K, & l'autre en M. On prolongera aussi S A en N ; les lignes S K, S M seront les projections verticales des joints de lit des divisions 3, 4 du ceintre primitif, & de leurs deux correspondantes & égales, lesquelles serviront à déterminer les longueurs des projections horisontales ; car si par les points K & M on mene des paralleles à A B, comme K 4^l, M

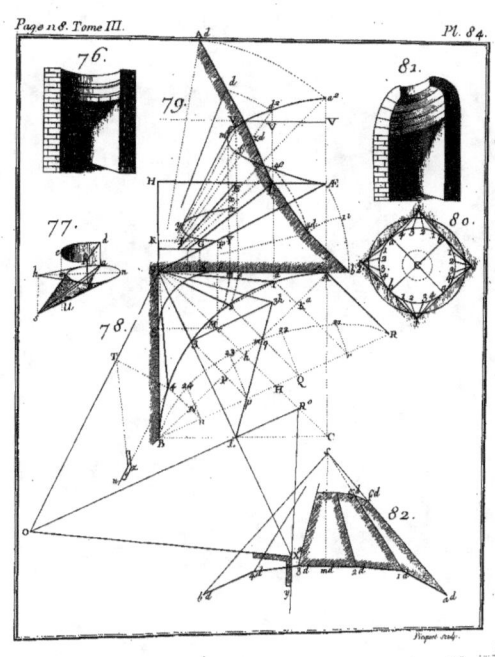

DES RENCONTRES DES VOUTES. Chap. II. 119

3^l, elles couperont les projections horifontales des mêmes joints *Fig. 83.*
aux points 4^l 3^l; ainsi S 3^l est la projection horifontale dont SM
est la verticale, & S 4^l est celle du même joint de lit dont SK est
la verticale; or ni l'une ni l'autre de ces projections n'est égale au
véritable joint de lit, mais elles servent à les trouver dans un second
profil, comme nous l'avons expliqué en parlant des trompes.

Soit une ligne droite placée à volonté S o^b prise pour base du
second profil, on portera sur cette base la longueur ST en S t,
& S 3^l en S 3^b, de même SV en S u, & S 4^l en S 4^b, & par les
points t, u, 3^b, 4^b, on élevera des perpendiculaires, sur lesquelles
on portera les hauteurs correspondantes à ces points,
savoir, T 3 en $t f^3$, V 4 en $u f^4$, & par les points S, f^3, on menera
la ligne Sf^3 3^x, qui coupera la perpendiculaire 3^b 3^x au
point 3^x; la longueur S 3^x sera celle du vrai joint de lit: de
même S f prolongée donnera S 4^x pour le vrai joint de lit, dont
la projection est S 4^l. Tous les joints que nous avons cherchés
jusqu'à présent ne font qu'à la doële, & suffisent bien pour faire
les panneaux de doële plate; mais pour former les panneaux de
lit, qui donnent aussi les joints de tête, il faut faire un extrados
E 8 7 e, & chercher les projections de ses joints qui doivent
passer par les points 7, 8, de la même manière que nous l'avons
fait pour l'intrados Bh, ce que nous ne répéterons pas, parce
que la figure & la quantité de pareils exemples qu'on a donné
paroissent suffire. Ayant trouvé les projections X 7^l X 8^l, qui
donnent pour projections des surfaces des lits les trapezes S 3^l
7^l X & S 4^l 8^l X, on ne cherchera pas les longueurs des côtés
X 7^l, X 8^l, mais les diagonales S 7^l, S 8^l; pour cet effet on
les portera sur la base du second profil S o^b en S 7^b, S 8^b, &
ayant porté leur hauteur prise au premier profil en Oo, Ll sur
les perpendiculaires 7^b 7^x & 8^b 8^x, on aura les points 7^x 8^x,
les lignes S 7^x, S 8^x seront les diagonales cherchées.

Avec les trois lignes données pour les panneaux de doële,
savoir les deux joints de lit & la corde d'une division du ceintre
primitif, on parviendra à former la doële plate; & avec les
trois autres pour les panneaux de lit, savoir un joint de lit, une
distance du sommet de la trompe à l'extrêmité de la tête à
l'extrados, & l'intervalle de la doële à l'extrados au ceintre primitif,
on parviendra à former les panneaux de lit. Premierement,
pour les *panneaux de doële plate*, par exemple, pour un
second voussoir au-dessus de l'imposte marqué 4, 3 (fig. 83, on

120 STEREOTOMIE. Liv. IV. Partie II.

Fig. 83 & 84. prendra au profil la longueur Sf, ou, ce qui est le même, dans la trompe droite Sf^+, avec laquelle pour rayon, & d'un point s^d (fig. 84) pour centre, on fera un arc $3^f\,4^f$, dans lequel on inscrira la corde 3, 4 du ceintre primitif, & l'on tirera les lignes $s^d\,3^f$, $s^a\,4^f$, sur lesquelles étant prolongées, on portera les longueurs $S\,3^x$, $S\,4^x$ du profil en $s^d\,3^x$, $s^a\,4^x$, la ligne $3^x\,4^x$ sera la tête biaise de la doële plate. Il ne reste plus, pour achever cette doële qu'à y placer la tête $3^n\,4^n$ du trompillon, ou de la section d'un mur, s'il s'agit d'une lunette, comme à la fig. 86, prise à la fig. 83 en $3^n\,4^u$, pour en retrancher le triangle isocele $s^d\,3^n\,4^n$, en faisant un arc avec le côté $S\,A^t$ pour rayon, qui coupera les côtés $s^d\,3^x$, $s^a\,4^x$ en $3^n\,4^u$; le trapezoïde $3^n\,3^x\,4^x\,4^n$ sera le panneau que l'on cherche.

Présentement pour y ajouter *les panneaux de lit* en dévelopement, on prendra (fig. 83) la partie de la distance du sommet S à l'extrados dans le cône droit inscrit, qui est Sf^2 au profil, ou Sf^g, avec laquelle pour rayon & du point s^a de la fig. 84, pour centre, on fera un arc en fg, & de l'intervalle 3, 7 du ceintre primitif, pour rayon, & du point 3^f pour centre, on décrira un arc qui coupera le précédent au point f, par lequel & par le point s^a, on menera la droite $s^d\,7^x$, qu'on fera égale à $S\,7^x$ du profil, & par les points 7^x & 3^x, on tirera une ligne qui sera la corde de l'arc elliptique, qui est la section du plan du lit de la trompe dans le berceau qu'elle rachete, & si l'on tire la ligne $7^x\,7^n$ parallele à $3^x\,3^n$, & $7^n\,3^n$ parallele à $f\,3^f$, on aura le trapeze $7^x\,7^n\,3^n\,3^x$, qui sera le panneau de lit que l'on cherche. Par la même maniere on trouvera celui du lit de dessous $4^n\,8^n\,8^x\,4^x$, comme il est aisé de le concevoir par les signes rélatifs à ceux du profil.

Application du trait sur la pierre.

On pourroit exécuter ce trait par des voussoirs à branche d'enfourchement, comme nous avons fait ceux de la rencontre d'un berceau en descente avec un berceau de niveau; il sera facile d'en appercevoir la possibilité en comparant ce que nous avons dit page 61 avec l'épure de ce trait. Les reins de la voûte en berceau en seroient même mieux apuyés & mieux liés à la trompe; mais pour varier un peu les constructions, nous en donnerons ici une où il n'est pas nécessaire de chercher le biveau

CHAP. II. DES RENCONTRES DES VOUTES. 121
veau d'inclinaison des deux doëles plates à l'enfourchement, comme au trait cité. On formera un panneau de lit de fausse coupe incliné à l'horison, mais perpendiculaire au plan vertical, passant par l'axe de la trompe S C, qui aura sa tête de niveau, pour y pouvoir appliquer les biveaux mixtes des joints de lit en profil avec l'arc droit du berceau de niveau. Par exemple, pour former celui du second voussoir 3, 4, qui est désigné par une tête 4 R, parallele à A B, & comprise entre les à-plombs de doële 4 V & d'extrados 8 u ; si le cône inscrit est droit, ce panneau sera un triangle qui pourra toujours avoir pour un de ses côtés la longueur de l'imposte S A ou S B ; si le cône n'est pas droit circulaire, mais que le ceintre primitif soit elliptique, on cherchera la valeur des projections par des profils ; ayant porté S V en S o, on lui fera la perpendiculaire o 4° égale à 4 V, la ligne S 4° sera la valeur cherchée. De même sur S u, projection de l'extrados 8, on élevera une perpendiculaire u 8° égale à la précédente 4 V ou R u : avec ces deux longueurs, & l'intervalle horisontal 4 R ou V u, on fera (fig. 85) un triangle s^o 4^u 8^u dont on fera usage comme nous allons le dire.

Fig. 83.

Ayant dressé un parement pour y placer le panneau de doële plate 3^n 3^x 4^x 4^n, fig. 84, on y en tracera le contour & les points de répaire de la tête du cône droit inscrit 3^f 4^f. On formera ensuite le lit de dessus avec le biveau de lit & de doële trouvé, comme il a été dit au tome précédent, au trait de la trompe droite, page 217. On appliquera sur ce second parement le panneau du lit de dessus 7^n 7^x 3^x 3^n, avec les points de répaires du cône droit inscrit f 3^f, pour en tracer le contour & y marquer ces points. Ensuite, au lieu de former le vrai lit de dessous, on formera le faux lit, en abbattant la pierre avec le biveau 3, 4 R, (fig. 83) dont une des branches sera posée sur les repaires 3^f 4^f, & l'autre sera d'alignement avec ces deux points & le répaire du lit de dessus f ; ainsi on formera un troisieme parement sur lequel on appliquera le panneau 4^u u s^o de la fig. 85, posant le point 4^u sur l'arête 4^f, & la ligne 4^u s^o au long de la même arête pour tracer la ligne u 4^u, à laquelle on menera, par le point 4^x du panneau de la doële plate, une parallele qui servira à la position du biveau mixte S K Q du premier profil, qui est l'angle du joint de lit S K avec l'arc droit du berceau K Q.

Fig. 84 & 85.

Par le moyen de ce biveau, qu'on posera quarrément sur cette ligne, qui est en œuvre une horisontale, on formera la doële

Fig. 84 & 85. concave du berceau, en creusant, suivant la branche courbe convexe, une plumée au point 4^x qui est le plus bas, & si l'on veut, une seconde à côté, tirant vers l'extrados, qui donnera un second arc parallele au premier; ensuite on abattra la pierre suivant ces plumées, avec la regle posée d'équerre, qu'on fera couler sur les points 8^x, 3^x, 7^x, comme l'on a coutume de faire les segmens cylindriques, & la tête sera formée au lit de dessus sans en avoir connu la courbe. On abattra ensuite le faux lit avec le biveau de lit inférieur & de doële, qui coupera cette surface cylindrique suivant un arc elliptique qui se formera aussi sans l'avoir connu. On auroit cependant pû les tracer, comme l'on a fait les joints de tête du berceau en descente qui en rachete un de niveau, page 63, mais on peut s'en passer, comme l'on voit, & opérer avec exactitude. Enfin avec le biveau mixte $3, 4, 8$, ou $4, 3, 7$, pris à la face du ceintre primitif, & le biveau $7^3 3^n 4^n$, ou $7^4 4^n 3^n$ pris sur l'arc $A^t h B^t$ du trompillon, on creusera les deux têtes de la doële conique sous la doële plate, observant exactement de poser ces biveaux, l'un sur les trois repaires f $3f$, $4f$ (fig. 84), l'autre sur les lignes 7^n 3^n 4^n, pour y faire des plumées creuses, sur lesquelles on fera couler la regle pour former la surface conique, comme il a été dit au commencement du second tome, pour la formation de ces sortes de surfaces.

Explication démonstrative.

La formation de la voûte conique est visiblement la même que celle des simples, dont il a été parlé au tome précédent, par le moyen d'une pyramide inscrite dans le cône; mais comme la tête ou arête de face de cette voûte est à double courbure, nous avons inscrit au-dedans un cône droit, au-delà duquel est une partie saillante qui est bien déterminée par la projection verticale faite sur un plan parallele à l'axe du cône, mais non pas les longueurs des joints de lit qui y sont comprises, parce que leur direction étant inclinée à l'axe d'où elles tirent leur origine au sommet du cône, cette projection ne suffit pas pour en déterminer les longueurs; c'est pourquoi on est obligé de faire un second profil, qui donne la valeur des joints de lit jusqu'à l'arête d'enfourchement; d'où retranchant la partie du cône droit inscrit, le reste est l'excès de la voûte sur la trompe droite simple.

USAGE.

Quoique ce trait ne tombe pas souvent en pratique pour les trompes, il est très-fréquent pour les lunettes, qu'on fait souvent ébrasées pour donner ou recevoir plus de jour, comme dans les nefs des églises au-dedans des vitraux. On en voit de pareilles aussi dans les fortifications, comme dans les noyaux des tours bastionnées du Neuf-Brisack, où le magasin à poudre qui y est pratiqué est éclairé par une lunette conique sur-baissée, laquelle rachete le berceau du souterrein qui tourne par pans autour du noyau.

Nous devons ajouter ici une observation sur le changement qui doit arriver lorsque la voûte conique est dans une situation contraire à celle du trait précédent, c'est-à-dire lorsque le sommet du cône, qui étoit au-dehors du berceau en S, est au-dedans, par exemple en S*, alors l'ébrasement qui se faisoit du dehors au-dedans, se fait au contraire du dedans au dehors, comme sont quelquefois les abajours. Il résulte de cette différence de position du cône, que supposant toutes choses égales, il faut que la projection de l'arête d'enfourchement, & par conséquent l'arête même, soit faite en sens contraire, tournant en concave ce qui étoit convexe, parce qu'au lieu que la clef étoit alongée de la quantité A N, elle se trouve ici racourcie de la quantité A 9, dont la projection g C est moindre que Cn, quoique l'on suppose le cône égal ; dans ce cas il semble qu'il convient d'opérer par circonscription, en faisant passer le cône droit par les impostes A B, qui sont plus longues que la clef.

Fig. 83.

Si l'on fait attention au trait dont il s'agit, tant dans l'un que dans l'autre cas, on reconnoîtra qu'il a déja été donné ci-devant, & sous un autre nom, lorsque nous avons parlé de la rencontre des cônes avec les cylindres verticaux ; car si au lieu de considerer le berceau comme horisontal, on le suppose dans une situation verticale, on reconnoîtra que l'arc C Q t, qui étoit un profil, devient sans aucun changement intrinseque le plan horisontal, & que le point N, qui est ici le profil du milieu de la clef, devient une des impostes ; de sorte que le premier cas, où la clef étoit convexe à son arête d'enfourchement, devient le second dont nous venons de parler, où la même arête est concave.

Quatrieme situation des voûtes coniques à l'égard des cylindriques, lorsque les axes sont inclinés à l'horison.

EXEMPLE.

Trompe conique biaise, dans un angle obtus, rampante par une imposte & de niveau à l'autre, rachetant un berceau en descente.

Il semble, par l'énoncé de ce trait, que j'imagine des difficultés bizarres qui ne peuvent être d'aucun usage dans la pratique; cependant j'ai eu occasion de l'exécuter dans une petite lunette, où la descente souterraine au fossé est extrêmement oblique à la direction de l'entrée d'un petit magasin pratiqué dans l'épaisseur du rampart, comme il est exactement exprimé à la fig. 88. J'ai dit que j'avois eu occasion de mettre ce trait en œuvre, & non pas que je l'aye fait, parce que je n'ai fait les voûtes que de briques au lieu de pierre de taille, qui auroit causé une dépense inutile, dans un endroit si peu fréquenté ; mais comme la brique n'est pas commune par-tout, il peut arriver qu'on ait besoin d'en faire en pierre de taille, au moins l'arête d'enfourchement.

Plan 86.
Fig. 88.

Fig. 87.

Soit (fig. 87) l'angle obtus A S B, dont les côtés inégaux A S, B S sont terminés en A & B par le piédroit G D d'un berceau G F E D, qui descend de D vers G. Il s'agit de voûter le renfoncement triangulaire A S B de maniere que sa voûte appuye & rachete celle du berceau, ce qu'on ne peut mieux faire que par une trompe conique biaise, dont l'imposte S A doit être rampante de S vers A de toute la quantité Ar = A R, de la descente du berceau depuis B vers A, que nous avons exprimé par A R; ensorte que si l'on suppose les triangles S Ar & B A R, qui sont ici dans le plan du papier, se mouvoir autour de leur côté S A & B A jusqu'à ce qu'ils lui soient perpendiculaires, les points R & r se réuniront sous A, & les lignes Ar & A R n'en feront plus qu'une à plomb. J'ai dit qu'il falloit que la seule imposte S A fût rampante, parce qu'il convient que l'imposte S B, qui doit servir de linteau à une porte I K, soit de niveau.

Ayant donc fait au point A, qu'on supposera de niveau avec B, une perpendiculaire A R égale à la différence de niveau que donne la descente depuis B vers A ; on tirera R B qui représentera l'imposte de la descente du berceau, laquelle R B doit être prise pour le diametre du ceintre primitif de la trompe, lequel

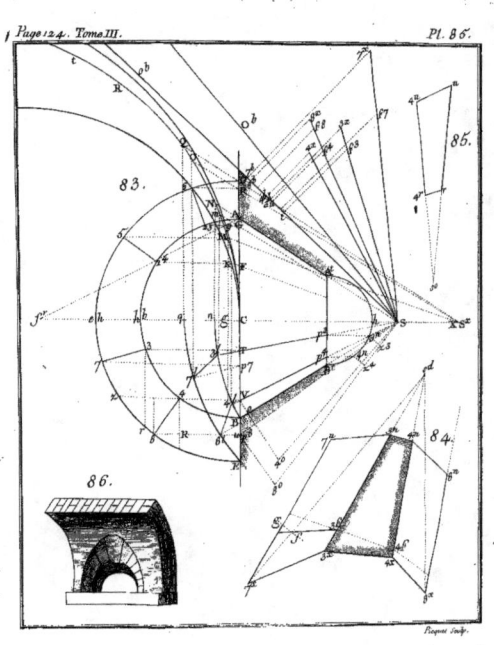

CHAP. II. DES RENCONTRES DES VOUTES. 125
doit ramper comme l'imposte du berceau. Il faut préfentement
chercher le demi-diametre vertical C H de ce ceintre, pour lui *Fig.* 87.
donner la plus grande hauteur qu'il eft poffible, afin d'appuyer
folidement les reins du berceau, échancrés par la rencontre de
la trompe. On divifera A B en deux également en P, & l'on
tirera P C perpendiculaire fur A B, qui coupera R B auffi en
deux également en C. Par les points S & P on tirera la droite
S q, qui coupera les impoftes du berceau en defcente, l'une en
P, l'autre en q; la partie P q feroit le diametre d'une fection elliptique du berceau, s'il étoit de niveau; mais comme il monte
de A vers B, fi l'on tire $q g$ perpendiculaire fur A B, on reconnoîtra que le point q doit être au-deffus de P d'une quantité
proportionnelle à la diftance de P à g, en difant B A . A R : :
B g . $g x$; ainfi ayant fait la ligne q Q égale à $g x$ & perpendiculaire fur P q, on tirera P Q, qui fera le diametre rampant
de la fection du berceau coupé par un plan vertical paffant par
le fommet S de la trompe & par le milieu de fa clef.

Si l'on fuppofe le berceau en plein ceintre D V E à fa fection
verticale, le demi diametre C^u V donnera celui de l'ellipfe à
faire fur P Q; ainfi avec les deux diametres conjugués P Q & C^u
V tranfportés en C^m L, & l'angle P C^m L que fait le diametre rampant P Q avec la verticale M L, on décrira la demie-ellipfe P L Q,
par le probl. 8 du fecond Livre. Soit donc P T L le quart de cette
ellipfe, on élevera fur S P, au point S, une perpendiculaire S m
égale à C P, & (par le probl. I I I. du même Livre) on tirera de
ce point m une tangente au quart d'ellipfe P T L qui le touchera
au point T, par où l'on abaiffera une perpendiculaire fur S q
qui la coupera au point Y; la longueur P Y exprimera la plus
grande profondeur de la lunette dans le berceau fuivant la clef
de la trompe. Si du point P on éleve une perpendiculaire fur
P q, jufqu'à ce qu'elle rencontre la ligne m T en h, la ligne P h
fera le demi-diametre vertical du ceintre primitif de la voûte
que l'on cherche.

Avec le grand diametre rampant R B, le demi-diametre
vertical C H, qui doit être égal à P h, & l'angle de la defcente
R avec l'à-plomb C H, on décrira (par le probl. 8 du fecond Livre) la demie-ellipfe R H B, dont on fera le ceintre primitif de
la trompe. L'ayant divifé en fes vouffoirs, par exemple en fept,
aux points 1, 2, 3, 4, 5, 6, on abaiffera de ces points des
perpendiculaires fur A B, lefquelles étant prolongées, coupe-

ront le demi-diametre rampant aux points o^1, o^2, o^3, &c. & l'horifontale A B aux points p^1, p^2, p^3, &c. par lefquels & par le point S on tirera autant de lignes jufqu'à la rencontre de l'impofte oppofée du berceau F E, pour avoir autant de diametres des fections du berceau qu'il y a de joints de lit à la trompe; lefquels diametres doivent tous être rampans, les uns en montant les autres en defcendant, ce qu'il eft facile de connoître en tirant du point S, fommet de la trompe, une ligne S N perpendiculaire aux côtés du berceau; les fections obliques faites par les joints de lit de la trompe prolongés, feront en defcente depuis O vers X, & en montée depuis O vers C^u.

Pour trouver facilement la quantité dont chacune de ces ellipfes doit ramper, on menera par le point O une ligne i O b parallele à R B, & par tous les points m^1 m^2 m^3, &c. où les projections des joints de lit prolongées coupent la ligne du milieu X C^u, on lui menera des perpendiculaires qui couperont la ligne de rampe r O b aux points z^1, z^2, z^3, z^4, &c. Par tous les points m^1, m^2, m^3, &c. on tirera des perpendiculaires $m l$ aux projections des joints de lit prolongés S m^1, S m^2; &c. fur lefquelles on portera les longueurs $m^1 z^1$, $m^2 z^2$, en deffus depuis O vers C^u, & en deffous depuis O vers X, lefquelles lignes donneront les points c^1, c^2, c^3, c^4, &c. qui feront les centres des différentes ellipfes qu'il faut tracer, dont le diametre vertical $C^1 L^1$, $C^2 L^2$ eft toujours égal à $C^u V$. Les demi-diametres rampans & verticaux de toutes ces demi-ellipfes étant donnés & leurs angles de conjugaifon, on les décrira par le probl. 8 du fecond Livre, comme on les voit dans la figure; il ne refte plus qu'à trouver la rencontre des joints de lit de la trompe avec chacun de ces quarts d'ellipfes. Sur chacun des joints de lit en projection, on élevera une petite perpendiculaire au point S, qu'on fera égale à la diftance de la ligne A B de niveau avec le diametre R B rampant, & une feconde perpendiculaire fur A B, au point où cette projection de joint de lit coupe la ligne A B.

Ainfi, par exemple, pour le fecond joint S p^2, on élevera au point p^2 la perpendiculaire $p^2 h^2$, qu'on fera égale à la hauteur de retombée 2 o^2 du ceintre primitif R H B; enfuite au point S on fera la petite perpendiculaire S 2^s égale à $p^2 o^2$, & par les points 2^s & h^2 on tirera la droite $2^s x^2$ qui coupera le quart d'ellipfe $p^2 x^2 l^2$ au point x^2, d'où l'on abaiffera fur l'horifontale S m^2 la perpendiculaire $x^2 y^2$, qui donnera le point y^2

CHAP. II. DES RENCONTRES DES VOUTES. 127

de la projection de la rencontre du joint de lit avec l'arête de la lunette, à son intersection avec la surface du berceau, que l'on cherche. On cherchera de même tous les points x pour avoir les vraies longueurs des joints de lit en Sx, & tous les points y pour avoir la courbe $Ry^2 Y yB$ de la projection de l'arête de rencontre des deux doëles de la trompe & du berceau.

Fig. 87.

Cette projection & les longueurs des joints de lit étant données, il est visible, par tous les exemples des enfourchemens des traits précédens, que l'on a tout ce qui est nécessaire pour former les panneaux de doële plate & chercher les biveaux, & enfin pour tracer les voussoirs par équarrissement, si l'on veut, en faisant un lit de supposition horisontale passant par AB, ou parallelement à AB, au-dessus dans les voussoirs qui approchent de la clef, & au-dessous pour la naissance en R, & rapportant à ce plan de supposition toutes les hauteurs des retombées du ceintre primitif sur l'horisontale passant par le point le plus bas du voussoir, ce qui est facile à concevoir & à exécuter, si l'on a compris ce qui a été dit dans toute cette seconde partie des voûtes composées.

Explication démonstrative.

Si l'on suppose des plans verticaux passant par les joints de lit de la trompe prolongés, il est évident qu'ils feront deux sections, l'une triangulaire dans le cône, parce qu'ils passent par son sommet, l'autre elliptique dans le cylindre, parce qu'ils le coupent tous (à la réserve d'un seul) obliquement à son axe; par conséquent l'intersection de tous les triangles avec toutes les ellipses qui sont dans les mêmes plans verticaux, sera l'arête de rencontre des deux surfaces ; d'où il suit que si de tous ces points d'intersection on abaisse des verticales xy, on aura, sur le plan horisontal, la projection de cette arête qui est courbe à double courbure. Mais à cause que le berceau est supposé en descente, & le point S de niveau avec le point B, il arrive que le plan du triangle par l'axe sera incliné à l'horison suivant la ligne RB, par conséquent que le sommet S sera d'autant plus haut que tous les points p de la ligne AB (qu'on suppose de niveau avec B), que chacun de ces points p approchera de B, où S & B sont de niveau; c'est pourquoi nous avons porté sur le point S les hauteurs op, op, qui marquent de combien l'imposte est au-dessous du niveau de S & de B. On peut remarquer que ces hauteurs, ainsi rangées autour de S, donnent des rayons d'une spirale S 1^s 2^s 3^s, &c.

CHAPITRE III.

Des rencontres des berceaux avec les voûtes sphériques.

L'Uniformité de la sphere n'offre pas beaucoup de combinaisons de rencontres avec les berceaux. Quant à la sphere considérée en elle-même, il n'y en a que deux; savoir, lorsque l'axe du berceau passe par le centre de la sphere, & lorsqu'il n'y passe pas : mais si l'on fait attention à l'arrangement de ses lits & à la situation du berceau à l'égard de l'horison, on pourra multiplier les cas de ces rencontres. 1°. Lorsque le berceau est vertical, comme une tour. 2°. Lorsqu'il est horisontal. 3°. Lorsqu'il est incliné en descente. Nous allons traiter de chacun en particulier.

PROBLEME V.

Faire un berceau en situation quelconque qui rachete une voûte sphérique.

PREMIER CAS.

Berceau droit ou biais, de niveau, qui rachete un cul-de-four.

Pl. 87, Fig. 89.

Soit (fig. 89.) le trapeze A B D E le plan horisontal d'un berceau de niveau, dont le demi-cercle B H D est l'arc-droit, & la ligne c x son axe prolongé, qui ne passe pas par le centre C de la sphere F P A E; ce qui fait une rencontre biaise, que nous choisissons pour exemple, parce qu'elle est un peu plus difficile que la droite, qui est celle où l'axe du berceau passe par le centre C de la sphere; dans le premier cas, les voussoirs d'enfourchement sont égaux de part & d'autre de la clef, au lieu qu'ici ils sont tous différens.

Ayant divisé le ceintre primitif du berceau, (qui est ici l'arc-droit B H D) en ses voussoirs aux points 1, 2, 3, 4, on menera par ces points des paralleles à la direction indéfinies 1 n^1, 2 n^2, &c. On fera ensuite un profil de la voûte sphérique sur son diametre F G, qui est parallele à la direction du berceau; à son milieu on élevera une perpendiculaire C P, sur laquelle on portera les hauteurs des retombées du berceau 1 p^1, 2 p^2, en Cr^1, Cr^2, par où l'on tirera des horisontales qui couperont

l'arc

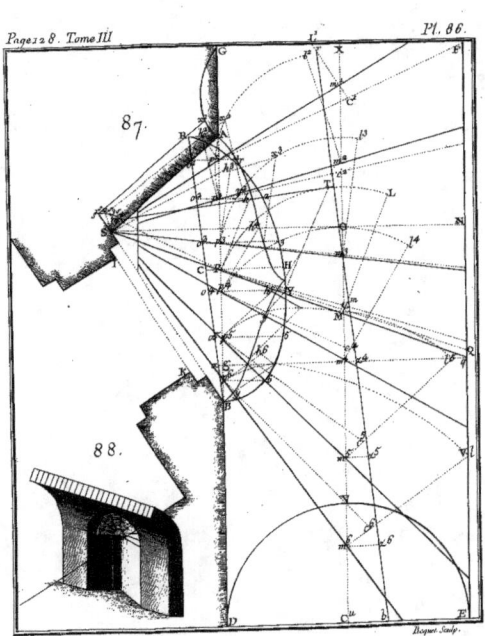

CHAP. III. DES RENCONTRES DES BERCEAUX. 129
l'arc FP en t^1, t^2, d'où l'on abaissera des perpendiculaires sur la *Fig. 89.*
base du profil FG, qui la couperont aux points Q^r, Q^1. Du
point C pour centre, on tracera par ces points des arcs de cercles concentriques qui couperont chacun deux des projections
de lit du berceau correspondantes; savoir, l'arc sur Q^1 coupera
la projection p^1, n^1, au point n^1, & sa pareille provenant du
point 4, qu'on suppose de même hauteur que le point 1, au
point n^4. L'arc passant par Q^2 coupera de même les deux
projections des joints de lit à côté de la clef en n^2, n^3. Par les
points trouvés A n^1, n^2, n^3, n^4, E, on tracera une courbe qui
sera la projection de l'arête de l'enfourchement du berceau &
de la voute sphérique, laquelle courbe est un Ellipsimbre. Au
lieu de cette courbe, il suffira de mener des lignes droites d'un
point à l'autre, qui en seront les cordes.

Nous n'ajoutons pas de profil de la courbe de l'arête d'enfourchement, parce qu'il est inutile pour trouver les longueurs
des joints de lit, qui sont déja donnés à la projection, dans la
supposition que le berceau soit de niveau. Il n'en est pas de
même lorsqu'il est en descente, comme on le verra au trait
suivant. Par le moyen des longueurs des joints de lit AB, $n^1 p^1$,
$n^2 p^2$, &c. on fera les *panneaux de doële plate du berceau*, suivant
la maniere ordinaire; par exemple pour le quatrieme voussoir,
ayant porté à part la corde 3, 4, en $3^d 4^d$, de la fig. 91. & *Fig. 91.*
ayant tiré deux perpendiculaires par ses extrêmités 3^d, 4^d, on
portera sur l'une la longueur p^4, n^4, & sur l'autre la longueur
de la projection $p^3 n^3$: le trapeze p^3, n^3, n^4, p^4, sera le panneau que l'on cherche; ainsi des autres, qui sont tous tracés de
suite à la fig. 91,

Présentement il faut faire le *panneau de doële plate de la* partie de la *voûte sphérique* que comprend le voussoir d'enfourchement, dont la projection horisontale est le triangle mixte n^3
q n^4, compris par l'arc $n^3 q$, la ligne droite $q n^4$, provenant
du centre C, & la corde n^3, n^4, commune aux deux doëles du
berceau & de la voûte sphérique. On tirera du centre C, par les
deux extrêmités de la ligne n^3, n^4 & par son milieu, des lignes
droites entre les deux projections des lits de dessus & de dessous
comme $n^3 t$, $q n^4$, & M m, & les cordes $n^3 q$ & $t n^4$, qui couperont la ligne du milieu M m prolongée en y & z.

Cette préparation étant faite au plan horisontal, on en fera
encore un profil, on portera la fleche M y, en t^2 V, & z m en

Tome III. R

$t^1 u$, sur l'horifontale $t^1 r^1$, & l'on tirera la ligne V u. On déterminera enfuite la longueur du vouffoir de la voûte fphérique, qui peut s'étendre au-delà de l'enfourchement, autant que la grandeur de la pierre qu'on veut employer le permettra; comme $q d$; mais pour la facilité de l'exemple, nous n'embrafferons que la partie de l'enfourchement $n^3 q$. On portera dans une place à part la corde $t n^3$ en NT, de la fig. 90, fur le milieu de laquelle on fera une perpendiculaire M m, égale à la ligne V u, du profil, par l'extrémité M de laquelle on tirera une parallele à TN, fur laquelle on prendra la longueur MQ égale à M q, de la fig. 89, & M n égale à M n^3; le trapeze Q n TN fera celui de la doële plate d'un vouffoir de la voûte fphérique, de laquelle il faut retrancher pour le berceau de niveau le triangle T n N, fait par la diagonale n N. Si le vouffoir étoit plus long, on pourroit lui ajouter la longueur $q d$, déterminée au plan horifontal par $q d$ en Q d, de la fig. 90, & $n^4 i$ en N i; mais alors il faut tirer les cordes $d n^3$ & $i t$, qui donneront les plus grandes fleches, par conféquent la ligne V u du profil fera plus éloignée de t^2, t^1, & le panneau fera fait.

Fig. 89 & 90.

Application du trait fur la pierre.

Fig. 89.

Ayant dreffé un parement de fuppofition horifontale, on y tracera les angles rectilignes $q n^3 p^3$, & $n^3 q$ S, dont l'un eft celui de la corde $q n^3$ avec la projection n^3, p^3, de la projection du joint de lit du berceau, l'autre eft celui de la même corde avec le joint montant de la voûte fphérique, fur lequel on portera la retombée $b u$, pour mener une parallele à cette corde, fuivant laquelle on abattra la pierre avec le biveau de doële plate & d'horifon V $u o^1$, pour former la doële plate de la voûte fphérique, fur laquelle on appliquera le panneau qu'on vient de faire à la fig. 90 pour y en tracer le contour & former le vouffoir en portion de voûte fphérique avec fes lits, comme il a été dit en parlant des voûtes fimples, tom. 2, pag. 350, de la même maniere que fi la voûte n'étoit point pénétrée par un berceau; à la réferve du lit de deffous qu'il ne faut pas encore faire, parce que le plan de fuppofition horifontale, qui eft le premier parement qu'on a fait, doit fervir pour la formation des deux doëles.

Par le moyen de ce parement, on formera la partie du

CHAP. III. DES RENCONTRES DES BERCEAUX. 131

berceau qui aboutit à la doële sphérique, par la même maniere *Fig* 89.
qu'on vient d'employer, c'est-à-dire, avec le biveau de la doële
& d'horison O 4 3, avec cette différence, qu'il ne sera pas
nécessaire d'y faire une préparation de doële plate. On formera
ce biveau tout d'un coup mixte, ayant une branche droite O 4
& une courbe 4 *l* 3, en faisant couler la branche droite sur le parement de supposition horisontale perpendiculairement à la ligne $n^4 p^4$, qu'on y suppose tracée par le point n^4 parallelement
à la premiere $n^3 p^3$, & abattant la pierre suivant l'exigence de
la branche courbe 4 *l* 3, qui doit être aussi toujours perpendiculaire à la même ligne. Les deux doëles creuses étant finies,
on prendra les biveaux mixtes de doële & de lit de dessous, suivant lesquels on abattra la pierre, pour former le lit plan du
berceau & le lit conique convexe de la voûte sphérique, lesquels, par leur intersection, donneront l'arête de rencontre des
deux lits, & la pierre sera achevée.

REMARQUE.

On voit que par cette méthode on n'a besoin ni de panneaux
de doële de berceau, ni de panneaux de lit de l'une & de l'autre
voûte, ce qui rend l'opération beaucoup plus simple & plus
commode que celle qu'on trouve dans les livres de la coupe
des pierres.

SECOND CAS.

Berceau en descente droite ou biaise, qui rachete une voûte sphérique.

Soit (fig. 96.) ABDE, la projection horisontale du ber- *Fig.* 96.
ceau, & le cercle KPAE, la base horisontale de la voûte
sphérique où il aboutit.
Sur BD, diametre du ceintre primitif, ayant décrit le demi-
cercle BHD, ou la demi-ellipse B *s* D, dont l'une est le ceintre
de face, l'autre l'arc droit, & l'ayant divisé en ses voussoirs
aux points 1, 2, 3, 4, on menera à l'ordinaire par ces points,
ou par leurs projections p^1, p^2, &c. (si la face de descente BD
étoit oblique à sa direction) des paralleles à la direction de la
descente, qui couperont le diametre PQ, de la sphere (perpendiculaire à cette direction) aux points r^1, C^s, c^3, c^4, & le
contour de la sphere aux points b^1, b^2, b^3, b^4. On fera ensuite

R ij

Fig. 96. le profil de la descente sur le côté B A, prolongé en M^c, jusqu'à la rencontre du diametre P Q. Puis par le point E, on menera une perpendiculaire à M^c B, qui coupera cette ligne en *e*, où l'on fera l'angle de rampe B *e* F, qu'on suppose donné, dont le côté *e* F coupera D B prolongé en F, supposant la face de descente perpendiculaire à sa direction horisontale; car si elle ne l'étoit pas, il faudroit toujours faire B F perpendiculaire sur *e* B.

Pour achever ce profil, on portera sur B F prolongée les hauteurs des retombées 1 p^1, 2 p^2, en F f, F f^2, par où on menera des paralleles à la ligne de rampe f^1 N^4 f^2 N^3 prolongées indéfiniment. Si l'on avoit pris pour ceintre primitif l'arc droit B *s* D, on auroit porté les hauteurs des retombées sur une perpendiculaire à la rampe en G R, G R, & l'on auroit continué de même. Ensuite du point M^c, où la base B *e* coupe le diametre de la sphere P Q, pour centre, & de toutes les distances r^1 b^1, C^s b^2, &c. pour rayon, prises successivement, on fera des arcs de cercles qui couperont les profils des joints de la descente en des points qui donneront les avances de l'arête de la lunette. Ainsi du point M^c pour centre, r b^1 pour rayon, on décrira l'arc N^1 1, qui coupera le premier joint f N^4 au point N^1. Du même centre M^c, & pour rayon la longueur C^s b^2, on décrira un second arc qui coupera le second joint de lit f^2 N^3, au point N ; du même centre & de l'intervalle c^3 b, on tracera un arc qui coupera le second profil, qui sert aussi pour le troisieme joint en N. Ainsi du quatrieme qu'on trouvera du même centre avec c^4, b^4 pour rayon.

Pour avoir les mêmes points du profil en projection horisontale, il n'y a qu'à abaisser des perpendiculaires sur les projections horisontales, correspondantes des joints de lit p^1 n^1, p^2 n^2, qu'elles couperont aux points n^1, n^2, n^3, n^4, par lesquels on menera des lignes droites qui seront les projections des rencontres des doëles plates du berceau avec celles de la voûte sphérique. Si au lieu de ces lignes droites, on trace par les mêmes points une ligne courbe, elle sera la projection horisontale de l'ellipsimbre qui se forme par l'intersection des surfaces de ces deux corps, laquelle courbe est rampante de la hauteur A *a*, qui est la différence du niveau des impostes *e* & *a*. Les projections verticale & horisontale étant faites, il faut former l'arc-droit B *s* D, comme à toutes les descentes, par le moyen d'une per-

CHAP. III. DES RENCONTRES DES BERCEAUX 133
pendiculaire G R à la rampe e F, portant les longueurs G R¹ & G R², en p¹ 1ʳ, p² 2ʳ, &c.

Fig. 96.

Présentement on a tout ce qui est nécessaire pour former les panneaux des doëles plates des deux voûtes ; celui de la voûte sphérique se fera comme au cas précédent, & celui de la descente du même voussoir qui fait l'enfourchement, se fera par le moyen des longueurs & des avances des joints de lit donnés au profil, & de leur intervalle donné à l'arc-droit, comme nous l'avons tant de fois répété. Il ne reste qu'à chercher le biveau nécessaire pour donner à ces deux doëles l'inclinaison qu'elles doivent avoir entr'elles, pour former la rencontre d'enfourchement des deux voûtes.

Supposons, par exemple, qu'on cherche le biveau de rencontre des deux doëles du second voussoir marqué au ceintre primitif 1, 2. On portera la hauteur N¹ u du profil en p¹ V, au-dessus de la projection p¹ du point 1, qui est le plus bas du voussoir ; ensuite on prolongera la corde 2, 1, jusqu'à la rencontre du diametre D B, prolongé, qu'elle coupera en q. Par le point V, on menera V Y parallele à 1 q, qui coupera la même ligne B F en Y, par où & par le point n¹ de la projection horisontale d'enfourchement du premier lit, on tirera la ligne Y y, qui sera l'intersection de la deuxieme doële plate du berceau avec l'horison. L'intersection de la doële plate de la voûte sphérique est donnée à la projection horisontale en n¹ s, par la corde menée d'un de ces points à l'autre, parceque si la voûte sphérique n'étoit pas percée par le berceau, ses lits seroient continués de niveau.

Les sections des doëles plates du berceau en descente, & de la voûte sphérique avec le même plan horisontal, étant données, avec la projection n¹, n² de leur arête de rencontre ; il sera aisé de trouver l'angle de leur inclinaison mutuelle, par le problême 12 du 3ᵉ livre ; mais pour ne pas y renvoyer le lecteur, nous en ferons ici l'application dans une fig. 92 à part, pour ne pas embrouiller la fig. 96. Ayant transporté en un endroit à part les angles des lignes y n¹, n² & n² n s, avec la longueur n¹ n², de la projection de la fig. 96, en Z 1, 2, & 2 1 s, de la fig. 92 & fait 1, 2 égal à n¹ n² ; on élevera sur cette ligne au point 2, une perpendiculaire 2 h, qu'on fera égale à la hauteur 1 2 de la retombée du second voussoir. Par le point h, ayant tiré la ligne h 1, on lui fera une perpendiculaire h p, qui

Fig. 92 & 96.

coupera 1, 2 prolongée au point *p*, par où l'on tirera à la même ligne 1, 2, une perpendiculaire ʒ S, qui coupera les lignes données d'intersection des deux doëles avec l'horison aux points ʒ & S ; sur 1 *p* prolongée, on portera la longueur *p h* en *p x*. Si de ce point *x* on tire des lignes en ʒ, & en S, l'angle ʒ *x* S sera celui que l'on cherche pour assembler les doëles plates qu'on suppose faites, comme on l'a dit au trait précédent, & telles qu'on les représente aux fig. 93 & 94, avec les mêmes lettres du plan horisontal.

Application du trait sur la pierre.

Si l'on ne cherchoit point à ménager la pierre, on pourroit faire l'application de ce trait de la même manière qu'au cas précédent, par la supposition d'un parement horisontal ; mais comme l'inclinaison de la descente laisseroit un grand vuide au-dessus, elle occasionneroit trop de perte de pierre, c'est pourquoi nous revenons à la même pratique que nous avons donné pour les enfourchemens des berceaux en descente avec ceux qui sont de niveau.

Fig. 91, 92 & 93.

Ayant dressé un parement, destiné pour une des deux doëles plates, par exemple pour celle du deuxieme voussoir du berceau en descente, on y appliquera le panneau de la fig. 91 qui convient à ce voussoir qu'on se propose de faire, pour en tracer le contour, puis avec le biveau des deux doëles, trouvé comme il a été dit à la fig. 92 & posé d'équerre sur l'arête commune, on abattra la pierre suivant l'angle ʒ *x* S pour former un second parement sur lequel on appliquera le panneau de la fig. 93 de la doële plate de la voûte sphérique, pour en tracer aussi le contour. Les deux têtes des doëles qui se rencontrent & les arêtes des joints de lit qui les comprennent étant donnés, il est visible qu'il n'y a plus qu'à abatre la pierre avec les biveaux de lit & de doële plate donnés aux arcs-droits des deux voûtes, par exemple 2ʳ 1ʳ 5ʳ, pour le lit de dessous de la branche de la descente, & 1ʳ 2ʳ 6ʳ pour celui de dessus. Quant à la partie de la doële sphérique, si le voussoir ne fait pas une branche mais seulement une tête au bout du rang de la descente, on n'aura à faire que le lit de dessus suivant l'angle K *t* T du profil, celui de dessous étant retranché par la rencontre du berceau ; mais si le voussoir fait une branche, comme il con-

CHAP. III. DES RENCONTRES DES BERCEAUX. 135
vient à la bonne conſtruction, il aura deux lits inégalement longs ; celui de deſſus comprendra la longueur de la branche ſphérique, outre la largeur de celle qui entre dans le berceau, & celui de deſſous ne s'étendra qu'au long de la branche.

On ſait qu'outre les biveaux de lit & de doële il faut encore ſe ſervir de ceux de doële & de tête ; mais comme ceux-ci n'ont rien de particulier dans les rencontres des voûtes, nous n'en faiſons pas mention ordinairement, parce qu'ils ſont toujours les mêmes qu'ils doivent être à chaque eſpece de voûte ſimple. Celui de la partie ſphérique ſera toujours l'angle de la corde avec le rayon de la ſphere ; par exemple, l'angle $n^3\,d\,n^4$, qui change d'ouverture ſuivant le plus ou le moins de longueur de la corde du vouſſoir. A l'égard de celui de tête de la deſcente, ſi le vouſſoir n'atteint pas à la face d'entrée, il ſera droit en retour d'équerre, pour la continuation de la voûte, & s'il s'étend juſqu'à la face, il ſera d'une ouverture qu'il faut chercher, comme il a été dit au tome précédent, en parlant des voûtes ſimples, ſelon qu'elle ſera à-plomb ou en talud, ce qu'il eſt inutile de répéter. Nous n'ajoutons rien ici touchant la différence du cas où la deſcente eſt biaiſe, nous en avons aſſez parlé au tome précédent, en traitant des voûtes ſimples ; & cette différence, qui en cauſe peu dans l'enfourchement, n'influe en rien dans la maniere d'en faire la projection.

Explication démonſtrative des deux traits précédens.

Si l'on ſuppoſe, ſuivant la méthode générale que nous avons donné au premier livre, pour trouver les interſections des ſurfaces de différens corps, que la voûte ſphérique & le berceau en deſcente ſont coupés par des plans verticaux paſſans par les projections des joints de lit du berceau, en telle ſituation qu'on voudra, ou de niveau comme au cas précédent, ou en deſcente comme dans celui-ci ; ces plans verticaux ſeront, par leurs ſections, des parallelogrames dans le berceau & des cercles dans la voûte ſphérique. La ſeule différence qu'il y aura dans les différentes ſituations du berceau, ſera que ces parallelogrames, qui étoient rectangles lorſque le berceau étoit de niveau & ſa face à-plomb, ſeront obliqu'angles, s'il eſt ſuppoſé en deſcente ; mais leurs hauteurs verticales ſur la rampe étant entre mêmes paralleles, ſeront toujours égales aux hauteurs des divisions du ceintre de face, qu'on suppose vertical, dans l'un & l'autre cas ; on peut donc appliquer les hauteurs de ce ceintre dans le cercle majeur de la sphere qui sert de section de profil, comme si le berceau en descente étoit de niveau.

Fig. 96. Il est clair que tous les plans verticaux qu'on suppose passer par les joints de lit du berceau, font par leur section dans la voûte sphérique, des cercles inégaux, selon qu'ils passent plus près ou plus loin du centre de la sphere, & que les rayons de ces cercles sont les longueurs $r^1 b^{}$, $C^s b^2$, $c^3 b^{}$, &c. menées depuis le diametre PQ, à la circonférence de la base de la voûte sphérique, qui est retranchée par la pénétration du berceau. Or, comme dans la projection verticale le diametre PQ n'est représenté que par un seul point M^c, il est visible que tous les centres $r^{}$, C^s, c^1, c^4, qui étoient sur ce diametre, sont réunis dans ce seul point M^c, qui a servi à faire tous les arcs de cercle qui ont déterminé les points d'intersection des joints de lit du berceau, à l'arête de l'enfourchement. La construction des panneaux de doële plate n'a pas besoin d'explication; il est visible que les inclinaisons des plans étant différentes, celui de la doële du berceau retranchera toujours une partie triangulaire de celui de la voûte sphérique, & qu'il s'agit seulement de trouver l'angle que font entre eux ces deux plans.

Pour trouver cet angle, nous avons cherché, suivant notre méthode générale du probleme XII, livre III, la section de chacun de ces deux plans de doële plate avec l'horison ; celle de la sphérique se trouve sans difficulté par la corde de la base du voussoir; mais pour celle du berceau, il y faut un peu plus d'attention. Si on examine ce que nous avons fait, on reconnoîtra que nous avons imaginé une ligne horisontale $N^1 O^r$ passant par le point le plus bas du voussoir 1, 2, qui étoit proposé à faire, laquelle peut être considérée comme un plan horisontal passant par ce point & par le second lit de la voûte sphérique. Or ce plan est plus bas que le point F (qui est la projection verticale du diametre BD d'entrée de la descente) de la hauteur de la ligne $r u$, qui est une partie de l'à-plomb $N^1 u$, composé de la hauteur de la retombée $N^1 r$, laquelle est égale à $1 p^1$ du ceintre primitif, & f^1 F du profil; par conséquent p^1 V sera égale à f F $+$ F $i =$ N $r + r u = p^1$ 1 $+$ 1 V. Donc le plan de la corde 2, 1, prolongé & transporté en VY, rencontrera le plan horisontal dont nous parlons, à une distance BY du
point

CHAP. III. DES RENCONTRES DES BERCEAUX. 137
point B, & (par la construction) il passera par le point n^1, qui *Fig. 96.*
est la projection du point N^1 du profil ; donc la ligne Y n^1 y,
est la section de la doële de la descente avec l'horison, *qu'il fal-*
loit trouver. Cette section Y y d'une doële avec l'horison, la section n^1 s de l'autre doële, & la projection de leur intersection
n^1 n^2, étant connues, le reste de l'opération est démontré au
problême XII du livre III.

COROLLAIRE.

De la rencontre des berceaux avec les cul-de-fours surhaussés
ou surbaissés.

De la construction des traits des enfourchemens des voûtes
sphériques avec les cylindriques, on peut facilement tirer celles
des rencontres des sphéroïdes avec les cylindres ; car par la
même méthode des sections des plans verticaux passans par
les joints de lit des berceaux, il en résulte des demi-ellipses
dans le sphéroïde, au lieu des demi-cercles dans la sphere, lesquelles auront toujours au profil le même point M^c pour centre,
pour moitié d'un de leurs axes les ordonnées au diametre P Q
de l'ellipse P A E Q, supposée telle, si le plan est elliptique,
considéré dans un plan horisontal ; & pour moitié de l'autre,
les ordonnées au même diametre, considéré dans un plan vertical, formant une autre ellipse, ou un demi-cercle P K Q, suivant que le sphéroïde sera alongé ou aplati. Avec les deux axes
donnés, on décrira des arcs elliptiques, du centre M^c, au lieu
des quarts de cercles qu'on a décrit, pour avoir la terminaison
des joints de lit à leur profil, marqués N^1, N^2, &c. qui sont à
l'arête d'enfourchement des deux voûtes. Si la voûte en cul-de-
four étoit une de ces figures d'ellipsoïde dont nous avons parlé
au second tome, qu'on ne peut faire par le moyen des doëles
plates, il faudroit faire cette partie par équarrissement, comme
si la voûte n'étoit pas pénétrée par un berceau, ensuite faire le
berceau passant par les points de rencontre qui auront été trouvés au profil, qui doit être fait de la même maniere que pour
la rencontre de la voûte sphéroïde, par l'intersection des ellipses différentes, suivant l'exigence de la figure de l'ellipsoïde,
mais cependant ayant toutes le même centre en M^c.

Il est visible que par ces profils on aura les deux points de jonction de chaque doële plate & creuse des voussoirs du berceau

138 STEREOTOMIE. Liv. IV. Partie. II.

Fig. 96. en descente ; les deux autres se trouveront sur la pierre par le moyen du parement de supposition horisontale qui aura servi à faire la surface concave de l'ellipsoïde, par équarrissement, c'est-à-dire, dans ce cas, par l'inscription des cylindres; on abattra la pierre avec le biveau du niveau & de la rampe M^e e F, pour tracer dans ce nouveau lit incliné l'arête du lit inférieur de la descente, laquelle étant donnée, il sera facile de trouver celle du lit de dessus, par plusieurs manieres; ou par le moyen de la retombée du voussoir, ou par le moyen du biveau de lit & de la doële plate ou creuse, ou du panneau de doële plate. Nous avons trop parlé de tous ces moyens & nous en avons donné trop d'exemples pour qu'il soit nécessaire d'en répéter ici l'application.

SECONDE ESPECE.

Des rencontres des voûtes cylindriques avec les sphériques, dont les poles sont dans le plan de leur imposte.

Nous avons donné ci-devant la construction des enfourchemens des berceaux avec les voûtes sphériques dont les poles sont au sommet de leur hauteur, c'est-à-dire, au milieu de la clef, & dont les joints de lit sont paralleles à l'horison ; ici, nous parlons des voûtes sphériques dont les joints de lit sont inclinés, & leur pole dans le plan de l'imposte, ce qui peut encore faire deux combinaisons, l'une de la sphere avec un berceau horisontal, l'autre avec un vertical, c'est-à-dire, avec une tour ronde ou creuse. Nous n'en comptons pas une troisieme, avec un berceau incliné, parce que ce cas ne tombe guere dans la pratique : dans cette circonstance, on doit donner à la voûte sphérique l'arrangement des joints du cas précédent.

Premiere combinaison.

Voûte sphérique, ou niche en tour ronde ou creuse.

Pl. 88. Soit (fig. 97.) l'arc de cercle concave ACB, ou l'arc con-
Fig. 97. vexe ECD, une portion de la base d'une tour creuse ou d'une ronde, dans laquelle on veut faire une *niche* dont le plan horisontal, passant par les impostes, est l'arc de cercle APB, égal, plus grand, ou plus petit que le demi-cercle, ce qui dé-

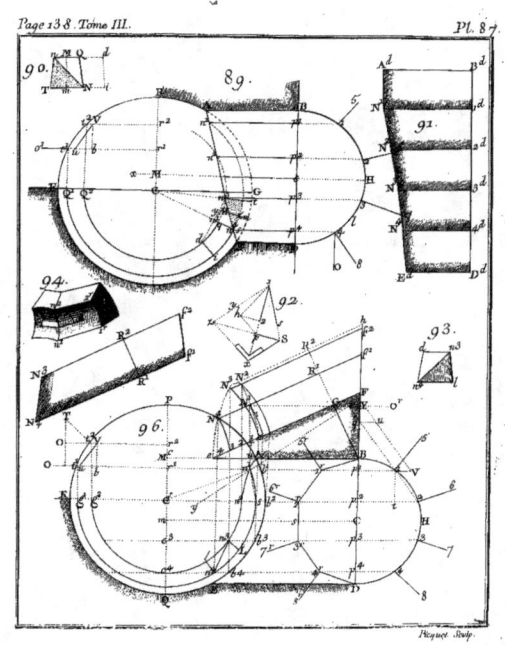

Page 138. Tome III.   Pl. 87.

CHAP. III. DES RENCONTRES DES BERCEAUX. 139

Fig. 97.

pend de la position arbitraire du centre C de la niche, ou sur la corde AB de l'arc de la tour creuse, ou au dedans, ou au dehors, suivant la profondeur que l'Architecte veut donner à la niche. Si l'on se propose de faire les têtes des voussoirs parfaitement égales entre elles, il faut prendre pour ceintre primitif celui qui seroit le développement de la portion cylindrique que retranche la sphere à la surface de la tour, par sa pénétration dans cette tour, lequel ceintre est (comme nous l'avons dit de la porte en tour ronde) une demi-ovale méchanique, qui a pour diametre la rectification de l'arc AB, & pour ordonnées les verticales élevées sur cet arc, lesquelles sont terminées à l'arête de rencontre de la doële de la sphere & de la tour. Cette arête est une de ces courbes à double courbure que nous avons appellé ellipsimbre. On peut revoir là-dessus ce qui a été dit de la porte en tour ronde par têtes égales.

La maniere de faire ce ceintre de face développé, est de diviser l'arc AB de la tour en autant de parties égales qu'on voudra avoir de points de la demi-ovale, & de mener par tous ces points d, d, des perpendiculaires à l'axe MP, qui le couperont aux points c, c, & la circonférence de la niche APB, aux points x, x. Par tous les points d, d, on menera des paralleles indéfinies à l'axe MP de la sphere, & des points c, c, pour centre, & avec les longueurs cx, cx, pour rayons, on décrira des arcs qui donneront les hauteurs des ordonnées de l'ovale qu'on veut tracer, laquelle sera surbaissée, parce que l'arc ACB, ou seulement sa moitié CdB, rectifiée, qui en est un demi-axe, sera plus grande que le demi-diametre de la sphere CI, qui est l'axe vertical de cette ovale H ι h. Le contour de ce ceintre étant tracé, on le divisera en tel nombre de voussoirs qu'on voudra aux points 1, 2, &c. d'où l'on abaissera des perpendiculaires qui couperont le diametre aux points p^1, p^2. On portera ses intervalles de suite repliés sur l'arc ACB, pour y faire passer les projections des joints de lit, qui sont des portions d'ellipses, lesquelles doivent toutes passer par ces points & par le pole P de la sphere.

Si l'on ne veut pas affecter une division des têtes des voussoirs en parties exactement égales, on rendra l'opération plus courte & plus simple, comme il suit. Ayant tiré par le point C, la ligne CI, parallele à la corde AB, & élevé sur cette corde la perpendiculaire MP, on divisera le demi cercle DPI

S ij

Fig. 97, en autant de parties égales qu'on voudra avoir de voussoirs aux points 1, 2, 3, 4, d'où l'on abaissera des perpendiculaires qui couperont DI en des points q^1, q^2, lesquelles détermineront les demi-axes de plusieurs ellipses, qui doivent passer par ces points & par le pole P, pour exprimer sur le plan horisontal la projection des joints de lit de la niche. Ainsi ayant les demi-axes de ces ellipses & la moitié du grand axe CP, commun à toutes, il sera facile de les tracer par le problême VII du II livre; ces arcs d'ellipses prolongés rencontreront l'arc ACB de la tour creuse, en des points c_1, c^2, qui donneront les projections des divisions des voussoirs à la face creuse.

Avec ces deux projections horisontales ACB de l'arête de rencontre de la doële de la niche avec le parement de la tour, & des joints de lit, on pourroit former la niche proposée par la voie de l'équarrissement; mais comme la perte de la pierre seroit trop considérable, nous allons donner le moyen de la ménager, par l'inscription d'une piramide dans la sphere, dans laquelle elle donnera des doëles plates, dont les angles toucheront trois points de la surface sphérique, & qui fourniront le moyen de trouver le quatrieme de la même maniere que nous l'avons dit au tome précédent, en parlant de la *trompe sphérique sur le coin*, pag. 397. On commencera par déterminer la position de la tête du trompillon, en tirant une ligne $T^1 N^2$, perpendiculaire à l'axe MP, qui coupera les projections elliptiques des joints de lit aux points n^1, n^2 &c. par lesquels & par les points trouvés e^1, e^2, on tirera des lignes droites qui rencontreront l'axe MP prolongé au point S, où sera le sommet de la piramide tronquée que doivent former les doëles plates depuis la face jusqu'au trompillon.

Supposons, par exemple, qu'on se propose de faire la doële plate du second voussoir de la niche, dont la projection doit passer par les quatre points c^2, n^2, n^1, c^1, on menera par le point le plus avancé c^1, une parallele $c^v r$, à la corde AB, jusqu'à l'à-plomb $2 c^2$, prolongé en r, par où on tirera au sommet S la ligne rS, qui coupera l'arc CB en γ, & la corde $T^2 N^2$ du trompillon tout près de n^2, que nous prendrons pour ce point d'intersection, parce qu'on ne peut mettre un caractere auprès sans y jetter de la confusion. On tirera ensuite par les projections de la face c^1, c^2 une ligne droite LB qui coupera l'axe MP au point L, & la circonférence de l'imposte APB, tout

CHAP. III. DES RENCONTRES DES BERCEAUX. 141
auprès de B, en un point que j'appelle aussi B, par la même *Fig.* 97.
raison de l'article précédent. Sur LB, comme rayon, on décrira le quart de cercle B x^2 l, auquel on menera par les points
c^1, c^2, les ordonnées qui le couperont aux points x^1, x^2, & par
le point z, une parallele aux ordonnées z z, dont il faut trouver
la longueur par le profil, comme on le dira ci-après, en cherchant les valeurs des lignes qui doivent faire les côtés du panneau de doële plate dont nous venons de faire la projection horisontale.

Supposant qu'on veuille faire servir de base des profils la
la ligne HS, pour la commodité de la place, on portera la
longueur Sc^1 sur cette ligne en SF, où l'on elevera une perpendiculaire Ff^1, égale à la hauteur de la premiere retombée
1p^2, puis on tirera f^1 S, qui coupera T^1 N^1 en T^1; la ligne f^1
T^1 sera la valeur de la projection c^1, n^1, qui est un des côtés
de la doële plate, & la même sera la valeur d'un autre côté de
supposition dont la projection étoit r n^2. Pour trouver la vraie
longueur de ce second côté, on portera la longueur Se^2, en SG,
sur la ligne de base du profil, & l'on élevera la perpendiculaire
Gg, qui coupera la ligne T^1, f^1 en g; la ligne g T^1 sera la valeur de ce second côté du panneau en joint de lit de dessus.

Les valeurs des côtés du même panneau qui marquent les
têtes, sont les cordes 1, 2 des divisions du ceintre formé sur le
rayon uV, passant par le point c^1 parallelement à corde A B de
l'arc de la tour, & la corde t^1, t^2, de l'arc du trompillon T^1
h N^2, ainsi on a les quatre côtés d'une doële plate qu'on formera comme il suit. Ayant tracé dans une place à part (fig. *Fig.* 97 & 98.
98) deux lignes indéfinies a b, c d, perpendiculaires entr'elles,
qui se croiseront au point m, on prendra la moitié de la corde
1, 2 de l'arc Hb, & on la portera à la fig. 98 de m en e & en
f, par où l'on tirera les lignes e 1, f 2, paralleles à a b. On
prendra de même la moitié de la corde t^1 t^2, de l'arc du trompillon T^1 h N^1, que l'on portera de m en n, & en o; puis des
points n & o, pour centres, & pour rayon la longueur T^1 f^1 du
profil, on fera des arcs qui couperont les paralleles e 1, f 2, aux
points 1 & 2, où l'on tirera les lignes n 1, o 2, qui seront les
côtés d'une doële plate de piramide droite inscrite à la sphere.

Mais à cause que la partie de la tour comprise par la corde
c^1 c^2 est oblique à l'axe, il en faut retrancher la partie f^1 g,
donnée au profil; ainsi portant la longueur T^1 g, de o en g,

(fig. 98) on aura pour longueur du côté qui répond au lit de dessus du voussoir, la ligne $o g$; enfin, ayant tiré la ligne $1 g$, le trapezoïde $n 1 g o$, sera le panneau de la doële plate, qui ne touche cependant la doële sphérique que par trois de ses angles n, o, 1; mais non pas en g, par la raison que nous avons donné au second tome, page 398. Il faut donc chercher la distance dont ce point g est éloigné de la surface sphérique de la doële de la niche; pour cet effet, on portera la longueur $T^1 g$ du profil sur la ligne $z z$ de l'élévation (fig. 97) où elle donnera le point z, d'où l'on tirera la ligne $x_2 z$, puis du point o pour centre (fig. 98) & avec la longueur $o g$, pour rayon, on fera un arc vers z & du point g pour centre, & $x^1 z$ pour rayon, on fera un autre arc qui coupera le précédent au point z; le triangle $o g z$, étant ajouté en retour de la doële plate, le point z touchera la doële sphérique qu'on cherche.

Les panneaux de doële plate étant formés, on tracera ceux de lit, dont les joints à la doële sont tous égaux en contour, en ce qu'ils sont tous des arcs d'un cercle majeur passant par l'axe MP; mais ils sont un peu inégaux en longueur, parce qu'ils se raccourcissent peu à peu depuis l'imposte APB jusqu'à la clef. Leurs têtes du côté du trompillon sont aussi toutes égales, suivant l'angle mixte $AT^2 n^x$, mais les têtes du côté de la tour sont des arcs d'ellipses inégaux, en ce que, quoique leurs cordes soient égales à la distance de l'arête de doële à celle d'extrados, elles sont toujours moins creuses à mesure qu'elles s'éloignent de l'imposte BX, où la premiere tête de lit est égale à la cavité de l'arc BX de la base de la tour qu'elle comprend, & son inclinaison à l'égard de la doële est l'angle curviligne XBN, qui est aussi le plus obtus de tous ceux des têtes supérieures, qui se referment à mesure qu'elles approchent de la clef, au milieu de laquelle cet angle devient mixte & égal à celui du trompillon $AT^2 n^x$.

Pour trouver la courbure des arcs de tête, il n'y a qu'à ralonger les arcs circulaires de la projection horisontale, comme nous l'avons dit en parlant des têtes de la porte en tour ronde ou creuse; tels sont les arcs circulaires $X^5 c^1$, que donne la projection du premier lit 1, 5, & l'arc $c^2 y$ que donne celle du second lit 2, 6, ce que nous ne pouvons exprimer ici bien nettement, à cause de la petitesse de la figure. On tirera la corde de chacun de ces arcs, & on la divisera en

CHAP. III. DES RENCONTRES. DES BERCEAUX. 143

autant de parties égales qu'on voudra avoir de points de la
courbe ; il suffit ordinairement de la diviser en deux ou trois
pour la pratique, & par ces divisions on tirera des perpendiculaires à la corde, qui se termineront à l'arc de cercle. On
prendra ensuite la corde du joint de la tête 5, 1, ou 6, 2,
qu'on divisera en un même nombre de parties, qui seront
égales entr'elles, mais plus grandes que celles de la corde de
l'arc de cercle, & l'on portera sur ces divisions les perpendiculaires de l'arc de cercle, lesquelles donneront les points de
l'arc elliptique que l'on cherche. Quant à l'ouverture de l'angle curviligne que doit faire cet arc de tête avec le joint de
doële, il est aisé de le trouver ; on menera par les points c^1 &
X 5, où la projection des points 1 & 5 coupe la base de la
tour, des verticales c^1 E^1, & X 5^x, sur lesquelles on posera la
corde 1, 5, à l'extrêmité de laquelle on fera une perpendiculaire qui coupera la ligne X 5^x au point 5^x ; on en fera
de même pour les points c^2 y de la projection, qui donneront
les points E^2 6^x du profil ; les angles curvilignes 5^x E^1 T^2, &
6^x E^2 T^2, seront ceux que l'on cherche.

Il ne reste plus à présent qu'à chercher les biveaux de lit &
de doële, & de tête & de doële, suivant nos principes généraux.

Premierement, pour le biveau de doële & de lit, par exemple,
pour le second voussoir, on prolongera la corde 2 1 de l'arc
H b jusqu'à ce qu'elle rencontre la ligne M b, prolongée en
O^1, d'où l'on tirera au point S, la ligne O^1 S, qui sera la section de la doële avec l'horison, & parce que tous les plans des
lits se couperont à l'axe MP, cet axe sera la seconde section,
laquelle avec la hauteur de la retombée fournira le moyen de
trouver l'angle des plans du lit & de la doële plate, comme
il a été expliqué au problême XII du troisieme livre, &
comme nous l'avons répété dans les traits des voûtes coniques.
Pareillement, & par le même problême, on trouvera le biveau
de tête plate L c^i, c^2 B, qu'on prolongera jusqu'à la section de
la doële avec l'horison en Y, ainsi on aura la section de la
tête avec l'horison en LY, celle de l'horison YS, & la hauteur de la retombée x^2 c^2 ; ainsi l'on trouvera l'angle de tête &
de doële, comme l'on a fait à la trompe plate, page 88 du
deuxieme tome, & à la trompe droite, page 227 du même
tome.

Fig. 97.

STEREOTOMIE Liv. IV. Partie II.

Application du trait sur la pierre.

Fig. 97 & 98.

Ayant dreſſé un parement pour ſervir de *doële plate de ſuppoſition*, que j'appelle ainſi, parce que le panneau de cette doële ne peut toucher la ſurface ſphérique qu'on ſe propoſe de faire que par trois de ſes angles, on y appliquera ce panneau pour en tracer le contour, puis avec le biveau de lit & de doële plate, on abattra la pierre pour former les deux lits. Celui de deſſus étant fait, on y appliquera le ſecond petit panneau triangulaire $o\, g\, 7$, (fig. 98) pour avoir le point 7 de la ſurface ſphérique que l'angle g du panneau de doële plate ne pouvoit toucher. On appliquera ſur ces mêmes lits un panneau ou une cerche formée ſur l'arc AB d'un cercle majeur de la ſphere, qu'on fera paſſer au lit de deſſous, par les points 1 & n de la doële plate tracée, & au lit de deſſus par les points o & 2, puis avec le biveau mixte de coupe & de doële pris où l'on voudra, par exemple en $T^2\, P\, S$, (fig. 97) on creuſera la doële ſphérique comme il a été dit au chap. VII, page 397 du tome précédent.

Il faut cependant, avant que de la creuſer, abattre la pierre avec le biveau de tête plate & de doële, ſi l'on n'a pas deſſein de faire uſage des panneaux de lit. En ce cas, on prendra avec la fauſſe équerre (fig. 97) l'angle $6, 2, 9$, que fait le joint de tête $6, 2$, avec une horiſontale $2, 9$, parallele à AB, ſuivant laquelle on fera une plumée creuſe, dans laquelle on appliquera une cerche convexe formée ſur l'arc ACB; mais comme le point 9 n'eſt pas déterminé de poſition, il faut chercher un ſecond point d'appui à la cerche en 8, par le moyen d'un ſecond biveau, en prenant l'angle $V^e, 1, 5$, que fait une verticale $V^e\, 1$ avec le joint de tête $1, 5$; ſecondement, en faiſant une parallele $6\, i$ à la ligne $V^e\, 1$, puis poſant deux regles ſur les points i & 6, qu'on placera ſuivant ces directions verticales, & qu'on dégauchira en creuſant des plumées ſur la tête, l'une en haut, l'autre en bas; la plumée $V^e\, 1$ donnera le point 8 d'interſection de l'horiſontale $2, 9$; que l'on cherche pour déterminer la poſition de la cerche convexe qui doit ſervir à former la tête en tour creuſe, en faiſant couler cette cerche parallelement à elle-même ſur les plumées verticales $6\, i$ & $V^e\, 1$. Par ce moyen, on formera le creux des joints de tête

en

CHAP. III. DE LA RENCONTRE DES VOUTES. 145

en portion d'ellipſe, (comme elles doivent l'être) par une eſpece de haſard, produit par l'interſection de la ſurface plane de chaque lit avec la creuſe cylindrique de la tour.

Si l'on fait uſage des panneaux de lit, ils donneront les courbes des têtes de lit au parement creux de la tour; mais ce ne ſera pas aſſez pour creuſer ce parement, il faudra encore uſer d'autres moyens. On peut ſe ſervir de celui que donne le Pere Derand, quoiqu'il ne ſoit pas parfaitement juſte, qui eſt de faire le développement de l'arête de la niche à la ſurface de la tour, en rectifiant l'arc HB avec ſes diviſions, comme on a fait à la fig. 97 en cb, ct, portant les avances Bx, $c^1 a$, $c^2 a$ de la tour creuſe, à l'égard d'une ligne CI, tangente à l'arc ACB, en $B^d 1^d$, $1^d 1^d$, $2^d 2^d$, de la fig. 99, qui donneront les points $B^d 1^d 2^d C^t$, par où on tracera la courbe ondée qui eſt le développement de l'arête à double courbure de la rencontre de la ſurface ſphérique de la niche avec la cylindrique de la tour. Nous ne parlons ici que du trait du P. Derand, parce que M. de la Rue n'en a rien dit. On voit que (dans la rigueur) ce développement ſuppoſe un cylindre horiſontal, au lieu de la ſurface ſphérique de la niche, parce qu'on y prend des diſtances horiſontales; mais la différence eſt ſi petite qu'elle ne mérite pas qu'on y faſſe attention dans la pratique, parce que l'inclinaiſon des cordes de la portion de ſphere compriſe entre le cercle majeur paſſant par DI & l'arc ACB de la tour, eſt ſi peu conſidérable, qu'elle ne peut altérer le contour du développement d'une maniere ſenſible dans l'opération la plus exacte.

Ce développement étant tracé ſur un corps flexible, comme ſur du carton, on l'appliquera dans la ſurface de la ſphere entre les points donnés 1 & 2, en l'appuyant, pour le faire plier, enſorte qu'il la touche par toute ſa longueur. Dans cette ſituation, on tracera l'arête de la doële avec la tour, & l'on aura trois lignes courbes pour former la tête creuſe; mais ce n'eſt pas aſſez pour la former exactement, il faut encore en revenir au moyen que nous venons de donner, pour y appliquer une cerche formée ſur l'arc horiſontal ACB, & poſée horiſontalement ſur la tête par le moyen d'un angle 6, 2, 9. La différence qu'il y a, c'eſt que cette cerche trouvera deux appuis donnés l'un ſur le joint de tête du lit de deſſous, l'autre ſur l'arête de doële de la niche à la ſurface de la tour, aux

Fig. 97 & 99.

Tome III   T

Fig. 97.

points 5, 7 & au deſſous, ce qui fournit le moyen de trouver la poſition de la verticale 1 V^e, qui ſervira d'appui à la cerche d'un côté, l'autre appui étant donné ſur le joint de tête du lit de deſſus 6, 2. On pourroit auſſi, ſans faire de développement, faire la cerche ralongée de l'arc e^1 e^2 de la tour ſur la corde x^1 x^2 qui lui répond, comme nous avons ralongé les arcs des joints de tête, & faire couler cette cerche inclinée parallelement à la corde 1, 2, l'appuyant ſur les arcs des joints de tête donnés par les panneaux qui en ont été faits; cette maniere eſt la plus ſimple, la plus commode, & la plus exacte dans ſon principe.

La tête du vouſſoir étant faite à la ſurface de la tour, il ne reſte plus qu'à faire l'autre du côté du trompillon de la même maniere que nous l'avons dit en parlant des voûtes ſphériques ſimples en niche, au chap. VII du tome précédent, page 397.

Ce que nous venons de dire concernant la niche en tour creuſe, ſervira pour la niche en tour ronde, en renverſant les panneaux de lit de la droite à la gauche. La différence qu'il y a pour le trait, c'eſt, 1°. que ſi l'on regle les profondeurs de la niche à la clef, au lieu qu'elle augmente dans la tour creuſe vers les impoſtes, elle diminuera dans la tour ronde. 2°. C'eſt qu'au lieu de prendre la corde de l'arc de la tour, que la projection des diviſions des têtes des vouſſoirs comprend, il faut prendre la tangente de cet arc, pour réduire la tour ronde en polyèdre dont chaque pan ou face forme une tête plane au vouſſoir, laquelle ſert de préparation à la formation de la tête ronde, qui ſera de la même maniere que la creuſe, mais en ſens contraire, avec une cerche concave au lieu d'une convexe, laquelle ſera cependant formée ſur le même arc A C B, conſidéré en dehors dans ſa convexité.

SECONDE COMBINAISON

Des voûtes ſphériques avec les cylindriques, lorſque le berceau racheté par un cul-de-four eſt horiſontal.

EXEMPLE.

Niche ſphérique dans un berceau de niveau.

A bien conſidérer le trait dont il s'agit, ce n'eſt autre choſe qu'un changement de poſition du précédent de la voûte ſphéri-

CHAP. III. DE LA RENCONTRE DES VOUTES. 147
que en tour creuſe; dans celui-là, l'avance de l'arête de rencontre des voûtes diminuoit depuis les impoſtes juſqu'à la clef: ici au contraire, elle commence aux impoſtes & finit à la clef. Pour appercevoir cette différence d'un coup d'œil, il n'y a qu'à jetter les yeux ſur les développemens de cette arête de face, fig. 99 de la planche 88, & fig. 101 ✠ de la planche 89, & l'on verra que ſi l'on joint les deux moitiés de la premiere par leur extrémité, qui eſt aux impoſtes, on aura une figure égale à celle du développement de la fig. 101 ✠. On peut auſſi concevoir que le développement de l'arête de face de la fig. 101 eſt préciſément le même que celui de la niche en tour ronde, c'eſt-à-dire convexe, pour laquelle nous n'avons point donné d'exemple, comptant que celui-ci pouvoit ſervir pour l'un & pour l'autre.

Fig. 99 & 101.

Avant que d'entrer en matiere, il faut obſerver que l'on peut faire une niche qui rachete un berceau de deux manieres; ou médiatement, ou immédiatement. Elle rachete la voûte du berceau immédiatement, lorſque la doële ſphérique rencontre la cylindrique du berceau à la clef, qui retombe au-deſſous du niveau de A en *a*. Elle la rachete médiatement, lorſque la doële ſphérique PA, étant montée à ſa plus grande hauteur ſous le milieu de la clef en A, cette clef eſt menée de niveau en *a*, au lieu de retomber au-deſſous de E par l'arc A *a*, comme le pratiquent ordinairement les Architectes; alors la voûte ſphérique rachete un petit demi-cylindre de même diametre & qui a ſon axe *e* C dans l'axe de la ſphere PC, prolongé par conſéquent, dont l'arête de l'interſection commune eſt un demi-cercle (par le théor. VIII du 1er livre) dont le rayon vertical eſt la ligne AC. Enſuite, ce même demi-cylindre rachete le grand berceau CED, auquel la doële de la ſphere ne ſe joint que par cette médiation. Alors ce trait devient le même que celui d'une lunette droite dans un berceau, dont il a été parlé à la page 5 de ce tome III.

Pl. 89, *fig.* 101 & 102.

Nous conſidérons donc ici la jonction immédiate des ſurfaces de la ſphere & du grand berceau, pour ne pas tomber dans des redites. Soit la ligne CP, donnée pour la profondeur d'une niche circulaire à ſon impoſte, le plan horiſontal de cette niche ne ſera qu'un demi-cercle APB, mais ſon profil ſera plus grand que le quart de cercle PA, de l'intervalle d'un arc A *a* compris entre la plus grande hauteur A de la

Fig. 101.

T ij

voûte de la niche & l'arc du berceau de niveau, dont le profil eſt l'arc D E *a* C. Faiſant ſervir de ceintre primitif le quart de cercle A P, on le diviſera en ſes vouſſoirs, comme une moitié de ceintre de face, par exemple, ici en deux & demi pour cinq vouſſoirs, aux points 3 4', par leſquels on menera des paralleles à l'horiſontale CP, qui couperont la verticale A C aux points $f^3 g^4$; les lignes Cf^3 & Cg^4, ſeront les demi-axes verticaux de deux ellipſes, qui auront chacune la même ligne CP pour demi-axe horiſontal.

Par le moyen de ces axes donnés, on décrira (par le problème VII du ſecond livre) des arcs d'ellipſe P f^3 F, P g^4 G, qui couperont l'arc du profil du berceau DEC, aux points F & G. De la même maniere, préciſément, on fera la projection horiſontale, en répétant le quart de cercle P A en B H, ſur le diametre B A; lequel ſera diviſé en ſes vouſſoirs exactement de même aux points 1, 2, deſquels abaiſſant des perpendiculaires ſur C B, on aura les points de leur projection, p^1, p^2, par leſquels & par le pole P, on décrira comme ci-deſſus des arcs d'ellipſe prolongés indéfiniment au dehors de la ligne CB. Par les points F & G du profil, on abaiſſera des à-plombs ſur H P, leſquels étant prolongés rencontreront les ellipſes des projections des joints de lit aux points f & g. Si l'on en abaiſſe auſſi un du point E, qui coupera HC en e, on tracera à la main une courbe efg B, qui ſera la projection horiſontale de l'arête de rencontre des ſurfaces de la ſphere & du cylindre. On pourra faire auſſi la projection de l'arête d'extrados de la même maniere, en menant par les points K, 7, 8, des horiſontales, mais on peut s'en paſſer par notre méthode.

Préſentement il faut déterminer la grandeur du trompillon, qui doit être un demi-ſegment de ſphere qui ait pour pole le point P. On tirera à volonté, & ſuivant la grandeur de la pierre qu'on y deſtine, une ligne T N, perpendiculaire à CP, qui coupera les arcs elliptiques des projections des joints de lit aux points $q^1 q^2$, deſquels on élevera des perpendiculaires ſur T N, qui couperont le demi-cercle fait ſur T N, pour diametre, aux points $1'' 2''$, qui ſeront les diviſions des vouſſoirs à la tête inférieure qui s'appuie ſur le trompillon. Si par une opération inverſe, on avoit fait le ceintre du trompillon avec ſes diviſions, immédiatement après avoir fait les projections du ceintre primitif, on auroit eu ſur la ligne T N des points des ellip-

page 148. Tome III.   Pl. 88.

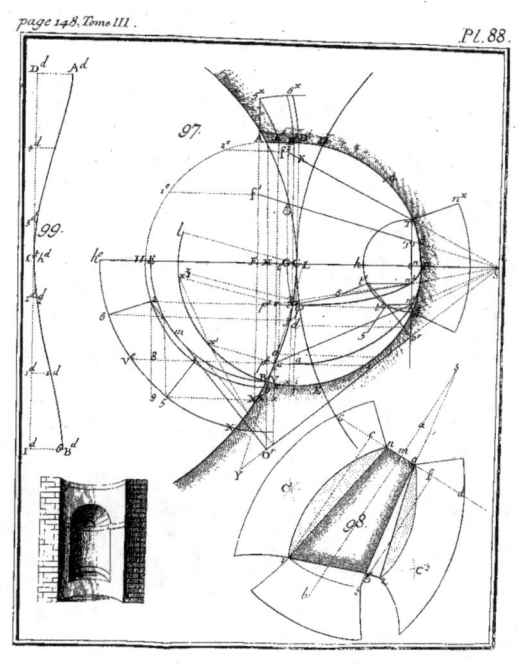

CHAP. III. DE LA RENCONTRE DES VOUTES. 149

fes des projections verticale & horifontale des joints de lit : Fig. 101.
pour la premiere les points 3^t 4^t ; & pour la feconde, les points
$q^1 q^2$. Les projections des joints de lit étant faites, tant au
profil qu'au plan horifontal, on fera les panneaux de doële
plate, de la même maniere qu'il a été dit au trait précédent,
avec cette différence qu'au lieu d'une corde menée par les projections des divifions de l'arête de face creufe, & prolongée
pour y décrire un ceintre, comme l'on a fait à la fig. 97 fur la
ligne L B, on menera ici une tangente V *u*, à la courbe convexe
de projection *f l g*, en tirant la corde *f g*, à laquelle on tirera
une parallele par le point *l*, le plus faillant de la courbe *f l g*.

Pour avoir le rayon du diametre du ceintre qu'il faut décrire fur cette tangente, on lui menera par le centre C de la
fphere, une perpendiculaire C *d*, qui la coupera au point *d*,
où fera le centre de ce ceintre, dont *d u* fera le rayon, qui donnera un cercle mineur de la fphere, dont le quart eft l'arc *d l u* ;
ce rayon *d u* coupera les ellipfes des projections des joints de lit
aux points z z, qui feront tout près des points *f g*, defquelles
ou élevera des perpendiculaires fur *d u* qui couperont l'arc
u l, aux points 1^t, 2^t Avec tous ces points donnés, on opérera pour faire les panneaux de doële plate, comme au trait
précédent, ou pour remonter plus loin, comme au trait de
la *trompe en niche fur le coin*, qu'on a vu à la page 397 du tome
précédent, auquel on peut renvoyer le lecteur, pour ne pas
faire de trop fréquentes redites ; la fig. 103 en montrera l'application.

Explication démonftrative.

On peut comparer la rencontre des niches avec les berceaux
de niveau ou debout, à celle d'une niche fur le coin, dont il
a été parlé au tome précédent, page 397, parce que les tangentes de la courbe convexe de la projection faillante, ou les
cordes des divifions des vouffoirs dans la projection rentrante,
lorfque la courbe de l'arête de rencontre à double courbure eft
concave, prife horifontalement, peuvent être confidérées
comme de pans de murs verticaux qui forment un coin faillant, ou un angle rentrant, lefquels retranchent quelques parties du quart de fphere, ou comprennent plus que fon quart,
felon que les angles de ces plans verticaux font faillans ou
rentrans, & que leur concours s'approche ou s'éloigne du pole

de la sphere qui est au milieu de l'imposte de la niche. Cela supposé, l'explication du trait de la trompe en niche sur le coin, convient en tout à ceux dont il s'agit ici; par exemple, les projections des joints de lit doivent être des arcs d'ellipses, parce que les sections des plans des lits qui passent par l'axe de la niche & par les divisions du ceintre primitif, formant des cercles à la doële de la sphere, lesquels sont inclinés au plan horisontal, leur projection doit être une ellipse, par le deuxieme théorême du second livre, page 227.

Quant au dispositif à l'excavation de la sphere, il est clair que nous commençons par y inscrire des piramides tronquées dont les surfaces de leurs côtés ne peuvent pas toucher les quatre angles de la portion sphérique que le voussoir doit comprendre, si les angles de la rencontre du berceau avec la sphere, à chaque division de l'arête à double courbure, ne sont pas situés les uns à l'égard des autres suivant les conditions que nous avons expliqué au commencement du second tome, page 4; c'est pourquoi lorsque la doële plate, qui est une des surfaces de piramides tronquées inscrites dans la sphere, ne touche la doële sphérique qu'en trois points, on est obligé de chercher la position du quatrieme angle du voussoir qu'elle ne touche pas, en formant un second panneau en retour de la doële plate.

CHAPITRE IV.
De la rencontre des voûtes coniques entre elles.

Nous devons considérer les corps coniques comme les berceaux, suivant leurs différentes situations à l'égard de l'horison; ce qui nous offre plusieurs combinaisons des parties des voûtes composées de portions coniques. La premiere, lorsque leurs axes sont horisontaux. 2°. Losque l'un est horisontal & l'autre vertical. 3°. Lorsque l'un est vertical, & l'autre incliné. 4°. Lorsqu'ils sont inclinés tous les deux.

PROBLEME VI.

Faire la jonction de deux voûtes ou corps coniques en situation quelconque.

Premiere situation, où les axes des portions coniques sont communs, dans une même direction horisontale ou inclinée.

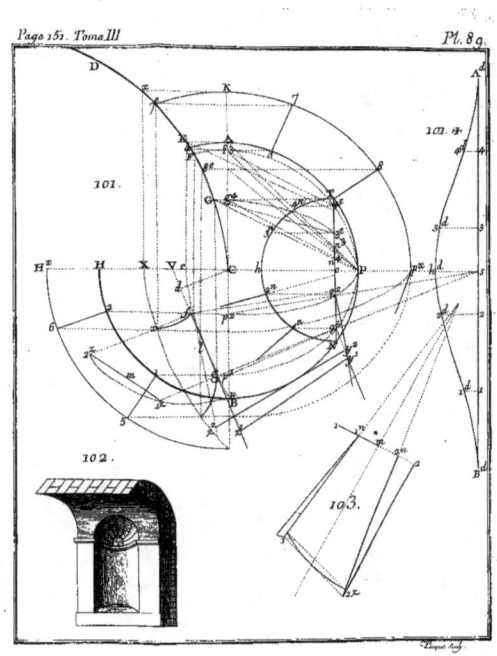

Chap. IV. RENCONTRE DES VOUTES CONIQUES.

Dans la construction des fortifications, on a souvent occasion de faire des ouvrages de cette espece; l'un est de ces ouvertures qu'on appelle aujourd'hui *embrasures*, & anciennement *canonieres*, parce qu'elles servent à y placer du canon. La seconde, est une façon de former certaines portes extraordinairement biaises. Dans l'une & l'autre ouverture, la jonction des deux portions de voûtes coniques qui la composent ne doit pas faire une arête à double courbure; c'est pourquoi il n'est pas indifférent qu'elles soient coniques arbitraires, parce qu'on a vu au premier livre, lorsque nous avons parlé de la pénétration des cones entre eux, qu'il est plus de circonstances où la rencontre de leurs surfaces forme une courbe à double courbure, que de celles où elle forme une courbure plane.

Premier Cas.

Canoniere ou embrasure à mettre du canon, dans un mur en talud ou à-plomb.

En traitant des voûtes coniques simples, au tome précédent, nous avons donné la maniere de faire chacune des deux portions de cones tronqués qui composent l'embrasure, l'une depuis le parement extérieur, qui est ordinairement en talud, jusqu'au *collet*; l'autre depuis le parement intérieur, qui est ordinairement à plomb, jusqu'à la tête du même collet, ce qui fait pour l'une une trompe conique en talud, & pour l'autre une trompe conique sans talud. Chacune de ces parties peut aussi être droite ou biaise, sur la direction qui doit être commune, quoique tournée en sens contraire, de la base de l'une au sommet de l'autre. Pour en venir au trait qui concerne la coupe des pierres d'une embrasure à voûter, je pourrois supposer celui de la disposition & de la direction des parties de son plan horisontal; mais comme la maniere ordinaire de tracer une embrasure, lorsqu'elle est biaise, y jette des difficultés pour la construction de la voûte, qui ont souvent embarrassé les appareilleurs & les ingénieurs qui doivent les conduire, il est à propos de faire observer d'où elles viennent, pour fournir le moyen de les éviter.

Soit (fig. 105) DEFG une partie de mur dans lequel on veut établir une embrasure voûtée, dont la surface intérieure GF

Pl. 90, fig. 105.

Fig. 105. est à-plomb, & l'extérieure DE en talud. On commencera par donner à la ligne du milieu MN la direction convenable au canon qu'on y doit placer, pour qu'il batte à l'endroit le plus nécessaire à défendre, que je supposerai ici oblique au mur LGF. On déterminera ensuite la profondeur NC du *collet* de l'embrasure AB, au-dedans du parement intérieur, laquelle est ordinairement de 15 à 18 pouces; lorsqu'il n'y a point de biais; mais lorsqu'il y a de l'obliquité dans la direction du milieu, il faut y avoir égard, en y ajoûtant la longueur QF, que donne un trait d'équerre nQ sur la direction NM, à une distance nQ, qui soit à peu près la moitié de la largeur intérieure de l'embrasure. La profondeur NC du collet AB étant déterminée, on en déterminera aussi la demi-largeur AC & CB, quarrément sur la ligne du milieu MN, suivant la grosseur de la piece de canon qu'on y doit poser, qu'il faut considérer, non pas suivant son calibre, mais suivant le métal dont elle est composée. Dans les batteries des ports de mer, où les canons sont de fer & de gros calibre, souvent de 48 liv. de balle, on ne donne guere moins de trois pieds de collet; à celles de terre, où l'artillerie est de fonte & de petit calibre, on n'y en donne quelquefois que la moitié.

Les points A & B étant déterminés de position, il faut régler l'ouverture de l'ébrasement DE suivant l'épaisseur du mur FM, c'est-à-dire, que plus le mur sera épais, plus aussi l'ébrasement doit augmenter, parce que le souffle du canon fait un tourbillon d'air qui s'élargit au sortir de la bouche, avec une si grande impétuosité, qu'il ébranle les jouées des embrasures, si elles ne s'écartent pas assez en s'éloignant du collet. La maniere ordinaire de tracer l'ébrasement est d'en porter la moitié du milieu M sur la face, de part & d'autre, en MD & ME; de tirer des points D & E, par les points A & B du collet, les jouées extérieures DA, EB, auxquelles par les mêmes A & B, on mene des paralleles AG, BF, qui forment les jouées intérieures. Cette maniere est bonne lorsque l'embrasure est droite, & même suffisante lorsqu'elle est biaise & qu'elle doit rester ouverte par le haut. Mais si elle est biaise & qu'il faille la voûter, on ne doit pas la tracer de même, pour deux raisons; la premiere, est qu'en prolongeant les jouées, il se forme deux sections de cones inégaux, DSE & GsF, dont les axes SM & sn, ne sont plus dans la direction donnée

Chap. IV. RENCONTRE DES VOUTES CONIQUES.

née NM; par conséquent n'ayant pas les axes communs, l'arête de rencontre des voûtes extérieure & intérieure ne pourroit être un cercle, ni une ellipse, mais une courbe à double courbure. La seconde, c'est qu'on ne peut faire les jouées intérieures paralleles aux extérieures opposées, sans jetter de l'irrégularité dans les voûtes coniques du dedans & du dehors, parce que la direction du milieu NM leur doit être commune, & par conséquent l'axe des deux cônes tourné en sens contraire, qui doivent avoir pour section plane, (aussi commune) le ceintre du collet A H B. Or, cette section AB n'étant pas au milieu de MN, ni parallele aux bases DE, FG, ni même sous-contraire, parce qu'elle est perpendiculaire à l'axe, il suit que les deux cônes ne peuvent avoir leurs côtés paralleles aux opposés, parce qu'ils ne sont pas semblables, & qu'au cas qu'on les voulût faire paralleles, la voûte deviendroit un composé de quatre quarts de cônes inégaux, qui feroient des angles rentrans à la clef de la face intérieure & de l'extérieure, quand même la section AB leur seroit commune, par la supposition, ce que l'on doit éviter.

Fig. 105.

Pour le démontrer, il n'y a qu'à prolonger toutes les jouées jusqu'au milieu donné MN, & l'on verra qu'elles doivent toutes couper cette ligne en différens points; savoir, D A en N, & EB en R. De même, à l'ébrasement intérieur, G A coupe NM au point s, & fB en H, parce que les angles alternes DNH, fHN doivent être égaux, ainsi que les angles G s R, MRE, & l'angle DNM est plus grand que MRE, par conséquent ces moitiés de triangles inégaux appartiendront à des cônes différens. Il faut donc tracer l'embrasure, qu'on doit voûter différemment de celle qui ne doit pas l'être.

Ayant déterminé le collet, comme nous avons dit, en AB, perpendiculairement à la direction donnée, qui coupe le parement extérieur du mur en M, on menera par ce point la ligne OP, parallele à AB. Puis ayant donné en MP la moitié de l'ébrasement d'une embrasure droite, on aura les points P & O, par lesquels on tracera les jouées AO, & BP, qui couperont, étant prolongées où il le faut, la face extérieure du mur en x & en E; ensuite par les points A & B on tirera des paralleles AG, BF, aux jouées extérieures, & l'embrasure sera tracée. Lorsque l'obliquité est assez grande pour alonger la jouée AG beaucoup plus que son opposée BF, on est obligé de faire un cran en enfoncement dans le mur, comme

Tome III.   V

on voit en LKF, afin d'ôter la partie faillante en G, qui empêcheroit qu'on ne pût assez avancer le canon en batterie, parce que la roue de l'affût du côté de G pourroit moins avancer que l'autre, qui doit être poussée jusqu'en F.

Fig. 106. Le plan horisontal de l'embrasure étant tracé, il faut régler le profil. On fait ordinairement l'appui *m* C de niveau, & la plongée CM plus ou moins inclinée, suivant la position de l'objet auquel on doit viser, observant que la voûte & la plongée soient éloignées de la bouche du canon, pour que l'impétuosité de son souffle n'y puisse pas ébranler les pierres ou les briques, comme je l'ai vu dans quelques places maritimes ; car il faut observer que ce souffle fait plus d'effet dans les embrasures de maçonnerie, que dans celles de fascines & de saucissons, qui lui cedent un peu par leur ressort. L'embrasure étant tracée dans toutes ses parties, & les hauteurs des clefs des ceintres, relativement à celui du collet que nous prenons pour le primitif, parce que c'est la partie la plus importante, on aura pour objet de construction deux portions de cônes tronqués comme celles de deux trompes inégales, jusques à leurs trompillons, lesquelles sont jointes par le ceintre commun du collet, lequel ayant été pris pour primitif, déterminera le contour des deux autres de face extérieure en talud, & intérieure à-plomb, comme il a été dit au second tome, pag. 241. Il ne s'agit plus que de la jonction de ces deux voûtes par des voussoirs qui fassent partie de l'une & de l'autre doële, ce qui se fera par le moyen des biveaux de doële plate, de la même maniere que nous l'avons dit pour les rencontres des berceaux & des voûtes sphériques, suivant notre maniere générale, dont voici l'application au cas présent, de la fig. 105.

Fig. 105. Ayant fait la projection des joints de lit à l'ordinaire, & celle de la rencontre des deux doëles plates du dehors & du derriere du collet, par exemple, au second rang des voussoirs, au-dessus de l'imposte en 3, 4, ou 1, 2, on prolongera la corde 1, 2 du collet jusqu'à la rencontre du diametre AB, qu'elle rencontrera en O, par lequel & par les sommets des cônes *s*, R, on tirera des lignes *s* O K, R O V, qui seront les sections des deux doëles avec l'horison. Par le moyen de ces deux sections de doëles plates avec l'horison, on trouvera facilement les biveaux de leur rencontre ; ce que nous allons faire hors de la figure, pour ne pas l'embrouiller de trop de

CHAP. IV. RENCONTRE DES VOUTES CONIQUES.

lignes & de chiffres. Sur AB prolongée au-delà du point O', Fig. 105. on portera la retombée 1 q en O'Q, où l'on élevera une perpendiculaire Q 2, égale à la hauteur de la retombée q 2. Sur O' 2 on tirera, par le point 2, une perpendiculaire 2 x, qui coupera O'Q prolongée en x, par où l'on tirera à la même O' x, une perpendiculaire qui coupera les sections de l'horison SK en K, & RV en V. Sur O' x prolongée, on portera la longueur x 2, de x en X, d'où l'on tirera les droites XK, XV; l'angle KXV, sera celui que l'on cherche, pour assembler les deux doëles plates de l'ébrasement extérieur avec l'intérieur, lesquelles donneront la position des quatre angles de chacune des doëles coniques, que l'on doit ensuite creuser à l'ordinaire, comme il a été dit pour ces sortes de surfaces. Par le moyen de ce biveau & de ceux de lit & de doële de chacune des voutes coniques en particulier, on taillera le voussoir d'enfourchement de la même maniere que nous l'avons dit pour tous les traits précédens des voûtes composées.

Il y a une seconde maniere de faire les voûtes d'embrasures, à peu près comme la *corne de vache* & *le biais passé*, qui est d'ébaucher les voussoirs comme si c'étoient des portions de berceaux; ce que nous allons expliquer au trait suivant.

SECOND CAS.

Porte biaise en corne de vache double adossée, dont la doële est coudée en angle saillant, & qui s'ouvre de plus en plus depuis les impostes à la clef, dont le milieu est en ligne droite.

Dans le trait précédent tous les lits étoient brisés en angle saillant & rentrant, & la doële coudée au collet, ou également, ou avec peu de différence d'une imposte à l'autre; ici, nous voulons que les lits soient plans, sans brisure, & que la doële soit inégalement coudée depuis l'imposte à la clef, qu'on veut en ligne droite à son milieu, pour ne rien diminuer de la hauteur du passage, & le reste par d'autres raisons de construction que je vais exposer. Il se trouve quelquefois des passages si obliques, dans les ouvrages de fortifications, qu'on ne peut en faire les portes assez biaises pour en suivre la direction, & cela par deux raisons. La premiere, parce qu'une des arêtes d'un jambage devient si aigue qu'elle n'a aucune force; de sorte qu'elle peut être facilement écornée en la taillant ou en la

156 STEREOTOMIE. Liv. IV. Partie II.

Fig 110. posant, & ce qui est pire, par le moindre choc des choses qu'on fait entrer. L'autre, parce que si l'on donnoit aux voussoirs de la porte la direction biaise sans correction, ils pousseroient au vuide d'un côté, comme on le peut voir par l'exemple de la fig. 110, où la perpendiculaire M 9, sur le milieu de la direction de la clef N n, pousse au vuide en 9; de sorte que l'arcade pourroit tomber, si la clef n'étoit appuyée par une longue queue M n. Pour remédier à cet inconvénient, il convient d'émousser les angles aigus, l'un en dedans, l'autre en dehors, & de changer la direction des joints de lit, pour la rendre moins oblique & conserver le niveau des joints de tête au devant & au derriere.

Soit, le rhomboïde IBVT, (fig. 110) le plan horisontal d'une baye de porte biaise, suivant la direction de son milieu N n, qui fait avec la face AB d'un côté l'angle aigu AN n, & de l'autre l'angle obtus n NB. Ayant déterminé l'épaisseur du jambage & la place de la feuillure DFG où se doit loger la fermeture de la porte à angle droit, on divisera l'épaisseur D t ou ID du tableau en deux également en m, par où on menera la ligne m m, parallele à AB, qui coupera les tableaux en x X, d'où on tirera les lignes x A & X E perpendiculaires sur les faces AB du devant & F f du derriere, qui donneront les points A & E, & pour plan horisontal de chaque piédroit une surface coudée A x D, B X E, au lieu des tableaux droits ID & B u. Par les points A & D, on tirera la ligne AD, & par le point B, sa parallele BE, que l'on prendra pour les directions des piédroits, sans égard à l'angle saillant de leur tableau.

Par les points x, X, on tirera des paralleles à DA & BE, qui couperont la face AB, en a & b. Sur a b comme diametre, on décrira le demi-cercle a H b, & sur AB pour grand axe, & CH pour moitié du petit axe, on décrira la demi-ellipse AHB. Puis ayant divisé ce ceintre en ses voussoirs, par exemple, ici en 3, aux points 1, 2, & tiré ses joints de tête, 1, 3, 2, 4, qui couperont le demi-cercle a H b aux points 5, 6, on abaissera des perpendiculaires de ces divisions sur AB, qu'elles couperont aux points p & p, par où on tirera les directions des joints de lit p 5^r, p s paralleles à AD & BE.

Fig. 110. Ayant prolongé ces directions, on leur fera une perpendiculaire D^r R, qui les coupera aux points D^r 5^d, 6^d R, qui seront les projections du diametre de l'arc-droit D^r h R, formé comme

CHAP. IV. RENCONTRE DES VOUTES CONIQUES. 157

aux berceaux biais, pour avoir l'angle de lit & de doële R 6^r 4^r, ou D^r 5^r 9^r. On abaissera du point 5 une perpendiculaire 5 q sur A B, qui la coupera au point q, par où on menera q Q parallele à A D, qui coupera la ligne mm au point Q, l'angle p Q s^r, sera la projection du joint de lit, lequel angle est plus ouvert que celui de la doële brisée au lit inférieur A x D, & qui seroit plus fermé que celui du lit au dessus, s'il y en avoit un, parce qu'il s'ouvre de plus en plus, en approchant de la clef, où il s'évanouit au milieu C c, qui est une ligne droite.

Fig. 110.

Il nous reste à tracer les panneaux de lit & ceux de doële. Le panneau de doële plate doit être fait comme pour un voussoir de berceau simplement biais, dont la projection est parallelograme $a q^s r k^1$. Ayant tiré la diagonale $q^s k^1$, (fig. 111), on la portera en $q k$ sur A B, & l'on tirera k 5, qui sera la valeur de cette diagonale, par le moyen de laquelle on formera le panneau de doële comme il a été dit au 2e. livre, page 383, en faisant deux triangles égaux sur cette base commune, avec la corde de la tête $a q^s$ & la projection d'un joint de lit $q^s r$, ou $a k$: tels sont les triangles $k^1 a q^s$, & $q^s r k^1$ qui forment le parallelograme $a r$, que l'on cherche. On formera de même le panneau de lit en abaissant du point 3 de l'extrados une perpendiculaire sur A B, qui coupe ici cette ligne en y; si l'on tire y 3^n parallele à $q s^r$, on aura le parallelograme $y q s^n 3^n$, qui sera la projection du lit qu'on formera, de même que celui de doële plate, par le moyen d'une diagonale $q 3^n$, qu'on portera sur A B de q en t, & la différence des hauteurs des points 5 & 3, qui est o 3, sera portée en $q d$; la ligne $d t$, sera la valeur de la diagonale $q 3^n$, par le moyen de laquelle on formera comme ci-devant le parallelograme 3 5 5^n 3^n, (fig. 112) dont les côtés 3 3^n, 5 5^n sont égaux à la projection $q r$, & les côtés 3, 5, & 3^n 5^n sont égaux au joint de tête 3, 5 de l'élévation de la face, à la fig. 110. Pour achever de former ce panneau de lit, il faut porter la longueur 5, 1 de l'élévation en 5 1e du panneau sur le devant, & 5^n 1^n sur la feuillure (fig. 112); puis du milieu Q de la ligne 5 5^n, on tirera les lignes Q 1e, Q 1^n qui formeront l'angle 1e Q 1^n, qui est le joint de lit que l'on cherche pour déterminer l'inclinaison mutuelle des deux parties de la doële plate qui s'ébrase en dehors & en dedans.

Fig. 111.

Fig. 110 & 112.

Application du trait sur la pierre.

Ayant dressé un parement pour servir de doële plate, on y appliquera le panneau pour en tracer le contour. Puis avec *Fig. 110 & 112.* le biveau de lit & de doële pris à l'arc-droit en R 6ʳ 4ʳ, on abattra la pierre pour former les lits, sur lesquels on appliquera les panneaux qui leur conviennent ; sçavoir, *k a i*, F G L, pour le lit de dessous, & 3 5 5ⁿ *f g* T, (fig. 112) pour celui de dessus; posant les points 5 5ⁿ sur 9ʳ *q* 5 de la doële, & les angles *a* & *i* du lit de dessous, en *k* & 1 de la doële. Après avoir ainsi formé les têtes, on y appliquera le panneau de l'arc du ceintre primitif *a* 5, suivant lequel on creusera la doële comme s'il s'agissoit d'un simple berceau biais.

Cette doële étant ainsi creusée, on y menera une courbe parallele à l'arête extérieure, en y traînant la longueur *a x* quarrément au milieu. Puis on prendra le panneau de tête 3, 1, A *k*, qu'on reculera au lit de dessus, de la longueur 1, 5, & à celui de dessous de la longueur A *a*; dans cette situation, on tracera l'arc 1 A sur le devant, entre lequel & la ligne courbe tracée en travers dans la doële, comme nous venons de le dire, on abattra la pierre à regle appuyée quarrément sur ces deux arcs ; sçavoir, A 1 à l'arête extérieure, & *a* 5 au milieu de la doële, & l'ébrasement extérieur sera formé. On en usera de même pour l'intérieur, s'il n'y a point de feuillure à ménager, mais s'il y en a une, comme dans cet exemple, il faudra la tracer parallèlement à l'arc 1 A, & quarrément suivant la profondeur, après quoi on formera l'ébrasement intérieur, comme nous venons de le dire.

USAGE.

J'ai fait exécuter deux de ces portes dans des réduits de places d'armes rentrantes, où le passage du souterrein est aussi oblique qu'on le voit à la fig. 110, parce que l'angle flanqué & celui de la gorge sont extrêmement obtus. Dans l'une, j'ai fait les *Fig. 110.* joints de lit en angle saillant & rentrant, comme en *p* Q *s*, pour plus de solidité, afin que la poussée du voussoir, dans la moitié de son épaisseur, fût presque directe. Dans l'autre, j'ai mis en œuvre le trait tel que je l'ai donné ici, pour rendre l'o-

CHAP. IV. RENCONTRE DES VOUTES CONIQUES. 159

pération plus simple; mais n'ayant pû veiller continuellement à l'exécution, elle n'a pas été bien correcte, parce que, faute d'apareilleur, j'étois obligé de m'en rapporter à un mauvais tailleur de pierres qui tournoit indifféremment le panneau de ceintre elliptique comme s'il avoit été circulaire; c'est à quoi il faut prendre garde avec attention, parce que les ouvriers n'entendent pas à fond ce qu'on leur fait faire, quoiqu'ils le disent souvent de bonne foi, & souvent par vanité; ce qui m'a engagé de tracer moi-même la troisieme que j'ai fait exécuter.

Pour donner une idée de l'application de ce trait à la formation d'une embrasure, j'ai dessiné en perspective à la fig. 114 un voussoir ébauché en berceau & achevé en deux portions de cônes inégaux. *Fig. 114.*

Idée d'une nouvelle corne de vache double.

On appelle assez mal à propos *corne de vache double* une voûte cylindrique qu'on appelle aussi *biais passé*, au lieu que la corne de vache est une voûte conique; ainsi la *double* doit être un composé de deux voûtes coniques qui ayent des impostes paralleles entr'elles, comme le biais passé, & qui ayent pour section par l'axe à l'imposte des triangles rectangles ABS, & DEs comme la corne de vache; telle est la voûte dessinée à la fig. 113, dans laquelle on voit que les deux surfaces de ces voûtes se rencontrent suivant une demi-ellipse dessinée en perspective en DMB; on a dit au premier livre, (tome I, page 127, fig. 79) pourquoi cette arrête courbe étoit plane elliptique, & non pas à double courbure. Le grand axe de cette ellipse est donné à la diagonale DB du plan horisontal, & l'on aura la moitié de son petit axe en tirant par le milieu m de cette diagonale une ligne FG, parallele à AB, qui coupera le côté Ds d'un des cônes en I, & l'autre BS en L; la moyenne proportionnelle entre Im & Gm sera la moitié du petit axe que l'on cherche, que nous avons placé en Mm. *Fig. 113.*

Je ne crois pas nécessaire d'entrer ici dans le détail de la construction d'une telle voûte, dont je ne vois d'application à l'usage qu'au cas qu'on eût un passage biais à voûter entre deux ceintres de face égaux, entre lesquels il se trouveroit quelque empêchement de continuer la clef de niveau d'une face à l'autre.

COROLLAIRE.
Voûte d'arête conique.

De cette composition de deux voûtes coniques, on en peut tirer une de quatre portions de cônes, qu'on pourroit appeller *voûte d'arête conique*, dont les Auteurs n'ont jamais parlé, quoiqu'elle soit possible & même convenable dans une circonstance telle que celle dont je viens de parler, supposant que la fig. ADEB du plan horisontal soit un rhombe parfait, & non pas un rhomboïde; car s'il se trouvoit de l'inégalité dans les côtés, elle ne seroit pas praticable, parce que les cônes deviendroient inégaux entr'eux, par conséquent leurs arêtes seroient des courbes à double courbure; ce qui est une difformité dans les voûtes d'arête, où elles doivent se bornoyer en ligne droite d'une imposte à l'autre. Je ne m'arrêterai pas non plus à la construction de cette voûte, dont l'usage ne peut guere tomber en pratique que par un cas bien extraordinaire, & qui est d'ailleurs plus foible qu'une voûte d'arête cylindrique, en ce que la clef de la croisée est plus basse que celle des formerets; d'où il suit qu'elle reçoit une partie de leur charge.

Explication démonstrative.

Pour bien entendre les deux traits de l'embrasure & de la corne de vache double, qui sont des pénétrations de portions de demi-cônes scalenes, il faut se représenter des cônes entiers, emboîtés les uns dans les autres, comme nous les avons représentés aux fig. 104, 106, 107, 108 & 109; & parce qu'il s'agit de cônes scalenes, une seule représentation ne peut suffire pour montrer les différentes positions de leurs parties; c'est pourquoi, pour exprimer l'origine de l'embrasure considérée dans son plan horisontal, on a dessiné en perspective la projection horisontale à la fig. 104, où l'on voit un petit cône *i s f*, qui en pénètre un plus grand *d e S t*, tourné en sens contraire. Or, comme ces cônes sont de différentes especes, le petit étant droit & le grand scalene, la courbe d'intersection *a h b* seroit à double courbure, si cette courbe n'étoit déterminée en arc de cercle, ce qui rend le grand cône intrinséquement de même nature que le petit; car quoiqu'il paroisse scalene par

Fig. 104.

l'obliquité

CHAP. IV. RENCONTRE DES VOUTES CONIQUES

l'obliquité de la base *d t e* sur l'axe S *s t*, la section *a h b* perpendiculaire à son axe, est par la construction un cercle, par conséquent sa base *d t e* ne peut être qu'une ellipse. Les deux représentations des sections verticales mises en perspective font voir que la projection horisontale (fig. 104) restant la même, les cônes qui se pénetrent peuvent encore être en différentes situations.

Fig. 104.

Premierement, l'axe commun s S C peut être horisontal, comme lorsque l'on prend naissance de la voûte de l'ébrasement extérieur sur une ligne de niveau avec la genouillere & celle de l'ébrasement intérieur ; alors les deux cônes sont intrinsèquement droits, & l'extérieur est coupé obliquement par le talud du mur en T L. Dans cette construction, les piédroits ou jouées de l'embrasure au-dessous de ce niveau sont des surfaces planes, triangulaires, verticales, & tangentes au cône P *q r*, parce que le plan rampant de la plongée coupe le cône au-dessous de son axe de niveau ; par conséquent l'arête de la face extérieure de l'embrasure rentreroit en elle-même, parce qu'elle seroit plus grande qu'une demi-ellipse, ce qui ne convient pas à la commodité du pointage, parce que le canon ne doit pas toujours être directement au milieu de l'embrasure ; on doit avoir la liberté de le tourner un peu à droite ou à gauche, quand on le juge à propos ; on ne voit d'embrasures rondes que dans les vieilles fortifications : on peut voir à la fig. 116 (planche suivante) les deux différentes especes de bayes d'embrasures, la ronde en haut & la mixte en dessous.

Fig. 106.

Secondement, l'axe commun peut être incliné à l'horison, comme à la fig. 107, & alors, supposant encore la courbe d'intersection *a h b* plane & circulaire, les deux cônes sont encore rendus par la construction intrinsèquement de même espece, en ce qu'ils sont tous deux également scalenes, leurs axes étant également inclinés en ce sens à la section commune circulaire. Dans cette construction, la voûte de l'ébrasement prend directement sa naissance sur le plan incliné de la plongée, sans qu'il soit nécessaire d'y ajouter deux parties planes tangentes au cône.

Fig. 107.

Présentement, pour en venir à l'explication de notre corne de vache double, il faut remarquer qu'elle differe de la figure des embrasures, en ce que les cônes, dont sa doële comprend deux parties, n'ont pas comme aux embrasures leurs axes communs,

162　STEREOTOMIE. Liv. IV. Partie II.

Fig. 108 & 109.　c'est-à-dire sur une même ligne droite, quoiqu'ils paroissent les avoir ainsi dans la projection horisontale, mise en perspective à la fig. 109, où les axes S^e C, & s^a e ont une partie commune C e ; mais ces axes sont inclinés entre eux, comme l'on voit au profil, mis en perspective à la fig. 108, où ils sont représentés par les lignes s^e G & s^a g, qui se croisent en K. Au lieu d'avoir leurs axes sur la même ligne, ils ont un côté commun en C e sous le milieu de la clef, dans la ligne s^a s^e ; qu'on suppose une ligne droite, ce qui fait voir la nécessité de deux représentations de plan & de profil ; pour donner une juste idée de la position des cônes scalénes. Quant à notre invention d'une

Fig. 113.　nouvelle *corne de vache double*, exprimée à la fig. 113, on peut voir la figure de la position respective des cônes au premier tome, page 127, & à la figure 79 de la planche 7, ce qui suffit pour en donner une juste idée.

Deuxième situation, où les axes des cônes ont des directions différentes, par exemple, l'une verticale, l'autre horisontale.

Porte ébrasée,

Trompe ou canoniere en tour ronde, ou creuse en talud.

Dans le traité précédent, nous avons considéré la jonction des doëles coniques au *collet* de l'embrasure, ou à celui de la porte en corne de vache double. Ici nous cherchons la courbe de l'arête de rencontre d'une seule doële avec le parement conique d'une tour ronde ou creuse, laquelle est une portion de cône

Pl. 91.　tronqué vertical.
Fig. 116.

Fig. 115.　Soit, fig. 115, la demi-couronne de cercle DTEKLI, la base d'une tour en talud par dehors, laquelle est percée d'une ouverture ébrasée ABGF, qu'il faut voûter. Ayant tiré la corde AB, on lui menera une parallele *ab*, tangente au cercle DTE, qui le touchera en T, puis on prolongera de part & d'autre les directions des piédroits AF & BG, jusqu'à ce qu'elles concourent en S, où sera le sommet du cône horisontal de l'embrasure, & en dehors en *a* & *b* pour avoir le diametre de sa base *a b*, sur lequel on décrira le demi-cercle *a t b* pour ceintre primitif, qu'on divisera en ses voussoirs aux points 1, 2, 3, 4, desquels on tirera les perpendiculaires 1 *p*, 2 *p*, &c. à l'ordinaire. Par les projec-

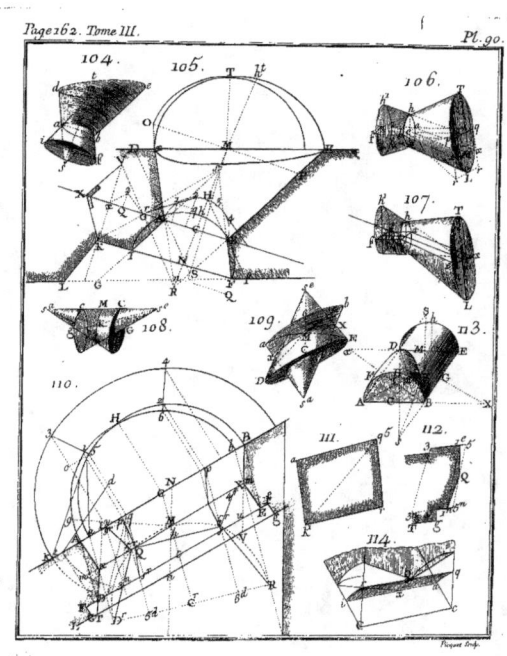

Page 162. Tome III. Pl. 90.

CHAP. IV. RENCONTRE DES VOUTES CONIQUES. 163

tions des divisions p^1, p^2, &c. on tirera des lignes droites au sommet S, p^1 S, p^2 S, p^3 S, &c. qu'on prolongera indéfiniment au-delà de S, lesquelles couperont l'arc F G en q, r, u, V. Du point C, qui est le centre de la base de la tour, on tirera des perpendiculaires sur chacune des projections de lit p^1 S, p^2 S, &c. qui les rencontreront aux points 1^r, 2^r, 3^r, 4^r. On portera toutes les longueurs C 1^r, C 2^r, C 3^r, C 4^r en R ^{1}, R ^{2}, R ^{3}, R ^{4}, sur la base D E, par lesquels on tirera les verticales R^1 V, R^2 V, &c.

Fig. 115.

On fera ensuite le profil de la tour suivant l'inclinaison de son talud C D O, & ayant porté la hauteur M H du ceintre primitif en C c^8, on divisera cette hauteur en autant de points qu'on en voudra avoir aux arcs des hyperboles qu'on doit tracer pour chercher les projections de l'arête extérieure de la tour & de l'embrasure ; supposons seulement en quatre, aux points C^5, C^6, C^7, C^8. On menera par ces points des parallèles à la base D E, qui rencontreront le côté de la tour D O aux points d^5, d^6, d^7, d^8, & les verticales R^1 V, R^2 V, &c. aux points 5, 6, 7, 8. Des points C^5, C^6, &c. comme centres, & de la longueur de chaque horisontale C^5 d^5, C^6 d^6, &c. pour rayons, on décrira des arcs de cercles en dessus ou en dessous, qui couperont les verticales R^1 V, R^2 V aux points 1, 2, 3, 4, & chacune en des points x^5, x^6, x^7, x^8. Présentement il faut tracer les arcs des quatre hyperboles que formeront à la surface de la tour des plans verticaux passant par les projections des joints de lit de la voûte S p^1, S p^2, &c. lesquelles rencontrant ces joints de lit dans la voûte, y déterminent autant de points de l'arête de rencontre de la doële de la voûte avec le parement de la tour. Il nous suffira de chercher un de ces points, par exemple, celui qui répond au point 4 du ceintre primitif. On prendra la longueur 5 x^5, qu'on portera sur l'horisontale en 5 Y^5, ensuite 6 x^6 en 6 Y^6, 7 x^7 en 7 Y^7, &c. & par les points Y^5, Y^6, Y^7, on tirera à la main une courbe qui sera un arc de l'hyperbole qu'on cherche.

Fig. 115.

Il faut présentement faire le profil du joint de lit qui doit la couper. On prendra la longueur 4^r p^4, qu'on portera de R^4 en P^4, sur l'horisontale D E. On élevera au point P une verticale P^4 V^4, qu'on fera égale à la hauteur de la retombée p^4 4 du ceintre primitif. On portera ensuite la longueur 4^r S de C en R, & l'on tirera l'inclinée R $4f$, qui sera le profil du joint

X ij

164 STEREOTOMIE. Liv. IV. PARTIE II.

Fig. 115.

de lit, lequel coupera l'arc d'hyperbole qu'on vient de faire au point y, qui est celui que l'on cherche; duquel si l'on abaisse une perpendiculaire sur DE qui la coupera en t, on aura par ce moyen la projection de ce point, qu'on portera à la projection de la voûte de p^4 en t^4 sur la ligne Sp^4.

Par la même méthode, on cherchera les autres points t^3, t^2, t^1; pour tirer par ces points la projection de la courbe de l'arête de la tour en A m B par le moyen de laquelle on pourra tailler chaque voussoir par équarrissement, ou si l'on veut par panneau, comme toutes les voûtes coniques dont on a la projection de l'arc de face à double courbure; en cherchant les diagonales des panneaux, comme il a été dit au IIIe livre & en plusieurs traits ci-devant, particulièrement dans celui de la trompe, ou canonière, en tour ronde ou creuse à plomb. On peut en effet ébaucher la tête du voussoir comme s'il étoit à plomb sur une partie du contour de la courbe de projection trouvée A m B, puis se reculer de la quantité que le talud donne par une seconde courbe qu'il faut chercher par le moyen d'un extrados; ou bien, pour plus grande facilité, faire au lieu d'extrados une portion de lit horisontal, sur lequel on tracera l'arc de cercle du reculement que donne le talud sur la hauteur qu'il y a depuis le plus haut de la doële à l'extrados.

Ce moyen a cette commodité qu'il dispense du soin de faire les panneaux de lit, parce qu'après avoir formé la tête & la doële plate, ou le lit horisontal des retombées, dont on fait usage pour opérer par équarrissement, il ne s'git plus que de former les lits, ou avec les biveaux d'à-plomb & de lit, ou avec les biveaux de lit & de doële, & en abattant la pierre pour former le lit, sa tête au parement de la tour se forme, comme par hasard, en une portion d'arc elliptique qui est la section du lit dans la tour conique. On peut aussi opérer, au contraire, en faisant la doële & un parement à plomb avec le biveau d'à-plomb & de doële au lit de dessus, sur lequel on appliquera un panneau coupé sur l'arc hyperbolique qui a servi à tracer l'épure, pour trouver le point de l'arête du lit de dessus; cet arc donnera le reculement de la tête à l'extrados, & par conséquent le moyen de poser sur le lit supérieur horisontal, l'arc de cercle qui en donne le reculement de niveau. Tout cela suppose un peu d'intelligence dans le fond du trait, pour mettre un trait à-plomb à ce panneau, où il doit servir à le

Chap. IV. RENCONTRE DES VOUTES CONIQUES. 165
poſer par le moyen d'un biveau de joint de lit & d'à-plomb.
Le reculement de l'extrados ſur l'arête du joint de lit de deſſous
ne peut ſe trouver par le moyen d'un panneau coupé ſur l'arc
hyperbolique, mais par une cerche où l'on mettra auſſi un
à-plomb pour le poſer par dehors, ayant ſoin de la dégauchir
ſuivant l'arête de lit & de doële.

Remarque ſur l'erreur de l'ancien trait.

Quoique ce trait ſoit fort uſuel dans les bâtimens militaires,
M. de la Rue n'en dit rien, & le P. Derand en donne un qui ne
vaut rien, ſous le nom de trompe en tour ronde & en talud;
il convient lui-même qu'il n'y obſerve pas la juſteſſe des opérations géométriques, pour ne pas le rendre trop difficile, *parce,
dit-il, qu'il y auroit un grand embarras de diſcours & de lignes
pour arriver à celle qui pourroit être tenue en ces rigueurs pour la
vraie*; il ſe contente, ajoute-t-il, du néceſſaire pour la pratique,
*laiſſant le curieux à ceux qui auront un deſſein plus ample que
celui qu'il s'eſt propoſé*, c'eſt-à-dire, à moi, qui ne ſuis pas d'avis
qu'on doive donner une opération fauſſe pour la rendre facile.
Si l'on veut ſavoir en quoi conſiſte la fauſſeté de ſon opération,
il faut remarquer qu'il ne prend pas les reculemens du talud ſur
des plans paſſans par l'axe de la tour, ce qui les augmente évidemment, parce qu'alors la ſection de la tour n'eſt plus une
ligne droite, mais une courbe hyperbolique; car on ſait qu'il
n'y a de ſection droite dans le cône que celle qui paſſe par le
ſommet; or les lignes de reculement n'y paſſent point, donc
elles ne ſont pas des lignes droites.

Au reſte, il me ſemble que le trait que je viens de donner
pour opérer juſte, n'eſt pas plus compoſé & embarraſſé de diſcours & de lignes que celui du P. Derand pour le faire faux; je ne
ſais même s'il n'eſt pas plus ſimple, puiſqu'il ne conſiſte que dans
l'interſection d'un triangle, qu'il faut néceſſairement faire pour
trouver la valeur du joint de lit, de quelque maniere qu'on
opere, & d'un arc hyperbolique dont la conſtruction eſt des
plus faciles. Quant à la voie que le P. Derand prend pour faire
des têtes égales, en rectifiant le contour de la baſe de la tour
pour faire ſon ceintre primitif du ceintre développé, elle n'eſt
d'aucune conſéquence pour la perfection de l'ouvrage; car la
régularité de la figure de la doële qui réſulte du ceintre primitif
de ſurface plane pris à la baſe du cône, eſt préférable à la petite

inégalité qu'il produit sur les têtes ; au lieu que le ceintre primitif supposé en développement du cône, produit une irrégularité dans le contour de la doële. Si l'on vouloit absolument des têtes égales, il faudroit toujours opérer, comme nous avons fait, par le même ceintre primitif de la base, & après avoir fait le développement du cône, on y traceroit celui de l'arête par le moyen de la projection trouvée comme il a été dit au probl. 14 du IIIe livre, & sur ce développement, on feroit de nouvelles divisions des têtes des voussoirs autant égales qu'on le souhaiteroit.

Explication démonstrative.

Si l'on suppose des plans verticaux passans par les projections des joints de lit de la voûte, il est clair que tous ceux qui ne passeront pas par l'axe de la tour, étant prolongés s'il le faut, ne feront pas à sa surface des sections rectilignes, mais des hyperboles ; par conséquent l'arête de rencontre de la surface de la doële & de celle de la tour sera toujours à l'intersection d'un triangle qui est la section du plan vertical passant par le sommet S de la voûte conique, & d'une hyperbole qu'il forme à la surface de la tour. Or il est visible que, pour avoir l'éloignement du plan de cette hyperbole de l'axe du cône vertical, il faut mener une perpendiculaire de cet axe sur le plan coupant, comme l'on a fait en C 1^r, C 2^r, &c. & que portant cette distance sur la base horisontale D E, à distance égale du centre C, & tirant une parallele à l'axe comme R^1 V, R^2 V, &c. chacune de ces paralleles représentera l'axe de l'hyperbole dans le cône, dont les ordonnées seront égales à des moyennes proportionelles entre les segmens D R^1, & R^1 E à la base, ainsi qu'aux sections paralleles à cette base, entre les segmens d^5 5, & 5 e, ainsi des autres ; ce qui a été fait par le moyen des arcs, & qui est exact, comme il a été démontré au problême 37 du IIe livre.

CHAPITRE V.

De la rencontre des voûtes coniques avec les sphériques.

LE nombre des combinaisons de rencontre de la sphere avec le cône se réduit à deux cas. 1°. Lorsque l'axe du cône passe par le centre de la sphere. 2°. Lorsqu'il n'y passe pas.

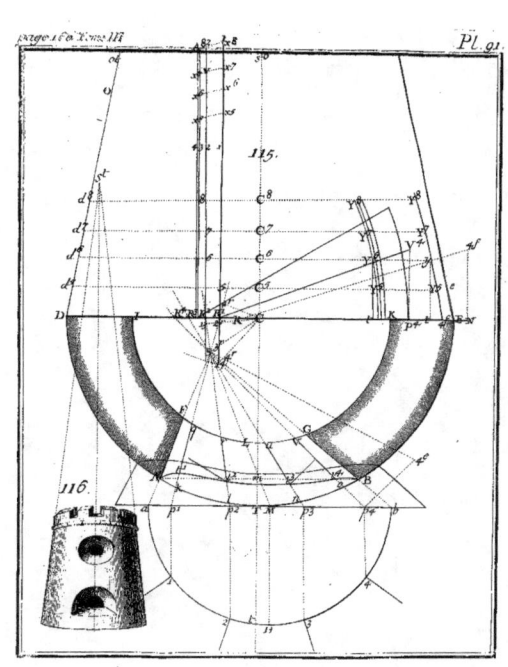

Chap. V. RENCONTRE DES VOUTES CONIQUES. 167

PROBLEME VII.

Faire une voûte conique quelconque qui rachete une voûte sphérique.

PREMIER EXEMPLE.

Lunette ébrasée ou resserrée droite, biaise, ou rampante, dans une voûte en cul-de-four sphérique ou sphéroïde.

Soit (fig. 117) l'arc $SabD$, l'imposte d'une voûte sphérique, laquelle est percée d'une voûte conique, dont la projection horisontale seroit le triangle ACB, si elle étoit complette & droite, mais dont il n'y a que la partie $AaXbB$ voûtée, le reste $aCbX$ étant dans le vuide de la sphere. Sur AB, comme diametre donné, on décrira le ceintre primitif AHB, circulaire ou elliptique, qu'on divisera en les voussoirs aux points 1, 2, 3, 4, par lesquels on abaissera des perpendiculaires sur AB, pour en avoir la projection en p^1, p^2, p^3, p^4: nous ne diviserons que la moitié BH, pour faire servir l'autre AH de profil, ce qui suffit lorsque la projection de la doële conique est droite, c'est à-dire lorsque son axe cC passe par le centre C de la sphere, où nous le supposons ici terminé, parce que les deux côtés de la clef sont égaux entre eux. On tirera par le point C, sommet du cône, qui se trouve aussi, par supposition arbitraire, au centre C de la sphere, les projections des joints de lit Cp^3, Cp, dont on portera les longueurs sur la ligne CH, qu'on prendra pour base des profils qui doivent donner la valeur de ces projections, lesquelles sont plus courtes que les véritables joints de lit. On portera donc Cp^4 en Cd, & Cp en Ce. Par le point d, on élevera une perpendiculaire df qu'on fera égale à la hauteur $4p^4$, & par le point e une autre ef^3 égale à $3p^3$; puis on tirera la droite f^4S, supposant que la lunette soit rampante, & que le sommet du cône, qui étoit dans la projection en C, soit au profil en S, au milieu de la clef de la voûte sphérique, ce qui est cependant arbitraire & au gré de l'architecte, qui peut le mettre où bon lui semblera, en deçà ou en-delà, plus haut ou plus bas.

Supposant donc le sommet du cône en S, on tirera les lignes AS, f^3S, f^4S, qui couperont le profil de la voûte sphérique cxS

Pl. 92, fig. 117.

168　　STEREOTOMIE. Liv. IV. Partie II.

Fig. 117. en x, y, z, d'où l'on abaissera des perpendiculaires sur CH, qui donneront leurs projections de profil X, Y, Z. On portera la longueur CY sur la projection horisontale C p^3, où elle donnera le point y^3, & C z sur C p^4 en z^4; puis par les points X, y^3, z^4, & b, on tracera à la main une ligne courbe X $y^3 z^4 b$, qui sera la projection de l'arête de rencontre de la lunette conique avec la doële sphérique. Il est visible que nous supposons ici une voûte parfaitement sphérique, parce que nous prenons pour son profil un quart de cercle $c x S$; mais si elle étoit en cul-de-four, surbaissée ou surhaussée, au lieu de ce quart de cercle il faudroit faire le quart d'ellipse qui conviendroit à sa section verticale; l'intersection de cette ellipse avec les profils des joints de lit donneroit de même les points x, y, z, pour l'arête d'enfourchement des deux voûtes conique & sphéroïde, supposant la voûte sphéroïde reguliere, oblongue ou applatie, & formée par la révolution d'une demi-ellipse autour de son axe vertical. Mais si elle étoit formée par la révolution d'une demi-ellipse autour de son axe horisontal, alors il faudroit un quart d'ellipse différent à chaque projection de joint de lit pour en faire le profil, & trouver les points x, y, z, par leur intersection avec les vrais joints de lit, qui sont des côtés droits de la voûte conique; alors l'arc $c b$ D ne sera plus un arc de cercle, mais d'ellipse, ce qui est clair.

Quoique nous ayons supposé la direction de la lunette droite par sa projection, en sorte que son axe passe par le centre C, il pourroit arriver par quelque situation bizarre qu'elle fût biaise, comme en c G, alors on ne peut plus faire les profils comme nous venons de les faire, avec des arcs de cercle majeurs, ni faire servir une moitié pour l'autre. Supposons la ligne du milieu donnée, c'est-à-dire la projection de l'axe du cône en c G, & la hauteur de son sommet, dont le point G est la projection, en g. On tirera par les points donnés p^1, p^2, p^3, p^4, des lignes droites au point G, au-delà duquel on les prolongera jusqu'à la rencontre de l'imposte de la voûte sphérique en i I K K, puis on tirera sur chacune de ces lignes des perpendiculaires du centre C, qui les couperont aux points m^1, m^2, m^3, m^4. On fera ensuite les profils des sections qui seroient faites par des plans verticaux passans par les projections des joints de lit, prenant pour base R Q; ces profils auront tous pour hauteur commune g R. On portera la longueur G p^4 en R q^4, où l'on élevera une

perpendiculaire

Chap. V. RENCONTRE DES VOUTES CONIQUES. 169
perpendiculaire $q.^4\,4°$, égale à la hauteur $4\,p^4$, & l'on tirera
la droite $4°\,g$, qui sera la valeur du quatrieme joint de lit, *Fig.* 117.
dans lequel il faut trouver un point x^4, qui soit l'intersection
de la sphere. On prendra la longueur $G\,m^4$, qu'on portera de
R en n^4, d'où, comme centre, de l'intervalle $m^4\,K$, pour rayon,
on décrira un arc de cercle qui coupera la ligne $4°\,g$ au point
x^4 que l'on cherche. On trouvera de même les autres points de
la projection de l'arête d'enfourchement des deux doëles de la
lunette & du cul-de-four.

  Il est encore visible qu'on suppose le cul-de-four sphérique,
& non en sphéroïde; car s'il étoit allongé ou applati, il faudroit chercher les ellipses de chacune des sections qui seroient
faites par les plans verticaux passans par la projection des joints
de lit, pour laquelle opération il faut avoir recours à ce que
nous avons dit au probl. III du second tome, page 33. La courbe
$a\,X\,b$ de projection horisontale de l'arête d'enfourchement, &
les longueurs des joints de lit dans la lunette $A\,x$, $f^3\,y$, $f^4\,z$
étant données, on aura tout ce qui est nécessaire pour former
les panneaux de doële plate conique, & pour tailler la pierre;
supposant qu'on veuille faire le développement de ces panneaux,
on aura tous les côtés des triangles que formeroient les doëles,
si elles étoient prolongées jusqu'au sommet.

  Ayant tiré une ligne du milieu de la clef où l'on voudra, *Fig.* 117 & 118.
par exemple en $C\,c^d$, fig. 118, on la fera égale à AS de la fig.
117, sur laquelle on prendra CX^d égale à $S\,x$ de la fig. 117;
ensuite du point C pour centre, & de la longueur $S\,y$ pour
rayon, on décrira un arc $y\,Y$, sur lequel on portera de part
& d'autre la demi-corde $Y\,y^3$ de la fig. 117, pour avoir les
points y, Y du développement. Sur les côtés $C\,y$, CY prolongés,
on portera la longueur $f^3\,y$ en $y\,2$ & $Y\,3$; le pentagone irrégulier $y\,X^d\,Y\,3$, $2\,y$, sera le panneau de doële plate de la clef.
On continuera de même pour avoir les autres panneaux des
voussoirs suivans $1\,z\,y\,2$, $a^d\,z\,1\,A^d$, qui seront plus simples,
n'étant que des quadrilateres, supposant que la lunette a sa base
sur un mur droit AB; car si elle est établie en tour creuse, les
panneaux des impostes seront des triangles mixtes $a^d\,z\,u$, b^d
$Z\,V$, & le développement de toute la lunette sera un triangle
curviligne $a^d\,X^d\,b^d$, au lieu que dans le premier cas sa figure
est un pentagone irrégulier curviligne $A^d\,a^d\,X^d\,b^d\,B^d\,c^d\,A^d$.

  Les panneaux de doële plate de la lunette étant donnés par ce

Tome III.   Y

Fig. 117 & 118. trait, & ceux de la voûte sphérique par le trait qui lui est propre, on pourra former les voussoirs d'enfourchement de la même maniere que ceux de la lunette cylindrique dans un cul-de-four, comme il a été dit, page 128 de ce troisieme tome. On peut de plus se servir ici des biveaux mixtes donnés aux profils par les angles $f + zx$, $f\ y\ xS$, & $A\ x\ S$, posés à la branche droite suivant la direction des arêtes des joints de lit de la lunette, & la branche courbe dans un plan vertical dirigé au pole S.

L'application du trait sur la pierre peut se faire par la voie des panneaux, comme dans tous les enfourchemens des rencontres des voûtes dont on a les doëles plates & les biveaux de rencontre ; ce que nous avons répété plusieurs fois dès le commencement de cette seconde partie. L'application du trait par équarrissement se fera aussi par le moyen de la courbe de projection horisontale, sur laquelle on élevera une surface concave quarrément, dans laquelle on placera les hauteurs des retombées, comme il a été dit au troisieme livre, tome 1er, page 364, pour toutes les arêtes qui sont courbe à doubles courbure ; enfin les biveaux de lit & de doële de la lunette se feront comme à toutes les voûtes coniques. On a dessiné au bas de la planche, (fig. 119) la vue en perspective des lunettes coniques rampantes dans une voûte sphérique, à peu près comme elles sont à la fameuse chapelle du Pantheon de l'Escurial, où sont les tombeaux des Rois d'Espagne. Je les ai aussi disposé de même dans la voûte de celle du nouvel hôpital que MM. de Haguenau vont faire bâtir sur les desseins que je leur ai donné, charmé d'aider de mes conseils un illustre magistrat, zélé pour l'utilité publique. Quoique ces sortes de lunettes soient fort usuelles, le P. Derand & M. de la Rue n'en ont rien dit.

Explication démonstrative.

La construction de ce trait est si semblable dans son principe à la précédente, qu'on pourra l'y reconnoître facilement. On suppose des plans verticaux passans par les joints de lit de la lunette, qui font une section triangulaire dans le cône & une circulaire dans la sphere ; comme cette derniere est ordinairement d'un cercle mineur, parce qu'elle passe rarement par son axe, on a tiré des perpendiculaires sur toutes ces sections en $C\ m^1$, $C\ m^2$, &c. pour avoir les centres de ces cercles en $m\ m^2$, &c. La raison en est claire, par les élémens de géométrie, où il

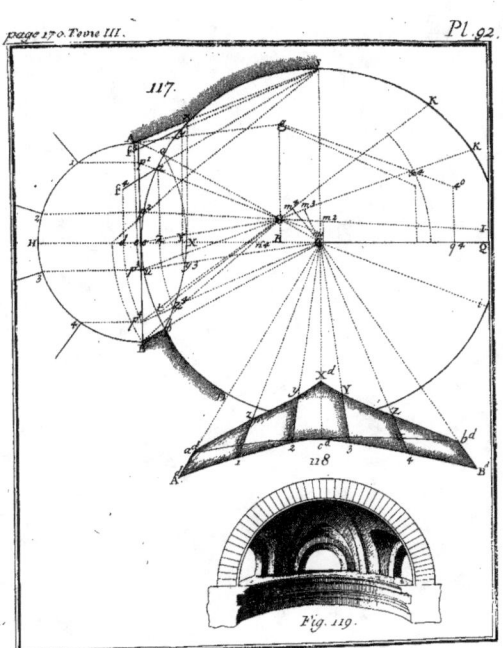

CHAP. V. RENCONTRE DES VOUTES CONIQUES. 171
est dit que la perpendiculaire tirée sur une corde, la coupe en
deux également, & donne la position du centre à l'égard du
sommet du cône, par l'intervalle S m^1, ou S m^2 &c. Si la lunette, au lieu d'être circulaire à sa base, c'est-à-dire à son
ceintre primitif A H B, étoit sur-haussée ou sur-baissée, il ne
se feroit d'autre changement au trait que celui du plus ou du
moins de hauteur des retombées.

SECOND EXEMPLE.
Abajour en O biais ébrasé & rampant, tombant dans une voûte sphérique.

Ce trait n'est proprement qu'une inverse du précédent, tournant le cône différemment, en sorte que son ébrasement vienne du dehors au dedans de la voûte sphérique, au lieu qu'au trait précédent il étoit dirigé du dedans au dehors. La seconde différence est qu'ici le contour du cône est entier autour de son axe, & qu'au trait précédent ce n'étoit qu'une moitié ; mais comme ces différences ne sont d'aucune conséquence, & qu'il est cependant à propos de parler de ce trait, dont le P. Derand n'a rien dit, non plus que du précédent : je vais le traiter d'une nouvelle maniere, que l'on pourra, si l'on veut, appliquer aussi au précédent ; elle paroîtra même plus facile. Pl. 93, *fig.* 121.

Soit (fig. 120) le cercle ou la portion de cercle PBO le *Fig.* 120. plan horisontal d'une voûte sphérique dont le centre est C ; pour ne pas trop étendre la figure, nous ferons servir l'arc *e o* pour la projection horisontale, & l'arc P *e* pour la verticale, & parce qu'il s'agit principalement de l'inclinaison du cône de l'abajour, nous commencerons à régler le profil. Ayant tracé à volonté les deux lignes A D, B E, l'une pour la clef supérieure, l'autre pour l'inférieure, partant des deux points D, E, donnés pour l'intervalle du diametre de l'ouverture extérieure de l'abajour ; on prolongera ces lignes jusqu'à ce qu'elles se rencontrent en S, où sera le sommet du cône. Sur D E, comme diametre, on décrira le ceintre primitif, ou seulement une moitié D 3 E, ce qui suffit, parce que l'autre lui est égale, & l'ayant divisé en ses voussoirs, ensorte qu'il y en ait une moitié en D 1, & une autre en E 5, pour moitié des clefs, on menera des perpendiculaires au diametre D E, qui le couperont aux points f^1, f^2, f^3, f^4, & par tous ces points & le sommet S, on menera

Y ij

172 STEREOTOMIE. Liv. IV. Partie II.

Fig. 120.

des lignes indéfinies Sq, Sr, Ss, St, Su, qui seront les projections verticales des joints de lit d'une moitié de l'abajour, dont il faut trouver les vraies longueurs, celles de ce profil n'étant pas encore les réelles; mais elles sont nécessaires pour les trouver, comme l'on verra ci-après. Par les points h, i, k, l, m, n, pris à volonté sur la ligne AD, on menera autant de paralleles à DE, prolongées indéfiniment, comme $h\,1\,7$, $i\,2\,7$, $k\,t\,3$, $l\,7$, $m\,T$, $n\,7$, qui couperont le rayon C e de la sphere, perpendiculaire à DF, aux points Y, Y, Y, l'arc vertical P e de son cercle majeur aux points H, I, K, L, M, N, & l'axe du cône SX, aux points c, c, &c. De tous les points c, c pour centres, & pour rayons les parties de ces paralleles qui sont dans le cône cn, cm, &c. on décrira des arcs de cercles; & de tous les points Y, Y, pour centres, & pour rayons les parties de ces paralleles qui sont dans la sphere, on décrira d'autres arcs de cercles qui couperont les précédens aux points x, x, desquels on menera des perpendiculaires à chaque parallele où l'on a pris les centres qui ont donné les points x, x, lesquelles les couperont aux points y, y. Par exemple, sur la ligne Y k, du point c pour centre, & ck pour rayon, on décrira un arc de cercle $7x$, & sur la même ligne Y k, du point Y pour centre, & pour rayon la longueur YK, qui est dans la sphere, on décrira un autre arc de cercle $x\,8$, qui coupera le précédent au point x, par où on menera sur YK une perpendiculaire xy, qui coupera YK au point y, qui est un de ceux de la projection verticale. On trouvera de même tous les autres points y, y, par lesquels on tracera à la main une courbe A yyy, &c. B, qui coupera les projections verticales des joints de lit Sq, Sr, Ss, St, Su, aux points q, r, s, t, u.

Les longueurs des perpendiculaires xy, xy, serviront ensuite à trouver la projection horisontale de la même arête de rencontre des voûtes coniques & sphériques, dont la courbe A yy B est la projection verticale; il n'y a qu'à porter toutes ces perpendiculaires xy, xy, sur les lignes $y\,7$ qui leur appartiennent, ausquelles elles se terminent, à commencer au rayon C e. Par exemple, sur la ligne h Y, prolongée au-delà de C e, on portera la longueur $y\,1\,x$ de la perpendiculaire sur Y $1\,7$, qui donnera le point $1\,7$; de même, la perpendiculaire $2\,x$, y en Y $2\,7$, qui donnera ce point $2\,7$, ainsi des autres de suite; & par tous les points a, projection du point A sur C e, & les

CHAP. V. RENCONTRE DES VOUTES CONIQUES. 173

suivans $1\,7, 2\,7, t\,3, 7, T, 7, e$, on tracera à la main une ligne courbe qui sera la projection horisontale de l'arête d'enfourchement des deux voûtes, laquelle servira à déterminer les longueurs des projections horisontales des joints de lit, dont on a besoin pour en faire les bases des seconds profils qui en donnent les véritables longueurs.

Fig. 120.

Du point S ayant abaissé une perpendiculaire sur E D prolongée en p^s, on portera la longueur $S\,p^s$ en $c^p\,S^p$ sur le rayon C e prolongé au-delà de D F, qu'il coupe perpendiculairement en c^p, où sera le centre d'un quart de ceintre primitif F d, qu'on y répétera avec ses divisions F 2, 2, 1, & la moitié 1 d, qui représentera celle du profil supérieur D 1. Par les points 1 & 2, ayant abaissé des perpendiculaires sur c^p F, qui couperont ce rayon aux points p^1, p^2, on menera par ces points p^1, p^2 & par le sommet S^p, les lignes S^p Q, S^p R, S^p W, qui couperont la courbe de projection horisontale de l'arête d'enfourchement aux points Q, R, t^3, T, V, les longueurs S^p Q, S^p R, $S^p\,t^3$, S^p T & S^p V seront les projections horisontales de la moitié des joints de lit de l'abajour, qui serviront à en trouver les véritables longueurs, comme il suit. Par les points q, r, s, t, u de la projection verticale, on menera des paralleles indéfinies à C e comme $r\,o^r, s\,o^s, t\,o^t, u\,o^u$; ensuite ayant pris la ligne S^p C pour base de tous les profils, on portera la longueur S^p Q en $S^p\,a^p$, & par le point a^p on élevera une perpendiculaire à cette base, qui coupera la parallele passant par le point q en un point qu'on n'a pas marqué, parce qu'il tombe si près de q, qu'on ne peut le distinguer.

On portera de même la longueurs S^p R en a^p, c'est-à-dire tout près, (car on fait servir ce signe a^p pour trois points différens, qui tombent si près qu'on n'a pas de place pour les désigner par différens caracteres) & ayant élevé une perpendiculaire à la base, qui coupera la parallele passant par le point r, au point o^r, la longueur o^r S sera la vraie longueur d'un joint de lit qui se feroit dans un cône entier; mais parce qu'il est coupé par le plan DE, on tirera la ligne o^r S qui coupera DE au point f; la vraie longueur de ce joint de lit à la surface de la doële de l'abajour sera $o^r\,f^r$. On trouvera de même la vraie longueur des joints dont p^1 V & p^2 T sont les projections horisontales; mais comme le point t^3 de l'attouchement du joint du côté représenté au premier profil par la ligne S c n'est pas bien déterminé, il faudra mener par le point s, où ce joint coupe la courbe A yy B, la ligne st^3, qui coupera S^p F, prolongée en t^3, où est le point d'attouchement; ainsi portant la longueur $S^p t^3$ en S^p O, comme le marque l'arc de cercle t^3 O, on élevera à ce point O la perpendiculaire O o^s, qui coupera la parallele $s^y o^s$ au point o^s; d'où tirant une ligne au sommet S, la longueur $o^s n$ sera celle du joint de lit $s e$, qui étoit raccourcie par la projection verticale; ainsi des autres.

Ayant trouvé les véritables longueurs des joints de lit de l'abajour, il ne sera pas difficile de faire les panneaux de doële plate, soit en particulier, soit tout de suite, en forme de développement, comme on a fait ici pour une moitié de droite ou de gauche de l'abajour. Premierement, (par le probl. 14 du troisieme livre) on fera le développement des cordes de la base du cône scalene S D E, qui donnera la courbe D $3^d e^d$, par le moyen des points trouvés 1^d, 2^d, 3^d, &c, comme il suit. Supposant que l'on commence le développement au point D, quoiqu'il ne doive pas être pris au milieu d'une doële, parce que la corde D 1 n'est pas dans la doële plate de la clef F 1, mais il n'importe, il ne s'agit que de montrer une pratique qu'on applique où l'on veut pour la fin qu'on se propose.

Ayant porté la longueur P^s 1 sur P^s E en $P^s f^1$, comme le marque l'arc de cercle f^1 1 : on prendra la distance f^1 S, de laquelle, pour rayon, & du point S pour centre, on décrira un arc vers 1^d; & prenant la longueur de la corde D 1 pour rayon, du point D pour centre, on décrira un arc qui coupera le précédent au point 1^d; ensuite portant l'intervalle P^s 2 en P^s 12, comme le marque l'arc de cercle 2, 12, on prendra la distance du point 12 au sommet S du cône, avec laquelle comme rayon, & du point S pour centre, on décrira un arc vers 2^d; ensuite prenant la corde 1, 2 pour rayon, du point 1^d pour centre, on décrira un arc vers 2^d, qui coupera le précédent au point 2^d, ainsi des autres. Par les points 1^d, 2^d, 3^d, on menera des lignes qu'on prolongera indéfiniment, sur lesquelles on portera les longueurs des joints de lit de l'abajour, comme n, $o r$ en $2^d r^d$; n, $o s$ en $3^d s^d$; n, $o t$ en $4^d t^d$, ainsi des autres; ce qui donnera les points q^d, r^d, s^d, t^d, V^d, b^d, par lesquels on menera des lignes droites qui acheveront les trapezes des panneaux de doële plate.

Si l'on veut se servir de panneaux de lit, il faudra faire un

CHAP. V. RENCONTRE DES VOUTES CONIQUES. 175
extrados, & trouver ses courbes de projection verticale & horisontale de la même maniere qu'on a fait celles de l'arête de
la doële à la face & à l'enfourchement, & trouver encore des
points entre la doële & l'extrados aux joints de tête par une supposition d'un ceintre moyen entre la doële & l'extrados, ce qui
est long & embarrassant. Mais on peut se passer de panneaux,
en trouvant, suivant la maniere générale du problême 14 du
troisieme livre, le biveau de doële plate & de lit & celui de
doële & de tête plane DE, & enfin pour l'enfourchement
dans la voûte sphérique, en suivant la méthode de ceux des
descentes qui rachetent une voûte sphérique, (premier probl.
de ce livre) où l'on a donné la maniere de trouver le biveau
de doële plate de l'une & de l'autre voûte à leur rencontre.

Fig. 120.

COROLLAIRE I.

De-là on tire la maniere de faire, 1°. *l'abajour en talud*;
car si l'on suppose une ligne ET, qui soit le profil d'un mur
en talud, au lieu de l'à-plomb DE, cette ligne étant prise pour
diametre du ceintre primitif, ne fera aucun changement dans
la construction, que de rendre le cône scalene SDE moins
oblique sur sa base, & d'arrondir davantage l'intérieur de
l'abajour; mais alors il faut que les lignes de section soient paralleles au talud de la face, pour qu'elles donnent des cercles:
ainsi les lignes hY, iY, kY, &c. ne seront plus alors des verticales, mais des inclinées à l'horison parallelement au talud
TE.

COROLLAIRE II.

Il suit aussi de la même construction qu'on peut faire un *abajour
en O surmonté*, ou *surbaissé*, soit que sa face soit à-plomb
comme DE, ou en talud comme TE; mais alors les lignes
$h c$, $i c$, kS, &c. ne seront plus des rayons de cercles, mais
des demi-axes d'ellipses semblables à celle du ceintre primitif,
dont l'autre demi-axe horisontal sera trouvé en cherchant une
quatrieme proportionnelle à Dc, $n c$, ou $m c$, ou $i c$, &c. &
c 3, ce qui est clair & facile à appercevoir; alors la construction deviendra un peu plus composée, mais ne changera en
rien dans son principe.

COROLLAIRE III.

Fig. 120.

Enfin, par le moyen de la même construction, on pourra faire l'*abajour en O biais*, *sans talud ou avec talud*; mais alors la moitié de la projection horisontale ne suffira pas, parce que l'autre ne lui est pas égale, & la projection verticale de la courbe de l'arête d'enfourchement A $q\,r\,s\,t\,u$ B ne représentera pas non plus les deux côtés de la clef à droite & à gauche, ce qui sera indiqué par une perpendiculaire à la projection de l'axe f^p, a s p. Dans ce cas, il faut commencer par chercher la courbe de la projection horisontale de l'arête d'enfourchement, en coupant le plan horisontal de l'abajour & de la voûte sphérique par des parallèles à la projection de la face d'entrée de l'abajour ; & après avoir trouvé cette courbe, on se servira des lignes $x\,y$, comme des ordonnées à l'axe du cône, c'est-à-dire de l'abajour, qu'on rangera sur les parallèles prolongées depuis le plan horisontal au profil de la projection verticale ; ensuite par des profils particuliers, on cherchera les longueurs des joints de lit, les biveaux, &c. comme il a été pratiqué pour les voûtes coniques ; ce qui n'a pas besoin d'une plus ample explication.

Cependant comme ce trait paroît fort composé, par la multiplicité des lignes & des opérations pour trouver les valeurs des profils, il est bon d'aider un peu le lecteur à trouver les raisons de la construction, afin qu'il l'entende & l'exécute plus facilement.

Explication démonstrative.

Nous avons donné, au second livre, pour principe général de la manière de trouver les intersections des corps qui se pénétrent, qu'il faut les supposer coupés par plusieurs plans parallèles entre eux, dont la position, à l'égard des corps coupés, soit telle que les sections dans chacun d'eux deviennent une de ces courbes qui sont les plus faciles à connoître & à décrire, comme le cercle, par préférence, ensuite l'ellipse, ensuite la parabole, & enfin l'hyperbole dans le cône, afin que l'intersection des deux courbes qui se croisent donne facilement les points de l'intersection des surfaces de la sphère & du cône dans le cas présent. Sur ce principe de commodité, nous avons coupé le cône de l'abajour par des plans parallèles à sa face verticale, exprimée

CHAP. V. RENCONTRE DES VOUTES CONIQUES. 177
exprimée par le profil DE; parce que cette ligne DE étant le diametre du ceintre primitif donné en cercle ou en ellipse, toutes les sections des plans verticaux seront des cercles; ou, si elle est elliptique, elles donneront des ellipses semblables à celle de ce ceintre primitif donné ou pris à volonté; par conséquent toutes ses paralleles, dont le profil donne un axe qui est le vertical, seront faciles à décrire.

Secondement, puisque toutes les sections de la sphere sont des cercles dont les rayons sont donnés par les profils des plans verticaux qui la coupent KY, LY, MY, &c. il est visible qu'il ne s'agit que de trouver l'intersection du cercle du cône scalene avec le cercle de la sphere, ou de l'ellipse du même cône scalene & d'un cercle de la sphere; mais comme ces joints sont en l'air, situés perpendiculairement au plan vertical du profil, on les a transporté au point x, en changeant la situation du plan vertical sur celle du papier, ce qui ne change en rien la position de l'intersection des lignes courbes trouvées, qui restent dans le même rapport de distance & de grandeur. Enfin, parce que nous avons supposé le cône de l'abajour coupé par son sommet S, & par des points de division 1, 2, 3, 4, du ceintre primitif, qui sont inégalement loin du premier plan vertical passant par l'axe du cône; ces plans feront pour sections des lignes droites, dont la représentation sur le premier vertical est raccourcie, parce que ces plans sont inclinés entre eux; c'est pourquoi nous avons été obligé de chercher la valeur de ces sections droites, qui sont les longueurs des joints de lit en œuvre.

CHAPITRE SIXIEME.

Des rencontres des voûtes cylindriques, coniques, & sphériques avec les annulaires.

Premiere combinaison des berceaux avec les voûtes sur le noyau.

PROBLEME VIII.

Faire l'enfourchement d'un berceau en situation quelconque à l'égard d'une voûte sur le noyau.

PREMIER CAS.

Berceau en situation verticale qui rencontre une voûte sur le noyau.

UN berceau peut être considéré en différentes situations à l'égard de la voûte sur le noyau. 1°. Il peut être debout, c'est-à-dire en situation verticale, comme une tour, & alors il ne peut pas se faire d'enfourchement à la jonction de la voûte sur le noyau avec la tour qui la pénétreroit du côté concave de la clef, parce que les voussoirs pousseroient au vuide; cependant il s'y formera un angle rentrant, dont le sommet des surfaces formera une courbe à double courbure qu'il sera facile de tracer, parce que la base de la tour en est la projection toute trouvée, & les hauteurs de ses points seront données sur la surface cylindrique par les retombées des arcs du ceintre de la voûte sur le noyau; comme ce cas est rare dans la pratique, & qu'il est d'une facile exécution, nous ne croyons pas nécessaire d'en donner un exemple.

SECOND CAS.

Berceau de niveau qui fait lunette droite ou biaise dans une voûte sur le noyau.

Pl. 94.
Fig. 122.

Soit (fig. 122, pl. 94.) les deux arcs concentriques, DNO convexe & EABI concave, les projections des piédroits ou impostes d'une voûte sur le noyau, & les droites A*a*, B*b* celles

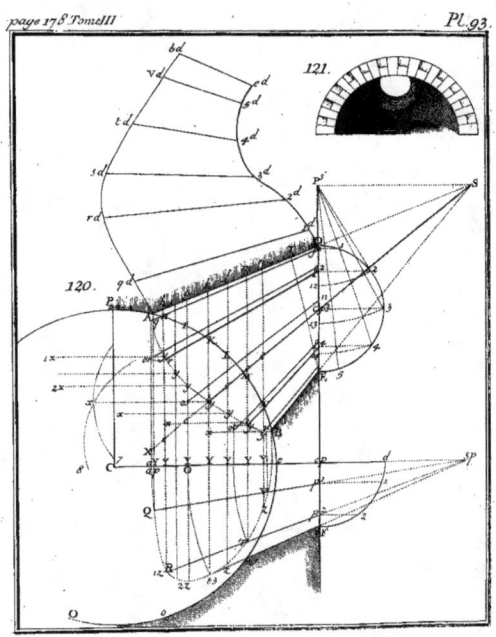

Chap. VI. DE LA RENCONTRE DES VOUTES. 179

d'un berceau horifontal qui la pénetre. Ayant tiré du centre C^n du noyau DNO, la ligne DE, pour diametre de l'arc droit de la voûte annulaire, on décrira fur cette ligne le ceintre de cette voûte, circulaire ou elliptique, furhauffé ou furbaiffé, comme DHE. On tracera de même l'arc droit *a h b* pour le berceau de niveau, qu'on divifera en fes vouffoirs aux points 1, 2, 3, 4, par lefquels on abaiffera des perpendiculaires fur *ab*, qu'on prolongera indéfiniment. On élevera enfuite au point E, une perpendiculaire à DE, comme E 23, qui fera tangente de l'arc droit, fur laquelle on portera les hauteurs *p* 1, *p* 2, des divifions du berceau en E 14 & E 23, par où l'on menera des paralleles à ED, 23 *g*, 14 *f*, qui couperont l'arc HE aux points *g* & *f*, d'où l'on abaiffera des perpendiculaires fur DE qui la couperont aux points P & *p*. Du centre C^n, par les points P & *p* de la ligne DE, on tracera des arcs de cercles concentriques PL, *p l*, qui couperont les projections des joints de lit du berceau aux points F, G, g^3, f^4, par lefquelles on menera des lignes droites qui donneront pour projection des doëles plates de l'arête d'enfourchement le contour A F G g^3 f^4 B, dont on fe fervira pour former la lunette, de la même maniere que nous l'avons dit au probl. V, page 128 de ce volume, de la rencontre des berceaux avec les voûtes fphériques, fans aucune différence ; ainfi nous croyons devoir y renvoyer le lecteur, pour éviter les répétitions.

Explication démonftrative.

Si l'on fuppofe des plans verticaux paffans par les projections *p* K, *p* N, des joints de lit du berceau prolongés, il eft clair qu'ils feront pour fection dans le berceau des parallélogrammes dont la hauteur fera égale à p^1, p^2, égale par la conftruction à E 14, E 23, ou *g* P, *fp* ; & dans la voûte fur le noyau, ils feront pour fection des ovales du quatrieme ordre, dont nous avons parlé au livre premier, comme KQM, N*qn*, &c. qui couperont les parallélogrammes du berceau aux points *x* & *y*, lefquels feront communs aux deux voûtes. Or ces points feront évidemment & par la conftruction à même hauteur que les points 3 & 4, où *g* & *f*, & leur projection fera dans l'interfection des arcs de cercle PL, *p l* ; donc la projection des divifions de l'arête d'enfourchement des deux voûtes eft bien trouvée, ce qui eft la partie effentielle du trait.

Z ij

Pour faire l'enfourchement de rencontre d'une tour dans une voûte sur le noyau, il est clair que la projection de cet enfourchement sera donnée dans l'arc de cercle qui sera la base de la tour, compris dans l'intervalle de la rencontre des deux voûtes, ainsi il n'y a pas de difficulté; c'est pourquoi nous n'en avons pas fait de figure. Il ne sera pas difficile d'en faire la projection verticale, car elle sera la même que la précédente, en différente position; il ne s'agit que de supposer en plan vertical ce qui étoit en plan horisontal. En effet, il est clair que les plans verticaux feront toujours pour section dans la voûte sur le noyau des ovales du quatrieme ordre, & des parallelogrammes debout dans la tour; au lieu qu'au cas précédent ils étoient couchés horisontalement.

TROISIEME CAS.

De l'enfourchement du berceau en descente qui rachete une voûte sur le noyau.

Fig. 123.

Soit (fig. 123) le trapeze mixte NEBD le plan horisontal d'une portion de voûte sur le noyau dont le centre du noyau est en C^n, auquel sont dirigés les diametres EN, BD; soit aussi A a B b la projection horisontale d'un berceau en descente qui pénetre la voûte sur le noyau suivant l'inclinaison de l'angle de la rampe donné en RML. Sur ab, diametre du berceau, on décrira le ceintre primitif $a h b$, qu'on divisera en ses voussoirs aux points 1, 2, 3, 4, par lesquels on menera des perpendiculaires à ab, qu'on prolongera indéfiniment, lesquelles couperont le piédroit concave de la voûte sur le noyau aux points F, G, I, K, par lesquels on élevera des perpendiculaires aux projections des joints de lit jusqu'à la rencontre du diametre NE, qu'on prendra pour base du profil; ces perpendiculaires couperont cette base aux points M, k, t, g, f, E. On prolongera ensuite la ligne de face $b a$ qui coupera la rampe MR au point R, au-dessus duquel on portera les hauteurs p 1, p 2, du ceintre primitif en R 14, R 23; par ces points 14 & 23, on menera des paralleles à la ligne de rampe MR prolongés indéfiniment.

On tracera ensuite, par le probl. XVI du IIe livre, (tome 1er page 191) les courbes ovales du quatrieme ordre sur les diametres QF, DG, SI, TK, qu'on transportera par des per-

CHAP. VI. DE LA RENCONTRE DES VOUTES. 181

pendiculaires q Q, d D, &c. sur la base du profil C^n L, par le moyen des hauteurs de l'arc droit D H B de la voûte sur le noyau ; il ne sera pas même nécessaire de tracer ces ovales entieres, mais seulement la partie qui est du côté concave A B, où se fait la rencontre des deux voûtes. Ces courbes couperont les projections verticales des joints de lit du berceau en des points qui seront à l'arête d'enfourchement des deux voûtes, d'où l'on abaissera des perpendiculaires sur les projections correspondantes des joints de lit du berceau, pour y avoir la projection horisontale de ces mêmes points. Ainsi l'ovale $q z 1^x f$ coupera la projection verticale du premier & du quatrieme joint 14, 4^x au point 1^x ; l'ovale $d z 2^x g$ coupera la projection verticale 2 3 3^x, du second & du troisieme joint au point 2^x ; l'ovale S $z 3^x t$ coupera la même projection au point 3^x ; & enfin la portion d'ovale $t z 4^x k$ coupera la projection du joint 14, 4^x au point 4^x. A l'égard du premier point de l'imposte x, il sera donné par l'intersection de l'arc droit circulaire formé sur le diametre N E ou D B, & de la ligne de rampe M R, qui montre que dans la descente qui rachete de biais un berceau, la naissance de l'arête d'enfourchement est plus haute d'un côté en x que de l'autre en M, comme nous l'avons dit ailleurs en parlant de la rencontre des berceaux entre eux.

Fig. 124.

Si par les points x, 1^x, 2^x, 3^x, 4^x, on abaisse des perpendiculaires sur les projections des joints de lit du berceau Q p, D p, S p, T p, les points de leur intersection y, y^2, y^3, y^4, donneront la projection de ceux de l'arête d'enfourchement qui proviennent des divisions 1, 2, 3, 4, du ceintre primitif $a h b$; & si l'on mene des lignes droites ou cordes de l'un à l'autre, on aura pour projection de la rencontre des doëles plates des deux voûtes, le contour A $y^1 y^2 y^3 y^4$ B, dont on fera le même usage pour former les voussoirs, qu'on l'a dit des enfourchemens des berceaux en descente avec les voûtes sphériques ; il n'y a aucun changement de construction, c'est pourquoi on renvoie le lecteur au probl. V. de ce IIIe tome, page 128. Par exemple, pour le voussoir 3, 4, on fera la projection y u y V, dont les côtés V y & y u seront dirigés au centre du noyau C^n, passant par les points y y ; & les côtés v u, y V seront les cordes des arcs concentriques à A B passant par les mêmes points y & y, & terminées aux lignes tendant au centre C^n, qui sont des joints de tête de la voûte sphérique, & sur le noyau.

Les mêmes arcs terminés en P & p au diametre DB de l'arc droit DHB de la voûte sur le noyau, donneront la position des à-plombs 3^n P, 4^n p de la hauteur des joints de lit circulaires, à la doële de ladite voûte, dont on fera usage, comme il a été dit au problême cité.

Fig. 123.

USAGE.

L'exécution de ce trait se voit assez fréquemment dans les églises dont le chevet est à bas côtés tournans, sous lesquels on fait souvent des chapelles souterreines qui tirent le jour par des abajours de berceaux en descente.

Seconde combinaison de la rencontre des voûtes coniques avec les annulaires.

Nous avons dit au tome précédent, en parlant des annulaires, qu'on peut considérer leur moitié simplement concave, comme une partie de voûte en cul-de-four surbaissé, & que leur partie du côté du noyau qui est *concavo-convexe*, c'est-à-dire concave dans sa direction verticale, & convexe dans sa direction horisontale, pouvoit être considérée comme une suite de cônes tronqués renversés, dont la pointe est en bas dans l'axe du noyau, au contraire des voûtes sphériques considérées suivant ce système, où les cônes ont leur sommet en dessus du plan horisontal dans l'axe de la sphere ou du sphéroïde ; suivant ce principe il ne sera pas plus difficile de trouver les intersections des surfaces coniques avec les annulaires que des coniques entre elles. On peut aussi les trouver par des sections de plans paralleles, comme dans les exemples précédens ; mais il en résulte des courbes un peu longues à décrire : telles sont les ovales du quatrieme ordre dans l'anneau, & les hyperboles dans le triangle ; il faut tâcher, pour la facilité de l'opération, de n'en avoir qu'une des deux à décrire, & un cercle ou un triangle pour l'autre.

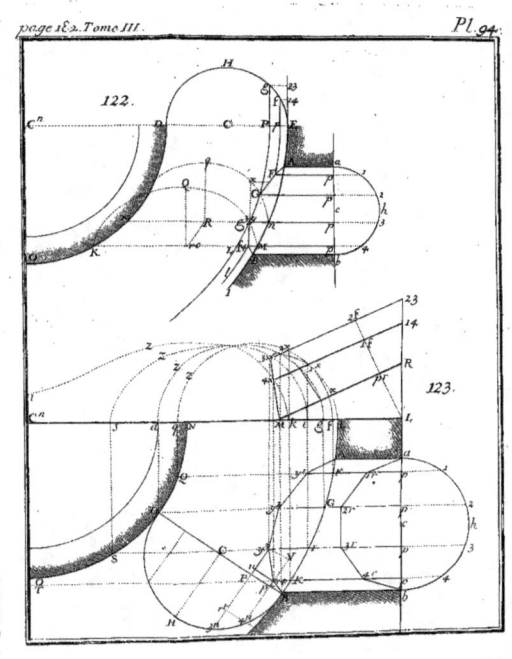

page 182. Tome III. Pl. 94.

CHAP. VI. DE LA RENCONTRE DES VOUTES. 183
PROBLEME IX.

Faire une voûte conique qui rachete une annulaire.

En termes de l'art,

Lunette droite ou biaife, ébrafée en dehors ou en dedans d'une voûte fur le noyau.

Les lunettes les plus convenables aux voûtes fur le noyau font les coniques ébrafées en dehors qui ont leur fommet de direction prolongée au centre C^n du noyau de la voûte annulaire. 1°. Parce que dans cette pofition la lunette eft droite, c'eft à-dire, que fon axe eft perpendiculaire à la tangente de l'anneau tirée par le point où cet axe en coupe la circonférence, d'où il réfulte de la régularité dans la lunette. 2°. Parce que la rencontre de l'impofte de la lunette avec celle de la voûte fur le noyau, ou du cercle qui lui eft parallele, fi les impoftes font de hauteurs inégales, fait l'angle le plus droit qu'il eft poffible, & que ces angles font égaux entre eux, de forte qu'il n'y a point d'obliquité. Il pourroit cependant arriver, par quelque raifon de fymmétrie extérieure, comme celle d'une égalité de fenêtres ou de vitraux, qu'on feroit obligé d'élever la lunette en fens contraire du dehors au dedans, comme en XH *b*, pour augmenter le jour intérieurement.

Pl. 95, fig. 124.

PREMIER CAS.

Soit (fig. 124) l'arc AMB une portion concave de voûte fur le noyau, dont le piédroit convexe eft QG, & le quadrilatere mixte ADEB le plan horifontal d'une lunette dont les piédroits DA & EB prolongés, concourent au centre C^n du noyau QKG. Sur la corde AB, ou fur une de fes paralleles DE, comme diametre, on décrira le ceintre primitif de la lunette DHB, qu'on divifera en fes vouffoirs, aux points 1, 2, 3, 4, d'où l'on abaiffera des perpendiculaires qui donneront les points de projection p^1, p^2, &c. par lefquels on tirera des lignes au centre C^n, qui feront les projections des joints de lit, dont il faut trouver les longueurs du côté de la voûte fur le noyau par la projection de l'arête de rencontre des deux voûtes. Si l'on fuppofe des plans

Pl. 95, fig. 124.

Fig. 124. verticaux élevés sur les projections des joints de lit p C^n, $p^2 C^n$, &c. il est clair qu'ils feront dans la voûte conique, dont la lunette n'est qu'une partie, des sections triangulaires variables, & les mêmes plans feront dans la voûte sur le noyau une section circulaire toujours égale à l'arc droit K h M. Il faut donc faire les profils des triangles en élevant, par exemple, sur la projection C^n p^4 une perpendiculaire $p^4 f$ égale à la hauteur de retombée 4 p^4; puis on tirera au centre C^n du noyau la ligne f^4 C^n. Si du point C^4, milieu de la partie i q^4, & la longueur C^m M, pour rayon, on fait un arc vers Z, qui coupe la droite f^4 C^n en Z; ce point Z, sera la rencontre des deux surfaces, duquel on abaissera une perpendiculaire sur la projection $p^4 C^n$, qu'elle coupera au point l^4, qui est un de ceux de la projection d'arête d'enfourchement que l'on cherche.

Par la même construction, on élevera $p^3 f^3$, perpendiculaire sur p^3 C^3, & égale à la hauteur de la retombée p^3, pour tirer f^3, dont l'intersection avec un arc de cercle de même rayon que le précédent & décrit du centre C^3, donnera le point Y, & sa projection l^3 que l'on cherche, ainsi du reste; & par les points trouvés L, l^3, l^4 d'un côté, & de même de l'autre vers A, on tracera la courbe de projection A L B de l'arête de rencontre, laquelle fournira les moyens de tailler la pierre par équarrissement, ou de former les biveaux de doële plate, comme l'on a fait aux rencontres des voûtes sphériques avec les cylindriques, par le moyen des sections de doële & d'horison, dont les parties de cette ligne sont les diagonales des plans des doëles plates inclinées entr'elles.

SECOND CAS,

Où la lunette est ébrasée du dehors au dedans.

Fig. 124. Soit $a d e b$ le plan horisontal de la lunette, dont les impostes concourent en un point H, & la ligne du milieu H M, laquelle étant prolongée concourt au centre du noyau C^n. Ayant tiré à cette ligne, qui est l'axe du cône, une perpendiculaire $a b$ où l'on voudra, on la prendra pour diametre du ceintre de base $a h b$, qu'on divisera en ses voussoirs aux points 1, 2, 3, 4, d'où l'on abaissera des perpendiculaires sur $a b$, qui en donneront les projections aux points q^1, q^2, q^3, q^4, par lesquels on tirera des lignes au sommet H, & qu'on prolongera aussi en-delà

Chap. VI. DE LA RENCONTRE DES VOUTES. 185
en-delà de la base du côté du noyau, desquelles les unes pourront le rencontrer comme H q^2, qui le rencontre en Q, & les autres comme H q^1 Y, qui ne le rencontreront pas, mais qui se termineront en l'arc du piédroit concave opposé de la voûte sur le noyau, qui est hors de la planche faute de place. Sur ces projections de joint de lit prolongées, on fera, comme au cas précédent, le profil de section triangulaire de la lunette, & sur la partie du même lit prolongée, comprise entre le piédroit concave & le convexe, comme Q q^2, & sur l'autre qui est terminée par les deux piédroits concaves (que la planche ne peut représenter en entier, parce qu'il n'y a pas assez de place), on décrira des ovales du quatrieme ordre, comme il a été enseigné au livre II, tome premier, page 152. L'intersection de chacune de ces ovales avec le triangle du profil de joint de lit, qui est sur même base, donnera un point de la courbe de l'arête d'enfourchement des deux voûtes, & la perpendiculaire abaissée de ce point sur la base commune aux deux sections donnera la projection de la courbe que l'on cherche, ainsi qu'il a été dit au trait précédent.

Nous avons supposé dans les deux cas de rencontre des voûtes coniques avec les annulaires, que les lunettes étoient droites, c'est-à-dire que les axes des cônes passoient par le centre du noyau; mais s'ils n'y passoient pas, comme lorsque les lunettes sont biaises, la construction demanderoit quelques petits changemens pour le premier cas, en ce qu'il faudroit nécessairement décrire sur les joints de lit, prolongés où il seroit nécessaire, des ovales du quatrieme ordre, comme au second cas, au lieu des sections circulaires, qui suffisoient à la lunette droite, concentrique au noyau; au second cas, il n'y auroit aucun changement à faire dans la maniere de tracer l'épure. Il résulteroit seulement du biais dans l'un & l'autre cas, que les parties de la courbe d'arête de rencontre depuis une imposte à la clef ne seroient pas égales entr'elles, ainsi la clef ne seroit pas au milieu.

Il est visible que dans la construction des deux cas précédens, on trouve tout ce qui est nécessaire pour tracer la pierre. 1°. par la voie de l'équarrissement, en formant sur la courbe de projection de l'arête d'enfourchement des morceaux de surfaces cylindriques, ou plûtôt cylindroïdes, parce qu'elles n'ont pour base ni un arc de cercle, ni un arc d'ellipse, mais une autre

Tome III.   A a courbe, sur lesquelles surfaces on peut porter les hauteurs des retombées, qui donneront des points de l'arête à double courbure que l'on doit former, le long de laquelle on fera couler les biveaux mixtes d'à-plomb & de doële creuse. 2°. Si l'on veut tailler la pierre par la voie des panneaux, il est aussi visible que l'on a tous les côtés de ceux de doële plate. Premierement, les profils des joints de lit coupés par la courbe de la voûte sur noyau, donnent la véritable longueur de ces joints qui font les deux côtés convergens du panneau; & les deux cordes de la base, c'est-à-dire, du ceintre primitif de la lunette, & celle de l'arête d'enfourchement, sont les deux autres côtés du panneau quadrilatere de la doële plate.

Fig. 124.

La corde du ceintre primitif de chaque division de youssoirs est sans doute connue, mais celle de l'arête d'enfourchement ne l'est pas; cependant il y a deux manieres de la trouver. Premierement, on peut la chercher par sa projection qui est donnée. Par exemple, si l'on cherche la valeur de la projection l^3 l^4, on élevera sur le point l^3 une perpendiculaire à la projection p^3 C^n qui coupera le profil en un joint de lit f^3 C^n. De même sur le point l^4 on élevera une perpendiculaire à la projection p^4 C^n qui coupera le profil du joint de lit f^4 C^n, au point Z; la différence des longueurs des lignes l^4 Z & l^3 Y, sera la hauteur du point l^3 au dessus de l^4, laquelle étant portée sur l V perpendiculairement à la base l^3 l^4 en l^3 V, on tirera la ligne V l^4, qui sera la valeur de projection, & la corde de l'arête d'enfourchement que l'on cherche, pour former les panneaux de doële plate des deux voûtes & trouver le biveau de leur inclinaison, comme il a été dit à la plûpart des traits de ce troisieme tome. La seconde maniere de trouver cette valeur est de former le triangle isoscele de la doële plate conique entiere entre deux lits, dont la longueur est donnée en C^n f^3 & C^n f^4, & la base à la corde 3, 4, desquels longs côtés de joint de lit donnés au profil f^3 y, f^4 Z, on aura la distance des points y & Z, qui sera la ligne cherchée pour la valeur de l^3 l^4 : ce qui est clair, sans qu'il soit nécessaire d'y ajouter une explication.

Troisieme combinaison de la rencontre des voûtes sphériques avec les annulaires.

La jonction de ces deux especes de voûtes tombe quelquefois

CHAP. VI. DE LA RENCONTRE DES VOUTES.

pratique dans deux circonstances; l'une, lorsqu'on fait une voûte sphérique ajoutée à une voûte sur le noyau, comme si l'on faisoit une chapelle ronde derrière un chevet tournant; telles sont souvent celles où l'on resserre le S. Sacrement. L'autre, lorsque l'on fait de grandes niches dans un berceau tournant, comme sont plusieurs orangeries, qui servent de salles pendant l'été : telles sont celles de Schwetzingen, dans le Palatinat, auprès de Manheim. S'il ne s'agit que d'une niche, & qu'on en fasse l'épure suivant le trait que nous avons donné au tome précédent * (en parlant des voûtes sphériques incomplètes) par le moyen des piramides inscrites dans la sphere, la construction du trait dont il s'agit retombe parfaitement dans le second cas du précédent. Car prenant la partie OPT de l'imposte APB (fig. 125) pour le trompillon, & X x pour la face de la niche; si l'on tire les lignes X o S, x T S, on aura une voûte conique X S x inscrite dans la sphérique, qui rencontre la voûte sur le noyau DEFG, laquelle est réduite par les doëles plates en portion de piramide tronquée X o T x. Cependant, comme cette construction meneroit à la même fin par un trop long circuit, il convient mieux de suivre la méthode du premier cas du trait précédent.

* Tome II, page 389.

Fig. 125.

Avant que de penser au trait, il est bon de faire ici la même attention que nous avons faite à la rencontre des voûtes sphériques entr'elles, touchant la position du centre de la niche. Si l'on met ce centre en M sur le piédroit concave de la voûte sur le noyau, il arrive que la circonférence de la niche étant plus grande que le demi-cercle, la clef retombe à la jonction de la lunette qu'elle fait dans la voûte annulaire, d'une certaine quantité A X, qui est plus ou moins grande suivant la hauteur de la niche, à l'égard de la voûte sur le noyau ; ce qui est contre la bonne construction ; & que les architectes reforment en faisant cette portion de clef A N de niveau, & alors l'enfourchement change de nature ; ce n'est plus une voûte sphérique, mais une portion de berceau qui rachete une voûte sur le noyau. Supposant cependant que cette chûte en contrebas est de peu de conséquence, comme elle l'est en effet lorsque la niche est d'un petit diametre, en comparaison de celui de la voûte sur le noyau, on peut faire le trait comme au premier cas du précédent, avec cette différence qu'au lieu de triangles, la lunette nous donnera des arcs de cercles.

A a ij

Fig. 125.

Soit l'arc DME (fig. 125) l'imposte concave d'une voûte sur le noyau, FKG la convexe, & APB celle de la niche. Sur AB, comme diametre, on décrira le demi-cercle AHB, qu'on divisera en ses voussoirs, pour régler les têtes de ceux de la niche, si la clef ne retombe pas à l'enfourchement en *contrebas* où est l'intersection du ceintre de la voûte annulaire K*h*M; mais si on veut qu'elle y retombe, on tirera par le point X, la ligne X*x*, parallele à AB, sur laquelle on décrira le ceintre primitif, ou seulement sa moitié X*h*, qu'on divisera en ses voussoirs, aux points 1, 2, &c. par lesquels on abaissera des perpendiculaires 1 p^1, 2 p^2 qui couperont ce diametre aux points p^1, p^2, par lesquels, & par le centre C^n du noyau, on tirera les lignes C^n *o*, C^n O, qui couperont le demi-cercle *p* AP aux points *q o*, QO, l'imposte concave DME aux points d^1, d^2, & l'imposte convexe FKG aux points *i*, *k*, K. On divisera ensuite en deux également les lignes *q o*, QO qui sont dans la niche, & de leurs milieux m^1, m^2, pour centres, & pour rayons leurs moitiés $m^1 q$, m^2 Q, on décrira des arcs de cercles, vers Y, Z. Ensuite des points $c^1 c^2$, milieux des lignes KM, *i d*^{1}, *k d*^{2}, & d'une de leur moitié $c^1 d^1$ pour rayon, on tracera des arcs des cercles vers les mêmes points Y, Z qui couperont les arcs de cercles de la niche qu'on vient de tracer aux points X, Y, Z, qui seront ceux de rencontre des sections des deux voûtes dont il faut avoir les projections.

De chacun de ces points X, Y, Z, on abaissera des perpendiculaires sur les bases des sections; savoir, XL sur KP, qui donnera le point L, pour projection du milieu de la clef. Ensuite Y*y*, perpendiculaire sur C^n O, qui donnera le point *y*, & enfin Z*x* sur C^n *o* qui donnera le point *z*. Par les points L, *y*, *z*, A, on tracera à la main une courbe qui sera la moitié de la projection de l'arête d'enfourchement de la niche avec la voûte sur le noyau, à laquelle moitié on fera l'autre LB égale en tout, parce qu'il ne peut pas y avoir d'obliquité dans la rencontre de la niche, qu'on suppose une hémisphere, avec la voûte annulaire, à cause de l'uniformité de la sphere. Il ne pourroit pas non plus y en avoir, si la niche étoit surhaussée ou surbaissée sur une imposte circulaire, mais seulement si le ceintre horisontal de l'imposte APB étoit elliptique, & qu'un de ses axes comme PM étant prolongé, ne passe pas par le centre C^n du noyau, ce qui ne peut guere arriver par aucune

Chap. VI. DE LA RENCONTRE DES VOUTES. 189
fujétion, & même ce qui feroit difforme & intolérable.

La projection de l'arête de lunette étant donnée, le refte du trait fe fera comme on le jugera à propos, tant à la voûte fphérique qu'à la voûte fur le noyau, chacune en particulier, jufqu'à cette ligne de leur rencontre, & comme au trait précédent, on fera les vouffoirs d'enfourchement, ou par équarriffement ou par panneaux de doële plate. Pour opérer par panneaux, on a la diagonale de rencontre des doëles plates, & l'on cherchera la fection de chaque doële avec l'horifon, paffant par le point le plus bas du vouffoir d'enfourchement, & la différence de hauteur de l'arête au point le plus élevé d'avec le plus bas, par où l'on fuppofe que paffe un plan horifontal, comme on vient de l'enfeigner au trait précédent, avec lequel celui-ci aura une grande conformité, fi l'on forme la niche par le moyen d'une piramide infcrite, comme nous l'avons fait au tome précédent, en parlant du trait des voûtes fphériques incompletes.

Explication démonftrative.

Il eft vifible que ce trait eft fondé, comme le précédent, fur l'interfection mutuelle des fections planes faites par des plans verticaux, dans l'une & l'autre voûte, fur mêmes bafes horifontales $C^n o$, $C^n O$, $C^n P$. Que celle qui eft faite fur cette derniere $C^n P$ eft le profil par la clef de la lunette, compofé de deux arcs de cercles $K h X$, partie du ceintre de la voûte fur le noyau, & $X A P$, ceintre de la niche qui fe rencontre en X, qui eft par conféquent un point commun aux deux furfaces, & un de ceux de l'arête de rencontre qui forme la lunette dans la voûte fur le noyau, que la furface fphérique pénétre plus avant à la clef qu'aux impoftes A & B.

CHAPITRE VII.

Des voûtes compofées de furfaces régulieres & irrégulieres.

Jufqu'ici nous n'avons parlé que des furfaces cylindriques, coniques, & fphériques, que nous mettons au rang des *régulieres*, pour la conftruction des voûtes; il nous refte à parler

190 STEREOTOMIE. Liv. IV. Partie II.

de celles qui font composées de cylindroïdes, conoïdes & sphéroïdes, que nous appellons *irrégulieres*, ou *régulierement irrégulieres*. Après avoir parcouru les principaux cas de rencontre des voûtes régulieres, pour en construire les enfourchemens, nous allons examiner ceux des irrégulieres, pour en construire non-seulement les enfourchemens, mais encore les doëles & les joints.

PREMIER CAS.

De la rencontre des voûtes cylindroïdes, Sphéroïdes, & conoïdes, avec des tours cylindriques verticales.

PROBLEME X.

Faire une trompe en tour ronde, érigée sur une ligne droite.

On sait que les trompes coniques font ordinairement érigées, c'est à-dire, élevées sur une base composée de deux lignes droites, qui font un angle rentrant, & que les sphériques le sont sur une base en ligne courbe. On propose ici, d'en faire une sur une *ligne droite*, de sorte qu'elle ne peut être ni conique ni sphérique, mais elle doit être cylindrique, comme un bec de flute renversée, ou sphéroïde d'une surface convexe, semblable à peu près à ces *coquilles* de mer qu'on appelle *de Saint-Jacques*, dont le côté de leur charniere est droit, d'où elle se plie en concavité sphéroïdale canelée; mais il n'est pas question ici de canelure. M. de la Rue donne la construction de la premiere figure, en cylindroïde, & le P. Derand celle de la seconde en sphéroïde: nous donnerons l'une & l'autre, avec des changemens & des supplémens considérables; premierement, parce que, suivant celle de M. de la Rue, la doële devient plane, lorsque sa hauteur est égale à la saillie de la tour qu'elle porte, ce qui fait une difformité à la jonction de la doële & du mur, qui se fait dans un angle très-sensible. Secondement, parce qu'il ne dit rien de l'arête du trompillon.

Pl.96, fig.126. *Premiere espece de cette trompe*, où sa doële est cylindrique ou cylindroïde. Soit (fig. 126) un segment de cercle ABD, moindre que le demi-cercle, lequel est la projection horisontale de la saillie de la tour que la trompe doit soutenir en l'air. Nous supposons ici un segment moindre que le demi-cercle, quoi-

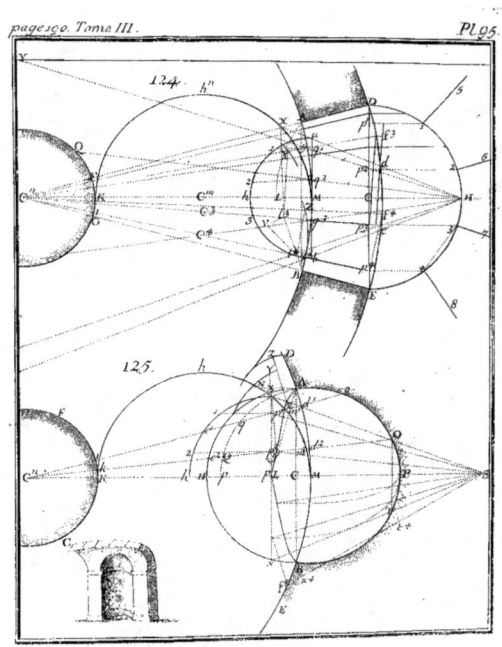

Chap. VII. DES VOUTES COMPOSÉES, &c.

qu'on puisse le supposer de moitié du cercle, mais rien de plus parce que les voussoirs pousseroient trop au vuide par les côtés. Pour rendre cette trompe parfaite, il y a deux choses à concilier ; premierement la solidité, qui exige que la hauteur de la doële soit plus grande que la saillie de la tour ; l'autre est la décoration, qui exige, 1°. que la transition de la surface plane du mur & de celle de la doële courbe soit insensible : 2°. que la courbe du contour de cette doële approche le plus qu'il est possible de la circulaire ou elliptique.

Premierement, si l'on fait la saillie du milieu de la tour égale à la hauteur de la clef de la doële, il est visible que sa masse portant à faux sur un angle de 45 degrés, il sera difficile d'en assurer la liaison, pour peu que la trompe soit grande, parce qu'il faut l'équilibrer par un poids équivalent; alors il faut surhausser le ceintre de face, qui sera elliptique en élevation verticale; & si l'on fait la doële plane, l'arête de la tour avec la doële sera aussi évidemment une ellipse, parce que c'est la section plane d'un cylindre coupé obliquement à son axe. *Secondement*, si la saillie devoit être absolument égale à la hauteur de la trompe, & qu'on voulût en faire la doële cylindrique ou cylindroïde, quelque courbe concave sans inflexion que l'on choisisse pour base verticale de ce cylindre horisontal, ou plutôt (en termes de l'art) pour son arc droit, elle ne peut donner un ceintre de face dont l'élevation ou projection verticale soit en cercle, mais une courbe qui s'élargira plus ou moins vers les côtés, suivant que cet arc droit rendra la doële plus ou moins concave. Ainsi le quart de cercle la rendroit plus différente du cercle & plus approchante du quarré que de la parabole ou de l'hyperbole, qui sont les deux courbes qui y conviennent le mieux; & parce que l'hyperbole peut donner pour projection verticale de l'arête de rencontre de la doële de la trompe avec la tour, un cercle ou une courbe approchant du cercle, lorsque la saillie horisontale de la tour est moindre que la hauteur de la trompe, nous allons donner une construction générale qui servira pour toutes sortes d'arcs droits qu'on peut choisir pour la doële cylindrique de la trompe, & les courbes de projection verticale d'élevation des arêtes de rencontre qui en résultent avec la tour ronde.

Soit (fig. 126) le segment de cercle A B D, moindre que le demi-cercle, la projection horisontale de la tour, dont le milieu de la corde est le point C, sur lequel ayant élevé la per- *Pl. 96, fig. 126 & 127.*

pendiculaire CB, on menera par le point B, où elle coupe l'arc de cercle, la ligne BF parallele à AD, sur laquelle ayant pris BE égale à CD, on menera la ligne ED, laquelle sera l'axe d'une hyperbole ; ensuite, portant CD en EF, pour l'amplitude ou la plus grande ordonnée de l'hyperbole, on portera la même CD en EO sur ED prolongée pour avoir un point O, duquel on menera la droite OF ; & du point D, pris pour sommet, une autre droite DF ; on menera ensuite autant de perpendiculaires à l'axe DE qu'on voudra avoir de points des courbes de l'arc droit & de l'arête de rencontre ; ces perpendiculaires couperont la ligne DF aux points a, a, a, & la ligne OF aux points Q, R, S. On cherchera des moyennes proportionnelles entre ga & gQ, ia & iR, ka & kS, en portant ga en Qe, ia en Re, & ka en Se ; puis on élevera des perpendiculaires à ces lignes, aux points a, & du milieu des lignes ge, ie, ke pour centres, on décrira des arcs qui couperont ces perpendiculaires aux points x, y, z ; on portera les longueurs ax, ay, az, en gh, ih, kh, pour avoir les points h, h, h, qui seront à la circonférence de l'hyperbole Dh, h, hF que l'on cherche, laquelle sera l'arc droit de la doële de la trompe.

Présentement, pour trouver la projection verticale de rencontre de cette doële avec la surface de la tour ronde, on menera des paralleles à DE ou CB, pour les points G, I, 24, L, Æ, où les perpendiculaires à l'axe ED coupent l'arc DB, sur lesquelles on portera gh, ih, kh, lh, $æu$, EF, au-dessus de la corde AD ; ainsi on portera gh en pq, où elle donnera sur G q le point q ; ih sur pr, où elle donnera le point r ; kh sur ps, lh sur pV, $æu$ sur pu, & EF sur CH ; & par les points H, u, V, s, r, q, D, on menera une courbe qui sera la projection verticale de celle à double courbure qui se forme à la rencontre de la doële de la tour ronde, dont la projection verticale est le rectangle ADTt, qui est une section de cylindre par un plan parallele à son axe.

Cette courbe AHD, qui est ici un demi-cercle, pourra être prise, si l'on veut, pour le ceintre primitif, sur lequel on fera la division des voussoirs en parties égales, comme aux points 1, 2, 3, 4 ; mais parce qu'elles deviennent sensiblement inégales dans l'exécution, à cause que la projection verticale AHD raccourcit la courbe à double courbure inégalement, si l'on veut que les têtes des voussoirs soient égales, il faut

chercher

Chap. VII. DES VOUTES COMPOSÉES, &c. 193

chercher une autre courbe qui soit le développement de celle de l'arête étendue sur une surface plane. Pour cet effet, il faut rectifier l'arc de cercle BD sur la droite Cd, en portant de suite toutes ses parties ; par exemple B Æ sur C 1^r ; Æ L sur $1^r, 2^r$; L 24 sur $2^r, 3^r$; 24 I sur $3^r 4^r$; I G sur $4^r 5^r$, & G D sur $5^r d$, & par les points $1^r, 2^r, 3^r, 4^r, 5^r$, on élevera des perpendiculaires égales à leurs correspondantes paralleles qui donneront les points de cette courbe. Ainsi faisant $5^r q^d$ égale à $p\,q$, on aura le point q^d ; $4^r \mathit{z}^d$ égale à $p\,r$, donnera le point z^d ; $3^r y^d$ égale à $p\,s$, donnera le point y^d ; $2^r x^d$ égale à $p\,V$, donnera le point x^d, &c. ces égalités se trouveront facilement par des paralleles à CD, comme $q\,q^d$, $r\,\mathit{z}^d$, &c. & par les points u, V, x^d, y^d, z^d, q^d, y^d, on menera une courbe qui sera le développement de celle de l'arête étendue sur une surface plane.

Fig. 126.

Cette courbe aura, si l'on veut, deux usages ; 1°. pour faire la division des deux voussoirs. Si l'on veut que leurs têtes soient toutes égales en œuvre, il faut la faire servir de ceintre primitif, & renvoyer par une ligne parallele à CD, la division de cette courbe sur celle de la projection verticale A H D. Par exemple, si la division du premier au second voussoir tombe au point z^d, on la transportera sur l'arc H r D, par la parallele $\mathit{z}^d r$, qui donne une division r beaucoup plus bas que celle du point 4, qui avoit été trouvée en divisant le ceintre A H D en même nombre de parties égales, qui sont ici en cinq voussoirs. Secondement, elle servira pour en former des panneaux flexibles, dont on se servira pour tracer l'arête d'enfourchement sur les têtes cylindriques des voussoirs, considérés dans la surface de la tour.

Nous avons déja trouvé pour ce trait trois courbes différentes ; savoir, 1°. D $h\,h$ F, qui est celle de l'arc-droit de la doële. 2°. H V D, qui est celle de la projection verticale de l'arête de rencontre de la doële & de la tour. 3°. H $x^d\,d$, qui est celle du développement de la même courbe. Il nous reste encore à trouver les courbes des sections planes des lits avec la doële, qui sont encore des hyperboles, & celles des mêmes surfaces planes de lit avec la tour, qui sont des ellipses. Pour trouver les sections des plans des lits exprimés dans la projection verticale par les droites C 1, C 2, C 3, C 4, on menera par les points V, s, r, q, des paralleles à CD qui couperont C 3 aux points x, y, z, 13, & qui couperont C 4 aux points X, Y. On transf-

Tome III.   B b

Fig. 128. portera ensuite à part, (comme à la figure 128) la longueur C 3 en C 23 avec toutes ses divisions x, y, z, 13, par lesquelles on menera autant de perpendiculaires à C 23, sur lesquelles on portera les abscisses de l'axe D E, dans l'ordre auquel ces divisions répondent ; ainsi on portera l'abscisse g D de la figure 126 en 13 g, de la figure 128 : i D en z i, k D en y k, l D en x l ; (on a passé e D, parce qu'on n'a pas mené de parallele en V, auprès du point 3) & enfin E D en 23, 22.

De la même maniere, ayant transporté C 4 de la figure 126 en C 14 de la figure 128, avec ses divisions X & Y, & ayant élevé sur ses divisions des perpendiculaires, on portera les abscisses correspondantes g D en Yg, i D en X i, & k D en 14, 21, supposant que le point 4 tombe au point s de la ligne $s p$ 24, qui répond au point k de l'axe D E ; & par les mêmes points trouvés 22, l, k, i, g, C & 21, i, g, C, on menera des courbes qui seront celles des arêtes des joints de lit des second & premier voussoirs de la droite, qui serviront aussi pour ceux de la gauche, qui leur seront égales, lesquelles serviront à former les panneaux de lit ; mais pour les achever, il faut y joindre les sections de ces plans avec la tour, pour y avoir les joints de tête. On prolongera la ligne C 23, (fig. 128) de la quantité 2, 6, du joint de tête de la fig. 126, avec sa division au point m^e, & l'on menera par ces points des paralleles à 23, 22, sur lesquelles on portera les longueurs p 16, $p m$, comprises dans le segment de projection horisontale de la tour A B D, & menés des points 6 & m^e, perpendiculairement à A D. De même ayant abaissé sur A D des perpendiculaires 5 A ; n N ; 1, 21, on portera sur C 5 (fig. 128) la longueur p N ; & par les points 5, N, 21, on menera un arc elliptique qui sera le joint de tête du lit de dessus du premier voussoir & de celui de dessous du second, comme 16, m, 22 le sera du second & troisieme, & le trait sera achevé.

Fig. 126 & 128.

Il reste une septieme courbe à trouver, qui est le développement de l'arête du trompillon sur une surface plane, pour en former un panneau flexible propre à être appliqué sur la surface cylindrique de son lit, pour l'y tracer, & régler le contour de sa doële. On pourroit aussi faire le développement de la même courbe considérée dans la doële, qui est de nature à pouvoir être développée, parce qu'elle n'est courbe qu'en un sens, comme les cylindres ; mais à cause de la régularité de la figure ronde

CHAP. VII. DES VOUTES COMPOSÉES, &c. 195

du lit du trompillon, qui est un cylindre circulaire, nous croyons qu'il convient mieux d'en faire le panneau de développement.

Ayant rectifié le demi-cercle $a\,h\,b$ de la projection verticale, ou d'élévation du trompillon (par le probl. V du troisieme livre) on portera la longueur en $a^t\,b$ (fig. ✠ au-dessus du chiffre 126) avec ses divisions en cinq parties égales aux points 1, 2, 3, 4, & l'on portera les hauteurs $p\,11$, $p\,12$, $C\,h$ de ces divisions, sur la ligne D M, en des points qu'on n'a désigné par aucune lettre, à cause de la petitesse de la figure, à commencer au point D; par ces points, on menera des perpendiculaires à cette même ligne D M, qui couperont l'hyperbole en ses points, dont la distance à la ligne D M seront les saillies de l'arête du trompillon au-delà de la droite $a^t\,b$, base de son développement à la fig. ✠ : on portera ces saillies sur chaque division de la ligne $a^t\,b$ développée, & par les points de leurs extrémités on menera la courbe a^t, 1^t, $2^t\,h$, 3^t, 4^t, b, qui sera le développement demandé pour en faire un panneau flexible propre à être appliqué autour du lit cylindrique du trompillon, & y donner le contour de son arête de rencontre de la doële. On tracera de même les courbes des joints de doële des lits supérieur & inférieur des pierres qui auront trop peu de hauteur ou de longueur pour atteindre du dessus du trompillon jusqu'à la surface de la tour, comme sont les boutisses, qu'il convient de mêler dans les voussoirs de ces sortes d'ouvrages qui portent à faux.

Fig. ✠.

Application du trait sur la pierre.

Ayant déterminé à volonté & suivant le besoin l'épaisseur de la pierre qui doit entrer dans le mur, pour porter & contrebalancer la charge de la saillie de la trompe à chaque voussoir; par exemple, pour le premier (fig. 129) on ajoutera cette épaisseur $5\,d$, au-delà de la ligne 5, 11, qui est celle de l'alignement du mur droit, sur laquelle on se réglera pour leur épaisseur & pour poser le côté droit des panneaux de lit de dessus & de dessous, afin que la saillie du porte à faux des voussoirs $p\,2^1$, $a\,11$, reste toute hors de cette épaisseur. On fera ensuite un parement de supposition verticale; sur lequel on appliquera le panneau de l'espace qu'occupe chaque voussoir dans son élévation; par exemple, pour le premier, la fig. quadrilatere A 5, 11 a, & pour le second, la figure à cinq côtés 5 t, 6, 12, 11, 1 (fig. 130) & pour la clef, le quadrilatere 6, 12, t, 6 : &

Fig. 129.

B b ij

ayant tracé fur ce parement le contour du panneau, on abattra la pierre à l'équerre de tous côtés, pour en former un solide femblable à un coin dont la pointe eft émouffée.

Fig. 126 & 128.

Sur le lit de deffous, à l'impofte marqué A *a*, (fig. 129) on appliquera le panneau du plan horifontal A *a t*, , 21 (fig. 126) avec lequel on tracera l'arc A N, 21 & la droite A *a*, fans s'embarraffer du contour des côtés *a*, *t*¹ 21, obfervant feulement de placer la droite A *a* parallelement à l'arête du lit & du parement *p r*, & le point 21 fur cette arête. On ufera des mêmes attentions pour placer le panneau 5, 21, C de la figure 128 fur le lit incliné 5, 11, après avoir fait un retour d'équerre fur l'arête *p r*, au point 21, & tracé la ligne 21, 1, pour placer fur le point 1 le point 21 du panneau 5 21 C, duquel on retranchera fur le côté 5 1, le rayon du trompillon C 11, pris à l'élévation (fig. 126). Les contours des deux panneaux de lit de deffous & de deffus étant tracés, on abattra la pierre à la regle de l'un à l'autre, toujours parallelement à la ligne 1 21, tracée fur le parement, & après avoir formé la portion de tour ronde, 5, 1, 2¹, A, on y appliquera un panneau flexible formé à l'élévation (fig. 126) fur la courbe *d q^d y^d*, en triangle mixte rectangle *d o^n y^d*, appliquant le côté droit *d o^n*, dans l'angle mixte en A 5, & par ce moyen, on tracera la courbe de l'arête de rencontre de la doële & de la tour A 1; fuivant laquelle & la courbe 1, 11, on abattra la pierre à la regle qu'on tiendra toujours parallele à la ligne de l'impofte A *a*. Pour la tête du trompillon, ayant tiré 11 *t* d'équerre fur 5, 11, on creufera cette partie avec un biveau pris fur 1, 11, *a*, à l'élévation, pour y appliquer le panneau flexible du développement de fon arête 11 *a*, marqué à la figure ✠ *a^t* 1, 1^t, pofant le côté 1 1^t fur 11 *t*, de la figure 129, & le point 1^t fur le point 11, pour y tracer la courbe *a^t* 1^t, fur laquelle on pofera un bout de la regle, & l'autre fur A 1, parallelement à la droite A *a*, pour achever de creufer la doële A 1, 11 *a*.

Fig. 130.

On en fera de même pour tracer & tailler le fecond vouffoir, lequel étant achevé fera à peu près tel qu'on le repréfente dans la figure 130; il faudra feulement obferver que n'y ayant pas de ligne horifontale marquée comme A *a* au premier vouffoir, il faudra en marquer une fur l'épure, comme 1 *o^r*, que l'on tracera fur le parement, pour repairer fur l'arête du lit de deffous un point *o^r*, par lequel on menera une ligne d'équerre à cette arête jufqu'à la rencontre de la courbe qui marque l'arête

Chap. VII. DES VOUTES COMPOSÉES, &c. 197

du joint de lit & de doële, qu'on a tracé avec le panneau 6, 16, 22, C, (fig. 128) & par ce point o^r, & l'angle 1 du lit de dessous à l'arête 1, 2, on menera une horisontale 1 o^r, qui servira à conduire la regle toujours parallelement à elle-même & à cette ligne, pour creuser la doële, en l'appuyant & la faisant couler sur les lignes trouvées & tracées 1, 2 ; 2 o^r, $1 2^t$; 12, 11, & 11, 1, se servant, pour tracer la ligne de tête vers le trompillon du panneau flexible 1 1^t, 2^t 2 de la figure ✠, au-dessus du chiffre 126.

Explication démonstrative.

La surface de la doële qui sert de cul-de-lampe à la trompe doit remplir deux conditions, qui ont été observées dans ce trait ; l'une d'être droite suivant sa direction horisontale, pour s'ajuster au mur droit sur lequel elle prend sa naissance ; l'autre, d'être tangente à ce mur, ensorte que sa naissance y soit imperceptible. Ces deux conditions sont bien remplies par une surface de cylindroïde parabolique ou hyperbolique ; mais pour la solidité, cette derniere convient mieux, parce qu'elle est moins concave que la parabolique. Pour démontrer que la courbe que nous avons décrit pour servir d'arc droit à la doële de la trompe est une hyperbole, il faut considérer que les deux triangles EDF, EOF, sont coupés par des paralleles à la base commune EF, qui donneront les analogies suivantes $EF. kS :: EO. kO$; & dans le triangle EDF, $EF. ka :: ED. kD$, lesquelles étant multipliées l'une par l'autre, on aura $\overline{EF}^2. kS \times ka :: EO \times ED. kO \times kD$. Mais, par la construction $kS \times ka = \overline{kh}^2$, donc $\overline{EF}^2. \overline{kh}^2 :: OED. OkD$, *ce qu'il falloit démontrer* ; car on sait qu'une des premieres propriétés de l'hyperbole est que les quarrés des ordonnées sont entre eux, comme le rectangle fait des lignes composées du premier axe & d'une abscisse par l'abscisse, est au rectangle composé de même à l'égard d'une autre abscisse.

Fig. 126.

REMARQUE.

Cette démonstration servira pour rectifier quelques fautes, non pas de construction, mais d'explication, qui sont restées à la page 480 du tome II, où nous avons donné la même construction d'hyperbole; & à celle de la figure 246 (même tome) où les $c^1\ c^2$ font mal placés, & les lignes tirées de ces points, qui doivent partir du milieu des intervalles c^1 S, c^2 S, pour l'explication feulement, car la conftruction en eft bonne & correcte.

Fig. 126.   Cette courbe d'arc droit étant fuppofée connue, il eft clair qu'elle eft tangente au mur repréfenté par D M ou par D T, parce que fon axe E D eft perpendiculaire à D M; par conféquent elle touche D M en D. Préfentement, fi l'on imagine que cette courbe D h F, qui eft le profil de la doële, fe meut autour de fon axe horifontal E D, jufqu'à ce qu'elle foit dans une fituation verticale, alors elle fera dans le même plan que la ligne D T. Si dans cette fituation on imagine des plans verticaux paffans par les perpendiculaires à fon axe & parallelement au plan du mur, comme g Q, i R, &c. ils couperont la bafe de la tour A B D aux points B, L, 24, I, G, & fa furface, fuivant les hauteurs E F, $l h$, $k h$, $i h$, $g h$, qui font les ordonnées de l'hyperbole dont les projections verticales fur le plan vertical A H D feront les lignes C H, $p u$, $p v$, $p s$, $p r$, $p q$, lefquelles ont été faites, par la conftruction, égales à celles de l'hyperbole; donc la courbe A H D, qui paffe par les extrêmités de toutes ces lignes, fera à la furface du cylindre hyperbolique de la doële de la trompe, & en même tems à la furface du cylindre circulaire de la tour, puifqu'elles font rangées autour de fa bafe A B D, aux points B, Æ, L, 24, I, G, perpendiculairement à fon plan A B D.

Préfentement, fi l'on confidere la courbe A H D dans le plan du mur, & que l'on imagine des plans verticaux paffans par fes divifions des joints de tête des vouffoirs, aux points 1, 2, 3, 4, perpendiculairement à ce plan A H D, il eft clair qu'ils feront deux fections, l'une à la doële, qui fera une portion d'hyperbole, & l'autre dans la tour qui fera une ligne droite & une portion de parallelogramme, telles qu'on les a exprimé dans la figure 126 par les profils C $h^e\ o^h$; $a\ 2^e$, o^2 ; p^1, 1e, o^1, dont les faillies horifontales H h^e, 2 2e, r 1e, font égales aux fections de ces plans avec celui de la bafe A B D; favoir, H h^e égale à C B; 2, 2e = a 12; 1, 1e égale à $p^1\ 1^1$; ainfi des autres. Nous avons déja démontré que l'arc droit de la doële étoit tangent au mur, & que la projection de l'arête de rencontre de cette doële avec la tour étoit bien tracée; il nous refte à

Chap. VII. DES VOUTES COMPOSÉES, &c.

faire voir que les courbes des joints de lit de la figure 128, $22 kC$, & $21 gC$, conviennent aussi à la surface de la doële coupée par des plans inclinés C_3, C_4, figure 126.

Par le théor. III du premier livre, les sections des cylindroïdes de base parabolique ou hyperbolique sont aussi des hyperboles proportionelles à celle de la base du cylindre ; or il est clair, à cause des parallèles x x^d, $y s$, $z r$, $13 q$, qui coupent C_3, que ces divisions sont proportionelles à ces ordonnées considérées dans la tangente D T ou D M de la base du cylindre, & qu'elles donnent la véritable position des ordonnées à cette tangente au joint C_3, qui sont égales aux abscisses ; par exemple MF, qui est égale à DE, & $m h = l D$, ainsi des autres ; donc les courbes des arêtes des joints de lit sont bien tracées. A l'égard des deux courbes H x^d d, de l'arête d'enfourchement, & $a^t h b$, de l'arête du trompillon (fig. ✠) qui sont de la même espece inverse ; savoir, l'une le développement de l'arête de rencontre du cylindre hyperbolique horisontal avec un cylindre circulaire vertical, l'autre du même cylindre hyperbolique avec un circulaire horisontal qui lui est perpendiculaire, la seule construction en fait voir la justesse avec un peu d'attention ; après tant de pratiques semblables, il paroît inutile de l'expliquer de nouveau.

COROLLAIRE I.

Il suit de cette pratique que si la courbe D h F n'est pas une hyperbole dont la distance du point E à son centre c^y n'est pas égale à sa plus grande ordonnée EF, la courbe de projection A H D de l'arête de rencontre de la doële & de la tour ne sera pas circulaire comme dans le cas présent, mais elle deviendra d'une ovale irrégulière, alongée vers le sommet H, ou aplatie, selon que la courbe D h F sera plus ou moins différente de cette hyperbole.

Pl. 96, fig. 126

COROLLAIRE II.

Secondement, que si l'Architecte veut affecter la figure circulaire à cette projection, il peut commencer le trait par le demi-cercle A H D, & continuer d'une maniere inverse à celle que nous avons donné, & il trouvera les mêmes courbes d'arc-droit de doële & de joint de lit ; mais si la saillie de la tour C B devient égale à la hauteur CH de son ceintre d'élévation del'arête de la trompe, sa doële ne sera plus creuse à sa naissance à l'imposte, mais elle fera un angle de 135 degrés avec le mur, qui sera désagréable à la vue.

Corollaire III et Remarque.

Il suit en troisieme lieu, qu'adoptant la construction qui commence par le ceintre circulaire A H D, telle que la donne M. de la Rue, qui est une inverse de la nôtre, on sacrifie une beauté de peu de conséquence à la solidité de la trompe ; car pour augmenter la force de *l'encorbellement*, il en faut prendre la naissance d'autant plus loin que la saillie du *porte-à-faux* augmente. Or, dans cette derniere construction, il arrive tout le contraire ; car supposant la saillie égale au demi-diametre de la tour, la hauteur lui deviendra aussi égale, puisque alors CB sera égal à CH, ce que l'on voit mieux par le profil $Ch^e H$, où $h^e H$ sera égal à HC dans la supposition, & non pas dans la figure présente ; & si la saillie CB est moindre que le tiers de la corde AD, comme dans l'exemple que donne M. de la Rue, la hauteur devient plus grande que cette saillie, dans le rapport d'environ cinq à trois ; ainsi lorsque le besoin de solidité diminue, on l'augmente par cette construction, & lorsque l'on devroit augmenter la solidité, on la diminue, puisque la hauteur de la trompe n'augmente pas en même raison que la saillie ; d'où l'on doit conclure qu'on ne doit point se fixer à la figure circulaire, pour ceintre d'élévation dans l'épure A H D, d'autant plus que cette figure n'est pas celle de l'arête d'enfourchement, laquelle est une courbe à double courbure.

Corollaire IV.

Il suit encore que lorsque la saillie de la trompe est égale au rayon de la tour, il convient à la solidité qu'on exhausse le ceintre d'élévation A H D ; mais si on le fait elliptique, & qu'on cherche suivant cette pratique l'arc droit de la doële cylindroïde de de la trompe, celle qui en résultera ne sera plus une courbe concave, mais concavo-convexe, c'est-à-dire, partie concave, partie convexe du même côté, à peu près, telle qu'est la section verticale d'une cloche. Et si l'on suit la méthode que nous avons donné, en faisant un arc-droit hyperbolique, dont l'amplitude

CHAP. VII. DES VOUTES COMPOSÉES, &c.

plitude & la distance du centre de l'hyperbole à la plus grande ordonnée, soient égales à la hauteur de la doële; il en résultera un ceintre d'élévation de face, qui sera une ovale différente de l'ellipse, plus élargie aux deux côtés, & presque circulaire vers son grand axe, semblable à ces ovales qu'on imite par des arcs de cercles rassemblés, dont l'effet ne doit pas être désagréable à la vue, pour l'effet qu'elle produit à l'arête d'enfourchement, ou plutôt de rencontre de la surface de la doële de la trompe avec celle de la tour ronde.

Seconde espece de trompe en tour ronde, érigée sur un mur droit, & dont la doële est creuse d'une concavité de sphéroïde irréguliere.

Pour prendre une idée de la concavité de la doële que nous proposons, il faut se rappeller celle de l'arriere voussure de Saint-Antoine, qui prend sa naissance sur une ligne droite, d'où elle se plie en concavité de sphéroïde irréguliere, mais dont l'arête de rencontre avec la tour est dans un plan incliné, puisqu'elle est produite par la section d'un plan qui coupe une tour cylindrique. Il suit que cette arête est nécessairement elliptique, & non pas une courbe à double courbure, comme celle de la trompe de doële cylindrique ou cylindroïde, dont nous venons de parler.

Le petit axe de cette ellipse est AB (fig. 131), diametre de la tour, & le grand axe, qui est la hauteur inclinée, est arbitraire. Si l'on prenoit, comme le P. Derand, pour ceintre primitif, le demi-cercle AHB, qui est la projection verticale, ou l'élévation de l'arête de rencontre de la tour, on pourroit prendre comme lui, pour moitié du grand axe, la corde AH de la moitié de ce ceintre; mais par ce que son inclinaison nous paroît trop grande pour la solidité, nous croyons qu'il faut l'exhausser comme nous l'avons dit ci-devant, lorsque la saillie de la trompe est égale au demi-diametre de la tour, ou approchant.

De quelque maniere qu'on fasse, nous ne prenons pas cette projection verticale, circulaire ou elliptique, pour ceintre primitif; mais l'ellipse AFB, formée par les axes donnés AB & AH, qui est la vraie section de la tour, parce qu'elle donne le véritable contour de l'arête de rencontre de la tour & de la doële, sur lequel on peut faire une division égale des têtes des voussoirs, ce qui ne se peut, comme nous l'avons dit, sur le contour

Fig. 131.

Tome III. Cc

de la projection verticale A H B. Cette circonférence A F B, qui est dans sa juste étendue, & courbe dans son état naturel, ne nous dispense pas cependant de faire un développement de la projection verticale, ou élévation A H B, non pour régler la division des têtes du voussoir, comme à la trompe précédente, mais seulement pour en former les panneaux flexibles, nécessaires à tracer le contour de l'arête d'enfourchement de la doële concave & de la tour. Des divisions du ceintre primitif A F B, on abaissera des perpendiculaires sur A B, qu'on prolongera jusqu'au contour A M B, qui est la projection horisontale de la tour; telles sont I 21, II 22, III 23, IV 24. On en usera de même pour les divisions du demi-cercle *a h b*, du ceintre du trompillon; mais on ne pourra déterminer leurs projections horisontales, qu'on n'ait tracé les courbes des joints de lit dans un profil à part.

Pour tracer les panneaux des joints de lit, on commencera par former des triangles rectangles, dont tous les côtés sont donnés sur l'épure; savoir, 1°. la hauteur du joint à l'arête d'enfourchement 1 *p*, 2 *p*. 2°. Le rayon de la projection horisontale 21 C, 22 C, qui fait avec la hauteur du joint un angle droit; l'hypotenuse est la longueur des demi-diametres de l'ellipse C I, C II, C III, C IV. Si l'on avoit besoin du panneau du milieu de la clef, on feroit de même un triangle rectangle de l'horisontale C M, de la verticale C H, & de l'inclinée C E.

Il s'agit présentement de trouver les arcs de ces joints de lit, dont nous n'avons pris que les cordes qui ne donnent que deux points de chaque arc; savoir, *cf*, 1*f* (fig. 132) & *cf* 2*f*. Pour en trouver un troisieme, on tirera les cordes B 3, B 4 (fig. 131) sur le milieu desquelles on élevera une perpendiculaire, qui donnera les fleches *m x* & *n y*, qu'on transportera à la fig. 132 sur le milieu des cordes *cf* 2*f*, *cf* 1*f*, en *m x* & *m y*, & par les trois points *cf*, *x*, 2*f*, *cf*, *y*, 1*f*, on fera passer les arcs qui feront les panneaux des arêtes des joints de lit, de même que *cf*, 7, 2*f*, pour le milieu de la clef dont N 7 est égal à N 7 de la fig 131.

Il ne reste plus, pour achever le contour de ces panneaux, que d'y joindre la courbe du joint de tête, qui est une portion d'ellipse, dont la projection se trouve sur le plan horisontal A M B, en abaissant des points du joint de tête 3, *g*, 7, des perpendiculaires 23, G, 17, & menant sur 3, 23, la perpen-

CHAP. VII. DES VOUTES COMPOSÉES, &c. 203

diculaire 17 K & fa parallele l G, fuivant notre méthode or- *Fig.* 131 & 132.
dinaire; fi on éleve des perpendiculaires fur 3, 7 & qu'on y
porte les longueurs de celles de la projection horifontale 17 en
3 k, & l G en $g l$; la courbe 7 $g l k$, fera celle du joint de tête
que l'on cherche. Ou, plus fimplement, par les points 23, G,
17, qui font la projection horifontale des points 3, g, 7 de
l'élevation, & par les points 24, Q, B, qui font celles des points
4, q, 8, on menera des paralleles à A B, Q u, 24 4^f, 17 7^f,
G gf, 23 3^f, prolongées indéfiniment; & ayant pris un
point fur A B, prolongée en cf à volonté, on prendra la diftance cf 14 égale au rayon C B, qui fervira pour tous les panneaux de lit, fi le ceintre d'élevation A H B eft circulaire, enfuite
on portera les longueurs C q & C 8, du 1er & 4me lit C 8,
projetté fur une furface verticale, & les longueurs C g & C 7 du
2me & 3me lit de C F en cfq, cfb, cf V & cf 7 (fig. 132) &
par les points 7, V, b, q, 14, on menera des perpendiculaires à B cf, qui couperont les paralleles précédentes aux points
7^f, gf, 3^f, u, & 4^f; la courbe 7^f gf 3^f, fera celle du joint
de tête 3, 7; & $b u 4^f$, celle du joint de tête 4, 8. Le contour 7^f 3^f cf, fera celui du 2me panneau & du 3me, & $b 4^f cf$,
celui du premier & du quatrieme lit.

Application du trait fur la pierre.

Les panneaux de lit, & ceux du développement de la tête *Fig.* 132.
des vouffoirs dans la tour étant trouvés, on s'en fervira pour
tailler la pierre, à peu près comme il a été dit pour la façon de
trompe à doële cylindroïde, dont nous venons de parler; excepté que celle-ci étant concave fphéroïde, elle ne pourra être
faite à la regle comme celle-là; mais après l'avoir ébauché de
même fi l'on veut, on la creufera par le moyen des cerches
faites de telles fections qu'on jugera à propos pour la commodité, ou verticales, ou horifontales, ou inclinées. Ces der-
nieres feront les plus commodes, parce qu'il n'y aura qu'à les
placer fur le milieu de l'arête de la tête, & fur le milieu de celle
du côté du trompillon, & elles font très-faciles à tracer, parce
qu'il n'y a qu'à fuppofer un joint au milieu du vouffoir, par
exemple 9 C, & en tracer le panneau comme on vient de faire
pour les joints de lit, dont on fera une cerche convexe, au lieu
d'un panneau concave, & avec les deux arêtes des lits & cette

C c ij

Fig. 131 & 132. cerche, pour le milieu, on peut se régler à la vue assez exactement pour la pratique. Si cependant on vouloit s'assurer encore mieux de la forme de cette concavité, on pourroit faire une cerche de la section verticale, prise par exemple en s, 10, 17, en portant sur cette ligne, considérée comme verticale, aux points 10 & 17, les saillies de l'arc de doële fait sur C 9, & celle de 41, 7, 1, que donne l'arc cf $4f$ (fig. 132) fait sur le joint C 1 du 1er & 4me joint de lit, en portant la longueur C 17 en cf 41 & en tirant la perpendiculaire 41 7^1; voyez la figure 133, où la cerche est la courbe s 7^1, dont le plan doit être misper perpendiculairement sur la base A C.

Nous n'ajoutons rien ici touchant la courbe de l'arête du trompillon, & celle des joints de doële ou de tête inférieure, lorsque les voussoirs ne sont pas d'une seule piece jusqu'au trompillon; ce que nous avons dit de la maniere de les tracer, & d'en faire usage dans la premiere espece de cette trompe, où la doële est cylindroïde, s'applique naturellement à cette seconde, puisqu'il ne s'agit que de porter les distances de ces joints du centre de la trompe, sur la ligne cf 14 du profil, & de lui mener des perpendiculaires par les points que ces longueurs donneront à leur distance du point cf; ces perpendiculaires couperont les courbes des joints de lit cf $3f$, cf $4f$ en des points qui détermineront la longueur qu'il faudra avancer au-devant de la ligne droite de développement du contour du trompillon, sur chacune de ces divisions, comme il a été fait à la figure 132. Nous ne croyons pas non plus devoir ajouter ici l'explication de ce trait, qui est fort semblable au précédent dans la disposition de ses parties, comme on peut le reconnoître en transposant le point cf du profil, au point B; car alors la courbe cf x $2f$, représentera la courbe D h F, de la figure 126 : la différence qu'il y a, c'est que la courbe D h F est seule l'arc-droit de toute la doële, & représente plusieurs joints de lit, qui en sont toujours une partie plus ou moins grande; mais dans ce trait, chaque joint de lit a sa courbe particuliere, qui differe de la prochaine en contour & en longueur. Le reste, qui concerne la gauche de la doële, est commun avec l'arriere-voussure de Saint-Antoine.

Remarque sur l'usage.

Les trompes, dont nous venons de parler, sont du nombre

Chap. VII. DES VOUTES COMPOSÉES, &c.

de ces ouvrages que les bons architectes doivent éviter autant qu'il est possible, parce que portant plus que les autres trompes à *faux*, ils tendent continuellement à leur ruine. Cependant il est certaines circonstances de situations de bâtimens, particuliérement dans des places irrégulieres, où l'on a besoin de les employer pour ménager un cabinet, comme on voit à l'ancien Hôtel de la Feuillade, à la place des Victoires, à Paris. Il faut aussi remarquer qu'il doit y avoir du choix dans la façon de la doële de cette trompe, qui peut être faite, comme on vient de le voir, en deux manieres, ou en sphéroïde, ou en cylindroïde. Lorsque sa situation se présente à la vue plus par les côtés que par la face, comme celle de l'Hôtel de la Feuillade, qui est sur une rue, il convient de faire la doële qui sert de cul-de-lampe en cylindroïde horisontale, parce qu'étant vue par les côtés, on la voit sortir du mur à sa naissance d'une maniere imperceptible sans aucun jarret, le mur étant tangent au cylindroïde. Mais si la trompe se présentoit à une avenue d'où elle fût vue en face, alors il conviendroit mieux de faire cette doële de cul-de-lampe, en façon de coquille concave, dont la figure est plus agréable à la vue que celle du cylindroïde vu de face, & plus propre à recevoir des ornemens de sculpture; & quoique le contour de cette doële soit dans une figure plane qui fait un pli avec le mur, ce défaut, ou plutôt cette imperfection ne peut être apperçue de front, mais seulement vue par les côtés; ainsi l'un & l'autre des traits précédens a son application à différentes positions de la trompe. En voici une d'une autre espece, dont la doële est aussi en forme de coquille dans un angle.

De la rencontre des conoïdes irréguliers horisontaux avec les cylindres verticaux.

Nous avons appellé conoïde régulier, le solide formé par la révolution d'une parabole ou d'une hyperbole tournant sur son axe; ici nous supposons que l'hyperbole génératrice qui tourne sur son axe souffre deux changemens dans un quart de révolution, l'un du mouvement de son sommet, qui se rapproche toujours du sommet S du cône, & l'autre en ce qu'elle se redresse de plus en plus, depuis le plan vertical jusqu'au plan horisontal: nous cherchons la section d'un tel conoïde, dont l'axe est horisontal, avec la surface d'un cylindre vertical, laquelle est évidemment une courbe à double courbure.

PROBLEME XI.

Trompe conico-sphéroïde courbe sous la clef & droite sur les impostes rachetant une tour ronde.

Nous avons parlé au tome précédent (page 480) de cette espece de trompe, lorsqu'elle est terminée par une surface plane, & nous avons donné le trait de sa doële & de ses lits. Présentement nous cherchons comment on doit le faire lorsqu'au lieu d'une face plane verticale, on en substitue une concave ou convexe; comme la concave ne paroît pas d'un grand usage, nous nous arrêtons à la convexe d'une tour verticale, dont la trompe peut soutenir une partie en l'air; il est visible qu'il ne s'agit dans ce trait que d'un changement survenu aux têtes des voussoirs, les doëles & les joints de lit restant les mêmes jusqu'à l'arc du ceintre primitif, que nous prenons à celui de face de la trompe citée & expliquée, lequel est ici une section dans la tour par la corde A B. Ainsi, supposant (fig. 134*) toute la partie de la trompe AB, comme prise entre les piédroits AS, SB, & la corde AB, faite comme il a été enseigné au probl. XXIV du tome précédent; il ne s'agit ici que d'y ajouter la partie de la tour dont le segment ADBA est la projection horisontale.

Fig. 134.

Soit (fig. 134) l'angle rectiligne rentrant ASB, sur lequel on doit faire porter en l'air une portion de tour ronde ADB. Sur la corde AB du segment de cercle ADB, qui est la projection horisontale de cette partie de tour, on tracera le demi-cercle AHB pour ceintre primitif, qui est une section verticale du conoïde, par un plan perpendiculaire à son axe SC. Ayant divisé ce ceintre en ses voussoirs aux points 1, 2, 3, 4, & ayant abaissé à l'ordinaire des perpendiculaires de chacun de ces points sur le diametre AB, comme $1p^1$, $2p^2$, &c. on cherchera les projections des joints de lit qui doivent passer par le sommet S, & les points de projection p^1 p^2; mais comme ces projections sont des courbes hyperboliques, qui supposent la description de celles des véritables joints de lit à la doële, il faut commencer par les décrire, comme il a été dit à la page 480 du tome précédent, si l'on opere par inscription du cône droit SAB dans le conoïde; mais comme il convient mieux d'opérer

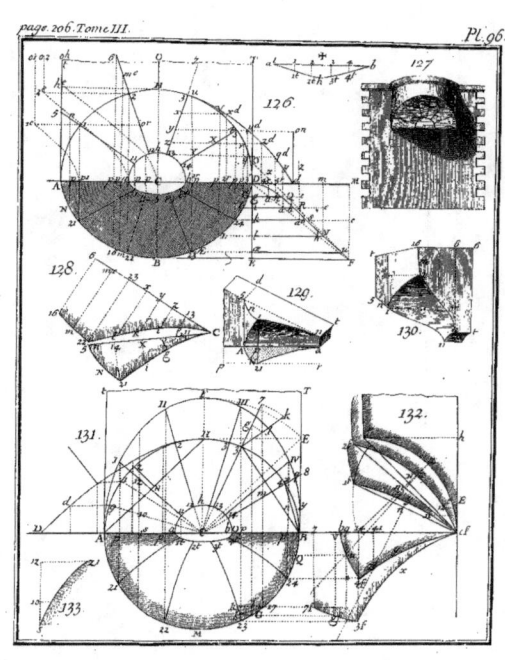

CHAP. VII. DES VOUTES COMPOSÉES, &c. 207

par la circonfcription, nous tirerons une tangente TN, par le Fig. 134.
point D le plus faillant de la tour, pris fur l'axe SCD, & nous
prolongerons les côtés SA & SB jufqu'à ce qu'ils coupent cette
tangente en T & N. Cependant comme il n'y a que deux points
donnés à la circonférence de chaque hyperbole, favoir un en S,
l'autre à la circonférence du ceintre primitif AHB, lefquels
peuvent toujours être repréfentés en profil par les points S & A,
parce que le point S eft commun, & le point A diftant de C également comme les points 2 & 3; nous ferons ces profils en AS
ou en AB, où les hyperboles pafferont par ces deux points fans
fe confondre, à caufe qu'elle font inégalement courbes.

Pour déterminer la différence de courbures des hyperboles
qui doivent former les arêtes des joints de lit, on déterminera
les premiers axes, comme nous l'avons dit au tome précédent,
(page 480) en tirant une corde AH, qui coupera les à plombs
des divifions du ceintre primitif $1p^1$, $2p^2$, aux points E, F; les
longueurs Ep^1, Fp^2, pourront être prifes pour les premiers
axes de ces hyperboles, comme on a fait à la figure 246 du
tome précédent; par un changement de la planche poftérieur au
difcours, qui ne la donne que pour une moitié de cet axe, on
les prendra ici pour l'axe entier, afin de montrer la différence
de l'effet de ce choix. On portera donc, pour la premiere hyperbole, qui doit paffer par le point 1, la longueur Ep^1 fur l'axe
CS, prolongé en Ss^e, & la longueur Fp^2 en sf; enfin la
longueur CH, qui doit fervir pour le milieu de la clef, en Ss^h,
& par le moyen de ces premiers axes, & fuivant les pratiques
données à la page 480 du fecond tome, & au trait immédiatement précédent, on décrira les trois hyperboles $SYB\ d^s$,
pour le milieu de la clef; $S^h\ t^b$, pour le joint paffant par le point
2; & enfin $S\ i\ t^i$, pour celle qui doit fervir à former l'arête du
premier joint, paffant par le point 1 du ceintre primitif.

Après avoir déterminé les vraies courbes des arêtes des joints
de lit, qui font en œuvre dans des plans inclinés, il faut en
chercher les projections horifontales $t^x\ xS$, $t^i\ yS$, qui font
encore des hyperboles (par le théor. III du premier livre) mais
moins courbes que celles qui les produifent. Nous avons donné
(page 480 du tome précédent) la maniere de les tracer, par le
moyen des premieres; on en peut revoir la pratique. Il n'y a
qu'à prendre leurs ordonnées d^h, $d\ h$, pour la grande, qui paffe
par le point 2 en œuvre, & $d\ i$, $d\ i$ pour la petite, qui paffe par

le point 1, & les porter fur les rayons C 1, C 2, du ceintre primitif en C h^x, C i^1, & par les points h^x, i^1, tirer des paralleles à l'axe DS, qui couperont les ordonnées hd & id, prolongées aux points x, y, par lefquels on tracera les courbes $t^1 p^1 xS$, & $t^1 p^1 yS$, qui feront les projections demandées. Ces projections horifontales des joints de lit qu'on vient de trouver, ne peuvent fervir à la formation des doëles plates, comme dans les voûtes coniques, parce que les quatre angles de chaque vouffoir ne font pas dans un même plan ; c'eft pourquoi il faut terminer ces panneaux par les angles les plus bas au profil, afin d'avoir affez de pierre pour la pofition des panneaux de lit, fur les joints ébauchés.

Pour ne pas trop embrouiller l'opération, nous fupposerons les hyperboles décrites du côté SB pofées en SA ; par exemple, SA i^1, pour la premiere qui fe termine au point 1^1, par la parallele à AB, menée par la projection du joint t^1, fur la face ADB de la tour rondel ; enfuite, la feconde h^2 AS, qui fe termine en h^2 par la parallele $h^2 t^b$, paffant par la projection t^2 du fecond joint, à la face de la tour A t^2 D. Dans cette hypothéfe, cette partie de l'épure peut fervir de profil, où les lignes h^2 V, $t^1 u$, kd, I d, peuvent repréfenter les hauteurs des quatre angles du vouffoir, qui ne font pas dans un même plan, par les raifons que nous avons donné au commencement du fecond tome ; c'eft pourquoi on tirera une ligne droite, par les deux angles les plus bas de la tête de face & de celle du trompillon, qui font marqués à ce profil en h^2 & en I, qui coupera l'axe prolongé CS en R, d'où l'on tirera auffi par les points t^1, t^2 de la face ronde ADB des lignes droites qui donneront la projection RGt^2R, qui eft celle d'une doële plate infcrite dans le conoïde, comme un côté de pyramide dont le fommet feroit en R.

Pour tracer cette doële plate dans fon étendue, & en former un panneau pour ébaucher la pierre, on décrira du point V pour centre, un arc de cercle h^2 1^u 2^u, qui fera une portion de bafe de cône droit, partie infcrite, partie circonfcrite au conoïde paffant par le joint de face t^2, dans laquelle portion de bafe on déterminera les points 1^u, 2^u, correfpondans du ceintre primitif 1, 2, ou en élevant des perpendiculaires G 1^u, t^2 2^u, fur les points t^2 & G, ou en tirant par le point V, des rayons V 1^u, V 2^u, paralleles à ceux du ceintre primitif C 1, C 2, qui couperont cet arc aux points 1^u, 2^u. Il ne refte plus, pour la préparation

néceffaire

Chap. VII. DES VOUTES COMPOSÉES, &c.

nécessaire à former la doële plate, qu'à déterminer la grandeur de la tête du côté du trompillon, pour laquelle on prendra la distance dI, du point I, (le plus bas de la tête sur le trompillon) à l'axe SC, qu'on portera en V l & V L sur les rayons V 1^u, V 2^u, & l'on formera le panneau de doële plate, comme il suit.

Ayant fait dans une figure à part (fig. 135) deux lignes à l'équerre $o\,m$, $g\,t$, on portera sur $g\,t$, de part & d'autre du point o, les moitiés de la longueur L l de la figure 134, & les moitiés de la longueur 1^u, 2^u, en $o\,g$ & $o\,t$; puis on tirera par les points g & t, des paralleles à la ligne du milieu $o\,m$. Puis prenant au profil la longueur I h^2 de cet intervalle, pour rayon, & des points I & L, pour centre, on décrira des arcs qui couperont ces paralleles en G & en T; le trapezel G L T sera une doële plate réguliere d'une pyramide droite inscrite dans le conoïde, comme pour former un voussoir exactement conique; mais comme elle excede la voûte conoïde proposée, de toute la partie représentée à la projection par le triangle mixte G t^1 t^2 qu'il faut retrancher, on réduira la partie circulaire t^1 t^2, qui est la projection de l'arête à la face en tour ronde, en parties droites à pans, en tirant t^1 Q perpendiculaire à G R, laquelle coupera V G en Q, par où on élevera Q q parallele à G 1^u, qui coupera la corde 1^u 2^u en q; on portera la longueur $q\,2^u$ en T Q, de la figure 135. Ensuite, pour avoir la valeur de la ligne G t^1, qu'il faut retrancher, on menera $t^1\,\mathfrak{z}$ parallele à A B, qui coupera la ligne de profil h^2 R au point $\mathfrak{z}$, la longueur $h^2\,\mathfrak{z}$ sera transportée à la figure 135 de G en Z sur G I; par les points Z & Q, on tirera Z Q, qui retranchera du panneau la partie Z G Q, représentée à la projection horisontale par le triangle G t Q; ainsi on réduit la doële plate à une tête à pans Z Q T, pour ensuite venir à l'arrondissement, comme l'on a fait à la trompe droite en tour ronde.

Fig. 135.

Fig. 134 & 135.

Application du trait sur la pierre.

Ayant dressé un parement pour servir de doële plate de supposition, parce que la vraie doële étant gauche, la plate ne peut en toucher que trois angles, on y appliquera le panneau de la figure 135 pour y en tracer le contour destiné au second voussoir. Ensuite, on abattra la pierre avec le biveau x N y de lit & de doële, fait suivant notre méthode, comme pour une trompe droite, à laquelle nous avons en effet réduit celle-ci, comme je

210   STEREOTOMIE. Liv. IV. Partie II.

l'ai dit, en tirant par le joint t^2, le plus avancé du second vouſſoir, la ligne h^2 V.

Fig. 134.   Pour rappeller au lecteur la maniere de tracer ce biveau, on l'a tracé dans la figure 134. Sur la projection R t^2, ayant fait la perpendiculaire t^2 2^n, égale à t^2 2^u, on a tiré la ligne 2^n P, perpendiculaire à 2^n R, qui coupe la projection R t^2 prolongée en P, où l'on a tiré x P z, perpendiculaire à la même R P, qui coupe l'axe S C prolongé en Z, & la ſection de la doële avec l'horiſon R x en x, laquelle ſection a été trouvée par la prolongation de la corde 2^u 1^u, juſqu'à la rencontre de la ligne V O en X, d'où l'on a tiré par le ſommet R, la ligne R X x; la longueur 2^n P, étant portée en N^2, ſur la projection R P prolongée, ſi l'on tire N^2 x & N^2 Z, l'angle du ſupplément x N^2 y ſera celui du biveau cherché pour le lit de deſſus; on trouvera de

Fig. 134 &   même celui de deſſous. Ayant abattu la pierre avec les biveaux
135.   de lit & doële, le long des côtés du panneau de doële plate, on levera deux panneaux au profil, pour l'intervalle qui doit reſter entre l'arête droite de la doële plate & l'arête courbe du véritable joint de lit, leſquels panneaux ſeront deux triangles mixtes; ſavoir, I i^1 z, pour le lit de deſſous, dont on poſera le point I ſur le point I de la figure 135, & le point z de la figure 134 ſur le point Z de la figure 135, en ſorte que la ligne droite z I ſoit poſée en Z I; le côté courbe hyperbolique I i i^1 du panneau, donnera la trace du vrai joint de lit ſur le plan du premier lit.

De la même maniere, on appliquera ſur le lit de deſſus le panneau triangulaire mixte levé au profil en k I h^2, poſant le côté droit I h^2 de la figure 134, en L T de la figure 135, le long de l'arête de la doële plate; le côté courbe de ce panneau k h h^2 donnera ſur le lit de deſſus le contour k h T, de la figure 135, qui eſt la véritable arête du joint de lit à la doële conoïde. On levera auſſi, pour la tête du trompillon, le panneau triangulaire mixte I x 2 de la figure 136 qui a été faite pour la tête du trompillon, de la maniere qu'il a été dit à la page 483 du tome précédent, & tracé à la figure 247 (planche 65 du même tome); on l'appliquera ſur la tête du côté du trompillon, paſſant par les trois points donnés I l k de la figure 135, repréſentés en élévation en I l 2, ce qui détermine déja trois courbes de contour de la doële. On en trouvera une quatrième,

CHAP. VII. DES VOUTES COMPOSÉES, &c. 211
en portant fur les arêtes des joints de lit les longueurs k A & I A, Fig. 135
en k a & I a, de la figure 135, & appliquant fur les points a & a, & 136.
la cerche de l'arc 1, 2 du cintre primitif, posée en angle aigu,
avec un biveau formé fur l'angle mixte C A h ou C A i du profil,
fuivant laquelle faifant une plumée, on aura quatre courbes,
entre lesquelles on creufera la doële conoïde, dont il est question.
Enfin, fur la tête de face qui a été faite à pans, comme à la
trompe en tour ronde, page 105, on tracera l'arc de cercle horifontal t^1, t^2 pour former cette tête, comme il a été dit au trait
cité.

Explication démonstrative.

Nous avons dit, en parlant de la même trompe à face plane,
au tome précédent, qu'on arrondiffoit le fond de la trompe,
pour diminuer autant qu'il est possible l'angle solide mixte formé
par les deux murs de piédroits de la trompe, & la partie de furface conique des trompes ordinaires, afin que le fond du trompillon ait plus de grace, & que cet arrondissement ne pouvoit être
parfait, c'est-à-dire, fans jarret, que fous le milieu de la clef, où
la courbe hyperbolique est tangente par fon fommet à la ligne
verticale, qui est l'interfection des furfaces planes des murs des
piédroits, & qu'enfin cet arrondissement devoit diminuer depuis
la clef jufqu'aux impoftes, où il s'évanouit, parce que les
hyperboles fe redreffent infenfiblement à chaque joint de lit.
Comme les courbures des hyperboles font déterminées par
l'éloignement de leurs centres du fommet S de l'axe, on peut les
diminuer fuivant tel rapport que l'on voudra ; à la figure 246 *, * Tome II.
(planche 65) nous les avons éloigné de la moitié feulement,
des lignes p^1 E, p^1 F de cette figure, quoique par mégarde dans
le difcours, nous ayons pris le double pour la moitié ; ici, nous
l'avons éloigné de tout cet intervalle, pour faire voir ce qui
réfulte de ce changement, qui est que la courbe d'arrondiffement de la tête du trompillon s'élève un peu trop en S, de a^t
en I, & de b^t en t, au lieu qu'en prenant les intervalles E p^1,
F p^2, feulement pour les premiers axes, l'arrondiffement est
plus agréable à la vue qu'en les prenant pour la diftance du
fommet S au centre de chaque hyperbole, ce qui double la
longueur de leurs premiers axes.

D dij

Seconde espece de trompe, droite sur les impostes, courbe sous la clef, & rachetant une portion de tour ronde, lorsque la trompe est rampante.

La différence de cette trompe avec la précédente, consiste en ce que son ceintre primitif vertical, perpendiculaire à la direction horisontale, n'est pas circulaire sur un diametre horisontal, mais elliptique sur un diametre rampant, d'où il résulte quelque différence dans la construction. Premierement, en ce que les arêtes des joints de lit ne sont pas des arcs d'hyperboles regulieres, comme celles de la trompe précédente, mais irrégulieres, déduites d'une hyperbole ou de quelqu'autre courbe, prise pour arc principal de la courbure qu'on veut donner vers le milieu de la clef, dans une section verticale, passant par le sommet de la trompe. La même irrégularité auroit pu convenir au trait précédent, si le ceintre primitif n'avoit pas été circulaire. Comme la principale difficulté de ce trait consiste à la formation des courbes des joints de lit, nous nous y arrêterons uniquement, renvoyant celle des panneaux de doele plate & des biveaux aux traits précédens.

Planch. 98.
Fig. 138.

Soit (fig. 138) l'angle rentrant ASB, celui des piédroits sur lesquels on doit construire la trompe rampante, & l'arc ATB, la projection horisontale de la partie de tour ronde, qu'elle doit porter. Soit aussi la ligne BR, la différence de hauteur des naissances A & B, prise sur une perpendiculaire à la corde AB; la ligne AR, sera le diametre du ceintre primitif, dont le milieu C sera le centre, & la ligne CH, prise à volonté sur une ligne DCH, perpendiculaire à AB, sera son demi-diametre conjugué; nous avons fait ici CH égal à DA. Sur les diametres conjugués donnés, on décrira (par le probl. VIII du second livre) la demi-ellipse AHR pour ceintre primitif, que l'on divisera en ses voussoirs aux points 1, 2, 3, 4, affectant autant qu'il sera possible, que les points 3 & 4, qui sont les joints de lit de la clef, soient de niveau.

Le ceintre primitif AHR étant tracé, il faut se déterminer au choix de la courbe de profil vers la clef, qui doit être une parabole ou une hyperbole tangente à la ligne droite d'intersection des piédroits au point S, dans laquelle il n'y a que deux points donnés; savoir, le point S de son sommet, & un point *h*,

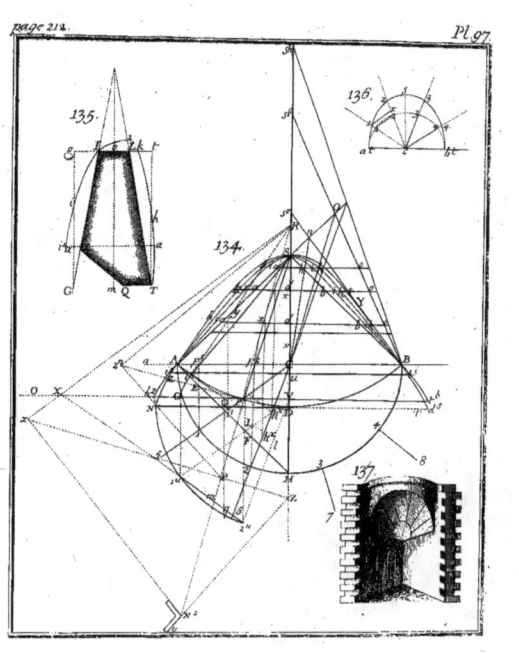

CHAP. VII. DES VOUTES COMPOSÉES, &c. 213

déterminé par une ordonnée D h, qui doit être égale à la hauteur D H, composée du demi-diametre vertical CH du ceintre primitif, & la hauteur DC de son centre C sur l'horison AB.

Fig. 138.

Puisqu'il n'y a que ces deux points donnés, il est clair qu'on peut y faire passer des courbes différentes, plus ou moins concaves, comme on l'a vu au trait précédent, en prenant des centres d'hyperboles plus près ou plus loin du sommet S. Supposant que cet arc *principal* soit la courbe prise à volonté S g h I, on s'en servira pour régler toutes les courbes des joints de lit à la doële, dont on cherchera autant de points qu'on voudra ; par exemple seulement trois, l'un au trompillon a b, l'autre au ceintre primitif A B, & le troisieme à la tangente NTE. Si l'on en vouloit chercher davantage, il faudroit tirer d'autres paralleles à la ligne AB, en aussi grand nombre qu'on veut trouver de points de chacune des courbes.

Il s'agit présentement de tracer plusieurs ceintres différens, sur les projections des diametres donnés au plan horisontal, comme $a\,b$ & NE, sur lesquels il faut faire les profils des diametres rampans $a\,r$, NR^e, ce qui est aisé ; car si par les points a & N, on mene des paralleles à AR, & par les points h & E, d'autres paralleles à BR, on aura par leurs intersections les points r^1 & R^e, & par conséquent les diametres rampans $a\,r$, NR^e, sur le milieu desquels portant les distances m g & T I de l'axe S T, à la courbe de profil S g h I, on aura les demi-hauteurs m G, T i, qui déterminent les extrémités des diametres G c, & C^2 i des nouvelles ellipses, qui doivent être les ceintres transversaux de la doële conoïde coupée par des plans verticaux élevés sur les lignes $a\,b$ & NE, lesquelles demi-ellipses seront tracées comme la premiere AHR, par le problême VIII du deuxieme livre. Ces mêmes demi-ellipses seront facilement divisées en joints de lit, correspondans aux divisions du ceintre primitif, en menant par leurs centres c & C^2, des paralleles aux demi-diametres C 1, C 2, C 3, C 4, du ceintre primitif, comme la figure le montre.

Ces demi-diametres seront prolongés jusqu'aux lignes horisontales de leurs bases $a\,b$, AB, NE, s'il le faut, qu'elles couperont en des points o^1, o^2, o^3, o^4, à la base du ceintre primitif, & en t^1, t^2, t^3, t^4, à celle de la tangente NE, & au trompillon $a\,b$, aux points n^1, n^2, n^3, n^4 ; les lignes t^1 S, t^2 S, t^3 S, t^4 S, seront les sections des plans des lits avec l'horison, lesquelles pourront être prises pour les bases des profils qui serviront à les décrire ; je dis pour des bases & non pour des axes de ces courbes, car leurs ordonnées ne doivent pas être à angle droit, comme l'a avancé M. de la Hire, dans ses leçons. Quoique je respecte la mémoire de ce grand mathématicien, & même qu'elle me soit chere, par l'attachement que j'avois pour lui & pour M^{rs} ses fils ; je crois devoir faire remarquer cette inadvertence, qui pourra me rendre peut-être excusable, s'il m'est arrivé de me tromper en quelque chose, puisque les grands hommes ne sont pas infaillibles. Voici, dans l'exactitude, la maniere de faire ces profils, en cherchant les angles des ordonnées avec les abscisses des courbes. De chaque point de division du ceintre extérieur tangent N i R^e, on abaissera des perpendiculaires sur la base horisontale NE, qui la couperont aux points p^1, p^2, p^3, p^4, p^5, par lesquels on menera des lignes au point S, qui serviront de base pour trouver, par des profils, les valeurs des cordes imaginées, tirées depuis les points 1e, 2e, 3e, &c. de ce ceintre au sommet S, par le moyen des hauteurs p^1 1e, p^2 2e, t^3 3^i, p^4 4e, &c, comme l'on a coutume de faire pour trouver la valeur des projections des joints de lit dans les trompes coniques ; par exemple, sur Sp^1, ayant élevé en p^1 la perpendiculaire $p^1 f^1$, égale à p^1 1e, l'hypotenuse f^1 S sera la valeur de la corde qu'on cherche.

Ces valeurs étant trouvées, on fera pour chaque joint de lit un triangle avec trois lignes données ; savoir, 1°. la section du plan du joint prolongé avec l'horison. 2°. La corde de la courbe de l'arête du joint. 3°. La longueur du joint dans le vuide, depuis le joint de tête jusqu'à l'horison. Par exemple, pour former le plan incliné du premier joint de lit dans le vuide de la doële, & son contour courbe qui doit donner la cerche ou le panneau du lit, on portera à part (fig. 139) la ligne St^1 de la section avec l'horison en s T^1, avec ses divisions o^1 n^1, puis avec la longueur Sf^1 pour rayon, & du point s pour centre, on fera un arc d 1e, & du point T^1 pour centre, & de l'intervalle 1e t^1 de la figure 138, pour rayon, on décrira un second arc qui coupera le premier au point 1e, pour tirer la ligne T^1 1e, à laquelle on menera par les points o^1 n^1, des paralleles o^1 1^x, n^1 1^n indéfinies. Pour en déterminer les longueurs, on prendra à la figure 138 la ligne 1 o^1, qu'on portera en o^1 1^x, & la ligne 1^n n^1, qu'on portera en n^1 1^n de la figure 139. Par les points

CHAP. VII. DES VOUTES COMPOSÉES, &c.   215

$s\,1^n\,1^x\,1^e$, on tracera à la main, ou avec une regle pliante, une courbe qui sera celle de l'arête du joint de lit à la doële, sur laquelle on formera le creux du panneau du premier lit. Par la même méthode, on trouvera la courbe $s\,2^n\,2^x\,2^e$ du second joint de lit, en prenant pour base du triangle qui donne l'inclinaison des ordonnées, la ligne $S\,t^2$ avec ses divisions, à la figure 138, qu'on portera en $s\,T^2$, de la figure 139, puis avec les lignes $f^2\,S$, & $2^e\,t^2$, on fera un triangle $s\,T^2\,2^e$, qui donnera l'angle $s\,T^2\,2^e$ des ordonnées avec les abscisses, lesquelles ordonnées seront prises à la figure 138, aux lignes $2\,o^2$ du ceintre primitif, & $2^n\,n^2$ du trompillon. On verra, à la figure 140, le reste des profils des courbes des joints de lit de cette trompe, où l'on a marqué les mêmes lettres qu'à la figure 138, d'où ils sont tirés.

Fig. 138. & 139.

Nous renvoyons la construction des panneaux de doële plate au trait précédent, & la formation de la tête ronde, au trait de la trompe en tour ronde, pag. 105, pour former les courbes des joints de tête sans panneaux de lit; ou, si l'on veut en former des panneaux, on se servira de la méthode qui a été donnée pour toutes les voûtes en tour ronde, comme porte, descente, trompe, &c. qui est de ralonger l'arc de cercle de la projection horisontale en arc elliptique, parce que tous les lits étant des surfaces planes, leurs sections à la surface des tours, font des arcs Elliptiques.

Explication démonstrative.

Si l'on releve par la pensée, les figures mixtes $N\,3\,i\,R^e\,E$, AHRB, $a\,h\,r\,b$, qui sont couchées sur le plan horisontal, en situation verticale sur leurs bases NE, AB, $a\,b$, & le triangle mixte $S\,g\,IT$ sur son axe ST, aussi en situation verticale, on pourra se représenter facilement toutes les raisons de la construction de ce trait. Enfin, si l'on examine dans cette situation les inclinaisons des lignes $1^e\,t^1$, $2^e\,t^2$, $3^i\,t^3$, &c. & qu'on imagine des plans passans par ces lignes & par le point S, on reconnoîtra facilement tous les profils qu'on vient de faire aux figures 139 & 140. Il faut remarquer que tous ces plans de lit qui se croisent, ont leur commune intersection à l'axe de la trompe, qui est représenté en projection horisontale par la ligne ST, & en profil par la ligne inclinée à l'horison SX, faisant

Fig. 138.

Fig. 138.
TX=TC^e; mais quoique leur interſection ſoit dans une ſeule ligne, elle ſe trouve différemment ſituée dans tous les plans des joints de lit prolongés dans le vuide, comme on le voit à leurs profils, aux fig. 139 & 140, en sX^1, sX^2, sX, sX^4, & sX^5; ce qui vient de la différence de leurs inclinaiſons. Il eſt viſible (par la 16 prop. du 11e livre d'Euclide) qu'en faiſant dans chacun des ceintres tranſverſaux des lignes NR^{e}E, arb, parallèles aux demi-diametres des diviſions des vouſſoirs du ceintre primitif, les lits ſeront des ſurfaces planes, qui paſſeront par les diviſions 1e, 1, 1^n; 2e, 2, 2^n; au lieu que ſi l'on avoit fait leurs diviſions égales entre elles dans chacun, les ſurfaces des lits ſeroient devenues gauches, ce qu'il faut éviter, par les raiſons que nous avons donné au IIIe. livre.

Des voutes compoſées de ſurfaces cilindroïdes inclinées à l'horiſon.

En termes de l'art,

De la vis S. Giles quarrée, ou ſur tel polygone qu'on voudra.

Ce n'eſt pas donner une juſte idée de la *vis Saint - Giles quarrée*, que de la repréſenter, ainſi que M. de la Rue, comme un compoſé de *berceaux en deſcente, biais par les deux bouts*; il faut y ajouter que ces berceaux ſont d'une irrégularité intrinſeque, & d'une eſpece toute différente des berceaux ordinaires. Premierement, en ce que les berceaux cylindriques réguliers, qui ſont portés par des murs verticaux parallèles entre eux, ſont coupés ou touchés par les plans de ces murs ſuivant les lignes de leurs impoſtes, leſquelles ſont droites, parallèles entre elles, & par conſéquent dans un même plan horiſontal ou incliné en deſcente; ici les lignes des deux impoſtes ſont bien droites, & dans des plans verticaux parallèles entre eux,

Pl. 99.
Fig. 141.
mais elles ne ſont pas toutes les deux dans un même plan incliné, comme l'on peut voir à la fig. 141, qui repréſente une portion de la vis où les impoſtes ab & ef ſe croiſent à leur milieu en m, par conſéquent elles ne ſont pas dans le même plan. La raiſon qui fait qu'elles ſe croiſent, eſt que les extrémités a & b du grand côté du berceau, & celles du petit e & f doivent être de niveau entre elles, en bas comme ae, & en haut comme fb; ainſi les impoſtes ſont inégalement
inclinées

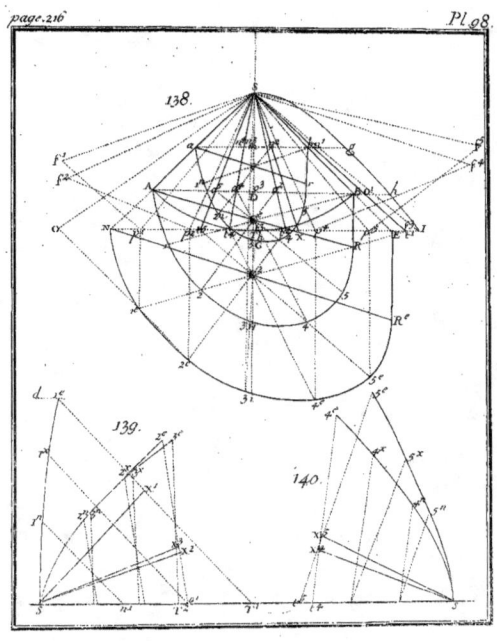

CHAP. VII. DES VOUTES COMPOSÉES, &c. 217

inclinées, afin que la plus courte parvienne à même hauteur que la plus longue, dans les diagonales des angles de la tour *a*E, FB.

Fig. 141.

La *seconde différence* des berceaux de la vis aux cylindriques réguliers consiste en ce que, quoique les impostes *a b*, *e f* ne soient pas paralleles à la ligne du milieu C *c*, qui est l'axe du berceau de la vis, elles sont cependant encore des lignes droites; ce qui est impossible dans les berceaux réguliers, parce que les sections des cylindres faites par des plans inclinés qui croisent l'axe, sont nécessairement des courbes elliptiques. La *troisieme différence* consiste en ce que, dans les berceaux réguliers, toutes les sections perpendiculaires ou obliques à l'axe, qui sont faites par des plans paralleles entre eux, sont égales entre elles; dans la vis Saint-Giles quarrée elles ne sont ni égales ni semblables, en ce que l'imposte *e f* du côté du noyau étant plus inclinée à l'horison que celle du piédroit *a b* de la tour, les extrêmités du diametre transversal de la section plane verticale perpendiculaire au piédroit, seront par-tout à des hauteurs inégales, excepté au milieu sur M *m*, où la section est perpendiculaire aux deux piédroits du noyau & de la tour, dans lequel diametre les projections verticales de tous les joints de lit se croisent. Enfin, dans les berceaux biais en descente, toutes les sections verticales ou inclinées faites par des plans transversaux, qui forment les joints de doële aux têtes des voussoirs, ont leurs diametres ou de niveau ou toujours inclinés d'un même angle à l'horison; ici ils sont tous inégalement rampans.

Ces différences présupposées, pour se former une juste idée de la vis Saint-Giles quarrée ou à pans, il faut se rappeller la génération de la vis Saint-Giles ronde, que nous avons dit, (tome II, pag. 445) se former par le mouvement d'un demi-cercle, ou d'une demi-ellipse verticale, qui se meut par son centre sur une hélice, à l'axe de laquelle son diametre (qui est toujours de niveau) est toujours dirigé ou toujours perpendiculaire à la courbe de la projection de cette hélice, si elle n'est pas circulaire. Si l'on substitue à la courbe à double courbure des impostes de la vis Saint-Giles ronde une suite de lignes droites inscrites dans chaque hélice de l'imposte de la tour & de celle du noyau, qui soient en nombre égal, & égales entre elles dans chaque imposte, & à chaque révolution de ces

Tome III. E e

hélices différentes ; on aura, au lieu d'un corps cylindroïde tournant, plusieurs portions de cylindroïdes terminées les unes aux autres, tournantes & rampantes, dans une tour de base en polygone, qui peut être d'autant de côtés que l'on voudra ; il pourroit être triangulaire, quarré, pentagone, hexagone, &c. de sorte que si le nombre de ces côtés devient infini, la vis retombe dans le cas de la vis Saint-Giles ronde.

D'où il suit, 1°. que dans la vis Saint-Giles quarrée, comme dans la ronde, on doit observer la même position du demi-cercle générateur, ou de la demi-ellipse génératrice, tant à l'égard de l'axe, pour avoir les têtes & les diagonales des berceaux rampans qui aboutissent les uns aux autres, qu'à l'égard du niveau de son diametre. Secondement, que ce ceintre générateur, qui est toujours le même, & en même position dans la vis Saint-Giles ronde, n'est ici égal à lui-même que dans les positions des milieux des berceaux, & lorsqu'il en est également éloigné en dessus & en dessous, supposant que sa direction à l'axe est toujours la même ; de sorte que ce ceintre s'élargit continuellement, à mesure qu'il s'éloigne de la position perpendiculaire aux plans verticaux passans par les milieux des impostes, & au contraire, qu'il se retrecit peu à peu à mesure qu'il approche de cette position perpendiculaire. Troisiemement, que ce ceintre générateur n'aura plus son diametre de niveau, lorsqu'il ne sera plus dirigé à l'axe de l'hélice, ni de même longueur, parce qu'il est toujours plus ou moins incliné à l'horison, quoique sa projection soit toujours égale dans le plan horisontal. Un quartier d'escalier tournant dans un angle ABD, (fig. 142) est très propre à expliquer ce que je veux dire ; car si l'on imagine sur chacune des arêtes des marches AE, KI, BF, LN, DG, un ceintre qui soit toujours de même hauteur à la clef HC, on verra que ce seront autant d'ellipses différentes plus ou moins allongées, suivant la longueur des arêtes des marches, & suivant leur éloignement de la ligne du milieu MD ; cela supposé, nous passerons au problème suivant.

PROBLEME XII.

Faire une vis Saint-Giles sur un polygone quelconque.

Soit, par exemple (fig. 142) un quart de tour quarrée

Chap. VII. DES VOUTES COMPOSÉES, &c. 219

ABDM, dans laquelle eſt un noyau EFGM, qui doit porter toute la partie des berceaux rampans & tournans entre le milieu de la voûte, depuis la clef juſqu'au noyau, laquelle eſt plus petite que l'autre qui eſt du côté de la tour. Soit auſſi GHD, le ceintre primitif de cette vis, duquel émanent tous les autres, pris ſur une ligne DM tirée du milieu M, où eſt le centre du noyau, perpendiculairement aux côtés FG du noyau & BD de la tour, lequel ſe fait ordinairement en arc circulaire, quoique rien n'empêche qu'on ne le faſſe elliptique, ſurhauſſé, ou ſurbaiſſé. Ayant diviſé ce ceintre primitif GHD en ſes vouſſoirs aux points 2, 3, 4, 5, & ayant abaiſſé de ſes diviſions des perpendiculaires à ſon diametre GD, qui le couperont aux points p^2, p^3, &c. on menera par ces points des paralleles à la direction des berceaux, qui couperont la diagonale MB aux points d^2 d^3, par leſquels on menera en retour de la face EF d'autres paralleles d^2 k^2, d^3 k^3, &c. qui marqueront la projection horiſontale des joints de lit, leſquels, dans cette repréſentation, ſont paralleles entre eux, quoiqu'ils ne le ſoient pas dans leur projection verticale.

Pour former les têtes des vouſſoirs, on menera du point M à ces côtés de la tour, autant de droites ML, MB, MK, que l'on voudra avoir de ceintres différens, pour tracer les joints de tête des vouſſoirs ſuivant leurs longueurs, obſervant les liaiſons, de ſorte que les ceintres ſur IK & NL ne ſeront pas ceux d'un joint continu, mais ils ſerviront par parties. Quant à celui qui eſt ſur la diagonale FB, il ſervira dans ſa moitié h^d B, pour l'angle rentrant du concours des deux berceaux, & dans ſon autre moitié h^d F, pour l'arête ſaillante du même concours. Sur les parties IK, FB, NL de ces lignes, compriſes entre le noyau & la tour, on décrira des ceintres elliptiques, par le moyen des hauteurs des aplombs du ceintre primitif p^2, p^3, p^4, p^5, qu'on portera perpendiculairement ſur les diametres NL, FB, IK, aux points où ils ſont coupés par les parallelles des projections des joints de lit ; ainſi on aura le ceintre elliptique d'enfourchement FhB, & l'autre intermédiaire I h^k K, qui ſera égal à celui qu'on peut faire ſur NL, ſi l'on ſuppoſe FN égal à FI.

Cette préparation étant faite, il faut prendre un moyen de conſtruction différent de ceux qu'on a pris juſqu'ici pour la formation des berceaux en deſcente, que nous avons exécuté

Fig. 142.

E e ij

220 STEREOTOMIE. Liv. IV. Partie II.
par le moyen des doëles plates, parce que les doëles seroient gauches, & par conséquent de très-difficile exécution, qu'on ne pourroit faire qu'à deux reprises, en supposant à la premiere une ébauche en des doëles-plates, ensuite cherchant le troisieme angle sur un lit, comme nous l'avons dit ailleurs; mais quand on s'y prendroit par ce moyen, on se trouveroit encore dans l'embarras de la formation des lits qui sont aussi gauches: c'est pourquoi on a jugé que la voie la plus simple & la plus courte est celle de l'équarrissement, à peu près comme il a été fait pour la vis Saint-Giles ronde, dans laquelle on a formé des cylindres concentriques sur les projections des joints de lit, pour tracer sur ces surfaces les hélices de ces joints rampans. Ici nous formerons des tours quarrées concentriques, par des surfaces planes verticales élevées sur les projections horisontales des joints de lit, sur lesquelles nous tracerons les arêtes de ces mêmes joints rampans. Par les rencontres de ces surfaces, il se formera des angles de deux especes, les uns saillans depuis le noyau jusqu'à la clef, les autres rentrans depuis la clef jusqu'aux murs de la tour, comme aux voûtes d'arête ordinaires, c'est pourquoi les voussoirs d'enfourchement doivent être considérés, l'un dans l'angle rentrant, comme en *a b d* (fig. 146), l'autre en angle saillant, comme en *e f g*, (fig. 145) quoique dans le fond ces deux angles soient égaux entre eux.

Suppofant donc pour ébauches des voussoirs des portions de tours quarrées, comme celles des figures 145, 146, il s'agit d'y tracer les arêtes des joints de lit qui doivent être dans leurs surfaces planes & verticales, ce que l'on pourra faire facilement dès qu'on connoîtra l'angle de leur inclinaison avec l'horison, ou, ce qui revient au même, son complément, qui est

Fig. 142. l'angle d'un aplomb avec chaque arête. Ayant prolongé la ligne du milieu EM en haut ou en bas, on prendra sur cette ligne un point O à telle distance au-dessus ou au-dessous de l'horisontale MD, que le point B doit monter ou descendre au-dessus du point A; par exemple, s'il y avoit deux marches entre ces deux points, comme en IK & FB, on prendroit la hauteur MO égale à celle des deux marches. Puis du point O on tirera des lignes droites à tous les points des projections des divisions des joints de lit sur le diametre GD du ceintre primitif, comme OG, O p^2,

Chap. VII. DES VOUTES COMPOSÉES, &c. 221

$O p^1$, $O p^2$, $O p^3$, OD, qui donneront les différentes inclinaisons de tous les joints de lit, & sur lesquelles on trouvera les valeurs de toutes les parties de leurs projections, & avec beaucoup de facilité, si le côté AB comprend un nombre de girons de marches égaux entre eux, comme AK, KB. Car supposant qu'il en contienne deux, on divisera la hauteur des marches OM en deux également en n, par où l'on tirera nk parallele à MD, qui coupera tous les profils des joints de lit aux points i, Y, Z, z, y, k ; les longueurs Oi, OY, OZ, Oz, &c. seront les valeurs des joints de lit que l'on cherche, ou si l'on veut leurs restes jusqu'à GD, comme i G, Y p^2, &c. qui leur sont égaux. Si l'intervalle AB n'étoit pas divisé également par les girons, comme si KI étoit plus près de B que de A, alors il faudroit abaisser sur MD des perpendiculaires I i, k^2 Y, k Z, &c. qui couperoient (étant prolongées) les profils des joints de lit OG en i, O p^2 en Y, O p^3 en Z, &c. soit qu'il s'agisse de plusieurs têtes de voussoirs ou d'une seule, comme par exemple q Q, projection donnée qui tend, comme les autres, au centre M ; on menera par les points q & Q des perpendiculaires sur le diametre horisontal GD, lesquelles étant prolongées couperont les profils correspondans O p^4 en X & O p^5 en x ; les longueurs X p^4, x p^5 seront les valeurs des projections horisontales Q b^5, q b^4 que l'on cherche, & les angles q X p^4, & Q x p^5 ceux de leur inclinaison avec un aplomb, dont le complément est celui de leur inclinaison avec une ligne de niveau.

Par le moyen de ces angles, on peut tracer les joints de lit sur les surfaces verticales des voussoirs ébauchés en portions de tours quarrées, comme aux fig. 145 & 146, par le moyen d'un biveau ou d'une sauterelle ouverte sur l'angle de l'épure qui convient aux voussoirs ; par exemple, sur l'angle q X p^4, pour avoir l'inclinaison de l'arête q 4 sur la surface ab BA de la fig. 146, en montant d'un côté de b B, & en descendant de l'autre. Mais parce qu'on a besoin de la hauteur de la retombée, il y en a, comme M. de la Ruë, qui font des panneaux en parallelogrammes, pour être appliqués sur les surfaces verticales qui passent par les joints de lit, ce que l'on peut faire d'une maniere plus simple que celle de l'Auteur cité. Ayant prolongé les horisontales DG vers d, & kn vers N, on leur menera aussi des paralleles par les points 2, 3 des divisions du ceintre primitif, comme 2f, 3f ; puis ayant pris à volonté un point y^5 sur Nn,

222 STEREOTOMIE. Liv. IV. Partie II.

Fig. 142 & 143.
on menera par ce point la ligne $y^s\ 5^n$ parallele à $y\ p^s$ du profil, qui lui sera aussi égale, parce qu'elle est entre mêmes paralleles horisontales ; par le point 5^n, on elevera la perpendiculaire $5^n\ 5^e$, qui sera aussi égale à $p^s\ 5$, qui est la hauteur de la retombée du ceintre primitif, puis on tirera $5^e Z$ parallele & égale à $5^n\ y^s$, le parallelograme $Z\ 5^n$ sera celui du panneau que l'on cherche.

De la même maniere on fera le panneau $L\ 4^e$, en tirant par le point L la ligne L 9 parallele & égale à $7\ p^4$ du profil, & $9\ 4^e$ égale & parallele à 9, 4, hauteur de retombée du ceintre primitif GHD, enfin, en faisant $4^e\ f^4$ parallele & égale à L9, qui formera le parallelogramme $f^4 9$ pour le second voussoir du côté de l'angle rentrant. Il sera aisé de faire de même les deux autres panneaux du côté du noyau, marqués à la fig. 143, $N\ 2^e, l\ 3^e$, lesquels panneaux ne sont point ceux de la doële, mais seulement des surfaces de suppositions verticales pour trouver les quatre angles de la doële, comme on le verra à l'application du trait sur la pierre. Il faut présentement chercher les panneaux des pierres du pilier de la vis, que nous appellons le noyau lorsqu'il porte une partie de la naissance de la voûte sur un lit horisontal & non en coupe, ce qu'on appelle *en tas de charge*, ainsi qu'on est obligé de faire lorsque le noyau est si petit qu'il n'est qu'une espece de pilier quarré, en forme de dé, d'une ou de deux pierres à chaque assise, alors chaque dé du noyau doit avoir une espece de pointe en saillie, qui reçoive le lit horisontal du premier voussoir, qui commence à former la voûte ; il s'agit de trouver deux courbes, l'une de section horisontale de la doële concave & gauche, l'autre de section horisontale du lit, qui est une surface planolime un peu convexe & gauche.

Section horisontale du noyau.

Fig. 144.
La maniere de trouver cette section, qui est fort embrouillée chez M. de la Rue, sera rendue facile par la figure 144, où l'on a joint le plan horisontal du noyau à sa projection verticale, si l'on fait attention aux relations & rencontres des lignes provenant des points correspondans dans l'une & l'autre espece de dessein. Soit (fig. 144) le rectangle $e\ FGÆ$ le plan horisontal de la moitié du noyau qui est le double du quarré EFGM de la fig. 142, qui en est le quart : ayant prolongé les côtés Æe vers A, & G F vers g, on tirera AN parallelle à e F, à distance

CHAP. VII. DES VOUTES COMPOSÉES, &c. 223

prise à volonté pour servir de base à l'élevation du noyau; *Fig.* 142
cette distance a été prise ici égale à la saillie de la retombée & 144.
PA, pour ne pas multiplier les lignes. On portera ensuite sur
N g le double de la hauteur MO de la fig. 142, pour tirer A g,
qui sera la naissance de la voûte sur son noyau. Ensuite sur
NA prolongée de la longueur du rayon CD du ceintre primitif de la fig. 142, portée en A C^a, on décrira de ce point
C^a pour centre un arc de cercle AB de la grandeur destinée
à la première assise, qui ne devroit être ici égal qu'à G 2 du
ceintre primitif, mais que nous avons pris plus grand pour
exprimer le trait plus sensiblement. On tirera aussi par le point
g, une ligne O g parallele à AN, sur laquelle prolongée on
prendra g C égal à GC du ceintre primitif, pour décrire l'arc
g b égal à AB; puis ayant divisé chacun de ces arcs en un
même nombre de parties égales, par exemple en trois, aux
points 1, 2, B, 1, 2, b, on tirera par ces divisions des lignes
droites B b, 2, 2; 1, 1; A g; ensuite par les points C & C^a,
on tirera les joints b f, B d, sur lesquels on prendra, suivant
l'épaisseur des pierres qu'on doit employer, les longueurs b f
& B d égales entre elles, qu'on divisera aussi à volonté en deux
ou plusieurs parties égales, aux points i, n, pour tirer les lignes
droites d f, i n.

Cette préparation étant faite, on tirera par les points M & e
la diagonale MP, puis on abaissera des points d, i, B, 2, 1,
des perpendiculaires sur PA, lesquelles étant prolongées, couperont la diagonale P e aux points P, 9, q, 2°, 1e, e, par lesquels
on menera autant de paralleles à e F, comme PX, 9 T, q Y,
&c. indéfinies, sur lesquelles on trouvera les points des courbes
qu'on cherche, comme il suit. Ayant déterminé la hauteur
que l'on peut donner à la pierre de dé qu'on veut former,
suivant l'épaisseur qu'elle peut avoir, par exemple LN, on tirera
L d parallele à AN, laquelle L d coupera toutes les lignes
qu'on a tiré jusqu'à présent, aux points v, z, y, x, t, d, par
lesquels on abaissera des perpendiculaires sur e F, qui couperont les horisontales correspondantes aux saillies de la doële,
aux points X, Y, Z, V; sçavoir, PN, qui représente en projection horisontale l'arête B b de la doële & du lit, qui est
coupée en x par la ligne d L, sera coupée en X par la verticale x X. De même l'horisontale 2^n Y de la projection,

Fig. 144. provenant du point 2 de l'arc BA, fera coupée au point Y, par la verticale y Y; l'horifontale provenant du point 1, & paſſant par 1 e, fera terminée par la verticale z Z en Z; enfin le nud du noyau e F fera coupé en V par la verticale v V, qui vient du point v, où l'horifontale L d coupe la naiſſance de la voûte A g; la courbe tracée à la main, ou avec une regle pliante, par les points X, Y, Z, V, fera celle de la ſection horifontale de la doële de la vis quarrée.

Par la même pratique, on aura celle qui ſe forme par la ſection du lit B d ou b f, de laquelle on a déja le point X, qui eſt ſa rencontre avec celle de la doële, repréſentée auſſi par le point B, qui eſt commun à l'arc BA & au joint de tête B d; par le point i, qui eſt enſuite ſur le même joint, on abaiſſera une perpendiculaire ſur PN, qui coupera la diagonale PM au point 9, par où on menera l'horifontale 9 T parallele à PN; puis du point t, où l'horifontale L d coupe l'inclinée i n, paſſant par le milieu du lit, on abaiſſera une verticale qui coupera la ligne 9 T au point T; enfin par le point d, on abaiſſera une perpendiculaire ſur PN, laquelle étant prolongée, coupera la diagonale PM au point q, où ſera le troiſieme point de la ſection horifontale du lit X T q, qui eſt un peu courbe, laquelle avec la précédente fait l'angle mixte q X V, que l'on cherche, pour former le panneau du lit de deſſus du dé de la vis, qu'il faut ajouter en ſaillie au noyau de la vis, & qui doit ſervir à former le lit de deſſous du ſecond dé d L g Q.

Remarque ſur l'uſage de cette ſection.

Il faut faire ici la même obſervation que nous avons faite au tome précédent ſur la ſection horifontale du noyau de la vis Saint-Giles ronde; ſçavoir, que ſi le noyau eſt aſſez petit pour être fait d'une ſeule piece, l'eſcalier que cette voûte couvrira aura néceſſairement des marches fort étroites au collet, ce qu'on doit éviter en architecture, comme des *caſſe-cou*, pour me ſervir du terme expreſſif; & ſi le noyau eſt grand, cette ſection devient inutile, parce que les couſſinets s'y doivent loger, comme aux berceaux rampans; ainſi dans les ouvrages bien penſés, cette ſection ne doit pas être d'un grand uſage.

Application-

CHAP. VII. DES VOUTES COMPOSÉES, &c. 225

Application du trait sur la pierre.

On doit considérer dans la vis Saint-Giles quarrée quatre sortes de voussoirs de figures différentes. La premiere est de ceux qui portent l'enfourchement rentrant KBL, depuis l'imposte jusqu'à la clef, qui sont à branches à peu près semblables à ceux des arcs de cloître, dont ils different en ce que les branches sont rampantes, l'une en montant, l'autre en descendant. La seconde espece est de ceux de l'enfourchement en angle saillant depuis la clef jusqu'au noyau, qui sont semblables à ceux des voûtes d'arête, avec cette différence que leurs branches sont rampantes, l'une en montant, l'autre en descendant. La troisieme est celui de la clef, qui est partie en voûte d'arête, partie en arc de cloître rampant. La quatrieme est de ceux qui sont dans l'intervalle des enfourchemens, lesquels ne sont pas à branches, ni semblables à ceux des berceaux ordinaires, mais gauches, comme nous l'avons dit, en ce que les cordes de leurs têtes ne sont pas dans un même plan, comme les doliolimes dont nous avons parlé au commencement du tome précédent. Comme cette derniere espece est simple, nous renvoyons pour l'application du trait, à la page 40 du second tome, & nous ne donnerons d'exemple de l'application du trait que pour les voussoirs à branches, & les dés du noyau portant naissance de l'enfourchement d'arête.

Fig. 142.

Premierement, pour un voussoir à angle rentrant. Ayant dressé un parement pour servir de lit de supposition horisontale, par exemple, pour un second voussoir, dont la projection est donnée à l'épure en Q b^5 S $s b^4 q$, on tracera cette projection sur un panneau qu'on appliquera sur ce lit, pour en tracer le contour; puis ayant jaugé la pierre à hauteur convenable, on abattra à l'équerre les six paremens verticaux, qui doivent être faits pour préparation sur chacune des lignes qQ, Q b^5, b^5 S, &c. pour former une portion de tour quarrée verticale, telle qu'elle est représentée à la fig. 146. La même chose se fera pour un second voussoir du côté de l'angle saillant, comme le représente la fig. 145. Sur les paremens verticaux de ces portions de tour a B, b D qui forment l'angle rentrant $a b d$ (comme à la fig. 146); ou e F, f G, formant l'angle saillant $e f g$ (comme à la fig. 145), on appli-

Fig. 145 & 146.

Tome III, Ff

226 STEREOTOMIE. Liv. IV. Partie II.

Fig. 145 & 146. quera les panneaux destinés au rang de voussoir dont il s'agit pour le second, comme le parallelogramme L 4ᵉ (fig. 143) en montant depuis l'arête *d* D du plan du joint montant, ou en descendant depuis la verticale de l'angle rentrant *b* B, jusqu'à cette arête, comme il convient à l'escalier, qui peut monter ou descendre d'un côté ou d'un autre, suivant la situation des lieux; ce panneau servira à tracer sur cette surface de supposition verticale, l'angle obtus L f^4 4ᵉ de la fig. 143, ce qui suffit, sans s'embarrasser de la longueur du panneau, qui peut être sans inconvénient plus long ou plus court qu'il ne faut pour s'étendre de la ligne d'angle *b* B sur la surface *b* D; ce qui fait voir qu'on peut se passer de panneau, en prenant seulement avec la fausse-équerre l'angle d'inclinaison de l'arête de doële & de lit, avec un aplomb *b* B ou *d* D, lequel est obtus (comme L f^4 4ᵉ, de la fig. 143), pour la descente; & aigu, comme son supplément à deux droits f^4 L 5ᵉ, pour la montée.

Fig. 142 & 146. La ligne de l'arête de lit & de doële étant tracée, on lui menera une parallele au-dessous à la hauteur 3, 8 ou 4, 9 (fig. 141) de la retombée 2, 8 ou 9, 5 dans chaque parement d'aplomb *b* A, *b* D en *n u*, *n* D (fig. 146), aux extrêmités desquelles on menera des lignes d'équerre sur les arêtes des plans des joints montans *a* A, *d* D, qui seront des horisontales, qu'on fera égales aux retombées obliques *q* Q, *s* S, si la longueur des retours du voussoir se termine en Q & en S. Ou bien on prendra la retombée oblique k^4 k^5, si la pierre s'étend de *k* en S, puis avec le biveau mixte d'aplomb & de doële V 5^a K de la fig. 142, posé sur l'arête A *a* de la fig. 146 en V 5 K, on tracera l'arc K 5 sur le parement vertical de joint montant *a* R. On en fera de même avec le biveau mixte *u* 5^a L de la fig. 142 sur le parement *d* S de la fig. 146. Enfin avec le biveau mixte *u* 5^b B du ceintre formé sur la diagonale FB, on creusera une plumée au-dessous du point 5^b de la fig. 146, tenant le plan de ce biveau dirigé suivant la diagonale de la pierre marquée *b* X; ainsi on abattra la pierre suivant les trois arcs donnés 5^a K, 5^b B, qui est celui de la plumée du milieu, & 5 S, en posant la regle de l'un à l'autre sur les parties aliquotes de ces arcs elliptiques; c'est-à-dire que si la regle est sur la moitié de l'un par un bout, elle soit aussi sur la moitié de l'autre arc vers le second bout de la regle; si elle est posée sur le tiers

CHAP. VII. DES VOUTES COMPOSÉES, &c.   227

d'un arc en haut, elle soit aussi sur le tiers de l'autre du même côté d'en haut, comme nous l'avons dit de la formation des surfaces doliolimes, parce que chacune des branches des voussoirs d'enfourchement de cette voûte sont des doliolimes à la doële, & que leurs lits sont des surfaces mixtilimes.

Celles-ci se feront facilement de la même maniere, après que les doëles seront faites, en prenant les biveaux mixtes de lit & de doële donnés à la fig. 142 en $8^a 5^a$ K, $8^b 5^b$ B, $8^o 5^o$ L, qu'on tiendra toujours dans une situation verticale, posant la branche courbe sur les mêmes arcs qu'on a formé avec les bivaux mixtes d'aplomb & de doële, & la branche droite dans le même plan que cet arc, ce qui est facile sur les paremens $a q$, $d 5$ qui sont donnés ; mais pour le milieu, on dirigera cette branche droite vers un point X marqué dans la diagonale de la pierre, où l'on fera aussi une plumée pour la direction de l'inclinaison de ce lit ; ces trois lignes données serviront à former les lits gauches, comme nous venons de le dire de la doële gauche. Les lits de dessous se feront de même, & la pierre sera achevée.

Fig. 142 & 146.

L'exemple que nous venons de donner pour un des voussoirs d'enfourchement, dont les doëles font un angle rentrant, comme aux arcs de cloître, montre aussi de quelle maniere on doit faire ceux dont les doëles font un angle saillant, comme les voûtes d'arête, ce que la fig. 145 expose à la vue, du moins pour un côté fG, parce que l'autre qui est derriere ne peut être dessiné qu'en supposant la pierre transparente, ce qui cause une confusion de lignes difficile à démêler. Il faut seulement observer que les paremens verticaux $g r$, $1^x k$, destinés pour les têtes, doivent toujours être dans un plan dirigé au centre M de la fig. 142, comme KM, BM, LM, sans quoi la rétombée GN ne doit pas être égale à N r de la fig. 142, ni d'équerre sur l'arête g G de la fig. 145, parce qu'il n'y a que les sections verticales qui tendent à l'axe de la vis, qui est tout représenté en projection horisontale par le seul point M, quelque hauteur qu'il puisse avoir, qui soient des demi-ellipses droites ; tous les autres ceintres des sections qui passent ailleurs que par le point M sont des demi-ellipses rampantes, lesquelles sont toutes différentes suivant leur direction, & suivant l'éloignement où elles sont du diametre GD du ceintre primitif, mais qu'il n'est pas nécessaire de décrire, parce que

Fig. 142 & 145.

F f ij

Fig. 142 & 145.

les joints de doële aux têtes des voussoirs ne doivent point avoir d'autre direction qu'à l'axe de la vis, dont la base est le point M.

Supposant cependant qu'on eût quelque raison de tracer un de ces ceintres transversaux par une ligne donnée, par exemple en P r^0, (fig. 142) perpendiculairement à la direction de la vis du côté GF, prolongée en P de l'intervalle d'une retombée G p. On prolongera la naissance de la voûte du côté du noyau OG en e jusqu'à l'aplomb $z\, p^z$, puis on portera l'intervalle B r^0 de D en p^z, où il tombe par hasard, duquel abaissant la perpendiculaire p^z W, on prendra la hauteur e W qu'on portera du point r^0 en R perpendiculairement à P r^0; la ligne PR sera le diametre rampant de la section verticale par la ligne donnée P r^0, & la hauteur sous-clef CH du ceintre primitif GHD sera la moitié de son diametre conjugué. Ainsi sur tous les points o, o, où le diametre PR coupe les projections des joints de lit de la vis, on posera les ordonnées $p^5\; 5, p\; 4$, &c. qui donneront les points r^5, r^4 de l'arc rampant P h' R que l'on cherche; mais comme la projection horisontale P r^0 coupe la diagonale FB au point d^z, par où passe l'ordonnée à plomb $o\, x$, il est visible que la partie de l'arc depuis P en x, est dans le vuide du second berceau BF, par conséquent que le point x répond au point f^z du ceintre de la diagonale F h^d B, où finit l'arc rampant; ainsi la section qu'on cherche n'est pas une demi-ellipse complette, mais seulement un arc $x\, h'\, R$, *qu'il falloit déterminer*. Il est visible que plus le diametre donné approchera du point B, plus l'arc de la section diminuera, & au contraire qu'il augmentera d'autant plus qu'il approchera du point F, ensorte que lorsque le diametre sera terminé au noyau, la section sera une demi-ellipse. Il est aussi visible que ce ceintre sera d'autant plus rampant, qu'il approchera du point B, & d'autant moins que son diametre approchera de celui du ceintre primitif GD, qui est de niveau.

Explication démonstrative.

Fig. 142.

On a vu, lorsque nous avons expliqué la vis Saint-Giles ronde, que ses joints de lit à la doële étoient des hélices inégalement inclinées à l'horison. Ici au lieu d'hélices, ce sont des lignes droites aussi inégalement inclinées à l'horison, qui

CHAP. VII. DES VOUTES COMPOSÉES, &c. 229

Fig. 142.

sont représentées pour une moitié de rampe par les lignes OG, Op^2, Op^3, &c, OD, qui se croisent au point O, qu'il faut concevoir au milieu de EF de la fig. 141, ou du noyau, comme en O, ou de la tour quarrée dans laquelle est la vis, comme en o, ensorte que le point O du profil (fig. 142) soit conçu comme étant à plomb au-dessus ou au-dessous du point E, ou du point A, selon l'inclinaison de montée ou de descente de A en B, ou de B en A, de sorte que le seul point O du profil représente les six points A, o^2, o^4, o^3, o^5, E, & le triangle OGD, toutes les sections verticales faites par les lignes EF, $o^2 d^2$, $o^3 d^3$, $o^4 b^4$, $o^5 b^5$, AB, dont les valeurs sont OG, Op^2, Op^3, Op^4, Op^5, OD.

Cela supposé, il est clair que toutes les sections horisontales qui tendront à l'axe, & qui seront en situation horisontale comme MD, par exemple na, feront toutes des angles égaux avec les joints de lit OG, Op^2, &c. par conséquent que tous les diametres IK, FB, NL, GD seront des axes de ces sections, parce que toutes leurs ordonnées seront à angle droit, comme celles du ceintre primitif GHD, mais non pas celles des sections qui ne passeront pas par le point M dans la projection horisontale, parce qu'elles ne tendront pas à l'axe. Il nous reste à expliquer pourquoi (fig. 146) nous avons pris les retombées quarrément sur les arêtes aA, dD, comme si la doële n'étoit pas gauche, parce qu'il semble que par cette construction la naissance des arcs de la doële doit être une ligne droite parallele à celle du panneau des hauteurs de retombées, & cependant on voit évidemment par le profil que ces lignes ne sont pas dans un même plan, & qu'elles se croisent. Pour détromper l'esprit de cette fausse apparence, il n'y a qu'à considérer que les retombées de chaque pan de doële, comme Kk^5, Bb^5, ne sont ni paralleles ni égales, & que cependant chacune d'elles est dans un plan de niveau, quoique les lignes qui aboutissent à leurs extrémités soient rampantes; or il est clair que si l'on fait une ligne $b^5 t$, parallele à la retombée Kk^5, le point t tombera au-dessus ou au-dessous de B, puisque B & b^5 sont de niveau, par la supposition; car le point t n'aura pas assez monté, si la rampe monte de K en B, ou le point se fera élevé au-dessus de b, qui est de niveau avec le point B, par conséquent l'arête de la naissance de la doële & du lit inférieur ne sera pas parallele à la base du panneau des hauteurs de retombées, qui est plus courte que cette arête du côté de l'arc de cloître, & plus longue du côté du noyau qui fait la voûte d'arête.

Fig. 147 & 148. On a représenté à la fig. 147 une pierre du noyau portant enfourchement sans coupe, mais en section horisontale, & à la fig. 148, une pierre du noyau qui doit se poser au-dessus ou au-dessous entre les angles, pour donner une idée de leur figure, & soulager l'imagination de ceux qui voudront couper du trait, comme il convient de le faire avant que d'en venir à l'exécution, parce que les figures des pierres de cette vis sont trop singulieres pour se les bien représenter dans l'imagination, sans la soulager par des modeles, lorsqu'il s'agit de l'exécution.

CHAPITRE VIII.

Des voûtes composées de coniques & de cylindroïdes.

ON fait des escaliers *suspendus*, ou plutôt portés par des voûtes de différentes especes, qui n'ont d'appui que du côté de la *cage*, parce qu'on laisse le milieu vuide, ce qui leur donne plus de gaieté & de lumiere. Comme ces cages sont ordinairement quarrées ou en quarré long, on pratique, aux angles, des paliers qu'on soutient par des trompes, ou par des demi-berceaux en arcs de cloître; souvent dans le même escalier on fait des voûtes de l'une & de l'autre espece; savoir, des trompes sous les paliers quarrés qui font le retour des rampes & des demi-voûtes en arcs de cloître sous les paliers de communication d'un appartement à l'autre. De quelque maniere qu'on soutienne ces paliers, on fait porter les rampes par ces especes de demi-berceaux droits sur les impostes & courbes au sommet, que nous avons appellé au tome précédent *cylindrico-sphéroïdes*, & dont nous avons donné le trait à la pag 490. Nous avons aussi donné les traits des voûtes en *trompes sur le coin*, & en arcs de cloître, qui conviennent pour soutenir le palier; il ne s'agit ici que d'un assemblage de ces parties, que nous connoissons chacune en particulier, c'est en quoi consiste toute la difficulté de ce trait.

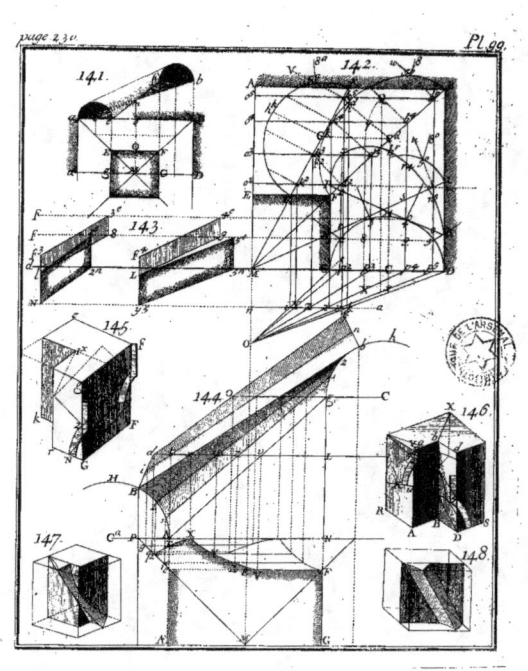

Chap. VIII. DES VOUTES COMPOSÉES, &c. 231

PROBLEME XIII.

Faire un escalier suspendu & à repos, porté par des trompes ou des voûtes en arcs de cloître.

Soit (fig. 149.) un quarré ou un quarré long ABDE, le plan horifontal de la cage d'un escalier; au milieu duquel on veut laisser un vuide FGIK, compris par les côtés des rampes FG, GI, IK, & par un palier de communication d'appartements R*k* EA. Si l'on prolonge les côtés des trois rampes FG, GI, IK, de part & d'autre, leurs prolongations formeront dans les angles de la cage deux quarrés *m* BHG, & I*cz*DN, auxquels aboutissent les rampes des marches, les unes en montant, comme FG en G *m*, les autres en descendant, comme IG en GH. Quoique nous ne parlions ici que d'une cage quarrée ou en quarré long, rien n'empêcheroit qu'on ne pût pratiquer le même escalier dans un autre polygone, pentagone, exagone, &c. alors les paliers ne feroient plus quarrés, mais des trapezoïdes, qui auroient un angle obtus, qui les rendroit d'autant moins propres à y construire des voûtes solides, qu'il seroit ouvert, parce que la partie qui porteroit à faux étant dans l'angle aigu, elle deviendroit plus grande, & par conséquent plus foible. D'où il suit que dans une cage en triangle, l'escalier deviendroit plus solide, mais les paliers ne seroient plus quarrés, par conséquent ils seroient moins beaux; ainsi il faut s'en tenir à la figure d'une cage en quarré ou en quarré long.

Cela supposé, on commencera par faire le profil d'une des rampes, en faisant servir le côté AB pour sa base, & élevant des perpendiculaires sur les points R & *m*, ce qui se fera facilement si la cage est sur un rectangle, parce qu'alors il n'y a qu'à prolonger les côtés du vuide KR & I *m*. Sur une de ces perpendiculaires, comme *m* M, on portera la hauteur de la rampe, c'est-à-dire, la somme de celle de toutes les marches qu'elle contient, laquelle sera égale à la moitié de FG, si les girons sont doubles de la hauteur des marches, on tirera RM pour la ligne de rampe, & l'horifontale M *b* égale à *m* B, pour le profil du repos auquel elle aboutit. On fera ensuite la projection verticale de la trompe qui doit couvrir ce palier &

Planch. 100.
Fig. 149.

Fig. 149.

porter celui de l'étage au-dessus $G^m B^4$, laquelle projection sera l'élévation d'une des têtes d'une trompe sur le coin, que nous avons dit au tome précédent, page 271, devoir être une parabole ; & comme cette tête de trompe doit se joindre immédiatement avec celle du demi-berceau qui couvre la rampe, en montant d'un côté & en descendant de l'autre, il suit que cette courbe doit aussi être celle des têtes du demi berceau rampant, & non pas un quart de cercle, ni un arc de 60 degrés, comme le font le P. Derand & après lui M. de la Rue, qui ayant fait la hauteur R r égale à RA, largeur du palier, tracent de l'intervalle A r pour rayon, & des points A & r pour centres, des arcs qui se coupent en C^e, d'où comme centre & du même rayon ils décrivent l'arc A q r, dont ils font le ceintre de la tête de la trompe & de la rampe.

Pour moi, qui ne dois copier personne, pour ne pas faire acheter au Public ce dont il est déja en possession, je fais mon ceintre primitif parabolique, non par affectation, pour me distinguer, mais par plusieurs raisons qui me paroissent mériter qu'on y ait égard. La premiere est, que la pratique des Auteurs nommés pêche contre une regle de décoration, qu'on doit inviolablement observer lorsqu'il est possible, qui est d'éviter les jarrets à la jonction des surfaces planes des murs avec les courbes des voûtes : or il est clair que l'arc A q r fait un jarret en A avec la ligne AL, qui représente le profil du mur de cage, puisque le rayon AC^e de l'arc de 60 degrés A q r n'est pas perpendiculaire sur LA, qui est une verticale, avec laquelle il fait un angle aigu de 75 degrés, comme il est aisé de le démontrer. Car l'angle de la corde r A avec le rayon AC^e est (par la construction) de 60 degrés, par conséquent plus grand de 15 degrés que l'angle RA r, qui est de 45 : ainsi l'angle $LAC^e = 90 - 15 = 75$: donc la droite LA, prise comme profil du mur aplomb, fait avec l'arc A q r un jarret en A, parce que la ligne AL n'est pas une tangente à l'arc A q r, mais seulement au quart de cercle A n r, au dedans duquel est l'arc A q r. Puisqu'on doit éviter cette difformité, & cependant diminuer un peu de la concavité du quart de cercle, afin que que la voûte pousse moins au vuide, il suit qu'on doit preferer la parabole à l'arc de 60 degrés, pour que la voûte ne fasse pas de jarret à sa naissance A, & qu'elle ne pousse pas trop au vuide en r.

La

CHAP. VII. DES VOUTES COMPOSÉES, &c.

La seconde raison est, que cette courbe de ceintre en demie parabole, qui est peu différente dans son contour A p r de l'arc de 60 dégrés A q r, comme il paroît à la vue par le peu de distance du point p au point q, a cependant beaucoup moins de poussée en r, puisque la partie r p 1 s'éleve beaucoup moins que la partie r q 1.

Fig. 149.

La troisieme raison est, que les jarrets étant inévitables à la jonction des voussures rampantes avec les trompes dont les axes AR & M b sont de niveau, il vaut mieux diminuer ceux des voussures à leurs bases qu'à leurs sommets, parce que la direction de la poussée de leur charge sur la trompe agit moins contre le vuide, étant évident que l'angle curviligne p r H est plus ouvert que l'angle q r H, par conséquent que la charge de la rampe est mieux appuyée sur la trompe, & que le jarret qui est en r dans l'une & l'autre construction, est moins sensible dans la mienne. Je conviendrai que s'il diminue à la base, il augmente au sommet S ; mais il est clair que la solidité n'en souffre point, au contraire la voûte en seroit plus solide, & quant à la beauté de la décoration, il sera aisé de supprimer ce jarret, en faisant la courbe rampante r HS de deux arcs de cercles, au lieu d'un seul, tel que le font les Auteurs cités, en faisant le petit TS tangent au premier r HT, & à la parabole S b, comme nous le pratiquerons dans notre trait.

La quatrieme raison qui me détermine au ceintre parabolique, est la simplicité & l'uniformité de la doële de la trompe, qui sera une portion d'un seul cône droit régulier, coupé obliquement par ses faces, comme la *trompe droite sur le coin* ; au lieu qu'en faisant le ceintre A q r de chacune des faces circulaires, il en résulte une surface moins réguliere, qui est un composé de deux portions de cônes scalenes, dont les surfaces qui se rencontrent sur la diagonale AF ou BG, font entre elles un angle saillant à la clef, comme on peut le concevoir par le discours de la page 129 du Ier. tome, & en jettant les yeux sur la fig. 80 de la planche 7 du premier livre, qui représente la position de ces deux cônes, qui se pénétrent mutuellement, vus en perspective. Cet angle saillant est à la vérité fort obtus, mais il ne l'est pas au point qu'il devienne insensible, par conséquent il interrompt l'uniformité de la doële & y fait un jarret sans nécessité.

Enfin la cinquieme raison est, que le ceintre parabolique

Tome III. G g

Fig. 149. n'eſt pas moins convenable à la vouſſure rampante, qui porte les marches entre les paliers, qu'aux trompes qui ſoutiennent ces paliers, auxquelles cette vouſſure doit ſe joindre, en ce que le renflement des ceintres tranſverſaux de la rampe r HS ſe fait très-regulierement par des paraboles de différentes amplitudes, qui ont toujours leur axe de niveau, & leur ſommet à la naiſſance de la vouſſure RM, laquelle courbe par cette diſpoſition n'y fait aucun jarret, comme on peut le remarquer au profil D œ 8 h^m, qui ſera expliqué ci-après; cela ſuppoſé, nous venons à la conſtruction.

Ayant pris la longueur AR pour axe d'une parabole, & la hauteur r R pour ſon amplitude, c'eſt-à-dire pour ſa plus grande ordonnée, on décrira cette courbe (par le probl. X du 2^d liv.) laquelle ſervira de ceintre primitif, tant pour les trompes des paliers, que pour la vouſſure rampante qui porte les marches de l'eſcalier à ſa jonction, & on le diviſera en ſes vouſſoirs aux points 1°, 2°, 3°, par leſquels on menera des paralleles à l'ordonnée r R, qu'on prolongera juſqu'à la ligne L^e K, qui eſt la projection de la tête de la trompe oppoſée du palier L^e E k K.

Ces lignes couperont la diagonale aux points a^1, a^2, a^3, F, par où on menera des paralleles au côté AB de la cage, juſqu'à la rencontre de la ligne m G, qui eſt auſſi la projection de la face de la trompe oppoſée à l'autre coin B, qui porte le palier m B H$^\circ$ G. Ces lignes & les précédentes donneront les cordes des projections des joints de lit des vouſſures rampantes, comme RM, & auſſi de celles qui peuvent être de niveau, comme FK, ſuppoſant que ce ſoit un palier de communication d'appartemens de plain-pied.

J'ai dit que ces lignes étoient les cordes des projections, & non pas les projections, parce que les arêtes des joints de lit doivent être des courbes à double courbure, comme nous l'avons dit au tome précédent, (pages 494 & 495) contre la pratique des Auteurs qui ont écrit de ce trait. Il n'en eſt pas de même pour les joints de lit des trompes, qui ſont des lignes droites, parce que ce ſont des ſections *verticales*, c'eſt-à-dire par le ſommet du cône, par conſéquent leurs projections ſont les lignes droites tirées du ſommet A ou B, par les points p^1, p^2, p^3, F, & 1^r, 2^r, 3^r, F, qui ſont les projections des diviſions du ceintre primitif. La valeur de toutes ces projections ſe trouvera, comme il a été dit au tome précédent, au trait de la trompe ſur

CHAP. VII. DES VOUTES COMPOSÉES, &c.

Fig. 149.

le coin (page 270) en faisant un profil sur chacune de ces projections pour base, par un triangle rectangle où l'on a les jambes données ; sçavoir la projection horisontale pour une, & la hauteur de la division pour l'autre ; l'hypotenuse sera la vraie longueur du joint de lit, de laquelle on déduira celle du trompillon.

Pour faire ces profils, on peut profiter de l'angle droit K k N, & porter sur N k les hauteurs des divisions du ceintre primitif $1° n^1$, $2° n^2$, $3° n^3$, r R, en k^1, k^2, k^3, k, K ; & les projections A p^1, A p^2, A p^3, AF, en $k a^1$, $k a^2$, $k a^3$, $k af$; les lignes $k a^1$, $k^2 a^2$, $k^3 a^3$, K af, seront les valeurs des joints de lit de la trompe que l'on cherche. Quant à la projection horisontale & verticale de la rampe, si l'on veut faire les intervalles des joints de lit égaux entre eux dans chaque section verticale ou inclinée, il faut avoir recours au trait qui a été donné à la page 490 du tome précédent ; mais si, pour la facilité de l'exécution, on vouloit se relâcher de la grande régularité, qui donne pour les arêtes des lits des courbes à double courbure, & les faire en courbes planes dans des plans verticaux, on peut s'y prendre de la maniere suivante. On tracera, si l'on veut, à la main la courbe r HTS, suivant le bombement qu'on veut donner à l'arête du sommet de la voussure, au-dessus de la ligne droite de rampe r S, parallele à RM, & le raccordement de cette courbe avec le profil de la tête de la trompe, qui est une parabole S $p b$.

Ou bien, si l'on veut opérer géométriquement, pour éviter les jarrets au point S, on portera la longueur M b en $b t$ prolongée ; on tirera t S, qui sera une tangente à cette parabole, à laquelle on menera par le point S, une perpendiculaire S o, sur laquelle on prendra à volonté un point O, pour centre du petit arc de raccordement ST. Ensuite par un point T de cet arc, aussi pris à volonté, on tirera par le point O, une ligne indéfinie TOC^r. Puis par les points T & r, ayant tiré la corde T r, on la divisera en deux également en m^t, où on lui tirera une perpendiculaire qui rencontrera la ligne TO prolongée en un point C^r, duquel comme centre, on décrira l'arc r HT qui touchera l'arc TS, lequel TS touche aussi la parabole ; par conséquent il ne se fera point de jarret depuis le point r de la trompe inférieure jusqu'au point b, qui représente sur le même plan vertical le point H° du plan horifontal, fur le même alignement, du côté de l'efcalier.

Fig. 149.

On peut décrire auffi cet arc rampant par les différentes manieres qui ont été données au 2d livre, en fe donnant à volonté une ligne de fommité, & prolongeant la tangente *t* S jufqu'à cette ligne de fommité ; enfuite chercher le point T de l'attouchement de la courbe à décrire avec cette ligne de fommité, par exemple *i i*, & continuer par les prob. XIII, page 184, & XV, page 188, ou XX, page 210 (*Tome I*). Comme ce bombement que l'on donne au fommet de la vouffure n'eft fait que pour donner de la force à cette partie qui porte le limon des marches, & que l'impofte de fa naiffance RM eft toujours une ligne droite, ce bombement doit infenfiblement diminuer à chaque joint de lit, comme il a été dit au tome précédent, page 491, où nous avons fait leurs arêtes à double courbure, fuivant la grande régularité.

Mais comme pour variété de trait, nous nous relâchons de cette régularité, en faifant ces arêtes en courbes planes, comme font tous les Auteurs cités, on pourra auffi diminuer comme eux le renflement de ces arêtes, mais plus régulierement, comme nous allons faire. On menera par les points de hauteur des divifions de la trompe inférieure à fa tête f^1, f^2, f^3, *r*, des paralleles à la rampe RM, qui donneront fur SM les points 1^s, 2^s, 3^s, S, par lefquels on tirera des lignes du point *t*, comme $t\,1^s$, $t\,2^s$, $t\,3^s$, auxquels on fera à ces points des perpendiculaires qui couperont la ligne TC^r en des points c^1, c^2, c^3, où feront les centres des petits arcs de cercle qui couperont la même ligne TC^r en des points t^1, t^2, t^3, par lefquels on tirera des cordes qu'on divifera en deux également, pour faire fur leurs milieux des perpendiculaires, comme on a fait fur la corde *r* T, lefquelles couperont la ligne TC^r en des points où feront les centres du grand arc qui acheve le rampant ; lefquels centres s'éloignant toujours de plus en plus, donnent des arcs moins convexes, à mefure qu'on approche de l'impofte, qui font cependant toujours tangens au petit, lequel fe racorde à peu près avec les joints de lit de la trompe fupérieure, comme au fommet S. Les projections verticales des joints de lit étant données, elles ferviront à faire les profils des fections verticales de la vouffure rampante RS, qui font néceffaires pour

CHAP. VII. DES VOUTES COMPOSÉES, &c.   237

former les têtes des voussoirs, & des cerches pour creuser leurs doëles.

Fig. 149.

Supposant, par exemple, qu'on veuille faire un *profil par la ligne du milieu* HM^e, on prendra pour base de ce profil une ligne horisontale, comme I œ, qui est divisée en parties égales à celle de la ligne LF ou OP, qui est la section du plan vertical HM^e, avec la projection horisontale de la voussure. Sur IG, perpendiculaire à I œ, on portera la hauteur H m^r du point I en h^m; sur sa parallele $3^p\ 3^z$, on portera la hauteur $m^r\ z^3$; sur $2^p\ 2^z$, on portera la hauteur $m^r\ z^2$; enfin sur $1^p\ 1^z$, on portera la hauteur $m^r\ z^1$, & par les points œ, 1^z, 2^z, 3^z, h^m, on tracera la courbe $h^m\ 2^z$ œ, qui sera le profil du milieu de la voussure, par un plan perpendiculaire au mur de la cage. On pourra faire autant de profils que l'on voudra sur d'autres plans parallels, passans par des points donnés h^d Q & h^e q, en prenant les hauteurs des sections des arcs rampans avec les projections verticales des joints de lit au-dessus de la rampe aux points m^d, m^e. Les courbes tracées suivant cette méthode sont moins régulieres que des arcs de parabole, qu'on peut leur substituer en opérant *d'une maniere inverse*.

Au lieu de commencer par les projections verticales des joints de lit, comme nous venons de faire, on peut commencer par faire les profils des sections verticales de la voussure, par des plans perpendiculaires au mur de la cage, lesquels auront toutes leur axe de même longueur OP ou I œ; & pour amplitudes des demi-paraboles qu'on veut faire, on aura les hauteurs différentes $h^d\ m^d$, H m^r, $h^e\ m^e$; ainsi (par le prob. X du 2e liv.) on décrira les demi-paraboles h^m œ, h^e œ, h^d œ, qui couperont les paralleles à IG aux points 3^z, 3, 3^d; 2^z, 2, 2^d; 1^z, 1, 1^d, lesquels détermineront les hauteurs de la projection verticale SR, qui doivent donner les points des courbes rampantes f', z, 1^s; $f^2\ z^2\ 2^s$; $f^3\ z^3\ 3^s$; r, H, S. Cette derniere maniere a l'avantage sur la précédente que la doële est plus régulière, étant un paraboloïde tangent au mur de la cage; mais la précédente est plus propre à diminuer les jarrets des joints de lit de la voussure à leur jonction avec ceux des trompes.

Lorsqu'on suit la maniere du P. Derand, qui ne fait qu'un arc de cercle dont r S est la corde, ces jarrets sont d'autant plus sensibles que cet arc est d'un petit nombre de degrés, & si pour les diminuer on veut faire cet arc plus concave, en le

Fig. 149. faisant d'un grand nombre de degrés, on est obligé de prendre la naissance de la voûte fort bas, ou d'entailler les voussoirs du sommet pour y loger les marches de l'escalier, ce qui l'affoiblit; le seul avantage qu'on peut alléguer en faveur de sa construction, est que le plus grand enfoncement de l'arc est au milieu du vuide de l'escalier, ce qui ne mérite aucune considération, parce que les arcs rampans sont naturels à la situation inclinée des faces qui sont sur le vuide de la cage. Venons présentement à la formation du ceintre de bombement de la voussure LFKL^e, qui porte le grand palier de communication de niveau d'un appartement à l'autre, lequel a sa naissance sur la ligne droite AE, & sa tête à plomb de la ligne FK. Cette voussure peut être jointe en LF & L^e K, à une trompe sur le coin ALFR, de même qu'à l'autre bout en L^e K k E, ou bien à un arc de cloître établi dans chacun des angles; nous y supposerons encore des trompes.

Il est assez difficile de raccorder le bombement de cette voussure avec le ceintre de tête de ces trompes, qui fait une continuation de section transversale verticale sur la ligne de projection horisontale R k, sans qu'il y paroisse quelques jarrets, à moins que la cage ne soit un peu large. Il faut se contenter de les rendre les moins sensibles que l'on peut. Le trait du P. Derand & celui de M^e d e la R $\jmath$ e en font un à chaque naissance R & k, parce qu'ils font le ceintre primitif de la trompe qui n'est pas tangent au mur de cage. Par notre méthode nous effaçons celui-là, & même celui qui se fait à la jonction de la voussure en L & L^e, ou F^e & K^e, même lorsqu'on sera assujetti par une hauteur de palier donné P^a P^e, qui soit trop basse pour ne faire qu'un arc de cercle dans la face sur le vuide. Soit R a^2 L, le profil de la tête de la trompe sur la ligne RF, que nous avons fait en demi-parabole; on portera la longueur LA sur la même ligne prolongée en r, & l'on tirera la droite r L, à laquelle on fera au point L une perpendiculaire, qui coupera la ligne du milieu de la cage c M^e d en X, où sera le centre de l'arc L d L^e; & au cas que le point d monte trop haut, comme il peut arriver lorsque le palier est long, il faudra faire ce ceintre de trois arcs de cercle qui se touchent sans se croiser, suivant la méthode que nous avons donné au Tome I. liv. II, page 203.

Ou si l'on veut, pour opérer encore plus parfaitement, on peut faire passer un arc elliptique par les trois points donnés

Chap. VII. DES VOUTES COMPOSÉES, &c.

LVLe, enforte qu'il foit tangent aux deux paraboles, c'eſt-à-dire perpendiculaire à la ligne LX d'un côté, & L^e X de l'autre; ce qui eſt facile en prolongeant les deux tangentes des paraboles des trompes qui ſe rencontreront en Y; la ligne paſſant par YX ſera ſur un des demi-diametres de l'ellipſe, & (par le probl. XIV, page 277 du tome II,) on trouvera autant de points que l'on voudra de cet arc d'ellipſe. Les joints de lit de cette vouſſure, qui eſt de niveau ſuivant la direction de ſon impoſte, diminueront comme ceux des vouſſures inclinées par leur impoſte & rampantes par le bombement ſur le vuide de la cage, & courbes depuis le ſommet juſqu'à l'impoſte, comme il a été dit pour la vouſſure RS rampante; les doëles des vouſſoirs ſe feront auſſi, ſi l'on veut, en ceintres paraboliques. La projection horiſontale, & la verticale des joints de lit étant faite, on s'en ſervira pour tailler les vouſſoirs par équarriſſement, parce que la voie des panneaux ſeroit trop incommode, à cauſe du *gauche* de la doële.

Fig. 149.

Application du trait ſur la pierre.

Suppoſant qu'il s'agiſſe d'un vouſſoir d'enfourchement de la trompe & de la vouſſure rampante à la ſeconde aſſiſe, on commencera par dreſſer un parement pour un lit de ſuppoſition horiſontale, dont on levera le panneau ſur l'épure, ſuivant la longueur de la pierre deſtinée à la formation de ce vouſſoir, qui eſt déterminée au plan horiſontal par l'exagone irrégulier u 1^r de 2^r t, qui eſt partie dans la trompe u 2^r, partie dans la vouſſure rampante en 2^r d. Ayant tracé ſur le lit de ſuppoſition le contour de ce panneau, on abattra enſuite la pierre à l'équerre ſur l'angle ſaillant t 2^r e, pour former deux paremens à plomb, qui ſe rencontreront ſuivant une arête verticale, ſur laquelle on portera les hauteurs $o f^1$, $o f^2$, priſes au profil au-deſſus de l'horiſontale V o, menée par le point V le plus bas du vouſſoir donné par la ſection de la verticale u V, & de la projection du joint de lit A f^1 de la fig. 149. On portera auſſi ſur la ligne VT de la fig. 150 la hauteur VV^2 du profil, qui eſt donnée par l'interſection de la verticale u V prolongée avec le profil du joint de lit A f^2, & l'on tirera ſur le parement V b de la fig. 150 les lignes Vf^1, V$^2 f^2$.

Fig. 149 & 150.

Sur le ſecond parement b D, on tracera auſſi avec un panneau

Fig. 149 &
150.

le profil de la partie $f^1\,d^1$, $e^2\,f^2$, qui repréfente dans fes juftes mefures la longueur & l'inclinaifon de la partie du voufloir qui entre dans la vouflure rampante, au lieu que la partie précédente $V f^2$ étant racourcie dans ce même profil, on n'a pas pu en faire un panneau. Sur ce fecond parement, on abattra la pierre à l'équerre le long des lignes $f^1\,d^1$, $d^1\,e^2$; & au premier parement on l'abattra à l'équerre fuivant la ligne $t\,f^1$ & non pas fuivant la ligne $t\,V$, mais fuivant un biveau $2^r\,t\,y$, formé fur l'angle du joint $t\,2^r$ avec la ligne $t\,y$, parallele à la corde LR. Par cette opération, on formera les deux têtes des branches du voufloir, pour y pofer les arcs de chacune des fections des deux voûtes, & un plan incliné perpendiculaire au vertical paflant par l'arête du joint de lit de la trompe, pour tracer fur cet incliné les lignes de retombées de ces arcs, à la diftance où elles font marquées dans la projection, & convergentes comme $2^r\,t$, $1^r\,u$. Enfin on formera une quatrieme furface courbe, fuivant l'incliné $f^1\,d^1$, pour y tracer les deux paralleles de la projection $1^r\,d$, $2^r\,e$.

Il faut préfentement abattre la pierre fuivant les lignes des joints de lit des arêtes fupérieures; favoir, $V^2\,f^2$ qui eft droite, & $f^2\,e^2$ qui eft courbe, en fe fervant des biveaux d'aplomb & de coupe, qu'on a tracé un peu au-deflous en $a^2\,2°\,6$ pour la trompe, & $2°\,2\,6$ pour la vouflure rampante; par ce moyen, on formera les deux lits de deflus, qui fe rencontreront en angle faillant fur la diagonale de projection $2^r\,1^r$. Après avoir formé le lit de deflus par le moyen du biveau de coupe & d'aplomb, on formera le lit de deflous, en abattant la pierre avec le biveau de niveau & de coupe marqué aux profils, tant de la trompe que de la vouflure $O^r\,1°\,5$, tenant la branche de celui de la trompe parallele à la tête $t\,y$, & celui de la partie de la vouflure d'équerre à l'arête courbe $f^1\,d^1$, c'eft-à-dire aufli parallele à la tête. Enfin avec les biveaux mixtes de lit & de doële, ou avec des cerches différentes prifes fur les profils des paraboles $h^d\,\alpha$, $h^c\,\alpha$, &c. on formera la furface de la doële entre les deux arêtes de lit données, en tenant ces cerches paralleles à la tête.

Nous difons qu'il faut des cerches différentes, parce que la furface de cette vouflure étant gauche & irréguliere, une cerche ne peut fervir que pour une feule pofition donnée: ce qui eft clair, parce que les intervalles des arêtes des joints de lits

s'écartent

Chap. VIII. DES VOUTES COMPOSÉES, &c.

s'écartent les uns des autres, en montant jusques vers T, & ensuite se resserrent jusques en S.

Quoique nous ne parlions que de cerches en position verticale, on pourroit cependant en faire d'inclinées perpendiculaires au plan du mur vertical ; mais celles-ci ne seroient plus des paraboles, & suivant la formation de la voussure, il faudroit en chercher les points par leurs intersections avec les paraboles primitives, ce qui alongeroit l'opération sans qu'il en revînt aucun avantage, qu'au cas que la voussure fût revêtue de lambris de menuiserie, ce qui ne se pratique jamais en fait d'escalier.

Après avoir parlé des voussoirs d'enfourchement, il nous reste à dire quelque chose des autres en continuation vers la trompe ou vers le rampant. Pour ceux de la trompe sur le coin, nous n'avons rien à ajouter à ce qui en a été dit à la page 270 du II tome. Mais à l'égard de ceux du rampant, ils seront tracés par la voie d'équarrissement.

Ayant dressé un parement $a\,b\,c\,d$, on le destinera pour être un vertical de supposition, sur lequel on appliquera le panneau que donnera la longueur de la pierre présentée sur l'élévation, par exemple, pour la continuation du même voussoir du second rang, le quadriligne mixte $e^2\,y\,z\,d^1$, & l'on abattra la pierre suivant le contour de ce panneau à l'équerre de trois côtés, savoir par les deux têtes & au lit de dessous, lequel sera creusé en portion cylindrique, suivant la courbe $d^1\,z^1$. Ensuite avec le biveau d'aplomb & de coupe $R^2\,2^1$, 6, on abattra la pierre pour former le lit de dessus, suivant l'arête courbe $e^2\,y$, tenant toujours une branche du biveau parallelement aux arêtes des têtes $e^2\,d^1$ & $y\,z$, & l'autre dans un plan perpendiculaire au premier parement, ce qui formera une surface convexe, portion d'un cylindre scalène ; & dans la surface concave, qui est une portion d'un cylindre droit, que nous avons fait pour avoir seulement l'arête du lit de dessous, on y tracera une parallele avec une regle pliante distante de l'arête $d^1\,z^1$ de la longueur de la retombée $p^1\,p^2$ de ce voussoir, suivant laquelle on abattra la pierre avec le biveau 4 1 o de la coupe du lit 4 1, & d'une ligne de niveau 1 o, & l'on formera ainsi le lit de dessous, après quoi l'on creusera la doële suivant les cerches de plusieurs arcs verticaux différens, suivant l'exactitude que l'on veut apporter à cette opération, mais en il faudra au moins trois, une à chaque tête & une au milieu ; celle de la tête $y\,z$ sera prise au profil sur l'arc

Fig. 149 & 152.

$1^\cdot 2^d$, & les autres fur des courbes tracées fur les fections qui leur conviennent, de la même maniere qu'on a trouvé la courbe œ h, & la pierre fera achevée.

Fig. 149 & 153.

Il ne reste plus de différence de façons de voussoirs qu'aux angles rentrans des retours de rampes, que la clef de la trompe doit former par un enfourchement de trois branches, comme on le voit à fa projection G *g* 3g 2³ 3ᵉ 3ˢ 3ⁿ 3ᵘ *g*ᵉ, marquée à l'élevation en perspective par la lettre A, dont on viendra facilement à bout par la voie de l'équarrissement, appliquant premierement le panneau de fa projection horisontale fur un parement dressé, pour y tracer son contour : on commencera par abattre la pierre suivant la direction de ses têtes qui sont à angle droit, ce qui donnera deux paremens verticaux d'équerre entre eux & avec le premier parement de supposition horisontale ; ensuite on abattra le prisme rectangulaire, dont la base est le parallelogramme G *g i g*ᵉ, qui formera un angle rentrant, dont les côtés seront les deux têtes des voussures rampantes de différentes directions, lesquelles se prendront, l'une à la naissance de l'arc rampant *r* HS vers *r*, l'autre vers S, où on levera les panneaux de ces deux branches, qui font un angle rentrant à l'équerre entre elles, supposant que le vuide de l'escalier soit exactement quarré.

On formera ensuite les têtes de chaque voussure rampante, de la même maniere que nous l'avons dit de la partie $1^\cdot d e$ 1 $2^\cdot$ du second voussoir, par le moyen de laquelle on aura la tête 2 *g* G & G 3ⁿ de la clef de la trompe ; ensuite menant par le point 3ᵉ pris à volonté pour la queue de la clef, une parallele 3ᵉ 3ˣ à GS, la différence des hauteurs M 3ˢ & *x* 3ˣ donnera celle des points 2³ 3ᵉ, par conséquent l'inclinaison de l'arête du joint de la trompe, qui sera la même que celle du joint *g*ᵉ 3ᵉ ; le reste de la doële de la clef & des lits se fera comme aux trompes fur le coin, dont nous avons parlé à la page 270 du tome II. La fig. 153 fait voir à peu près l'effet de cette clef toute taillée & prête à poser.

REMARQUE.

Il y a une observation à faire fur la direction des joints de tête de l'arc rampant *r* S, c'est que de quelque façon qu'on fasse ceux du corps de la voussure, soit à plomb, soit perpen-

CHAP. VIII. DES VOUTES COMPOSÉES, &c. 243

diculairement à la direction de la ligne de rampe RM, ni l'une ni l'autre de ces directions né convient à la tête de l'arc rampant r HS, parce qu'ils doivent être perpendiculaires à cet arc, de forte que les joints de tête des vouſſoirs du ſommet de la vouſſure devroient avoir au-dedans une fauſſe coupe, dont le P. Derand ni M. de la Rue ne diſent rien ; pour moi je crois qu'elle convient, je ne ſais ſi elle a été miſe en exécution.

Explication démonſtrative.

Ce trait eſt fait ſur le grand principe de l'équarriſſement, qui eſt l'uſage des projections verticales & horiſontales, expliqué au commencement de ce 4e livre. On a fait la projection horiſontale des joints de lit, tant des trompes que des vouſſures rampantes, enſuite on en a fait l'élévation, dans laquelle on trouve les meſures des rampans, mais non pas des coniques de la trompe, de ſorte qu'on eſt obligé de les chercher par un profil particulier. A l'égard des courbes des ceintres de tête, tant des trompes que des rampans, elles ſont données dans cette élévation, parce qu'elles ſont paralleles au plan ſur lequel elles ſont tracées ; mais parce que celles qui ſont les ceintres des joints montans des vouſſures rampantes, ſont dans des plans perpendiculaires à celui de l'élévation, elles n'y ſont repréſentées que par des lignes droites m^r H, ou $m^d\ h^d$, de ſorte qu'on eſt obligé de les chercher par un profil à part, comme en $æ\ h^e$ ou $æ\ h^d$, où l'on prend les abſciſſes ſur le plan horiſontal, & les ordonnées ſur l'élévation, comme nous l'avons dit. Le reſte de la conſtruction des ceintres, pour empêcher les jarrets à la rencontre des différentes parties données, a été expliqué dans l'uſage des tangentes des paraboles, & des autres courbes circulaires ou elliptiques.

Pour aider l'imagination du lecteur à ſe repréſenter l'effet de cette ſorte d'eſcalier, & l'accord des différentes voûtes qui y ſont raſſemblées, on a cru qu'il convenoit de mettre ſous les yeux une repréſentation en perſpective d'une de ſes moitiés, en ſuppoſant la cage coupée par la ligne $c\ M^e\ d$, & regardée d'une diſtance à peu près égale à ſa profondeur ; ce genre de deſſein m'a paru préférable à celui d'une élévation, en ce qu'il ne s'agit pas ici de meſures à prendre ſur le deſſein, mais de la

Fig. 154

représentation de toutes les parties qu'une seule élévation ne peut exprimer.

Remarque sur l'usage.

Les Architectes du siecle passé, au rapport du P. Derand, faisoient beaucoup d'escaliers suspendus à repos, portés les uns par des arcs de cloître, les autres par des trompes, & quelquefois de l'une & de l'autre maniere. Il en reste encore beaucoup à Paris, entre autres à l'Hôtel des Fermes, entre les rues de Grenelle & du Boulois. Mais ces sortes d'escaliers ne sont plus guere à la mode. Premierement, parce qu'ils chargent trop les bâtimens, & coûtent beaucoup, tant en voûtes qu'en épaississemens des murs, qu'il faut renforcer pour résister à leur poussée; encore est-il de la prudence d'y ajouter beaucoup de fer pour mieux s'assurer de leur résistance. Secondement, parce que s'il s'agit d'un grand hôtel, il ne convient pas de pousser l'escalier principal plus haut que le premier étage, qui doit être le seul pour l'usage du maître; ceux qui montent au-dessus pour les logemens des domestiques, doivent être à part derriere le grand escalier ou ailleurs. Troisiemement, parce que rien ne donne plus d'air de grandeur qu'une belle cage ouverte jusqu'au comble, & dont le plafond est susceptible des décorations de la peinture & de la sculpture; & s'il ne s'agit que de l'escalier d'un second étage, on peut le faire propre, solide, dégagé & léger, avec des limons de charpente si l'on veut, ou avec des rampes de pierre, qui portent les marches sans le secours des voûtes, qui leur donnent un air bas & écrasé.

CHAPITRE IX.

Des voûtes composées d'annulaires & de conoïdes qui les croisent.

En termes de l'art,

Des voûtes d'arête sur le noyau.

C'Est ici une de ces especes de voûtes dont le trait n'a pas été donné correctement par les Auteurs des traités de la coupe des pierres. M. de la Ruë a remarqué qu'aux voûtes d'arête sur le noyau des écuries du Roi à Versailles, on apperçe-

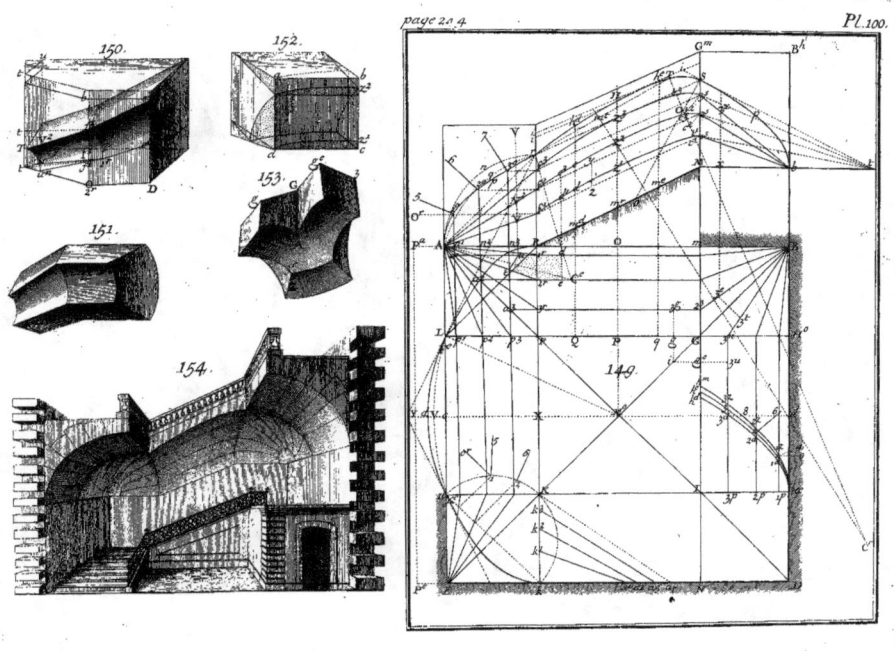

CHAP. IX. DES VOUTES COMPOSÉES, &c. 245
voit quantité de jarrets dans les arêtes d'enfourchemens, *malgré les ragrémens qu'on avoit pu y faire*, ce qui lui a donné occasion de proposer des panneaux de développemens de doële, afin de corriger & éviter ceux que l'on pourroit faire en pareil cas.

Ce moyen est bon pour pallier le mal, mais il ne va pas à la cause, qui est la fausseté du trait du P. Derand, qu'il a suivi, en ce qu'il fait pour la projection de chaque arête, un arc de cercle, au lieu d'une courbe méchanique qui n'est certainement point circulaire ; ainsi faisant son épure sur un faux principe, & se réglant sur une courbe qui ne peut servir qu'à causer de nouvelles irrégularités, puisqu'elle sert de base à la position & aux divisions des joints, il ne seroit pas étonnant que la voûte de M. de la Rue, malgré sa précaution, fît encore des jarrets, à la vérité moins sensibles qu'ils ne le seroient sans ce correctif ; mais cependant ils seront encore réels & suffisans pour offenser l'œil d'un spectateur délicat, quoiqu'il ne puisse pas bien dire en quoi une telle figure de voûte pêche.

PROBLEME XIV.

Faire une voûte d'arête sur le noyau.

Soit (fig. 157), le quadriligne mixte ABED, le plan horisontal d'une portion de voûte sur le noyau, dont le centre est C^n, laquelle est traversée par une autre sorte de voûte conoïde de cette espece dont nous avons parlé sous le nom de *passage ébrasé*, dont la clef est de niveau, & dont la direction des impostes est supposée en BA & ED, tendante au centre C^n, & celle de tous ses autres joints de lit à une ligne verticale dont le point C^n est la projection ; telles sont les lignes continuées $V^1 n^1$, $V^2 n^2$, & le milieu de la clef QO, qui doit être de niveau, & passer par le milieu M de celle de la voûte sur le noyau, qui est dans la courbe CMN. Si l'on choisit pour ceintre primitif l'arc droit de la voûte sur le noyau, on fera sur AB, comme diametre, le demi-cercle AHB, ou une demi ellipse sur-haussée ou sur-baissée, il n'importe, c'est au choix de l'Architecte. L'ayant divisé en ses voussoirs aux points 1, 2, 3, 4, & abaissé de ces points des perpendiculaires sur son diametre AB, qui le couperont aux points p^1, p^2, &c. on tracera par tous ces points des arcs concentriques au noyau AOD, qui seront

Planch. 101.
Fig. 155
& 157.

les projections horifontales des joints du berceau tournant autour du noyau, lesquelles feront croifées par celles de la voûte conoïde directe BADE.

Pour déterminer les points d'interfection des projections des joints de lits de ces deux efpeces de voûtes, le P. Derand & M. de la Ruë font paffer des arcs de cercles par les trois points donnés A, M, E, & B, M, D, des interfections des lignes des impoftes, & du milieu de chaque voûte ; ces arcs de cercles coupent les projections des joints tournans en des points f, g, i, k & F, G, I, K, qui leur déterminent la pofition des projections droites des joints de lit de la partie de la voûte conoïde, laquelle croife celle qui eft tournante fur le noyau, au centre duquel C^n ils tirent ces joints $V^1 n^1$, $V^2 n^2$. Mais cette méthode, comme nous venons de le dire, eft mauvaife & fauffe dans fon principe, parce que les projections des arêtes ne font pas des arcs de cercles, mais des courbes méchaniques, dont il faut chercher les points par l'interfection des projections naturelles à la voûte du paffage ébrafé, qui ne tendent pas toujours au centre du noyau, comme le pratiquent les Auteurs cités, & de celles des joints tournans de la voûte fur le noyau.

Il faut donc commencer par divifer proportionnellement les diametres des ceintres des extrêmités oppofées du paffage ébrafé, pour y placer les projections des divifions des vouffoirs en parties relatives, & en même nombre que celles du ceintre primitif AHB de la voûte fur le noyau ; ainfi on divifera les cordes BE & AD proportionnellement aux divifions du diametre AB, ou, ce qui eft la même chofe, leurs moitiés Bm & AL aux moitiés BC & AC. Pour cet effet on tirera Cm & CL de milieu en milieu, & par les points des projections p^1, p^2 on menera des paralleles à CL, qui donneront par leurs interfections avec la ligne AD, les points l^1 l^2 que l'on cherche fur cette ligne, & par les points p^3, p^4, des paralleles à Cm, qui donneront fur BE les points 1^3, 1^4 que l'on cherche, lefquels donneront auffi les autres points des projections entre m & E pour la moitié mE, étant reportés à même diftance d'un côté à l'autre.

Si l'on tire des lignes droites des points 1^4, 1^3 aux points l^1, l^2, on aura les projections des joints de lit, lefquelles tendront au centre C^n fi le noyau eft circulaire, auquel cas il fuffit de trouver les points d'une moitié AL ou Bm, & tirer

Fig. 157.

CHAP. VII. DES VOUTES COMPOSÉES, &c.   247

ces lignes par le centre C^n, parce qu'alors on a deux points donnés de chaque projection de joint de lit ; savoir C^n, qui est commun à tous, & celui qu'on a trouvé sur un des diametre AD ou BE ; mais si le noyau est elliptique, le centre C^n devient inutile ; il faut chercher les projections sur chaque ligne AD, BE, & tirer les lignes droites d'un point à son correspondant sur l'autre diametre opposé. Les intersections de ces projections droites avec les courbes concentriques au noyau donneront par leurs intersections les points D, F, G, I, K, B pour l'arête BMD, & les points f, g, i, k pour la courbe de projection de l'arête AME, qui est égale à la précédente, & qui la croise à la clef en M.

Fig. 157.

Comme ces arêtes sont des courbes à double courbure, il faut, suivant nos principes, en chercher les points sur une surface courbe cylindrique qui ait pour base la projection d'un des joints de lit courbes concentriques au noyau, pour avoir l'intersection de la surface conoïde du passage ébrasé qui forme les lunettes avec une ouverture en tour ronde ; c'est pourquoi il faut rectifier chacune des bases cylindriques, comme AOD, BQE, pour former sur ces bases les ceintres en développement, qui doivent être appliqués sur chacune des surfaces cylindriques verticales qui coupent la voûte sur le noyau par des arcs horisontaux $p^2 g, p$ I, &c, & le passage ébrasé par des arcs verticaux dont les projections sont les courbes G g, i I, &c, qu'il faut chercher, comme il suit.

Soit, par exemple, à tracer celle dont BQE est la projection ; ayant tiré par le point Q la droite $b e$ parallele à BE, & égale à l'arc BQE rectifié, on portera sur cette ligne la longueur QV^3 rectifiée en $Q v$ sur $Q b$, & $V^3 V^4$ rectifié en $v^3 t^4$, & enfin V^4 B rectifié en $t^4 b$, portant aussi les mêmes distances sur l'autre moitié Q e ; ensuite sur tous les points t^1, t^2, t^3, t^4, on élevera des perpendiculaires, qu'on fera égales aux hauteurs des retombées correspondantes au ceintre primitif 1 p^1, 2 p^2 en $t^1 2^1, t^2 2^2$, CH en $Q h^d$, &c. La courbe $b h^d e$ sera la naissance de la voûte d'arête sur l'arc BQE, laquelle sert dans toute son étendue, de même que la courbe A h^n D du côté du noyau, l'une pour être pliée sur une surface concave BQE, l'autre sur une surface cylindrique convexe du noyau AOD. Les autres ceintres en développement ne servent qu'en partie ; celui qui est fait sur la rectification de l'arc $p^1 q^1$ ne sert que dans la

Fig. 157.

partie depuis f en F; celui qui est formé sur l'arc $p^2 q^2$ ne sert que depuis g en G, ainsi des autres formés depuis M en Q, c'est-à-dire dans la partie du conoïde du passage ébrasé, laquelle diminue depuis les lignes d'impostes de supposition AB, DE, jusqu'à la clef M, commune à la voûte annulaire & à la conoïde.

Il est aisé de voir par la figure que les ceintres en développement sur toutes les surfaces cylindriques, passans par les points $p^1 q^1$, $p^2 q^2$, &c. sont tracés par le moyen des rectifications des arcs de projection avec leurs divisions pour abscisses, & avec les hauteurs des retombées du ceintre primitif pour ordonnées. On y a rassemblé du côté du noyau les trois courbes $2^n h^n n$, $1^t h^n r$, $o h^n d$, qui se resserrent depuis la clef vers le noyau, & les moitiés des trois autres R h^d, S h^d, $e h^d$, qui s'élargissent depuis la clef M vers le piédroit concave BQE, & la courbe du milieu sur CMN en $c h^n n$, qui doit être le ceintre primitif du passage ébrasé, lequel doit approcher autant qu'on le peut du demi-cercle, afin que les parties des extrêmités, l'une sur-haussée vers le noyau, & l'autre sur-baissée vers le piédroit concave, soient également différentes du cercle en différens sens, l'une en sur-haussé l'autre en sur-baissé.

Par exemple, pour avoir celle qui se feroit sur la base courbe S $m p^4$, projection du premier joint de lit de la voûte sur le noyau; ayant rectifié sa moitié $m k$ 5^4, on la portera de Q en S, avec celle de ses parties $m k$, $m k^2$ que l'on n'a pas marqué sur la ligne QS, pour éviter la confusion des lettres; & sur chacune de ses divisions, élevant une perpendiculaire, on y portera la hauteur du ceintre primitif qui lui appartient, comme en k la hauteur p^4 ou p 1, en k^2 la hauteur p 3 ou p 2, & l'on aura une courbe S $o h^d$ plus resserrée que la premiere $e h^d$. Par la même pratique, on tracera la courbe qui provient de la même section du cylindre, dont la base est l'arc horisontal q R^1, en portant la rectification de l'arc $q i$ R sur la droite QR, avec celle de sa partie $q i$, & l'on aura la courbe R 1°-h^d pour moitié de ce ceintre.

On a rassemblé dans ce trait les trois courbes qui s'élargissent depuis celle du milieu CMN d'un côté en R h^d, S h^d, $e h^d$, & les trois autres qui se resserrent en $r h^2$, $s h^n$, D h^n, cette derniere étant le ceintre du côté du noyau. On a aussi marqué le ceintre du milieu passant par H du ceintre primitif, ou ce qui est

CHAP. IX. DES VOUTES COMPOSÉES, &c.

est la même chose, par sa projection M en $n\,h^n\,c$, qui se trouve ici un demi-cercle par hasard, parce qu'on a fait la courbe CMN égale au diametre ACB du ceintre primitif & circulaire de la voûte sur le noyau, ce qui donne un agrément à la voûte, lorsqu'on le peut, parce que les ceintres des piédroits opposés BQE & AOD different également de la courbe circulaire, l'une en la sur-baissant, l'autre en la sur-haussant. On a aussi tiré les horisontales $2^1\,o^n$, $2^2\,i^o$, du côté des grands ceintres, & de l'autre $1^o\,o$ & $4^o\,o$, pour marquer que si l'on rassemble ces ceintres sur une même base Q e, ou L n, les hauteurs des divisions de ces ceintres sont toutes égales. Ainsi ayant tiré ces lignes pour l'un de ces ceintres, les perpendiculaires des divisions de la base les couperont en des points qui appartiendront aux points des divisions de chacun de ces ceintres resserrés ou élargis; ce qui épargne la peine de répéter les hauteurs, & fait voir d'un coup d'œil le rapport de toutes ces courbes, ou seulement de leur moitié, ce qui suffit, puisque l'autre moitié n'en est qu'une répétition en sens contraire.

Par le moyen de ces courbes on peut bien tracer les voussoirs, & les conduire à leur perfection par une voie d'équarrissement, comme nous le dirons ci-après; mais parce que M. de la Ruë juge que pour vérification du contour des arêtes, il convient de faire des panneaux de doële, nous allons donner une méthode d'en faire le développement, beaucoup plus simple que la sienne. Ayant élevé sur les divisions 1^4, 1^3 de la corde BE, des perpendiculaires 1^4 X, 1^3 Y égales à $p^4\,4$, $p^3\,3$, qui sont les hauteurs correspondantes du ceintre primitif, on tracera (par le prob. 16 du 2^d liv.) la courbe BXY h S, qui sera une de ces ovales du 4e ordre, dont nous avons parlé : on en fera de même sur la corde AD, pour avoir l'autre opposée AZ $\gamma\,h^n$ D. On portera ensuite la longueur LQ à part, comme à la fig. 156, avec ses divisions O, M, & m, & ayant abaissé des perpendiculaires aux points L & m prolongées indéfiniment, on portera sur chacune de ces lignes la rectification d'une moitié de ces courbes, en faisant L l^2 égale à l'arc $h^n\,\gamma$, L l^1 égale à h^n Z, & LD égale à l'arc h^n ZA. De même sur la droite m E^b (fig. 156) on portera la rectification de l'arc h Y en m Y, h X en m X, & h B en m E^b; & l'on menera par les points l^2 Y, l^1 X, les droites l^2 V^2, l^1 V^1, D^d E^b; ensuite on portera la longueur 1^2 V^2 de la fig. 157, en Y V^2 de la fig. 156, 1^1 V^1

Fig. 157

Fig. 156. & 157.

Tome III.   I i

Fig. 156 &
157.

en $X V^1$, & par les points QV^2, V^1, E^b, de la fig. 156, on menera la courbe $Q E^b$; de même pour avoir la courbe OD^a, on portera la longueur $l^2 n^2$ de la projection horifontale (fig. 157,) en l^2 γ du développement; $l^1 n^1$ de la projection en $l^1 Z$ du développement; & par les points O, γ, Z, D^a, on tracera la courbe OD^a, qui fera celle de la tête de la doële du côté du noyau.

Il reste à préfent à trouver les points du développement des arêtes fur les lignes $l^2 V^2$, $l^1 V^1$. On portera la longueur de la projection $n^4 f$, $n^3 g$, ou bien n F, n^2 G, en Zf, γg du développement, 1^4 K en XK, 1^3 I en YI; & par les points M, I, K, E^b, & M, g, f, D^a, on menera des courbes à la main, qui feront d'autant plus exactement tracées qu'on y aura des points g, f, I & K, que l'on peut multiplier autant qu'on voudra, en prenant plufieurs points entre les divifions XYh du ceintre B h S, & les renvoyant par des perpendiculaires fur la projection horifontale, entre les points M, I, K, B, & m, 1^3, 1^4, B, comme on a fait aux lignes K 1^4 & I 1^3.

Application du trait fur la pierre.

Fig. 157.
& 158.

Pour tracer les vouffoirs de cette efpece de voûte, il faut fe reffouvenir de ce qui a été dit de la voûte d'arête ordinaire; la feule différence qu'il y a, c'eft que dans celle-ci il n'y a qu'une direction droite, l'autre étant courbe, circulaire, ou elliptique; mais en fe fervant de panneaux flexibles pour le côté courbe, cette variété ne caufe aucune difficulté. Soit, par exemple, le fecond vouffoir d'enfourchement à faire du côté du piédroit concave, dont la projection horifontale eft la figure mixte R $i u V k s$, fig. 158. Ayant fait un lit horifontal de fuppofition, pour y appliquer le panneau de cette figure levé fur l'épure, on abattra la pierre à l'équerre fur ce contour, excepté fur la partie renfoncée $f k$ V; enfuite fur l'arête verticale dont le point V eft la projection, ayant porté la retombée y 2^2, on appliquera fur la furface convexe, dont la courbe V u^2 eft la projection, le panneau flexible y $2^2 2^1$, avec fes coupes 2^2 6 & 2^1 5, & fur la furface cylindrique concave dont R x i eft la projection, on appliquera le panneau flexible de la partie du développement fait fur l'arc $p^3 q$ R^3, comme on a fait le ceintre b h e fur l'arc BQE, avec des coupes qui devroient être différentes des pré-

Chap. IX. DES VOUTES COMPOSÉES, &c. 251
cédentes, si l'on observoit la regle générale de les faire toujours perpendiculaires à la tangente ; mais parce qu'elles rendroient les lits gauches, on pourra, suivant l'usage ordinaire aux appareilleurs, faire ces coupes un peu fausses, en réglant leur inclinaison sur celles d'un ceintre pris au milieu en CMN, qui est dans ce trait $n\,h^n\,c$, afin qu'elle soit moyenne entre les ceintres sur-haussés $d\,h^n\,a$ d'un bout, & $b\,h^d\,e$, de l'autre, ainsi une coupe étant donnée dans une tête de voussoir, l'autre lui sera menée parallele, par le prob. I du II^d tome.

Les têtes convexe & concave du voussoir étant tracées, elles donneront la direction & la courbure de la doële conoïde, qui se fera à la regle, comme celle des coniques ordinaires, & sur la tête droite $R^3\,E$, on appliquera le panneau 7 3 4 8 du ceintre primitif AHB, par le moyen de la hauteur $y\,3$ posée sur l'arête verticale, dont le point i est la projection d'un côté & R de l'autre, & l'on traînera la retombée $y\,4$ parallelement à l'arête horisontale $i\,R$, sur le lit de supposition horisontale, & la pierre sera tracée pour la partie du berceau tournant, dont la doële se creusera comme aux voûtes sur le noyau simple. La rencontre de cette surface avec celle du conoïde, donnera l'arête d'enfourchement, dont on pourra diriger exactement le contour, en appliquant sur la doële de direction droite $V^2\,i$, le panneau flexible de son développement pris dans la fig. 156, dans sa partie IK V^1 V^2, car si ce panneau est appliqué intimement à la doële, ensorte que son côté $V^1\,V^2$ soit ajusté le long de l'arête dont $V^2\,V$ est la projection, le côté IK donnera le contour de l'arête courbe à double courbure, dont $i\,k$ est la projection horisontale, ainsi des autres voussoirs. Les fig. 158 & 159 font voir l'effet des voussoirs d'enfourchement, l'un ébauché, l'autre fait, vus du côté de la doële par dessous.

Fig. 158. & 159.

Explication démonstrative.

On a vu au tome précédent tout ce qui concerne la construction des voûtes simples, dont celle-ci est composée ; ainsi l'on peut y avoir recours pour la voûte sur le noyau, page 438, & pour le passage ébrasé, page 466. Il nous reste seulement à rendre raison de notre maniere de faire le développement des pendantifs inégaux de cette espece de voûte d'arête. Il est clair que la partie de la voûte de passage ébrasé est la seule où l'on

Fig. 157.

doive faire usage de panneaux flexibles, parce que sa surface est à simple courbure, au lieu que celle de la voûte sur le noyau est comme les sphériques à double courbure, de sorte qu'une surface plane ne peut s'y appliquer, si flexible qu'elle puisse être, sans s'étendre en différens sens, ce qui est impossible avec du carton ou du fer blanc, dont on fait les panneaux flexibles; par conséquent, on ne peut faire de développement que des pandantifs du passage ébrasé, & c'en est assez pour la pratique, parce que leurs extrêmités déterminent les arêtes à double courbure des enfourchemens, & les angles rentrans des formerets, qui sont concaves en dehors, & convexes du côté du noyau.

Nous avons démontré au théoreme VI du 1er livre, que la section perpendiculaire au rayon $C^n Q$, étoit un ovale du quatrieme ordre; ainsi supposant un plan vertical passant par BE, il formera pour section la courbe B x^4 E dans la voûte annulaire, & la courbe B h E dans la conoïde, lesquelles n'ont rien de commun que les points B & E, parce que la clef de la premiere est au-dessous de la seconde de toute la hauteur h 4 du profil, ainsi le pandantif BM m, ou son double BME, est tout composé de la seule surface conoïde; il en est de même de son opposé AMD. Si l'on considere présentement que toutes les divisions des voussoirs des ceintres opposés A h^n D vers le noyau, & B h E vers l'ébrasement, sont à des hauteurs égales, par la construction, on reconnoîtra que toutes les lignes des arêtes des joints de lit sont des droites horisontales, par conséquent qu'elles sont représentées dans leur juste longueur sur le plan horisontal, tant dans le tout que dans chacune de leurs parties comprises depuis la tour creuse d'un côté, & ronde de l'autre de la voûte sur le noyau. Donc les parties de MQ, M m, MO, ML, doivent être égales au développement de la fig. 156, à celles qui sont cottées des mêmes lettres à la fig. 157; & parce que le plan passant par BE est supposé vertical, toutes les lignes qui sont dans ce plan seront perpendiculaires à la ligne L m, perpendiculaire à BE, donc au développement, ME^b doit être perpendiculaire à L m. Or comme la ligne BE représente la section elliptique B h E, la moitié m B doit être exprimée au développement par la rectification de la demi-ellipse h B, qui sera aussi étendue en ligne droite, par la raison qu'on a vu à la page 389 du tome premier.

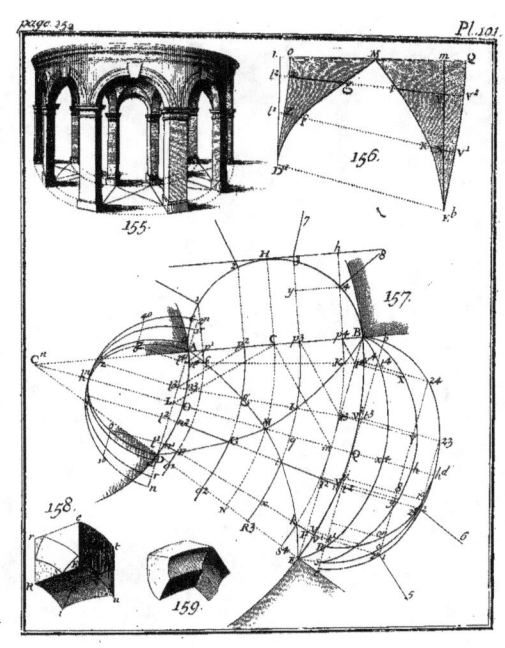

CHAP. X. DE LA RENCONTRE DES VOUTES, &c. 253

Ce que nous disons de la section sur BE sert aussi pour celle qui est supposée faite sur AD; d'où il est aisé de conclure que tous les points D^a, f, g, M, I, K, E^b (fig. 156,) sont au contour de l'arête d'enfourchement développée sur le conoïde, & les points $o, 7, Z, D^a$ & Q, V^1, V^1, E^b sont au contour du formeret sur la tour, qui fait les piédroits de la voûte sur le noyau : donc le développement fait par cette construction est exact, & infiniment plus simple que celui de M. de la Rue. Quoique nous ayons ébauché nos voussoirs en portion cylindrique, il ne seroit pas impossible de commencer par un parement droit parallele aux cordes AD, BE, il auroit sa commodité pour la formation des lunettes du passage ébrasé; mais dans la partie de la voûte sur le noyau, il faudroit tracer une portion de la courbe du 4e ordre, qui est la section plane de l'anneau, ce qui rendroit le trait plus composé.

CHAPITRE X.

De la rencontre des voûtes helicoïdes avec les sphéroïdes & les cylindriques.

EXEMPLE.

En termes de l'art,

Trompe en niche rampante, rachetant une vis S. Giles ronde.

CE trait n'est pas un des moins difficiles de la coupe des pierres, le P. Derand s'y est trompé, comme l'a fort bien remarqué M. de la Rue, qui en a donné un plus correct. Celui que je vais proposer est si semblable au sien, qu'on pourroit croire que je le tiens de lui, si l'on pouvoit douter que ce fût une suite naturelle de la théorie que j'ai fait précéder au théorème VI du I.er livre, de la pratique que j'ai donné au prob. 16 du livre II, & enfin de la maxime générale pour la description des courbes quelconques, qui se forment par la mutuelle pénétration des solides. Quoiqu'on en pense, on ne pourra me refuser la justice d'en avoir éclairci le mystere, & démontré la justesse de l'opération, ce qui manque totalement au livre de M. de la Rue.

Pl. 102
Fig. 160.

254 STÉRÉOTOMIE, Liv. IV. Part. II.

Avant que d'entrer en matiere, je dirai que quoique j'exécute ce trait par une espece d'équarrissement comme lui, ce n'est pas que je pense que ce soit par une nécessité absolue, comme il l'assure, faute de pouvoir l'exécuter par panneaux; ses raisons, qu'il appuye du sentiment de Desargues, ne prouvent rien contre le commode usage des doëles plates dont il se sert lui-même dans la coupe des trompes coniques, & que nous avons employé en plusieurs rencontres, même pour la formation des surfaces gauches, en cherchant la distance du quatrieme angle de cette doële, lorsque le panneau plan & quadrilatere ne la touche qu'en trois. Il est de plus évident que si l'on vouloit réduire les doëles plates à des panneaux triangulaires, il n'y a point de surface concave gauche à laquelle ils ne puissent convenir : donc on peut employer dans ce trait les panneaux de doële plate ; mais parce que l'exécution en deviendroit extrémement composée & embarrassée, je ne la propose pas; le lecteur médiocrement intelligent la trouvera de lui-même s'il en est curieux, par l'exemple des panneaux de la voûte sur le noyau, expliquée au tome précédent. Il ne s'agit que de les briser en deux parties par une diagonale, & trouver l'angle d'inclinaison de ces deux moitiés triangulaires, ce qui n'est pas difficile, & qui ne mérite pas qu'on s'y arrête; il suffit d'avoir montré que les impossibilités sur lesquelles bien des gens décident hardiment, ne le sont que pour ceux qui ne connoissent pas bien le fond des choses, & les moyens d'y parvenir.

Fig. 164. Soit (fig. 164,) l'arc de cercle TDS, la projection horisontale d'une portion de vis S. Giles, & le cercle $n\, d^n\, t^n$ son noyau, dont le centre est C^n, concentrique à l'arc TDS. Soit le demi-cercle AFB, la projection horisontale de la niche ou trompe qui doit racheter la voûte de la vis, suivant une arête à double courbure, dont A *ff* B est la projection qu'il faut trouver. Pour y

Fig. 163. parvenir, il faut auparavant faire l'élévation de la niche sur un plan vertical, dont la droite AB, qui est son diametre horisontal, est la projection. Ayant tiré par le centre du noyau C^n, & le milieu C^t du diametre AB, la droite indéfinie C^n CE, on lui menera par les points A & B les paralleles A a^2, B b; puis ayant mené par le point a, pris à volonté sur A a^2, la droite $a\,b$ parallele à AB, on portera sur A a^2 la hauteur dont la vis Saint-Giles s'éleve en rampe dans l'intervalle BDA, c'est-à-dire, la hauteur dont le point A surpasse B, qu'on suppose ici l'inter-

CHAP. X. DE LA RENCONTRE DES VOUTES. 255

vallé $a\ a^2$, & l'on tirera la droite $b\ a^2$, qui repréfentera l'in- *Fig.* 163.
clinaifon de la rampe de la vis, mais non pas la projection ver- & 164.
ticale de fon contour ADB, qui eft une courbe ondée $a^2\ s\ c\ e$
$s\ b$, telle que nous l'avons décrite au livre IIIe, planche 20,
fig. 249. Sur la droite $b\ a^2$, comme diametre incliné de la
niche, & avec un demi-diametre conjugué de telle hauteur
qu'on voudra prendre fur C^e E, on décrira une ellipfe, qui fera
le ceintre vertical de cette niche; mais pour la rendre plus
facile & plus reguliere, lorfqu'il n'y a pas de fujétion, on
prendra pour ce demi-diametre vertical celui de la projection
horifontale C^t F; ainfi l'on fera C^e E égal à C^t F, & l'on
décrira la demi-ellipfe a^2 E b (par le probl. VIII, du 2e livre,
Tome I.) ou, ce qui fera plus commode, par le probl. 19,
(page 205 du même tome I.) en menant à volonté autant de
paralleles que l'on voudra à la ligne C^n E, qui coupent la
projection horifontale de la vis & de la niche, comme LH,
MI, N 3, 2 Q, K 8, G 9, indéfinies de part & d'autre, fur lefquelles on portera les ordonnées correfpondantes du demi-
cercle de la niche, comme q 12 en 24 2, p 11 en $p^1\ p^2$, o^1 1°
en o^2 2^2, de même $k q^3$ en 3^P 3, $i q^2$ en 2^P 2^m, $h q^1$ en H^P 2^3,
& par les points a^2, 2^3, 2^m, 3, E, 2, p^2, 12, b, on décrira l'arc
rampant, qui eft le ceintre vertical de la niche, qui repréfente celui de face, fur lequel on déterminera les coupes des
joints de tête, comme H 3, G 2, qu'on tirera au centre C^e
contre les regles des ceintres de face, parce que celle-ci n'eft
que fuppofée, & que l'opération en deviendra plus facile.

Nous fuppofons donc ici, pour plus grande fimplicité de la
figure, qu'il n'y a que trois vouffoirs à peu près égaux, & quatre joints de tête; favoir, 3 H, 2 G, &c. ceux des couffinets
$d\ a^2$, $b\ d^2$, & que les paralleles que nous avons tiré ci-devant,
paffent par leurs extrémités & leur milieu, ce qui eft indifférent,
puifque leur nombre & leur éloignement font arbitraires. Or
chacune d'entre elles étant confiderée dans le plan horifontal
& dans le plan vertical, comme la fection d'un plan vertical
qui coupe la vis Saint-Giles & la niche, peuvent être confidérées comme autant d'axes des courbes des fections qu'ils font
dans ces deux corps, lefquelles font des quarts de cercle dans
la niche, & des courbes ovales du 4e ordre, dont nous avons
parlé aux livres I & II; ainfi il faudra les chercher par le probl.
16, page 191, du tom. I, comme nous allons l'expliquer.

Fig. 164.

Fig. 169.

Par les points X, Y, Z, pris à volonté sur la ligne d^n D, diametre horifontal de la vis, on menera autant d'arcs de cercles concentriques X 13 o, Y 14 o, Z 9 O^2, prolongés jusqu'à un diametre pris à volonté, comme RS, sur lequel ayant décrit le demi-cercle S r R, on lui menera par tous les points o O^2 autant de perpendiculaires o r^1, o r^2, qui seront des ordonnées, & par les points 4, 5, 6, où les parallèles à la ligne EC^n coupent l'arc intérieur du plan horifontal de la vis, on menera autant de lignes au centre C^n du noyau, comme 4 C^n, 5 C^n, 6 C^n, qui couperont les arcs X o, Y o, Z O^2 aux points x, y, z, à une certaine distance des points où les parallèles coupent ces mêmes arcs aux points 7, 8, 9. Il faut trouver l'inclinaison des arcs rampans de la vis, dont ceux-ci font la projection horifontale; pour cela, il en faut faire le développement.

Soit fait à part l'horifontale e^x B (fig. 169), égale à l'arc BD, & la hauteur e^x c^h égale à e C^e de l'élévation; la droite C^h B sera celle de l'inclinaifon de la rampe de la vis à fon piédroit; mais parce que les arcs X 13, Y b, Z z font toujours plus petits en longueur, quoiqu'égaux en nombre de degrés, & que cependant ils montent tous en même tems à même hauteur, il faudra faire un développement de chacun d'eux fur l'horifontale e^x B, pour trouver la différence des inclinaifons des rampes, qui deviennent toujours plus grandes en approchant du noyau. Ainfi faifant la droite e^x 13 (figure 169) égale à l'arc du plan X 13, e^x b égale à Y b, e^x z égale à Z z, on aura les rampes C^h 13, C^h b, C^h z de chacun des arcs concentriques au noyau, par le moyen defquelles on trouvera facilement les hauteurs de chacune de leurs parties. Par exemple, pour trouver la hauteur que doit donner la partie horifontale x 7 de l'arc X 13, on la portera de e^x en 1^7, & l'on menera 1^7 3^4 parallele à C^h 13; la hauteur e^x 3^4 sera celle que l'on cherche. On trouvera de même la hauteur e^x 3^6 en portant z 9 de e^x en 1^9, & faifant 1^9 3^6 parallele à C^h z. Ces hauteurs ferviront à trouver les courbes ovales du 4e ordre que font dans la vis les plans qui la coupent verticalement & parallèlement à la ligne du milieu C^n E, lefquelles feront toutes différentes dans chaque plan qui en fera également éloigné. Mais ayant fait (par la conftruction) les paralleles correfpondantes de la droite & de la gauche également éloignées de cette ligne, on

pourra

Chap. X. DE LA RENCONTRE DES VOUTES. 257
pourra trouver deux de ces courbes sur un même plan, l'une qui monte, l'autre qui descend.

Soit mise à part la ligne 10, 9 (fig. 166), égale à la ligne 10 9 du plan horisontal; au point 9, on lui fera la perpendiculaire O o, sur laquelle on portera de part & d'autre la hauteur $e^x 3^6$ de la fig. 169, & ayant porté l'intervalle 10, 6 du plan horisontal de 10 en 6 à la fig. 166, on menera les lignes 6 o^2, 6 o. Ensuite on portera de 6 en 13 la longueur 6 13 du plan 6 b en 6 b de la fig. 166, & par les points 13 & 6, on menera des paralleles à o^1 r^2, sur lesquelles on portera les ordonnées correspondantes ; savoir, o r^3 de la fig. 164, en o r de la fig. 166, & la même de o^3 en o 13 ; de même $o r^4$ en o^4 X, & en o r sur la même ligne ; enfin $o r^5$ de o^5 en r^2, & de o en Y; & par les points trouvés r^2, X, r, 6, on fera passer une ligne courbe, de même qu'au-dessous par les points trouvés Y, r, r, 6. Mais parce que entre r^3 & 6 il n'y a pas assez de points pour guider cette courbe, il faudra faire plusieurs arcs concentriques au noyau entre les points x & 4 du plan, comme Q $f\!f$, &c. qui donneront des ordonnées $f\!f$, X^y & autres de suite dont on fera même usage que des précédentes, pour trouver les points de la courbe en dessus & en dessous. Enfin ces courbes étant tracées, du point b pour centre, & pour rayon l'intervalle 10 o^1 du plan horisontal, on décrira la portion de cercle, qui coupera l'une des courbes au point x (fig. 166,) & l'autre au point y. Cette figure représentera deux sections verticales, l'une par la ligne q^1 29, l'autre par la ligne 10, 9 rassemblées sur un même plan, dont les axes seront O 6 pour la section 9, 6 qui descend de 6 en 9, l'autre 6 o^5 de la section q^1 29, qui monte de 26 en 29, pendant que la section de la niche est la même.

Fig. 169 & 166.

On trouvera de la même maniere les courbes des autres sections faites par les lignes 11, 8, & 12, 7; car mettant à part (fig. 167) la ligne 25 8 égale à 5 8 du plan horisontal, on portera de part & d'autre du point 8 sur la perpendiculaire 8 R, les distances 8 o, 8 o^2 égales à la hauteur $e^x 3^5$ de la fig. 169, & l'on tirera les lignes 25 o & 25 o^2, sur lesquelles ayant porté toutes les longueurs des divisions des abscisses de la ligne 5 8, on y portera aussi les ordonnées $o r^4$, $o r^3$, $o r^2$, &c. comme l'on a fait à la figure précédente, & l'on aura les points r, X, r^2, &c. pour la courbe ascendante, & R $r r y$ pour la descendante, dont la projection horisontale est la droite 5, 8. Enfin on por-

Fig. 167.

Tome III.   K k

258   STÉRÉOTOMIE. Liv. IV. Partie II.

tera la distance $5p$ du plan horisontal en $2^s p$ de la fig. 167, & du point p pour centre & pour rayon p 11, on décrira l'arc de cercle 1 1 3 y, qui coupera ces courbes, l'une en x, l'autre en y. On trouvera de même les points des courbes qui se font aux sections 12, 4, 7 d'un côté, & q3 N de l'autre. Par le moyen des différences de ces sections, on fera la projection de l'arête d'enfourchement de la niche avec la vis.

Fig. 164.

Fig. 166, 167 & 168.

Ayant élevé sur SR (fig. 164), une perpendiculaire SF^z, on portera la distance C^t D de S en C^a, d'où comme centre & de l'intervalle C^t F, on décrira l'arc de cercle F^d F^2 X f, qui coupera le demi-cercle S r R en X^f; la longueur F^2 X^f sera portée au plan horisontal de D en ff. On portera de même (aux fig. 166, 167, 168) les longueurs 4 q, 5 p, 6 o^1, (qui sont égales par la construction à leurs correspondantes 23 k, 25 i, 26 h,) aux divisions 6, 25, 34, aux points marqués b, par lesquels on menera les perpendiculaires a b, qui couperont les arcs aux points d. Les distances d x & d y seront portées en avant du diamètre AB, savoir d x de la fig. 166, du point h au point 15, & d y de o^1 en 19, pour la courbe descendante; d x de la fig. 167 en 16 i pour la courbe ascendante, & d y en p 18 pour la descendante; enfin d x de la fig. 168 en k N pour la courbe ascendante, & d y en q 17 pour la descendante; & par les points trouvés A, 15, 16, N, ff, 17, 18, 19, B, on tracera la projection de l'arête d'enfourchement, où il faut remarquer que les lignes d x y qui sont courbes dans cette figure, comme partie d'arc de cercles, seront des droites tangentes à ces arcs. Si l'on ne veut pas que la niche fasse une arête plus basse que le point d, comme le fait M. de la Ruë, on change la nature de la courbe de cette arête, car alors la partie d y devient cylindrique, au lieu qu'en continuant les arcs de cercles, elle devient portion & continuation du sphéroïde. Dans l'exemple de cette figure la différence est si petite qu'elle peut être négligée; mais si le point d étoit beaucoup plus haut que les points x & y, il faudroit mener par ces points des horisontales pour avoir leur éloignement de la verticale a b, qui sert à trouver les points de la courbe A ff B.

Nous avons trouvé les sections du sphéroïde avec l'hélicoïde pour l'arête d'enfourchement, il faut à présent trouver la projection des joints de tête 3 H, 2 G, dont nous n'avons que les points 3 & 2, projettés, l'un en N, & l'autre en Q. On portera la longueur HH^p de l'élévation en b e^h de la fig. 166, & l'on

Chap. X. DE LA RENCONTRE DES VOUTES, &c. 259

tirera e^h Y perpendiculaire à $a\ b$, c'eſt-à-dire parallele à l'horiſontale $b\ 9$, laquelle e^h Y coupera la courbe aſcendante en X, & la deſcendante en Y. On portera ſur HL la diſtance e^h X du point h en L de la fig. 164, & la diſtance e^h Y de o^1 en 9 de la même fig. 164, ainſi l'on aura deux points de chacune des projections des joints, ce qui ſuffiroit s'ils étoient droits, mais parce qu'ils ſont courbes, il en faut d'autres entre deux pour en diriger la courbure ; nous nous contenterons d'en trouver un dans la ſection du milieu IM. On portera la longueur 1^p I de l'élévation, ou ſon égale K 35 de l'élévation, de b en e^r (fig. 167) & de l'autre côté l'on tirera e^r R perpendiculaire à $a\ b$; cette ligne e_r R, qui eſt une horiſontale, coupera les deux courbes, l'une en X, l'autre en Y ; la plus courte diſtance e^r X ſera portée à la projection de la fig. 164, de i en M, pour la courbe aſcendante, & l'autre e^r Y, de p en P, pour la courbe deſcendante ; & l'on menera par les points trouvés les courbes LMN pour un joint, & QP 9 pour l'autre, ce qui acheve la projection horiſontale de tout ce trait. Il ne s'agit plus que de trouver les cerches des joints de doële du ſphéroïde, & les panneaux des joints de tête.

Fig. 166.

Fig. 164. & 167.

Puiſque les ſections des ſphéroïdes ſont des ellipſes, il ne s'agit que d'en tracer de différentes ſur deux demi-diametres donnés. Premierement elles ont toutes pour demi-diametre commun la profondeur de la niche C^e F, qui eſt donnée dans la projection horiſontale, & tous les autres ſont donnés dans la projection verticale ; ſavoir, C^e 23, C^e 3, C^e E, C^e 2, C^e 22 : ainſi portant la longueur C^e F du plan horiſontal en $C^2 f$ de la fig. 165, on pourra en voir la différence ; cette ligne ſervira pour les unes de demi grand axe, & pour les autres de demi petit axe, ce qui n'a aucune difficulté. Il reſte à ajouter à chaque panneau de lit elliptique, celui du joint de tête, qui en eſt une continuation. Si l'on fait une partie cylindrique entre le ſphéroïde & la vis, on ajoutera au-devant de chaque ellipſe une portion droite, comme 22, 2, priſe à la projection en q Q, & 23 3, priſe ſur k N ; mais ſi l'on veut que le ſphéroïde rencontre la vis S. Giles ſans médiation, ces lignes ſeront des courbes en continuation des ellipſes $22 f$, $23 f$.

Fig. 165.

On portera ſur la ligne $C^2\ h^2$ la longueur du joint 2 G de la fig. 163 de 22 en g de la fig. 165, & la longueur 2 K de 22 en k, & par les points g & k, on abaiſſera ſur $h^2\ C^2$ les perpen-

K k ij

260   STEREOTOMIE. Liv. IV. Part. II.

Fig. 163 & 165. diculaires gg^2, kk^-, qu'on fera égales à $o 9$, & à pP du plan horifontal; & par les points, g^2, $k^2 2$, on tracera la courbe qui fera la fection du plan du joint & de la doële de la vis. De la même maniere, ayant porté la longueur 3 H de l'élevation de la fig. 163, de 23 en h^3 de la fig. 165, & 3 I en 23 i, on abaiffera par ces points les perpendiculaires $h^2 h^3$, $i^2 i$, & on les fera égales aux lignes h L, i M du plan horifontal; & par les points h^3, i^2, 3^n, on tracera la courbe de l'autre joint qui eft reprefenté à l'élevation (fig. 163) par la droite 3 H. Enfin pour le panneau du couffinet, on prendra la longueur du joint $a^2 d$, & fon milieu $a^2 u$ (fig. 163) & l'on tracera la courbe TV a (fig. 165,) qui fera peu différente de celle du plan horifontal TVA, parce que le joint $d a^2$ n'eft pas beaucoup incliné à l'horifon.

Application du trait fur la pierre.

Plan. 102, Fig. 163 & 170. Ayant dreffé un parement pour fervir de plan vertical, on y appliquera le panneau du vouffoir qu'on fe propofe de faire; par exemple, le premier $b 2$ pris en fon entier fur l'élevation, fig. 163, qui eft ici la figure triangulaire (fig. 170) $d^1 b C^e 2 G œ$, laiffant l'efpace depuis œ en d^1 indécis, & l'on abattra la pierre qui excede les lits $C^e d^1$, $C^e G$ à l'équerre; enfuite ayant repairé fur les deux arêtes les points 2 & 24, on tirera une ligne de l'un à l'autre pour lui tracer une parallele à une diftance arbitraire du point G, comme en œ, qui marquera le retour horifontal que l'on veut donner à la pierre au-delà de fon joint. Sur cette ligne on appliquera le biveau de l'angle que fait le plan vertical avec celui du joint montant dans la vis, lequel eft W O^2 S marqué au plan horifontal, & l'on appliquera fur ce point l'arc de cercle S X f r^5, que l'on tracera pour tailler la doële fuivant cette courbure, quand il en fera tems. On portera enfuite fur l'arête que fait la rencontre des lits, la longueur W C^e & W F, que l'on y marquera en repaire; & fur une parallele à cette arrête tracée par le point 2, on portera la longueur 27 Q, qu'on y marquera. Par le moyen de ces deux repaires, on y appliquera le panneau de lit $f 22 2 k^2 g^2$ de la fig. 165, pour y tracer fon contour. On appliquera auffi fous le lit de deffous le panneau $f a^2$ VT, pofant le point f fur le repaire F, & le point a^2 fur un repaire fait par une ligne 39 B tracée dans ce lit, parallele à fon arête W D. A cette parallele on en tracera une

CHAP. X. DE LA RENCONTRE DES VOUTES &c. 261

autre sur le lit de dessus, où l'on repairera la profondeur 39 9, qui donnera l'extrêmité du joint 6, duquel on tirera une ligne au repaire 39 ; enfin sur les points 24, p, c^2, où les trois paralleles se terminent au bas du plan vertical, on fera trois lignes de retour d'équerre sur lesquelles on repairera les longueurs des lignes horisontales 27 12, 38 11, & 39 10, qui serviront à donner la position des trois cerches des arcs descendans des fig. 166 & 167, & la pierre sera prête à être taillée.

Fig. 163.

On commencera par abattre la pierre le long de l'arête du joint montant avec le biveau de l'angle mixte S o^2 9, tenant ses branches d'équerre à cette arête, & par ce moyen on formera une portion de tour creuse ; on abattra ensuite la pierre qui remplit l'intérieur de la vis, suivant la cerche S r^s, que l'on tiendra toujours parallele à elle-même avec le lit de dessous suivant l'angle C^e 14 2, & son plan toujours perpendiculaire à l'arc BS, afin qu'elle soit toujours dirigée au centre du noyau, venant chercher les points repairés au plan du lit supérieur 2 K G. On creusera ensuite la niche entre les arcs tracés par les panneaux aux lits de dessus & de dessous, qui donnent deux côtés de la portion de sphéroïde ; & le troisieme représenté par 2 14, se formera par la cerche de l'arc 32 d de la fig. 168, & les autres de suite, ce que l'on pourra perfectionner par le moyen d'une cerche faite d'une portion d'ellipse, dont C^e 22, & Ce F sont les demi-axes. Il ne restera plus à faire que le lit supérieur de la pierre, qui fait partie de celui de la vis Saint-Giles, lequel se fera, comme nous l'avons dit en son lieu.

Fig. 163 & 164.

Démonstration.

Si l'on suppose la vis Saint-Giles & la niche qui la pénetre en partie coupées par un plan vertical passant par le milieu du noyau C^n, & par le milieu F de la niche, il est clair qu'il sera pour section deux arcs de cercles représentés en R Xf F^d, l'un comme R r^s S dans la vis, qui sera un demi-cercle dont le diametre RS sera horisontal, par la génération de cette vis ; l'autre sera une portion de cercle F^d F^2 Xf, par la formation du sphéroïde, lequel dans le cas présent est formé d'une suite de rayons de cercles, qui sont les ordonnées au diametre du demi-cercle AFB, transportées suivant leurs directions verticales &

Fig. 164.

horifontales dans le fphéroïde ; de forte qu'on doit le confidérer comme une fuite de cercles verticaux rangés fur un axe incliné. Cela fuppofé, la fection du fphéroïde ne changera pas
de figure, mais feulement de grandeur; il n'en eft pas de même
des fections verticales de la vis, il n'y en aura de circulaire
que celle qui paffe par fon centre; toutes celles qui s'en éloi-
gneront parallelement feront toujours des ovales du 4ᵉ ordre
d'un contour différent, comme nous l'avons démontré au
théor. VI. du I^r livre; de forte qu'on ne peut faire fervir une
pour toutes : c'eft pourquoi les rencontres de ces ovales avec
les arcs de cercles doubles du fphéroïde forment une courbe à
double courbure, qui n'eft pas uniforme aux deux côtés de la
fection circulaire faite fur la ligne du milieu C^n F; ce qui paroît
étonnant du premier abord, & contraire à l'uniformité des folides coupés, d'où eft venu l'erreur du P. Derand.

Fig. 162.   Pour en appercevoir la raifon, foit la fig. 162, laquelle repréfente dans un même plan vertical trois fections rangées fuivant leurs diftances refpectives à l'égard de celle du milieu,
dont l'axe eft horifontal. Il eft clair que les fections rampantes AB, GH étant également éloignées de celle du milieu D*d*,
elles doivent être égales entre elles; mais parce qu'elles font
tournées en fens contraire, l'une montant du côté de D en H,
& l'autre defcendant en A, elles préfentent à la niche des courbures différentes, l'une B*n* plus arrondie que *ds*, l'autre G*m* qui
l'eft moins, & par conféquent les intervalles horifontaux N*k*, Q*q*
Fig. 164.   (fig. 164) placés à même hauteur fur les points B & G, doivent
être inégaux, ce que l'on apperçoit fenfiblement dans les fig. 166
& 167, aux points X & Y. Il refte à faire voir pourquoi on a
cherché les hauteurs que les parties horifontales *x* 7, *y* 8, *z* 9
donnent au-deffus & au-deffous de l'horifon, dans les axes des
ovales : il eft vifible que c'eft pour trouver l'inclinaifon de ces
axes, fuivant lefquels on doit pofer verticalement les ordonnées du demi-cercle générateur repréfenté par R *rs* S. Pour y
parvenir on a fait plufieurs arcs de cercles concentriques X*o*,
Y*o*, Z O², qu'il faut confidérer comme autant de bafes de cylindres qui coupent la vis, dans la furface defquels elle fait autant
de lignes rampantes, toutes inégalement inclinées dans le rapport de la longueur des arcs femblables ; c'eft-à-dire qu'elles font
toujours plus roides à mefure qu'elles approchent du noyau, puifque les diametres C^n B & C^n D de la vis font horifontaux ; la

Fig. 164.

Fig. 162.

Fig. 164.

CHAP. X. DE LA RENCONTRE DES VOUTES, &c. 263
hauteur de chacun fera toujours égale, quoique les intervalles
d'inclinaison foient inégaux. Or il est clair que le rapport de la
base horifontale Y o est à une hauteur quelconque, par exemple
eC^e de l'élévation, comme la partie y P (qui est la distance
du rayon horifontal, paffant par le point 5 de la fection du plan
vertical coupant l'horifontalien 5 P) est à un quatrieme terme,
qui a été trouvé au point 24 de la fig. 170, par le moyen des
triangles femblables.

Fig. 164.

On pourroit trouver d'une autre maniere les inclinaifons des
axes des ovales avec l'horifon par une fimple analogie, en difant,
par exemple, pour l'axe de la fection de l'ovale paffant par le
point 4 ; comme l'arc D 4 est à la hauteur llC^e, trouvée par la
parallele ll 24, ainfi la demi-circonférence de la vis, moins
deux fois l'arc D 4, est à un quatrieme terme, qui fera la hauteur totale de cet axe, ou fon abaiffement fous l'horifon ; ou
bien D 4. llC^e : : 90 — D 4. x, qui fera la moitié de cette hauteur, par laquelle doivent paffer tous les axes des ovales qui fe
coupent toutes au profil, ou à la projection faite fur un plan
vertical. De forte que prenant cette demi-hauteur pour un
point fixe au milieu, fi l'on porte la hauteur que donne l'intervalle de l'arc D 4, confideré comme en rampe, au deffous du
diametre horifontal de la fection circulaire de la vis, & que de
ce milieu l'on prenne la longueur horifontale de la moitié de
l'axe 4" 4, on aura l'extrêmité de l'axe ; d'où par le point donné
à fon milieu, on menera une ligne qui en exprimera l'inclinaifon. Or on fait (par le probl. XVI du 2e livre) que fi cet axe incliné est divifé proportionnellement à l'horifontal, qui l'est par
des cercles concentriques au noyau qui coupent le diametre horifontal de la vis, on aura toutes les abfciffes fur lefquelles on
doit pofer verticalement les ordonnées de la fection circulaire
correfpondante, ce qu'il falloit faire pour trouver les contours
des courbes ovales du 4e ordre dont il est question, par le moyen
defquelles on trouve les avances de la rencontre de la vis avec
la niche.

Il faut remarquer que cette rencontre ne fera plus immédiate fi l'on fait les parties de la niche qui excedent l'hémif-
phere, horifontales, comme nous l'avons dit ; alors le fphéroïde
fe joint infenfiblement à une portion cylindrique, de cylindre
intrinféquement fcalene, qui est cependant perpendiculaire au
plan de l'ellipfe verticale paffant par l'axe du fphéroïde, la-

quelle ellipse est sa base droite. D'où il suit que cette ellipse étant commune au cylindre & au sphéroïde, la surface cylindrique est tangente à celle du sphéroïde, & la jonction des deux devient imperceptible à la vue; mais dans ce cas la niche ne rachete plus la vis Saint-Giles immédiatement, elle rachete un berceau rampant, lequel rachete ensuite la vis Saint-Giles; de sorte que cette circonstance du trait change l'énoncé & l'état de la question.

De la rencontre des voûtes hélicoïdes avec les conoïdes.

En termes de l'art,

Lunette ébrasée dans une vis S. Giles ronde, ou voûte d'arête tournante & rampante.

Planch. 103.
Fig. 170
& 171.

Comme la voûte d'arête tournante & rampante est composée de lunettes inégales tournées en sens contraire, l'une étroite du côté du noyau, l'autre plus large du côté de la tour ou du mur de cage, il suffira, pour satisfaire à l'énoncé des deux traits, de donner celui d'une lunette ébrasée, qui servira pour l'un & pour l'autre. Soit (fig. 171,) le cercle RPN^o, la projection du noyau de la vis, & l'arc KNS, celle de la tour ou du piédroit de la vis; soit le demi-cercle ou la demi-ellipse $VH^u S$, la section d'un plan vertical passant par le centre C^n du noyau, laquelle est le ceintre primitif de la vis. Soient enfin les deux lignes DA, EB dans l'épaisseur du mur de cage, dirigées au centre C^n, qui forment les piédroits de l'ouverture DEBA, sur laquelle on doit établir la lunette proposée à faire, dont la doële est une surface conoïde, laquelle par sa pénétration dans celle de la vis, forme à leur commune intersection une arête à double courbure, dont il faut chercher la projection horisontale.

Pour y parvenir, il faut premierement considérer ces deux voûtes rampantes, comme si leurs impostes étoient de niveau, parce que la rampe n'ajoute rien à la saillie de la lunette dans la vis. En second lieu, il faut se déterminer à la position du ceintre primitif de la lunette, qu'on peut prendre en DE ou en AB. Sur la corde DE, par exemple, ayant décrit le demi-cercle ou la demie-ellipse DHE pour ceintre primitif, on le divisera en ses voussoirs aux points 1, 2, 3, 4, d'où on lui abaissera des perpendiculaires qui le couperont aux points d^1, d^2, d^3, d^4,

par

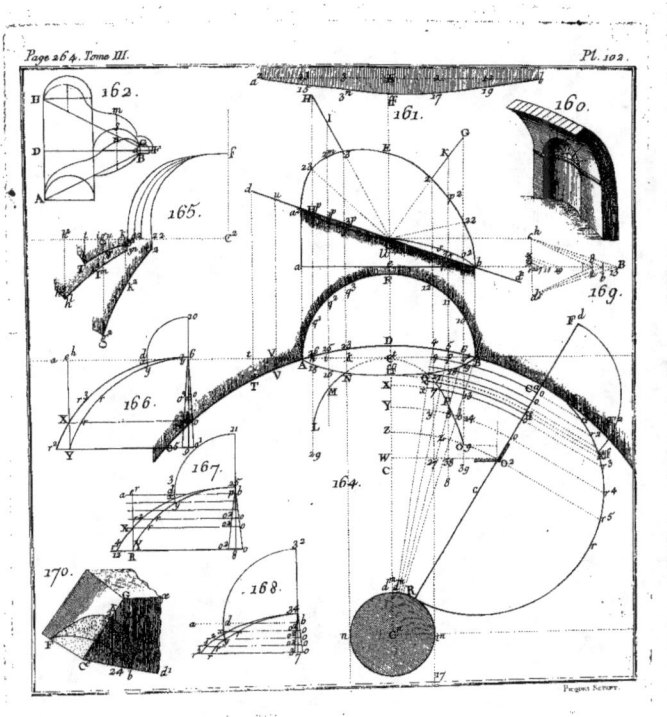

CHAP. X. DE LA RENCONTRE DES VOUTES, &c. 265

par lesquels on tirera au centre C^n du noyau les indéfinies $x^1 l^1$, $x^2 l^2$, &c, qui seront terminées à l'arc DME de la tour en $x^1.x^2$, mais qui seront indéterminées du côté du noyau. Pour trouver leurs terminaisons de ce côté, on tirera par le point S, extrêmité du diametre du ceintre de la vis VS, une perpendiculaire ST, qui sera tangente à l'arc H^uS, sur laquelle on portera les hauteurs des retombées du ceintre primitif de la lunette 1 d^1, 2 d^2, en S t^1, S t^2, & celle de la clef CH en S t^l; ensuite par les points t^1 t^2 t^l, on menera des paralleles au diametre VS, qui couperont l'arc H^uS aux points 1^u, 2^u l^u, d'où l'on abaissera des perpendiculaires sur le même diametre VS, qui le couperont aux points p^1, p^2, l. Par ces mêmes points on tracera des arcs de cercles concentriques au noyau (supposant la cage circulaire) comme $V^1 p^1$, $V^2 p^2$, qui couperont les projections des joints de lit correspondans dans la lunette aux points l^1, l^2, L, l^3, l^4, par lesquels on tracera à la main la courbe ondée ALB, qui sera la projection de l'arête de la lunette dans la vis que l'on cherche.

Il faut présentement former les ceintres rampans de la voûte de lunette dont on suppose le milieu de la clef de niveau, de même que tous les joints de lit, c'est pourquoi leurs hauteurs étant constantes, & leurs diametres DE & AB inégaux, ces ceintres sont inégaux entre eux, comme au passage ébrasé dont nous avons parlé au tome précédent, page 466. La différence de leur construction ne consiste qu'en ce qu'au passage ébrasé les impostes sont de niveau, & qu'ici elles sont plus hautes l'une que l'autre. Pour déterminer la différence de leur hauteur, il faut savoir de combien monte la vis du point A au point B, & porter cette hauteur perpendiculairement sur AB de B en b, & sur DE de E en R, pour tirer les rampantes Ab, DR, & par les points 1, 2, 3, 4 de la ligne AB, où elle est coupée par les projections des joints de lit, on lui élevera des perpendiculaires indéfinies qui couperont la rampante Ab aux points o^1, o^2, o^3, o^4; de même par les points d^1, d^2, &c, on élevera sur DE des perpendiculaires indéfinies, qui couperont la rampante DR aux points e^1, e^2, e^3, e^4. Tous ces points de l'un & de l'autre diametre sont ceux des abscisses des ellipses rampantes, sur lesquels il n'y a qu'à porter les hauteurs des retombées du ceintre primitif DHE, aux verticales correspondantes; ainsi on portera la hauteur 1 d^1 en quatre endroits, sça-

Tome III.   L l

Fig. 171.

voir en e^1 1^r, e^4 4^r pour le ceintre fur DR, & en o^1 a^1, & o^4 a^4 pour le ceintre fur Ab; de même la hauteur 2 d2 en e^2 2^r, e^3 3^r, & o^2 a^2 & o^3 a^3, & l'on aura tous les points du contour de chaque ceintre D, 1^r, 2^r, 3^r, 4^r, R, & A^1, a^2, a^3, a^4, b que l'on cherche.

On auroit pu aussi décrire ces deux ellipses par le probl. VIII du livre II, parce que l'on a un diametre rampant, un demi-diametre vertical, & l'angle qu'il fait avec le rampant donné; ainsi on peut en trouver autant de points qu'on voudra, ou la tracer par un mouvement continu, comme il a été dit au problême cité. Ces deux ceintres que nous venons de tracer ne font autre chose que des cerches verticales pour former la doële de la lunette, lesquelles ne peuvent servir que pour l'endroit précisément où elles ont été formées; ensorte que si on les plaçoit un peu plus en dedans ou en dehors, ou qu'elles fissent un angle plus ou moins ouvert avec les arêtes horisontales des lits à la doële, elles donneroient un faux contour, parce que la doële est gauche & de la nature des conoïdes; ainsi au cas que les pierres ne soient pas assez longues pour occuper l'épaisseur du mur, il faut tracer par la même pratique d'autres arcs rampans entre DE & AB, aux endroits où l'on sera obligé de faire des joints de doële, pour avoir les courbes des têtes de chaque voussoir.

Il nous reste présentement à chercher les biveaux des coupes des lits, qui doivent aussi être pris aux mêmes endroits que les arcs rampans des cerches, par la même raison que les doëles sont gauches. Ayant tiré les joints de tête à l'ordinaire du centre C de l'arc DHE, qui est un ceintre primitif de supposition, on remarquera que les coupes des arcs rampans qui répondent à ses divisions en voussoirs, doivent être les unes plus inclinées à l'horison, les autres moins que celles du ceintre primitif, & ces différences d'inclinaison se trouveront à peu près de la même maniere qu'on a trouvé les points des arcs rampans. Soit, par exemple, le joint de tête 1 q tiré du centre C par le point 1 du ceintre primitif, on abaissera sur la ligne horisontale ED, prolongée, une perpendiculaire q X, qui coupera, étant aussi prolongée, la ligne de rampe RDX au point X, & l'horisontale ED au point i; on prendra ensuite la hauteur i q qu'on portera en X ζ sur Xq, où elle donnera le point ζ par lequel & par le point 1, on tirera la

CHAP. X. DE LA RENCONTRE DES VOUTES, &c. 267

ligne 7 1, qui sera la réforme de l'inclinaison du joint de tête, à laquelle celle de l'arc rampant 1ʳ 5 doit être parallele. On voit que cette tête a sa coupe plus couchée que celle du ceintre primitif.

Fig. 171.

Mais si l'on cherche la coupe du joint de tête 3ʳ 7, on verra au contraire qu'elle doit être plus inclinée que celle du ceintre primitif dont le joint est la ligne 3 p; car suivant la même méthode, ayant pris sur ce joint un point p à volonté, & ayant abaissé de ce point une perpendiculaire sur DE, qu'elle coupera au point V, & la ligne de rampe DR au point y; si l'on prend la hauteur V p, & qu'on la porte sur la même ligne prolongée en y 7, elle donnera le point 7, par lequel & par le point 3ʳ on tirera le joint de tête 7 3ʳ, qui sera plus incliné que celui 3 p du ceintre primitif. Pour le démontrer, il faut tirer par le point e^3 où l'aplomb 3 d^3 coupe la ligne de rampe, une ligne e^3 o parallele à DE, qui coupera l'aplomb p V au point o, & qui donne l'excès de hauteur de la rampe y o, lequel étant porté en p Y, la ligne Y 3 sera le joint réformé auquel 7 3ʳ est parallele, comme il est visible par la construction; donc le joint de tête 7 3ʳ de l'arc rampant est plus incliné à l'horison que le joint de tête 3 p du ceintre primitif, en quoi il diffère du joint 1ʳ 5 qui est moins incliné que le joint 1 q.

On trouvera de même le joint de tête de l'arc rampant intérieur A h^a b, où simplement, pour faire les lits en surface plane, on menera par les divisions a^1, a^2, a^3, &c, des paralleles aux joints trouvés pour les divisions du grand ceintre 1ʳ, 2ʳ, 3ʳ, &c. Par le moyen de la position des joints de tête, on aura deux biveaux dont on fera usage différemment; l'un est le biveau rectiligne de l'angle que fait chaque joint de tête avec une ligne à plomb, comme 5 1ʳ e_1, 7 3ʳ e^3, qui servira pour trouver facilement la position du lit, qui sera la même dans la grande & la petite cerche, parce qu'on ne doit pas faire le lit en surface gauche. L'autre biveau sera l'angle mixte que fait le joint de tête trouvé avec la courbe de chaque cerche, celui-ci est variable d'une cerche à l'autre; par exemple, au premier lit au-dessus de l'imposte inférieur, ce biveau est l'angle mixte 5 1ʳ n D, qui est plus ouvert que son correspondant à la cerche intérieure 9 $a^1 ff$ A: ainsi des autres angles sur lesquels on doit former les biveaux mixtes.

Pour tracer une cerche courbe à double courbure, ou un

L l ij

panneau flexible, propre à former la tête convexe des voussoirs qui peuvent être apparens au-dehors de la tour ronde en DME, on rectifiera l'arc DME, comme on a fait à la fig. 172, sur une base horisontale D*e*, qui sera un peu plus grande que DE, dans le rapport de la corde à l'arc, sur laquelle on portera toutes les divisions que donnent sur cet arc les projections des joints de lit aux points x^1, x^2, x^3, x^4. Puis ayant élevé des perpendiculaires sur chacune de ces divisions, égales à celles de la courbe plane D *hr* R, on tracera par leurs extrêmités un arc rampant un peu différent, qui fera le développement de celui qui doit se former à la surface convexe de la tour, par les têtes des voussoirs de la lunette, sur lequel on formera des panneaux flexibles, dont on fera usage, comme pour une porte en tour ronde.

Fig. 171 & 172.

COROLLAIRE

De la voûte d'arête tournante & rampante.

Fig. 171.

Il est visible que si la hauteur de la clef d'une lunette percée dans la voûte de la vis Saint-Giles est égale à celle du ceintre primitif, qui est la section verticale par le noyau de cette vis, la lunette étant prolongée en formera une autre plus étroite du côté du noyau ; par exemple, si la lunette commençoit dans la tour creuse sur la largeur KN, elle deviendroit en se retréciffant jusqu'au milieu de la clef de la vis en O, d'où elle se rélargiroit du côté du noyau jusqu'à un certain point de part & d'autre, comme vers n^4 k^4, & ensuite se retréciroit vers le noyau en RP, ce qui formeroit une *voûte d'arête tournante & rampante*, dont les projections des arêtes KOP, NOR qui se croisent en O, sont les mêmes que celles d'une *voûte d'arête sur le noyau* ; lesquelles ne sont point des arcs de cercles, comme les tracent le P. Derand & M. de la Rue, mais des courbes méchaniques, comme nous l'avons remarqué au chap. VIII de ce livre. Sur quoi il faut remarquer que ces sortes de voûtes ne conviennent qu'aux berceaux tournans & rampans, sur un noyau d'un fort grand diametre, & non sur un pilier mince comme aux vis Saint-Giles proprement dites, parce que la lunette du côté du noyau deviendroit extrêmement serrée & étroite pour sa hauteur, ce qui seroit difforme par l'exhaussement extraordinaire du ceintre à double courbure de son formeret sur le noyau, & qui rendroit l'ouvrage inutilement difficile, & même moins solide.

Chap. X. DE LA RENCONTRE DES VOUTES, &c.

Application du trait sur la pierre.

Pour connoître la hauteur que doit avoir la pierre qu'on destine à faire un voussoir qui fasse la longueur de la lunette, & porte enfourchement dans la vis; par exemple, pour le second rang, on menera par l'angle le plus bas 1^r l'horisontale $1^r f$, au-dessous de laquelle on abaissera l'aplomb $1^r o$ égal à $e^1 d^1$; par le point o on menera l'horisontal o V, qui rencontrera l'aplomb 5 X au point V, par où on tirera la ligne V 1^r, qui exprimera la rampe du retour dans la vis, la hauteur 6 o, ou $o^6 o$ sera celle que l'on cherche. Pour la longueur, on en prendra les mesures sur la projection horisontale en $V^2 l^2$, $x^2 x^1$, $l^1 k^1$; dont on levera un panneau pour en tracer le contour sur le premier parement que l'on doit faire pour un lit de supposition horisontale, sur lequel on repairera les points G^2 & d^2, observant que la pierre soit plus large que le panneau, de la longueur $i d^1$.

On formera ensuite la tête $V^2 l^2$, & $s k^1$ en voussoir de vis Saint-Giles, comme s'il n'y avoit point de lunette, ainsi qu'il a été dit touchant le trait de cette vis, au tome précédent, page 445. Sur la ligne $l^2 x^2$, on fera un parement à plomb qui sera en retour d'équerre sur le lit horisontal, dont l'intersection sera l'arête $l^2 x^2$, sur laquelle on a dû repairer les points G_2 & d^2, comme nous venons de le dire, pour tracer par ces points les lignes $A G^2$ & $D d^2$, par le moyen des angles $x^2 G^2 A$ & $G_2 d_2 D$, qu'on transportera sur ce lit avec la sauterelle ou la fausse équerre. Par ces mêmes points G^2 & d^2, on élevera des perpendiculaires sur l'arête du lit de dessous dans le parement à plomb, pour y porter les hauteurs de la retombée de la lunette $e\ 2^r$, par l'extrêmité de laquelle on tirera une parallele à l'arête du lit horisontal de supposition, laquelle déterminera l'arête du lit supérieur avec la doële. Pour donner à ce lit supérieur son inclinaison de coupe, on prendra avec la fausse équerre l'angle $6\ 2^r e$, qu'il fait avec l'à plomb $2^r d^2$, posant une de ses branches sur la ligne verticale tracée dans le parement à plomb, & l'autre branche sera tenue perpendiculairement à l'arête du joint de lit à la doële.

Par le moyen de ce biveau, on abattra la pierre pour former une surface plane, qui sera celle du lit de dessus, laquelle ser-

Fig. 171.

vira à son tour d'appui à une des branches de chacun des biveaux mixtes qu'on doit former à chaque cerche, l'une du côté du dehors 1^r m 2^r 6, & l'autre du dedans de la lunette a^1 m^a a^2 6^a, tenant toujours leurs branches d'équerre à l'arête du lit de dessus. Les biveaux mixtes étant dans cette position, on creusera deux plumées, dans lesquelles on appliquera exactement leurs branches convexes pour former la concavité de la doële, qui est également creuse dans chacune de ces positions, parce qu'elle est gauche; après quoi il ne restera plus qu'à achever d'abattre la pierre à la regle entre ces deux plumées, pour former cette surface, comme il a été dit pour celle du passage ébrasé. La rencontre de cette surface avec celle de la vis, qu'on suppose déja faite, parce que nous avons commencé par là, formera sans panneaux, comme par une espece de hasard, l'arête à double courbure, qui est la commune intersection des doëles de la lunette & de la vis, laquelle est marquée en projection par la courbe ondée l^1 l^2.

On me demandera peut-être pourquoi la projection totale de cette courbe AZB est égale de chaque côté du point Z, & que celle de rencontre de la lunette faite par une niche dans la vis Saint-Giles, est différente d'un côté à l'autre, comme il a été dit à la page 262 de ce dernier tome. La raison de ces différences de rencontre vient de ce que dans le trait de la niche il s'agit de celle du cylindre avec une vis, où les directions des joints de lit de la lunette ne concourent pas au centre du noyau; desorte que dans la partie inférieure de la lunette, ce joint prolongé horisontalement, perce & se dégage plutôt de la voûte de la vis que dans la supérieure, comme nous l'avons expliqué par un profil; au lieu que dans cette lunette conoïde, les directions des joints de lit tendant toutes au centre du noyau, elles coupent les hélices des joints de lit de la vis à distances égales du rayon du milieu C^n M.

Il est visible que la doële de la lunette étant creusée, elle servira à son tour d'appui aux branches convexes des biveaux de lit de dessous & de doële, qui seront formés sur les angles mixtes 5 1^r m 2^r & 9 a^1 m^a a^2; la largeur de la doële étant déterminée par les cordes des arcs 2^r 1^r & a^2 a^1, on aura exactement l'arête du lit du dessous & de doële, à laquelle on appliquera perpendiculairement les branches de ces biveaux, avec lesquels on abattra la pierre pour former une surface plane qui

CHAP. X. DE LA RENCONTRE DES VOUTES, &c. 271
rencontrera la courbe du lit de deffous dans un angle rentrant, au lieu que le lit de deffus avoit rencontré celui de la vis en angle faillant.

Explication démonstrative.

Nous avons dit, en parlant de la vis Saint-Giles, au tome précédent, que les diametres de toutes les sections verticales paffant par l'axe de la vis étoient des lignes horifontales, & en parlant du paffage ébrafé, nous avons auffi remarqué que toutes les sections de ce corps conoïde, qui tendoient à l'axe vertical élevé au point de concours des lignes convergentes de fes impoftes, étoient auffi des lignes horifontales; par conféquent elles feront paralleles aux diametres des fections verticales de la vis. Mais comme tous ces diametres s'élevent à mefure que l'on tourne autour du noyau, il convient auffi que les lits du paffage ébrafé qui fait la lunette, foient à des niveaux différens qui s'élevent autant que les ceintres de la vis, ce qui convertit le paffage ébrafé en berceau rampant d'une impofte à l'autre, comme la vis change la voûte fur le noyau en berceau rampant : la différence qu'il y a dans ces manieres de ramper, c'eft que la vis rampe fuivant fa direction courbe, & que la lunette qui la croife ne doit point ramper fuivant fa direction qui eft droite, mais fuivant fes fections tranfverfales.

On auroit pu prendre ces fections tranfverfales fuivant des lignes courbes concentriques à la vis ; le trait en feroit un peu plus régulier, j'en conviens, mais il en feroit auffi plus difficile dans l'exécution. 1°. Parce qu'il faudroit développer tous les diametres courbes de ces fections, qui font des arcs de cercles ou d'ellipfes. 2°. Parce qu'il faudroit fe fervir de panneaux flexibles pour appliquer les courbes de ces ceintres fur des têtes convexes ou concaves, ce qui eft un troifieme inconvénient qu'on évite en faifant des cerches fur des fections planes. D'ailleurs la différence de contour qui en peut réfulter eft fi petite qu'elle doit être imperceptible à la vue, c'eft pourquoi il eft inutile d'allonger l'opération, puifqu'il n'en peut réfulter aucun avantage, mais au contraire plus de difficulté.

Voilà tout ce que j'avois à dire touchant les voûtes ; je crois n'en avoir oublié aucune de celles qui peuvent être de quelque ufage : j'ai tâché de me rendre intelligible le plus qu'il m'a été possible, mais je ne me flatte pas de l'avoir toujours été à ceux qui ne sont pas un peu initiés dans la pratique des traits ; je leur conseille de s'aider l'imagination, & de suppléer à ce qui manque à mes explications, par le travail des mains, en *coupant du trait* avec de la craie ou du plâtre. Quoique les voûtes renferment les plus grandes difficultés de la Stéréotomie, il est cependant vrai qu'il s'en trouve encore dans la construction des escaliers, considérés par leurs apuis, limons & coquilles ; c'est ce qui nous reste à examiner.

CHAPITRE XI.

De l'appareil des escaliers, considérés seulement dans leurs appuis, limons & coquilles.

APRÈS avoir traité des différentes especes de voûtes destinées à couvrir les escaliers, comme la vis Saint-Giles ronde, pour ceux qui montent en tournant dans une tour ronde, la vis Saint-Giles quarrée, pour ceux qui sont dans des tours quarrées ou à pans : les voûtes droites sur les impostes rampantes & bombées au sommet, avec repos suspendus & portés par des trompes ou des arcs de cloître, pour les escaliers à rampes droites, avec un quarré ou autre poligone vuide au milieu, &c. il nous reste à parler des parties essentielles aux escaliers, qui sont les marches, les limons, les appuis & les coquilles du parement inférieur des marches droites, qui ont aussi leurs difficultés pour l'appareil ; les moindres sont dans les rampes droites : cependant il n'est pas inutile, pour la pratique, de les faire remarquer.

PREMIEREMENT.

Du raccordement des appuis & limons des rampes droites aux angles de leur rencontre saillans ou rentrans, extérieurs ou intérieurs.

Il y a trois surfaces dans chaque limon, qui méritent d'être considérées à part. 1°. La supérieure, dont les sections perpendiculaires à ses côtés rampans, doivent toujours être des lignes de niveau, ce qui s'étend aussi aux limons & appuis courbes. 2°. L'intérieure du côté des marches, qui fait une espece de socle

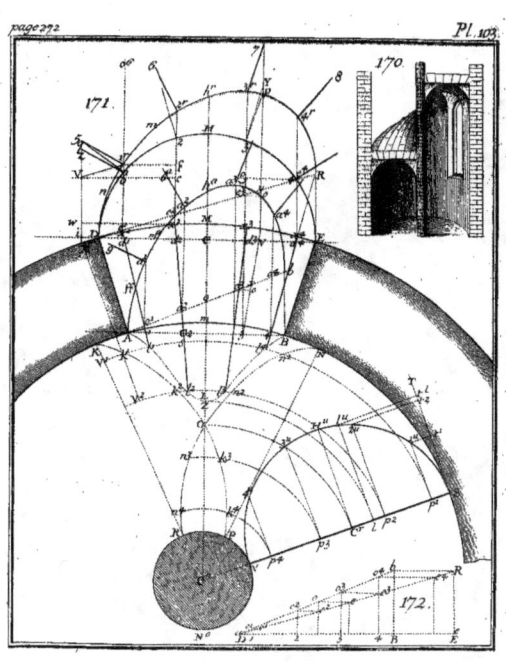

CHAP. XI. DE L'APPAREIL DES ESCALIERS, &c. 173
dont l'arête doit être parallele à la ligne tangente aux angles des marches. 3°. La surface extérieure, dans les escaliers vuides au milieu, qui est ordinairement une plinthe, ou une petite corniche rampante parallele à l'arête de la face intérieure, par conséquent à la tangente des angles des marches. Quoique ces trois surfaces soient relatives, elles peuvent cependant, à l'égard de certaine symétrie, être considérées comme indépendantes, parce que leurs arêtes peuvent faire des suites dans les retours d'un côté, quoiqu'elles soient interrompues de l'autre; pour donc traiter cette matiere à fond, comme nous croyons avoir fait jusqu'ici celle des autres traits, nous allons établir un lemme qui en donnera une pleine connoissance.

LEMME.

Deux parallelogrames de différentes directions, inclinés à l'horison suivant un de leurs côtés & de niveau par l'autre, ne se coupent pas suivant la diagonale de la projection de l'angle qu'ils font entre eux, mais se croisent seulement en un point des côtés qui se touchent.

Ou, ce qui est la même chose en différens termes; si deux parallelogrames inclinés à l'horison sont perpendiculaires à deux plans verticaux de différentes directions, ils ne se croiseront qu'en un seul point, qui sera dans la ligne d'intersection des deux plans verticaux.

Suivant ce dernier énoncé, la vérité de cette proposition est facile à démontrer, car on peut considérer les deux plans inclinés comme projettés sur les plans verticaux, & alors ils se réduisent chacun à une seule ligne inclinée; or deux lignes ne peuvent se couper qu'en un seul point, par conséquent ces deux plans ne se croisent qu'en un seul point. Secondement, ces deux plans étant inclinés à l'horison, ne peuvent être coupés par un plan horisontal, que suivant deux lignes horisontales inclinées entre elles, qui sont dans des plans différens : or ces deux lignes ne peuvent se croiser qu'en un seul point, par conséquent ces deux plans ne peuvent se croiser qu'en un seul point horisontalement, supposant toujours des parallelogrames & non pas des plans prolongés en tout sens.

Tome III. M m

Plan. 104,
Fig. 177.

Si nous en venons à l'application particuliere, nous pouvons considerer ce qui arrive lorsque leurs directions sont dans des plans verticaux perpendiculaires entre eux, comme à la fig. 177, où les parallelogrammes CK, HE sont les projections des parallelogrammes qu'on suppose inclinés à l'horison, l'un suivant l'angle du profil CED ou KEL, son opposé au sommet, l'autre suivant l'angle CGA. Il faut démontrer que si le point F est celui de la rencontre des côtés IE, KG, toutes les lignes qu'on peut tirer de ce point F dans l'un & l'autre parallelogramme, sont divergentes, & qu'aucune ne peut être la commune intersection des deux plans inclinés, comme dans leur projection horisontale.

Premierement, il est visible que celles qui seront menées de ce point F perpendiculairement aux côtés KG, IE, seront divergentes, quoique réunies dans la projection, puisque FE considérée dans le plan CI, est inclinée à l'horison (par la supposition) suivant l'angle CGA du profil, & que la même ligne FE, considérée dans le plan CK, est horisontale, aussi par la supposition; par conséquent ces deux lignes seront inclinées entre elles, comme GA & GC, ou par un autre profil, comme GF & Fd en descendant, ou comme GF horisontale avec FD en montant; ce qui fait voir aussi que les lignes en FG sont encore divergentes, comme GF & Fd ou FD. Il ne sera pas plus difficile de faire voir que les lignes tirées du point F, suivant la diagonale FC, ou toute autre F dans chacun des plans, seront aussi divergentes; car si l'on fait Ca perpendiculaire à CF, & égale à CA, il est clair que la ligne a F représentera un des plans qui monte comme IC, ou qui descend de K en C; de sorte que faisant l'angle de cette descente en CFd^a, l'angle total aFd^a sera le profil de la section des deux plans par la diagonale de la projection FC, ainsi des autres. La même démonstration s'applique sans aucune difficulté à la rencontre des parallelogrammes dont les directions sont obliques, comme à la fig. 179.

Corrollaire de pratique.

Il suit évidemment de cette proposition que deux tablettes d'appui de rampes, ou deux limons paralleles à la tangente qu'on doit imaginer toucher les arêtes des marches de

CHAP. XI. DE L'APPAREIL DES ESCALIERS, &c. 275

chaque rampe, *ne peuvent se joindre à leur rencontre que par un ressaut* formé par une troisieme surface à plomb ou de niveau, qui passe de l'un à l'autre; quelque précaution qu'on prenne, on ne peut l'éviter; il est inutile d'y chercher d'autre expédient, ou bien il faut les faire terminer à un pilastre ou piédestal, &c. qui en cache la terminaison; car si l'on fait en sorte par la disposition des girons des marches, que les côtés intérieurs des limons se réunissent dans l'angle rentrant, les côtés intérieurs ne se réuniront pas dans l'angle saillant opposé; & si au contraire les côtés intérieurs des limons ou appuis se réunissent dans un angle qui est saillant du côté des marches, ils ne se rencontreront pas dans l'angle saillant opposé, ils y feront nécessairement un ressaut.

D'où il suit que les expédiens que Bosse donne pour éviter les ressauts à l'arête du socle du côté des marches, sont inutiles pour le côté extérieur, ou quoiqu'ils ne paroissent pas lorsqu'on le couvre d'une balustrade, ils paroissent à l'appui supérieur, comme on peut le voir à la fig. 174, où il s'en fait nécessairement deux, un triangulaire incliné bfc, & un triangulaire vertical cfg; ou bien suivant la correction de Desargues, que Bosse appelle une merveilleuse invention, on en peut faire trois en partageant la moitié du ressaut intérieur fg en deux, en m, d'où on tirera des lignes en b & en c; ainsi alors on aura trois ressauts triangulaires, savoir deux verticaux bcm & cgm, & un en pente bmc.

Fig. 174.

La seconde surface que nous considérons dans le limon ou dans l'appui, est l'intérieure du côté des marches où le limon fait ordinairement un bord de quelques pouces de hauteur, qui est la base intérieure des balustrades, ou le *ressocle* du limon sur lequel on met la rampe de fer, auquel l'arrangement des marches aux paliers de retour cause souvent de l'interruption, & oblige l'Architecte d'y faire un ressaut; ce qui arrive lorsque les deux marches DC, BC, fig. 173, qui forment le palier de retour ABCD, aboutissent à l'angle saillant C du limon MCL, parce que le point C est la prolongation commune à deux hauteurs de marches; savoir à DC du palier sur le giron D g, & CB sur le palier AC, ce que l'on voit plus distinctement au profil, fig. 176, aux lettres GC & C 6; de sorte que l'arête MC du socle de la premiere rampe tombe au

Fig. 173.

deſſous de la hauteur de l'arête du focle en retour de toute la hauteur d'une marche.

Pour y remédier, il faut faire entrer l'angle C dans le palier de chaque côté de la moitié de la largeur d'une marche, en élargiſſant le palier par le reculement de l'arête DC en *h* K, & de BC en I *i*, parce qu'alors le point de rencontre des arêtes du focle, ou des tangentes des marches de chaque rampe, ſe trouvera au-deſſus du palier de la moitié d'une hauteur de marche, & au deſſous de la premiere marche de la ſeconde rampe, de la moitié d'une marche. Cette conſtruction qui réunit les arêtes de la ſurface à plomb intérieure, entraîne auſſi avec elle le reſſaut de la ſurface ſupérieure, qui fait la tablette du focle, laquelle ne peut ſe racorder dans le retour que par une ſurface triangulaire à plomb ſur la diagonale, qui change ſuivant l'angle de rencontre de ces deux ſurfaces, & ſi leurs directions horiſontales ſont paralleles, comme lorſqu'elles ſont tournées en ſens contraire, alors ce triangle eſt loxigone C *e* K, double de celui du profil d'une demi-marche ; ſi les directions ſont à angle droit, il ſera rectangle, ayant pour une de ſes jambes la largeur du limon, & pour hauteur une ligne proportionnelle à ſa largeur à l'égard des marches ; de ſorte que ſi le limon avoit deux fois la largeur d'une marche, le reſſaut du côté extérieur ſeroit égal à deux hauteurs de marches, ainſi du reſte.

COROLLAIRE.

D'où il ſuit que pour ôter totalement ce reſſaut vertical, & le changer en une plate-forme horiſontale, qui eſt plus agréable à la vue, il faut reculer les marches du palier du retour juſqu'à l'alignement des côtés du quarré, de l'épaiſſeur du limon C *e f g* ; ſavoir, en *d f*, & 6 *f* pour les terminer au limon en *g* & *e*, c'eſt-à-dire qu'il faut agrandir le palier juſqu'à ce que toute la largeur du limon y ſoit compriſe. Cette correction changeant la rencontre des limons de l'angle ſaillant au rentrant, formera une continuation d'arêtes de plinthe ou de corniche, en retour aux angles rentrans, ſans aucun reſſaut, & c'eſt en quoi conſiſte l'attention qu'on doit avoir à la *troiſieme ſurface du limon*, pour donner une ſuite de retour à ſes arêtes & à ſes ornemens. Si les directions des rampes faiſoient entre elles un angle aigu, ou un obtus, il faudroit tirer de l'angle ren-

CHAP. XI. DE L'APPAREIL DES ESCALIERS, &c. 277
trant P, (fig. 179) des perpendiculaires P*p*, P*e* sur les côtés opposés, qui détermineroient la direction & les extrémités du palier, qui se trouveroit alors moins élargi que de l'épaisseur du limon, parce que la ligne M*e* est plus petite que *e*P, & il seroit au contraire plus élargi si l'angle étoit aigu; ce qui est clair à la seule inspection de la figure, parce que l'angle de la diagonale PM avec le côté MN seroit plus ou moins aigu, par conséquent son complément MP*e* donneroit une plus grande ou une plus petite distance entre la perpendiculaire P*e* & le point M.

Fig. 179

L'inconvénient qui suit ce grand élargissement, qui peut faire perdre deux ou plusieurs marches à chaque palier, ou peut-être l'ignorance des moyens de le lever est la cause qu'on voit plusieurs escaliers où les limons font des ressauts désagréables à la vue, comme aux grands escaliers du Palais Royal & du Luxembourg, à Paris. Les Architectes François modernes ont trouvé une invention fort ingénieuse, très-agréable à la vue, & très-commode pour éviter la difformité des ressauts dans les angles, sans perdre de la place, en agrandissant les paliers; ils inscrivent un arc de cercle dans l'angle rentrant qui augmente la place du retour, & sauve toute irrégularité; voici comme il faut le tracer.

Soit l'angle rentrant MCN, qui étoit le saillant du limon dans le palier; ayant pris à volonté les points d'attouchemens T & *t* à distances égales du sommet C de l'angle donné, on menera par ces points les lignes perpendiculaires *tc'*, 8*c'*, qui se rencontreront en *c'* où sera le centre de l'arondissement, ensuite on divisera l'arc T*t*, comme il convient pour le collet des marches, par exemple, ici en parties égales, qui approchent de la largeur du giron des autres. On tirera par chacune de ces parties de l'arc divisé, & par le centre *c'* des lignes droites *c' x*, jusqu'à la rencontre des marches qu'elles couperont en *x* & *x*, d'où l'on portera sur la face de la marche la distance qu'il y a du point *x* à l'arc de cercle d'arondissement en *xn*; par le point *n* on tirera une perpendiculaire *n y* sur *n 5*, & du point *r* une autre perpendiculaire *r y* sur *c' x*, qui coupera la précédente en *y* où sera le centre de l'arc *r n*; ainsi des autres, comme la figure le montre.

Fig. 175.

M. Herstenstein, dans son petit Traité d'architecture civile, s'y prend d'une autre façon, page 369, de ses cahiers de

Mathématique. » Il prend de part & d'autre depuis l'angle du » filet intérieur la valeur de deux rampes & demie, (il entend » apparemment deux girons & demi); l'interfection que » l'on fera de ces deux points donnera le centre de l'aron- » diffement; duquel ayant décrit un quart de cercle dans cet » angle, on le divifera en huit parties, & les points 1, 3, 5, 7, » font ceux où doivent aboutir les marches. « Cette méthode me paroît bonne lorfque l'arondiffement du bout des marches eft peu confidérable, & qu'il y en a peu à arondir; mais lorfque le nombre en eft plus grand, il faut en revenir à celle que nous venons de donner, qui dirige cet arondiffement le mieux qu'il eft poffible, & qui le diminue infenfiblement jufqu'à ce qu'il s'anéantiffe.

Des efcaliers tournans à vis.

La difficulté de ces fortes d'efcaliers confifte dans la façon des têtes des marches qui portent leur noyau ou leur limon, & dans le délardement du parement inférieur qu'on appelle la *coquille*; ils font fufceptibles de cinq variations. 1°. La vis peut être foutenue par un *noyau plein & à plomb*, c'eft-à-dire un pilier rond portant de fond. 2°. Par un *noyau plein mais rampant*, en façon de colonne torfe. 3°. Le noyau peut être fupprimé, enforte que la place demeure vuide, ce qu'on appelle *vis à jour*; alors les marches ne font foutenues que par leur queue, & par une petite partie de recouvrement fur leur longueur, continué jufqu'à la tête fans coupe, ce qu'on appelle en *tas de charge*, terminant feulement la tête par une moulure continuée en hélice autour du vuide, qui doit être une ouverture d'un petit diametre, pour que cette moulure de tête étant peu inclinée en foit plus folide. 4°. Dans la même circonftance du noyau vuide, on peut laiffer une ouverture d'un affez grand diametre, en faifant porter à chaque tête de marche une portion de limon tournant qui ait une bonne épaiffeur, pour que chacune de fes parties s'appuye fur l'infé- rieure partie en *tas de charge* dans fon milieu, & partie en coupe vers fes arêtes extérieures & intérieures aux lits de deffus & de deffous. 5°. Enfin les marches peuvent être portées à leur tête par un limon de pieces détachées des marches, qui foient capables de fe foutenir étant contretenues par les marches, &

Chap. XI. DE L'APPAREIL DES ESCALIERS, &c. 279
de foutenir réciproquement les têtes de ces mêmes marches, qui s'y appuyent par des entailles.

PROBLEME XV.

Faire un efcalier à vis quelconque.

PREMIEREMENT,

De la vis à noyau plein & à plomb.

La conftruction des efcaliers à vis & à noyau plein & à plomb eft fi facile que les moindres tailleurs de pierre l'exécutent, lorfque le parement du deffous des marches fait un reffaut à chaque recouvrement ; mais lorfqu'il fait une furface continue en *coquille*, ils n'en viennent à bout qu'en tâtonnant. Les Auteurs qui ont écrit fur la coupe des pierres n'ont point pourvu à ce trait ; M. de la Rue qui en parle dans celui de la vis à jour, dit feulement qu'*on délardera le deffous des marches en conduifant la regle fuivant les parties courbes & rampantes, enforte qu'elle tende toujours autant que faire fe pourra au centre de la vis* ; mais il ne donne pas la maniere de tracer une courbe fur laquelle on doit appuyer la regle par un bout, ni de faire enforte que fa direction par l'autre extrêmité tende au centre du noyau, foit qu'il foit plein ou vuide, quoique ce centre ou plutôt l'axe de la vis foit invifible dans l'un & l'autre cas ; cependant on ne peut former cette furface régulierement fi la regle n'eft guidée par deux lignes courbes, fur lefquelles elle doit couler dans une certaine pofition qui change de direction à chaque point de ces courbes ; nous allons tâcher d'y fuppléer.

Soit (fig. 180) une portion de tour creufe HIK, dans laquelle eft un efcalier à vis, dont ABDE eft le noyau circulaire, par le centre C duquel on imagine une ligne verticale que nous appellons l'*axe de la vis*, auquel toutes les lignes dirigées fuivant la longueur des marches doivent tendre, comme les rayons du cercle à leur centre ; telles font les lignes HA, IB, KD, qui expriment le plan horifontal de deux marches.

Il s'agit de faire le parement de deffous de ces marches & des fuivantes, enforte qu'il foit continué fans reffaut d'une maniere uniforme en coquille de cette efpece que nous pouvons

Fig. 180.

Fig. 180.

appeller une surface planohélicoïde, qui diffère de l'annulaire hélicoïde, ou vis S. Giles, en ce que les lignes des sections de tous les plans passans par son axe sont des demi-cercles ou d'autres courbes, & qu'ici ce sont des lignes droites; cependant leurs sections par des plans ou des surfaces cylindriques, sont des lignes courbes.

La ligne de l'angle rentrant formé par la rencontre de la coquille avec la tour, est une hélice parfaite, laquelle étant une courbe à double courbure, ne peut être décrite sur une surface plane; donc on ne peut en faire la cerche sur une planche droite, mais seulement sur une portion de cylindre creuse, ou convexe: auquel cas il est bien aisé de la faire. Car si l'on développe en ligne droite l'arc de cercle HIK, qui est le plan horisontal de la portion de la tour qui porte les marches, comme en $q\,i$, fig. 180, & que l'on fasse en $q\,i$ la hauteur de la marche $q\,h$; la ligne $h\,i$ sera le développement de l'hélice. Si l'on coupe un morceau de madrier suivant le segment de cercle FH 2 IG convexe, & qu'on y applique le développement $q\,h\,i$ tracé sur une surface flexible, comme du papier ou du carton; on y tracera la ligne $h\,i$, qui donnera sur la surface courbe du madrier, une ligne courbe qui sera l'hélice qu'on cherche, suivant laquelle le bois étant taillé, on aura la cerche du bout de la marche à la queue. On trouvera de même celle de la tête, qui sera beaucoup moins inclinée à l'horison, comme l'on voit en PM (fig. 183), où l'on a tracé l'une & l'autre hélice. Cette cerche ne sera pas nécessaire si l'on creuse dans la marche la portion de tour concave qu'elle occupe au-dessus du lit horisontal de sa queue, puisqu'on pourra y appliquer le triangle du développement sur une base de niveau; mais si la pierre se trouve défournie, elle sera nécessaire pour former exactement les deux extrêmités de la surface en coquille, sur lesquelles doit couler la regle qui dirige l'ouvrier pour abattre la pierre qui se trouve entre deux.

Il ne reste plus qu'à placer cette regle sur ces courbes, de maniere qu'elle tende toujours à l'axe de la vis sans tâtonner, non pas *à peu-près*, comme dit M. de la Rue, ce qui peut causer de grandes irrégularités, mais exactement, ce qui est très-facile. Car si l'on divise chacune de ces portions d'hélices extérieure & intérieure en un même nombre de parties égales, par exemple en quatre, & que l'on pose la regle de la seconde division de la
grande

CHAP. XI. DE L'APPAREIL DES ESCALIERS, &c. 281
grande hélice à la seconde de la petite, de la 3e à la 3e, ainsi de *Fig.* 180.
suite; & qu'on abatte toute la pierre qui n'est pas en droite ligne
d'un de ces points à l'autre, la regle tendra toujours à l'axe de
la vis.

Cette méthode de former la coquille est fort simple & très-
exacte, cependant comme elle est méchanique, on peut trouver des cerches planes qui serviront à la former aussi facilement entre les deux extrêmités des marches. Supposant qu'on
veuille avoir une cerche qui passe par le point O, on fera du
centre C un arc O o, qui donnera le point o sur l'autre bord
de la marche, par lequel on menera la droite O o, que l'on
divisera en tel nombre de parties qu'on voudra, comme ici
en quatre aux points 2, m, 3, par lesquels on fera passer d'autres cercles concentriques $n\,n'$, $p\,p$, dont on fera les développemens sur une ligne droite, comme on voit par la répétition
des mêmes lettres, à la fig. 183. Ensuite ayant porté sur chacune la même hauteur, qui est celle de deux marches, on tirera l'hypoténuse HO^d du développement, qu'on divisera aussi
en quatre aux points b, M, d, par où on menera des petites
parallèles à l'horisontale Ok; & par les points 2, m, 3 de la
ligne droite de projection O o, qui est plus courte que la développée O^d, o^d on lui élevera des verticales $2\,c$, $M\,m$, $3\,y$,
qui donneront par leur intersection avec les horisontales $b\,c$,
$d\,y$ les points c & y; la ligne courbe menée par les points O c
M $y\,h$ sera celle que l'on cherche. On pourra former deux
cerches concaves de pareilles courbes pour chaque marche,
l'une vers le collet, l'autre vers la queue, & les diviser, comme
on a dit de l'hélice, en parties égales qui donnent la position
de la regle sur des points correspondans, comme de la moitié
de l'une à la moitié de l'autre, &c. Cette espece de cerche
peut être aussi très-utile pour rectifier la coquille dans l'intervalle de deux marches qui pourroient chacune être bien faites, & cependant faire un pli ou un coude pour avoir été mal
posées.

Il y a une observation à faire à l'égard de la construction, *Fig.* 184.
touchant l'épaisseur de la pierre qu'on destine pour chaque
marche, c'est qu'elle doit être un peu plus épaisse qu'il n'est
nécessaire par la hauteur du *pas*, parce que la surface de la
coquille faisant des angles $a\,s\,9$, $b\,s\,q$ très-aigus avec celles
des *girons* $a\,s$, $b\,s$, il est nécessaire d'en abattre la vive-arête

Tome III. N n

Fig. 184. par une coupe *c e* (fig. 184) qui lui donne plus de solidité, & parce que le point *q* est au-dessous du niveau de *e*, il faut que la pierre ait pour épaisseur la hauteur *e q* de plus que celle du pas *a e*.

Il est visible que cette coupe est plus nécessaire vers la queue de la marche, où l'hélice est plus couchée, que vers le collet, où elle approche plus de la verticale, & que si l'on vouloit faire cette coupe dans toutes les regles, ensorte qu'elle fût toujours perpendiculaire à la surface gauche de la coquille, il faudroit qu'elle fût aussi gauche; cette attention seroit nécessaire si la coupe étoit grande, mais on la fait ordinairement si petite, qu'on peut négliger cette précision. Au reste il y a si peu de difficulté à l'observer, qu'on peut la faire sans contrainte; car si l'on trace une ligne du centre de la vis par *Fig. 180.* le bord de la coupe, comme C *k* à la surface inférieure, son écartement du bord de la marche D K, qui se rétrecit vers le collet, donne naturellement le gauche de la coupe, il ne s'agit que d'abattre la pierre de l'une de ces lignes à l'autre, en droite ligne à la regle posée d'équerre sur les arêtes. Il est aussi visible que le reculement de cette coupe sous la marche est arbitraire & dépendant du recouvrement que l'on veut donner à une marche sur l'autre, lequel dans cette espece de vis peut être si petit que l'on voudra, parce que chaque marche étant portée par les deux bouts, est suffisamment soutenue; il n'en est pas de même pour les vis à jour, comme nous le dirons ci-après.

Explication démonstrative.

Fig. 182. Pour concevoir les raisons des manieres de trouver les courbes de ces deux cerches, il faut se ressouvenir de ce que nous avons dit au tome I, livre 3, page 400, que le développement d'une hélice étoit un triangle rectangle, dont la base étoit égale au développement de celle du cylindre autour duquel elle fait ses révolutions, soit qu'on la considere en tout ou en partie. Il est donc évident qu'en appliquant ce triangle dans sa situation naturelle sur une surface cylindrique, cette hypoténuse deviendra l'hélice même que l'on cherche. Il n'est pas moins évident que si l'on suppose la surface de la coquille coupée par plusieurs autres cylindriques concentriques au noyau, & que ces surfaces courbes soient traver-

Chap. XI. DE L'APPAREIL DES ESCALIERS, &c. 283
fées par une plane parallele à l'axe de la vis, on aura pour leurs
projections horifontales les arcs de cercles $o\,O$, $n\,n$, $p\,p$; &
la corde $o\,O$, qui les coupe aux points 2, m, 3, y donne les
projections des sections du plan qui coupe plusieurs cylindres parallelement à leur axe, lesquelles sont par conséquent des lignes droites verticales qui ont chacune un point
commun avec l'hélice à la surface de la coquille, dans chaque cylindre & dans le plan qui les coupe tous: *ce qu'il falloit
démontrer.*

Fig. 180.

A l'égard de la maniere de placer la regle sur des divisions
de parties proportionnelles, il est clair qu'à chaque division
les deux hélices seront parvenues à même hauteur, par conséquent que la regle qui y sera posée aura pris une situation
de niveau à l'égard de la vis. Premiere condition pour la formation de la coquille. Secondement, qu'elle sera dirigée à
l'axe, puisque les arcs horifontaux de sa projection sont proportionnels. Seconde condition essentiellement requise à la
vis circulaire. Si le noyau & la tour dans laquelle est la vis
étoit elliptique, au lieu d'être circulaire, il arriveroit de grandes inégalités aux girons des marches, si on les dirigeoit à
l'axe qui passeroit par le centre de l'ellipse ; c'est pourquoi
leur direction doit être prise par des parties égales en nombre
dans chaque quart d'ellipse de celle de la tour à celle du noyau:
c'est le seul changement qu'il y ait à faire dans la construction.

Seconde variation.

Faire une vis à noyau rampant.

Soit (fig. 182), le cercle A c^1 B, le plan horifontal de la
place qu'occuperoit un noyau plein, comme à la fig. 180;
on fera un second cercle CDE, dont le centre c^1 sera à la circonférence du premier, & de tel diametre qu'on jugera à
propos, car on peut le faire plus petit si l'on veut laisser un
vuide, mais alors il se changeroit en *vis à jour*. Ayant tiré
du centre C par le centre c^1, la ligne CR pour le milieu d'une
marche, on en fera le *plan f 3 2 e* pour le giron, ajoutant sur
le derriere une partie GT $3 f$ pour le recouvrement de celle
qui suit, & au devant une petite avance en H avec un dégagement d'un cavet, si l'on veut, & l'on fera un panneau de

Fig. 182.

N n ij

Fig. 182.

la figure CDGT 2 H e EC, qu'on appliquera sur la pierre pour en tracer le lit de dessus, où l'on aura soin de laisser une avance de pierre qui l'excede en EF ; ensuite on fera par deux retours d'équerre, au point C & au point 2, des lignes qui passent du lit de dessus à celui de dessous, pour y pouvoir appliquer le même panneau, mais dans une position différente ; on posera bien le point C de ce panneau sous le point C du lit de dessus, mais on posera le point 3 sous le point 2, de sorte qu'il aura changé sa 1re situation en celle de la marche inférieure C I e 2 i h FC. Dans cet état on tracera le contour IHFC, & l'on abattra la pierre d'un de ces cercles à l'autre, ce qui formeroit une portion de cylindre scalene, si on l'arondissoit à la regle sur ses côtés ; mais parce que c'est une portion de cylindre hélicoïde semblable à une colonne torse, il faut trouver une cerche qui puisse marquer la courbure de ses côtés ; nous choisissons ici DE issu du point D, milieu du demi-cercle CM, comme le plus saillant & le plus propre à guider le tailleur de pierre.

On portera à part la longueur de l'arc DI, qu'on developpera sur la droite $d\,i$; sur le point d on lui élevera la perpendiculaire $d\,D^2$, & l'on tirera $D^2\,i$, qui sera l'hypoténuse du triangle rectangle, & le développement de l'hélice qui se fait sur le noyau en DI de la base supérieure à l'inférieure du cylindre hélicoïde ; ainsi ayant arondi un morceau de planche, suivant l'arc DI, en portion de cylindre, on y appliquera le triangle $d\,D^2\,i$ tracé sur une matiere flexible comme du carton, suivant lequel on tracera la courbe qu'on doit appliquer au milieu du noyau, de laquelle on fera deux cerches différentes, l'une convexe, que l'on posera entre les points D repairés au lit de dessus, & I au lit de dessous qui sera concave, & l'autre concave ou creuse, que l'on posera entre les points E & F repairés, l'un au lit de dessus comme E, l'autre au lit de dessous F, parce que ce côté est un peu convexe suivant la direction EF.

Comme les arcs DI & EF, qui sont les bases de la surface de cylindre dans laquelle se trouve l'hélice que décrit le côté du noyau en vis, sont très peu différens de la ligne droite, il arrive que l'hélice est aussi très peu différente de la ligne droite de l'hypoténuse $D^2\,i$; de sorte que les ouvriers méprisent cette différence, parce qu'elle est peu sensible en œuvre : ils en sont quittés pour quelques ragrémens. C'est apparemment

CHAP. XI. DE L'APPAREIL DES ESCALIERS, &c. 285

par cette raison que le P. Derand n'en a pas parlé, mais il fait paroître dans sa maniere de trouver la courbe des ornemens de la vis à jour, qu'il n'a pas bien entendu cette matiere, puisqu'il donne une fausse méthode pour trouver ces cerches, de même que M. de la Rue dans le quartier de vis suspendu, qu'il exécute par la même fausse méthode.

Ce n'est pas assez d'avoir fait une tête de marche pour bien conduire le noyau rampant, il faut être guidé par des cerches à plomb pour redresser les petites fautes qui peuvent se faire dans l'exécution d'une portion du noyau; c'est pourquoi il convient d'en faire un profil, & même deux pris sur des bases qui se croisent à angle droit dans la projection horisontale, comme en H g & LK. Soit, par exemple, la longueur LK du grand diametre du cercle de révolution transporté en F m, à la fig. 181 ; on décrira du milieu C le demi-cercle r s c^a, qu'on divisera en autant de parties égales qu'il y aura de girons de marches dans son contour, par exemple en 8, & par ces points de division 1, 2, 3, &c. on menera des paralleles à la ligne du milieu CX, qui représenteront les changemens de position de l'arc ou centre du noyau vis-à-vis chaque marche.

On portera ensuite sur cette verticale du milieu CX, les hauteurs des marches en montant aux points 1, 2, 3, &c. par lesquels on tirera des horisontales n m, n m, qui couperont les verticales qu'on vient de tracer aux points 1^a, 2^a, 3^a, &c. qui seront les milieux du noyau, à côté desquels si l'on porte de part & d'autre son demi-diametre c^a m, on aura d'un côté les points m, m aux collets des marches, & de l'autre les points n, n, par lesquels on tracera avec une regle pliante les courbes égales m m m, & C n n n, qui seront les projections verticales des courbes à double courbure en hélices qui passeroient par les attouchemens du noyau avec des perpendiculaires aux diametres n m, n m.

Ainsi faisant une cerche concavo-convexe sur ces courbes, on pourra la poser à plomb sur la ligne FG, dans la partie du vuide sous le noyau, & dans la situation où la courbe doit être, par le moyen d'un à plomb n r; puis faisant couler une équerre horisontalement sur les prolongations des lignes m n tracées sur la cerche, on verra si le noyau penche trop ou ne penche pas assez. Il faut remarquer que cette cerche ne peut servir qu'à l'endroit pour lequel elle a été faite, parce que la courbe

Fig. 182.

C 6^n est concave depuis C en n^4, où il faut que la cerche soit convexe, & au-dessus où cette courbe devient convexe, la cerche au contraire doit être concave.

Fig. 182.

Explication démonstrative.

Si l'on suppose une hélice cylindrique d'un diametre égal à la ligne AB, dont l'axe est vertical, sur le centre C, la projection horisontale de cette hélice sera le cercle ABN. Supposant encore un cercle horisontal DMEC, d'un diametre égal à AB, & qui soit enfilé par son centre dans l'hélice, comme un morceau de carton dans un *tireboure*, si l'on fait mouvoir ce cercle en l'élevant au long de cette hélice, ensorte qu'il conserve sa situation horisontale, il décrira par ce mouvement un corps hélicoïde que l'on appelle une *colonne torse*, laquelle sert de noyau à notre escalier à vis. Il est évident, par cette génération, que ce corps hélicoïde tournant autour du centre C de la projection, est traversé du haut en bas par la ligne droite verticale qu'on peut supposer élevée sur ce point C, sans qu'elle entre dans ce corps. D'où il suit que si le rayon du cercle générateur DHC étoit plus court que celui de l'hélice CA ou CB, le corps hélicoïde laisseroit un vuide au milieu, dans lequel on pourroit introduire un corps cylindrique, qui auroit pour axe la verticale sur le point C, & qui seroit plus ou moins gros, suivant la différence qu'il y auroit entre le rayon c^2 D du cercle & CA de l'hélice. Si au contraire le diametre ou le rayon du cercle générateur c D étoit plus grand que le rayon de l'hélice AC, le corps hélicoïde seroit fermé dans son milieu, c'est-à-dire qu'on n'y pourroit introduire aucune ligne droite.

D'où il suit que les noyaux tournans & rampans peuvent être variés d'une infinité de façons. 1°. Par l'hélice centrale, je veux dire dans laquelle passe le centre du cercle générateur, laquelle peut être plus ou moins ouverte, c'est-à-dire d'un plus grand ou d'un plus petit diametre AB dans sa projection horisontale. 2°. En ce qu'elle peut être en cylindre circulaire, ou cylindrique elliptique. 3°. En ce qu'elle peut changer d'ouverture du bas en haut, comme si elle étoit conique, c'est-à-dire descriptible sur la surface d'un cône. 4°. Enfin en ce qu'elle peut s'ouvrir inégalement, comme si elle étoit sphéroïde,

CHAP. XI. DE L'APPAREIL DES ESCALIERS, &c. 287
c'est-à-dire, qu'elle pût être décrite sur la surface d'un sphé-   *Fig.* 182.
roïde. Secondement, le corps hélicoïde peut varier par la
grandeur du cercle générateur, en ce que la longueur de son
rayon rend le corps hélicoïde plus ou moins délicat ou massif,
plus ou moins ouvert ou fermé dans son milieu considéré verticalement.

    Présentement, si au lieu du cercle générateur c^2 D, nous
considérons que son diametre HC, qui se meut en s'élevant
dans une situation horisontale sur l'hélice, en conservant
toujours sa direction au centre, ou plutôt à l'axe vertical, on
reconnoîtra (suivant ce qui a été dit au corol. II de la page
42 du second tome) que tous les points de cette ligne génératrice forment (en tournant suivant ces conditions) autant
d'hélices différentes, dont les plus éloignées du centre C sont
les plus inclinées à l'horison, & au contraire les points qui
en approchent le plus décrivent les hélices plus droites; ensorte que celle qui est formée par le point C est infiniment
peu courbe, c'est-à-dire qu'elle dégenere en une ligne droite
verticale, qui est une tangente aux révolutions du corps hélicoïde. D'où il suit qu'on ne peut faire usage des panneaux de
développement pour ce noyau, comme on a fait pour la vis
Saint-Giles, parce que dans celle-là il ne s'agit que de quelques hélices distinctes & séparées les unes des autres. Ici ce
sont celles qui se forment par les points du contour d'un lit
circulaire, de sorte que l'on ne peut faire que quelques cerches de projection verticale, comme nous avons fait, lesquelles ne sont pas toujours immédiatement applicables à la surface du noyau, mais seulement propres à diriger les saillies
des tambours par des perpendiculaires tirées sur le contour de
la cerche. Cependant lorsque le corps hélicoïde est fermé dans
son milieu, comme le sont ordinairement les colonnes torses,
on peut faire des cerches applicables dans le plan de l'axe vertical de la colonne, & cette précaution convient très-fort pour
une exacte exécution.

    On voit en Alsace beaucoup de ces sortes d'escaliers à
noyaux rampans dans les anciennes maisons des particuliers,
au milieu desquels on fait pendre une corde pour s'y appuyer,
parce que ce noyau est trop gros pour qu'on puisse l'empoigner; mais cette précaution, qui est bonne, devient inutile
pour les gens un peu délicats sur la propreté, qui ont de la

répugnance à porter la main sur une corde grasse & dégoûtante.

COROLLAIRE.

Delà on peut tirer la méthode de *faire la colonne torse*, qui n'est autre chose qu'un noyau rampant & tournant, dont les révolutions sont un peu plus serrées & fréquentes que dans les limons d'escaliers, qui ne font guere plus d'une révolution & demie à chaque étage, au lieu que la colonne torse en fait au moins 6, ou 6 & demie dans la hauteur de 7 ou 8 des diametres de sa projection. D'où il suit que les révolutions des vis d'escaliers étant fort écartées, le noyau devient une colonne fort peu torse. Ce noyau differe aussi de la colonne torse, en ce que ses sections horisontales sont des cercles dont les projections se touchent, comme on voit les cercles C g & CH se toucher en C, au lieu que ceux des projections des sections horisontales de la colonne torse se croisent le plus souvent des trois quarts de leur diametre.

Ainsi on peut considérer les noyaux rampans des vis, à l'obliquité près, comme une pile de dames à jouer, tournant autour d'une ligne à plomb; mais la même comparaison ne convient pas toujours & à toutes sortes de colonnes torses, parce que lorsque les révolutions sont inégales, leur diametre changeroit non-seulement dans la projection mais aussi dans l'élevation. C'est pourquoi il faut les considérer comme une suite de boules, par exemple, des grains de chapelets enfilés dans un tireboure, que l'on couvriroit ensuite d'une surface courbe tangente à ces boules, ce que l'on verra plus clairement lorsque nous parlerons des colonnes torses à révolutions inégales, dont nous donnerons un exemple singulier, plutôt pour la curiosité que pour en conseiller l'usage.

On peut encore considérer la colonne torse comme la trace du mouvement d'un cercle enfilé dans une hélice par son centre, supposant le plan de ce cercle toujours perpendiculaire aux parties infiniment petites de cette hélice, au lieu que nous l'avons supposé de niveau, pour la génération de notre noyau de vis tournant & rampant. D'où il suit que les sections horisontales de la colonne torse formée par cette génération, ne sont plus des cercles comme dans notre noyau tournant, mais des ovales plus ou moins alongées, suivant l'obliquité de l'hélice

à

CHAP. XI. DE L'APPAREIL DES ESCALIERS, &c. 289
à l'égard de l'horifon. C'eft pourquoi lorfqu'on veut faire l'élevation d'une colonne torfe, après avoir tracé l'hélice centrale, il faut décrire plufieurs cercles égaux au long de cette hélice; les courbes tangentes menées par les extrémités de leurs diametres, donneront en projection verticale les contours de la colonne torfe, comme l'on voit à la fig. 207, plan. 108.

De la vis à preſſoir.

Nous joignons ici le trait de la vis fimple avec celui de la colonne torfe, parce que c'eft le même dans le fond, qui ne differe qu'en ce que les *pas* de la vis font des angles rentrans & faillans, dont les fections par l'axe font rectilignes, & que les intervalles des révolutions de la colonne torfe coupée par fon axe, font des courbes ondées rentrantes & faillantes, dont les points d'inflexion font rangés fuivant une hélice, qui eft la même que celle du fommet des angles de la vis, foit dans le rentrant, foit dans le faillant. A l'égard du plus ou moins de révolutions, ce n'eft qu'une différence accidentelle qu'on ne doit pas compter.

Pratique du trait pour toutes fortes de vis.

On commencera par faire un corps cylindrique, s'il s'agit d'une vis ou d'une colonne fans diminution, & pour une colonne torfe, on fera un corps conoïde tel que les Architectes le demandent pour les colonnes unies diminuées depuis le tiers de leur hauteur, ou renflées dès le bas jufqu'au tiers & diminuées au-deffus, dont le diametre fera réglé par la proportion qu'il doit avoir avec la hauteur de la colonne, comme d'un feptieme ou d'un huitieme de cette hauteur, & par la mefure que l'on veut donner à l'écartement de chaque révolution de la colonne, à l'égard de l'axe droit qu'on fuppofe dans fon milieu.

Soit pour exemple, un cylindre *a b* I F (fig. 184, ✠ pl. 105) dont le plan horifontal ou la fection perpendiculaire à l'axe *x* X eft le cercle ALBK, dont le diametre eft AB & le centre C; on divifera le rayon AC en trois ou en quatre parties, pour faire du centre C un cercle avec le rayon DC, quart du rayon AB, ou de fon tiers, fuivant que l'on voudra que la

Plan. 105,
Fig. 184.

Fig. 184 ✠.

colonne soit plus ou moins torse. On divisera ces deux cercles concentriques en un certain nombre de parties à volonté, par exemple en huit, par quatre diametres AB, nn, LK, mm, & par les points A, m, L, n, B, &c. on menera sur la surface cylindrique autant de paralleles à son axe (par le problême XXX du II livre, page 253 du tome I,) ensuite on divisera la hauteur AF en six ou six & demi, pour former autant de révolutions, & parce que le contour de la base a été divisé en huit parties égales, on divisera aussi l'intervalle a 1 en huit parties égales, & le tout par conséquent en 48, & commençant à l'axe sur la projection, & à une parallele sur le relief, on portera successivement sur chacune de ses paralleles à la circonférence du cylindre une de ces divisions de plus qu'à l'autre, par exemple, une sur la premiere, deux sur la seconde, trois sur la troisieme, ainsi de suite ; & l'on aura une hélice qui fera six révolutions dans quarante-huit parties de hauteur, ou six & demi en 52. On tracera par parties cette courbe avec une regle pliante de point en point sur la surface cylindrique ; & dans la projection verticale ou profil de l'épure, on tracera l'hélice, du milieu des points de laquelle, comme centre de chaque section circulaire, on tirera à droite & à gauche des lignes égales, qui représentent les demi-diametres de ces sections, lesquelles donneront les points de la courbe extérieure des deux côtés, qu'on tracera à la main. Cette courbe du profil étant considérée comme le contour d'une section plane de la colonne torse coupée suivant son axe, servira à former une cerche pour la tailler dans la pierre ou dans le bois.

Si la colonne étoit sans diminution, la cerche d'une seule révolution suffiroit ; mais si elle est diminuée ou renflée, cette cerche doit être taillée dans une planche de toute la hauteur de la colonne, parce que les contours de chaque révolution sont inégaux entre eux, les uns plus écartés de leur axe, & les autres moins ; de sorte que la colonne torse des Architectes n'est pas une surface hélicoïde proprement dite, qui est composée d'hélices, mais en limace double, dont les révolutions depuis le tiers de la hauteur en haut & en bas se resserrent de plus en plus, suivant une progression qui est celle des ordonnées à l'axe de la conchoïde de Nicomede, comme l'a trouvé M. Blondel, suivant laquelle on formera le corps conoïde qui sert

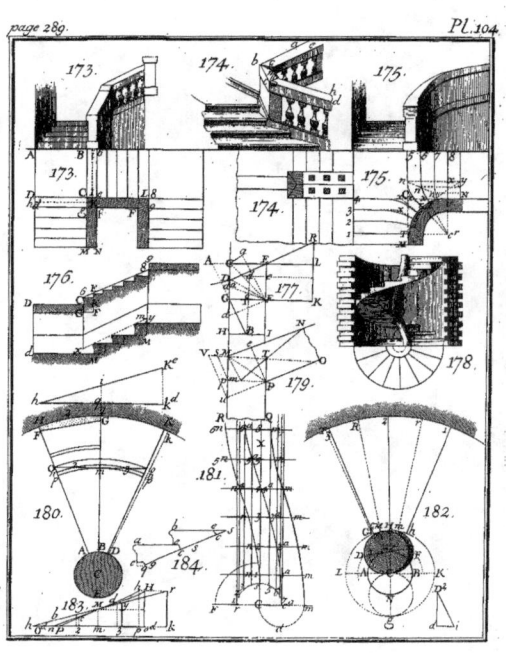

page 289. Pl.104

Chap. XI. DE L'APPAREIL DES ESCALIERS, &c.

de préparation pour contourner & creuser les ondulations des révolutions de la colonne torse, comme on peut le voir dans les livres d'architecture, particulierement dans le cours d'architecture de d'Aviler.

L'application du trait sur le bois ou sur la pierre, dont on fait la colonne torse, ne consiste qu'à tracer des lignes qui ne sont pas paralleles à l'axe, puisqu'elle est diminuée depuis son tiers en haut, & souvent encore depuis son tiers en bas, si elle est renflée, mais qui sont dans une section par l'axe; de sorte qu'il faut que les diametres ou rayons qui aboutissent à ces lignes dans la base supérieure & dans l'inférieure, soient dans un même plan, ce qui se fait, comme nous l'avons dit au probl. I de ce livre, en bornoyant avec deux regles qu'on place l'une à l'égard de l'autre de maniere qu'elles ne se croisent pas; après quoi avec une regle pliante, on trace des lignes courbes d'une base à l'autre, suivant lesquelles ayant fait le tracé du contour de l'hélice, comme nous l'avons dit, on creuse le bois ou la pierre, de maniere que la cerche du contour de la section par l'axe s'y puisse appliquer exactement, tenant toujours le plan de cette cerche dans une direction qui tend à l'axe, ce qui est facile à faire, puisqu'il n'y a qu'à poser sur les bases de dessous & de dessus de la colonne, des regles dégauchies passant par les centres de ces bases, & ajustant la planche dans laquelle on a coupé la courbe de la cerche, suivant ces deux regles.

Par ce moyen on peut se dispenser de faire *un modele en grand* pour guider les appareilleurs, comme le demande d'Aviler; car il leur est impossible de se tromper s'ils font autant de cerches que de ces paralleles, c'est-à-dire des courbes à la surface du noyau qui est un fust en cylindroïde, lesquelles sont des sections par l'axe, ce qui n'est pas fort difficile ni fort embarrassant; car si l'on en fait 8, ce sont 8 planches à contourner sur des profils différens. Le seul cas où les modeles en grand sont nécessaires, c'est lorsque la matiere est précieuse comme du marbre, & que les creux de la colonne sont remplis d'ornemens, comme de seps de vignes rampans avec leurs feuilles & fruits. L'exécution de ces sortes de colonnes est assez fréquente en France, mais encore beaucoup plus en Espagne & en Portugal, où l'on voit dans toutes les Eglises de ces colonnes ainsi ornées de vignes, mêlées souvent avec des épis de bled, pour servir de symboles de l'Euchariftie. Quoiqu'on ne puiſſe trop décorer la maiſon du Seigneur, on peut dire que la ſimplicité des égliſes des premiers ſiecles, n'admettant point toutes ces choſes qui amuſent les yeux, étoit ſelon moi beaucoup plus majeſtueuſe, & plus propre à inſpirer le recueillement ſi néceſſaire à la priere.

Troiſieme variation.

De la vis à jour, ou à noyau vuide.

Lorſqu'on veut ſupprimer le noyau d'un eſcalier à vis, il faut conſidérer quelle eſt la grandeur de l'ouverture horiſontale qui doit reſter à la place qu'il auroit occupé, & ſuivant la grandeur de cette ouverture, il faut opérer différemment pour ſuppléer à l'appui qu'il auroit donné aux têtes des marches.

Premiere eſpece de vis à jour.

Lorſque le vuide du noyau eſt d'un petit diametre, comme depuis 4 juſqu'à 8 ou 10 pouces, on peut ſuppléer à l'appui qu'il auroit donné aux têtes des marches par un petit élargiſſement de la tête qu'on orne d'une groſſe moulure pratiquée dans la même pierre en ſaillie, comme elle eſt repréſentée à la fig. 187 en perſpective; par ce moyen chaque marche eſt appuyée par les deux bouts; ſavoir, à la queue dans la muraille de la tour où elle eſt engagée, & du côté du vuide ſur la ſaillie de la moulure, qui forme un limon, dont les parties adhérentes à la marche ſont poſées les unes ſur les autres en *tas de charge* ſans coupe, parce que l'hélice que forment ces moulures étant fort rapide, je veux dire, approchant beaucoup de l'aplomb, ne forment pas des angles trop aigus avec les lits horiſontaux des têtes des marches, ce qui n'arrive pas de même lorſque le diametre du vuide eſt fort grand, parce qu'alors les hélices deviennent plus inclinées à l'horiſon, avec leſquelles elles font par conſéquent des angles plus aigus.

Fig. 187.

Ainſi il faut conſidérer chaque marche comme compoſée de deux parties dans une ſeule piece de pierre; ſavoir, de la marche compoſée de *pas* vertical & de giron horiſontal; qui

CHAP. XI. DE L'APPAREIL DES ESCALIERS, &c. 293
doivent faire de continuels ressauts, & du limon tournant qui
ne doit point faire de ressaut, mais une suite continuée au
travers du vuide triangulaire du ressaut que fait le giron d'une
marche avec le *pas*, ou contre-marche de l'autre; cela supposé. Soit (fig. 185,) le cercle ABN, la projection horison- *Planch.* 105.
tale du vuide que l'on veut laisser au milieu de l'escalier à vis à *Fig.* 185.
la place que devoit occuper le noyau. On fera le panneau de la
marche avec les ornemens de moulures qui doivent composer
le limon, dans lesquelles il faut ménager un gros tore ou boudin rond, pour qu'on y puisse couler la main lorsqu'on veut s'appuyer en montant ou en descendant, & pour dégager ce boudin
il convient qu'il y ait à côté un grand cavet qui marque le collet
de la marche où doit se terminer la partie verticale du pas ou
contre-marche, laquelle est aussi ornée d'un quart de rond sur
son arête qui vient finir à ce cavet, comme l'on peut voir à la
figure 187, en perspective.

Le panneau étant fait comme il convient à la grandeur de *Fig.* 185.
la cage & au nombre des marches de chaque révolution, &
la pierre étant jaugée de l'épaisseur qu'exige la hauteur de
chaque *pas*, on le posera sur le lit de dessus, c'est-à-dire sur le
giron pour en tracer le contour, comme en POED; on fera
en même tems, par un retour d'équerre, sur le point E, un repaire au lit de dessous, où il servira pour y poser le panneau
après qu'on aura renversé la pierre; on en usera de même au
point O. Dans cette seconde situation, on posera le panneau
d'une maniere différente de la premiere, en plaçant le point
P sous le point O, c'est-à-dire sur le repaire qu'on vient de
faire par un retour d'équerre à ce point, & le point D sous
le point E, ou ce qui est la même chose sur son repaire, &
dans cette situation du panneau on tracera la tête EF plus avancée que la premiere DE de l'intervalle d'une marche à son collet,
laquelle avance se prend dans l'espace triangulaire OFE que
forme le rétrecissement de la marche OE.

La pierre étant ainsi tracée, on abattra toute la partie com-
prise dans le triangle OH*n*, pour former à l'équerre sur le
giron le pas de la marche & sa moulure, laissant la partie
EF saillante au-delà, dans laquelle jointe à la précédente
DE, on creusera à l'équerre sur les lits la partie concave
DEF par le moyen d'un cercle formé sur le demi-cercle AEB.
Ensuite ayant rectifié l'arc de cercle EF, on le portera à part

en *e f*; puis ayant fait *e i* perpendiculaire fur le point *e*, & égale à la hauteur donnée d'une marche, on tirera l'hypoténufe *i f* qui fera le développement de l'hélice que forme le limon depuis le lit de deffus jufqu'au lit de deffous : ainfi on tracera ce triangle fur du carton pour être appliqué & plié dans le creux cylindrique de la tête, afin qu'on puiffe tracer l'hélice qui s'y forme au filet de la moulure, & par ce moyen les autres hélices des moulures paralleles au-deffus & au-deffous de celle-ci, ou plutôt en avant & en arriere. Il eft vifible que cette conftruction changeroit un peu fi la projection horifontale du vuide du noyau étoit elliptique au lieu de la circulaire que nous avons fuppofé, en ce qu'il faudroit changer autant de fois la tête du panneau qu'il y auroit d'avance de limon, au lieu que dans le cas du vuide circulaire, il fuffit de le renverfer & de l'avancer; c'eft un avertiffement que le P. Derand & M. de la Ruë ont obmis.

Il fe préfente une difficulté dans la fuite de ces têtes, lorfque l'on fait quelques paliers. La premiere eft la difformité des jarrets qui s'y font, parce que l'intervalle horifontal d'un giron au fuivant étant plus grand que les autres, le limon qui paffe d'une arête à l'autre n'eft pas continué d'une maniere uniforme, mais il devient plus couché au palier, felon le plus ou le moins de largeur de fon giron. D'où il réfulte un autre inconvénient, c'eft que l'arête du lit inférieur devient trop aiguë, & par conféquent fujette à fe caffer. Pour remédier au jarret, on fe prépare de loin à le corriger ; au lieu de n'avancer la tête qui fait faillie au-devant de la contre-marche que de la largeur du collet du giron, on la fait avancer un peu davantage, par exemple, d'une fixieme partie de plus, fi l'on veut racheter l'excès du collet du palier fur fix marches, tenant toujours cette tête à la circonférence du cercle du vuide de la vis, & pour cet effet on le guide par des divifions fur la queue, qui correfpondent à celles de la tête, pour avoir des rayons qui tendent également au centre. Il eft cependant vrai que ces précautions ne font que pallier & diminuer un peu la difformité du jarret qu'on ne peut effacer totalement. D'où il fuit que fi l'on aime la perfection & l'uniformité, on ne doit pas faire de paliers à ces fortes d'efcaliers.

Chap. XI. DE L'APPAREIL DES ESCALIERS, &c.

Remarque sur l'usage des escaliers à vis à jour, & des autres à noyaux pleins.

Lorsqu'on a peu d'espace pour pratiquer un escalier, on doit préférer la vis à jour à toutes les autres, parce que l'on gagne la place qu'occuperoit un noyau, laquelle donne une grande aisance au passage des corps à la hauteur des coudes & des épaules; mais il ne convient pas que le diametre du vuide soit un peu grand, parce qu'il inspire de la frayeur de tomber au travers, au cas que l'on vienne à faire un faux pas. Ce que j'ai vu de plus petit, mais de plus parfait en ce genre d'ouvrage, sont les petits escaliers de marbre qui montent dans les piliers de la nef de S. Jean de Latran, à Rome, qui ont pour limons des moulures à peu-près comme celles de ce profil, sur lesquelles on coule la main pour s'appuyer. Quoique dans les noyaux rampans il n'y ait aucun vuide à plomb, on y est encore moins exempt de la frayeur d'y tomber qu'aux vis à jour, parce qu'ils ne présentent point de ces moulures pour appui, mais un corps rond & trop gros pour qu'on puisse l'empoigner : ainsi ils ont le défaut du noyau vuide sans en avoir l'agrément, qui consiste à voir du haut en bas tout l'escalier, par le moyen de cette petite ouverture en forme de puits.

Seconde espece de vis à jour.

Où les têtes des marches forment un limon propre à porter une rampe de fer.

Lorsque les vis à jour sont ouvertes au milieu de plus de 9 à 10 pouces de diametre de noyau vuide, & que les marches sont plus longues que trois pieds, on ne peut se garantir de la peur & même du danger de tomber par cet intervalle vuide, sans une rampe de fer, qui sert d'appui & de garde-fou. Alors au lieu de faire le limon en boudin rond, comme au trait précédent, il faut le faire plat par-dessus pour y asseoir la rampe ou balustrade, & une tête à plomb assez épaisse pour lui servir de base & de soutien au collet des marches, qui en ont plus besoin qu'aux petites vis à jour, parce que les hélices des limons sont nécessairement plus couchées, dans le rapport des distances des limons à l'axe vertical de l'hélice, les hauteurs des marches, qui sont presque toujours les mêmes, étant supposées égales dans l'une & dans l'autre grandeur de vis à jour. De cette différence d'inclinaison des limons, il suit aussi que les angles de leurs sections horisontales, c'est-à-dire des lits avec le parement rampant, deviennent aussi beaucoup plus aigus que dans les petites vis, où le limon est fort près de l'axe vertical supposé au milieu du vuide; de sorte que ces angles n'auroient aucune force si on posoit les têtes des marches en tas de charge par lits de niveau. Pour remédier à cette foiblesse d'arête, on est obligé de les tailler en coupe perpendiculaire à la face supérieure du limon, ce qui en fortifie encore la construction, en ce que cette portion de coupe empêche la tête de la marche de se dégager en glissant sur le devant ou sur le derriere de son lit.

Aux deux différences de construction dont nous venons de parler, on en peut ajouter une troisieme, qui consiste en ce que dans les petites vis à jour on donne peu de recouvrement aux girons des marches, parce qu'on laisse paroître les ressauts qui se font d'une marche à l'autre au parement inférieur, qu'on appelle la coquille. Mais dans les grandes vis à jour ornées de balustrades, il convient de faire en sorte que la surface de la coquille soit sans ressauts, comme aux deux escaliers de la chapelle de Versailles, ce qui occasionne un grand recouvrement sur les girons, qui s'élargit depuis le collet à la queue en raison de leur distance du milieu du vuide, comme on va le montrer dans le trait.

Fig. 188. Soit (fig. 188) le demi-cercle AFB, la projection horisontale du vuide de la vis, dont la circonférence a été divisée en un certain nombre de parties égales pour régler la largeur des marches, à commencer où l'on juge à propos, par exemple ici aux points 1, 2, 3, 4, 5, 6, par lesquels on tirera du centre C les lignes 3 Z, 4 Z, 5 Z, 6 r^e, &c. jusqu'au mur de la cage, qu'on peut supposer de telle figure qu'on voudra, ronde, quarrée, ou à pans; nous n'en mettons ici qu'une partie pour marquer seulement leurs directions, qu'il est aisé de prolonger dans le rond ou dans le quarré, &c. On déterminera ensuite l'épaisseur qu'on veut donner au limon, comme 6 D, pour en

marquer

Chap. XI. DE L'APPAREIL DES ESCALIERS, &c. 297
marquer le côté intérieur par un arc de cercle DL 12, concentrique au cercle AFB, lesquels arcs comprendront sa partie supérieure, sur laquelle doit se poser la balustrade ou le garde-fou. Mais comme il convient de faire la partie inférieure de ce limon plus large, pour lui donner plus de solidité, on en déterminera la largeur par un arc concentrique plus éloigné du centre C, comme dx TV, sur lequel on réglera le recouvrement d'une marche sur l'autre tel qu'on le jugera convenable, observant qu'il contribuera d'autant plus à la solidité de l'escalier qu'il sera grand, parce qu'il élargira la queue de la marche qui porte dans le mur, & la largeur du limon à sa tête. Supposant le recouvrement déterminé environ de la moitié du giron 1, 2, au point x, on tirera du centre C la droite R xg, qui sera le bord supérieur du derrière de ce recouvrement.

Fig. 188.

Il s'agit à présent de faire le panneau de la tête du limon, qui comprend deux girons, & le recouvrement d'une marche sur l'autre, c'est-à-dire les arcs FR & F 4, qu'on suppose ici égaux, prenant le point F pour le milieu. Ayant pris à volonté le point H sur la ligne CF, on lui tirera une perpendiculaire indéfinie GHI, & ayant porté de H en O la hauteur d'une marche, on lui menera une parallele PM par le point O, ensuite on développera l'arc FR sur la droite HG qu'on lui fera égale, & qu'on portera aussi de O en M; de même l'arc F 5 de H en I & de O en P; le rhomboïde GPMI sera le développement de la surface concave de la tête de la marche qui porte son limon, depuis l'arête du pas inférieur 5 3^q jusqu'à celle du pas supérieur 6 dr^e. Mais parce que l'on veut, pour augmenter la solidité & la beauté, que ce limon excede les arêtes des marches, & fasse un socle dessus & un ressocle dessous, on y ajoute une longueur de coupe perpendiculaire au limon en IK pour le dessus, & en GS pour le dessous, par l'extrémité de laquelle longueur on mene des paralleles KN, SQ, qui donnent pour l'un & l'autre les rectangles MK, QG. Du point G, on abaissera une perpendiculaire sur Sf ou sur GI sa parallele, qui coupera la ligne Sf en r; l'on portera Sr en Rs & en pq, & même en 5 k & en 4 n, si l'on fait le socle supérieur égal en hauteur à l'inférieur, & par les points s, q, k, n, on menera la ligne sT parallele à R g, ou paral-

Tome III. P p

Fig. 188. lele à pp^r, kk^l parallele à 5 3^q, & nn^l parallele à 4 7, & l'on aura tous les points auxquels doit s'adapter le panneau de tête fait fur une matiere flexible & appliqué dans la furface concave du limon.

Il faut obferver que parce que le reffocle SGPQ déborde le deffous de la furface des marches qui fait la coquille, d'une certaine quantité prife à volonté, comme Tt, moitié de Tx, on menera par le point t la ligne $t7$ parallele à gx, qui marquera la largeur de la coupe qu'on doit faire au derriere de la marche pour abattre l'arête trop aiguë que formeroit la rencontre de la coquille & du lit de deffus de la marche. On en ufera de même pour le reffaut que fait la coquille avec le lit de la marche fuivante, qu'on a marqué ici en $q^r p^r$ fur un profil de marche renverfée en t X $h o p^r q^r t$, qui eft mis là fans autre befoin que celui de marquer la deftination des lignes de l'épure. Par un autre profil redreffé à la queue de la marche en $a b c e f$, on voit le rapport & l'ufage des lignes de la projection, que l'on peut comparer aux profils des figures de tête 192, & de queue 191, de deux marches pofées l'une fur l'autre.

Il faut encore remarquer qu'on a fait toutes les lignes des arêtes de coupe paralleles entre elles, pour ne pas les faire gauches; par exemple, on a fait la ligne s T parallele à R x, & $t7$ parallele à xg; quoique fuivant les bonnes regles elles duffent être tirées toutes les deux, comme des rayons, du centre C, parce que les intervalles $10x$ & s R étant inégaux, & fervant de bafe à des hauteurs égales à Gr de l'élévation de la coupe de la tête, la furface qui pafferoit par ces lignes feroit gauche hélicoide, & non pas plane, par les raifons qui ont été données au commencement du fecond tome, page 41. Il en feroit de même de la petite coupe xt, qui s'élargiroit du côté de la queue, comme on voit en 11 g, & ainfi des autres kL, n 1^4, qu, & pp^r; rien n'empêche cependant qu'on ne les puiffe faire gauches, les joints en feront plus réguliers, l'exécution en fera feulement un peu moins aifée; au refte on doit régler les bonnes coupes fur les joints de tête les plus apparens.

Application du trait fur la pierre.

Avant que de régler l'épaiffeur de la pierre qui doit fervir de

CHAP. XI. DE L'APPAREIL DES ESCALIERS, &c.

marche, il faut considérer que puisqu'on veut que la tête qui porte le limon soit d'une même piece que le reste, on sera obligé de la faire plus épaisse qu'il ne seroit nécessaire si la tête étoit d'une piece séparée, parce que les parties du limon IK, SG, QP, MN, qui sont en coupe, excedent les lits de dessus & de dessous de la marche, ce qui oblige l'appareilleur à en faire de supposés pour préparation, qui sont élevés au-dessus des vrais lits de la hauteur K *e* pour le lit de dessus, & *p* Q pour celui de dessous, qu'il faudra abattre dans l'exécution, à ces petites parties de coupe près, c'est-à-dire, en ne conservant seulement que le petit prisme triangulaire, dont le profil est le triangle IK *e* au lit de dessus (fig. 188 & 192) & le triangle *d* Q *p* au lit de dessous.

Fig. 188.

On commencera donc par faire un panneau d'un lit de toute la marche, qui comprenne la tête L n^l n F s T t ζ, avec la queue, qu'on n'a pas marqué ici, & le retour ζ L, & ayant tracé le contour de ce panneau sur les lits de dessus & de dessous en retour d'équerre, on abattra quarrément toute la pierre qui excede le trait, & l'on appliquera dans le parement creux de la tête du limon, le panneau SG IK NM PQ, tracé sur du carton pour l'appliquer à cette surface concave cylindrique en pesant dessus pour le faire joindre dans le creux; dans cet état on en tracera le contour, suivant lequel on abattra la pierre quarrément, tenant toujours une des branches de d'équerre parallele au trait du milieu HO, & l'autre suivant le biveau mixte de la coupe 3, 4 ζ. On pourroit, pour plus de sûreté, faire un panneau de l'intérieur du limon, en développant l'arc k^l n^l pour en faire la base d'un triangle rectangle, qui auroit pour hauteur celle de la marche, plus celle de la coupe prise en K *e*; l'hypoténuse de ce triangle fait de carton appliqué & plié dans la surface cylindrique du limon intérieur, formeroit l'hélice de son arête. Les figures 189, 190, 191 & 192 serviront de supplément à ce qui manque à cette explication.

La figure 189 fait voir la tête d'une marche par dehors avec la partie du limon qu'elle porte, en perspective, avec les petites coupes IK, SG au lit de dessus, & QP, MN au lit de dessous. La fig. 190, marquée des mêmes lettres, montre la même tête de marche, vue par dedans, aussi en perspective.

P p ij

La fig. 191 montre par un profil de quelle maniere les marches se recouvrent vers la queue, où l'on a diftingué par une hachure la partie de la pierre qui doit être enlevée après la premiere ébauche des deux lits de préparation, & par une ponctuation le profil de ce qui refte en œuvre. La fig. 192 montre par un profil le recouvrement d'une marche fur l'autre au collet, qui eft beaucoup plus petite qu'à la queue, & la faillie triangulaire KLN du limon au-devant de l'angle rentrant des marches, laquelle eft marquée par une hachure croifée ; cette partie a auffi été repréfentée à la fig. 190. Les parties en parallelogrames IN & GQ repréfentent le focle & le reffocle, qui débordent le deffus des arêtes des marches & le deffous du parement inférieur de la coquille.

Obfervation fur le trait de M. de la Rue.

Je crois devoir faire remarquer ici une erreur du trait de M. de la Ruë, laquelle peut ne pas être de grande conféquence lorfque les marches font en grand nombre à chaque révolution de la vis, & que l'efpace du vuide du milieu eft d'un grand diametre, mais qu'il eft encore meilleur de ne pas faire.

Cet Auteur trace le panneau de tête de la marche qui porte le limon par une projection verticale : or il eft évident que le panneau flexible formé fur une telle épure fera trop court étant appliqué dans la furface concave cylindrique du vuide du noyau, fuivant le rapport de la corde sn à l'arc sFn, qui eft confidérable dans cet exemple.

Secondement, il eft clair que la projection qui fe fait d'une furface plane fur un arc, ou d'un arc fur une furface plane, ne donne pas fur cette furface des parties proportionnelles aux divifions de l'arc, puifque les parties de cet arc font toutes inégalement inclinées à celles de la furface ou de la ligne droite qui lui fert de bafe, par conféquent les unes fe racourciront plus, & les autres moins par la projection ; il eft, par exemple, vifible que l'arc $s6$ fe racourcira plus que fon égal 65 qui eft prefque parallele à GI. Enfin fi l'on fuppofe le creux cylindrique vertical sFn coupé par un plan incliné à l'horifon, comme KN, qui foit perpendiculaire au plan vertical paffant par AB, la fection de ce plan fera une ellipfe, & par la

CHAP. XI. DE L'APPAREIL DES ESCALIERS, &c. 301
nature de la vis, la courbe de l'arête du limon doit être une hélice; par conséquent *la pratique du trait de cet Auteur est fausse en tous points*. Quant à la justesse de celui que je viens de donner, elle est claire par la seule construction, & par l'exposition de ce que l'on doit faire, par laquelle nous avons commencé à rendre raison des développemens des lits horisontaux circulaires, des petits lits en coupe, & des hélices des arêtes du limon; il ne paroît pas nécessaire d'y ajouter d'autre démonstration.

Troisieme espece de vis à jour,

Où les limons sont détachés des marches, & s'étendent sur plusieurs têtes.

En termes de l'art,

DE LA COURBE RAMPANTE.

PREMIEREMENT.

De la circulaire d'une seule piece, à l'usage de la charpenterie & de la menuiserie.

Dans le trait précédent, chaque tête de marche portoit son limon d'une même piece; dans celui-ci le limon est un ouvrage à part, dans lequel on fait des entailles, ou si c'est en charpente, des mortoises, pour y loger plusieurs têtes des collets des marches tournantes, c'est-à-dire qu'il s'agit ici de faire d'une grande piece, les parties du limon qu'on faisoit de plusieurs assises de peu de hauteur, égale à celle des marches auxquelles elles étoient adhérentes, ce qui donne occasion à un changement de construction. Soit (fig. 193) la portion de couronne de cercle AGED 4B le plan horisontal d'un mur d'échifre de vis à jour, portant de fond comme en abm DE de la fig. 194, ou la projection horisontale d'un limon soutenu en l'air en saillie, comme le convexe AB de la fig. 195, qui est un *quartier de vis suspendu*; ou enfin la projection d'un limon concave, comme $A^2 B^2$, $D^2 E^2$ de la fig. 193.

Par tous les points A, B, C, D, E du diametre AE, on lui élevera des perpendiculaires indéfinies, comme AI, CM,

Planch. 106.
Fig. 193.

Fig. 194,
& 195.

Fig. 193. EL, &c. puis on divisera le demi-cercle B 4 D en autant de parties égales qu'il y aura de marches dans cette partie d'escalier. Nous supposerons dans cet exemple qu'il y en a sept; savoir six collets de marches entiers entre les points 1 & 7, & deux moitiés de collet entre les points B 1 & D 7, supposant leurs autres moitiés dans une rampe droite, ou en continuation de révolution dans un autre demi-cercle. Par tous les points des divisions des marches 1, 2, 3, 4, 5, 6, 7, on tirera du centre C des lignes 1 1^x, 2 2^x, 7 7^x, 6 6^x, &c. qui couperont le côté convexe du limon AGE aux points 7^x, 6^x, &c. par toutes les extrémités de ces lignes 1 1^x, 2 2^x, &c. on menera des verticales paralleles à la ligne AI. On prendra ensuite une base d'élévation sur une ligne A^2 O, parallele à la ligne AE, à telle distance qu'on voudra de cette ligne, laquelle ligne A^2 O coupera toutes les perpendiculaires provenant des points A, C, E, aux points o^1, o^2, o^3, m^c, &c.

On portera au-dessus du point o^1 successivement les hauteurs données des marches aux points 2, 3, 4, 5, 6, 7, & les demi-hauteurs des demi-collets B 1, D 7, l'une en dessous de o^1 en z^1, l'autre en dessus de la plus haute, de y^7 en E^1; & par tous ces points O, 1, 2, 3, &c. on tirera autant de paralleles à la ligne AE, qui couperont les verticales élevées sur tous les points A, 1^x, 2^x, &c. qui sont au contour convexe AGE, en des points y^1, y^2, y^3, y^4, &c. par lesquels on tracera à la main la ligne A^2 y m y E^2, qui représentera en projection verticale l'hélice qui se forme à l'arête convexe du dessous du limon, qui passe par les angles de dessous de chaque marche du côté de la vis. Les mêmes lignes horisontales passant par les points 1, 2, 3, 4, &c. de la verticale EL, couperont les verticales provenant des points 1, 2, 3, 4, &c. de l'arc B 4 D, en des points z^1, z^2, z^2, z^4, &c. par lesquels on tracera la courbe B^2 z m z D^2, qui sera la projection verticale de la courbe de l'arête concave du limon du côté du noyau vuide, laquelle courbe croisera la précédente A^2 m E^2 au point m, qui représente lui seul les deux points de la projection horisontale 4 & G du milieu du limon, entre les points A & E vers les marches, & B & D vers le vuide.

Ces deux courbes étant tracées, on prendra la hauteur que l'on veut donner au limon, qui doit excéder celle des marches

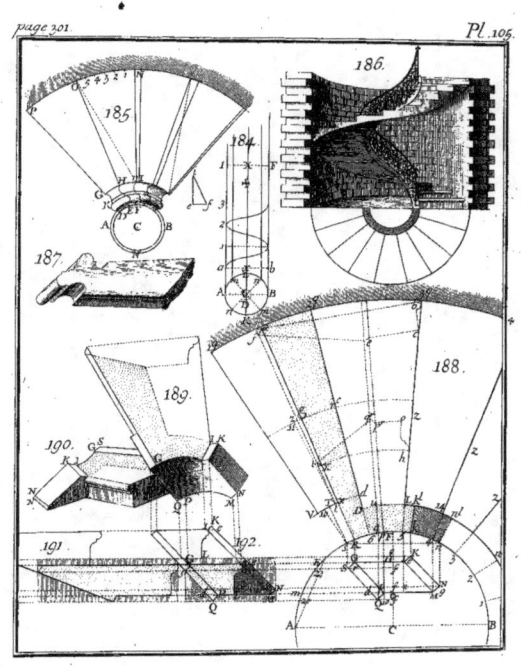

CHAP. XI. DE L'APPAREIL DES ESCALIERS, &c. 303
par dessus & par dessous d'une certaine quantité, qui est arbitraire, comme de trois ou quatre pouces, par plusieurs raisons. 1°. Parce que ce limon sert d'échiffre pour y loger les têtes des collets des marches. 2°. Pour lui donner plus de solidité. 3°. Pour déborder les ressauts que les angles des marches font de l'une à l'autre; l'une de ces hauteurs en dessus s'appelle le socle du limon, l'autre en dessous le ressocle. La hauteur verticale du limon étant déterminée, par exemple $A^2 a$, on la portera sur toutes les verticales au-dessus des points y de suite, pour avoir la courbe d'arête convexe sur les marches a M e, & de même sur tous les points z pour avoir la courbe concave vers le vuide b M d, laquelle croisera la précédente en M, comme celle de dessous en m.

Fig. 193.

Les quatre courbes des arêtes du limon étant tracées, comme on les voit dans la figure, on leur menera des tangentes, à la vue seulement en dessus & en dessous, par exemple, en dessus par l'angle d qui est le plus avancé, & à peu près vers T où la courbe s'élève le plus; on tirera la ligne LI, à laquelle on menera par le point B^2 une parallele $i l$ au-dessous. Par ce moyen toute la projection verticale du limon se trouvera comprise dans le rhomboïde IL $l i$, qui montre quelle doit être l'épaisseur & la longueur de la pierre ou de la piece de bois qu'on doit tailler pour en faire le limon, comme il est représenté à la figure 196, par les mêmes lettres IL li. Présentement il faut tracer les courbes b^2 4Vd, & IgL, qui sont les sections planes du creux cylindrique du noyau vuide B 4 D, & du rond ou convexe du côté des marches AGE, lesquelles courbes, qui sont des ellipses, comprennent un espace IgL d 4V b^2, dont il faut lever un panneau. Il sera facile de tracer chacune de ces demi-ellipses, par le probl. VII du II liv. page 162, ou par le prob. IX, page 172 du même liv. (tome I) parce que les grands axes IL de la convexe, & $b^2 d$ de la concave sont donnés, & la moitié de leurs petits axes C^2 4V, & $C^2 g$ sont aussi donnés au plan vertical en CG & C 4; ainsi on pourra tracer ces demi-ellipses par un mouvement continu, où par plusieurs points, comme on a coutume de faire les cerches ralongées.

Fig. 195.
& 196.

Nous avons supposé que le limon faisoit une demi-révolution B 4 D à la fig. 193; mais s'il en faisoit moins, comme

Fig. 198. par exemple, moins d'un quart en A *n* B (fig. 198), la conftruction feroit encore la même. Ayant tiré du centre C de l'arc A *n* B les lignes CD, CE, CN; il s'agira de changer les arcs de cercles A *n* B & DNE en arcs d'ellipfes de même profondeur, & fur des cordes données, qui feront celles que la hauteur des marches comprifes dans l'intervalle DNE donneront; par exemple, dans cette figure ces cordes feront les lignes de rampes ab^2, dE^2, qui fe croifent en M, avec lefquelles on fera des cerches ralongées (par le corol. III du probl. IX du 2e liv. page 175 du tome I); mais comme nous devons parler plus au long de cette conftruction, lorfque nous traiterons des limons tournans & rampans faits de plufieurs pieces, nous paffons à la pratique de la taille du cas dont il s'agit, à la fig. 193.

Application du trait fur la pierre ou fur le bois.

Fig. 193 & 196. Pour trouver la longueur de la pierre ou de la piece de bois qu'on doit employer à faire le limon d'une piece, on tirera par le point L, qui eft le plus éloigné, une perpendiculaire L *p* fur la ligne *i l*, prolongée en *p*; la diftance *i p* fera la longueur qu'il convient de donner à la pierre ou à la piece de bois, quoique dans la rigueur elle puiffe être plus courte de l'intervalle *e f* par le haut bout, & *i q* par le bas; mais alors la courbe convexe ne feroit pas toute tracée fur les lits de la pierre où le panneau doit être appliqué; favoir, à droite vers L au lit de deffus, & à gauche vers *i* au lit incliné de deffous; c'eft pourquoi il convient, pour la commodité & l'exactitude de de l'exécution, que la pierre foit un peu plus longue qu'il ne faut abfolument. L'épaiffeur de la pierre ou du bois fera donnée par la ligne L *p*, & fa largeur par la ligne CG du plan horifontal; ainfi avec ces trois dimenfions on formera en pierre ou en bois, felon la matiere dont on doit faire l'efcalier, le parallelepipede P *r* de la fig. 196, laquelle n'eft pas relative de grandeur à la fig. 193, faute de place.

On prendra enfuite la longueur L *d* de la fig. 193, qu'on portera en L *d* de la fig. 196; puis ouvrant la fauffe équerre fur l'angle obtus L *d* D^2, on portera cet angle fur la pierre en L *d* V, de la fig. 196, pour y tracer la ligne *d* V, qui doit être

en

CHAP. XI. DE L'APPAREIL DES ESCALIERS, &c. 305
en œuvre à plomb comme $d\,D^2$ de la fig. 193. On prendra
ensuite l'intervalle $d\,b^2$ qu'on portera en $d\,b$ sur l'arête IL de la
fig. 196, pour tracer par ce point b une ligne $b\,u$, parallele à
$d\,V$. Les quatre points b, d, V & u serviront à poser le panneau IGL $d\,V\,m$ B^2 sur les paremens de dessus & de dessous
de la piece de bois, comme il est représenté à la fig. 196. Le
contour de ce panneau étant tracé tant dessus que dessous, on
abattra la pierre d'une courbe à l'autre avec la regle, qu'on
tiendra toujours parallele à la ligne $d\,V$ ou $b\,u$; par ce moyen
on formera une surface cylindrique $b\,4\,d\,V\,m\,u$, qui sera le
parement creux vu du côté du vuide. Par la même maniere,
on abattra la pierre qui excede le contour convexe IGL, pour
former le parement rond du côté des marches, dans lequel
on doit loger par des entailles les têtes de leurs collets.

Voilà déja deux surfaces verticales du limon formées, desquelles il faut retrancher les parties qui excedent trop le
dessus & le dessous des marches, dont les angles s'élevent les
uns au-dessus des autres suivant les courbes en hélices, auxquelles les arêtes du socle & du ressocle du limon doivent être
paralleles. Il faut donc tracer ces courbes sur les surfaces cylindriques concaves & convexes chacune en deux endroits
parallelement entre elles, l'une en dessus pour l'arête du socle,
l'autre en dessous pour l'arête du ressocle qui forme avec sa
compagne le plafond, ou plutôt une portion de coquille égale
à la surface de l'épaisseur supérieure, ce que l'on peut faire de
trois manieres différentes. La premiere, par le moyen des panneaux flexibles, qui soient les développemens des portions de
surfaces cylindriques, dont l'une est concave & l'autre convexe, suivant ce qui a été enseigné au trait de la vis Saint-
Giles, page 447, & fig. 230 du tome précédent; ce que nous
repeterons en deux mots pour n'y pas renvoyer le lecteur. On
fera, par exemple, pour le creux du limon un triangle rectangle, qui aura 1°. pour base horisontale l'arc B 4 D développé,
c'est-à-dire rectifié en ligne droite, 2°. pour hauteur à plomb
la ligne $r\,d$ de la fig. 193, qui est celle du point d, sur une ligne
de niveau $b\,r$; l'hypoténuse de ce triangle rectangle achevera le
panneau qu'on tracera sur du carton.

Si l'on applique le côté $d\,r$ sur l'arête $d\,V$ de la fig. 196, &
qu'on appuye sur le carton pour le faire plier & joindre exacte-

Fig. 193
& 196.

Fig. 192, & 196.

ment dans la surface concave *b* SV, le côté du panneau, qui en est l'hypoténuse, marquera exactement le contour de l'hélice concave qui est marquée en projection verticale à la fig. 193 en *b* M *d*. Il sera facile de tracer l'hélice parallele en dessus ou en dessous, en faisant le panneau en lozange, c'est-à-dire en parallelograme obliquangle, qui aura pour grands côtés l'hypoténuse trouvée, & pour les deux petits côtés la hauteur verticale du limon *a* A^2. Par la même méthode, on fera le panneau flexible pour tracer l'hélice convexe qui est du côté des marches, en rectifiant l'arc AGE du plan horisontal pour faire la base du triangle rectangle, & se servant de la même hauteur *d r* qu'on a pris pour l'hélice concave, parce qu'elle est égale à *e* R pour la convexe; on a représenté deux pareils panneaux à la fig. 199, qui ne sont pas relatifs à la figure 193, mais qui suffisent pour l'intelligence de ce qu'on vient de dire.

La seconde maniere de tracer les hélices des arêtes supérieure & inférieure des limons sur leurs surfaces concaves & convexes est un peu moins simple, c'est de tracer dans la surface concave & sur la surface convexe cylindrique autant de lignes parallèles à l'axe, ou, ce qui est la même chose, aux arêtes *d* V, *b* B^2, (fig. 196) qu'on éleve de perpendiculaires à l'épure de la fig. 193 sur le plan horisontal, c'est-à-dire dans cet exemple, six en dedans & autant en dehors, suivant les distances prises quarrément égales à celles du plan horisontal B 1; 1, 2; 2, 3, &c. pour le creux, & A 1^x, 1^x 2^x, 2^x 3^x, &c. pour le rond convexe du côté des marches. Ensuite on prendra successivement toutes les hauteurs de ces lignes sur la base horisontale A^2 O, si le limon porte de fond, comme à la fig. 194; mais s'il est en l'air, comme à la fig. 193, on ne peut prendre ces hauteurs pour les porter dans la pierre ébauchée à la fig. 196, parce qu'elle est vuide au-dessous de l'arête B^2 V; alors il faut prendre la différence de chacune de ces hauteurs, & la porter successivement au-dessus de la ligne de niveau que donnoit la hauteur précédente, comme *m*^{c}, *o*^{5}, *o*^{6}, &c. sur lesquelles on portera les différences des hauteurs *m*^{c} *m*, *o*^{5} z^5, *o*^{6} z^6, &c. de la fig. 193, qui donneront à la fig. 96 les points *s*, 6, 5, *d*, &c. par lesquels on tracera à la main ou avec une regle pliante l'hélice concave que l'on cherche & sa paral-

CHAP. XI. DE L'APPAREIL DES ESCALIERS, &c. 307
lele au-deſſous, de même la convexe & ſa parallele en deſſous, pour le plafond du limon.

La troiſieme méthode, qui eſt celle dont ſe ſert M. de la Ruë, eſt encore plus compoſée, ordinairement peu correcte dans l'exécution, & demande une autre épure que celle de la fig. 193 ; c'eſt de faire deux cerches ralongées ſur les lignes droites ae & bd, qu'on n'y a pas tracé pour éviter la confuſion, mais qu'il eſt aiſé de faire ; car ſi le limon fait une demi-révolution complette, ce ſont deux demi-ellipſes à décrire ſur des axes donnés ; ſavoir, pour la concave le grand axe bd, & le demi petit axe C 4 du plan horiſontal, & pour la convexe on a le grand axe ae, & pour moitié du petit axe la ligne CG du plan horiſontal ; & ſi le limon ne fait pas une demi-révolution complette, comme à la fig. 198, on pourra former ces cerches ſur des cordes données en ae, db, (fig. 199) & avec les fleches données au plan horiſontal mn, MN, fig. 198, on changera les ſegmens des cercles donnés en ſegmens d'ellipſes, par le coroll. III du probl. IX du ſecond livre, page 175 du tome I. Cette maniere ne convient pas à de grandes portions de limons, qui ſont beaucoup convexes, parce que l'on n'a que deux points donnés aux extrémités des cerches pour régler leur poſition ; ce qui n'eſt pas ſuffiſant, parce que pour peu qu'elles ſoient inclinées au plan vertical paſſant par ces deux points, elles donneront un faux contour, ce qui ne peut pas arriver en ſe ſervant d'un panheau pour former les ſurfaces cylindriques concaves & convexes, pour leſquelles on a beſoin de panneaux ou de cerches.

Plan.107, Fig. 198, & 199.

L'uſage de ces cerches eſt de les poſer ſur les extrémités des lignes droites données, qui en ſont les cordes, & de faire des plumées creuſées en rigole concave vers le vuide & en rigole convexe du côté des marches ; enſuite on abat la pierre entre les deux plumées, à la regle poſée de l'une à l'autre ſur des parties correſpondantes, & l'on formera ainſi le creux & le rond des paremens qui doivent être à plomb. S'il ne s'agit que d'une portion peu concave ou convexe, on pourra tracer les hélices des arêtes ſur ces ſurfaces, ſans autre inſtrument ni préparation de trait qu'avec une regle pliante qu'on poſera ſur les deux extrémités de l'arête, & qu'on fera joindre à la ſurface

Q q ij

courbe : la trace formée le long de la regle ainsi pliée, donnera une hélice à chaque position ; celles qui seront tracées sur la même surface par des situations de regles parallèles, seront semblables ; mais pour peu qu'elles soient plus ou moins inclinées, elles ne le seront plus.

Lorsque les joints du limon sont à-plomb, comme on a coutume de les faire en charpente, on a à chaque parement creux deux hélices semblables & égales à tracer à l'intervalle de la hauteur du limon ; mais lorsque les limons sont faits de plusieurs pieces dont les lits sont en coupe, on a des hélices semblables à faire, mais non pas égales, parce que celles du dessous du limon sont plus courtes que celles du dessus. Supposant enfin que les hélices des arêtes soient tracées sur les paremens courbes cylindriques, concaves, & convexes, par une des trois manieres que nous venons de donner, il ne s'agit plus que d'abattre la pierre à la regle de l'une à l'autre du dedans au dehors, observant de tenir la regle dirigée à l'axe du cylindre, comme nous l'avons dit au commencement du second tome ; mais comme cet axe est imaginaire, parce qu'il est dans le vuide du noyau, il faut chercher quelque moyen qui puisse la guider dans cette position ; on le peut à peu près, en la tenant à vue quarrément aux surfaces courbes, c'est-à-dire, perpendiculairement à la tangente ; mais pour être plus sûr, il faut diviser les hélices compagnes en parties égales entre elles dans chacune, & poser la regle sur les parties correspondantes, comme du tiers de la convexe au tiers de la concave, du quart au quart, &c. ce qui fera que la regle se trouvera de niveau sur l'ouvrage posé en place. Par ce moyen, on formera exactement une espece de surface que j'appellerai *plano-hélicoïde*, parce qu'elle est composée d'une infinité d'hélices différentes, qui font cependant leurs révolutions en même tems autour de l'axe du cylindre, duquel elles sont toutes équidistantes, & de plus qu'elle est croisée par une infinité de lignes droites dirigées à cet axe commun, en quoi je la distingue de la *cylindrico-hélicoïde*, dont nous avons parlé en traitant de la vis S. Giles, & des noyaux & moulures tournantes & rampantes des escaliers précédens.

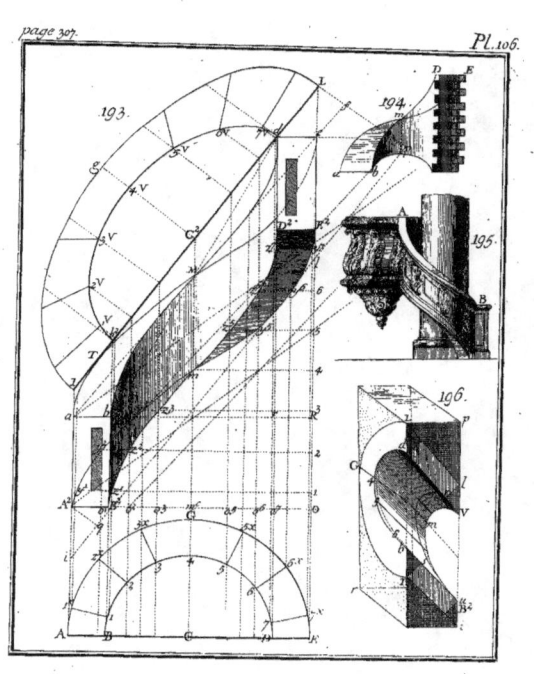

Chap. XI. DE L'APPAREIL DES ESCALIERS, &c.

Quatrieme espece de vis à jour.

Lorsque le vuide est sur une base horisontale elliptique.

Nous avons démontré au théor. IV du I^r livre, que la section oblique d'un cylindre creux d'égale épaisseur, étoit une couronne elliptique, comprise par deux ellipses semblables, mais qui n'étoient pas équidistantes, ce que l'on vient de voir sensiblement, en jettant les yeux sur la section l g L de la fig. 193. D'où, par l'inverse, on doit tirer la conséquence que si le vuide du noyau est elliptique, l'épaisseur du limon devroit être inégale horisontalement, si le côté des marches étoit tracé par une ellipse semblable à celle du vuide, parce que les distances des ellipses asymptotiques ne sont égales que sur des diametres égaux ; elles sont inégales d'un diametre à l'autre qui ne lui est pas égal. La démonstration en est très-simple.

Soient (fig. 199) les lignes ac, bc, les moitiés de deux grands axes donnés, & ce, cd, les moitiés de deux petits axes conjugués aux grands des deux ellipses semblables concentriques, qu'on appelle asymptotiques, on aura par la supposition, & par la définition des asymptotiques $ac, bc :: ec : dc$, & en divisant $ac - bc = ab . ec - dc = ed :: ac . ec :: bc . dc$; or ac, moitié du grand axe, est plus grand que ec, donc ab est plus grand que ed ; ce qu'il falloit démontrer.

Il en est de même des autres diametres conjugués qui ne sont pas égaux, dont les ellipses asymptotiques ne peuvent avoir leurs circonférences équidistantes, car si ab est égal à ed, ac sera égal à ce, & $bc = dc$: alors les courbes sont des cercles & non des ellipses. D'où il suit que si la circonférence du vuide du noyau est elliptique, l'arête du limon, qu'on veut faire d'égale épaisseur, ne peut être une ellipse, mais une épicycloïde, qu'il faut décrire comme nous l'avons dit au 2^d Livre, page 168, en prenant au contour de l'ellipse donnée plusieurs points à volonté, pour servir de centres à autant d'arcs que l'on fera avec la mesure de l'épaisseur du limon, donnée pour rayon ; la ligne courbe tangente à tous ces petits arcs sera l'épicycloïde demandée, laquelle n'étant pas semblable à l'ellipse donnée, fera nécessairement des jarrets aux extrémités du grand axe, comme le montre la fig. 117 du 2ᵈ Livre, & ce jarret sera d'autant plus sensible & choquant, que l'épaisseur du limon sera grande à l'égard des diametres de l'ellipse donnée, parce que les rayons des petits arcs de cercles qui forment l'épicycloïde, se croisent vers le grand axe, où ils font un angle rentrant.

La seconde raison de l'impossibilité de faire un limon d'égale épaisseur, lorsqu'une de ses arêtes est elliptique, même par imitation, comme lorsque l'espace elliptique est changé en ovale par un assemblage d'arcs de cercles, est démontrée au 2ᵈ tome, page 418, & à la fig. 205 du même tome, où l'on fait voir que les arcs concentriques sont impossibles, lorsque la distance de l'arc intérieur à l'extérieur est plus grande que celle du centre qui a été pris pour foyer sur le grand axe : car alors la figure inscrite n'ayant plus quatre centres, comme la grande ovale & les suivantes jusqu'au foyer, elle n'est plus une ovale, mais une figure de fuseau comprise par deux arcs de cercles égaux, qui se croisent sur le grand axe ; ce que le graveur a mal exprimé à la fig. 205, où il a cru, malgré le modele de mon dessein, qu'il devoit arondir les pointes F & f; c'est une faute à corriger à la planche 59, tome I. Les irrégularités sont donc inévitables aux limons qu'on veut faire d'égale épaisseur sur un contour elliptique ou ovale, à l'une de ses arêtes du dedans ou du dehors. Ainsi il n'est pas étonnant que Maître Blanchard se soit apperçu de quelque jarret vers les extrémités des grands axes de la courbe rampante sur une ovale ; cette observation fait voir qu'il travaille avec soin, & qu'il a du goût dans ce qu'il fait, puisqu'il a découvert, sans le secours de la géométrie, une imperfection peu sensible, qui avoit échappé aux artistes qui l'ont précédé ; mais le remede qu'il a voulu apporter fait voir qu'il auroit eu besoin de cette science; & son stile, qu'il avoit besoin d'un peu d'étude pour écrire.

Fig. 205.

« J'ai remarqué, dit-il, (chap. 15) dans le traité de la
» courbe rampante de quelques auteurs, qu'ils disent qu'on peut
» faire toutes sortes de plans tant réguliers qu'irréguliers ; ils
» enseignent par leurs principes que les lignes des courbes ou
» échiffres qui croisent, doivent partir du dedans de l'extré-
» mité de la courbe rampante ; mais ayant fait la preuve de leur

CHAP. XI. DE L'APPAREIL DES ESCALIERS, &c. 311
» opération, j'ai remarqué (fur plufieurs plans irréguliers, tel
» qu'eſt celui-ci *, qui eſt demi-ovale) qu'ils fe font trompés,
» & que la courbe fe trouve eſtropiée dans fon flanc : il faut que
» les fufdites lignes foient prolongées plus que de l'extrémité
» du dedans & du dehors; ce qui caufe cette difficulté, font les
» têtes de l'ovale, qui font plus concaves que les flancs ; ceux
» qui en feront en grand ou petit, traceront leurs marches fur
» la courbe débillardée feulement; ils en verront la vérité, &
» l'expérience la leur fera mieux voir que la plume ne le peut
» expliquer, ni le trait le faire connoître. »

* La fig. 197 eſt le même plan réduit en petit.

Ce difcours eſt d'un ouvrier fans théorie, qui ne conçoit
d'autre moyen de s'inſtruire que celui de la pratique, ignorant
que la plume (tout au contraire de ce qu'il dit) peut mieux
exprimer les défauts que l'expérience, parce que les raifonne-
mens géométriques vont à un point de délicateſſe où le deſ-
fein le plus parfait ne peut atteindre ; c'eſt par ce raifonnement que nous condamnons la correction qu'il veut faire au
défaut qu'il a remarqué; car quoiqu'elle foit fi mal énoncée,
& fi peu relative à fa figure, qu'elle eſt à moitié indevinable,
il y établit une regle de hauteur conſtante pour des cas variables de hauteur & de contour d'hélice : « Comme il eſt d'ufage,
» dit-il, (page 47 au verfo) que l'on ne donne que fix pou-
» ces de hauteur de chaque marche ; à la premiere, vous n'en
» donnerez que quatre & demi ; qu'elle foit plus haute ou plus
» baſſe, vous fuivrez toujours la même proportion. » Par cet ex-
poſé on peut juger de la juſteſſe de fa correction ; mais fuivons
notre examen. C'eſt le propre des hélices mal décrites de faire
des jarrets ; or celles qui font tracées fur des plans ovales par
des points provenans des divifions égales des girons & des hauteurs des marches font mal décrites, donc elles doivent faire
des jarrets.

Premierement, il eſt clair, par ce que nous avons dit ci-
devant, que les projections des arêtes des limons ovales d'é-
gale épaiſſeur n'étant pas des figures femblables ni femblable-
ment divifées, ne produifent pas des hélices femblables ; ainfi
faifant l'hélice de l'arête du côté des marches relativement à
leurs girons & hauteurs, celle du côté du vuide, faite par le
même rapport, aura des parties différemment inclinées à l'horifon, je veux dire d'une maniere qui ne fera pas uniforme,
comme on le démontrera ci-après. Blanchard femble avoir fenti

cette différence, lorsqu'il a dit, pages 52 & 54, *qu'il ne falloit pas s'arrêter aux hauteurs précises des marches.*

Comme la courbe du côté du vuide de la vis à jour est la plus apparente, il semble qu'on doit en faire l'hélice primitive & la plus réguliere, parce que la secondaire, qui est sa compagne du côté des marches, sera toujours moins réguliere dans les limons sur une base ovale d'égale épaisseur. Pour le prouver nous supposerons, si l'on veut, que la projection de la vis est une ovale plus correctement tracée que celle de la planche 20 du livre du sieur Blanchard, qui est composée d'arcs de cercles qui font des jarrets à leur jonction, sur laquelle cependant réduite en petit, & marquée des mêmes lettres, nous allons faire notre raisonnement.

Premierement, si l'on fait l'hélice primitive à l'arête du limon du côté des marches, il est clair, par la nature de l'ellipse qui en est la projection, ou de l'ovale qui est l'imitation de l'ellipse, que les largeurs des girons étant égales au collet contre le limon courbe, les cordes de ces divisions égales n'auront pas, comme dans le cercle, le même rapport à leurs arcs, mais que ces arcs seront d'autant plus grands à l'égard de leurs cordes, qu'ils approcheront du grand axe, & d'autant plus petits qu'ils approcheront du petit axe. Or faisant les girons des marches, suivant l'usage ordinaire, d'égale largeur & hauteur, les arcs d'hélice qui répondent à des divisions égales de leur base auprès du grand axe, auront une égale hauteur à parcourir en rampe que ceux qui seront près du petit axe, quoiqu'ils soient plus grands en contour : donc l'hélice sera plus couchée vers le grand que vers le petit axe, ce qui est contraire à la correction de Maître Blanchard, & qui est cependant évident & sans réplique.

Secondement, si l'on fait les divisions des girons de marches égales sur une ovale moyenne prise au milieu de leur longueur, comme il le pratique à la fig. 22, & que l'on tire ces marches d'un seul & même centre à la projection, il est clair que si l'on prend ce point au centre D de l'ellipse, le défaut de la division augmentera au collet ou à la queue des marches, où elles seront inégales; & si l'on prend ce point en F dans le petit axe prolongé, comme il fait à la fig. 120, hors du centre de l'ovale, & qu'il divise en parties égales un contour de la base du limon en dedans ou en dehors; celui de l'ovale qui

répond

Chap. XI. DE L'APPAREIL DES ESCALIERS, &c. 313
répond à l'autre arête sera divisé en parties d'autant plus inégales que ce point F sera près ou loin du grand axe, & cependant ces arcs inégaux seront les bases des hauteurs des marches égales ; donc l'inclinaison de l'hélice changera à chaque marche, & par conséquent la progression de son élévation en rampe, n'étant pas uniforme, elle fera des jarrets, *ce qu'il falloit secondement démontrer.* Ainsi supposant l'hélice primitive prise à une des arêtes du limon, par exemple au-dedans sans jarret, sa compagne à l'arête extérieure en fera nécessairement, si le limon est d'égale épaisseur. Et supposant la base de deux ellipses semblables, il est encore vrai que les divisions des arêtes des marches prolongées ne pourroient couper ces deux courbes en parties proportionnelles tant qu'elles seront droites ; une telle division ne peut se faire que par une ligne courbe, comme nous l'avons fait voir au 2^d tome, en parlant des voûtes en sphéroïdes, page 420. Nous allons rendre plus sensible ce que nous venons d'avancer, par la fig. 197, qui est celle de Maître Blanchard réduite en petit.

Soit la ligne ND, la moitié du grand axe de la projection *Fig. 197.* en ovale de la courbe rampante, DM celle du petit axe, soit E le centre des marches, F celui de l'arc YM sur le petit axe, C celui de l'arc NY sur le grand axe, & de son concentrique H*q*. Il est déja évident que la premiere marche tirée du centre E par le point H retranche du contour de l'ovale extérieure l'arc N 13 ; par conséquent que l'arc d'ovale 13 M n'est plus semblable à l'arc HI intérieur, puisque celui-ci est un quart complet, & que l'autre est tronqué de sa partie 13 N, donc l'hélice extérieure de l'arête de la courbe rampante ne sera plus compagne de celle du dedans, puisqu'elle parcourt une moindre partie du contour de sa base que l'intérieure ; ainsi dans son espece elle sera plus roide. Ce n'est pas encore là toute la différence de ces hélices entre elles, car non-seulement leurs mouvemens d'élévation sont inégaux de l'une à l'autre, mais encore dans chacune en particulier, de sorte qu'elles font encore des jarrets respectivement.

Supposant le point Y à la jonction des deux arcs de cercles tracés de différens centres pour former l'ovale ; savoir, NY du centre C, & MY du centre F ; il est clair que la ligne YE, qui sera la direction d'une des marches, ou de son arête, ou de son milieu, ou du tiers de son giron, &c. ne passera par aucun

Tome III, R r

de ces centres, ou tout au plus ne pourra passer que par un des deux, puisque les trois points F, E, C, ne sont pas en ligne droite; par conséquent elle ne peut passer par les jonctions des deux arcs Y & *q*, qui doit être suivant la bonne construction dans la ligne FY, qui passe par le centre C; donc la ligne EY ne peut diviser proportionnellement les contours des ovales extérieure & intérieure. Car si la ligne de direction de la marche passe par le point Y à l'arc extérieur, elle passera par un point *y* à l'intérieur en dessus du point *q* de la jonction; donc l'arc H *y* est d'un plus grand nombre de degrés que l'extérieur NY, lequel est déja tronqué par la direction E 13 de la premiere marche de la partie N 13, par conséquent l'arc Y *z* 13 est considérablement plus petit en nombre de degrés que l'arc *y* RH, mais les hélices auxquelles ils servent de base doivent s'élever à même hauteur depuis leur départ H 13, qui est de niveau, jusqu'à leur arrivée à la hauteur donnée *y* Y, qui est aussi égale en Y & *y*; donc l'hélice extérieure sera considérablement plus inclinée que l'intérieure sur H *y*, ce que nous avons déja prouvé ci-devant.

Mais on va voir que le contraire de ces différences d'inclinaison arrivera depuis les points *y* & Y vers le petit axe DM; car puisque les arcs NM & HI sont semblables, en ce qu'ils sont chacun un quart d'ovale, & que l'arc *y* H est plus grand que l'arc YN, l'arc MY sera plus grand que l'arc I *y*, & cependant les hélices qui les ont pour bases s'élevent à même hauteur l'une & l'autre, depuis la ligne Y *y*, qui est essentiellement de niveau à la ligne MI, laquelle est aussi de niveau à une hauteur donnée d'une marche & un tiers, par exemple, de huit pouces; donc la partie d'hélice extérieure YM sera plus inclinée que celle de l'intérieure *y* I, quoique son autre partie Y 13 fût plus roide que l'intérieure *y* H; par conséquent ces deux hélices ne s'élevent pas d'un mouvement uniforme, donc chacune d'elles fait un jarret respectivement en différent sens, à la jonction des arcs de cercle de leur base, suivant la ligne Y *y*; *ce qu'il falloit en second lieu démontrer*. Donc si l'intérieure est réguliere, l'extérieure fait nécessairement des jarrets, & au contraire.

De cette connoissance des hélices sur une base ovale, on conclura facilement que Maître Blanchard n'ayant pas connu d'où venoient les jarrets, n'a pu y apporter un bon remede;

CHAP. XI. DE L'APPAREIL DES ESCALIERS, &c. 315
on peut même dire que les irrégularités, ou dans les girons des marches, ou dans les arêtes de la courbe rampante du limon, sont inévitables. Car 1°. si l'on veut que l'hélice primitive en dedans soit réguliere, l'extérieure ne le sera pas, ou la surface supérieure du limon, que j'appelle plano-hélicoïde, ne sera pas réguliere à son tour, parce qu'elle ne sera pas comprise entre deux hélices compagnes, si l'on prend l'hélice extérieure primitive réguliere; il en sera de même à l'égard de l'intérieure secondaire.

2°. Si l'on veut que les girons des marches au collet ou à la queue, selon que le limon est concave ou convexe, soient parfaitement égaux à la jonction de la courbe rampante, les jarrets de cette courbe sont inévitables au dedans & au dehors, comme on vient de le démontrer.

3°. Si l'on fait la courbe de l'hélice réguliere, & qu'on veuille qu'elle passe par les arêtes des marches, ou parallelement à ces arêtes, il faut que les girons soient inégaux au collet, ou à la queue, si le limon y est, ou ce qui est tout-à-fait impraticable, que leurs hauteurs soient inégales: c'est cependant l'expédient que prend Maître Blanchard pour faire sa correction du jarret, lorsqu'il dit qu'il ne faut donner que quatre pouces & demi de hauteur à la premiere marche, quoique les autres en ayent six, & qu'il faut diviser le reste en parties égales, ce qui ne peut en aucune façon ôter le jarret, comme nous venons de le démontrer. Il faudroit diminuer sur les hauteurs de suite proportionnellement, ou élargir & resserrer les girons, comme le demanderoit l'hélice de la courbe rampante débillardée & faite sur une hauteur totale donnée pour un certain nombre de marches, faisant l'arête de l'hélice primitive du côté le plus apparent, lequel est quelquefois le convexe, comme aux rampes des chaires de prédicateurs, fig. 195, & au quartier de vis suspendu, & le concave dans les escaliers de vis à jour, sans s'embarrasser du parallelisme de cette hélice avec les arêtes des marches, si on les veut absolument égales à la queue ou au collet, ou leur donnant un peu plus & moins de largeur, si l'on veut conserver ce parallelisme de l'arête de la courbe avec celles des angles des marches. Quant à cette correction, soit des hauteurs, soit des largeurs des girons, il est évident qu'elle dépend de l'inégalité des axes des ovales qui rendent les hélices plus ou moins rampantes vers le

R r ij

grand & vers le petit axe, à quoi Maître Blanchard n'a eu aucun égard.

De ce que nous venons de dire des inégalités des hélices aux arêtes extérieure & intérieure des limons en courbe rampante, il est aisé de conclure que plus les intervalles de ces hélices seront grands, plus aussi les jarrets de la secondaire seront sensibles, si elle est formée sur le même trait provenant des marches égales tracées d'un même centre E; de sorte que si ces intervalles devenoient très-grands, comme dans ces vis vues des deux côtés, à doubles limons apparens vers le creux & vers le rond, comme on en voit souvent à des perrons, les jarrets deviendroient extrêmement sensibles, si on pouvoit les voir tous les deux ensemble; mais alors chacun des limons doit être fait à part relativement à la partie des marches qu'il termine au collet ou à la queue.

Seconde construction de la courbe rampante, lorsqu'elle est faite de pierre de plusieurs pieces.

La différence qu'il y a dans la construction des courbes rampantes de bois avec celles de pierre de plusieurs pieces, consiste en ce que pour les bois on fait les joints en lit à plomb, pour assembler les pieces suivant le fil du bois à tenons & à mortoises, ou à clef, & que pour la pierre il faut faire ces joints en coupe inclinée à l'horison, à peu près perpendiculairement à la direction rampante du limon, afin que les pieces puissent s'appuyer les unes sur les autres, ce qui occasionne une différence de construction. Soit (fig. 198) une portion de couronne de cercle DNEB n A, la projection horisontale du limon tournant & rampant, que nous appellons simplement avec les ouvriers, *courbe rampante* ; laquelle projection est comprise par deux arcs de cercles semblables A n B, DNE, dont le centre commun est en C, & qui ont pour cordes les lignes AB, DE, qui sont traversées à leur milieu par une verticale CMC', prolongée indéfiniment, laquelle est par conséquent perpendiculaire à ces cordes.

Fig. 198.

On menera des paralleles à cette verticale par les points A, B, D, E, pour servir à former l'élevation de la courbe rampante, & on les traversera par une ligne horisontale OR, placée à volonté, pour lui servir de base. Par un point *a* pris

CHAP. XI. DE L'APPAREIL DES ESCALIERS, &c. 317
à volonté fur la verticale A a on menera ad parallele à OR, *Fig.* 198.
qui donnera le point d fur la verticale D d ; puis ayant prolongé
l'horifontale da en o^r, où elle coupera la verticale E e, on
portera au-deſſus du point o^r la hauteur de toutes les marches
& des parties des marches compriſes entre les points A & B,
qui eſt la même que celle qui eſt compriſe entre les points
D & E, qui fera par exemple, la hauteur o^r E^2 ; & parce que
les points B & E ſont de niveau, on tirera par le point E^2 l'horifontale E$^2 b^2$, qui coupera la verticale Bb^2 au point b^2, par
lequel, & par le point d, on menera l'inclinée db^2 ; & ſi l'arc
AB ou DE eſt un peu grand, on prendra un point t un peu plus
haut que d, pour tirer t T. On tirera auſſi par les points d & E^2
la ligne d E^2, & par les points a & b^2, la ligne $a b^2$, qui croiſera
la verticale du milieu CM au point M ; ces lignes ſont les projections verticales des cordes AB & DE du plan horiſontal,
ralongées par la rampe, & ainſi croiſées pour que leurs extrémités d & a, b^2 & E$_2$ ſoient à même hauteur.

Préſentement il faut déterminer la poſition des joints de
lit en coupe ſur un plan vertical paſſant par la corde AB du
parement creux de la portion de tour, dont l'arc A n B eſt la
projection, ce que l'on peut faire en deux manieres. Premierement, ſi l'on veut ſe contenter, pour abréger l'opération,
d'une coupe à peu-près perpendiculaire, il ſuffira de tirer au
point a une perpendiculaire a P à la ligne $a b^2$, ſur laquelle
ayant pris à volonté un point P, qui détermine la largeur a P
de la courbe rampante, c'eſt-à-dire, du limon, on tirera par
le point P une parallele à $a b^2$, qui coupera la verticale B b^2 au
au point b, d'où l'on tirera une autre perpendiculaire à la ligne
$a b^2$ qu'elle coupera au point K, le parallelograme a K h P ſera
le panneau de doële plate à faire au devant du parement creux
& vertical du limon.

Comme cette opération ne fait pas le joint de lit exactement
à angle droit ſur les arêtes courbes du limon, parce qu'il faut
qu'il ſoit un peu obtus dans la projection verticale pour être
droit dans le creux, il faut opérer ſur le développement de la
ſurface concave du limon du côté du vuide, & ſur celui de
la ſurface convexe du côté des marches, ce qui rend l'opération plus longue & plus embaraſſante ſans beaucoup de néceſ-
ſité, ſi l'arc A n B eſt d'un petit nombre de degrés, comme
lorſqu'il eſt au-deſſous du quart de cercle ; mais elle ſera con-

Fig. 198. venable, si l'arc qu'une des pieces du limon peut comprendre, étoit beaucoup plus grand; nous la mettons ici pour qu'on puisse opérer avec toute la précision possible, quand on le jugera à propos. On rectifiera l'arc de cercle n A pour en porter la longueur sur la base OR de l'élévation, depuis son milieu m^o en a^d d'un côté, & en b^d de l'autre.

Par le point a^d on élevera la verticale a^d V, qui coupera l'horisontale $a\,d$ en V, par où on tirera la droite VM, sur laquelle on fera un angle droit MVu; la ligne Vu sera la position du joint de lit en coupe sur le développement, sur laquelle on prendra la largeur Vu que l'on veut donner au limon dans son parement creux. Par le point u, on menera une horifontale $u\,x$, perpendiculaire à l'axe CM, qu'elle coupera en x; & prenant cette longueur $u\,x$ par parties, on la repliera sur l'arc n A de n en p, par où on menera une parallele à l'axe CM, qui coupera la ligne $u\,x$ en un point P, plus près de x que le point u, par lequel P on tirera au point a une ligne aP, qui sera la projection verticale du joint de lit en coupe que l'on cherche, ou plutôt ce sera la corde de sa projection qui devroit être une ligne courbe un peu elliptique.

On menera ensuite par le point u une parallele à la ligne VM, pour avoir l'arête inférieure du limon; mais comme le point u est ici & ordinairement très-près du point P, nous n'avons pas jugé à propos, pour éviter la confusion, de multiplier les lignes qui peuvent se confondre; cette ligne coupera la verticale provenant du développement en un point près de b, que je prends aussi pour b, à l'intersection de la ligne verticale B b^2 & de l'inclinée P b. On menera par le point b une parallele à la ligne a P, qui coupera a M prolongée en K, où le développement ne peut donner aucune différence sensible, parce qu'il est trop près de l'axe CM; le parallélogramme a K b P sera la projection verticale du creux intérieur de la piece de limon en coupe.

Pour avoir la projection verticale de la partie convexe du côté des marches, il faudroit faire de même le développement de la surface cylindrique; si l'on vouloit opérer avec une grande précision; c'est ainsi qu'en use M. de la Rue; mais il en résulte un inconvénient qui doit faire rejetter son trait, c'est qu'il rend la surface du lit gauche, au lieu qu'elle doit être plane, parce que les joints montans, qu'on avoit fait paralleles entre eux au développement, ne le sont plus dans le

CHAP. XI. DE L'APPAREIL DES ESCALIERS, &c. 319
renveloppement à la projection verticale, d'où il suit que le lit
est gauche. Il suffira pour la pratique de mener par le point m, Fig. 198.
où la ligne P b coupe celle du milieu MC, une parallele GL à
la ligne d E², & par le point d, une parallele au joint a P,
laquelle coupera GL au point G, duquel ayant tiré la ligne
GP, on aura le trapeze a PG d, qui sera la projection verticale du lit inférieur de la piece de limon qui fait la courbe
rampante. Pour la facilité de l'exécution, on prolongera le
côté a P en F, où il coupera l'horisontale GF menée par le
point G, & alors le panneau de lit se changera en un autre trapeze a FGD, dont on verra ci-après l'utilité.

La projection verticale du lit de dessus se tracera de la même
maniere; par le point K, on menera l'horisontale KI parallele
à OR, qui coupera la ligne de rampe convexe d E² au point I,
par lequel on menera une parallele au joint Kb, qui coupera
GL au point L; le trapeze KILb sera la projection verticale
du lit supérieur, qu'on changera, pour la commodité de l'exécution, en un plus grand KILQ, en prolongeant Kb jusqu'à
l'horisontale LQ. Par le moyen de ces projections verticales,
on cherchera les projections horisontales. Premierement, en
menant G g parallele à CM, on aura le point g d'intersection
avec l'arc DNE; & menant à la même une parallele F f, on aura
par son intersection avec la corde AB un quatrieme point f du
trapeze D $g f$ A, qui sera la projection horisontale du lit
d GF a, & en même tems D $g p$ A sera celle du vrai lit
d GP a.

La projection du lit de dessus sera un peu différente; on
menera par le point L la verticale L l, qui coupera l'arc DNE
au point l, & par I la verticale I i, qui donnera sur le même
arc le point i; on prolongera la corde AB vers q; la verticale
abaissée du point Q donnera par son intersection le point q, &
celle qui sera abaissée du point K sur l'arc A n B, donnera sur
cet arc le point h; le pentagone mixte $i l b q$ B h sera la projection du lit de dessus; mais pour la commodité de l'exécution,
il convient de prolonger le côté $i h$ en k où il coupe la corde
AB, & du point k, élever une verticale K k, qui coupera
l'horisontale AB en k, ce qui change la projection verticale
du lit de dessus $h i l q$ en une plus grande $k i l q$. Les projections
verticales & horisontales étant données, il sera aisé de former
les panneaux de lit suivant nos regles générales expliquées au

Fig. 198. & 200.

IIIᵉ Livre, dans les probl. X & XI, nous prendrons la méthode du probl. XI, qui employe les diagonales. Par exemple, pour le lit de dessus, ayant tiré à la projection horisontale la diagonale *l k*, & à la verticale la diagonale KL, on en cherchera la valeur, parce que l'une & l'autre sont racourcies par la projection.

Pour cet effet, on prolongera l'horisontale LQ jusqu'à ce qu'elle rencontre en s^6 la verticale *k* K, sur laquelle elle donnera la hauteur K s^6 du point K sur le point L; on portera ensuite la longueur de la diagonale K*l* de la projection horisontale en s^3 l^0; puis ayant pris la longueur *l k*, on la portera en une figure à part, comme à celle cotée 200, pour servir de base à un triangle K *b l*, qu'on formera avec le côté K*b*, pris à la projection verticale, & la valeur du côté *b l*, qu'il faut trouver en portant la projection horisontale sur la ligne L s^6 de W en s^6; la distance s^6 *b* sera la valeur que l'on cherche, avec laquelle, comme rayon, & du point *b* de la fig. 200, pour centre, on fera un arc, qui coupera celui qui a été fait avec K*b* de la projection verticale au point *b* de la fig. 200; ensuite sur la même base K*l*, on fera un second triangle K I*l* avec la ligne KI, prise à la projection horisontale en *k i*, & la valeur de la corde *i l*, qu'on trouvera en portant cette corde du point A en *x*, qui est un peu au-delà de L; la distance *x* I sera cette valeur avec laquelle pour rayon, & du point *l* de la fig. 200 pour centre, on fera un arc qui coupera au point I, celui qui aura été fait avec le rayon K *i*, & du point K de la fig. 200, pour centre; le trapezïode K *b l* I sera le panneau ébauché du lit de dessus que l'on cherche, lequel est un peu plus grand qu'il ne faut d'un triangle mixte K *h b*, c'est pourquoi on portera la longueur K *h* du plan horisontal en *k h* de la fig. 200, & l'on tirera la corde *h b*.

Il reste présentement à tracer les côtés courbes de ce panneau *h n b* & I *e* L, qui sont des arcs d'ellipse, lesquels sont ordinairement si peu courbes, qu'il suffit d'avoir les points de leur milieu pour les tracer avec une regle pliante. Ces points de milieu seront faciles à trouver en divisant les cordes de la projection horisontale *i l* & *h* B (fig. 198) en deux également aux points 9 & 8, sur lesquels on élevera les perpendiculaires *e* 9, *n* 8, qui seront les fleches de ces arcs qu'on transportera à la fig. 200, aux endroits marqués des mêmes lettres *e* 9, *n* 8, &

CHAP. XI. DE L'APPAREIL DES ESCALIERS, &c. 321
le panneau du lit de dessus sera achevé. On tracera de même celui de dessous, tel qu'on le voit à la fig. 201, par le moyen de la valeur de la diagonale D f, qu'on trouvera en portant sa longueur sur l'horisontale rF de l'élévation en $r\tau$; la distance τd sera la valeur qu'on cherche, laquelle étant transportée à la fig. 201 en df, servira de base commune aux deux triangles dGf, & daf, qui servent à donner les points des angles du panneau; du point d pour centre, & de l'intervalle DA pris à la projection, pour rayon, on décrira un arc vers a à la fig. 201; & du point f pour centre, & de l'intervalle Fd pour rayon, pris à l'élévation, on décrira un autre arc, qui coupera le précédent en a de la fig. 201 : ensuite du même point f pour centre, & de l'intervalle fg pris à la projection horisontale, on décrira un arc vers G de la fig. 201; & du point d pour centre, & de l'intervalle de la valeur de dG pour rayon, on en décrira un autre qui donnera le point G; cette valeur se trouvera en portant la corde Dg de la projection horisontale en $r\,\oe$ sur l'horisontale rG prolongée, l'intervalle $d\,\oe$ sera la valeur demandée.

Plan. 107,
Fig. 198,
& 201.

On aura donc le trapezoïde $dafG$ (fig. 201) pour l'ébauche du panneau du lit de dessus, qui est trop grand de deux triangles GfP & aPY, qu'il en faut retrancher. Pour cet effet, on prendra la longueur PF de l'élévation, qu'on portera en Pf de la fig. 201, & l'on tirera la ligne PG; ensuite on prendra la longueur pf de la projection horisontale, qu'on portera sur fG de la fig. 201 en fp, & l'on tirera la ligne $p\,a$ qui coupera PG en Y; la figure daYG sera le panneau que l'on cherche, dont les côtés d eG, $a\,n$ Y seront arrondis, comme ceux du lit de dessus dont nous venons de parler, par le moyen des fleches 5 n, 7 e, pour changer les arcs de cercles D eg, A np en arcs d'ellipses, comme il a été dit au probl. IX du IIe livre.

Il reste présentement à tracer les panneaux de sections cylindriques inclinées, qui sont nécessaires pour former les portions de tour creuse du côté du vuide, & de tour ronde du côté des marches, qui sont les paremens verticaux du limon, c'est-à-dire qu'il faut faire des courbes ralongées de la même maniere que nous l'avons dit pour la courbe rampante d'une piece, page 301. La seule différence qu'il y a, c'est que les joints de lit n'étant pas à plomb, les panneaux du dessus &

Tome III. S s

du dessous ne sont pas les mêmes ; dans cet exemple, le panneau du dessus est la portion de la couronne d'ellipse d^r, l^r, H^r, a^r, & pour celui de dessous, c'est la portion de couronne g^r, l^r, b^2, p^r, qui sera une portion de la même ellipse si le vuide est circulaire, mais celle ci sera une portion de couronne d'ellipse différente de celle du panneau précédent, en ce qu'elle sera plus ou moins concave, selon qu'elle s'approchera ou s'éloignera du grand axe.

La terminaison de ces deux panneaux de section oblique suivant la ligne de, ou si l'on veut tT prise à volonté, est donnée par la prolongation des verticales jusqu'à cette ligne de pP en p^2, où faisant en retour d'équerre p^2, p^r égale à $7p$ de la projection, on aura le point p^r qu'on cherche; il en est de même du point H^r, & des points d^r, l^r, l^r, en dehors.

La maniere de tracer ces arcs d'ellipses ralongés des arcs de cercles dont on a la projection horisontale, a été donnée en plusieurs endroits de cet ouvrage, & en dernier lieu en parlant des joints de tête de la porte en tour ronde ou en tour creuse.

M. de la Ruë, au lieu des panneaux que j'emploie pour la formation des surfaces cylindriques concaves & convexes, se sert des cerches formées sur les cordes rampantes ab^2, dE^2, mais cette méthode me paroît plus embarrassante, & même moins correcte dans l'exécution, parce que pour faire usage de ces cerches, il faut prendre garde de ne les pas incliner plus ou moins qu'il ne faut à l'égard du plan vertical auquel elles doivent être perpendiculaires, ce qu'il est difficile d'observer, & qui peut occasionner de fausses plumées dans leur contour.

Nous ne parlons point ici de panneaux de développement pour tracer les hélices sur les surfaces courbes des paremens verticaux; comme les pieces de limon de pierre sont rarement bien longues, on peut suppléer aux panneaux flexibles par l'application d'une regle pliante appuyée sur les deux extrémités données aux angles de la pierre du côté convexe & du côté concave.

HAP. XI. DE L'APPAREIL DES ESCALIERS, &c. 323

Application du trait sur la pierre.

Ayant dressé un parement pour servir d'une espece de doële, plate au devant de la surface concave du limon, qui est en situation verticale, on y appliquera un panneau à cinq côtés pris à l'épure sur la figure $a^r b^2 s F^r a a^r$, dont le côté $a^r a$ est à plomb; ce qu'il faut observer pour bien faire l'excavation du parement creux. On abattra la pierre suivant cette ligne $a^r a$ avec le biveau formé sur l'angle DAB de la projection horisontale, tenant ses deux branches d'équerre à la verticale $a^r a$; puis on fera couler le biveau dans la même situation toujours parallelement à lui-même le long du côté $a F^r$, abattant la pierre suivant cette ligne, à laquelle les branches du biveau seront obliques; mais il sera facile de les tenir dans cette situation, en observant que l'une soit parallele à l'arête $d a$, & l'autre à une ligne qu'on peut tracer sur le panneau perpendiculairement à l'aplomb $a^r a$. Ou plus simplement, ayant tiré une ligne $d a$ d'équerre sur $a^r a$, & sur le second parement qu'on vient de faire, on prendra dans cette ligne un point d à distance prise à volonté, & par les trois points donnés d, a, F, on fera passer une surface plane, suivant le probl. I du II tome, page 16.

Fig. 198.

On abattra ensuite à l'équerre toute la pierre qui excede les lignes $a^r b^2$ & F s, tant en dessus qu'en dessous, pour y former deux paremens, sur lesquels on appliquera les panneaux de la section oblique; savoir, premierement sur le parement supérieur, le panneau mixte $d^r a^r k I^r$ compris par les trois lignes droites $d^r a^r$, $a^r k$, $k I^r$, & l'arc $I^r d^r$; secondement sur le parement ou lit de dessous, on appliquera le panneau mixte $g^r F^r b^2 l^r$, posant le point F^r sur le point F à l'angle du parement vertical, & la ligne $F^r b^2$ sur le côté F b^2 de ce parement; on abattra ensuite la pierre suivant les côtés droits donnés $I^r k$, $k b^2$ & $b^2 l^r$ au lit de dessous, pour former la surface du lit en coupe de dessus. On appliquera ensuite sur les lits en coupe de dessus & de dessous, les panneaux qu'on a tracé aux figures 200 & 201, dans la situation où ils doivent être, posant la ligne droite K q de la fig. 200, sur le côté K b^2 de la figure 198: dans cette situation, on repairera le point h de la figure 200, sur le lit rampant supérieur, & l'on tracera

S s ij

Fig. 198. le contour du côté courbe I *e* L ; on posera de même le panneau de la fig. 201 sur le lit en coupe de dessous, plaçant la ligne *a f* sur le côté *a* F de la fig. 198, & traçant le contour courbe *d e* G.

On aura donc ainsi les quatre côtés de la surface cylindrique convexe, suivant lesquels il faut abattre la pierre pour la former à la regle, dont il faut observer exactement la bonne position en situation de supposition verticale, ce que l'on fera facilement par le moyen d'une seconde regle posée sur l'arête *aʳ a*, à laquelle la regle qui sert à former la surface cylindrique doit toujours être parallele ; c'est pourquoi il faudra bornoyer celle qui est mouvante par la fixe sur *aʳ a*, pendant qu'on la fera couler en l'appuyant sur les lignes courbes, le long desquelles elle doit être appliquée ; & la surface convexe cylindrique, qui est celle du côté des marches dans les vis à jour, dans une tour, sera exactement formée. Il faut former de même la surface concave, dont les quatre angles sont donnés par les panneaux de lit, desquels angles il n'y en a que deux dans la surface plane du premier parement qui a servi de doële plate, diagonalement opposés ; les deux autres sont repairés en dedans de ce parement sur les lits, l'un au lit de dessus en *h* de la fig. 200, l'autre au lit de dessous en Y, & dans les sections planes rampantes, ils sont renvoyés l'un en arriere suivant la ligne *pʳ* Fʳ, au lit de dessous, (fig. 198) suivant l'arête inférieure du lit, marquée au panneau *p f* de la fig. 201 ; l'autre en Hʳ *s*, au lit de dessus, suivant l'arête inférieure de ce lit au long de son arête, avec la section plane inclinée marquée *s t*, au panneau de la fig. 200.

Sur les points donnés dans chacune des sections planes inclinées, on posera les extrémités de la cerche ou du panneau concave *aʳ pʳ* Hʳ pour celle de dessus, & l'arc *pʳ* Hʳ *b*² pour la section inclinée du lit de dessous. Ces arcs étant tracés suivant le contour des panneaux, on aura les quatre côtés de la portion cylindrique concave qui reste à faire, laquelle sera creusée à la regle, comme il a été dit pour la convexe, en la faisant couler sur ces arcs, destinés pour lui servir d'appui, parallelement à la ligne verticale donnée sur le panneau vertical *aʳ a*.

Il ne reste plus à présent qu'à former les deux surfaces du dessus & du dessous du limon, que nous avons appellé plano-

CHAP. XI. DE L'APPAREIL DES ESCALIERS, &c. 325
hélicoïdes, dont les arêtes font des hélices qu'on pourra tracer avec un panneau flexible, comme nous l'avons dit pour les limons en courbe rampante d'une piece, ou fimplement avec une regle pliante pofée fur les angles des panneaux de lit correfpondans dans chaque furface; favoir depuis le fupérieur convexe à l'inférieur convexe de la même fection du deffus au deffus, du deffous au deffous, & de même à la furface creufe, ce qui donnera quatre hélices, deux rondes & deux creufes, fuivant lefquelles on abattra la pierre à la regle, qui doit être tenue toujours horifontale en s'élevant en tournant, & toujours dirigée à l'axe du cylindre, comme il a été dit au commencement du fecond tome, pages 41 & 42.

Explication démonftrative.

Puifque nous fuppofons que la courbe rampante a pour projection horifontale un cercle en dedans & en dehors, il eft vifible qu'elle doit être à la furface d'un cylindre qui a pour bafe ce cercle, & parce que le limon eft d'une égale épaiffeur, il fera terminé par deux furfaces cylindriques, l'une concave, l'autre convexe; la concave eft du côté du vuide dans les vis à jour, & du côté du plein dans les efcaliers tournans à vuide autour d'un noyau plein, comme font fouvent ceux des chaires de prédicateur. On pourroit donc ébaucher la pierre en portion de cylindre droit fur la bafe, & y tracer les hélices des arêtes du limon par le moyen de leur développement tracé fur du carton ou fur des lames de plomb, pour être appliqué dans la furface creufe, ou fur la furface ronde; mais comme il y auroit trop de perte de pierre en retranchant les deux triangles folides cylindriques tournés en fens contraire, l'un en deffus du limon à droite, par exemple, l'autre en deffous à gauche; nous avons feulement formé la tranche cylindrique qui comprend les hélices des arêtes les plus éloignées en deffus & en deffous, laquelle tranche eft comprife par deux portions de couronne d'ellipfes femblables, mais qui ne font pas équidiftantes, comme il eft démontré au théor. IV, page 33 du Ier tome; cependant elles produifent des hélices équidiftantes, parce que les fections rampantes cylindriques font obliques à la furface du cylindre, & que les rayons des hélices lui font toujours perpendiculaires.

Il n'est pas nécessaire de démontrer ici la justesse de l'opération par laquelle nous avons trouvé les sections planes rampantes du cylindre sur lequel est formé le limon ou la courbe rampante, parce qu'il est visible qu'elle est la même que celle du probl. IX du IIe livre, tome I, page 172, qui enseigne la maniere de trouver les sections obliques d'un cylindre, d'autant plus que nous l'avons déja mis en œuvre, & démontré au second tome, en parlant de la vis Saint-Giles ronde, tome II, depuis la page 447 jusqu'à la page 453, & démontré à la page 457. Quant à la formation des surfaces gauches planohélicoïdes, il est clair qu'elle est conforme à ce qui a été enseigné de leurs générations au corol. I, page 42, tome II.

REMARQUE.

Il faut remarquer que dans la construction de cette hélice nous n'avons aucun égard aux marches de l'escalier de la vis à jour, par les raisons que nous avons dit touchant les vis de base elliptique, où les cordes égales, prises pour les largeurs des girons, soutiennent des arcs inégaux; d'ailleurs cette courbe peut-être indépendante de toute marche, comme peut être le couronnement ou l'appui d'une terrasse rampante, ou celui d'une fenêtre en rampe dans une tour, qui sont des courbes rampantes de même espece que celles des limons des vis à jour. Si l'on entre dans le détail de la construction d'un limon, qui doit faire une espece de socle parallele à la tangente des arêtes des marches, il y a plusieurs petites observations à faire; par exemple, que si le vuide de la vis, c'est-à-dire le mur d'échiffre, a pour base un demi-cercle, qui se joint à deux branches de rampes droites paralleles entre elles, il ne faut pas commencer la division des marches à son diametre perpendiculaire à la direction de ces rampes, ou si on l'y commence, il faut alonger le limon, parce que dans la rampe descendante, il faut qu'il avance en descendant de la hauteur de la marche, pour gagner le niveau de la suivante ; & dans la rampe montante, il faut qu'il s'éleve aussi d'une partie que donne la hauteur de ce socle sur la tangente de l'arête des marches.

Secondement, que cette partie de limon qui excéde la marche, doit être seulement observée dans les limons dont les

Chap. XI. DE L'APPAREIL DES ESCALIERS, &c. 327

joints de tête font à plomb, comme en charpente, où on les fait ainfi pour ne pas couper le fil du bois, & dans les limons où ces joints font en lit, non pas à plomb mais fort inclinés, comme font ceux du quartier de vis fufpendu, dont nous parlerons ci-après. A l'égard des lits en joints de tête des limons, qui font perpendiculaires aux arêtes tournantes, ou pour mieux dire à leur développement, comme font ceux de la fig. 198, dont nous venons de donner le trait, il n'eft pas néceffaire de pourvoir à ces excès de longueur fur les marches; ce font de ces petites chofes dont il fuffit que l'appareilleur foit averti pour prendre fes précautions dans la deftination de fa pierre, ou le charpentier dans la coupe de fon bois, parce que l'habitude que l'un a du trait, l'autre de l'affemblage, lui fait d'abord concevoir ce qu'il doit faire, lorfqu'il eft prévenu de ces petites remarques.

Corollaire.

Du quartier de vis fufpendu.

Si l'on faifoit une portion de limon ou une courbe rampante d'une feule piece, qui fût affez engagée par fes extrémités du haut & du bas dans un mur concave, ou plutôt en angle rentrant, cet ouvrage s'appelleroit *quartier de vis fufpendu*, fans égard au nombre de degrés du cercle qui en feroit la projection horifontale. Mais il eft vifible que fi le contour de cette projection étoit un demi-cercle, il faudroit qu'un tel limon fût bien fortement retenu par fes extrémités, pour foutenir un fi grand *porte-à-faux*; de forte que pour donner à cet ouvrage quelque folidité, il ne convient pas qu'il foit plus grand que le quart du cercle dans fa projection, d'où vient le nom de quartier de vis; encore faut-il que les fommiers, qui font les premiers & les derniers vouffoirs, ayent de longues queues bien engagées dans les murs. Il eft auffi vifible que ce quartier ne peut être fait de pieces dont la direction des lits & de leurs joints horifontaux concourent à l'axe de la vis, comme dans la courbe rampante dont nous venons de parler, parce que les vouffoirs étant plus étroits par dedans que par dehors, ils poufferoient au vuide & ne pourroient fubfifter; c'eft pourquoi il faut changer la direction horifontale des lits, en les faifant paralleles entre eux, & à la perpendiculaire fur le milieu de la corde de l'arc de la projection horifontale du quartier, afin de déterminer leur pouffée fuivant la direction de cette corde, qui a des appuis à fes deux extrémités dans les murs qui concourent en angle droit ou à peu près, ou aux piédroits d'une tour creufe; car on ne peut folidement établir un quartier fufpendu fur une ligne droite.

Il faut donc donner aux lits une direction femblable à celle qu'on donne aux vouffoirs d'une porte en tour ronde, & c'eft en quoi confifte toute la différence du limon en courbe rampante pour les vis à jour, avec le quartier de vis fufpendu, fuppofant qu'il s'agiffe de faire l'un & l'autre en pierre; car s'il s'agit de charpenterie ou de menuiferie, comme aux chaires de prédicateurs, qui font des quartiers de vis fufpendus, le trait peut changer fuivant la nature de l'affemblage convenable au fil du bois, & à l'efpece du bois qui peut être affermi par les têtes des marches, ou par d'autres moyens dont il n'eft pas ici queftion, comme des barres de fer, fur lefquels on ne doit jamais compter dans l'appareil. Cela fuppofé, il fera facile de faire le quartier de vis fufpendu par les même moyens qu'on a fait la courbe rampante de plufieurs pieces, en changeant feulement la direction des lits en coupe; mais pour ne pas embrouiller le trait de trop de lignes, nous allons en mettre un à part avec une petite différence pour la difpofition des cerches ralongées, fuivant l'idée du P. Derand, corrigée de l'erreur qu'il fait, & après lui M. de la Ruë, en les traçant en arcs de cercles au lieu d'arcs d'ellipfes.

Fig. 202. Soit (fig. 202) le quart de cercle ACB, qui comprend un quartier d'efcalier tournant CDE, dont les queues des marches doivent être portées & foutenues en l'air par le limon DABE, qui eft une courbe rampante de la même efpece que les précédentes, mais dont les pieces ou clavaux font difpofées différemment. On fera l'élévation, c'eft-à-dire la projection verticale de ce quartier, comme au trait précédent, fuppofant qu'il comprenne quatre marches marquées au plan horifontal $7, 2, 3, E$, on portera fur la ligne de bafe $A^o B^o$ la hauteur de ces quatre marches de E^o en E^2, & l'on tirera les lignes $D^o E^2$ & $A^o B^2$, qui feront les cordes des fections planes qui coupent la furface creufe $D 2 E$, & la ronde ANB obliquement; de forte que les arcs qu'elles foûtendent font

des

CHAP. XI. DE L'APPAREIL DES ESCALIERS, &c.   329

Fig. 202.

des arcs d'ellipses, qu'il sera facile de décrire par plusieurs points, comme nous l'avons déja dit plusieurs fois, pour changer un arc de cercle, qui est la base d'un cylindre, en arc d'ellipse qui soit la section de sa surface coupée par un plan, dont l'inclinaison à l'axe du cylindre est donnée. Il ne s'agit que de diviser la corde de rampante proportionnellement à la corde DE de niveau, par le moyen des verticales tr, mM, tr, & de porter sur ces divisions d'abscisses, les ordonnées rz, $M2$, $r3$, quarrément sur les divisions correspondantes $r1^n$, $M2^n$, $r3^n$, pour avoir les points d, 1^n, 2^n, 3^n, e. On tracera de la même maniere la courbe extérieure ANB sur la courbe donnée ab rampante correspondante à la corde AB de niveau, & l'on aura les cerches ralongées nécessaires pour former les paremens creux & rond, c'est-à-dire concave du côté de l'escalier, & convexe dans le parement extérieur, ce qui est le contraire des vis à jour dont nous avons parlé ci-devant.

Il faut présentement donner une coupe convenable aux lits des clavaux, de maniere qu'ils concourent tous à un même point de la ligne du milieu Mm; ce point ou centre de coupe peut être pris à volonté, cependant il faut observer qu'il ne soit ni trop loin ni trop près, parce que s'il est pris fort près des clavaux, il rendra les arêtes des coupes fort aiguës vers e, & s'il est pris trop loin, la partie suspendue en aura moins de force. Supposant ce point en m, on menera par les points G & e les lignes em, Gm, qui feront les coupes du sommier supérieur en em, & de l'inférieur en Gm. Entre ces deux joints de lit on fera la division de la quantité de clavaux qu'on se propose de faire, par exemple ici seulement de trois. M. de la Rue prend pour termes de cette division l'intervalle IK de l'intersection des coupes avec la projection verticale $D^o E^2$ de la corde rampante de la partie creuse au bas des clavaux; mais le P. Derand faisant apparemment attention que si l'on prend les termes des divisions au haut ou au bas du sommier, & qu'on en divise l'intervalle en parties égales, l'arête opposée est divisée par cette opération en parties inégales, ne fait sa division ni au haut ni au bas, mais sur une ligne Hh, moyenne entre les hauteurs des arêtes du dedans & du dehors, c'est-à-dire du creux & du rond, en partageant ef en H, & GD^o en h; ce qui me paroît plus convenable que la maniere de M. de la Ruë, qui n'a pas senti ou fait cas de cette raison. On

Tome III.   T t

Fig. 202.

divisera donc l'intervalle L *l* en trois également aux points 5, 6, par où l'on tirera du centre de division *m* les coupes *m* 1^v, *m* 2^v, *m* 3^v, qui couperont les cordes rampantes en des points marqués au-dessus x^1, x^2, x^3, & au-dessous y^1, y^2, y^3, & z^1, z^2, z^3.

Présentement on doit considérer ces lignes $x^1 z^1$, $x^2 z^2$ &c, comme les projections verticales des surfaces planes des lits des clavaux, qui sont perpendiculaires au plan vertical passant par la corde de la projection DE ou AB, ce qui revient au même, & la projection horisontale de ces même lits sera le quadriligne mixte $X^e z^e x^y z^1$, dont on prolongera les côtés droits en P & *k* pour l'appliquer à la corde DE, alors cette projection sera $X^e z^e$ P *k*. Ces deux projections étant données, il sera facile de tracer les panneaux du lit de chaque voussoir, prenant, par exemple, celui du lit de dessous du premier clavau, qui est celui du lit de dessus du sommier; on portera donc la ligne GK de l'élevation de la fig. 202 en *g k* de la fig. 203, avec ses divisions V, *q*, par lesquelles on lui menera des perpendiculaires indéfinies, dont on prendra les longueurs au plan horisontal; ainsi on portera la longueur P X^e de la fig. 102, en *g* X; *p* O en *r o*; *s t* en *q t*; *k* Z^e en KZ, & l'on aura la courbe X *o t* Z pour le côté convexe, qu'on tracera par ces quatre points avec une regle pliante.

Fig. 202. & 203.

Ensuite, pour le côté concave, on prendra P *x* qu'on portera de *g* en *x*; *p y* de *r* en *y*; *t u* de *q* en *u*; & *k z* de la fig. 202, en *k* z^n de la fig. 203; puis on tirera les lignes à peu près droites de *y* en X, & de z^n en *t*, & une courbe par les quatre points *x*, *y*, *u*, z^n; le quadriligne mixte *y* X *t* z^n sera le panneau que l'on cherche. On tracera de même les panneaux des coupes tirées par les points 1^n, 2^n, 3^n, en quoi l'on voit la conformité de ce trait avec le précédent.

Il faut observer que quoique nous ayons tiré des lignes droites de *y* en X, & de z^n en *t*, ces lignes considérées dans la rigueur doivent être courbes, parce que ce sont des sections d'une surface plano-hélicoïde par des directions qui ne tendent pas à l'axe vertical de l'hélice, mais elles sont si peu courbes que ce seroit s'amuser à la bagatelle que d'en vouloir chercher la coubure par plusieurs points, ce qui n'est pas difficile, mais qui rendroit l'opération inutilement plus longue & plus composée; aussi le P. Derand & M. de la Rue ont-ils pris toutes

Chap. XI. DE L'APPAREIL DES ESCALIERS, &c. 331

Fig. 202.

ces lignes pour des droites, ne s'étant apperçu d'aucune courbure dans l'exécution, quoiqu'il s'en trouve en effet dans le raisonnement, parce que par la génération des surfaces mixtilignes hélicoïdes, dont nous avons parlé au commencement du second tome, page 41, il est clair qu'il n'y a de lignes droites que dans les sections par l'axe de l'hélice. Pour ne pas faire les panneaux plus larges qu'il n'est nécessaire, il n'y a qu'à retrancher la partie $x\,d$ par une parallele à $g\,k$ menée en $x\,d$, & de même au lit de dessus une partie égale à celle qui a été retranchée au lit de dessous, qui est le plus près du parement de supposition vertical pour l'application du trait.

Application du trait sur la pierre.

Ayant dressé un parement pour servir en quelque façon de doële plate, c'est-à-dire de surface plane verticale, par exemple, pour un premier clavau, on y appliquera le panneau du trapezoïde $G\,1^e\,1^n\,K$ pris à l'élévation de tout l'espace qu'occupe ce clavau; puis on abattra la pierre à l'équerre sur les deux côtés des joints montans pour former deux nouveaux paremens, sur lesquels on appliquera les panneaux de lit, posant la ligne $g\,k$ de la fig. 203, ou sa parallele $x\,d$, sur l'arête du lit & du premier parement, & traçant le reste du contour sur lequel on repairera les points $o^a\,o^n$ pour tracer par ces deux points la ligne insensiblement courbe concave $o^a\,o^n$. On en fera de même au lit de dessus, puis avec une cerche formée sur l'arc concave $d\,2^n\,e$, on fera une plumée au premier parement, observant de poser les parties de cette cerche immédiatement sur celles de l'arête rampante, à laquelle chacune convient suivant les aplombs pris dans l'épure, c'est-à-dire, par exemple, que le point N soit précisément à l'équerre sur le point 1^n, parce que cette cerche étant elliptique, ce point N ne doit être ni plus haut ni plus bas sans donner un faux contour, en ce que l'ellipse devient plus creuse vers les bouts que vers le milieu, je veux dire du côté des extrémités des grands axes, ce qui est évident.

Par le moyen de ces plumées, & d'une ligne aplomb repairée de l'arête du dessus à celle du dessous, par exemple, l'aplomb $1^v\,K$, on creusera la surface verticale concave cylindrique à la regle tenue toujours parallelement à elle-même &

Fig. 202.

à la premiere ligne, dont on a déterminé les extrémités suivant la verticale 1ᵛ K. On formera de même la surface convexe du dehors, puis pofant une regle pliante fur les angles du panneau de lit du dedans au dedans, aux arêtes du deffus & du deffous, on tracera dans le creux les deux courbes des hélices que doivent former ces arêtes, & on achevera, comme il a été dit au trait précédent, pour former les paremens gauches fupérieurs & inférieurs des limons ou courbes rampantes.

Quatrieme efpece de vis.

Lorfque la bafe eft une fpirale & l'hélice en limace.

En termes de l'art,

Des volutes, colimaçons & colonnes torfes.

Toutes les hélices dont nous avons parlé jufqu'ici, font leurs révolutions fur des furfaces cylindriques de bafe circulaire ou elliptique; celles dont il s'agit préfentement font leurs révolutions fur des furfaces coniques fphéroïdes, ou cylindroïdes, de bafe en fpirale: telles font les volutes en fituation quelconque. Nous nous attachons ici particulierement à celles que les ouvriers appellent *colimaçons* d'échiffres, que l'on exécute ordinairement au bas des efcaliers, tant pour en orner l'entrée que pour former une efpece de colonne qui affermit les rampes de fer dont on forme les appuis dreffés fur le limon.

Pl. 108, *Fig.* 207.

Ayant choifi & tracé l'efpece de fpirale dont on veut faire la bafe du colimaçon, comme par exemple à la fig. 207, la fpirale circulaire *b* 2 4 C, on lui tracera une compagne équidiftante, à la diftance qu'on voudra, fuivant l'épaiffeur que l'on donne au limon, & l'on en fera l'élévation fuivant les regles ordinaires expliquées au II livre, page 313, & au livre III, page 356, (Tome I) en élevant des perpendiculaires fur la bafe, qu'on terminera fuivant telle progreffion qu'on jugera à propos, obfervant d'accorder autant qu'il fera poffible fans jarrets la pente du limon droit avec la naiffance de celle du colimaçon, & de cette jonction on viendra en baiffant toujours moins jufqu'à l'œil du colimaçon, afin qu'il ne s'enfonce

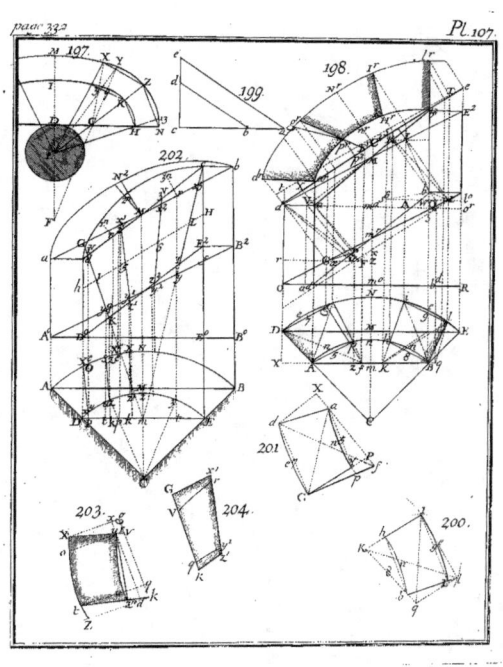

Chap. XI. DE L'APPAREIL DES ESCALIERS, &c. 333
pas en finissant tout d'un coup dans un trou. La ferie que l'on doit observer dans cette diminution ou augmentation de hauteur des perpendiculaires élevées fur la bafe, eft affez arbitraire, & au choix de l'architecte, qui doit fe régler fur le nombre des révolutions de la spirale de son plan horifontal: nous proposerons ici la maniere la plus simple, & qui est d'un bel effet.

Soit (fig. 207) la fpirale double ou volute b H 5 C 2^i a, le plan horifontal du colimaçon, on divifera le cercle de révolution GHEF en autant de parties égales qu'on voudra, par exemple en fix, par lefquelles on tirera du centre C des rayons prolongés, qui couperont la fpirale convexe aux points 1, 2, 3, 4, 5, &c. par lefquels on tirera, par le probl. XXVIII du IIe Livre, (Tome I, page 235) des perpendiculaires à la fpirale 1 1^i, 2 2^i, 3 3^i, &c. qui donneront les directions des coupes des joints, fi l'on fait le colimaçon de plufieurs pieces, mais qui ferviront particulierement à former l'élévation de la partie concave proportionnellement à la furface convexe. On fera enfuite l'élévation du colimaçon en prenant une ligne de base BA, ou celle d'un petit focle au-deffus OR, à laquelle on menera des perpendiculaires indéfinies venant des points repairés au plan horifontal, comme bF, gG^e, 7 K, 4 4e, &c, fur lefquelles on portera les différentes hauteurs que doivent avoir les points du contour des arêtes du colimaçon, fuivant la progreffion de l'inclinaifon qu'on fe propofe de donner au limon tournant & rampant.

Fig. 207.

Cette progreffion de pente eft arbitraire, on peut la varier d'une infinité de façons, en faifant plonger la volute dans fon œil, ou en relevant l'œil au bas de la volute; nous propoferons ici une maniere qui me paroît une des plus convenables. Suppofant, par exemple, que le colimaçon termine trois marches, comme on l'a repréfenté en perfpective à la fig. 205, on prendra la fomme de la hauteur de ces trois marches, que je fuppofe égale à FO de la fig. 206, pour en faire le rayon d'un quart de cercle CD 10, qu'on tracera à part (fig. 209) & qu'on infcrira dans un quarré DC 10 P, dont on divifera le côté P 10 en dix parties égales, fur lefquelles on élevera des paralleles à DP, qui couperont le quart de cercle aux points 1^h, 2^h, 3^h, &c. les lignes 1^h 1, 2^h 2, 3^h 3, &c. feront les hauteurs décroiffantes du colimaçon. Pour rapporter ces hauteurs

Fig. 205. & 206.

Fig. 209.

à l'élévation 206, il faut diviser le contour de la spirale de la base 207 en dix parties, non pas égales entre elles, mais inégales suivant la progression de la spirale, qui se resserre à mesure qu'elle approche de son centre; ce qu'il est facile de faire, en divisant le contour de son cercle de révolution GHEF en parties égales, comme ici en six, dont les diametres prolongés donneront les points 1, 2, 3, 4, 5, &c. au contour extérieur de la spirale.

A l'égard des divisions du contour intérieur $gh\,5^i$, elles seront données par les perpendiculaires menées à la spirale extérieure, comme 1 1^i, 2 2^i, 3 3^i, &c. lesquelles pourront être tracées à vue d'œil, ou plus exactement par le problème XXVIII du IIe livre, cité ci-dessus (Tome I, page 235) : ces perpendiculaires donneront les points 1^i, 2^i, 3^i, &c. On tirera donc par tous les points de la spirale 1, 2, 3, 4, &c. 1^i, 2^i, 3^i, &c. des perpendiculaires à la ligne OR, sur lesquelles on portera les hauteurs correspondantes de la fig. 209 : savoir, la hauteur 1^h 1 en 1° 1^x de la fig. 206, la hauteur 2^h 2 de la fig. 209 en 2° 2^x de la fig. 206 : ainsi du reste; & par tous les points trouvés, tant au contour extérieur F 1^x 2^x 4e, &c. on tracera à la main une courbe telle qu'on la voit ponctuée depuis F en h^x, parce qu'elle est censée derriere l'objet apparent, & continuée par une ligne suivie depuis h^x 4e jusqu'en K^n. On trouvera de même la courbe de l'arête intérieure G^e h^x N n, & l'on aura la projection verticale du colimaçon, de laquelle on peut faire usage pour ébaucher la pierre.

Mais pour tracer ces arêtes avec plus de précision & de commodité, il convient de faire le développement des deux surfaces extérieure & intérieure du colimaçon. On rectifiera le contour de la base extérieure b H 4 7 5^i, qu'on portera par petites parties de suite sur une horisontale o 10 de la fig. 209, faisant la longueur $o\,1^a$ égale à l'arc b 1 de la fig. 207; $1^a\,2^a$ égale à l'arc 1, 2 de la spirale 207 : $2^a\,3^a$ égale à l'arc 2, 3, &c, & par tous les points 1^a, 2^a, 3^a, &c, ayant élevé des verticales indéfinies, on les terminera par des horisontales menées par les points 1^h, 2^h, 3^h, &c. qui donneront par leurs intersections avec ces verticales les points 1^d, 2^d, 3^d, 4^d, &c : la courbe menée par tous ces points à la main, ou avec une regle pliante, sera celle du développement de l'arête extérieure du limon tournant au colimaçon.

Chap. XI. DE L'APPAREIL DES ESCALIERS, &c.

De la même maniere, ayant développé le contour intérieur de la spirale $g\,h\,5^i$ du point o au point N, à la fig. 209, avec ses divisions 1^i, 2^i, 3^i, &c. on aura pour développement de l'arête intérieure la courbe $D\,1^n\,2^n\,3^n\,n$, dont tous les points $1^n\,2^n$, &c. sont sur les mêmes horisontales que les points $1^d\,2^d$ du contour extérieur, afin que cette courbe soit toujours équidistante horisontalement de sa compagne, quoiqu'elle soit si différente dans le développement. Ces développemens serviront à faire des panneaux flexibles sur du carton, du fer blanc, ou des lames de plomb, qu'on appliquera sur les surfaces cylindroïdes, qui auront pour base les spirales de la fig. 207.

Il est visible que cette progression de lignes croissantes ou décroissantes tirées du cercle suivant une progression de sinus verses $s^2\,10$, $s^3\,10$ (fig. 209) peuvent être changées en un autre de sinus droits $s^2\,2^h$, $s^3\,3^h$, &c. ce qui auroit donné une courbe d'inclinaison différente au limon du colimaçon. Il est encore visible que si au lieu du quart de cercle $D\,10$, on avoit pris un quart d'ellipse sur le grand ou sur le petit axe, on auroit eu encore une courbe d'inclinaison différente, & que si l'on vouloit faire ressortir l'œil de la volute, au lieu d'un quart de cercle on auroit dû prendre un plus grand arc, qui auroit remonté au-dessus de la ligne PX, qui est le socle où nous voulons que se termine la volute.

Une des principales attentions que l'on doit avoir dans le choix de la courbe d'inclinaison du limon du colimaçon, est de faire ensorte que le limon droit qui termine les marches supérieures ne fasse pas de jarret avec le limon tournant du colimaçon à la ligne horisontale de leur jonction, c'est pourquoi il faut faire le profil du limon droit à la premiere marche au-dessus du colimaçon, par exemple, en $a\,b$, fig. 208, à l'égard d'une horisontale DC; puis ayant porté la longueur $b\,1$ du plan horisontal, rectifiée en $o\,1^a$ de la fig. 209, on élevera la verticale $1^a\,1^d$, qu'on terminera par l'horisontale $1^h\,1^d$, & l'on tirera la ligne $D\,1^d$ dont on comparera l'inclinaison avec celle du profil du limon droit $a\,b$ de la fig. 208. Si ces lignes sont paralleles, c'est une marque que le limon droit & sa continuation au colimaçon en tournant ne feront pas de jarret ; si au contraire le profil du limon droit étoit plus couché, comme en $a\,d$ de la fig. 208, il faudroit lui tirer une parallele par le

Fig. 207 & 209.

point D, qui couperoit l'horifontale menée par le point 2^h au point 2^d, ce qui marque que le changement d'inclinaison du limon ne doit commencer qu'au point 2 du colimaçon à la fig. 207, dont la ligne $o\,2^a$ de la fig. 209, eft le développement.

Application du trait sur la pierre.

Fig. 207 & 209.

Ayant dreffé un parement pour fervir de lit horifontal, on y appliquera le panneau de la partie du colimaçon que la grandeur & la hauteur de la pierre peut comprendre; par exemple 2 H 4, 7, 2, dont on tracera le contour & les repaires des divifions 2, 3, 4, 5, 6, &c, puis on abattra la pierre fuivant ce contour, à l'équerre au lit de deffous, & on vuidera de même, autant qu'il fera poffible, l'intervalle qui refte entre les circonvolutions, pour en former un cylindroïde femblable à un rouleau de carton de l'épaiffeur du limon.

Ce corps ainfi formé, on élevera des perpendiculaires fur le lit de deffous par les points repairés à fon contour 2, 3, 4, &c, qu'on fera égales à celles qui correfpondent à ces nombres dans le quart de cercle de la fig. 209, & par les points de leurs hauteurs, on tracera avec la main ou avec une baguette ronde, droite & flexible, le contour de l'arête extérieure, l'intérieure fe tracera de même; puis avec la regle pofée de niveau fur les points correfpondants de la furface concave à la furface convexe, on abattra la pierre, comme il a été dit pour la courbe rampante fur une bafe elliptique, c'eft-à-dire en tenant toujours la regle quarrément fur la tangente de la furface; avec cette différence qu'au limon elliptique la regle doit être dirigée au centre fur les axes de l'ellipfe, & qu'ici elle ne doit jamais être dirigée au centre de la fpirale, mais toujours un peu à côté, comme on le voit à la fig. 207 par les directions $1\,1^i$, $2\,2^i$, $3\,3^i$, mais elle doit toujours être tenue de niveau.

Au lieu de fe donner la peine de tracer les courbes par des points fur les deux furfaces concave & convexe de l'ébauche du colimaçon, on peut tout d'un coup en tracer les arêtes par le moyen d'un panneau flexible tracé & contourné fur l'épure du développement de la fig. 207; favoir D o 10 X pour le parement convexe extérieur, & D o N $n\,4^n$ D pour le parement creux, dans lequel on appliquera le panneau de carton ou de lame de plomb, qu'on fera plier enforte qu'il joigne exactement

CHAP. XI. DE L'APPAREIL DES ESCALIERS, &c. 337
à la surface concave, & que son côté droit o N soit posé sur l'arête du lit de dessous; dans cette situation, on tracera nettement l'arête du limon; on en usera de même pour le côté convexe.

Seconde espece de limaces cylindroïdes.

En termes de l'art,

Des colonnes torses quelconques.

Vignole, à ce que dit d'Aviler, est le premier qui ait donné des regles pour tracer les colonnes torses, & tous les Architectes ont suivi son trait; cependant on peut dire qu'il ne vaut rien, si l'on a intention de faire un corps régulier dans son espece, parce qu'il lui a donné, sans s'en appercevoir, des épaisseurs inégales à chaque circonvolution, comme nous le démontrerons ci-après. Cette espece de colonne est un composé de trois hélices; savoir, 1°. d'une demi-circonvolution en limace, qui s'ouvre depuis le milieu de la base jusqu'à la douzieme partie de la hauteur; 2°. d'une hélice cylindrique en continuation, qui comprend cinq circonvolutions égales; & enfin 3°. d'une seconde limace égale à la premiere, mais tournée en sens contraire, qui va en se fermant depuis la onzieme partie de la colonne jusqu'à son sommet, où elle se termine à l'axe droit, que les Architectes appellent *Cathete*. Nous avons dit que la seconde hélice étoit cylindrique, parce que Vignole ne donne aucun renflement à la colonne torse dans sa formation.

Pour donner au trait de la colonne torse toute la généralité des variations dont elle est susceptible, nous la formerons de deux limaces inégales tournées en continuation en sens contraire, dont les intervalles des circonvolutions seront inégaux contre l'usage ordinaire, afin que le lecteur se rende maître de cette petite matiere, après quoi nous examinerons la colonne torse de Vignole, qui est la seule usitée depuis long-tems. Soit (fig. 211) le cercle A 30 B 18 la projection horisontale de la plus grande amplitude que l'on veut donner à l'axe tortueux hélicoïde de la colonne, qui doit être composé d'une double limace, dont la premiere s'éleve du milieu de sa base en s'ouvrant jusqu'à une certaine hauteur, & la seconde reprend en continuation à cette hauteur, & remonte au sommet, où elle

Fig. 211.

Tome III, V v

Fig. 211.

vient en se resserrant pour finir au milieu du couronnement, au même axe droit ou cathete au bas duquel la premiere limace avoit pris son origine. D'où il suit que si l'intervalle du diametre AB est plus grand que les deux demi-épaisseurs du corps cylindroïde plié en colonne torse, il restera au milieu un vuide, comme dans les vis à jour, avec cette différence qu'il ne sera pas cylindrique, ni continué du haut en bas, mais en forme de fuseau, comme H L K *l*, qui se ferme en H & en K, & dont la partie la plus renflée n'est pas au milieu, dans la supposition que les limaces soient d'inégale hauteur.

Comme ces deux limaces doivent se joindre par continuation, elles doivent avoir pour amplitude commune le diametre AB, & comme l'on veut qu'elles fassent chacune un même nombre de circonvolutions sur des hauteurs inégales, il faut déterminer les inégalités croissantes ou décroissantes de leurs intervalles, ce que l'on peut faire de différentes manieres & suivant différens rapports : nous nous arrêterons à la plus commode, qui est celle du rapport des tangentes. Sur la base de la colonne *b a* prolongée, on prendra un point R à distance arbitraire de la cathete 60^x Q, par exemple, de deux fois la longueur du diametre AB, plus ou moins, selon la hauteur de la colonne & suivant le plus ou le moins d'inégalité que l'on voudra donner aux circonvolutions; car il est clair qu'elles seront d'autant moins différentes que le point R sera loin, & au contraire d'autant plus inégales qu'il sera près. De ce point R, pour centre, & d'un rayon pris à volonté, on décrira un arc de cercle Q 60, qui sera déterminé au point 60 par la ligne R 60^x tirée au sommet de la cathete; on divisera cet arc en tel nombre de parties que l'on voudra, qui sont ici soixante, lesquelles ne sont pas des dégrés, en commençant par le diviser en 6, & chaque sixieme en dix. Par toutes ces divisions 10, 20, 30, &c, & par le point R, on tirera des lignes droites qui couperont la cathete 60^x Q en soixante parties inégales, par chacune desquelles on tirera des horisontales indéfinies paralleles à la base *a b*, & perpendiculaires à la cathete, que l'on cottera des mêmes nombres des divisions primitives, comme 10^x, 20^x, 30^x, &c.

Il faut présentement faire les projections des limaces supérieure & inférieure de la colonne, qui doivent être la même tournée en sens contraire, parce que l'inférieure s'élargit en

Chap. XI. DE L'APPAREIL DES ESCALIERS, &c. 339
montant, & la supérieure se rétrecit. Ces projections doivent
être des spirales qu'on peut décrire comme la spirale d'Archimede, dont nous avons parlé au II livre (tome I, page 195).
Mais comme deux spirales de cette nature tournées en sens
contraire, quoique sur un même centre, ne se touchent pas,
mais se croisent en angle saillant à leur intersection, on peut
se relâcher de la régularité de la description de cette courbe,
& se contenter d'une imitation imparfaite par des arcs de cercles, afin que la jonction des limaces inférieure & supérieure
se fasse sans jarret, ou du moins si l'on se sert de la spirale d'Archimede retournée, il faut effacer l'angle de la projection par
un arc de cercle tangent à l'une & à l'autre : nous opérerons
avec moins de délicatesse pour plus de facilité.

Fig. 211.

Soit le rayon C 30 divisé en deux également au point 6, on
décrira sur C 6, comme diametre, le demi-cercle C 3, 6; puis
ayant divisé l'intervalle 6, 18, qui est le reste du diametre de
la projection, en deux également, on décrira le demi-cercle
6, 10, 18, qui touchera le précédent au point 6, & le demi-
cercle de projection 18 A 30 au point 18; la spirale C 6, 18, A
30 sera la projection de l'axe tortueux de la limace inférieure,
qui s'étend jusqu'au point de hauteur 30^x au-dessus de Q.
La même spirale sera répétée au sommet de la colonne en
sens contraire, c'est-à-dire la partie de la droite posée à la
gauche pour servir de projection d'une maniere renversée, du
haut en bas, à l'axe de la limace supérieure qui se referme en
montant.

Il faut présentement rapporter les parties de ces spirales de
projection aux divisions de l'axe droit ou cathete, par lesquelles on a mené des horifontales indéfinies; c'est pourquoi il
faut que le contour de la spirale soit divisé en un même nombre de parties inégales que l'axe l'a été par les sécantes provenant du point R; ainsi puisque nous avons divisé cet axe en 60
parties, il faut aussi que la spirale soit divisée en 60 parties
aussi inégales. La progression de cette inégalité devroit être
la même que celle des tangentes, si la chose valoit la peine
d'être faite avec grande précision; mais dans une chose de
peu d'usage, nous nous contenterons des à peu-près faits à vue
d'œil.

Premierement, puisque les tangentes, depuis la base jusqu'à la division 10^x, se surpassent d'un excès à peu près égal,

V v ij

on pourra diviser également le petit demi-cercle C 3, 6 en six parties égales, & le second demi-cercle 6, 10, 18 en douze parties; ensuite le troisième demi-cercle 18, A 30 en douze autres, non pas égales, mais un peu élargies à mesure qu'on s'éloigne du centre C, se réglant à vue sur le rapport des intervalles de l'axe 10^x, 20^x, 30^x, &c. On en fera de même à la spirale supérieure en sens contraire, c'est-à-dire, en s'élargissant vers le centre.

Si l'on vouloit opérer avec plus de précision, il faudroit rectifier le contour de la spirale, & le diviser proportionnellement aux parties de l'axe auxquelles elles répondent, ce qui est fort aisé; observant, par exemple, que cette spirale coupe trois fois le diametre 30, 18; savoir, au point 6, au point 18 & au point 30. Ainsi puisque la hauteur totale Q 30^x est divisée en 30 parties, chaque demi-révolution complette en doit contenir 12, lesquelles font ensemble 24 parties, à quoi ajoutant le quart de révolution, qui doit en contenir six, on aura trente parties en circonférence de spirale, comme on en a trente en hauteur donnée sur la base pour la premiere limace, qui monte en s'ouvrant. Par la même raison la supérieure, qui monte en se resserrant, doit être divisée en même nombre de parties, parce que toute la hauteur a été divisée arbitrairement en soixante.

Présentement, puisque les parties de la spirale sont relatives à celles des hauteurs des lignes horisontales menées par les divisions de l'axe droit, il est clair qu'en menant des paralleles à cet axe par les divisions de la spirale correspondantes à celles de la hauteur, on aura par l'intersection de ces lignes les points de projection verticale de l'axe courbe de la colonne torse; ainsi la verticale menée par le point 10 de la spirale, coupant l'horisontale menée par le point 10^x de l'axe, donnera le point y de l'axe courbe; l'intersection de la verticale 20 z avec l'horisontale z 20^x menée par le point 20^x de l'axe droit, donnera le point z de la projection verticale de l'axe courbe de la colonne torse; ainsi des autres. De même la verticale abaissée de la spirale supérieure par le point 35 de sa division, qui est faite en continuation de celle de la spirale de la base, donnera par son intersection avec l'horisontale 35^x Y, le point Y de l'axe courbe en projection verticale; celle qui vient de la division 50, coupant l'horisontale 50^x X, donnera

Chap. XI. DE L'APPAREIL DES ESCALIERS, &c. 341

le point X de même axe; ainsi du reste. La projection verticale de l'axe étant tracée par plusieurs points, comme on la voit à la fig. 211, on la répétera à part, comme à la fig. 210, puis avec le rayon donné DA pour la demi-épaisseur de la colonne, & d'autant de points que l'on voudra prendre sur l'axe courbe, comme en c, c, c près & à volonté, on décrira des cercles, auxquels on menera une courbe à la main, qui les touche sans les couper, tant d'un côté que de l'autre, & l'on aura l'élévation de la colonne.

Fig. 210 & 211.

Présentement si l'on veut faire une colonne torse reguliere un peu renflée vers le tiers de sa hauteur, il est visible qu'au lieu des intervalles inégaux des circonvolutions, on doit diviser la cathete en autant de parties égales qu'on veut de circonvolutions; ainsi l'opération devient plus simple, parce qu'on doit supprimer celle qui dépend du secteur de cercle Q 30 R: au reste on fera l'élévation de l'axe courbe de la même maniere, & les contours de la colonne comme nous venons de le dire, & non pas suivant le trait de Vignole, que voici. Il divise le cercle de la base de la colonne en huit parties égales, & la hauteur en quarante-huit, par chacune desquelles il mene des paralleles à la base, comme Ep, eq, CP, (fig. 212) qui lui servent à trouver l'axe courbe de la colonne, de la même maniere que nous avons fait ci-devant; nous supposons ici la courbe $P a n m c s$; puis ayant déterminé son épaisseur, il en porte la moitié de part & d'autre de l'axe courbe, comme en $m E$ & mp, ne & nq, Oe & OQ, &c; puis par les points trouvés E^e, e, p, q, Q, il trace les contours de sa colonne, qui sont parfaitement semblables à celui de l'axe courbe, ce qui ne convient pas à l'uniformité de l'épaisseur de la colonne, comme on va le voir.

Fig. 212.

Démonstration de l'irrégularité de l'ancien trait de la colonne torse de Vignole.

Il est sans doute de la régularité de la colonne torse qu'elle soit faite d'un corps rond d'épaisseur uniforme dans toutes ses parties; or la colonne tracée suivant la construction de Vignole change continuellement d'épaisseur d'une circonvolution à l'autre: donc elle n'est pas reguliere, ni formée par un corps exactement rond dans toutes ses sections perpendiculaires aux tan-

Fig. 213. gentes de l'axe courbe. Pour prouver la mineure, soit une portion d'axe courbe K *a b c d* considérée comme composée d'une infinité de petites lignes droites différemment inclinées à l'horison, comme le sont en effet toutes les petites cordes d'une hélice projettée sur un plan vertical ; ainsi la partie *a b* peut être considérée comme verticale, la partie *b c* comme inclinée à l'horison, par exemple, de 30 degrés, & la partie *c d* de 60, plus ou moins.

Cela supposé, il est clair que la véritable épaisseur de la colonne à la partie de l'axe *a b* verticale sera l'épaisseur horisontale *e m*, & *m p* ; sur l'inclinée *b c*, l'épaisseur doit être prise sur l'inclinée FG perpendiculaire à *b c*, & égale à *e p* ; mais par la construction de Vignole cette épaisseur est prise en E *h* & *h* P parallelement à *e p*, donc le point E est au dedans de l'épaisseur uniforme de la colonne de la quantité FE. Or supposant l'angle E *h c* de 30 degrés, la longueur E *i* ne sera que la moitié de E *h*, laquelle hypoténuse E *h* est égale par la supposition à F *i* ; donc dans ce cas la colonne se trouve rétrecie en EP d'une moitié de l'épaisseur qu'on lui a donnée en *e p* ; par conséquent si le corps de la colonne est rond, c'est-à-dire si la section en *e p* est circulaire, la section en E *p* sera ovale, & si la section en *e p* n'est pas circulaire, la colonne ne sera pas exactement ronde, ce qu'il falloit démontrer.

Il est donc visible, à la seule inspection de la fig. 213, que l'ancien trait qui donne le contour *e* E *e* d'un côté & *p* P *p* de l'autre, s'écarte considérablement des vrais contours *e* F *x e*, & *p y* G, qui font la colonne torse d'épaisseur uniforme. D'où il suit que les courbes hélicoïdes, cylindriques, ou en limace des côtés opposés de la projection verticale de la colonne ne doivent pas être semblables à la courbe de son axe, contre la pratique du trait de Vignole, ce que nous avons déja démontré ailleurs en d'autres occasions, lorsque nous avons parlé de la vis Saint-Giles ronde, où nous avons montré que les hélices compagnes, quoiqu'équidistantes entre elles, ne sont pas pour cela semblables, parce que celle qui approche de l'axe droit vertical est plus roide que celle qui s'en éloigne davantage, laquelle est plus couchée ; ainsi de suite. D'où il suit encore que l'axe courbe ne partage pas en deux également toutes les sections horisontales de la colonne ; car supposant, ce qui est possible, les points *n* & *b* de la fig. 213 réunis en un seul, il est

Chap. XI. DE L'APPAREIL DES ESCALIERS, &c. 343

clair que Fn est plus grand que Eh, qui est par la construction égale à no; donc Fn est plus grande que no, par conséquent le trait de Vignole, qui porte des parties égales de part & d'autre du point de l'axe n, ne peut donner qu'un faux contour, ce qu'il falloit démontrer.

Fig. 213.

Donc pour corriger le trait de Vignole, l'axe courbe étant tracé, il en faut venir au nôtre, en traçant une grande quantité de cercles ou d'arcs à droite & à gauche de cet axe, pour mener par leurs extrémités une courbe tangente, qui est une épicycloïde différente de chaque côté. On pourroit aussi, ce me semble, faire encore une petite réforme au trait de Vignole, qui seroit de faire les deux limaces du bas & du haut un peu plus hautes, en leur faisant faire une circonvolution complette au lieu d'une moitié à chacune; ma raison est qu'étant ainsi plus alongées, elles se joindroient plus insensiblement à l'hélice cylindrique qui fait le corps de la colonne. Enfin, si l'on veut lui donner du renflement, il en faut venir à notre premier trait, sans cependant rehausser ni rebaisser les intervalles des circonvolutions que d'une quantité peu sensible à la vue, ce que l'on peut faire en éloignant beaucoup le point R de l'axe droit Q 60*.

Application du trait sur la pierre ou sur le bois.

Si la colonne torse est cylindrique, comme celle de Vignole, on commencera par former un rouleau du diametre & de la longueur de la colonne, ou de la hauteur que la pierre pourra porter, si elle est faite de tambours, & ayant divisé le cercle de la base en huit parties égales par quatre diametres, on mettra une regle sur un des diametres, où on la fera tenir par quelqu'un, puis on en posera une autre à l'autre bout de la colonne sur le centre de la base opposée, qui sera celle du sommet, si la premiere est le lit de dessous, qu'on dégauchira en la bornoyant par la premiere regle, la faisant tourner sur le centre, ensorte que l'une couvre l'autre sans la croiser; à la vue on marquera les deux points où cette seconde regle coupe la circonférence du lit supérieur, & on la divisera comme celle du lit de dessous en huit parties, par lesquelles & par celles du lit de dessous, on tirera des lignes droites sur la surface du rouleau cylindrique, lesquelles seront des paralleles à l'axe droit ou cathete.

On divisera chacune de ces lignes en 48 parties égales, & l'on menera de l'une à l'autre, en montant d'une partie, la ligne courbe qui marquera la partie la plus saillante de chaque circonvolution de l'hélice. Ensuite, pour la creuser, on levera deux cerches opposées sur l'élévation que l'on a fait de la colonne torse, avec lesquelles on creusera des plumées qui donneront le contour ondé vertical des côtés opposés, ayant soin de tenir le plan, j'entends la surface plane de ces cerches par leur milieu, dirigé à l'axe droit de la colonne, sans quoi elles donneront de fausses plumées; les milieux de ces mêmes cerches un peu remontées ou rebaissées suivant les points donnés à la surface du rouleau, serviront à faire d'autres plumées sur les huit parallèles à l'axe droit, & par ce moyen on abattra la pierre de plumée en plumée assez près pour ne pas se tromper.

Quand je dis que les milieux de ces cerches serviront, étant posées un peu plus haut ou plus bas, pour faire de nouvelles plumées, j'entends seulement parler de la partie cylindrique qui est comprise entre les deux demi-circonvolutions qui sont en limaces, l'une à la base, l'autre au sommet, parce que les contours de ces deux extrémités sont différens de ceux du fust cylindrique entre elles.

Présentement, si au lieu de la colonne torse ordinaire, on en veut faire une à circonvolutions inégales & en limace, il faut commencer par faire un corps rond en fuseau émoussé par les deux bouts, semblable au fuseau du noyau vuide HLK*l*, ou pour en donner une idée plus nette, on fera une colonne renflée, sur laquelle on tirera, comme à la précédente cylindrique, des lignes courbes qui ne seront pas parallèles à l'axe droit, mais qui seront dans le même plan de la section par cet axe.

On divisera ensuite ces lignes en parties inégales, telles que les donne l'épure de la fig. 211, que nous prenons pour exemple, & on tirera d'une division à l'autre en montant, les lignes hélicoïdes des parties les plus saillantes de la colonne. On levera ensuite des cerches des contours opposés, suivant lesquelles on fera deux plumées; mais à cause de l'inégalité des circonvolutions, il faudra faire plusieurs élévations; par exemple, celle de la fig. 210, qui a été faite sur le diamètre DE de la fig. 211, ne pourra servir que pour cette position, il en faudra

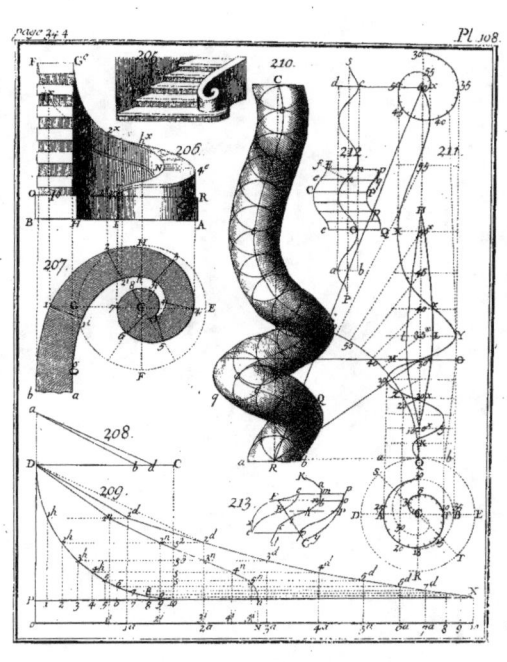

Chap. XII. DE LA POUSSÉE DES VOUTES. 345
faudra faire une autre sur le diametre QR qui sera différente: ensuite une autre sur le diametre ST, ainsi de suite, autant qu'on le jugera à propos, pour faire de nouvelles plumées toujours dirigées à l'axe droit & de l'une à l'autre; on abattra ensuite la pierre ou le bois comme les plumées l'indiqueront, ce qui demande de l'adresse & de l'attention pour bien évuider la colonne sans jarrets.

CHAPITRE XII.

Appendice concernant le dispositif à la construction des voûtes.

LES dispositions à la construction d'une voûte consistent en deux choses. L'une à régler l'épaisseur des piédroits, qui est nécessaire pour leur donner une force capable de résister à sa poussée, c'est-à-dire à l'effort qu'elle fait pour les écarter, & s'ouvrir. L'autre à régler la force des ceintres de charpente qui doivent soutenir les voussoirs pendant qu'on la bâtit, jusqu'à ce que la clef y soit mise, afin qu'ils puissent en soutenir toute la charge sans en être écrasés.

I.

De la poussée des voûtes.

Quoique le détail de la construction des voûtes ne soit pas du sujet de cet ouvrage, les mesures que l'on doit prendre pour en établir solidement les supports y paroissent tellement annexés, que les auteurs qui ont traité de la coupe des pierres, ont cru devoir donner des regles pour déterminer l'épaisseur des piédroits, afin qu'ils ne soient pas renversés par l'effort qu'elles font pour s'ouvrir; mais malheureusement ils n'en ont donné que de mauvaises, qui ont sans doute eu beaucoup de part à ces fâcheux accidens de chûtes prématurées, qui ont couvert les architectes qui s'étoient fiés à cette regle, d'une honte qu'ils ne méritoient pas, car elle devoit leur servir d'excuse avant que de savans mathématiciens en eussent démontré la fausseté, & donné de meilleures.

Cette regle dont je parle est celle du P. Derand, que Blon-
Tome III. X x

del & le P. Dechalles, qui étoient cependant mathématiciens, ont suivi sans examen, & en dernier lieu M. de la Rue, qui a ignoré apparemment que M. de la Hire en avoit donné une autre, démontrée 16 ans avant qu'il eût publié son livre. M. Gauthier, inspecteur & directeur des ponts chaussées, qui a eu connoissance de cette regle, l'a rejettée pour en chercher une meilleure, sans en comprendre ni la construction ni la démonstration, comme il le confesse ingénuement dans sa *Dissertation sur les piles des ponts* (page 4). *M. de la Hire*, dit-il, *ce savant du siecle, prétend avoir démontré la poussée des voûtes*. A ce début on s'attend qu'il va découvrir quelque erreur; point du tout, il y trouve seulement à redire (page 6.) qu'il n'a pu l'entendre, & par conséquent que cette regle étant au-dessus de la portée des ouvriers, elle leur est inutile. *Tant que nos pensées*, ajoute-t-il, *ne seront pas aisées à pénétrer aux moins savans, elles ne seront pas instructives, & par conséquent elles deviennent inutiles à la postérité:* mais, avec sa permission, ne suffit-il pas que nous puissions en profiter par la médiation des plus savans, qui nous expliquent ce que nous n'entendons pas? Les ouvrages d'Euclide, d'Apollonius, d'Archimede, &c. ont-ils été inutiles à la postérité, parce que les moins savans n'entendent pas le grec, & qu'ils contiennent des choses difficiles à concevoir aux ouvriers & à des plus savans; ce n'est pas une raison pour autoriser les fausses regles qui peuvent être à leur portée, que de dire qu'ils ne sont pas en état d'entendre celles qui sont émanées du calcul algébrique; il suffit que ceux qui président à la construction des voûtes, soient assez dociles pour demander l'explication de ce qu'ils n'entendent pas.

Notre auteur, qui n'est pas un artiste sans étude, & qui sait que les mathématiciens n'avancent rien sans preuve, auroit pu se faire expliquer ce que signifioient les expressions algébriques de M. de la Hire, & il auroit vu que la hauteur des piédroits, l'épaisseur, & la charge de la voûte étoient nécessairement compliquées dans la recherche de l'effort de sa poussée: d'où il auroit conclu que la nouvelle regle qu'il avoit imaginée, n'entrant pour rien dans l'une ni dans l'autre de ces considérations, elle ne devoit pas être meilleure que celle du P. Derand, qui a les mêmes défauts, & que ce qu'il prenoit pour une démonstration de sa prétendue regle n'étoit qu'une pure illusion. Il pourra peut-être me dire que je demande plus de cir-

Chap. XII. DE LA POUSSÉE DES VOUTES.

confection qu'il n'est nécessaire, puisque dans un extrait de l'assemblée de l'académie de Montpellier de l'année 1732, on trouve une nouvelle regle pour déterminer l'épaisseur des piédroits des voûtes, dans laquelle il est expressément dit qu'*on ne doit pas s'embarrasser de la hauteur qu'ils doivent avoir*. Ce seroit faire tort à cette illustre académie, que de croire que ce discours y ait été inféré sans correctif. Le savant académicien qui donne cette regle s'est expliqué qu'il ne la *donnoit pas pour géométrique*, mais seulement pour la commodité des ouvriers, & qu'il ajoutoit beaucoup à l'épaisseur nécessaire au seul équilibre; & parce que les différences des hauteurs ordinaires dans la pratique n'augmentent pas les épaisseurs au-delà de celle qu'il a jugé nécessaire, on peut par cette précaution se dispenser de faire attention à la hauteur des piédroits, mais non pas à l'épaisseur & à la charge de la voûte, à laquelle le P. Derand, ses sectateurs, & M. Gautier n'ont eu aucun égard. On verra ci-après par un problème que M. Danisy m'a fait l'honneur de m'envoyer, les différences d'augmentations d'épaisseur de piédroits que produisent leurs différentes hauteurs : preuve qu'il ne compte pas ces différences pour rien.

Des différentes hypotheses qui ont servi à la recherche de la poussée des voûtes.

I.

Le premier mathématicien qui ait travaillé à déterminer l'épaisseur que les piédroits des voûtes doivent avoir pour résister à l'effort de leur poussée, a été M. de la Hire, de l'académie des sciences, qui joignoit à une profonde théorie une grande connoissance des arts, particulierement de l'architecture. Ayant remarqué que la plupart des voûtes dont les piédroits avoient été trop foibles pour en soutenir la poussée, s'étoient fendues vers les milieux des reins, entre l'imposte & la clef, il a considéré la partie du sommet comprise entre ces deux fentes comme un seul voussoir en forme de coin, & les piédroits joints au quart de la voûte compris entre l'imposte & la fente de chaque côté, comme ne faisant qu'un seul corps avec cette partie; desorte qu'il considere dans une voûte en berceau circulaire trois solides différens, l'un au milieu qui est une moitié de la voûte, & les deux autres qui en sont des quarts comme étant joints aux piédroits, & sur cette hypothèse il calcule l'effort que le coin du milieu fait pour écarter ses deux apuis latéraux.

I I.

Quoique cette premiere hypothese fournisse une solution très-sûre pour la pratique, M. Couplet, de la même académie, a jugé qu'on pouvoit trouver avec plus de précision l'effort de la poussée des voûtes, en considérant en particulier chaque voussoir, comme un coin qui faisoit effort pour écarter ses collatéraux ; & parce que ces coins peuvent être considérés comme des corps polis, ou comme grenus & raboteux, il a examiné le résultat de chacune de ces supositions, pour déterminer l'épaisseur des piédroits.

I I I.

M. Danisy, de l'académie de Montpellier, pour se délivrer de la nécessité de toute hypothese, a consulté l'expérience, en faisant faire des modeles de voûtes de différens ceintres qu'il a chargé sur la clef, ou dont il a diminué la force des apuis de leurs piédroits au point où elles commencent à s'ouvrir, pour voir ce qui arrivoit au moment de leur destruction, & en tirer des conséquences propres à déterminer l'épaisseur des piédroits ; mais quoiqu'il ait donné une regle pour les ouvriers, il n'a pas encore rendu publique celle qu'il a promise dans l'extrait de l'assemblée de l'académie de Montpellier, en 1732. Nous allons parler de chacune des solutions de ce problème.

PROBLEME I.

L'épaisseur d'une voute cylindrique, sa charge, & la hauteur de ses piédroits étant donnés, trouver l'épaisseur qu'ils doivent avoir pour en soutenir la poussée.

Ce problême peut être résolu de plusieurs manieres différentes, comme nous venons de le dire.

Premiere solution, pour la premiere hypothese d'un seul coin comprenant le quart de la voûte, vers la clef.

En suivant la même hypothese, on peut trouver l'épaisseur des piédroits demandée par deux manieres, ou par le calcul,

Chap. XII. DE LA POUSSÉE DES VOUTES. 349

ou par une construction géométrique. Quant à la premiere, je n'ai rien à ajouter à celle qu'a donné M. Belidor dans le livre intitulé *la Science des Ingénieurs*, où il a trouvé une équation, dont il a fait une application à la pratique par le calcul, d'une maniere très-claire & très-aisée pour toutes les voûtes cylindriques simples, & pour les platebandes. Pour la seconde voie, qui est celle de la construction sans calcul, avec la regle & le compas, qui est plus commode & plus à la portée des ouvriers, nous donnerons celle de M. de la Hire, que M. Gautier a regardé (page 6) comme inintelligible, & l'on verra qu'elle n'est pas d'une exécution plus difficile qu'un grand nombre des traits de la coupe des pierres, qu'on trouve dans les livres du P. Derand & de M. de la Rue, dont les appareilleurs font usage tous les jours.

Pour donner un exemple intéressant sur ce sujet, & appuyer ce que nous avons à dire par l'expérience, je proposerai ici un magasin à poudre d'une grandeur un peu au-dessus de l'ordinaire, & des mêmes mesures que celui qui fut exécuté en 1732 dans une ville de la frontiere, lequel, par la foiblesse de ses piédroits, s'écroula avant que d'être totalement déceintré. Soit (fig. 214) la fig. AHED la moitié du profil d'un bâtiment voûté en berceau, dont la moitié du ceintre à la doële est le quart de cercle BMh, & dont l'extrados est un égout de comble en ligne droite HA, passant à la distance LM de la doële, où est sa moindre épaisseur. Soit aussi la hauteur donnée BP du point B de la naissance de la voûte, au-dessus du rez-de-chaussée PE; il faut trouver une ligne BX, qui détermine l'épaisseur du piédroit XBPy, de force suffisante pour contre-balancer l'effort de la voûte qui tend à écarter le point B qu'elle pousse pour s'ouvrir & tomber.

Par le centre C du demi ceintre BMh, qu'on suppose ici circulaire, ayant élevé la verticale CH, parallele au piédroit BP, on divisera l'arc Bh en deux également en M, par où l'on menera une seconde verticale MV, & l'horisontale indéfinie NW, qui coupera CH en F. On tirera du centre C par M la ligne CL, qui coupera AH en L. On mesurera ensuite la surface mixte quadrilatere LHhM, comprise par l'arc Mh de la doële, & les trois lignes droites LH, Hh, LM, en prenant tout le triangle LHC, dont on retranchera le secteur de cercle MhC, ce que l'on peut faire sans calcul avec la regle

Planʳ 109,
Fig. 214.

Fig. 214. & le compas, comme nous allons l'enseigner, pour la commodité des ouvriers. Ayant divisé la ligne LC en deux également en m, on menera par le point m la ligne mk parallele au côté LH, & par le point H une autre Hk parallele à LC, qui coupera la précédente au point k; le rectangle Lk sera égal au triangle rectangle CLH, dont il faut retrancher un secteur de cercle CMh. On divisera l'arc Mh en deux également au point 2, & l'on rectifiera l'arc h 2 qu'on portera en hd perpendiculairement sur CH, le rectangle Cd sera égal au secteur CMh.

Il faut présentement retrancher ce rectangle Cd du rectangle Hm, ce qui se fera en réduisant Cd à même hauteur ou largeur que le parallelograme Hm (par la 44e du Ier liv. d'Eucl.). Sur BC prolongée on prendra CO égale à Cm, & l'on tirera par les points O & h la ligne Ox, qui coupera id prolongée en x; on portera la longueur dx en Le sur LH, & l'on tirera et parallele à Lm; le rectangle Ht sera la valeur de la surface quadriligne mixte L$m$$h$H que l'on cherche. On prendra ensuite la racine quarrée de cette surface, en portant le côté et en eK; puis ayant divisé KH en deux également en c, du point c pour centre, cK ou cH pour rayon, on fera un arc qui coupera et en y; la ligne ey sera la racine quarrée que l'on cherche.

Présentement on portera cette racine quarrée du point M en g sur l'horisontale MF, & du même point M en G sur la verticale MV; par les points G & F, on menera GF, & par le point g la parallele gS, qui coupera MV en S. On tirera ensuite par le point V, où la verticale MV coupe la ligne horisontale du rez-de-chaussée, la ligne VF, & par le point S, on lui menera une parallele SY, qui coupera MF en Y. Par le point C, on tirera CT perpendiculaire à VF, qui coupera FMN au point T; on prendra ensuite la moitié de MY qu'on portera de T en N, puis en rétrogradant on portera la distance PV de N en u; la longueur Fu sera portée de l'autre côté en FW pour avoir le point W.

Du point M pour centre & pour rayon MY, on décrira le demi-cercle YqR, qui coupera MV en q & MN en R; du point W pour centre & de l'intervalle WR pour rayon, on décrira l'arc RZ, qui coupera MV en Z; la longueur Zq est celle que l'on cherche pour déterminer l'épaisseur du piédroit en BX ou Py, parce que nous le supposons à plomb sans talud.

Chap. XII. DE LA POUSSÉE DES VOUTES.

Résultat suivant des mesures données.

Supposant des mesures à ce bâtiment telles qu'elles sont marquées par l'échelle au dessous de la fig. 214, on trouvera que le rayon ou demi-diametre BC de la voûte en berceau étant donné de 30 pieds, la moindre épaisseur LM aux reins de 3 pieds, celle à la clef H h de 10, & la hauteur du piédroit de 13 pieds & demi, l'épaisseur cherchée pour ce même piédroit a été trouvée par la construction de 11 pieds.

Observation sur l'expérience.

L'expérience a fait voir qu'un bâtiment construit sur les mesures qu'on vient de détailler pour la hauteur des piédroits, la largeur du ceintre, & la charge de son épaisseur aux différens endroits de la voûte, mais dont les piédroits n'avoient que 9 pieds d'épaisseur, n'a pu subsister, quoique appuyés par des contreforts de 4 pieds de queue, & de 6 pieds d'épaisseur, espacés de trois en trois toises, parce que la poussée de la voûte a fait écarter les piédroits à l'imposte en les couchant en talud, de sorte que la voûte s'est aussi ouverte & enfoncée. Il est certain que si ces piédroits avoient eu deux pieds d'épaisseur de plus, comme le demande l'opération fondée sur l'hypothese de M. de la Hire, l'accident ne seroit pas arrivé, parce que dans l'état où les choses étoient, il est visible que les puissances de la poussée de la voûte & de la résistance des piédroits approchoient déja beaucoup de l'équilibre, puisque les parties déceintrées dans la plus grande longueur de la voûte, ont subsisté quelques heures avant que de s'écrouler, de sorte que deux pieds d'épaisseur de plus auroient infailliblement fortifié les piédroits au-delà du nécessaire; cependant suivant ces mesures, ils n'auroient encore été que dans l'état d'équilibre, auquel il n'est pas de la prudence de l'architecte de se fixer; il convient d'y ajouter quelqu'épaisseur de plus, ou bien des contreforts.

On peut conclure de cette expérience, que les regles du calcul & de l'opération, fondées sur l'hypothese de M. de la Hire, sont très sûres pour l'état d'équilibre entre la poussée de la voûte & la résistance des piédroits, & que si l'on y ajoute quelque renfort, on se met hors de soupçon de fracture de la voûte. Je ne dis rien de l'épaiſſeur de la maçonnerie qu'on peut épargner par le moyen des contreforts, M. Belidor en a donné le calcul ; cette conſtruction expoſe le bâtiment à des fractures, ſi leurs queues ne ſont un peu épaiſſes & aſſiſes ſur un fond très-ſolide, & bâties d'une pierre de taille qui ſoit d'aſſez bonne conſiſtance, comme il l'a lui-même fort judicieuſement obſervé, parce que ce ſont des appuis où ſe fait tout l'effort de la pouſſée, leſquels s'enfoncent d'autant plus facilement dans le ſol, qu'ils ſont étroits & avancés au-delà du mur.

De la pouſſée des voûtes en ceintres elliptiques.

Premierement,

Des ſurhauſſés extradoſſés.

Fig. 217. Dans l'exemple précédent, l'extrados étoit d'une nature différente de la doële, puiſque la doële étoit circulaire, & l'extrados en ligne droite, ce qui formoit une épaiſſeur de voûte par-tout inégale ; ici nous ſuppoſons, ce qui eſt de plus ordinaire dans les bâtimens, que l'extrados eſt un arc concentrique ou équidiſtant de la doële, & que cet arc eſt elliptique, d'une ellipſe dont le grand demi axe eſt vertical. Pour ne pas multiplier les figures, nous prendrons pour moitié du profil, celle de l'arc rampant de la fig. 217, que nous ſuppoſerons être telle en ARM he, ſur la hauteur du piédroit donné AR. Ayant diviſé la moitié R h en deux également en M, on menera par ce point une tangente M t à l'arc elliptique, (par le prob. III du II livre) à laquelle on tirera une perpendiculaire MS^x, qui coupera la verticale du milieu $e h$ au point S^x, duquel on fera uſage comme du point C de la fig. 214.

Fig. 215. Au reſte l'opération ſera en tout parfaitement égale, & même un peu plus ſimple, à cauſe de l'uniformité de l'épaiſſeur de la voûte ; par exemple, pour trouver la racine quarrée de la ſurface de la partie LM h H, on diviſera l'épaiſſeur de la voûte LM en deux également en m, par où l'on menera l'arc mn équidiſtant de l'arc M h, & l'on portera cet arc moyen mn dans un endroit à part, comme à la fig. 215, où on l'étendra en ligne droite mh, à laquelle on ajoutera la longueur h H, qui eſt l'épaiſſeur de la voûte de la fig. 217, pour faire ſur la voûte m H, comme diametre, un demi-cercle mXH,

qui

Chap. XII. DE LA POUSSÉE DES VOUTES, &c. 353
qui coupera hX, perpendiculaire fur mH, au point X; la ligne
hX fera la racine quarrée de la furface du profil d'une partie
de la voûte LMhH, qu'on portera de M en g & de M en G,
pour continuer l'opération de la même maniere que la fig.
214, laquelle donnera la longueur qZ pour l'épaiffeur du piédroit RX que l'on cherche.

Fig. 217.

SECONDEMENT

Pour les voûtes elliptiques furbaiffées.

Soit (fig. 219) le ceintre furbaiffé ponctué IEd, & fon extrados iH 7. Ayant divifé l'arc IE en deux également en 2,
on menera par ce point l'une tangente indéfinie 2, 3 (par le
probl. III du II livre), à laquelle on tirera une perpendiculaire
2 S^x, qui coupera la verticale du milieu de la clef ES^x au point
S^x, au-deffous de la ligne des impoftes Id, duquel point on fe
fervira, comme du point C de la fig. 214, pour tirer une ligne
S^{x}Q^u, perpendiculaire à la ligne Ae, qui coupera l'horifontale 2 Q^u au point Q^u, qui fe trouve par cette conftruction
beaucoup plus éloigné que le point Q, provenu de la conftruction du plein ceintre Ihd de la même figure, d'où réfulte une
plus grande épaiffeur de piédroit ; au contraire de l'exemple
précédent du ceintre furbaiffé, où le point S^x de la fig. 217 fe
trouve au deffus de la ligne des naiffances XRC : d'où il réfulte
que la perpendiculaire tirée de ce point S^x à la ligne FV,
donne un point T de fection avec l'horifontale MT beaucoup
plus près de la ligne du milieu he, que ne feroit celui qui pro-
viendroit du plein ceintre, parce que le point G°, d'où parti-
roit la perpendiculaire fur VF, eft au-deffous du point S^x.

Fig. 219.

On voit à la fig. 218 l'extraction de la racine quarrée de la
furface. On a raffemblé à la fig. 219 les deux conftructions du
plein ceintre & du furbaiffé pour en faire la comparaifon, où
l'on voit que leurs différences proviennent des différentes inclinaifons des tangentes L 4 & 2, 3, qui ont été menées fur les
milieux des arcs ILh & I 2 E, qui donnent les différentes hauteurs des points C & S^x. Nous ne parlons pas ici des piédroits
en talud qui rendent l'opération beaucoup plus compofée,
parce qu'ils ne font pas fort communs dans les bâtimens les

Tome III.   Y y

354 STEREOTOMIE, Liv. IV. Part. II.

plus usuels, comme les magasins à poudre, &c, & que nous devons en parler sur une autre hypothèse.

TROISIEMEMENT.

Pour les arcs rampans.

Fig. 217. Si le ceintre d'un arc rampant est un composé de deux arcs de cercles, comme à la fig. 217, l'arc R h qui est composé de l'arc RM i, dont le centre est sur la ligne de l'imposte basse en C, & de l'arc i h m N, dont le centre est en c, sur la ligne de niveau à l'imposte supérieure cN, il faudra chercher l'épaisseur du piédroit qui convient à chaque partie de la voute à droite & à gauche de la verticale He, abaissée du sommet h de l'arc rampant. Ainsi on divisera le petit arc supérieur h m N en deux également en m, par où on menera au centre c la ligne m c, qui coupera la verticale He au point c; de même on divisera l'arc composé RM i h en deux également en M, par où l'on tirera le rayon MC, qui coupera la verticale He au point S^x qui tiendra lieu du point C de la fig. 214. On prendra aussi à part les moyennes proportionnelles entre les longueurs de l'arc de la moyenne épaisseur rectifiée m k, & de l'épaisseur H h, comme on voit à la fig. 215, & entre l'arc moyen k n rectifié, & la même épaisseur H h, comme on voit à la fig. 216, pour avoir les racines quarrées h X, n x de la surface de chacune de ces moitiés de voute, & en faire usage comme l'on a fait à la fig. 214, ce qui ne souffre aucune difficulté.

Si l'arc rampant est une courbe simple de quelqu'une des sections coniques, ayant cherché le point de sommité h, qui sera celui de l'attouchement d'une horisontale parallele à RC, on divisera, comme dans tous les cas, le milieu de chaque arc entre l'imposte & ce point en deux également, & l'on tirera par ces point M & m des tangentes ausquelles on fera des perpendiculaires qui donneront les points c & S^x, comme l'on a fait pour les autres ceintres elliptiques, & l'on continuera l'opération comme à la fig. 214.

Chap. XII. DE LA POUSSÉE DES VOUTES, &c.

Comparaison & remarque importante sur les regles des Auteurs qui ont traité de la poussée des voûtes.

Si au lieu de la construction qui nous a donné les épaisseurs des piédroits, nous cherchions ces mêmes épaisseurs par les regles des Auteurs qui ont précédé M. de la Hire, nous trouverions qu'elles auroient été beaucoup moindres, & quelquefois de près de moitié de ce qui est nécessaire, suivant le plus ou le moins d'épaisseur & de charge de la voûte & de hauteur des piédroits.

Par exemple, à la fig. 214, suivant la méthode du P. Derand, qu'ont suivi Blondel, Deschalles & la Rue, ayant divisé l'arc B h en trois également au point 3, on doit tirer la droite 3 B 4, & faire B 4 égal à B 3 pour avoir le point 4, par lequel on tirera la verticale 4, 5, laquelle selon eux détermineroit l'épaisseur du piédroit 5 B. Or il est visible que cette épaisseur étant moindre que XB d'une quantité considérable 5 X, qui est presque un tiers du tout XB, la voûte n'auroit pu subsister, étant déja moindre de la quantité 6, 5 que l'épaisseur 6 B qui n'a pas suffi; d'où il suit que la voûte bâtie sur de telle mesures auroit écrasé les ouvriers qui l'auroient déceintré.

La regle de M. Gautier dans cette circonstance, approche de la bonne épaisseur par un pur hasard; car si l'on applique cette même regle à la voûte de la fig. 217, on trouvera qu'elle se réduit à prendre pour l'épaisseur du piédroit la moitié de la corde N h, laquelle étant portée en NG, tombe en dedans du point x, qui est celui de la bonne épaisseur, par conséquent qu'elle est trop foible en cette rencontre, & que la voûte culbutera en la déceintrant. Au contraire elle sera plus forte au piédroit inférieur RX, ce qui fait voir qu'elle peut varier en trop ou en trop peu, suivant la charge de la voûte & la hauteur des piédroits. Il est étonnant qu'aucun de ces faiseurs de regles n'ait senti qu'il falloit plus d'effort pour soutenir une grande charge qu'une petite, le diametre du ceintre restant toujours le même, & qu'un piédroit fort élevé est plus facile à renverser que celui qui est si court qu'il n'est presque pas distingué de la naissance.

Démonstration de la construction.

Fig. 219.

La démonstration de la solution du problème se trouve dans les mémoires de l'Académie des Sciences, où M. de la Hire, n'ayant à parler qu'à des savans du premier ordre, n'est pas entré dans un détail tel qu'il convient à des gens d'une classe beaucoup inférieure : ainsi il est à propos de l'expliquer.

Soit (fig. 219), la portion de l'arc supérieur LMF $= ff$; la portion de l'arc inférieur ILM $= vy$; LE $= f$; CE $= e$; LA $= g$; IS $= b$; SA $= a$; TO $= h$; HS, largeur du piédroit, $= y$, & par conséquent TS $= \frac{1}{2} y$. Dans la supposition que la hauteur du piédroit soit égale à LA, il trouve cette équation $ffeg = fffy - ffa = \frac{1}{2} yygf$, & posant $ff = fm$, il la réduit à $meg - mfy - mfa = \frac{1}{2} yyg$; posant encore $mf = ng$, & multipliant par 2 il trouve $yy + 2ny = 2me - 2na$, qui lui donne la construction que nous venons de décrire, dont la démonstration ne se présente pas assez facilement du premier abord pour qu'on l'apperçoive sans méditation, lorsqu'on n'est pas beaucoup versé dans le calcul : c'est pourquoi j'ai cru devoir y suppléer en continuant la réduction de cette équation $yy + 2ny = 2me - 2na$. Si l'on ajoute à chaque terme nn, on aura $yy + 2ny + nn = nn + 2me - 2na$, & tirant la racine quarrée l'on a $y + n = \sqrt{nn + 2me - 2na}$ & retranchant n, l'on aura $y = \sqrt{nn + 2me - 2na} - n$, dans laquelle on a la construction qui donne $y = $ HS.

Fig. 220.

Pour découvrir les raisons pour lesquelles la grandeur $9, 8 = y = $ H, il n'y a qu'à faire attention que les lignes de la construction donnent les analogies suivantes. A cause de EZ parallele à X 4, on aura LE (f). LX $(\sqrt{ff})$ :: LZ $(\sqrt{ff})$ L 4 $(\frac{ff}{f} = \frac{fm}{f} = m)$. A cause de AE parallele à 4 Y, on aura LA (g) L 5 (m) :: LE (f) LY $(\frac{fm}{g} = \frac{ng}{g} = n$; & à cause des triangles semblables ALE & QEC, on aura LE (f) LA (g) :: EC (c). EQ $(\frac{cg}{f})$; le reste de la construction est assez facile pour qu'on puisse la suivre sans autre explication.

CHAP. XII. DE LA POUSSÉE DES VOUTES.

PROBLEME II.

La hauteur des clavaux d'une platebande & celle de leurs piédroits étant données, trouver sans calcul l'épaisseur des piédroits.

Soit le rectangle ABEF l'ouverture d'une baye fermée en platebande, dont la hauteur des clavaux est Ba, & celle des piédroits AB; il faut trouver la longueur d'une ligne Ax, qui détermine l'épaisseur des piédroits, pour qu'ils soient d'une force capable de résister à l'effort que la platebande fait pour les écarter. Par la construction de l'épure ordinaire dans la coupe des pierres, on détermine l'inclinaison des lits des sommiers dans l'alignement BG du côté BC d'un triangle équilatéral formé sur la platebande BE; en sorte que les trois lignes BE, BC & EC soient égales entre elles, & que les coupes GB, EK tendent au point commun C.

Fig. 220.

Cela supposé, ayant divisé la ligne DH en deux également en Q, & ayant mené QO parallele à BD, on portera la longueur QO en DY; & sur HY pour diametre, ayant décrit le demi-cercle YmH qui coupera BD au point m, on portera Dm en BM, & on tirera AM du bas du piédroit par le point M, où on lui fera MP perpendiculaire, qui coupera le piédroit AB prolongé en P. Ensuite on portera la moitié de BD en DI, qui tombe ici tout près du point H; & sur CI, comme diametre, on décrira le demi-cercle CnI qui coupera BD en n, d'où l'on tirera la droite nC, à laquelle on fera mx parallele, qui coupera CI au point x.

On portera ensuite BP en DR pour tirer la ligne Rx, sur laquelle ayant pris Rd égale à RD ou BP, le reste xd sera la longueur de la ligne que l'on cherche, laquelle étant portée de B en X ou de A en x, donnera l'épaisseur du piédroit qui doit soutenir l'effort de la moitié de la platebande, de même que l'autre EF la moitié DK. On doit encore remarquer ici l'erreur de la méthode de M. Gautier, qui ne donne au piédroit que l'épaisseur Be, qu'il fait égale à BD, moitié de la platebande : cette méthode étoit très-facile pour se faire entendre aux ouvriers, c'est dommage qu'elle les expose à l'affront de voir leur ouvrage tomber en levant les étançons.

Remarque sur l'autorité de la théorie prouvée par des faits.

Quoique la théorie de la poussée des voûtes soit beaucoup mêlée de causes physiques, l'expérience confirme cependant la justesse des regles qu'on en a tiré, puisque les voûtes qui étoient appuyées sur des piédroits plus foibles que ceux qu'elles donnent, se sont écroulées; ainsi en suivant ces regles on ne court aucun risque de pareil accident, pourvu qu'on y ajoute encore un peu d'épaisseur, parce qu'elles ne donnent que celle qui est nécessaire pour mettre la force de la résistance des piédroits en équilibre avec celle de la poussée de la voûte. Or en cet état on s'expose de le voir rompu par le moindre accident; sur quoi je rapporterai un fait qui prouve la nécessité de cette précaution.

J'ai fait faire dans un ouvrage détaché une petite chapelle elliptique pour le détachement des soldats de garde, laquelle est inscrite dans un octogone alongé, couverte d'une simple voussure couronnée d'un plafond, & n'ayant donné d'épaisseur au mur que celle qui résulte du calcul de la premiere hypothese, je la fis décentrer aussi-tôt qu'elle fut achevée, sans lui donner le tems de faire corps. Elle subsista sans aucune fracture; mais ayant eu trop de confiance à la belle saison, je ne me pressai pas de la faire couvrir, un orage avec pluie abondante survint, laquelle remplissant d'eau les pores de la brique, y ajouta une nouvelle charge qui rompit l'équilibre; il se fit quatre lézardes, une à chaque axe de l'ellipse, qui n'ont pas eu d'autre suite depuis qu'elle a été couverte de son comble.

Sur quoi l'on doit faire trois réflexions utiles à la pratique; la premiere, que l'on doit augmenter la force des piédroits au-dessus de l'état de l'équilibre avec la poussée, comme je viens de le dire. La seconde, qu'on ne doit faire les voûtes qu'à couvert, de peur que la pluie ne les charge plus qu'elles ne doivent l'être. La troisieme, qu'on ne doit pas compter sur l'expérience des gens sans théorie, quelque versés qu'ils puissent être dans la pratique, pour donner les mesures des épaisseurs des piédroits des bâtimens voûtés, dont ils n'ont pas d'exemple à imiter précisément, car en cela un vieux praticien est toujours un vieux ignorant; c'est une connoissance du res-

Chap. XII. DE LA POUSSÉE DES VOUTES.

fort de la théorie, que la pratique ne peut jamais leur donner; ils n'en peuvent tirer que des raisonnemens de comparaison des ouvrages qu'ils voient exécutés, dans lesquels ils sont sujets à se tromper pour peu que les cas varient; 46 ans de routine sans principes n'avoient pu instruire l'architecte du magasin dont on a parlé, du changement de mesure qui convenoit à sa grandeur & à sa charge, qui étoit un peu au-dessus de l'ordinaire; il n'est pas seul à qui pareille chose est arrivée par la même raison.

Ces événemens ont fait injustement soupçonner d'honnêtes gens de connivence sur la mauvaise construction, ou tout au moins de négligence à veiller à la solidité; & quoique l'examen de la qualité des matériaux les en ait justifié, le public & bien des gens de considération, qui ne savoient pas qu'il fallût être mathématicien pour donner de justes mesures des piédroits des voûtes, ont bien eu de la peine à revenir de ce faux jugement, & l'ont au moins rejetté sur la mauvaise qualité du sol de la fondation; mais les gens éclairés ont bien reconnu, par l'inexécution des regles fondées sur la méchanique, que celui qui avoit dirigé le bâtiment en question n'avoit péché que par un défaut de théorie, suite naturelle & légitime du peu de cas qu'il a toujours affecté d'en faire, *spernit ignarus quod nequit assequi.*

Ce sont là, ce me semble, des argumens sans réplique contre ceux qui méprisent la théorie, & qui osent sans rougir avancer, comme Cartaud, dans son septieme préjugé, que les mathématiques n'ont point contribué au progrès des arts. En savoit-on autant avant l'année 1712? & faute de cette découverte combien d'autres voûtes sont tombées, en pure perte pour ceux qui les ont élevé ou fait élever : je sais de mon tems que cet accident est arrivé à trois magasins à poudre & à un grand édifice élevé & voûté à trois étages pour la chancellerie de Würtsbourg, après avoir été achevé totalement; cependant ceux qui s'en sont mêlés étoient versés dans la pratique de l'architecture; que répondre à cela? Il faut donc avouer que la théorie, en ces cas, est plus utile que la pratique dénuée des principes de géométrie & de méchanique.

Ce sont encore des raisons pathétiques pour autoriser la préférence que l'on doit donner dans le choix des directions aux ingénieurs qui possedent la théorie des arts, sur ceux qui n'ont uniquement que des services de guerre, parce qu'il s'y agit du bon emploi des depenses du Roi, & non pas des fonctions militaires. On doit sans doute récompenser les bons Officiers qui ont utilement exposé leur vie, par des graces & des honneurs, & les préférer à ceux qui ont moins de service, lorsqu'ils sont aussi propres à la construction qu'à la guerre; mais s'ils ne sont recommandables que par cette derniere partie, sans génie & sans aucune science, comme il s'en trouve, il est évident qu'ils n'ont que la moindre partie des qualités nécessaires à un directeur, & qu'il importe au bien du service qu'on leur préfere ceux qui en ont d'essentielles à la construction. Si l'on avoit toujours fait cette attention, le Roi auroit épargné bien des sommes mal employées.

Seconde Hypothese.

Pour la recherche de la poussée des voûtes.

Dans la précédente hypothese, on a considéré la voûte en berceau comme un massif de maçonnerie qui avoit fait corps, mais que la poussée avoit fait fendre le long des reins à la hauteur de 45 degrés; ici nous la considérerons comme un assemblage de voussoirs polis sans liaison, qui se poussent mutuellement les uns les autres, en agissant par leur pesanteur, suivant les différentes inclinaisons de leurs lits. C'est ainsi que M. Couplet les avoit considéré dans son mémoire inseré dans ceux de l'Académie des Sciences, année 1729, sur laquelle hypothese il a établi plusieurs théorêmes & problêmes curieux & utiles pour la poussée des voûtes; mais comme le calcul en est long & fort composé, j'ai cru que je rendrois service au public si je lui proposois une solution plus simple & plus propre à la pratique. Dans cette idée, considérant avec raison M. Bernoulli comme un des géometres de l'Europe le plus capables de la trouver, je l'ai prié d'y donner quelques heures de son tems, qu'il a bien voulu m'accorder, quoiqu'il fût incommodé; en quoi il m'a donné une marque d'amitié dont je suis très-reconnoissant. Mais comme cette solution suppose une connoissance de sa regle d'énergie par les vîtesses virtuelles, il a eu la bonté de me faire part d'une lettre qu'il écrivit à M. Varignon en 1715, touchant cette regle, dont je vais faire un extrait avant que d'entrer en matiere

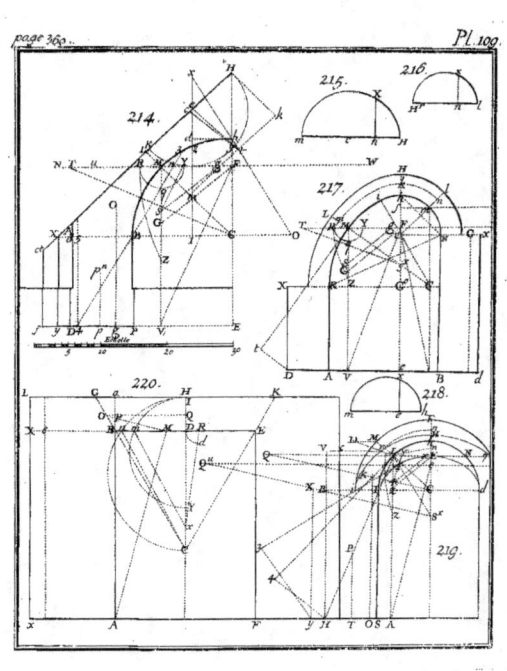

CHAP. XII. DE LA POUSSÉE DES VOUTES.

matiere ; il commence par établir ce principe, que *dans chaque équilibre il y a une égalité d'énergie de forces absolues par les vitesses virtuelles*.

Pour concevoir ce principe, & en faire usage dans la statique, il faut se représenter plusieurs forces différentes, qui agissent suivant différentes tendances ou directions pour tenir en équilibre un point, une ligne, une surface, & un corps; si l'on imprime à tout le système de ces forces un petit mouvement, soit parallele à soi-même suivant une direction quelconque, soit autour d'un point fixe quelconque, il sera facile de comprendre que par ce mouvement chacune de ces forces avancera ou reculera dans sa direction, à moins que quelqu'une ou plusieurs des forces n'ayent leurs tendances perpendiculaires à la direction du petit mouvement; auquel cas cette force ou ces forces n'avancent ni ne reculent de rien, car ces avancemens ou reculemens que M. Bernoulli appelle *vitesses virtuelles*, ne sont autre chose que ce dont chaque ligne de tendance augmente ou diminue par le petit mouvement. Ces augmentations ou diminutions se trouvent par le moyen d'une perpendiculaire que l'on doit tirer à l'extrêmité de la ligne de tendance de quelque force, pour retrancher de la même ligne de tendance mise dans la situation voisine par le petit mouvement, une partie qui sera la mesure de la vîtesse virtuelle de cette force.

Soit, par exemple, P un point quelconque dans le système des forces qui se soutiennent en équilibre, F une de ces forces, qui pousse ou qui tire le point P suivant la direction FP ou PF; Pp une petite ligne droite que décrit le point P par un petit mouvement, par lequel la tendance FP prend la situation fp, qui sera ou exactement parallele à FP, si le petit mouvement du système se fait en toutes ses parties parallelement à une droite donnée de position; ou elle sera avec FP, étant prolongée, un angle infiniment petit, si le petit mouvement du système se fait autour d'un point fixe; si l'on tire donc Pc perpendiculaire sur fp, on aura cp pour la vîtesse virtuelle de la force F, ensorte que F × cp fait ce que M. Bernoulli appelle l'*énergie*. Il faut remarquer que cp est ou affirmatif ou négatif par rapport aux autres; il est affirmatif si le point P est poussé par la force F, & que l'angle FPp soit obtus; il est négatif si l'angle FPp est aigu : mais au contraire si le point p est

Planch. 110.
Fig. 221.

Tome III.

tiré, cp sera négatif lorsque l'angle FPp est obtus, & affirmatif lorsqu'il est aigu : tout cela étant bien entendu, M. Bernoulli forme cette proposition générale.

LEMME.

En tout équilibre les forces quelconques, en quelque maniere qu'elles soient appliquées, & suivant quelque direction qu'elles agissent les unes sur les autres, ou médiatement ou immédiatement, la somme des énergies affirmatives sera égale à la somme des énergies négatives prises affirmativement.

Cette proposition fournit une regle admirable pour déterminer, sans aucune peine, le rapport des forces absolues dans les équilibres, & des forces mouvantes dans les machines.

L'application en est intéressante dans l'examen des forces du levier, de la poulie, des poids suspendus sur des plans inclinés, ou tirés par plusieurs cordes; mais comme ces choses ne sont pas de notre sujet, il suffit de nous arrêter à ce qui est nécessaire pour venir à la solution du problême de la poussée des voûtes, pour laquelle je dois seulement faire précéder le suivant.

PROBLEME III.

Un poids sphérique, comme une boule B, étant soutenu par deux plans AC, DC, trouver l'impression que chacun reçoit de la pesanteur de la boule.

Fig. 222.

Imaginons que toute la machine ou le système BACD fasse un petit mouvement suivant la direction d'un plan AC, pour prendre la situation $bacd$. Si l'on tire Cn verticale, cn horisontale, & Ce perpendiculaire sur ed, la vîtesse virtuelle du point B sera exprimée par Cn, parce que la boule B étant parvenue en b, on aura Bb ou $Aa = Cc$, & par conséquent la verticale Cn marque de combien est descendu le poids B sur sa tendance naturelle, & la vîtesse virtuelle de la résistance que fait le plan CD en soutenant la boule B, est exprimée par Ce ou Df, parce que c'est dans cette direction que se fait cette résistance, & que c'est de la quantité de la même Df que recule le plan CD dans le tems que la boule B descend en b.

Appellant donc R la résistance, ou ce qui est la même chose, l'impression que reçoit le plan CD par le poids B,

CHAP. XII. DE LA POUSSÉE DES VOUTES. 363
& P le poids abfolu de la boule B, on aura $P \times Cn = R \times Cc$;
donc P. R : : Cc. Cn : : finus Cce (ACD). finus Ccn, c'eſt-
à-dire que le poids abfolu de la boule eſt à l'impreſſion qu'il
fait fur l'un des plans, comme le finus de l'angle que font
les deux plans enſemble, au finus de l'inclinaiſon de l'autre
plan.

Si l'un des plans comme CD étoit vertical, pour trouver
l'impreſſion qu'il ſouffre, il n'y auroit qu'à dire, comme le
finus de l'angle des deux plans eſt au finus de ſon complément,
ainſi le poids abſolu de la boule eſt à l'impreſſion cherchée. Si
l'on vouloit déterminer immédiatement la proportion des deux
impreſſions que reçoivent les deux plans, ſans chercher le rapport qu'elles ont avec le poids abſolu de la boule, il n'y auroit
qu'à faire mouvoir le ſyſtême BACD ſuivant la direction horiſontale; alors on verra que le chemin que fait le plan AC en
avançant perpendiculairement, eſt au chemin que fait en
même tems le plan DC en reculant perpendiculairement,
comme le ſinus de l'inclinaiſon du plan AC eſt au ſinus de l'inclinaiſon du plan DC. D'où il ſuit immédiatement que les
deux impreſſions faites ſur les deux plans ſont en raiſon réci-
proque des ſinus de leurs inclinaiſons.

Seconde ſolution du premier problême.

Si l'on ſuppoſoit la voûte toute d'une piece, les parties ſeroient ſans doute en équilibre, & il n'y auroit point d'autre
pouſſée que celle que la voûte cauſeroit ſur les piédroits
en faiſant effort pour les renverſer, ſuppoſé que les lits
des couſſinets fuſſent obliques à l'horiſon; & s'ils étoient horiſontaux il n'y auroit point de pouſſée du tout : mais comme
les voûtes ſont compoſées de vouſſoirs détachés, les vouſſoirs
n'ont pas une direction commune verticale pour deſcendre,
chacun en a une particuliere & oblique. On doit conſidérer
ces vouſſoirs comme des coins extrêmement polis, qui ſont
empêchés de gliſſer le long des plans des lits entre leſquels ils
ſe trouvent, par la preſſion mutuelle qu'ils exercent les uns ſur
les autres, & qui doit par-tout être la même, comme nous verrons dans la ſuite.

Examinons préſentement la voûte ABCDEFG ſoutenue par *Fig. 223.*
les piédroits HS, JT compoſée de vouſſoirs en forme de coins

Z z ij

Fig. 223. tronqués, desquels chacun, comme par exemple EFPO, étant empêché par ses voisins de descendre verticalement, conserve pourtant un effort oblique pour descendre le long de ses joints EO, FP, & pour repousser par conséquent ses deux voisins DEON, FGJP en sens contraire ; & il descendroit effectivement, si ces deux mêmes voussoirs voisins ne le repoussoient aussi en contre-sens avec un pareil effort, en tâchant de glisser le long de leurs joints, car on fait abstraction du mortier & des inégalités ou des engrainemens des joints ; & en effet pourquoi feroit-on attention à ces engrainemens, puisque pouvant être plus ou moins considérables, leur effet pour empêcher le voussoir de glisser, n'est point ni ne sauroit être déterminé. D'ailleurs le plus sûr est toujours de construire les voûtes de telle maniere qu'elles se soutiennent indépendamment du ciment & de ces engrainemens, quand même les voussoirs ne seroient que des boules parfaitement rondes, qui par conséquent ne se touchassent qu'en un seul point. Dès-lors donc que l'effort d'un voussoir, pour glisser en bas suivant la direction de ses joints, surpasse l'effort que ses voisins exercent pour le repousser en sens contraire, il n'y aura plus d'équilibre, le voussoir glissera effectivement, en faisant monter les plus foibles voisins, & puis les autres glisseront, & toute la voûte croulera & tombera en ruine, sans que les piédroits, quelque forts qu'ils soient, puissent l'en empêcher, parce que la poussée de toute la voûte n'est pas exercée sur les piédroits seuls.

Pour donc que les piédroits souffrent la poussée de toute la voûte, afin de pouvoir calculer la force de cette poussée, & lui en opposer une égale ou plus grande, en donnant aux piédroits la largeur requise, il faut absolument que les voussoirs de la voûte soient en équilibre ; c'est-à-dire, que les efforts avec lesquels les voussoirs tendent à glisser le long de leurs joints soient contrebalancés mutuellement les uns par les autres. Or cela se peut toujours effectuer ; car puisque cet effort dépend en partie de la direction plus ou moins verticale des joints, & en partie de la masse ou du poids des voussoirs, & que ce poids peut être augmenté ou diminué à volonté, on n'a qu'à donner au poids des voussoirs la juste proportion que demande l'obliquité de leurs joints, pour qu'ils demeurent tous dans un équilibre parfait.

CHAP. XII. DE LA POUSSÉE DES VOUTES. 365
Calculons donc d'abord généralement l'effort d'un vouſſoir, ou d'un coin, ou bien d'un poids quelconque qui ſe trouve entre deux plans inclinés, & qui tend à gliſſer le long de ces plans; car il faut conſidérer les joints ou lits comme ſi ce devoit être des plans immobiles; d'où nous déterminerons enſuite aiſément en quelle raiſon des obliquités des ces plans le poids de chaque vouſſoir doit être, pour que les vouſſoirs ſe ſoutiennent dans un mutuel équilibre entre eux.

Soit P le corps repréſentant un vouſſoir, & qu'il ſe trouve entre les plans AC, BC, qui repréſenteront les joints prolongés des vouſſoirs. Soient de plus le ſinus de l'angle ACB $= m$; le ſinus de l'angle ACD, (c'eſt-à-dire de l'inclinaiſon du plan ſupérieur à l'horiſontale CD) $= r$; le ſinus de l'angle BCD (ou de l'inclinaiſon du plan inférieur à l'horiſontale CD) $= f$; le poids du corps P $= p$. D'abord il eſt viſible que le poids P, ſerré entre les deux plans AC, BC, cherche à les écarter, en preſſant chacun perpendiculairement à la direction; ſavoir, le ſupérieur AC de bas en haut, & l'inférieur BC de haut en bas; ainſi nous aurons, en vertu du principe de M. Bernoulli, expliqué dans ſa lettre à M. Varignon, la preſſion du poids ſur le plan ſupérieur $= \frac{fp}{m}$. Car en concevant que le point P ait gliſſé tant ſoit peu ſur le plan inférieur conſidéré comme immobile, enſorte que le point C ſoit venu en V, & le plan AC reculé parallelement en aV, la petite ligne CI perpendiculaire ſur aV marquera la vîteſſe virtuelle de la preſſion ſur le plan ſupérieur, & CG marquera la vîteſſe virtuelle du poids ſuivant ſa direction naturelle, qui eſt la verticale. Par conſéquent CI eſt à CG (ou en prenant CV pour le ſinus total) le ſinus de l'angle des plans eſt au ſinus de l'inclinaiſon du plan inférieur, c'eſt-à-dire $m . f : : p . \frac{p.s}{m}$ qui ſera $= $ à la preſſion que le poids exerce ſur le plan ſupérieur. Pareillement nous trouverons la preſſion du poids ſur le plan inférieur $= \frac{p.r}{m}$, en ſuppoſant que le plan AC eſt immobile, & que l'autre BC recule un peu dans la ſituation parallele bK, & tirant enſuite la verticale CF ſur l'horiſontale KE, & la perpendiculaire CH ſur bK.

Conſidérons maintenant trois plans AD, BD, CD, renfermant deux poids ou vouſſoirs P π, & voyons quelle raiſon ces poids doivent avoir avec l'inclinaiſon des plans pour dé-

Fig. 224.

Fig. 225.

Fig. 225.

meurer en équilibre. Soient nommés le sinus de l'angle ADB que fait le plan supérieur avec celui du milieu $= m$; le sinus de l'angle BDC que fait le plan du milieu avec l'inférieur $= n$; le sinus de l'angle ADE (DE étant supposée horisontale) $= r$; le sinus de l'angle BDE $= s$; le sinus de l'angle CDE $= t$; le poids du corps supérieur $= p$; le poids du corps inférieur $= \pi$.

La pression exercée par le poids supérieur p sur le plan du milieu BD, sera (ainsi que nous venons de voir) $\frac{pr}{m}$; & la pression exercée par le poids inférieur π sur le même plan BD, de bas en haut, $= \frac{\pi t}{n}$: or il faut que les pressions contraires exercées de part & d'autre sur le plan du milieu BD, soient égales entre elles, c'est-à-dire que $\frac{pr}{m} = \frac{t\pi}{n}$; d'où l'on tire cette analogie qui exprime le rapport des poids $p . \pi :: mt . nr :: ms t . nrs :: \frac{m}{rs} . \frac{n}{st}$; d'où l'on voit qu'il faut que les poids des voussoirs soient entre eux directement comme les sinus des angles des plans qui les renferment, & réciproquement comme les rectangles des sinus de l'inclinaison de ces plans, ou des joints.

Si les poids p, π, &c. sont conçus infiniment petits de même que les angles ADB, BDC, &c. il est clair que les trois angles consécutifs ADE, BDE, CDE finis ne différeront entre eux que d'une quantité infiniment petite, & que par conséquent le sinus r de celui du milieu BDE comparé à CDE, doit être compté égal au sinus de celui-ci; mais que le même angle du milieu BDE comparé à ADE, donnera le sinus de celui-là égal au sinus de celui-ci, c'est-à-dire que $\frac{m}{r}$ passe pour $\frac{m}{rs}$, & $\frac{n}{st}$ pour $\frac{n}{s}$. Donc en ce cas les poids des voussoirs seront simplement entre eux en raison directe des sinus de l'angle de leurs joints, & en raison doublée inverse des sinus de l'inclinaison de ces mêmes joints. Or cela même est aussi une propriété essentielle de la chaînette, ou de la courbure d'une chaîne parfaitement flexible, suspendue par les deux bouts : ce qui fait voir que si l'on vouloit construire une voûte composée de boules infiniment petites & parfaitement polies, qui se soutinssent d'elles-mêmes en équilibre, il faudroit que la courbe qui passeroit par les centres de toutes ces boules eût la figure d'une chaînette renversée.

Chap. XII. DE LA POUSSÉE DES VOUTES. 367

Les poids des voussoirs ayant donc entre eux le rapport que nous venons de trouver, la voûte fera le même effet que si elle n'étoit que d'une piece; il n'y aura plus d'autre poussée à considérer que celle qui s'exerce sur les piédroits; & de la même maniere que nous avons déterminé ci-dessus la force de la pression que chaque voussoir exerce sur le suivant dans la direction perpendiculaire au joint qui est entre deux, nous déterminerons aussi la force de la pression de toute la voûte sur chacun des piédroits, dans la direction perpendiculaire au premier joint : nous n'avons pour cela qu'à considérer toute la voûte comme un seul voussoir, ou bien, ce qui revient au même, nous n'avons qu'à chercher la force de la pression du coussinet (en concevant le reste de la voûte comme immobile, ce qu'il est permis de faire, puisque tout est en équilibre, & par conséquent comme immobile) sur le piédroit, considéré comme un voussoir suivant.

Soit donc la voûte rampante ABCDE, (je la suppose rampante pour plus de généralité) sur les piédroits ADGF, ECTH ; *Fig. 226.* le poids de tous les voussoirs ensemble $= P$; le sinus de l'angle AKC que les deux joints extrêmes AD, CE prolongés font entre eux $= m$; le sinus de l'angle que le joint AD fait avec l'horisontale $= f$, & le sinus de l'angle que le joint CE fait avec l'horisontale $= r$: nous aurons, en vertu de ce que nous avons dit ci-dessus, $\frac{r \cdot P}{m}$ pour la force de la pression de la voûte sur le piédroit ADGF, suivant la perpendiculaire au joint AD ; mais cette pression n'est pas toute employée à faire effort pour renverser ou pour faire tourner le piédroit autour du point F, considéré comme le point d'appui, parce qu'elle n'est pas perpendiculaire, mais oblique à la ligne AF. Pour connoître donc le moment de cette force pour renverser le piédroit, il faut concevoir toute la force $\frac{r \cdot P}{m}$ comme appliqué au point L (où je suppose être le centre de gravité de la base du joint dont la section est la ligne AD) & agissant suivant la direction LO perpendiculaire à AD, tirant ensuite FO normale à LO, cette ligne FO représentera le bras du levier coudé OF u dont F est le point d'appui, & l'autre bras F u sous-centrique du piédroit. Il faut donc, suivant les premiers élémens de méchanique, multiplier la longueur du bras FO par la force $\frac{r \cdot P}{m}$ appliquée au point L, & dirigée au point O ; ce produit fera le moment cherché.

Maintenant, pour que le piédroit ne foit pas renverfé en effet, il faut que le moment de la réfiftance, c'eft-à-dire, en nommant le poids du piédroit $= \pi$, multiplié par la fous-centrique F u, foit égal ou plus grand que $\frac{fp}{m}$ multiplié par la fous-centrique OF : je raifonne de la même manière à l'égard de l'autre piédroit. D'où il fuit que fi la bafe FG du piédroit eft affez large pour que le point O fe confonde avec le point F, ou qu'il vienne de l'autre côté de ce point, la pouffée fera nulle ou même négative, & que dans ce cas-là le piédroit foutiendroit la voûte, quand même il n'auroit aucune pefanteur.

Pl. 109, Fig. 214.
On a fuppofé ici que le point d'appui étoit donné, parce qu'on peut le trouver par un problême algébrique, qui eft fimple pour ceux qui font verfés dans ce calcul, & que nous joindrons ci-après à la fuite d'une feconde folution fur le même principe : mais auparavant nous croyons devoir faire une application de la regle précédente à la recherche de l'épaiffeur des piédroits du magafin propofé ci-devant, à la fig. 214.

Suppofant les joints extrêmes, fuivant la premiere hypothefe, à 45 degrés de hauteur, le profil de la partie de voûte comprife entre ces deux joints, donne pour la furface mixte 296 pieds quarrés, & lui donnant un pied d'épaiffeur on aura P $= 296$ pieds cubes. Le finus de l'angle que font entre eux ces joints extrêmes, appellé m, fera le finus total; ainfi $m = 100000$. Le finus de chacun des joints extrêmes avec l'horifon, appellé f ou r, fera de 45 degrés, ainfi $f = 70710$: donc $\frac{fp}{m} = \frac{21071580}{100000}$ $= 210 \frac{71580}{100000}$; négligeant la fraction, $\frac{fp}{m} = 210 \times FO = 9$, donnera pour la preffion ou pouffée de la voûte 1890.

Confidérant le piédroit comme compofée de la partie de la voûte comprife depuis l'impofte jufqu'au joint de 45 degrés, & du piédroit proprement dit, il faut compter le profil de cette partie, qui donne . . . . 147 pieds cubes
Le profil du piédroit au-deffous de 14 pieds
de haut, multiplié par la largeur de fa bafe
12, donne 168

total du piédroit, 315

lequel

Chap. XII. DE LA POUSSEE DES VOUTES. 369
lequel doit être multiplié par la demi-largeur
de sa base, donc $p = 315 \times \overline{Fu6}$, donne $\overline{1890}$ pieds cubes
laquelle somme est égale à celle de la poussée trouvée ci-dessus, par conséquent il y auroit eu équilibre entre cette poussée & la résistance du piédroit, dans l'hypothese que les voussoirs sont des corps infiniment polis, si l'on avoit donné 12 pieds d'épaisseur à la base des piédroits, ce qui paroît très-conforme à l'expérience.

Je ne propose pas d'ajouter ici quelqu'épaisseur de plus aux piédroits, quoiqu'ils ne soient que dans un état d'équilibre. 1°. Parce les voussoirs n'étant pas des corps polis, comme on les a supposé pour le raisonnement, le frottement de leurs lits doit empêcher une partie de leur effort pour glisser les uns sur les autres. Secondement, parce que nous n'avons pris le centre de gravité du piédroit qu'au milieu de la partie comprise au-dessus de la fondation jusqu'à l'imposte : or cette partie ne comprend pas tout le piédroit, puisque celle de la voûte depuis l'imposte jusqu'au lit du joint extrême lui doit être ajoutée, suivant notre hypothese ; & comme celle-ci a son centre de gravité en G, qui répond au point g de la base, sur lequel tombe la verticale venant du point G, elle pese sur un bras de levier Dg sous-centrique plus long que le premier Dp, par conséquent elle rompt l'équilibre en faveur du piédroit qu'elle fortifie, d'où il suit que la voûte n'aura plus assez de force pour l'écarter ; donc elle subsistera ainsi qu'on se le propose.

Troisieme Solution.

Autre maniere tirée du même principe.

Si l'on fait un berceau circulaire, on sait que les directions de tous les lits tendent au même centre par lequel passe l'axe du cylindre, & si le berceau n'est pas circulaire, mais elliptique, on dirige encore tous les plans des lits à l'axe du cylindre, comme nous l'avons dit au tome précédent, en parlant des berceaux biais de face en plein ceintre qui ont pour arc droit un ceintre surhaussé, au centre duquel tous les lits s'entrecoupent ; enfin de quelque courbe que soit le ceintre d'un berceau, il est clair qu'on peut toujours diriger les lits à un

Tome III. Aaa

axe, & par conséquent supposer les joints de tête convergens à un même point placé un peu au-dessous des deux joints extrêmes qui sont au-dessus du coussinet, ensorte que ces joints prolongés fassent entre eux un angle qui sera plus ou moins ouvert, selon que les joints extrêmes seront plus ou moins élevés au-dessus du cintre. On divisera cet angle en autant de parties égales qu'on voudra avoir de voussoirs sur les coussinets, & alors tous les joints sont déterminés.

Fig. 227. Soit maintenant (fig. 227) l'arc ADF, qui passe par les centres de gravité de tous les voussoirs; considérons deux de ces voussoirs contigus FH, HD, dont les charges soient m & n, & que leurs joints prolongés aboutissent au centre C suivant le rayon HC, ainsi que tous les autres joints suivans FC, DC, &c, de sorte que les angles FCH, HCD, &c. soient tous égaux, & chacun de leur sinus $= r$. Soit le point A le centre de gravité de la clef posée à plomb, ou verticalement, au-dessus du centre C du cercle ADF; tirons l'horisontale CG & les perpendiculaires FG, DE, que je nomme p, q: elles seront le sinus des angles FCG, DCE, en prenant l'unité pour le rayon AC.

On a vu, par le lemme de l'article précédent, que la pression du voussoir m sur le joint HC est à celle du voussoir n sur le même joint, comme mp est à nq, car $\frac{m \cdot p}{r}$ & $\frac{n \cdot q}{r}$ sont les pressions elles-mêmes; or ces deux pressions opposées doivent être égales, à cause de leur équilibre; donc $mp = nq$, & partant $m \cdot n = q \cdot p = \frac{1}{p} \cdot \frac{1}{q}$; (en prolongeant CF, CH, CD jusqu'à la tangente AT) $\frac{CT}{CA} \cdot \frac{CR}{CA} :: CT \cdot CR$. Mais parce que l'angle TCR est coupé également par la ligne Cu, on aura (en vertu d'un théorême démontré en plusieurs livres, particulièrement dans la méchanique de M. de la Hire, prop. 125) TC. CR :: Tu. uR; donc $m \cdot n :: Tu \cdot uR$, c'est-à-dire que les charges des voussoirs m, n, &c. sont partout proportionnelles aux différences des tangentes des arcs AF, AH, AD, &c. Ainsi, par exemple, si chacun des angles FCH, HCD, &c, est de 10 degrés, & que la charge ou le poids du plus haut des voussoirs SL, nommé la clef, soit de 50 livres, on trouvera le poids de tel autre voussoir que l'on voudra, par exemple celui de FH, qui fait le cinquieme après la clef SL. Les arcs SF, SH, SD,

CHAP. XII. DE LA POUSSÉE DES VOUTES. 371
seront de 50, 40, 30 degrés, & les arcs AF, AH, AD, de 55, 45, 35 degrés.

Il faut donc faire cette analogie, comme SL, le double de la tangente de l'arc AS, ou de 5 degrés, est à T u, ou à la différence des tangentes de 55 & de 45 degrés ; ainsi le poids de la clef, ou de 50 livres, est à un quatrieme nombre, qui donnera en livres les poids du cinquieme voussoir après la clef. Si l'on suppose maintenant que le voussoir FH est celui qui est contigu au piédroit, & que l'on veuille trouver la pression avec laquelle il le pousse suivant la tangente en F, qui est donnée de position, il n'y a qu'à tirer la perpendiculaire HN que je nomme f, & qui sera ici le sinus de 45 degrés, on aura la pression sur FG & sur le piédroit $= \frac{mf}{r}$, c'est-à-dire $r.f::m$. à la pression, ou ici comme le sinus de 10 degrés est au sinus de 45 ; ainsi le poids trouvé de m est la pression cherchée ; *ce qu'il falloit trouver.*

Construction du ceintre en courbe de chaînette, pour trouver la poussée d'une voûte formée sur cette courbe.

On vient de voir dans le discours précédent, que si l'on vouloit composer une voûte de voussoirs égaux, même parfaitement polis, il faudroit que la courbure du ceintre sur lequel on les arrangeroit fût celle de la chaînette renversée, afin qu'ils se soutinssent en équilibre ; auquel cas la voûte subsisteroit, quand même les voussoirs seroient sans coupe, & ne se toucheroient qu'en un point, comme des boules. Une propriété si singuliere & si avantageuse de cette courbe mérite bien qu'on en donne la construction, & le moyen de trouver la direction des coupes qui conviennent aux divisions de ce ceintre en voussoirs.

Lorsqu'on a une chaîne bien faite, ou une corde d'égale épaisseur & également flexible, rien n'est plus aisé que de tracer la courbe en question ; car les points de suspension, qui seront ceux des impostes de la voûte, & le sommet S pour le milieu de la clef, étant donnés, il n'y a qu'à des placer dans leur distance sur un mur à plomb, & y suspendre une chaîne qu'on tendra ou qu'on lâchera jusqu'à ce que son milieu s'applique au point S, renversé autant au-dessous des points A & B qu'il doit être au-dessus en voûte, & suivre avec un crayon

Fig. 230.

A a a ij

Fig. 230.

le contour de la courbure de la chaîne, qu'il ne s'agit plus que de renverser. Mais supposant qu'on n'ait pas à sa disposition une chaîne de longueur convenable, ni une corde des conditions requises pour se plier également, il est bon de savoir comment on pourroit trouver autant de points que l'on voudra de cette courbe.

Soit donnée (fig. 230) la ligne des impostes ou naissances de la voûte AB, & le milieu de sa clef en S. Ayant divisé cette ligne AB en deux également en m, on y élevera la verticale indéfinie m P, qui passera par le point S, par où on menera SD parallele à BA. On portera la longueur mB de m en C, d'où, comme centre, avec Cm pour rayon, on décrira un arc qui coupera DS au point E; la ligne SE sera le parametre de la courbe qu'on portera en SP. Par le point P on menera HI parallele à AB, & l'on tirera par les points A & B des paralleles indéfinies à la verticale Pm, qui couperont HI aux points H & I. Du point P pour centre, & Pm pour rayon, on décrira un arc qui coupera l'horifontale DS au point D, d'où l'on portera l'intervalle DS sur DP en Ds, qui donnera leur différence sP, qu'on portera sur IB en IL. Par le moyen des deux lignes données IL & PS, on décrira la courbe logarithmique LOSgR, qui servira à trouver autant de points que l'on voudra de la courbe de la chaînette, comme on le dira ci-après.

Pour décrire cette logarithmique, on cherchera une moyenne proportionnelle entre les lignes données IL & PS qu'on placera en KO sur le milieu K de la distance PI. On cherchera ensuite une troisieme proportionnelle Gg aux lignes KO & PS, qu'on placera en G, faisant PG égal à PK. On continuera de même en cherchant des moyennes & des troisiemes proportionnelles aux lignes trouvées, & l'on aura autant de points que l'on voudra de la courbe logarithmique LOSgR, laquelle étant tracée, il n'est rien de si aisé que de trouver aussi autant de points que l'on voudra de la chaînette.

On ajoutera, par exemple, les lignes KO, & Gg qui sont équidistantes du parametre PS, & l'on prendra la moitié de leur somme, qu'on portera sur les mêmes lignes en Kx & Gy; les points x & y seront ceux que l'on cherche à la circonférence de la chaînette. De même pour trouver les points A

CHAP. XII. DE LA POUSSÉE DES VOUTES.

& B, s'ils n'étoient pas donnés, on ajouteroit HR & IL, & l'on porteroit la moitié de leur somme sur les mêmes lignes prolongées, s'il le faut, en HA & IB; ainsi de tous les autres points qu'on peut chercher entre A & y & S & y, ou entre B & x & S & x; & par tous les points trouvés, on tracera à la main ou avec une regle pliante la courbe A y S x B, qui est celle de la chaînette que l'on cherche.

Fig. 230.

Présentement il faut trouver la maniere de *tracer les coupes des joints de lit des voussoirs de la voûte formée sur le centre de la chaînette*. Ce moyen se réduit, comme nous l'avons dit, au II livre, à en trouver les tangentes aux points des divisions des joints, parce qu'ils leur doivent être perpendiculaires; par ce moyen on trouvera les joints extrêmes nécessaires pour le calcul de la poussée de la voûte.

Par un point donné à la circonférence de la chaînette, lui mener une tangente.

Si l'on suppose que la courbe de la chaînette a été décrite méchaniquement, & qu'on veuille lui mener une tangente par un point donné, par exemple B, pour avoir la coupe du joint extrême, il faudroit prendre la moitié S x B de la chaîne qui auroit servi à décrire cette courbe, & l'étendre en ligne droite sur la ligne SD du point S en D où tombera le bout; puis ayant tiré la droite *m*D, on fera l'angle *m*DP égal à l'angle P*m*D, qui donnera le côté DP, lequel forme avec la ligne DS l'angle PDS; si l'on fait sur la ligne *m*B l'angle *m*BT égal à l'angle PDS, la ligne BT sera la tangente que l'on cherche. Si la chaînette a été décrite géométriquement, comme nous l'avons enseigné, on aura son parametre SP, auquel, étant prolongé, on menera par le point donné B une perpendiculaire B*m*, qui donnera le point *m* : si de l'intervalle P*m* pour rayon on décrit un arc *m*D, il coupera la ligne SD perpendiculaire au même parametre, au point D, & l'on achevera, comme on vient de le dire, en faisant l'angle *m*BT égal à l'angle PDS; la ligne BT sera la tangente demandée.

Il ne reste plus qu'à lui mener une perpendiculaire QZ par le point B donné, laquelle donnera la coupe QZ du joint de tête des voussoirs qui se termineront à ce point, & si c'est le lit de dessous du premier, QZ sera ce joint extrême dont il faut avoir la position pour chercher la poussée de la voûte & l'épaisseur de ses piédroits, comme il a été dit aux solutions & constructions précédentes.

PROBLEME IV.

La direction de la poussée d'une voûte, sa pression ou poussée, & la hauteur du piédroit étant donnés, trouver son épaisseur.

Fig. 228.   Soit (fig. 228) ADGFC le piédroit, la tangente LT perpendiculaire au milieu du premier joint $AD = b$, la verticale LK abaissée du milieu du joint $AD = a$; la distance horisontale $TK = c$, la ligne $DJ = KG = d$, on trouvera KG par cette analogie, $LT . (b) . LK (a) :: LD$ (qui est connue, parce que c'est la demi-épaisseur de la voûte), $JD = KG = \frac{a}{b}$. Soit aussi $FG = x$, FO perpendiculaire sur $LT = y$, FK sera $= x - d$; cela supposé, on aura $LT (b) . LK (a) :: TF (c + d - x) . FO (y = \frac{ac + ad - ax}{b})$ Or nommant, comme ci-devant, la poussée P, & la pesanteur du piédroit p, on doit avoir (par le problème précédent) $Py = \frac{1}{2} px$, c'est-à-dire, $\frac{ac + ad - ax}{b} P = \frac{1}{2} xp$, d'où l'on tire $x = \frac{2ac + 2ad}{ap + bp} P$, ce qu'il falloit trouver.

Dans cette équation il se trouve une quantité p qui n'est pas directement connue, mais qui peut l'être, parce qu'elle est une fonction de x, c'est-à-dire que sa valeur sera exprimée en x, & en quantités purement connues, car le poids du piédroit dépend de la pesanteur spécifique de la matiere dont il est construit & de ses trois dimensions; or trois de ces choses sont données, & la quatrieme est notre x, qui est la largeur du piédroit; l'équation ne renferme donc que des x, & des quantités connues, elle devient seulement quarrée, ce qui n'empêche pas qu'on n'en puisse tirer la valeur de x, ce que l'on va montrer par un exemple.

Soit la hauteur du piédroit, & la partie de voûte au-dessus jusqu'au milieu du joint extrême $(a) = 16$ pieds, $b = 20$, $c = 12$, $d = 1$ pied. Soit la force de la poussée P représentée par un poids de 288000 livres. Supposons qu'un piédroit de pareille matiere que le nôtre, par exemple, de marbre, & qui

CHAP. XII. DE LA POUSSÉE DES VOUTES. 375

ait la même hauteur & la même épaisseur, mais qui n'ait qu'un pied de largeur, pese 3200 livres, le nôtre en pesera $3200 x$, c'est-à-dire que p sera $= 3200 x$ livres. Substituant toutes ces valeurs dans notre équation, elle se changera en celle-ci $x = \frac{384 + 82}{9216000 + 64000x} \times 288000 = \frac{572}{144 + x}$, par conséquent $xx + 144 x = 572$, & $x = -72 + 84 = 12$, c'est-à-dire que dans notre supposition le piédroit devra être large de 12 pieds.

Autre solution du même problême.

Le défaut d'explication de ce qu'on avoit avancé dans l'extrait de l'assemblée de l'académie de Montpellier de 1732, *qu'il ne falloit pas s'embarrasser de la hauteur des piédroits pour trouver leur épaisseur par la regle* de M. Danisy, m'ayant donné occasion d'en marquer ma surprise, le savant académicien m'a fait l'honneur de m'écrire dans quel sens il l'avoit entendu, & pour me faire voir qu'il étoit en quelque façon fondé à négliger les différences d'épaisseurs qui résultoient des différences de hauteurs, il m'a fait connoître que par l'augmentation de celle qu'il donnoit à son piédroit, il comprenoit celles que le calcul pouvoit donner, & afin de m'en convaincre, il m'a envoyé le problême suivant, dont il ne sera pas fâché que je fasse part au public. Je crois même en cela lui rendre un service, pour détourner la mauvaise idée que cette circonstance pourroit donner de sa regle de pratique.

Soit (fig. 243) la hauteur du piédroit $DF = 6$, soit la valeur de la poussée $= P$, sa direction PF, ED l'épaisseur du piédroit $= 2 x$, FP la ligne de direction de la puissance comprise entre l'extrêmité F du piédroit & la rencontre de la base ED prolongée vers $P = a$; soit $DP = b$, donc $PE = b - 2 x$, & à cause des triangles semblables PGE, PFD, on aura PF, FD :: PE, EG, c'est-à-dire $a \cdot c :: b - 2 x \cdot EG = \frac{cb - 2cx}{a}$. La pesanteur du piédroit étant représentée par le rectangle EF, cette pesanteur égalera $2 x c$, & la moitié EH de la base sera x. Maintenant dans l'état d'équilibre, on aura cette équation $2 x x c = \frac{Pbc - 2Pxc}{a}$; donc $x = \sqrt{\frac{Pb}{2a} + \frac{Pp}{4aa}} - \frac{P}{2a} =$ EH, moitié de l'épaisseur ED.

Si l'on double les côtés du triangle PFD, la hauteur c de-

Planch. III,
Fig. 243.

viendra double ; si on triple les côtés du même triangle, la hauteur c deviendra triple, &c, à l'infini, ou la hauteur c deviendra infinie de même que les autres côtés ; donc, dans la formule $x = \sqrt{\frac{Pb}{2a}} + \frac{Pp}{4aa} - \frac{P}{2a}$, à la place de a & de b on pourra substituer $2a$, $2b$; $3a$, $3b$, &c. ∞a, ∞b, donc à une hauteur infinie la formule sera $x = \sqrt{\frac{\infty Pb}{2\infty a}} + \frac{Pp}{4\infty\infty aa} - \frac{P}{2\infty a}$, & négligeant l'infiniment petit du premier ordre $\frac{P}{2\infty a}$, & l'infiniment petit du second ordre $\frac{Pp}{4\infty\infty aa}$, on aura $x = \sqrt{\frac{Pb}{2a}}$.

En appliquant des nombres à ces deux formules, si $P = 100$, $c = 16$ pieds, $b = 12$, $a = 20$, on aura par la formule dans l'état d'équilibre, une base eD de 7 pieds. Mais si la direction de la poussée avoit toujours été 100, & que la hauteur c eût été supposée infinie, on auroit trouvé pour la valeur de la base 10 pieds 10 pouces ; ainsi avec une augmentation de 3 pieds 10 pouces, on est assuré que quelque grande que fût la hauteur du piédroit, il ne seroit point renversé par la poussée. Si la base ED avoit été donnée, & qu'elle fût $2\sqrt{\frac{Pb}{2a}}$, & qu'on eût cherché la hauteur du piédroit, on auroit trouvé pour la valeur de la hauteur $c = \frac{by - by}{2\sqrt{\frac{Pb}{2a}}}$, donc $c = \frac{0}{\sqrt{\frac{Pb}{2a}}}$, d'où $c = \infty 2$.

Si l'on cherche le rapport entre l'épaisseur ED, qui convient à une hauteur infinie, & l'épaisseur eD, qui convient à une hauteur déterminée DF, on trouvera que $\overline{ED}^2 . \overline{eD}^2 :: EK . EJ$, partie de la hauteur comprise entre le point d'appui E du piédroit élevé à l'infini, & la section en J de la direction FP de la puissance P. D'où il suit que connoissant l'épaisseur du piédroit supposé élevé à une hauteur infinie, on trouvera aisément toutes les épaisseurs qui conviennent à des hauteurs déterminées dans l'état d'équilibre, en cette maniere.

Décrivez une parabole $\varepsilon\mu\beta\theta$E, dont l'axe soit la ligne PE, & le sommet soit E ; soit pris ensuite l'ordonnée $\delta\iota = $ DE ; du point K, extrémité de la hauteur EK déterminée, soit menée la ligne δK ; du point J, où la direction de la poussée rencontre la ligne EK, soit menée Jξ, parallele à δK ; & du point ξ, menant l'ordonnée $\xi\beta$, on fera D$e = \xi\beta$; pour lors De
sera

CHAP. XII. DE LA POUSSÉE DES VOUTES. 377
» fera l'épaisseur qu'il falloit donner au piédroit dans l'état
» d'équilibre ; toutes les ordonnées qui feront comprifes
» entre β & ε, feront les épaiffeurs qui conviendront depuis la
» hauteur EK jufqu'à la hauteur infinie ; * & toutes les ordon-
» nées θ ω, comprifes entre β & E, feront celles qui convien-
» dront à une hauteur moindre que EK.

Troifieme hypothefe.

Que les vouffoirs font des coins grenus qui ne peuvent gliffer les uns fur les autres, mais qui tendent feulement à rouler.

L'hypothefe que les vouffoirs font des corps polis n'étant pas exactement vraie, M. Couplet, qui avoit examiné ce qui devoit arriver fuivant cette fuppofition, dans fon premier mémoire, en établit une autre dans le fecond de l'année 1730, que les furfaces des vouffoirs font tellement grenues & rabo- teufes, qu'elles ne peuvent gliffer les unes fur les autres, mais feulement rouler autour de leur appui, ce qui n'eft pas non plus conforme à la réalité, car elles peuvent auffi gliffer; mais on ne peut fe paffer de quelque fuppofition pour établir un raifon- nement, il faut qu'il y ait quelque chofe de connu ou de donné pour en tirer des conféquences. Suppofant donc que les vouf- foirs fupérieurs font feulement effort pour renverfer les infé- rieurs & pouffer les piédroit en dehors, M. Couplet réfout deux problêmes, l'un touchant la pouffée horifontale d'une voûte donnée, l'autre touchant la direction de l'effort total des vouffoirs à un point de la bafe de chaque piédroit.

Comme ces deux problêmes fervent à trouver l'épaiffeur néceffaire aux piédroits pour réfifter à la pouffée des voûtes, je crois devoir en faire mention, & pour ne pas copier le mé- moire de M. Couplet qui eft un peu long, & dont l'applica- tion à l'ufage eft affez difficile, par le calcul des chiffres qui réfulte de celui du calcul algébrique, à caufe qu'il eft chargé

---

* Puifqu'il eft conftant que le rapport de EK à EJ varie fuivant les différentes hau- teurs, & que la parabole qui exprime ce rapport devient infinie, lorfqu'on fuppofe la hauteur du piédroit telle : il n'eft pas clair ni facile à connoître pourquoi M. Danify en a fixé les limites entre β & ε, pour toutes les épaiffeurs qui convien- nent depuis EK jufqu'à celles qui feront infinies, étant certain que fuppofant la pouffée de la voûte conftante, l'interfection EJ, qui donne fa direction, varie & aug- mente toujours.

d'une grande quantité de signes radicaux, qui laissent ordinairement beaucoup de restes & de fractions, lorsqu'on en exprime la valeur en chiffres : j'en donnerai la construction par le seul moyen de la regle & du compas, qui est à la portée de tout le monde, & exempte de tous ces embarras de calcul.

Quatrieme solution.

PROBLEME V.

Déterminer la poussée horisontale d'une voûte dont l'intrados & l'extrados sont circulaires & concentriques, sans calcul, avec la regle & le compas, dans la supposition que les voussoirs sont trop grenus pour glisser les uns sur les autres.

Plan. 110, Fig. 229.

Soit (fig. 229) la portion de couronne de cercle BA b n MN, le profil d'une voûte en berceau en plein ceintre, dont le centre est en C, par où soit élevée la verticale CA par le milieu de la clef; soient les lignes tirées de ce même centre NB & $n b$, les coupes des coussinets, & l'horisontale N n menée par les points de ces coupes à la doële, qui coupera la verticale CA au point O. Par le point S, milieu de l'épaisseur de la voûte à la clef, on tracera un arc SX, concentrique à celui de la doële, qui coupera le joint de lit NB au point X. Par le point M, milieu de la clef à la doële, on menera l'horisontale M u, qu'on fera égale à l'arc S X rectifié, & l'on tirera O u; par le même point S, on tirera l'horisontale indéfinie SZ.

Soit le centre de gravité de la demie voûte AMNB en P, on menera par ce point la verticale LR, qui coupera l'horisontale SZ prolongée au point L, par lequel on menera au point X la ligne LX: la même verticale LR coupera l'horisontale menée par le point X au point R. 1°. On portera donc RX de O en d, par où on tirera $d i$ parallele à M u. 2°. On prendra l'épaisseur AM de la voûte, avec laquelle pour rayon, & du point B pour centre, on décrira un arc qui coupera l'arc XS au point i par où on tirera i C, & par le point X on menera une parallèle à B i, qui coupera i C au point y. 3°. On portera sur la base horisontale E e la longueur de l'arc MN rectifié de Y en k, & l'on tirera k X; ensuite on portera la ligne X y

CHAP. XII. DE LA POUSSÉE DES VOUTES.

de Y en d, & l'on tirera dz parallele à kX, qui coupera XY en z; la ligne zY sera une quatrieme proportionnelle à la hauteur du piédroit, à l'arc MN, & à la ligne Y d. 4°. On portera dans une figure à part la ligne z Y en l, & l'épaisseur de la voûte AM en m, & l'on décrira le demi-cercle, dans lequel on aura la moyenne proportionnelle t. 5°. On trouvera de même une moyenne proportionnelle q entre la ligne dt, & le double de l'épaisseur m. On fera dans une figure aussi à part un triangle rectangle, dont un des côtés sera la ligne q, & l'autre la ligne t; on tirera l'hypothenuse sur laquelle on fera un second triangle rectangle, qui aura pour côté la ligne trouvée l; l'hypoténuse x sera l'épaisseur du piédroit que l'on cherche. 6°. Enfin on tirera la racine de la somme des quarrés l^2, t^2, q^2, en faisant deux triangles rectangles, comme l'on voit à la fig. 235, de laquelle en ôtant la ligne l, on aura l'épaisseur du piédroit qu'il falloit trouver.

Fig. 229.

Démonstration.

Soit l'arc NM de l'intrados $= a$, sa hauteur MO $= d$, le rayon MC $= r$, l'épaisseur AM $= m$, on aura AC $= r + m$: soit aussi P le centre de gravité de la demi-voûte ANM. On menera LX au milieu du coussinet, & par le point X la ligne XR parallele à LT, & enfin RT parallele à LX. Cette préparation étant faite, M. Couplet termine sa recherche par cette proposition : *La pesanteur de la demi-voûte est à l'effort horisontal, comme* LR *est à* RX, par le moyen de laquelle il trouve en termes analitiques l'effort horisontal qui se fait suivant RX $= \frac{2arm + 4m^2}{2dr} \times \sqrt{2dr - d^2} - \frac{6mr^2 - 6m - 2}{6r - 3m}$, dont je cherche une expression abregée pour la construire. Pour cet effet, soit fait $r \cdot \frac{r+m}{2} :: \sqrt{2dr-d^2} \cdot \frac{2r+m}{2r} \times \sqrt{2dr-d^2}$, c'est-à-dire NC.CX :: NO.QX, parce que NO est moyen proportionnel entre le rayon prolongé plus OC, & la fléche MO, c'est-à-dire entre $2r - d$ & d; ainsi QX $= \frac{2r+m}{2r} \times \sqrt{2dr-d^2}$, & si de QX on retranche RQ $= Pp = \frac{6dr^2 + 6drm + 2dm^2}{6ar + 3am}$, on aura RX $= \frac{2r+m}{2r} \times \sqrt{2dr-d} - \frac{6dr^2 - 6drm + 2dm^2}{2ar + 3am}$, que j'appelle h, pour abréger, & multipliant h & sa valeur par $\frac{am}{d}$, on aura $\frac{amh}{d} =$ $\frac{2arm + am^2}{2dr} \times \sqrt{\frac{1}{2dr-d^2} - \frac{6mr^2 - 6rm^2 - 2m^3}{6r + 3m}}$, qui est la poussée horisontale cherchée.

Il faut donc exprimer $\frac{amh}{d}$, pour cela il faut faire le triangle MOu, dans lequel MO $= d$, M$u =$ l'arc, AN $= a$. On portera de O en d la grandeur RX $= h$, & par le point d on tirera dt parallele à Mu; la ligne dt sera $= \frac{ah}{d}$: car MO . Mu :: p O, ou RX . pt; & $d . a :: h . \frac{ah}{d}$, que je nomme s; cette valeur de S $\times m$ suffit pour la construction du problême suivant.

PROBLEME VI.

Dans l'hypothese des voussoirs grenus, trouver sans calcul la base EF du piédroit, telle que l'effort composé de la pesanteur de la voûte, de la poussée horisontale, & de la pesanteur du même piédroit, soit dirigé vers un point quelconque donné H de ladite base EF.

M. Couplet regarde le trapeze BIFN comme un parallelogramme dont la hauteur est GV, moyenne entre BI & NF, non seulement pour abréger le calcul, mais encore pour d'autres raisons. Soit donc la hauteur moyenne VG du piédroit $= p$, la base IF du trapeze $= q$, le trapeze étant regardé comme un parallelogramme, sera $= pq$; soit la base entiere EF du piédroit $= x$, la base EI de son talud sera $= x - q$. Si l'on fait la hauteur BI $=$ VG $= p$, on aura la surface du talud BIE $= \frac{px - pq}{2}$; ces deux surfaces, celle du parallelogramme & celle du talud, exprimeront la pesanteur du piédroit.

Maintenant soit le point d'appui H placé de maniere que l'on ait EF . EH :: $f . g$, l'on aura EH $= \frac{gx}{f}$; comme la pesanteur du parallelogramme est réunie à son centre de gravité ou son milieu K, elle est appliquée au bras du levier GH $= x - \frac{q}{2} - \frac{gx}{f}$; ainsi $pq \times x - \frac{q}{2} - \frac{gx}{f}$ sera l'énergie de cette partie du piédroit. De même, si l'on multiplie la pesanteur $\frac{px-pq}{2}$ par son bras de levier HZ $=$ EZ $-$ EH $= \frac{2x - q}{3} - \frac{gx}{f}$, le produit sera

CHAP. XII. DE LA POUSSÉE DES VOUTES. 381
l'énergie de l'autre partie ; & si l'on ajoute ensemble l'énergie de l'une & de l'autre partie, leur somme abregée & réduite $\frac{2px^2 + 2pqx - pq^2}{6} - \frac{pqgx - pgx^2}{f}$, sera l'énergie du piédroit entier sur le point d'appui H.

L'énergie de l'effort vertical de la voûte est égale au produit de la pesanteur de la voûte par son bras de levier $HY = HF - YF$; mais $HF = EF - EH = x - \frac{gx}{f}$, & l'on peut pour abréger faire $YF = \frac{m}{2}$, donc le levier $HY = x - \frac{gx}{f} - \frac{m}{2}$, & la pesanteur de la voûte $= \frac{2amr + am^2}{2r}$. Pour en abréger l'expression, on peut faire $r . r + \frac{m}{2} :: m . \frac{2rm + m^2}{2r}$ que je nomme c, par conséquent $ac = \frac{2amr + am^2}{2r}$ lequel multiplié par $x - \frac{gx}{f} - \frac{m}{2}$ donne $acx - \frac{acgx}{f} - \frac{acm}{2}$ pour l'énergie de l'effort vertical.

Si l'on multiplie l'effort horisontal de la voûte, que nous avons trouvé dans le problême précédent $= ms$, par son bras de levier p, mps exprimera l'énergie de l'effort horisontal ; & comme l'effort vertical sert à affermir le piédroit, & que l'effort horisontal tend à le renverser, si l'on retranche l'énergie de l'effort vertical de la voûte de celle de son effort horisontal, le reste sera la véritable énergie que la voûte employe pour renverser le piédroit sur son point d'appui H ; ce reste est $mps - acx + \frac{acgx}{f} + \frac{acm}{2}$, qui doit être égale à l'énergie du piédroit sur ce point d'appui pour faire équilibre. On a donc cette équation $\frac{2px^2 + 2pqx - pq^2}{6} - \frac{pqgx - pgx^2}{f} = mps - acx + \frac{acgx}{f} + \frac{acm}{2}$, dans laquelle si l'on substituoit à la place de s & de a leur valeur, on auroit la même équation que celle de M. Couplet, qui ne paroît pas si commode à construire que celle-ci.

Prenant donc l'équation $2px^2 + 2pqx - pq^2 - \frac{pqgx - pgx^2}{2f} = mps - acx + \frac{acgx}{f} + \frac{acm}{2}$, multipliant l'un & l'autre membre par $6f$, elle devient $2fpx^2 + 2fpqx - fpq^2 - 3pqgx - 3pgx^2 = 6fmps - 6acfx + 6acgx + \frac{3afcm}{2}$ supposant $g = 0$, & alors le point d'apui est à l'extrêmité E; elle se réduit à $2px^2 + 2pqx - pq^2 = 6mps - 6acx + 3acm$. Ordonnant l'équation, on a $2px^2 + 2pqx - pq^2 + 6acx - 6mps = 0 - 3acm$. Divisant par $2p$, elle est $x^2 + qx - \frac{q^2}{2} + \frac{3acx}{p} - \frac{3acm}{2p} = 0 - 3ms$. Faisant $\frac{3}{2}pc = a$, $\frac{3ac}{p} = l$ (fig. 235), elle devient $x^2 + qx - \frac{q^2}{2} + lx - 3ms = 0$; ce qui donne, en faisant $q + l = n - \frac{3lm}{2}$; $x^2 + nx - \frac{q^2}{2} = 0 - 3ms - \frac{3lm}{2}$. Ajoutant de part & d'autre le quarré de la moitié du coefficient du second terme, & transposant $x^2 + nx + \frac{n^2}{4} = \frac{n^2}{4} + \frac{q^2}{2} + 3ms + \frac{3lm}{2}$. Extrayant la racine quarrée de part & d'autre, $x + \frac{n}{2} = \sqrt{\frac{n^2}{4} + \frac{q^2}{2} + 3ms + \frac{3lm}{2}}$, & enfin $x = \sqrt{\frac{n^2}{4} + \frac{q^2}{2} + 3ms + \frac{3lm}{2}} - \frac{n}{2}$, dont la construction se fait en cherchant entre $3m$ & s, une moyenne proportionnelle AC (fig. 232), & une autre moyenne proportionnelle AB entre $3m$ & $\frac{l}{2}$ (même fig.). Si l'on porte la ligne AB de A en D, la ligne CD sera $= \sqrt{3ms + \frac{3lm}{2}}$; ensuite si l'on élève de D en H la perpendiculaire DH $= \sqrt{\frac{q^2}{2}}$, on tirera CH qui sera $= \sqrt{\frac{q^2}{2} + 3ms + \frac{3lm}{2}}$; on tirera de plus sur le point H la perpendiculaire HI $= \frac{n}{2} = l + \frac{q}{2}$, la ligne CI sera égale à $\sqrt{\frac{n^2}{4} + \frac{q^2}{2} + 3ms + \frac{3lm}{2}}$; si l'on retranche IH de CI, le reste CK sera $= x$, que l'on cherche.

Fig. 229. Pour suivre le problême, & diriger l'effort composé de la voûte vers le point H de la base, reprenons l'équation $2fpx^2 + 2fpqx - fpq^2 - 3pqgx - 3pgx^2 = 6fmps - 6acfx + 6acgx + 3acfm$; ordonnant l'équation par rapport à $2fpx^2$, parce que je suppose $f > g$, par exemple, $f = 3$, $g = 1$; elle est $2fpx^2 + 2fpqx - fpq^2 - 3pgx^2 - 3pqgx - 6fmps = 0 + 6acfx - 3acfm - 6acgx$. Mettant à la place de f & g leur valeur, elle devient $3px^2 + 3pqx - 3pq^2 + 12acx - 18mps = 0 - 9acm$. Divisant par $3p$, elle est $x^2 + qx - q^2 + \frac{4acx}{p} - 6ms = 0 - \frac{3acm}{p}$, qui ne diffère que très-peu de la précédente, & dont la construction est presque la même; c'est pourquoi il suffit d'en indiquer la maniere.

CHAP. XII. DE LA POUSSÉE DES VOUTES. 383

Faisant donc $p.a::c.\frac{ac}{p}=l$, on aura $x^2+qx-q^2+4lx-6ms=0-3lm$. Faisant encore $q+4l=n$, elle se réduit à $x^2+nx-q^2-6ms=0-3lm$. Ajoutant de part & d'autre $\frac{n^2}{4}$, & transportant $x^2+nx+\frac{n^2}{4}=q^2+6ms+3lm+\frac{n^2}{4}$, tirant la racine quarrée $x+\frac{n}{2}=\sqrt{q^2+6ms+3lm+n^2}$, transposant $x=\sqrt{q^2-6ms+3lm+\frac{n^2}{4}}-\frac{n}{2}$.

Pour exprimer cette racine, il faut chercher une moyenne proportionnelle entre $6m$ & s, une autre entre $3m$ & l, & tirer la racine de la somme de ces quarrés en retranchant $\frac{n}{2}$, le reste sera la valeur de x que l'on cherche.

Si l'on vouloit conserver les grandeurs f & g données, il faudroit suivre la même voie, ce qui est très facile. Enfin si l'on vouloit que le piédroit fût sans talud, & que l'effort de la voûte fût dirigé vers l'extrémité E, alors la pésanteur du piédroit exprimée par son profil, c'est-à-dire par la surface de sa coupe, seroit le trapeze E 7 NF, égal à sa hauteur multipliée par sa base $= px$, & l'énergie du piédroit, pour résister à l'effort de la voûte, seroit px multipliée par la moitié de la base $E=\frac{1}{2}px^2$.

L'énergie de l'effort horisontal seroit toujours $= mps$; l'énergie de l'effort vertical, égale au produit de la pésanteur de la voûte par son bras de levier, qui seroit alors EF — YF $= x-\frac{m}{2}$, seroit $= acx-\frac{acm}{2}$, & l'équation seroit $\frac{1}{2}px^2 = mps - acx + \frac{acm}{2}$; multipliant l'un & l'autre membre par 2, & divisant par p, elle devient $x^2 = 2ms - \frac{2acx}{p}+\frac{acm}{p}$, & en l'ordonnant, elle est $x^2 + \frac{2acx}{p} = 2ms + \frac{acm}{p}$. Faisant $p.a::c.\frac{ac}{p}$ que je nomme l, elle se réduit à $x^2 + 2lx = 2ms + lm$; ajoutant l^2 de part & d'autre, on a $l^2 + 2lx + l^2 = l^2 + 2ms + lm$, dont la racine est $x+l = \sqrt{l^2 + 2ms + lm}$, & enfin $x = \sqrt{l^2 + 2ms + lm} - l$. Cette formule donne la construction décrite ci-devant.

Recherches pour une nouvelle solution sans aucune hypothese, mais seulement par des conséquences tirées de l'expérience des fractures de voûtes composées de voussoirs assemblés sans aucune liaison que celle de leur coupe, posées sur des piédroits trop foibles.

On a dit ci-devant que l'expérience des fractures des voûtes de maçonnerie de moilons ou de briques qui ont fait corps, nous faisoit voir qu'elles se fendoient ordinairement vers le milieu des reins, lorsque les piédroits étoient trop foibles; il n'en est pas de même des voûtes de pierres de taille, dont les voussoirs sont sans liaison. M. Danisy a fait sur cela plusieurs expériences avec des modeles de petites voûtes, pour connoître où se font les ouvertures des fractions des voûtes au moment de leur destruction, lorsque les piédroits cédent à l'effort de leur poussée par trop de foiblesse, ou lorsqu'étant de force suffisante pour y résister, on charge la voûte de quelque nouveau poids, qui en augmente la poussée au point de renverser les piédroits : comme ces expériences sont curieuses, & qu'elles peuvent être utiles pour la recherche de la solution du problême dont il est question, je vais les rapporter telles qu'elles sont dans l'extrait de l'assemblée publique de l'académie de Montpellier, en 1732.

Fig. 235.

1°. Il fit faire une petite voûte de plâtre en plein ceintre composée de sept voussoirs, telle qu'elle est représentée à la fig. 235, dont la base des piédroits LM, *lm* n'étoit guere plus grande que celle qu'ils auroient dû avoir dans l'état d'équilibre. Ayant chargé la clef d'un petit poids, la voûte se fendoit aux deux joints GI, *gi* vers l'intrados, & aux joints EF, *ef* des premiers voussoirs de la retombée, tandis que les deux autres voussoirs BC & *dc* étoient serrés les uns contre les autres, comme s'ils n'avoient été que d'une seule piece, de même que les piédroits H *h*, avec les retombées A *a*. De cette expérience, il a tiré le moyen de trouver la quantité de voussoirs qui demeurent comme collés ensemble; en menant du sommet du joint de la clef G ou *g*, une tangente à l'arc de la doële GF, ou *gf*, tous les voussoirs qu'elle traverse ne se séparent point au moment des fractures. La raison en est sans doute

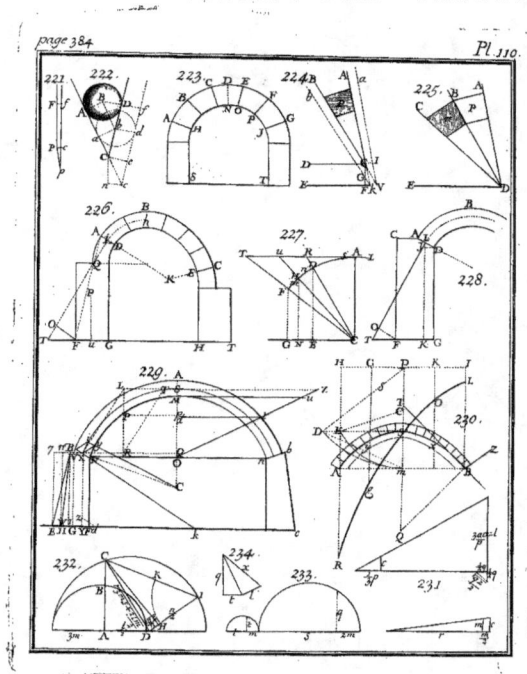

page 384

Pl. 110

CHAP. XII. DE LA POUSSÉE DES VOUTES. 385
doute qu'il n'y a point d'interruption de vuide entre le point d'appui supérieur G & l'inférieur F.

C'est ainsi que M. Couplet a démontré au mémoire de 1730, dont on a parlé ci-devant, qu'en supposant que les voussoirs ne puissent point glisser les uns contre les autres, la voûte ne cassera point si la corde AB de la moitié de l'extrados ne coupe point l'intrados, mais qu'elle se trouve dans l'épaisseur de la voûte, comme à la fig. 241. La raison est que la charge du sommet A, telle qu'elle puisse être, communiquera directement sans interruption au coussinet B, suivant la ligne droite AFB qui se trouve dans l'épaisseur de la voûte. Mais s'il y a de l'interruption dans la direction, comme si l'arc de doële passoit en D, il est clair que la charge A poussant en AD, & la résistance du piédroit en BD, l'angle ADB peut s'ouvrir, par conséquent il peut s'y faire une fraction. La même raison prouve qu'il ne pourra s'en faire entre les points A & D, B & D, parce que la communication de la charge au point de résistance est directe; desorte que les voussoirs qui sont entre deux ne doivent pas se séparer.

Fig. 241.

D'où je tire une conséquence, que le point d'appui L du piédroit étant donné, on peut déterminer quelle est la quantité de voussoirs des premieres retombées qui demeureront collées au piédroit au moment de la fraction; car si l'on tire du point L une tangente à l'arc de la doële, si elle le touche en F, il ne se fera point de fraction dans l'intervalle LF; par conséquent le voussoir A, & plusieurs autres s'il y en a, resteront collés au piédroit H.

Fig. 235.

La seconde expérience de M. Danisy, qui est du nombre de celles qu'il fit voir à l'assemblée publique en 1732, se fit sur cinq petits modeles d'arceaux, dont l'un étoit en plein cintre composé de quinze voussoirs, tel qu'on l'a représenté à moitié à la fig. 236. L'ayant chargé sur la clef, il s'ouvrit comme le précédent aux deux côtés de cette clef en dedans & en dehors des joints du dessus du 2ᵉ, 3ᵉ & 4ᵉ voussoirs; desorte qu'il se faisoit trois ouvertures aux reins, au lieu d'une seule qu'on voyoit dans l'arceau précédent, ce qui rend la recherche de la poussée plus difficile, parce qu'elle est composée de plus de parties, dans lesquelles on ne trouve plus les points d'appui à la doële & à l'extrados, mais seulement du seul côté de la doële, où les leviers tirés de l'un à l'autre, étant multipliés,

Tome III. Ccc

se confondroient avec l'arc de cercle, ce qui peut mener un scrutateur fort loin.

Fig. 238. Le second modele qu'il montra à l'assemblée étoit de seize voussoirs, surmonté & sans clef, c'est-à-dire dont le sommet étoit traversé par un joint, ensorte que les voussoirs étoient en nombre pair de huit de chaque côté. Cet arceau s'ouvrit en une seule fente au milieu, & en trois autres à chaque côté de suite en dehors des reins, de même que le précédent; la premiere de ces fentes étoit au lit de dessus du second voussoir, de sorte qu'il en restoit deux collés au piédroit, comme à l'arceau précédent en plein ceintre de quinze voussoirs.

Fig. 237. Le troisieme modele d'arceau étoit surbaissé, composé de treize voussoirs; il s'ouvrit, comme le premier & le second, aux deux joints de la clef, & en deux fentes à chaque rein, l'une au lit de dessus, l'autre au lit de dessous du troisieme voussoir, & il en restoit deux de chaque côté collés au piédroit, comme dans les deux arceaux précédens. Et pour montrer que les voûtes ne se fendoient pas constamment aux mêmes endroits, mais selon qu'elles étoient plus ou moins chargées d'un côté que de l'autre; il fit voir un quatrieme modele, qui étoit un *Fig. 239.* arc rampant de dix huit voussoirs; celui-ci s'ouvrit à l'extrados, aux lits de dessus & de dessous du troisieme voussoir de la naissance inférieure, & à l'intrados entre le septieme & le huitieme voussoir, & enfin à l'extrados du lit de dessus du quatrieme voussoir de la naissance supérieure, lesquels quatre voussoirs étant plus minces que ceux de la naissance inférieure, n'occupoient à la doële qu'un intervalle à peu près égal à celui des deux de l'autre imposte.

Fig. 240. Le cinquieme & dernier modele que M. Danisy fit voir, étoit une platebande de neuf clavaux, qui ne s'ouvrit qu'aux deux joints de la clef en dessous, comme à toutes les voûtes qui n'étoient pas rampantes, & en dehors entre le sommier & le premier clavau. M. Danisy fit ensuite voir par une expérience, que plus la clef est large, moins la poussée de la voûte est grande: car si l'on substitue à trois ou à plusieurs voussoirs une seule clef qui occupe tout l'intervalle qu'ils remplissoient, & qui soit égale à leur somme, on verra que la voûte, qui n'auroit pu se soutenir après avoir un peu diminué de la force des piédroits, se soutiendra cependant encore lorsqu'on y aura mis cette clef, quoiqu'elle soit aussi pesante que l'étoient les

Chap. XII. DE LA POUSSÉE DES VOUTES. 387
voussoirs, non dans l'état d'équilibre, mais lorsqu'ils surpassoient la résistance des piédroits. D'où l'on tire naturellement une conséquence que nous avons établie ci-devant pour une chose constante, que si la voûte étoit toute d'une piece, la poussée deviendroit nulle.

Après avoir fait des expériences sur les fractions des voûtes, M. Danify en fit sur celles de leurs piédroits, lorsqu'ils étoient trop foibles pour résister à la poussée des voussoirs; il produisit un modele de voûte dont les piédroits étoient de plusieurs pieces, par le moyen duquel il fit voir que lorsque les piédroits sont foibles & fort hauts, ils ne se séparent pas toujours au rez-de-chaussée, mais qu'ils se fendent entre le rez-de-chaussée & l'imposte; d'où il conclut que si les piédroits doivent se fendre vers le milieu, il faut que le contre-fort dont on le fortifie soit élevé au-dessus de ce point: la chose est claire; mais il n'est pas si aisé qu'il est dit dans l'extrait dont je parle, de déterminer précisément cet endroit, du moins je n'en sens pas la facilité, parce que l'auteur nous a caché les moyens de l'appercevoir.

Je crois au contraire qu'elle n'est facile à déterminer que lorsque la hauteur du contrefort est donnée, parce que son sommet sert d'appui à la partie supérieure du piédroit, au moment que la poussée de la voûte commence à le faire surplomber du côté du contre-fort, en le faisant taluder en dedans; alors la partie rompue comprise entre l'imposte & la fracture du piédroit, peut être considérée comme un levier qui s'appuie sur le sommet du contre-fort, lequel levier étant poussé par le bout de l'imposte en dehors, est repoussé par l'autre bout en sens contraire au dedans des piédroits.

De toutes ces expériences M. Danify a tiré une regle pour déterminer l'épaisseur nécessaire à la base des piédroits qui sont à-plomb par dedans & par dehors, pour qu'ils ne soient pas renversés par l'effort de la poussée de la voûte, dans laquelle regle il n'a aucun égard à la hauteur des piédroits, parce qu'il les fortifie plus qu'il n'est nécessaire, de crainte que *quelque accident ne renverse* ceux qui seroient faits *suivant la rigueur du calcul:* aussi ne la donne-t-il pas pour être *dans la rigueur géométrique*, mais seulement parce qu'elle lui semble commode dans la pratique pour les ouvriers, en ce qu'elle ne *demande d'autre connoissance*

Ccc ij

que les regles ordinaires de l'arithmétique, l'extraction de la racine quarrée & le toisé.

Après ce préliminaire on ne doit pas être surpris qu'il ait dit qu'en suivant sa regle *il ne faut pas s'embarrasser de la hauteur que les piédroits doivent avoir.* Le problème dont il m'a fait part, & que j'ai donné ci-devant, prouve évidemment qu'il n'est pas du sentiment que la hauteur d'un piédroit n'influe en rien sur l'épaisseur qu'il doit avoir pour résister à une poussée constante ; il s'explique même clairement sur cette regle dans la lettre qu'il m'a fait l'honneur de m'écrire. « J'y ai pris, » dit-il, certaines licences qui pourroient vous faire juger que » je me suis trop écarté de la rigueur géométrique ; je dois » vous avertir que j'ai cru devoir le faire ainsi en faveur des » ouvriers qui préferent des pratiques aisées, quoique moins » géométriques, aux méthodes plus exactes. C'est dans cette idée qu'il a apparemment supprimé l'effort vertical pour fortifier le piédroit au delà du nécessaire, & qu'il confond dans l'usage les inégalement surbaissés, ou plus ou moins surhaussés sur un même diametre horisontal.

Fig. 235. Si l'on est curieux de voir cette regle, qui n'est susceptible d'aucune démonstration, par toutes ces raisons, la voici tirée mot à mot de l'extrait cité. « Elle consiste à mener en quel- » que part de la ligne oblique GF, une ligne à-plomb GI, & » une horisontale, FI, pour avoir le triangle FIG. On toisera » ensuite la surface FE *ef* avec celle des murs qui sont bâtis » sur cet arc FE *ef*; on en multipliera la moitié par la ligne » horisontale FI ; on divisera le produit par le double de l'obli- » que FG, & on tirera ensuite la racine quarrée du quotient. » Pour les platebandes, on prendra ce nombre trois fois, pour » les arcs surbaissés deux fois & demi, pour les arcs en plein- » ceintre deux & un quart, & pour les surmontés deux fois, » & ce sera l'épaisseur que M. Danisy estime qu'il faut donner » aux piédroits des voûtes pour une parfaite solidité, *sans s'em-* » *barrasser de la hauteur que ces piédroits doivent avoir.* En voici la construction avec la regle & le compas.

Fig. 242. « Après avoir tracé en grand sur un mur, ou en petit sur le pa- » pier, l'épure de l'arceau ABCDE, les ouvriers diviseront cet » arceau en deux également par la ligne KM à-plomb, qu'ils » prolongeront jusqu'en L, qui rencontre le plus haut GH du » mur FGHI qui est soutenu par l'arceau. De l'extrêmité C

Chap. XII. DE LA POUSSÉE DES VOUTES.

„ de la clef à l'extrados, & du point d'atouchement N, ils *Fig. 242.*
„ meneront la ligne NO; ils feront PL parallele à NC, &
„ par le point O ils abaisseront la perpendiculaire OQ sur
„ l'oblique PL; il faudra ensuite porter la ligne OQ de A en
„ R sur l'horisontale FI; il faudra encore porter de A en T
„ la partie PS, moitié de PM, & par le point V, milieu de
„ RT, décrire avec une ouverture de compas égale à RV, le
„ demi-cercle RXT. Par le point A on menera la ligne à plomb
„ AX, & ce sera cette longueur AX qu'on prendra trois fois
„ pour les platebandes, deux fois & demi pour les arcs sur-
„ baissés, deux & un quart pour ceux à plein-ceintre, & deux
„ fois pour les gothiques ou à tiers-point; si on porte cette
„ valeur de A en F, AF sera l'épaisseur qu'on peut donner au
„ piédroit, & quoiqu'on pût absolument la donner moindre,
„ c'est toujours hasarder, & il vaut beaucoup mieux les faire
„ trop forts que trop foibles ».

Quoique les expériences dont ont vient de parler ne paroissent pas suffisantes pour fournir les moyens d'en tirer une regle générale pour la poussée des voûtes, voici ce qu'on pourroit tirer de celle de la fig. 235, où la voûte en plein-ceintre ne s'est ouverte qu'aux deux côtés de la clef & aux deux reins, où l'on verra que l'équation qui en résulte est différente de celle qui semble avoir donné la construction de la regle de M. Danisy.

PROBLEME VII.

Trouver l'épaisseur nécessaire aux piédroits d'une voûte qui ne doit se fendre qu'en quatre endroits, au moment de sa destruction, comme celle de la fig. 235, suivant l'expérience.

Soient nommées les données $FI=a$, $GI=b$, $FG=d$, la ligne *Fig. 235.*
LZ tirée perpendiculairement du point L sur FI prolongée $=$
$FM=h$, $LM=x$; supposons la pesanteur du piédroit exprimée par la surface du rectangle $MZ=hx$. Pour réduire les deux efforts N & I en un seul, il faut multiplier le poids de la moitié de la clef, & celui de la partie FEGI de la voûte, chacun par sa distance du point F, & diviser le produit par la somme de ces deux poids; le quotient donne le point C sur la ligne FG dans quelqu'endroit qu'il puisse être. Soient nommés ces deux poids, qui seront justement la pesanteur de la moi-

Fig. 235.

tié de l'arc FE *e f* = *q* ; foit tiré du point C la ligne CQ parallele à GI. Il n'eſt pas néceſſaire dans la pratique de faire cette opération, comme on le verra dans la ſuite, mais il faut la ſuppoſer faite pour réſoudre le problême par analyſe.

Le poids *q* multiplié par CF exprime l'effort de la peſanteur de la moitié de l'arc FE *e f*, ſuivant la direction oblique CF. Cet effort *q* × CF ſe décompoſe en deux autres, dont l'un eſt horiſontal ſuivant FQ, & l'autre vertical ſuivant CQ, parce que CF peut être regardée comme la diagonale d'un parallelograme dont FQ & CQ ſeroient les côtés. Il ſe décompoſe de façon que l'effort total *q* × CF au point F, doit être égal à l'effort horiſontal & à l'effort vertical pris enſemble & réunis au même point F, & que ces trois efforts doivent être entre eux comme les lignes CF, FQ, CQ.

Ces deux conditions ſont remplies en exprimant l'effort total par $q \times CF$, l'horiſontal par $q \times \frac{\overline{FQ}^2}{CF}$, le vertical par $q \times \frac{\overline{CQ}^2}{CF}$, où l'on voit que ces trois efforts conſervent le rapport demandé, & que l'effort total eſt égal aux deux autres, à cauſe du triangle rectangle CQF qui donne $\overline{CF}^2 = \overline{FQ}^2 + \overline{CQ}^2$. Mais les triangles ſemblables FQC, FIG, donneront CF, FQ, CQ = GF, FI, IG ; mettant donc à la place de CF, FQ, CQ, leurs proportionnelles GF, FI, IG, les expreſſions précédentes deviendront $q \times GF$, $q \times \frac{\overline{FI}^2}{GF}$, $q \times \frac{\overline{GI}^2}{GF}$, dans leſquelles les mêmes relations ſont obſervées.

A préſent ſi l'on conſidere que l'effort horiſontal, agiſſant contre le levier LF au point F pour le faire tourner ſur le point L du côté de Z, eſt appliqué au bras du levier LZ, ſon énergie ſera $= q \times \frac{\overline{FI}^2}{GF} \times LZ = q \times \frac{a^2}{d} \times h = \frac{a^2 q h}{d}$. Cette énergie tend à renverſer le piédroit. L'effort vertical au contraire tend à affermir le piédroit, & agiſſant en F pour faire tourner le levier LF ſur le point L du côté de M, il eſt appliqué au bras du levier LM ; ſon énergie ſera donc $q \times \frac{\overline{GI}^2}{GF} \times LM = q \times \frac{b^2}{d} \times x = \frac{b^2}{d}$ *q x*. La différence de l'effort horiſontal, qui renverſe le piédroit, à l'effort vertical qui l'aſſure, eſt donc préciſément la

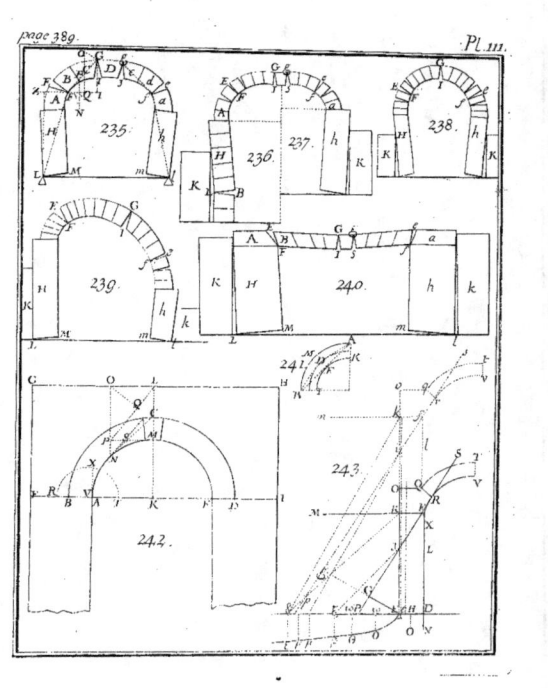

CHAP. XII. DE LA POUSSE'E DES VOUTES.

force restante pour agir contre le piédroit ; cette force est $\frac{a^2 q h}{d} - \frac{b^2 q x}{d}$. Le piédroit pour lui résister oppose son effort, & cet effort est égal au produit de son poids par la perpendiculaire abaissée du point L sur la direction du centre de gravité ; il est donc $h x \times \frac{1}{2} LM = \frac{1}{2} h x^2$. Pour entretenir l'équilibre, l'effort du piédroit doit être égal à celui qui lui est contraire, d'où résulte cette équation $\frac{1}{2} h x^2 = \frac{a^2 q h - b^2 q x}{d}$. Multipliant l'un & l'autre membre par 2, & transposant pour l'ordonner, elle devient $h x^2 + \frac{2 b^2}{d} q x = \frac{2 a^2 q h}{d}$. Divisant par h, elle est $x^2 + \frac{2 b^2 q x}{h d} = \frac{2 a^2 q}{d}$. Ajoutant de part & d'autre le quarré de la moitié du coefficient du second terme, elle se change en $x^2 + \frac{2 b^2 q x}{d h} + \frac{b^4 q^2}{d^2 h^2} = \frac{b^4 q^2}{d^2 h^2} + \frac{2 a^2 q}{d}$, dont la racine est $x + \frac{b^2}{d h}$, $q = \sqrt{\frac{b^4}{d^2 h^2} q^2 + \frac{2 a^2 q}{d}}$.

Cette formule enseigne qu'il faut prendre la surface de l'arc FE*ef*, multiplier sa moitié par la quatrieme proportionnelle à FG & à GI, diviser ce second produit par le quarré de la hauteur du piédroit, ajouter ce quotient au produit formé suivant la premiere regle, tirer la racine quarrée de cette somme, & enfin retrancher de cette racine le produit de la surface de la moitié de l'arc FE*ef*, par la quatrieme proportionnelle à FG & à GI divisé par la hauteur du piédroit. Ce qui reste est l'épaisseur qu'il faut donner aux piédroits d'une voûte à plein-ceintre, dont les voussoirs sont en nombre impair.

Si l'on fait attention à la conduite que l'on a tenue pour résoudre ce problème, on remarquera aisément que l'on a décomposé l'effort total de la voûte sur le point où se fait l'ouverture aux reins en deux autres, dont l'un est horisontal & l'autre vertical ; que l'horisontal se fait suivant FI, ligne comprise entre le point de rupture & la verticale abaissée de l'extrêmité de la clef, que le vertical se fait suivant GI, ligne verticale abaissée de l'extrêmité de la clef jusqu'à la rencontre de l'horisontale ; que ces deux efforts sont comme les deux lignes FI, GI, & enfin que l'effort horisontal tend à renverser le piédroit, & le vertical à l'affermir.

COROLLAIRE I.

D'où il fuit, 1°. que plus la clef eft large moins la pouffée de la voûte eft grande, parce que dans ce cas la ligne FI diminue plus à proportion que la ligne GI, c'eft-à-dire, que l'effort horifontal devient moindre à proportion que le vertical.

COROLLAIRE II.

2°. Que la pefanteur de la voûte, la clef, la diftance & la hauteur des piédroits reftant les mêmes, l'effort horifontal ne change plus, puifqu'il n'y a que le vertical qui varie felon que la voûte diffère plus ou moins de celle en plein-ceintre, c'eft-à-dire felon que l'arc eft furbaiffé ou furhauffé ; & que dans les furbaiffés l'effort vertical qui agit pour le piédroit étant moindre, les piédroits demandent plus d'épaiffeur, & au contraire les furhauffés en demandent moins.

Le défaut d'explication de l'énoncé de la regle de M. Danify ayant donné occafion de chercher la route qu'il avoit pu tenir pour venir à fa conftruction, on a trouvé qu'on ne le pouvoit que par un faux raifonnement, qui donnoit $\overline{LM} = q \times \frac{FI}{2FG}$, dont la racine quarrée, qui eft $LM = \sqrt{q \times \frac{FI}{2FG}}$, donne précifément cette conftruction ; mais on a vu ci-devant qu'on ne doit pas penfer que ce foit par inadvertence, mais parce qu'il a fupprimé l'effort vertical du piédroit, pour qu'il en réfultât une plus grande épaiffeur.

De la pouffée des voûtes compofées, & de plufieurs fimples qu'on peut confidérer comme compofées.

Les auteurs qui ont travaillé à réfoudre le problème de la pouffée des voûtes, n'ont fait attention qu'à celle des berceaux & des platebandes, c'eft-à-dire aux cylindriques & aux planes, fans faire aucune mention de celle des autres efpeces dont les furfaces intérieures font de différentes figures fimples, comme les fphériques, fphéroïdes, coniques, annulaires & hélicoïdes ; ni aux voûtes qui font compofées de plufieurs portions des corps fimples, raffemblées fous différens
angles,

Chap. XII. DE LA POUSSÉE DES VOUTES.

angles, & suivant différentes directions, ce qui mériteroit cependant d'être mis en question, parce que les berceaux simples ne sont pas les voûtes les plus usitées dans les bâtimens civils. Je vais tâcher de suppléer à cette omission, autant qu'il est nécessaire pour la pratique, en rapportant toutes sortes de voûtes aux cylindriques par des conséquences tirées de la spéculation & de l'expérience. Quoiqu'il soit du bon ordre d'aller du simple au composé, j'examinerai les voûtes composées avant les simples, parce que je dois considérer les simples comme composées de petites parties cylindriques, semblables à celles des voûtes d'arête & en arc de cloître.

De la poussée des voûtes d'arête.

Une voûte d'arête (comme nous l'avons dit au commencement de ce 3ᵉ tome) est un composé de deux surfaces de demi-cylindres : APBD dont le ceintre est AhP, & ADBP dont le ceintre est PHB, qui se croisent sur une même hauteur d'imposte & de clef, ce qui forme quatre portions de cylindres séparées par les arêtes de leurs intersections, & l'on sousdivise encore chacune de ces portions en deux parties égales qu'on appelle *pandantifs*; nous appellons *travée* cet assemblage de huit pandantifs, dont les deux contigus en retour font un quart de travée.

Plan. 112, Fig. 244.

Si l'on considere chacun de ces pandantifs à part comme un triangle cylindrique dont l'axe est horisontal, & qui est appuyé sur une de ses pointes posée sur un pilier que nous appellons piédroit; il est clair que l'effort de sa pesanteur qui pousse le piédroit se fera suivant l'arc elliptique qui seroit la section de ce triangle cylindrique par son centre de gravité. Ainsi considérant cette surface courbe dans sa projection m PC, ou MPC, on divisera le côté droit & horisontal m C, ou MC, en deux également en n, ou en N; la poussée du pandantif sur le piédroit b P a x se fera suivant cette direction n P. D'où il suit que pour trouver la direction de la poussée commune aux deux pandantifs joints ensemble & appuyés sur le point commun P, il faut prolonger les directions nP en q & NP en r, chercher l'épaisseur du piédroit qui convient au ceintre & à la charge de l'arc elliptique sur nP & NP, & porter cette épais-

Tome III.   D d d

Fig. 244.

feur en *q* & en *r*; enfuite par ces points *q* & *r* mener des paralleles aux directions pour former le parallelograme P*ry q*; la ligne P *y* fera la valeur de la pouffée du quart de travée de la voûte d'arête, fuivant cette hypothefe.

Mais fi l'on fait attention que les lits des vouffoirs font paralleles aux axes de chacune des portions de cylindre qui font les pandantifs, on reconnoîtra que la direction de leur pouffée fera déterminée par les perpendiculaires aux plans des lits, ce qui en diminue l'effort, parce que l'angle du concours des deux puiffances *m*PM, eft moins aigu que celui des deux précédentes *n*PN, fuivant les propriétés des mouvemens compofés, démontrées dans les traités de méchanique; ainfi nous abandonnons cette premiere hypothefe, pour confidérer les pandantifs comme une fuite d'arcs circulaires ou elliptiques paralleles entre eux, qui vont toujours en diminuant, & qui tendent à fe redreffer fuivant une direction qui eft dans un plan perpendiculaire à l'axe; en effet une voûte d'arête dont l'appareil feroit par joints de tête de fuite en déliaifon, quoiqu'un peu moins folide, n'en fubfifteroit pas moins, pourvu que les enfourchemens fuffent faits en bonne coupe fur leurs lits.

Soit (fig. 244) APBD la projection horifontale d'une voûte d'arête compofée de deux berceaux inégaux qui fe croifent, lefquels forment quatre lunettes, dont les oppofées au fommet ACP, DCB font égales, & celles qui font de fuite ACP, PCB inégales, l'une étroite & furhauffée fuivant le profil A*h*P, & l'autre large & furbaiffée PHB. On cherchera, par les problêmes précédens, l'épaiffeur du piédroit qui convient à chacun de ces berceaux; s'il n'y a point de biais, on portera la ligne trouvée pour cette épaiffeur fur la prolongation des côtés, & s'il y a du biais, on la portera fur la prolongation de l'arc droit; par exemple, la mefure de l'épaiffeur P *a* fur AP prolongé en *a*, pour la pouffée de l'arc doubleau A*h*P, & l'épaiffeur P*b* fur BP prolongé en P*b*, pour la pouffée de l'arc doubleau BHP; enfuite par les points *a* & *b* on menera des paralleles aux côtés oppofés, lefquelles fe croiferont en *x*, le rectangle P *bxa* fera la furface de la bafe du piédroit ou pilier néceffaire pour réfifter à la pouffée du quart de la voûte d'arête APBD, que j'appelle un quart de travée, parce qu'elle eft compofée de deux pandantifs, qui font deux

Chap. XII. DE LA POUSSÉE DES VOUTES. 395

triangles cylindriques, dont les projections font les triangles rectilignes *m* PC, MPC.   *Fig.* 244.

Si l'on fait attention que tout l'effort de la poussée se fait sur le point P, on reconnoîtra premierement, qu'il est chargé de toute la pesanteur des deux pandantifs qui le pressent verticalement, & tendent à écraser la matiere dont le piédroit est construit. Secondement, que l'effort horisontal de la poussée se fait suivant la diagonale P *x*. D'où il suit que les prismes triangulaires du piédroit, qui ont pour base les triangles P *b x* & P *a x*, ne lui sont nécessaires que pour empêcher que l'angle P ne soit écrasé, & pour contenir la charge dans sa direction verticale, afin que le piédroit ne s'incline pas vers *a* ni vers *b*; de sorte que supposant deux barres de fer de force suffisante, l'une posée verticalement pour soutenir le fardeau, l'autre en situation inclinée suivant la tangente du joint extrême, pour résister à la poussée de l'arête dont la projection est CP, il n'en faudroit pas davantage pour soutenir ce quart de travée, si le fond étoit impénétrable, & l'équilibre parfait; c'est une spéculation dont l'exécution est impossible, mais qui n'est pas inutile pour donner une juste idée du sujet.

SECOND CAS.

Lorsqu'il y a deux travées de voûtes de suite sur le même alignement.

Soient deux quarts de travées APCM, BPCD (fig. 245), *Fig.* 245. c'est-à-dire quatre pandantifs, dont les projections sont les triangles APM, MPC, CPD & DPB; il est clair, par la construction précédente, que les diagonales P *d*, P *m* des deux parallelogrammes PQ *m a* & PQ *d b*, exprimeront les épaisseurs nécessaires pour contenir la poussée de chacun des quarts de travée, & qu'ainsi un pilier triangulaire P *d m* seroit suffisant pour contenir la poussée des deux quarts de travée; mais comme toute leur charge porteroit sur le point P, l'angle de ce piédroit seroit écrasé par cette charge, ou s'enfonceroit dans le sol, pour peu qu'il ne fût pas suffisamment solide; c'est pourquoi il convient d'ajouter au prisme triangulaire P *d m* les deux triangles *a* P *m* & *b* P *d* pour le fortifier, & le rendre propre à soutenir le poids de la voûte. Je dis seu-

D d d ij

Fig. 245. lement pour ce sujet, & non pour n'être pas jetté à droite ou à gauche, comme au cas précédent, parce qu'ici les deux arcs de formerets sur AP & BP, étant diamétralement opposés, demeureront en équilibre si leurs diametres & leurs charges sont égales; & si elles sont inégales, la poussée qui se fera d'un côté plus que de l'autre sera la différence des deux efforts. Ainsi en ce cas, il faut indispensablement quelque épaisseur de piédroit en P, mais dans la pratique il convient toujours qu'il y en ait, quand même les formerets seroient égaux, parce que toute la charge tombant sur un angle P, il seroit difficile qu'il fût de pierre d'une assez forte consistance, ou sur un fond assez dur, pour qu'elle ne fût pas écrasée par la charge, ou qu'elle ne s'enfonçât un peu dans le sol de la fondation, auquel cas le moindre mouvement romproit tout l'équilibre.

REMARQUE.

Fig. 250, & 250. Par cette raison, les architectes divisent ordinairement les travées des voûtes d'arête par un ornement en saillie qu'ils appellent *arc doubleau*, e f g i, parce qu'il double cette partie de voûte, lequel arc occupe en largeur celle d'un pilastre D e f K, ou d'une perche qui lui sert de base, qui fait par conséquent un pan K e f l au lieu de l'angle d P m. Cet arc doubleau, dans l'architecture moderne, est une arcade cylindrique, c'est-à-dire une portion de berceau simple qu'on orne de panneaux ravallés, dans lesquels on place à propos des ornemens de sculpture, comme des rosons, des bas-reliefs, &c. Dans l'architecture gothique, l'arc doubleau est, comme les autres nervures d'ogives, tiercerons, liernes, &c. une partie fort saillante profilée en moulures de doucines opposées, avec des quart-de-ronds, baguettes, &c. mais beaucoup moins large que dans l'architecture moderne, parce que sa base n'est posée que sur une perche, & même souvent elle porte à faux sur un cul-de-lampe.

TROSIEME CAS.

Lorsqu'il y a trois travées de suite en retour d'un angle droit.

Dans une grande partie de nos églises qui sont voûtées en voûtes d'arête sur un plan en croix latine, il se trouve à la

CHAP. XII. DE LA POUSSÉE DES VOUTES. 397
croisée des bras avec la nef une suite de trois travées en retour, qui sont appuyées à moitié sur des piliers angulaires; celle du milieu est exactement quarrée, lorsque les bras sont de même largeur que la nef; mais lorsqu'ils sont plus étroits, elle devient barlongue, comme sont ordinairement les autres travées, un peu plus ou moins, selon qu'elle differe des autres en largeur, c'est-à-dire selon que les bras sont plus étroits que la nef. Ordinairement les travées extrêmes des deux côtés de la croisée sont égales, parce qu'on fait les bras égaux en largeur à la nef; mais comme ils peuvent ne pas l'être, nous choisirons ce cas pour rendre la construction plus générale.

Ayant trouvé par la construction du cas précédent la diagonale Px qui exprime le résultat de la poussée des deux travées de suite FA, AB, on cherchera par le premier cas la poussée de la travée GB qui sera Py; puis par les points y & x, on menera des paralleles aux côtés opposés qui se croiseront en z; la diagonale Pz exprimera la poussée des trois travées réunies à une seule direction. On tirera ensuite du point z des perpendiculaires zi, zk aux côtés PF, PG; le quarré P$f z$G sera la surface de la base du pilier que l'on cherche.

Fig. 246.

REMARQUE.

Quoiqu'il y ait des exemples de cette construction, ils sont cependant assez rares; on coupe ordinairement par un petit pan ar l'angle aPr d'encoignure, pour donner plus de force à la naissance de la travée du milieu, comme on voit à la fig. ✠, à côté de la fig. 246. Les bons architectes ne voûtent guere le milieu de la croisée en voûte d'arête, mais plutôt en cul-de-four, parce que si le ceintre primitif de la nef est circulaire, les arêtes de la croisée deviennent fort surbaissées, & rendent cette partie de voûte trop foible, laquelle étant ordinairement plus chargée de charpente que les autres, a besoin au contraire de plus force.

Fig. ✠, au haut de la planche LIZ.

Il est aisé de voir que lorsque les travées extrêmes sont inégales, les côtés iP & kP du pilier deviennent inégaux, & que si les trois travées étoient égales entre elles, il n'y auroit que celle du milieu qui agiroit pour renverser le pilier, parce que les deux extrêmes étant exactement opposées l'une à l'autre, le contrebalanceroient & demeureroient en équilibre, si leur épaisseur & leur charge étoient parfaitement égales ; si elles sont inégales, la poussée des extrêmes se fera suivant une diagonale P*u*, qui ne sera plus dans la direction de l'arête DP, & qui sera d'autant plus ou moins grande que l'angle de leurs ogives ou arêtes EPC sera plus ou moins obtus.

QUATRIEME CAS.

Lorsqu'il y a quatre travées, ou plus, autour d'un pilier.

Fig. 247.
Il est clair que lorsque les pandantifs d'une voûte d'arête sont égaux entre eux & diamétralement opposés, les efforts de leurs poussées se détruisent mutuellement, & par conséquent qu'ils n'agissent plus sur le piédroit que par la charge de leur pesanteur qui fait effort pour l'écraser ; c'est dans ce cas où l'on reconnoît, encore plus que dans les précédens, la nécessité de séparer les travées par des arcs doubleaux qui ayent une certaine largeur, suffisante pour donner au pilier l'épaissité qui lui est nécessaire pour soutenir le poids de huit pandantifs dont il doit être chargé ; ce que l'on ne peut déterminer que par l'usage & l'expérience de la pierre de taille qu'on y emploie, qui est plus ou moins forte à la charge, c'est-à-dire qui peut ou ne peut pas être écrasée, & par la connoissance que l'on doit avoir de la pesanteur absolue des huit parties de voûtes que le pilier doit soutenir, lesquelles peuvent être plus ou moins épaisses, & chargées de charpente ou d'autre chose ; s'il se trouvoit de l'inégalité dans les pandantifs opposés, alors l'épaisseur du pilier seroit déterminée par la différence des deux lignes qui expriment la poussée horisontale, qu'on peut trouver par les problêmes précédens.

On sait que pour trouver la pesanteur absolue de chaque pandantif, & de tous ceux qui chargent un pilier, il faut en faire le toisé & le multiplier par la pesanteur des matériaux, connue par l'expérience & réduite en pieds cubes; mais la maniere de toiser ces pandantifs avec une certaine exactitude n'est connue que depuis peu ; c'est à M. Senès, de l'Académie des Sciences de Montpellier, ingénieur en chef du canal de

Chap. XII. DE LA POUSSEE DES VOUTES.

Cette, au Rhône, que nous la devons; on la trouvera dans les mémoires de l'Académie des Sciences de Paris, (années 1719 & 1721), avec ses démonstrations; on peut y avoir recours pour opérer avec une grande justesse. Si cependant l'on veut se contenter d'une opération moins parfaite, laquelle peut être suffisante pour le sujet dont il s'agit, il n'y a qu'à faire le développement d'un pandantif considéré dans le milieu de son épaisseur, de la même maniere que nous avons donné pour en faire les panneaux de doële, mesurer chacune de ses parties comme autant de trapezes, & la premiere à la naissance comme un triangle; ajouter toutes ces surfaces ensemble & les multiplier par l'épaisseur commune. Le produit multiplié par le nombre de livres que pese un pied cube, donnera la pesanteur absolue de la voûte. Nous verrons ci-après la maniere de trouver le poids d'un pied cube de chaque espece de matériaux, en cas qu'on ne le connoisse pas & qu'on n'ait pas de tables des poids sur lesquelles on puisse compter.

Soit, par exemple, le pandantif m PC qu'on veut mesurer, on rectifiera la moitié du ceintre du formeret Ph, qu'on portera développé sur PA prolongé en mp avec ses divisions 1, 2, 3, 4, étendues aux points 1^a, 2^a, 3^a, m, par lesquels on menera des paralleles indéfinies à la ligne de projection de la clef m C; puis par les points 1^r, 2^r, 3^r, où la projection de l'arête coupe les lignes provenant des points 1, 2, 3, 4, du formeret Ph, ou par les points 1e, 2e, 3e, du formeret suivant PH, on menera des paralleles à Pp, qui couperont les perpendiculaires à la même ligne aux points 1^d, 2^d, 3^d, C, par lesquels on tracera à la main la courbe pC, qui sera le développement de l'arête du pandantif. Le triangle mixte $p\,m$C sera la surface de la doële du pandantif, si l'arc hP est pris à la doële, & celle du milieu de la voûte, si cet arc est pris au milieu: ainsi multipliant cette surface par l'épaisseur de la voûte, on aura le toisé de son cube, lequel multiplié par le nombre de livres de la pesanteur d'un pied cube de la pierre dont il est fait, donnera la pesanteur absolue de la voûte. Il faut observer que cette opération donne un peu trop, parce que les naissances des pandantifs qui se pénetrent, retranchent la pointe de la naissance.

Fig. 247.

REMARQUE.

On fait ufage de cette conftruction lorfque l'on eft obligé de voûter fur des piliers. 1°. dans les endroits où l'on ne peut trouver la hauteur qui feroit néceffaire pour ne faire qu'un ceintre qui comprenne toute la largeur du bâtiment. 2°. Lorfque les murs ne font pas d'une épaiffeur fuffifante pour réfifter à la pouffée d'une voûte d'un grand diametre, parce qu'on la diminue dans le rapport des hauteurs & des diametres. 3°. Enfin, pour pouvoir faire des voûtes de peu d'épaiffeur & de moins de furface, foit par raifon de charge ou par raifon de ménagement de dépenfe. C'eft par ces raifons que l'on a fait ainfi des bas côtés doubles dans une partie de nos anciennes églifes, comme à Notre-Dame de Paris, &c, & dans les grandes falles de la plupart des monafteres, & des anciens édifices.

Explication démonftrative.

On peut fans doute confidérer un quart de travée de voûte d'arête m PMC, & chaque pandantif en particulier, comme une fuite de plufieurs tranches de berceaux coupés verticalement par des plans perpendiculaires à leurs axes : or il eft vifible que chacune de ces tranches étant pofée dans fa partie inférieure fur l'arcade que forment les vouffoirs d'enfourchement, fuivant l'arête où fe fait la jonction des deux pandantifs contigus, elle fait effort par fa charge pour faire dreffer cet arc d'ogive, & par conféquent pouffe ainfi médiatement le piédroit pour le renverfer. Il eft auffi vifible que les arcades des arcs doubleaux pouffent chacune immédiatement ce même piédroits en différentes directions, qui font ordinairement entre elles un angle droit, d'où il réfulte, fuivant les principes de la méchanique, des mouvemens compofés ; enforte que la direction qui réfultera de celle des deux puiffances qui pouffent, fera la diagonale d'un rectangle dont les longueurs des côtés feront entre elles comme ces puiffances. Or comme toutes les arcades des vouffoirs font paralleles entre elles dans chaque pandantif, il réfultera auffi que le concours de leur direction fe réduira à une troifieme, qui fera auffi dans le même plan que celle du concours des arcs doubleaux.

Chap. XII. DE LA POUSSÉE DES VOUTES.

Si l'on fait préfentement attention que les pouſſées de toutes ces arcades inégales font relatives à leurs retombées, qui font les finus ou les finus verfes de chacun de ces arcs, comme il a été démontré ci-devant, on reconnoîtra que les triangles rectilignes mPC, MPC, qui font les projections des deux pandantifs contigus, contiennent tous ces finus verfes, par conféquent que les longueurs qui donnent l'épaiſſeur du pié-droit pour chacune de ces arcades, formeront un triangle femblable à celui de la projection horifontale; donc fuppofant les côtés Pa & Pb trouvés fuivant les problèmes de la pouſſée des arcs doubleaux, le parallelograme Pbx, femblable à celui de la projection CmPM, fera la bafe du pilier qui doit foutenir la pouſſée du quart de travée de voûte d'arête donné, ce qu'il falloit trouver.

REMARQUE.

Il faut remarquer que par cette compofition & difpofition de portions de berceaux qui fe croifent, il réfulte une voûte dont la furface eſt moindre que celle du berceau fimple qui couvriroit le même eſpace du rectangle DAPB; parce que chacun des pandantifs eſt moindre que la huitieme partie d'un tel berceau, quoiqu'il le paroiſſe ainfi dans fa projection. Pour en connoître la différence, il n'y a qu'à faire le développement d'un de ces pandantifs, comme on vient de l'enfeigner pour le pandantif PmC, ou fon égal AmC, où l'on voit que la courbe $p\,2^dC$, qui termine un des côtés de la furface développée, eſt concave, & toute au dedans de la corde pC, par conféquent que le triangle mixte PmC eſt moindre que la moitié du parallelogramme me, qui eſt le développement de la projection mE, laquelle exprime le quart du berceau qui couvriroit l'eſpace horifontal APBD; donc la furface d'un pandantif d'une travée de voûte d'arête eſt moindre que la huitieme partie du berceau, & par conféquent les huit pandantifs dont elle eſt compoſée font enſemble une furface confidérablement plus petite que celle d'un berceau de même hauteur, qui feroit à la place d'une voûte d'arête, ce qu'il falloit prouver.

On va voir le contraire dans les voûtes en arcs de cloître; cependant chacun des pandantifs pouſſe plus, c'eſt-à-dire fait plus d'effort pour renverser le piédroit que la portion de berceau en continuation PCM, qui feroit son complément, quoique plus grand en surface de près d'un tiers, puisqu'il contient plus de deux fois le segment de développement pIC; la raison est que les voussoirs poussent d'autant plus qu'ils approchent de la clef, & d'autant moins qu'ils approchent de l'imposte; en effet on verra ci-après que jusqu'à la hauteur du quart de cercle P r, ils ne poussent point du tout, étant retenus par le seul frottement de leurs lits, ils se soutiennent les uns sur les autres sans glisser jusqu'à 22 & même jusqu'à 25 degrés; on remarque aussi qu'au-dessus jusqu'à 45 degrés ils poussent fort peu, puisque ce n'est qu'à cette hauteur que les voûtes se fendent.

Fig. 248. Ainsi (à la fig. 248) si l'on mène par le point 2 du ceintre bH, une parallele à l'imposte Ab, elle coupera la diagonale AC au point a^2, & le côté Ad au point x; si par le point a^2 on tire a^2 q^2 parallele au côté Ad, il est évident que le trapèze x a^2 Cd est plus grand que le triangle a^2 p^2 C, de tout le parallélogramme x a^2 q^2 d, lequel étant considéré dans la projection d'un pandantif ACd, exprimera la différence en excès de la poussée du pandantif de la voûte d'arête sur le triangle cylindrique qui seroit son complément pour achever le demi-berceau qui couvriroit tout l'espace AbCd. Or ce complément du pandantif est justement le pan d'une voûte en arc de cloître, qui couvriroit le même espace. Secondement, on a vu, par le développement du pandantif DAIS, que sa surface est moindre que celle du développement du pan de l'arc de cloître de l'arc bAIS; cependant si le demi berceau étoit complet sur l'imposte Ab, le parallélogramme A$x$$b$ seroit la base totale de son piédroit. Or nous disons que la moitié de A$x$$b$ est celle de la portion d'arc de cloître, qui est plus grande que la moitié de la doële; donc l'autre moitié A$f$$x$, qui est égale à la base A$f$$x$$b$, étant nécessaire pour soutenir la poussée d'une moindre partie de doële, il suit que cette moindre partie, qui est le pandantif, pousse plus en général que le pan de l'arc de cloître; ce qui est exprimé à la fig. 244, par le rapport de Px à Pb ou à Pa, & dans celle-ci par celui de Ae à b x ou Af.

Chap. XII. DE LA POUSSÉE DES VOUTES.

De la poussée des voûtes en arc de cloître.

Les voûtes en arc de cloître peuvent être considérées comme les complémens des voûtes d'arête, ainsi que nous venons de l'expliquer ; car supposant un demi-berceau sur *db* (fig. 248) coupé diagonalement sur AC, & la naissance ou l'imposte du demi-berceau sur A*b*; le triangle AC*d* sera la projection d'un pandantif, & AC*b* celle d'un pan de voûte en arc de cloître. D'où il suit que, puisque le pandantif est une portion de berceau moindre que la moitié du demi-berceau sur *db*, comme on vient de le montrer, le pan de la voûte en arc de cloître, qui en est le complément, sera plus grand que cette moitié, quoiqu'il paroisse égal dans la projection, où le triangle A*b*C est égal au triangle A*d*C.

Fig. 248.

La raison de cette fausse apparence a été donnée au second Livre, lorsque nous avons parlé des effets de la projection, qui racourcit d'autant plus les objets qu'ils sont moins inclinés au plan de description ; or il est clair par le profil *b* 1 2 H que la partie *b* 1 étant moins inclinée à la base *b* C de ce profil que la partie 3 H, qui lui est presque parallele, elle sera aussi plus racourcie par la projection ; par conséquent la surface de la voûte sur A *b* C sera plus grande que son complément au demi-cylindre sur AC*d*, qui a ses parties plus éloignées de l'imposte A*b*. Cette vérité paroît évidemment dans le développement du demi-berceau tracé en ADS*b*, où le triangle mixte AISD est la surface développée du pandantif, & l'autre AIS*b* celle du pan de l'arc de cloître. De cette derniere considération, il suit que quoique le pan d'un arc de cloître soit plus grand que le pandantif de la voûte d'arête qui est son complément, il poussera cependant beaucoup moins, parce que son centre de gravité sera plus près de l'imposte que celui du pandantif.

Au reste on ne peut comparer la poussée de ces deux voûtes, parce que l'une pousse sur une ligne & l'autre sur un point ; le pandantif de la voûte d'arête fait tout son effort sur le point A pour renverser le piédroit, & le pan d'arc de cloître le fait sur toute la ligne A *b* qu'il pousse inégalement, ensorte que son mouvement virtuel décrit une surface triangulaire A *b x*. En effet c'est ici tout le contraire du pandantif, il pousse tout

Fig. 248.

au point A, & le pan d'arc de cloître n'y pousse point encore; c'est de ce point qu'il commence à pousser de plus en plus vers *b*, dans le rapport des longueurs des retombées de chaque rang vertical de ses voussoirs, compris entre l'imposte A*b* & l'arc de section elliptique AL*h* sur AC. D'où il suit que le plan d'arc de cloître sur A*b*C n'a besoin que de la moitié de la surface de la base du piédroit qui seroit nécessaire pour résister à la poussée du demi-berceau sur C*d*A*b*, dont le piédroit devroit être le parallelogramme A*fxb*, supposant l'épaisseur A*f* ou *bx* trouvée par les problèmes précédens.

Ainsi toute l'épaisseur A*fx* que l'on a coutume de donner au piédroit, c'est-à-dire à la base d'un mur de faces parallèles entre elles, laquelle est le parallelogramme A*fxb*, est superflue pour résister à la poussée de la voûte en arc de cloître, de même que le triangle A*gy*, moitié du parallelogramme A*y*, qui répond à l'autre pan A*d*; & à plus forte raison le quarré restant à la jonction des deux murs en *g*A*fe*, qui est totalement inutile, parce que les deux pans d'arcs de cloître n'ont aucune détermination de poussée de ce côté, lequel au contraire étoit le seul où poussoient les voûtes d'arête, comme nous l'avons dit ci-devant. Cette partie superflue de la jonction des deux murs diminuera à mesure que l'angle des murs sera plus ouvert, & augmentera d'autant plus qu'il sera plus aigu.

Fig. 249.

Ainsi supposant une voûte d'arête sur un pentagone régulier DBGFE, comme par exemple une guérite (fig. 249); cette partie de jonction des murs devient le trapezoïde I*n*F*o*, qui est plus petit, toutes choses égales, que le quarré *gf* de la fig. 248. D'où il suit que ne prenant pour la base des piédroits que les parties triangulaires qui sont nécessaires pour résister à la poussée d'une voûte établie sur un polygone, le contour de ces piédroits sera d'un nombre des côtés double de celui sur lequel est établie la voûte en arc de cloître : par exemple ici ce sera une décagone EAFMGLB, &c, qui peut être ou ne pas être régulier, suivant que la poussée du milieu d'un pan AP aura été trouvée plus ou moins grande par les problèmes précédens, touchant celle des berceaux simples, dont le demi-diametre de l'arc droit seroit RC. D'où il suit que les bases des piédroits à faces parallèles entre elles EF, KI : FG, IH, d'un mur qui envelopperoit le polygone,

CHAP. XII. DE LA POUSSÉE DES VOUTES.

seroient plus de moitié plus grandes qu'il ne faut de la quantité de tous les trapezoïdes, comme $oFnI$, &c, qui restent aux angles du polygone au-delà des triangles AFo, FMn, qui sont égaux à ceux des bases des piédroits ARF, MFm, nécessaires pour contenir la poussée de chaque pan d'arc de cloître.

Présentement si l'on veut diminuer de moitié la plus grande épaisseur bx (fig. 248) pour faire un mur à faces parallèles Ab, NO, faisant $bo = ox$, il est évident qu'on aura la même surface de base dans le parallelogramme AO que dans le triangle Axb, & que le triangle MxO qu'on supprime est remplacé par son égal NAM, qui sera la base d'un contrefort en prisme triangulaire, lequel appuie le piédroit en coin tronqué AMOb, considéré comme un massif de maçonnerie qui peut être retenu par ce contrefort; & si l'on y ajoute le triangle à la diagonale KNA pour le fortifier, on peut compter que la force d'un tel piédroit seroit suffisante pour résister à la poussée de la voûte.

Cependant, quoique la base ajoutée KMA soit plus grande que la retranchée MxO, il sera de la prudence d'épaissir le piédroit qui sera fait en mur de faces parallèles entre elles, un peu au-delà de la moitié bO de l'épaisseur primitive bx, lorsque le polygone sera d'un petit nombre de côtés, comme de 4, & encore plus de 3, où l'angle AMK du contrefort est trop aigu; de sorte qu'il est fort foible, considéré comme une partie ajoutée, quoiqu'il soit en effet une partie de mur continue. Cet angle AMK s'ouvrira d'autant plus que le polygone voûté en arc de cloître sera d'un plus grand nombre de côtés, de sorte que la partie ajoutée y deviendra suffisante pour remplacer la pointe du piédroit retranchée, considérant toujours les piédroits & la voûte comme une masse de maçonnerie ou de pierres de taille bien liées entre elles, qui ne font qu'un corps; car si on les considéroit comme sans liaison latérale, ces contreforts ne pourroient jamais remplacer la force du levier venant de l'éloignement du point d'appui x, qui seroit nécessaire pour résister à la poussée de l'arc du milieu Cb, considéré comme une arcade détachée, qui pourroit se séparer du reste du pan de l'arc de cloître, parce que cet éloignement x donne la longueur du bras du levier nécessaire pour résister à l'effort de la poussée.

Fig. 248.

De la poussée des voûtes sphériques & sphéroïdes.

Fig. 252.

Si un polygone, ou une portion ABP (fig. 252), voûtée en arc de cloître, a un grand nombre de côtés de peu de largeur à la naissance, comme A 1 ; 1, 2 ; 2, 3 ; 3, 4, &c. il est évident que la figure d'une telle voûte approcheroit beaucoup de celle d'une sphérique, si l'arc droit étoit circulaire, ou d'une sphéroïde, si l'arc droit étoit elliptique, surhaussé, ou surbaissé. Si le nombre de ces côtés étoit du double ou du triple plus grand, les côtés ou pans de la voûte deviendroient si petits qu'ils seroient sensiblement confondus avec le cercle dans lequel le polygone seroit inscrit, & la voûte approcheroit d'autant plus de la sphérique, que ces rangs de voussoirs se rétréciroient en approchant de la clef, où il seroit impossible d'y appercevoir aucune différence, comme on en peut juger par le développement d'un pan tracé à la fig. 253. D'où il suit qu'on peut considérer les voûtes sphériques & sphéroïdes, comme composées de plusieurs pans d'arcs de cloître. Suivant cette hypothese, on reconnoîtra que ces sortes de voûtes poussent plus de la moitié moins que les berceaux simples, de même ceintre, diametre & épaisseur, ou charge, & par conséquent qu'en ne donnant à leurs piédroits que la moitié de celle des berceaux conditionnés de même, ils seront encore plus forts qu'il n'est nécessaire pour les mettre en équilibre avec la poussée.

Pour faire sentir la justesse de ce raisonnement, qui est fondé sur celui que nous venons de faire touchant la voûte sur pentagone de la fig. 249, nous avons tracé à la fig. 252 les bases triangulaires 1 q 2, 2 u 3, 3 t 4, &c, qui répondent à chaque pan du polygone inscrit dans le cercle A 3 B, tels qu'ils devroient être à la rigueur : or si l'on veut faire un piédroit d'épaisseur uniforme, à moitié de la primitive A d, divisée en deux également en x par un arc de cercle concentrique $x k$ X, il est clair que les triangles retranchés par cet arc, comme $f q g$, $i u k$, $l t r$, &c, sont plus petits en surface que ceux qu'on ajoute entre les piédroits triangulaires en g 2 i, k 3 l, r 4 n, &c, dans le rapport du rayon C g au rayon C q ; par conséquent ces pieces triangulaires, qui sont autant de bases de contreforts, sont aussi plus fortes qu'il n'est nécessaire pour butter les

Chap. XII. DE LA POUSSÉE DES VOUTES.   407
piédroits en coins tronqués 1 fg 2, 2 ik 3, 3 lr 4, &c, & remplacent avec avantage les prifmes triangulaires retranchés en fqg, iuk, &c.

De la poussée des voûtes annulaires.

Le même raisonnement qui nous a servi à rapporter les voûtes sphériques & sphéroïdes aux arcs de cloître, peut nous servir aussi à rapporter les voûtes annulaires, partie aux arcs de cloître, partie aux voûtes d'arête ; en effet si l'on suppose, au lieu d'un anneau circulaire ou elliptique, un anneau tournant autour d'un polygone d'un grand nombre de côtés extrêmement petits, on reconnoîtra que la partie concave sera une suite de pans d'arcs de cloître tronqués à la clef, & que la partie convexe entre le noyau & la clef sera une suite de panaches de voûtes d'arête qui s'élargissent depuis l'imposte du noyau jusqu'à la clef, autant que les pans opposés concaves se rétrécissent depuis l'imposte du mur jusqu'à la clef. Ainsi considérant les joints montans dans un plan vertical dirigé au centre du noyau, l'espace que deux de ces plans enfermeront ne sera pas un triangle cylindrique terminé à la clef, comme dans les voûtes sphériques, mais un trapeze cylindrique, par exemple $abNn$, dont le côté nN est plus petit que l'opposé ab dans le rapport des distances Cn, Ca du centre du noyau à l'imposte concave & à l'imposte convexe.

Fig. 251.

Ce trapeze cylindrique doit être divisé en deux parties par rapport à la poussée de la voûte, l'une depuis l'imposte concave ab jusqu'à la clef LS, qui fait effort pour renverser le piédroit amb, l'autre depuis l'imposte convexe du noyau nN jusqu'à la même clef LS, lequel trapeze agit contre le noyau nNO. Comme l'une de ces parties abSL se rétrécit en montant, il est clair qu'elle a moins de surface, & par conséquent moins de pesanteur qu'un berceau droit qui seroit établi sur l'imposte ab; par conséquent elle pousse moins qu'un tel berceau, dont la projection de la surface seroit le rectangle $abtq$, laquelle est plus grande que le trapeze $aLbS$ des deux triangles qaL, fbt.

Or comme les poussées des voûtes de même ceintre & de même hauteur & épaisseur, sont relatives à leurs projections horisontales, il suit que la poussée du demi-berceau sera à la

Fig. 251. poussée du demi-pan annulaire, à peu près comme le parallelogramme *q b* au trapeze *a* LS *b* ; & la ligne qui exprimera l'épaisseur du piédroit convenable au demi-berceau sera à celle qui convient au pan annulaire, comme *a b* est à KF, menée par le milieu K du demi-diametre *a* L parallelement à *a b*. D'où il suit que pour trouver l'épaisseur du piédroit du mur concave, il faut faire cette analogie: C *a. a b* :: CK. KF; c'est-à-dire, comme la longueur du rayon du noyau, plus le diametre de l'arc droit de la voûte annulaire, est à une petite distance prise à volonté à l'imposte concave : ainsi le rayon du noyau, plus les trois quarts du diametre de l'arc droit de la voûte, est à un quatrieme terme qui sera la corde KF, laquelle étant trouvée, on fera cette seconde analogie : comme *a b* est à *a y*, trouvé pour l'épaisseur du piédroit d'un demi-berceau sur la même longueur d'imposte, ainsi KF sera à un quatrieme terme *a x*, qui sera l'épaisseur du piédroit concave de la voûte annulaire.

J'ai dit que ce rapport n'étoit qu'un à peu près, mais il faut remarquer que la différence qu'il peut y avoir tourne à l'avantage de la solidité du piédroit concave, parce que les parties triangulaires, qui font l'excès du berceau droit sur l'annulaire, étant plus éloignées de l'imposte, poussent plus que leurs parties égales intérieures *a r* L, *b s* S, qui sont comprises dans le trapeze, comme nous l'avons dit en parlant des voûtes d'arête.

Par un semblable raisonnement on trouvera, au contraire, que la poussée de la partie convexe de la voûte sur son noyau sera plus grande que celle d'un demi-berceau posé sur l'imposte *n* N, de la valeur de celle des deux triangles *n* L V & NS *u*, dont la projection *n* LSN de la demi-voûte annulaire excede la cylindrique droite ; ainsi ayant divisé le demi-diametre de l'arc droit L *n* en deux également en G, & tiré G *g* parallele à *n* N, on aura la poussée du berceau à celle du pan annulaire, comme *n* N à G *g*.

Il faut remarquer que cette augmentation de poussée est bien récompensée par la force de la figure du piédroit convexe qui se resserre par cette pression de la circonférence au centre, lorsque le noyau est d'un petit diametre : c'est pourquoi il est des cas où l'on ne doit y avoir aucun égard ; mais si le noyau est vuide & d'un grand diametre, comme il arrive aux berceaux des bas côtés d'une église, tournant autour d'un chevet qui a quelquefois 30 pieds de diametre, alors il est bon d'y faire

Chap. XII. DE LA POUSSÉE DES VOUTES.

faire attention, parce que la convexité du mur qui sert de piédroit à la voûte annulaire, n'est pas assez considérable pour en augmenter la force, mais aussi alors la différence de la poussée diminue. D'où il suit que si le rayon du noyau est fort grand, eu égard à celui du mur du piédroit concave, la voûte annulaire poussera à peu près autant que celle d'un berceau droit de même ceintre, diametre & charge, parce que la voûte annulaire approchera d'autant plus de la cylindrique droite, qu'il y aura moins de différence entre le rayon du noyau & celui de la grande circonférence concave de l'anneau.

De la poussée des berceaux tournans & rampans.

Nous avons fait remarquer au second tome, que les berceaux tournans & rampans ne different des annulaires qu'en ce qu'ils s'élevent en tournant sur une hélice dont le développement, c'est-à-dire la rectification, est une ligne droite inclinée à l'horison; ainsi considérant les rayons du noyau de la vis & du contour de la tour ronde dans laquelle le berceau fait sa circonvolution, comme très-grand & peu différent l'un de l'autre, on peut rapporter la poussée d'un berceau tournant & rampant à celle d'un simple berceau droit en descente, biais par ses têtes de montée & de descente, faisant un angle avec un autre berceau qui lui est ajouté; telle seroit en effet une vis à petits pans sur sa projection horisontale.

D'où il suit premierement que tout ce que nous venons de dire de la poussée des voûtes horisontales sur le noyau, convient aux voûtes en vis. Secondement, qu'à celles-ci il y a une poussée de plus à considérer, qui est celle d'un poids posé sur un plan incliné, parce que tous les lits des voussoirs sont effectivement inclinés à l'horison suivant deux directions inégales, l'une qui tend à faire glisser le poids des voussoirs suivant une hélice qui est d'autant plus ou moins inclinée à l'horison qu'elle approche ou s'éloigne de l'axe vertical de la vis totale, l'autre qui tend à la faire glisser de la circonférence du ceintre vertical du berceau tournant autour du noyau, au centre de ce même ceintre.

Ainsi la poussée de ces sortes de voûtes est composée de celle du berceau horisontal de même ceintre, diametre &

Tome III. F ff

charge, & de celle d'un semblable berceau incliné à l'horifon : or l'on fait par les principes de la méchanique, que la force d'un poids pofé fur un plan incliné fuppofé poli, eft à celle qu'il faut pour l'y foutenir, comme la longueur du plan eft à fa hauteur ; mais comme les lits des pierres font grenus & raboteux, il n'eft néceffaire d'avoir égard à cette inclinaifon que lorfqu'elle eft au-deffus du quart de l'angle droit, parce qu'à l'inclinaifon de deg. $22\frac{1}{2}$, les lits ne gliffent pas les uns fur les autres, le frottement les en empêche, & ils glifferont d'autant moins que les directions changeront continuellement autour de la vis ; & comme dans la pratique les hélices d'un efcalier à vis du côté concave de la tour ne font guere plus inclinés que fuivant cet angle, confidéré dans les directions des tangentes des petites parties de l'hélice ; il fuit que dans la pratique il fuffit d'y avoir un peu d'égard, fans s'inquiéter fur l'effet que l'inclinaifon peut produire lorfque la bafe eft bien appuyée ; & pour favoir fur quoi on doit fe régler, fuppofant qu'il n'y eût pas de frottement, il n'y a qu'à fe rappeller ce théoreme de méchanique, qui démontre que fi une puiffance foutient un poids par le moyen d'une vis, elle fera à ce poids comme la hauteur de la vis eft à l'hypoténufe du triangle de fon développement, c'eft-à-dire que la pefanteur ou pouffée de la voûte fur des impoftes où elle pourroit gliffer, exprimée par la furface de fon profil, fera à l'épaiffeur ou furface du pied de la vis, comme l'hypoténufe du triangle de développement eft à fa hauteur.

De la pouffée des voûtes coniques.

On peut trouver quelque rapport des voûtes coniques aux berceaux, en fuppofant une voûte en canoniere, dont le diametre du ceintre de face feroit très-petit en comparaifon de la longueur de l'axe du cône ; car fi le concours des côtés du cône étoit infiniment loin de la face, la voûte ne feroit plus fenfiblement différente d'un berceau. Sans chercher des exemples de voûtes inufitées, on peut confidérer la voûte de l'efcalier du Vatican, qui eft peu refferrée dans fa longueur, comme un berceau ordinaire, & l'on auroit pu en chercher la pouffée fur cette comparaifon ; le peu d'erreur qui en auroit réfulté auroit été à l'avantage de la folidité des piédroits. On peut

CHAP. XII. DE LA POUSSÉE DES VOUTES.

encore trouver un rapport des voûtes coniques aux berceaux sous une autre considération, en les comparant aux arcs de cloître. Une trompe sur le coin, par exemple, fig. 254, peut être considérée comme un composé de deux pans d'arc de cloître ASN, BSN, dont le ceintre de face est surmonté, non suivant un arc elliptique, comme aux berceaux ordinaires, mais suivant un arc droit parabolique; l'angle rentrant de ces deux portions de berceaux qui se feroit au milieu, seroit en effet peu sensible vers la clef.

Fig. 254.

Il y a cependant deux différences essentielles des voûtes coniques aux berceaux, l'une que les ceintres parallèles entre eux & perpendiculaires à la naissance de l'imposte, sont des courbes semblables, mais d'inégale grandeur, qui vont toujours en diminuant depuis la face jusqu'au fond de la trompe; au lieu qu'au berceau parabolique ce sont des portions inégales d'une même courbe de ceintre. La seconde, que dans les trompes les joints de lit à la doële concourent tous au même point S du sommet, & que dans les portions d'arcs de cloître, ils sont tous parallèles entre eux. Ainsi les lits des voussoirs des voûtes coniques ont une double inclinaison, l'une vers l'axe, comme les voûtes cylindriques, l'autre vers le sommet du cône, qui divise & diminue un peu l'effort de la poussée, parce qu'elle diminue la charge qui se jette en partie vers le sommet du cône, plus ou moins, selon que les joints transversaux sont faits ou dans les plans verticaux, ou par des surfaces coniques; alors il est évident que ces voûtes poussent moins que les pans des voûtes en arc de cloître.

Nous avons montré ci-devant que la poussée de ces pans n'étoit que la moitié de celle d'un demi-berceau complet, qui seroit élevé sur la même imposte; par conséquent la poussée d'une demi-voûte conique sur même imposte & de même ceintre & épaisseur, poussera encore beaucoup moins qu'un pan d'arc de cloître qui couvriroit le même espace. Pour en venir à la pratique, nous chercherons premièrement la poussée d'une trompe sur le coin (fig. 254), en considérant son ceintre parabolique de face AFN, comme un ceintre de berceau surhaussé, dont on trouvera l'épaisseur des piédroits par les problèmes précédens. Par exemple, suivant la première hypothèse d'un seul coin au sommet, on divisera l'arc A *n* au milieu en D, par où l'on menera une perpendiculaire à cet

Fff ij

arc (par le probl. XXVI du II livre, tome I, page 228) en cherchant le foyer f de la parabole, comme à cette proposition, ou bien au trait de la page 271 du tome II. De ce point f par le point D, on tirera l'indéfinie fh, & par le même point D une parallele à l'axe AN de la parabole, comme K; puis on divisera l'angle ιDh en deux également par une ligne IDG qui coupera la verticale nN au point G, lequel tiendra lieu du point C des fig. 214 & 217 de la planche 109, pour trouver par son moyen la poussée horisontale, par exemple PA, qui détermine l'épaisseur du piédroit suivant la direction de la face de la trompe.

Ayant trouvé le point P, on tirera au sommet S du cône la ligne PS, laquelle formera le triangle APS, qui est la surface de la base du piédroit indispensable, à laquelle cependant il faut ajouter quelque peu d'épaisseur vers S, parce qu'on ne peut y faire dans la pratique un angle aigu, qui ne pourroit subsister.

Présentement, si au lieu d'une trompe sur le coin, il s'agit d'une trompe droite dont il faut trouver la surface des piédroits, on doit considérer que la poussée des voûtes agissant toujours suivant des perpendiculaires aux lits & aux piédroits, & que la face d'une trompe droite étant oblique à ses piédroits, on ne peut opérer comme on vient de faire à la trompe sur le coin, dont les faces leur étoient perpendiculaires; c'est pourquoi il faut faire la projection des joints de lits comme dans les traits pour la coupe des voussoirs, par exemple Sp, Sp, Sp; puis du point C, on menera une perpendiculaire sur Sp', qu'elle coupera en un point n^4, d'où l'on tirera une perpendiculaire sur Sp', qu'elle coupera en n^3, &c.

Pour abréger & rendre l'opération plus simple, on peut du sommet S pour centre, & SC pour rayon, décrire un arc Ca, qui coupera le piédroit SA au point a, & qui sera la somme de toutes les petites perpendiculaires qu'on peut tirer à toutes les projections des joints de lit possibles. On menera ensuite par les points a & C une ligne $a q$, qui coupera le côté opposé SB prolongé en q, & qu'on divisera en deux également en m, par où on menera Ru parallele à AB; la ligne $a q$ sera le grand axe d'une ellipse, dont la moyenne proportionnelle entre Rm, & mu donnera l'autre demi-axe, & la portion de cette ellipse comprise entre l'imposte au point a & la verticale élo-

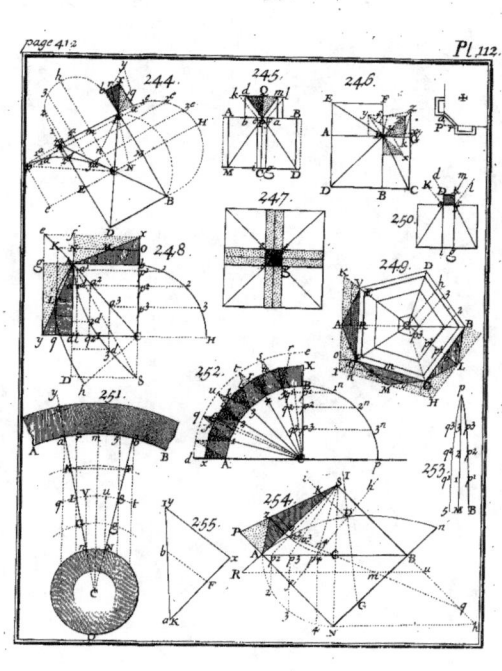

CHAP. XII. DE LA POUSSÉE DES VOUTES. 413

vée fur le milieu C fera le ceintre dont il faut faire ufage, comme de celui d'un berceau, pour trouver l'épaiffeur du piédroit az, qui donnera le point z par un des problêmes précédens, duquel on tirera des lignes z S au fommet S, & z A à la face AB; le triangle A z S fera la furface de la bafe du piédroit que l'on cherche, à laquelle il faut ajouter quelqu'épaiffeur en S & en A, par la raifon que nous avons donné ci-deffus deffus en parlant du piédroit de la trompe fur le coin.

Fig. 254.

REMARQUE.

Les bafes des piédroits en triangle tombent plus fouvent en pratique aux trompes qu'aux autres voûtes, parce qu'elles fervent fouvent à occuper les efpaces qui reftent entre les figures curvilignes & les rectilignes, ou entre des rectilignes de différentes directions; ce qui arrive quelquefois dans les difpofitions des plans des édifices.

Après avoir parlé des précautions néceffaires pour donner aux piédroits la force de réfifter à la pouffée des voûtes, il ne nous refte plus, pour achever cet ouvrage, qu'à voir celles qui font néceffaires pour que la charpente des ceintres fur lefquels on les éleve foit fuffifante pour en foutenir la pefanteur pendant qu'on les conftruit, jufqu'à ce que la clef y foit mife pour les décharger de ce fardeau; c'eft ce que nous allons examiner.

SECOND APENDICE.

De la force des ceintres de charpente pour la conftruction des voûtes.

Nous devons à M. Couplet, de l'Académie des Sciences, la méthode de trouver la charge des voûtes fur leurs ceintres, & à M. Pitot celle de trouver la force de ces ceintres, fuivant l'arrangement qu'on donne aux pieces de bois qui les compofent. Je vais faire un extrait de leurs mémoires, inférés dans ceux de l'Académie des années 1726 & 1729, que je vais réduire à trois problêmes.

PROBLEME I.

Trouver la pesanteur spécifique des matériaux des voûtes, sans être obligé d'en façonner quelque partie en cube.

Ayant pris au hasard un morceau de pierre ou de brique de figure quelconque, de la même espece qu'on veut employer, on la pesera dans l'air, après quoi on la repesera dans l'eau en la plongeant dans un seau, & la tenant pendue à un des bras de la balance, on verra par le poids qu'on mettra dans l'autre bassin qui sera dehors, combien elle pese moins dans l'eau que dans l'air, & l'on fera cette analogie. Comme la différence des poids dans l'air & dans l'eau est à la pesanteur de la pierre ; ainsi 72 livres, pesanteur d'un pied cube d'eau, est à la pesanteur d'un pied cube de pierre. La démonstration en est sensible.

La différence des poids, qui est la diminution de celui de la pierre pesée dans l'eau, est constamment égale au poids d'un même volume d'eau que celui de la pierre ; or il est évident que le poids d'un volume quelconque d'eau est au poids d'un même volume de pierre, comme la pesanteur d'un pied cube d'eau est à celle d'un pied cube de la même pierre ; donc ces termes sont en proportion géométrique.

Pour rendre la chose plus sensible, on peut ajouter ici un exemple ; soit une pierre dont le pied cube pese 144 livres, ce qui est assez ordinaire, car la pierre légere de Saint-Leu pesant 115 livres & celle de Liais 165, la pesanteur moyenne est 140 : si l'on suppose que le morceau pris au hasard contient le volume d'un pied cube, il pesera en l'air 144 livres & dans l'eau 72 livres de moins, c'est-à-dire qu'il ne pesera que 72 liv. parce qu'il occupera un volume d'eau d'un pied cube, qui pese 72 livres. Or il est évident que 72 livres, qui est la différence du poids de la pierre, est à 144 livres, pesanteur du volume du cube donné, comme 72 livres, poids d'un pied cube d'eau, que la pierre occupe quand elle y est plongée, est à 144 livres, poids du cube de la pierre ; ou si la pierre donnée n'est que d'un demi-pied cube, elle ne pesera dans l'eau que 36 livres ; or la diminution de 36 livres est à la pesanteur de 72 livres dans l'air, comme 72 livres, poids du pied cube d'eau, est à

Chap. XII. DE LA POUSSÉE DES VOUTES. 415
144 livres, poids du cube de la pierre, ce qu'on apperçoit clairement.

Cette maniere de chercher la pesanteur des matériaux est commode & très-utile; car quoiqu'on ait des tables du poids de plusieurs sortes de matieres, on n'y en trouve pas de toutes les especes; or l'on sait que les pierres de presque toutes les carrieres sont inégalement pesantes, & qu'il y a une différence très-considérable entre les plus légeres & les plus pesantes; car sans parler de la pierre ponce, qui n'est commune qu'en certains cantons d'Italie, où on l'emploie à faire des voûtes, & d'un tuf extrêmement poreux & léger, qu'on trouve dans les Alpes, & communément à Briançon, il y a 135 livres de différence par pied cube du marbre à la pierre de Saint-Leu, c'est-à-dire plus du double de la plus légere; de sorte qu'il faut augmenter aussi plus du double de la force des ceintres destinés à former des voûtes des matériaux de cette espece. Cela supposé, il sera facile de trouver quelle sera la pesanteur absolue d'une voûte qu'on se propose de faire, puisqu'il n'y a qu'à la toiser & la cuber suivant les regles de la géométrie; mais parce que les ceintres ne sont pas chargés de toute sa pesanteur, il faut chercher la diminution du poids qui est soutenu par les piédroits.

PROBLEME II.

La pesanteur absolue d'une voûte en berceau en plein ceintre & d'égale épaisseur, étant donnée, trouver celle dont les ceintres de charpente sont chargés avant que la clef y soit mise.

Soit (fig. 256) le quart de cercle AGB la moitié de la voûte, dont BD est l'épaisseur; soit AC le rayon vertical passant par le milieu de la clef, divisé en deux également en F; on menera par ce point l'horisontale FG, qui coupera l'arc AB au point G, par où & par le centre C on tirera l'inclinée CH. Je dis, 1°. que la seule partie AGHE chargera les ceintres, & que la partie BGDH ne les charge aucunement, dans la supposition que les voussoirs soient infiniment polis & sans liaison. 2°. Que cette partie AGHE ne chargera les ceintres que d'environ les deux tiers de la pesanteur absolue. La démonstration de cette proposition, dont la solution est due à M. Couplet, consiste dans un calcul algébrique trop long pour

Pl. 113;
Fig. 256.

Fig. 256. être répété dans un petit ouvrage de pratique; les curieux pourront la voir dans les Mémoires de l'Académie des Sciences de l'année 1729: nous nous contenterons d'en indiquer le fondement. Suppofant l'arc AGB divifé en vouffoirs B 1; 1, 2; 2 G, &c, on peut imaginer qu'ils font effort fur les ceintres, ou comme des corps libres qui ne tendent en bas que par leur feule pefanteur, ou comme des corps chargés par le poids des vouffoirs fupérieurs, qui ajoutent une nouvelle détermination à la pefanteur des vouffoirs inférieurs pour les faire remonter.

M. Couplet montre que la premiere hypothefe eft impoffible, parce que les vouffoirs fupérieurs AGHE font effort pour faire remonter les inférieurs BDHG fur leurs joints, par la propriété des efforts des poids tombans fur un plan incliné; fur ce principe il trouve que le tiers de la voûte au-deffus des impoftes BD ne charge en aucune façon les ceintres, parce que les deux tiers au-deffus jufqu'à la clef font effort pour écarter du ceintre les premieres retombées. Secondement, il démontre que le reftant du quart de cercle au deffus de AGHE ne pefe fur les ceintres que fuivant un rapport qu'il détermine par cette analogie. La pefanteur de tous les vouffoirs AGHE eft à la fomme des efforts qu'ils font fur le ceintre, comme l'arc AG eft à deux fois fon finus FG moins l'arc AG (:: AG. 2 FG — AG). D'où l'on tire pour la pratique que les ceintres ne font chargés qu'environ des deux tiers du poids de la voûte au-deffus des retombées du premier tiers, qui ne les charge pas, c'eft-à-dire qu'ils n'en foutiennent que les quatre neuviemes.

Suppofant, par exemple, le rayon CA de 1000 parties, l'arc AG fera d'environ 1046, & fon finus 866, lequel doublé donne 1732, dont ôtant l'arc AG, 1046, il refte 686: ainfi la pefanteur de tous les vouffoirs en AG fera à la fomme des efforts qu'ils font fur le ceintre :: AG (1046) 2 FG — AG = 686, & à peu près pour l'ufage comme 3 eft à 2. Ainfi, pour abréger dans la pratique, on cubera les deux tiers de la demi-voûte, pour en trouver la pefanteur fuivant la qualité des matériaux dont elle eft faite, en multipliant les pieds cubes par le poids donné par quelques tables, ou trouvé par le problème ci-deffus; on multipliera le produit par le double du finus de 60 degrés, & de ce nouveau produit, on ôtera la

premier

Chap. XII. DE LA POUSSÉE DES VOUTES. 417
premier de la pesanteur de l'arc AG, le reste sera la charge que les ceintres doivent porter, & que l'on cherche. Il reste à présent à savoir faire usage de la connoissance de cette charge pour lui proportionner la grosseur & l'arrangement des pieces de bois qui composent les ceintres, afin qu'ils n'en soient pas écrasés avant que la clef de la voûte soient posée.

Observations sur l'arrangement & la composition des ceintres de charpente.

On trouve dans les livres de charpenterie & d'architecture différens arrangemens des pieces de bois qui composent les fermes des ceintres, suivant les différentes grandeurs de leurs parties; on en voit pour presque toutes les grandeurs de voûtes dans le traité des ponts & chaussées de M. Gautier, où l'on peut puiser des idées des arrangemens des pieces qui les composent. Nous ne nous proposons ici que quelques observations générales pour le choix. La premiere, c'est qu'il faut que leur force vienne de l'arrangement des pieces, & non pas de leur assemblage à tenons & mortoises, par des liens & des croix de Saint-André, &c, je veux dire que sans leurs secours, mais seulement par quelques légeres entailles d'embrevement pour appuis, & quelques moises qui assemblent les pieces essentielles sans les affoiblir par des grandes entailles, une ferme de ceintre soit capable de subsister sous le faix dont elle doit être chargée entre les deux fermes collatérales.

La seconde, que l'intervalle de ces fermes doit être proportionné à la pesanteur de la voûte, suivant laquelle elles peuvent être espacées depuis trois jusqu'à six ou sept pieds de milieu en milieu; c'est sur l'intervalle réglé que l'on doit calculer la force des ceintres. La troisieme que l'arrangement des pieces de bois qui composent les ceintres, aussi bien que leur grosseur, peut être différent suivant les largeurs & les épaisseurs des voûtes; lorsque le diametre de la voûte n'est que de deux ou trois toises, on peut se contenter de deux arbaletiers, & de quelques potelets pour soutenir les courbes posés perpendiculairement aux deux pieces droites; si le diametre de la voûte est plus grand jusqu'à 6 ou 7 toises, on peut y ajouter un arbaletier au-dessous de chaque côté, & assembler les quatre dans un poinçon.

Tome III, Ggg

Fig. 258.

Mais si la voûte est plus large que de 6 à 7 toises, il convient de diviser chaque ferme de ceintre en deux parties par un entrait placé à la hauteur de 45 degrés, comme en Gl ; premièrement, pour le fortifier en cet endroit où l'effort de la charge agit le plus entre la clef & l'imposte ; secondement, pour n'être pas obligé d'employer des pieces de bois trop longues, & leur trouver des points d'appui en quelque façon communs à différentes directions, & enfin pour pouvoir lier la partie supérieure à l'inférieure par des moises qui embrassent solidement l'une & l'autre. Nous choisissons ici un exemple de ceintre moyen entre les plus grands & les plus petits, tel que le donne M. Pitot, parce que l'arrangement des pieces en est simple & excellent, ce qu'on peut voir à la fig. 258, pour le plein ceintre, & à la fig. 259, pour le surbaissé. Dans ce dernier on y voit les mêmes pieces qu'au premier, avec cette différence que les seconds arbaletiers KT, kV ne pouvant se contrebuter au poinçon, s'arcboutent mutuellement aux bouts d'une piece horisontale TV ; alors ces arbaletiers perdent leur nom, ils s'appellent décharges.

La partie supérieure d'une ferme de ceintre plein est donc composée de deux arbaletiers KO, EQ de chaque côté du poinçon auquel ils s'assemblent, & où ils sont contrebutés par les deux autres du côté opposé, & de deux courbes GH, HI, qui s'appuient par le moyen des potelets posés quarrément sur les seconds arbaletiers. Cette partie supérieure du ceintre doit porter celle de la voûte qui charge le plus, laquelle est celle que nous avons considérée dans la premiere hypothese comme un seul coin tronqué, qui s'étend en un quart de cercle depuis 45 degrés de hauteur d'un côté jusqu'à l'autre ; & comme le coin tend à écarter les parties inférieures, il décharge celles du ceintre de charpente qui doivent servir à les former jusqu'à la hauteur de l'angle de 30 degrés, comme nous l'avons dit ci-devant.

Cependant comme la partie inférieure du ceintre comprise au-dessous de l'entrait doit porter non-seulement la partie supérieure de la voûte jusqu'à ce que la clef y soit posée, & une petite partie au-dessous, mais aussi le poids de la charpente supérieure, elle a besoin d'une plus grande force. Il convient donc qu'elle soit composée d'autant de pieces de bois que la supérieure, lesquelles leur servent d'appui & de base, & qui, par une position moins inclinée à l'horison, auront beaucoup

CHAP. XII. DE LA POUSSÉE DES VOUTES.

plus de force que les supérieures correspondantes, quand même elles ne seroient que de même grosseur. Cette différence d'inclinaison & leur position les fait appeller, comme dans la charpente des combles, des *jambes de force* ; ainsi à chaque arbaletier il faut une jambe de force pour le soutenir ; celle qui est le plus près de la circonférence sert à soutenir les courbes du ceintre par le moyen des potelets posés quarrément, & assemblés à tenons & mortoises, comme dans la partie supérieure au-dessus de l'entrait, ce que la fig. 258 exprime sensiblement. Les autres pieces qui embrassent les courbes, le second & le premier entrait, marquées, *mo, mo*, sont des moises composées de deux pieces, une devant, l'autre derriere, échancrées pour serrer les jambes de force & les courbes, & se joindre par le moyen des boulons & des clavettes de fer.

De la force des pieces de bois, tirée de l'expérience.

Une piece de bois mise debout porte autant de poids qu'il en faudroit pour la rompre si elle étoit tirée suivant sa longueur, & l'on a trouvé par des expériences qu'un brin de chêne d'une ligne en quarré peut soutenir 50 livres avant que de se rompre : d'où il suit qu'il peut en porter autant étant posé debout. Je ne trouve pas qu'on ait fait des expériences sur une certaine longueur, mais au contraire qu'on n'y a point d'égard dans le calcul ; il me semble cependant qu'une piece de bois bien à plomb & bien longue ne doit pas soutenir le même poids qu'une autre de même grosseur & même position qui seroit très-courte ; ma raison est fondée sur la configuration des fibres du bois, qui ne sont pas dirigés en lignes droites depuis le pied jusqu'au sommet : cependant comme l'on n'y a pas trouvé de différence pour la force, & que par le moyen des moises on peut contenir les pieces de bois dans leur situation verticale ou inclinée, je suppose avec ceux qui ont fait des recherches sur la force des bois par plusieurs expériences, qu'on peut n'avoir aucun égard à la longueur des pieces, mais seulement à leur grosseur ; c'est pourquoi il suffira de mesurer leur base, & de la réduire en lignes quarrées.

Suivant cette hypothese, ayant mesuré la surface de la base de chaque piece de bois en lignes quarrées, on les multipliera par 50 livres, & l'on aura la force abſolue de chaque piece de bois ſuppoſée en ſituation verticale; mais parce qu'elles ſont preſque toutes inclinées, on en cherchera la force relative par ce principe de méchanique, par lequel on réunit l'effort de deux puiſſances, qui tirent ou pouſſent ſuivant différentes directions, en une ſeule qui eſt exprimée par la diagonale du parallelogramme formé par les côtés qui expriment ces puiſſances & leurs paralleles, ce qui eſt connu & démontré dans tous les traités de méchanique. Suppoſant, par exemple, deux arbaletiers AS, BS (fig. 257), comme deux puiſſances qui pouſſent chacune en S avec des forces exprimées par les lignes DS, *d* S, pour ſoutenir le poids P; ſi l'on tire par les points D & *d* des paralleles aux directions de ces puiſſances, qui ſe couperont en Y, la diagonale SY ſera l'expreſſion de l'effort de ces deux puiſſances réunies au point S, pour ſoutenir le poids P.

Fig. 257.

Cela ſuppoſé, il ne ſera pas difficile de faire uſage de ce principe pour trouver la force des ceintres des figures 258 & 259, en formant une échelle, comme par exemple *e c l* diviſée en un certain nombre de parties égales, qui exprimeront des quantités de livres peſant, en quintaux ou milliers, ſuivant l'exigence de l'opération d'une grande ou d'une moyenne peſanteur de voûte. Soit (fig. 258) la partie ſupérieure GHI du ceintre dont il faut chercher la force, on prolongera les directions des arbaletiers FQ, *k q*, qui ſont inclinés entre eux, juſqu'à ce qu'ils concourent en R, d'où l'on portera ſur chacune de ces lignes le nombre des parties de l'échelle qui expriment leurs forces trouvées comme nous venons de le dire ci-deſſus, par exemple, la force de *k q* en R *t* ; & parce que les pieces de la courbe HI lui ſont à peu près paralleles, on peut en ajouter la force ſur la même direction, comme de *t* en T. On prendra de même celle de FQ en R*f*; par les points T & *f*, on menera les lignes TV, *f* V paralleles aux lignes R*f* & RT, leſquelles ſe rencontreront en V, & l'on tirera de R en V la diagonale RV. On portera enſuite cette diagonale du point *r*, où elle coupe la ligne du milieu CH, en *r u* ſur la même diagonale prolongée d'un côté, & ſur ſon égale *r* W de l'autre ; puis on achevera le parallelogramme en menant *u y* parallele à *r* W, & W *y* parallele à *r u*; la diagonale *r y* exprimera la force qui réſulte de celles des trois pieces QF, *qk* &

Fig. 258.

CHAP. XII. DE LA POUSSÉE DES VOUTES.

HI, & des trois autres de l'autre côté GH, K*q* & EQ, c'eſt-à-dire des deux arbaletiers qui ſont l'un ſur l'autre de chaque côté, & de la courbe du ceintre qui doit porter les doſſes du plancher ſur lequel on poſe les vouſſoirs.

Fig. 258.

Par la même maniere on trouvera la force qui réſulte des quatre jambes de force, & des deux jantes des courbes de la partie inférieure au-deſſous de l'entrait ; ſuppoſant ces pieces F*n*, *ko* inclinées entre elles comme elles doivent l'être, on en prolongera la direction juſqu'à leur point de concours en *e*, puis on portera la force de *n*F en *e*P, meſure priſe ſur l'échelle, & celle de *ok* en *ep*, ſuivant la longueur trouvée pour en exprimer la force ſur la même échelle ; & parce que la jante BI, ou la courbe du ceintre, lui eſt à peu près parallele, on ajoutera ſa force exprimée en *pm* ſur la même direction ; enſuite par les points trouvés P & *m*, on menera PL parallele à *me*, & *m*L parallele à P*e* pour avoir le parallelogramme L*me*P, dont la diagonale L*e* exprimera la force réunie de ces trois pieces de bois.

Préſentement pour avoir celle qui réſulte des trois autres du côté oppoſé AG, OK, NE, on portera la diagonale L*e* en S*x* ſur la même direction prolongée, à commencer au point S, où elle coupe la ligne verticale du milieu SC ; puis faiſant SX égale à S*x* & également inclinée, on achevera le parallelogramme SXY*x*, dont la diagonale SY exprimera la force qui réſulte des ſix pieces de bois de la partie inférieure du ceintre ; ſavoir, des quatre jambes de force, & des deux jantes du ceintre.

Préſentement, ſi l'on ajoute la diagonale de la partie ſupérieure au deſſus de l'entrait avec celle de l'inférieure, on aura la force de toutes les pieces du ceintre qui ſervent à ſoutenir la voûte ; car on ne compte point les moiſes & les potelets, parce que ceux qui ſoutiennent les parties des courbes s'appuient ſur les pieces droites au-deſſous, & que les moiſes ne ſervent qu'à entretenir l'aſſemblage des pieces principales ſur leſquelles ſe repoſe toute la charge des vouſſoirs avant que la clef y ſoit miſe ; où il faut obſerver que la partie inférieure, outre la charge de ces vouſſoirs, doit encore ſoutenir celle de la charpente de la partie ſupérieure ; à moins que par la commodité du lieu on ne puiſſe la renforcer par des étançons qui portent ſur le ſol, comme l'on fait quelquefois par des pilots plantés dans la riviere, lorſqu'il s'agit d'un pont.

Fig. 259.

Lorsque le ceintre est surbaissé, comme à la fig. 259, on opérera précisément de la même maniere pour la partie inférieure, qui est au-dessous de l'entrait, comme la figure le fait voir. Il faudroit aussi opérer de même pour la supérieure, si les arbaletiers étoient inclinés entre eux; mais comme on ne peut les faire tous buter contre le poinçon, on fait buter les deux pieces supérieures, qu'on appelle décharges, contre les bouts d'une piece horisontale RV; de sorte que par cette disposition les principales pieces deviennent presque toutes trois paralleles; ainsi prenant le concours au point S, on posera de suite sur la direction Sf les trois mesures des forces de ces pieces; savoir, celle de Sf en S 1, celle de VK en 1, 2, & celle de la courbe hi en 2x; puis tirant par x l'horisontale xX, qui coupera Sy en Z, on fera SX égale à Sx, & l'on achevera le parallelogramme SXyx, dont la diagonale Sy exprime la force absolue que l'on cherche pour la partie supérieure de ce ceintre. L'inférieure au-dessous de l'entrait est la même qu'au plein ceintre.

PROBLEME III.

La pesanteur absolue d'une voûte étant donnée, trouver la grosseur de chaque piece de bois qui compose un ceintre suivant un arrangement donné.

Cette proposition est une inverse de la précédente; on prolongera les directions des pieces qui concourent pour en former des parallelogrammes avec des valeurs de forces arbitraires, avec lesquelles on opérera, comme si elles n'étoient pas supposées, ensuite on fera cette analogie: comme la valeur relative d'une diagonale est à la valeur de celle qu'on a donné à une des pieces, ainsi la pesanteur donnée que le ceintre doit porter sera à la force que cette même piece de bois doit avoir, laquelle étant divisée par 50 livres, donnera le nombre des lignes quarrées que la base de la piece doit avoir. La raison en est sensible, en ce que la diagonale étant donnée, la valeur de chaque côté l'est aussi, & les figures de supposition & de réalité étant semblables, leurs côtés & leurs diagonales sont proportionnels.

Il est visible que les opérations de ces deux derniers problêmes, qui roulent sur des triangles où il y a des côtés & des

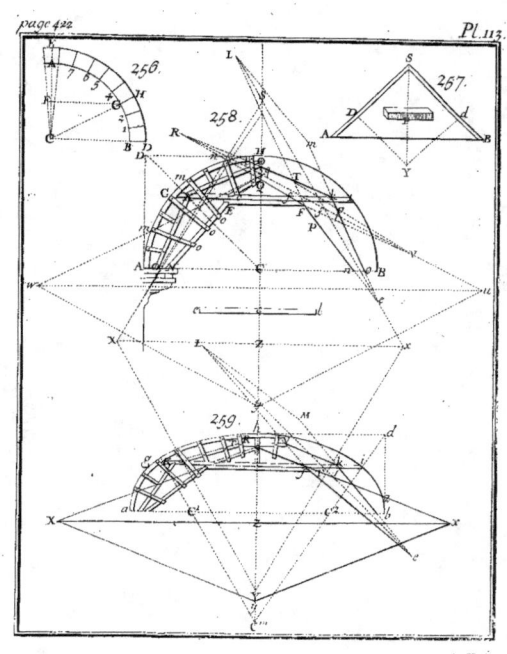

Chap. XII. DE LA POUSSÉE DES VOUTES.

angles connus, peuvent être faites avec plus de précision par la trigonométrie; mais comme il convient d'augmenter toujours quelque chofe aux forces des ceintres par précaution contre les défauts qui fe trouvent dans les bois, il fuffit de connoître à peu près le néceffaire pour y ajouter ce que la prudence exige pour plus de fûreté, particulierement lorfqu'il y a du rifque de la vie des ouvriers & de la perte des matériaux, comme dans les ponts, où il y a encore un autre inconvénient à craindre, qui eft celui de combler ou embarraffer le courant de l'eau.

Lorfqu'on a pofé la clef d'une voûte, il eft certain que les ceintres font déchargés virtuellement de leur fardeau; mais ils ne le font pas encore actuellement, & même il n'eft pas fûr, lorfque la voûte eft d'un grand diametre, qu'elle fubfifte en la déceintrant, fi on n'a grand foin d'abaiffer les ceintres par-tout également, parce que fi l'affaiffement fe fait plutôt d'un côté que de l'autre, la courbe du contour de la doële fe change; alors la direction des lits qui lui étoient perpendiculaires ne le font plus, d'où il réfulte qu'ils s'ouvrent en quelques endroits & fe refferrent en d'autres, ce qui rompt l'équilibre, par un mouvement qui fait fouvent effondrer la voûte, comme on l'a vu arriver dans de grands ouvrages. Il eft donc de l'induftrie de l'Architecte de faire enforte, par le moyen des coins, des vis, ou d'autres machines, d'abaiffer peu-à-peu les fermes des ceintres & à différentes reprifes, pour donner le tems à la maçonnerie de s'affaiffer également jufqu'à ce qu'elle fe détache entierement des doffes, enforte qu'on puiffe les tirer fans démonter les fermes, parce que fi l'on s'appercevoit qu'elle continuât de s'affaiffer en quelques endroits, & qu'elle menaçât ruine, on auroit encore les moyens de la démolir pour y apporter remede fans perte de matériaux; c'eft le dernier trait de prudence d'un bon Architecte, & le dernier confeil de cet ouvrage, qui a eu pour objet la régularité & la folidité des voûtes, afin qu'elles plaifent par la beauté de leur conftruction, & qu'elles durent long-tems par le feul artifice de la coupe & de l'arrangement de leurs parties, fans le fecours du mortier & du ciment.

FIN DU TRAITÉ DE STEREOTOMIE.

www.ingramcontent.com/pod-product-compliance
Lightning Source LLC
Chambersburg PA
CBHW051357230426
43669CB00011B/1673